KB216127

정통교회와 교들을 보호하기 위한

바로알자!

관상기도의 정체

한국이단상담목회연구소
강 경 호 편저

한사랑가족상담연구소

악(惡)의 출현과 악을 제지하려는 과정 중에 선(善)이 정립되는 듯 보이는 역사 현장의 특성은 악이 먼저 존재하였음을 의미하는 것이 아니라, 선에 대항하려는 타락한 세상의 일면을 보여준다고 할 수 있다. 기독교의 역사를 봐도 소위 정통신학 정립이 새롭게 출현하여 성경의 의도를 왜곡하는 이단으로부터 교회를 보존하고자 하는 가운데 이뤄졌음을 볼 수 있다. 이러한 과정을 거치면서도 이단은 사라지지 않고, 여전히 존재한다. 그 이유는 무엇일까?

이단의 발흥과 성장 그리고 해악적 영향력은 얼마나 많은 사람을 추종하게 하는가에 따라 결정된다. 경험과 과거의 데이터를 볼 때 이단 집단이 가지고 있는 오류에 대해 일반적 신앙 기준으로 판단하기가 쉽지 않으면서 사람들의 심리에 깔려 있는, 그러나 바르지 않은 신앙적 필요성을 충족시켜 줄 수 있는 듯 보일 때 휘발성이 극대화된다.

본인의 판단이지만, 관상기도가 위에서 지적한 특성을 그대로 가지고 있다고 판단한다. 주제가 기도이고, 매우 종교적이며, 종교 울타리 안 진영의 정서상 고급스러운 기도답다는 생각을 하게 하기 때문이다. 그리고 신자들이 원하는 신적 대상과의 직접적 영적 교류를 특성화하기 때문에 일반 신자들에게 심리적 저항을 최소화하면서 접근을 유도하기 때문에 적지 않은 영향력을 행사할 가능성이 크다.

한국교회에서는 이미 한때 유명 목사들 중심으로 관상기도 저변 확대 시도가 있었다가 막힌 적이 있다. 그 이후 다양한 이름으로 바꿔 개별적으로 적용하는 곳들을 통해 뿌리를 내리고 있으며, 조용하게 영향력을 확장해가고 있다. 따라서 이후에 한국교회에 나타날 결과를 예상할 때 염려

하지 않을 수 없다.

이러한 상황에서 강경호 목사님을 통해 한국교회가 관상기도를 바르게 파악할 수 있는 책이 출판된 것은 하나님께서 한국교회에 주시는 선물이 아닐 수 없다. 금번에 강경호 목사님이 저술한 「바로알자! 관상기도의 정체」는 관상기도가 어떠한 역사적 뿌리를 가졌는지를 종교 세계 전체에서 나타난 자료를 제시해줌으로 '관상기도'가 결코 기독교가 수용할 수 있는 기도 체계가 아님을 잘 밝혀주고 있다.

따라서 한국교회의 목회자들이 관상기도의 정체에 대해 정확히 알 수 있는 기회가 되리라 믿으며, 더 나가 한국교회를 바르게 이끄는 데 매우 중요한 역할을 하는 자료가 되리라 믿어 의심하지 않는다. 따라서 모든 목회자들께서 꼭 일독할 것을 추천하며, 바른 기도에 관심을 가지고 있는 성도들에게도 강력하게 추천하고 싶다.

유영권 박사

빛과소금의교회 담임목사

대한예수교장로회(합신)이단대책위원장

10개교단이단대책위원장협의회장

한국종교(이단)문제연구소장

요즘 교회 안에 영적 문제의 혼란이 가중되어 가고 기독교 영성에 회의를 느끼면서 로마카톨릭의 영성에 눈을 돌리는 현상이 점점 심화되고 있는 것을 보게 됩니다. 그중에 하나가 관상기도입니다.

필자는 성경에 없는 관상기도에 대해 처음 들었을 때가 15년 전으로 기억을 합니다. 그 당시는 기도다운 기도, 심도가 있는 기도가 관상기도인가? 라는 생각을 하였습니다. 그러나 생소한 용어에 기도 정도였기에 그동안 잊고 있었습니다. 그러나 관상기도에는 문제가 있다는 글들을 접하였습니다. 그때부터 본격적으로 자료를 수집해야겠다는 필요를 느끼며 몇 년간을 관심을 가지고 모으면서 읽기 시작하였습니다. 그러한 과정에서 심각성을 영적으로 느끼게 되었습니다. 그러나 이러한 관상기도가 여러 모양으로 교회 안에 퍼져나가면서 그리스도인들에게 달콤하게 다가가 미혹하고 있다는 것을 발견하면서 염려만 하고 있었습니다. 그러던 중에 강력한 성령의 소리에 피하지를 못하고 작정하여 지난 몇 개월간 서재에 머물며 집중적으로 집필을 시작하게 되어 오늘에 이르게 되었습니다.

필자는 오랫동안 로마카톨릭을 연구하고 있습니다. 연구 결과 로마카톨릭에서 비성경적인 것이 너무도 많다는 것에 놀라움을 금치 못하고 있습니다. 이러한 로마카톨릭에서 꽃피운 영성인 관상기도를 우리 정통적인 개혁교회에서 받아들여 로마카톨릭교회를 닮아가는 것은 바람직한 것은 아니라고 보고 있습니다.

관상기도는 이교적인 배경을 갖고 있습니다. 관상기도는 광명의 천사로 가장해 접근해 와서는 피조물인 인간이 신과 하나가 되게 해주겠다는 신인합일(神人合一) 사상의 씨를 덧뿌리고 있습니다. 이러한 관상기도의 정체를 알리기를 바라면서 많이 부족하고 허술한 면이 있을 수 있겠으나 앞으로 보완해 나가거나, 또는 누군가 채워나가기를 희망하면서 부끄럽지만, 세상에 내어놓습니다.

제Ⅰ부에서는 관상기도가 어떤 것인지를 관상옹호자들이 주장하는 그 시각에서 주장하는 내용이 어떤 것인지를 살펴보았습니다. 또한, 관상기도의 개념정리와 역사적인 과정에서의 관상기도가 어떻게 발전 전개되면서 한국교회에 영향을 끼치게 되었는지와 함께 관상기도의 분류나 진행되는 내용 등을 살펴보았습니다.

제Ⅱ부에서는 비판적인 시각에서 관상기도를 보면서 왜곡되게 영향을 끼치는 정체를 드러내고자 하였습니다. 그러나 나와 있는 관상기도를 옹호하는 자료들은 풍부하였습니다. 이에 비하여 비판적인 자료는 미미할 정도로 연구하는데 애로가 많았습니다. 그러나 출간하는 본 책자를 발판 삼아 누군가가 한국교회의 건강한 신앙을 위해 연구하였으면 하는 바램을 가집니다.

참고로 본문에서 용어의 통일을 하고자 성서를 성경으로, 하느님을 하나님으로. 가톨릭을 로마카톨릭 등으로 표기하였음을 참조하기 바랍니다.

본 책자의 출판을 위해 아낌없이 기도하며 용기를 주며 성원해 주심과 함께 추천서와 출판 후원금을 보내주신 이단 사역 동역자요, 한국교회를 위해 헌신하는 유영권 박사님께 머리 숙여 감사를 드립니다.

아울러 본 책자에 출판을 위해 비용을 후원해 주신 분들 가운데 말없이 사역을 돕고 계신 김광철 목사님, 같은 이단 사역자들인 강종인 목사님, 정동섭 교수님, 조남민 목사님, 김문제 집사님 등 여러분들의 섬김이 있었기에 빛을 보게 되었습니다. 머리 숙여 감사를 드립니다. 이외에 많은 분들이 본 책자에 출판을 위해 관심을 가지시고 기도하며 용기를 주신 모든 분들께도 감사드리며 모든 영광을 하나님께 돌려드립니다.

주후 2023년 결실의 계절 가을에
한국이단상담목회연구소 강 경 호

제 II 부 비판적 시각의 관상기도

제 I 부 관상 옹호자들이 보는 관상기도

제1장 관상과 관상기도의 정의

관상을 옹호하는 사람들은 관상기도는 "새로운 기도가 아니며, 관상기도는 신비적이지만 신비주의자들만의 기도도 아니다. 신비적인 관상기도는 인간의 이성으로 하나님을 증명하는 것이 아니라 직관을 통해 하나님 안에 실존하는 것이다. 관상기도는 성경적, 신학적으로 근거가 있는 기도로, 교부들과 많은 성인들, 그리고 그뿐만 아닌 하나님의 사랑을 깊이 경험한 사람들에게 하나님께서 주신 은총의 선물"이라고 한다.[1]

또한, 관상기도는 메마른 사막 한가운데 오아시스처럼 메마른 현대 사회 속에 주신 하나님 은혜의 선물이다. 관상기도는 타는 목마름으로 하나님과 친밀한 사랑의 관계를 열망하는 그리스도인들에게 그들의 갈급함을 채워주고 씻어줄 생수와 같은 것이라고 하고 있다.[2]

그러나 이러한 '관상'(contemplation) 혹은 '관상기도'(contemplative prayer)에 대하여 정의를 내린다는 것은 쉽지 않은 일이다. 그 이유는 관상이란 말의 의미가 여러 세기를 지나는 동안 다양한 함축적 의미들을 갖게 되었기 때문이다.[3] 실상 관상이라는 단어는 특별하게 관심이 있던 사람이 아닌 이상 매우 생소한 단어이다. 이에 대하여 홍성주는 "30여 년 전만 해도 영성과 관상기도는 물론 묵상기도조차도 제대로 이해하지 못하

---

1) 유낙훈, "관상(觀想)기도의 이론과 실제", (미간행석사학위논문, 목원대학교신학대학원, 2003), p. 2.
2) Ibid., pp. 2-3.
3) 류충열, "영성수련의 한 과정으로서의 관상기도에 관한 연구", (미간행박사학위논문: 한신대학교 신학전문대학원, 2007), p. 11.

였다. 신학교 교수들도 이런 단어들에 익숙하지 못하여 많은 혼란이 있었다.”라고 밝히고 있다.[4] 그러한 관상이란 용어를 살펴봄으로 관상기도에 대하여 접근해 나가려고 한다.

1. 관상(Contemplation)이란?

가. 관상의 어원을 통한 이해

관상이란 사람들이 흔히 쓰는 의미로는 성경에 없는 용어이다. 고대 교부들이 그리스 철학으로부터 받아서 토착화시킨 단어이기 때문이다.[5] 또한, 관상이라는 말은 지난 몇 세기 동안 여러 가지 다른 의미를 갖게 되어서 그 의미가 매우 모호한 실정이다.[6]

이러한 관상(觀想)이라는 말은 플라톤으로부터 시작된 표현이다. 플라톤은 인간의 본질을 영혼으로 보았으며, 인간의 영혼은 신과 동일성을 갖고 있고 본성적으로 영혼이 본래 고향으로 돌아가려는 성질을 갖고 있다고 하였다. 이러한 인간의 영혼은 종래에 신과의 합일에 이르려 한다는 것이다. 즉 신과의 합일은 영혼의 원래 고향인 이데아의 세계로 돌아가는 것을 뜻하는 것이다.[7]

그러나 기독교에서 관상은 두 개의 원천, 성경과 그리스 철학에서 기원한다고 보고 있다.[8] 즉 관상이라는 단어의 완전한 의미를 알기 위해서는

---

4) 홍성주, 「내 영을 살리는 관상기도」, (서울: 신앙과 지성사, 2013), p. 15.
5) 이연학, “관상기도와 렉시오 디비나”, 「활천」 644권 7호, (서울: 기독교대한성결교회 활천사, 2007), p. 40.
6) 석현만, “관상기도의 목회적 적용”, (미간행석사학위논문: 성결대학교 신학전문대학원, 2006), pp. 19-20.
7) 이종대, “칼 융의 인격과 영혼 돌봄으로서의 관상기도”, (미간행석사학위논문: 호서대학교 연합신학전문대학원, 2022), p. 6.
8) Ibid., p. 6.

두 개의 독특한 원천이라고 하는 성경과 그리스의 철학에서 나온 단어를 알 필요가 있다는 것이다.[9]

헬라어 70인 경은 히브리어 דַּעַת(da'ath)를 번역하면서 Γνῶσις(Gnosis)로 번역하였다. 이 헬라어는 하나의 정신이 아니라 전인격을 포함하는 아주 친밀한 지식이라는 강한 뜻을 갖는다.[10]

관상(contemplation)의 어원적 유래는 히브리어 '다아스'(da'ath, דַּעַת)에서 유래한다. 다아스(da'ath)는 전 인격을 포함하는 아주 친밀한 지식을 의미한다.[11] 그런데 '하나님에 대한 경험적 지식'을 강조하기 위하여 히브리어의 다스(da'ath) – 인간의 지력뿐 아니라 전인격으로 하나님을 아는 지식 – 를 그리스 성경에서는 그노시스(gnosis, 靈智)로 번역하였다.[12] 이는 인간의 지력뿐 아니라 전 인격으로 아는 지식을 뜻하는 것이다.[13] 즉 이 관상의 눈으로 얻은 지식을 영지(gnosis)라고 한다.[14]

그리하여 이러한 관상을 하나님에 관한 지식으로 이해하기도 하였다. 동방교회 교부들에게 관상이란 영적 인식(靈知)을 뜻하며, 그들은 궁극적으로 삼위일체 하나님에 대한 앎(인식)을 지향했다고 하고 있다.[15] 즉 관상(觀想, contemplation)은 하나님 현존의 친밀한 체험에 기초를 두는 하나님에 대한 지식'이라는 것이다.[16]

그런데 그리스 교부들은 '다아스'(da'ath)를 '테오리아'(theoria)라는 말로 표현하였다. 이것은 원래 "진리에 대한 지적인 시각(視覺)"을 뜻한다. 그리스 학자들은 이를 인간의 최고 활동으로 간주했다. 이는 기술적인 용어이지만, 그노시스(gnosis, Γνῶσις, 영지, 靈智)가 의미하는 경험적 사랑

9) Thomas Keating, Intimacy with God, 「하느님과의 친밀」, (서울: 성바오로출판사, 2003), p. 50.
10) 석현만, "관상기도의 목회적 적용", op. cit., pp. 19~20.
11) 박노열, 「누구나 할 수 있는 관상기도」, (서울: 나뮈, 2009), p. 24.
12) Thomas Keating, Intimacy with God, 「하느님과의 친밀」, (서울: 성바오로출판사, 2003), p. 50.
13) 박노열, 「누구나 할 수 있는 관상기도」, op. cit., p. 24.
14) 송복란, "관상기도가 심리적 안녕감과 지각된 스트레스에 미치는 영향", (미간행석사학위논문: 한국상담대학원대학교, 2021), p. 5.
15) 남재영, "변증법적 유물론의 영성적 사유와 대안 성심기도", (미간행박사학위논문: 감리교신학대학교 대학원, 2020), pp. 133~134.
16) 이은아, "토마스 머튼의 관상기도 연구", (미간행석사학위논문: 한신대학교 신학대학원, 2001), p. 25.

의 의미를 포함한다. 이러한 완전한 이해를 바탕으로 테오리아(theoria)가 나중에 라틴어 'contemplatio'(컨템플라티오)로 번역되어 전해졌다.[17]

실상 관상(觀想)이란 표현은 신학계 이외에도 철학 쪽에서 사용되는 용어이므로 의미의 스펙트럼이 넓다고 할 수 있다. 교회사의 분야에서 '관상'이란 우리말 표현은 교회의 전통 속에서는 오랫동안 사용된 개념인 콘템플라티오(contemplatio)를 기계적으로 번역한 것이다. 그런데 콘템플라티오라는 단어는 본래 서방 라틴신학의 독자적인 개념이 아니라, 헬라 신비신학의 테오리아(theoria)를 문자적으로 번역한 것에 불과하다.[18]

한편 신플라톤주의의 영향을 받은 알렉산드리아의 클레멘스(Clement of Alexandria, 150~215)나 오리게네스(Origen Adamantius, 185~254), 닛사의 그레고리우스(Gregorius Nyssenus, 335~395) 같은 그리스 교부들은 그노시스 대신 테오리아(theoria)라는 단어를 사용했다. 테오리아는 본래 '진리에 대한 지적인 시각'을 가리킨다. 여기에 그리스 교부들을 통해 "사랑을 통해 얻어지는 경험적 지식"이라는 의미가 더해졌다. 나중에 '테오리아'(theoria)는 라틴어 컨템플라티오(contemplatio)로 번역되었다.[19] 이들은 본래 의미에 하나님의 경험적 지식을 뜻하는 '다아스'(da'ath)를 첨가하므로 지혜를 가진 사람들의 최고의 활동으로 테오리아(theoria)를 가져와 사용하였다.[20] 이와 같이 테오리아(theoria)의 의미가 확대되어 이해되면서 라틴어의 '컨템플라티오'(contemplatio)으로 번역되었다.[21] '컨템플라티오'(contemplatio)는 라틴어 템플럼(templum)에서 파생되었다. 이러한 템플럼은 "로마인들이 예언을 위해 다른 공간과 구별해 하늘과 땅에 지정한 성스러운 공간"으로 "예언자들이 신의 뜻과 목적을 발견하기 위해 사

---

17) 이종대, "칼 융의 인격과 영혼 돌봄으로서의 관상기도", op. cit., p. 6.
18) 남성현, "관상기도 전통에 대한 소고(小考)", 「韓國敎會史學會誌 第21輯」, 한국교회사학회 (2007), p. 105.
19) 송복란, "관상기도가 심리적 안녕감과 지각된 스트레스에 미치는 영향", op. cit., p. 5.
20) Thomas Keating, Open Mind Open Heart, 「마음을 열고 가슴을 열고」, 엄무광 역, (서울: 카톨릭 출판사, 2011), pp. 190-191.
21) 류충열, "영성수련의 한 과정으로서의 관상기도에 관한 연구", (미간행박사학위논문: 한신대학교 신학전문대학원, 2007), pp. 11-12.

물의 내면을 들여다보는 장소"였다. 그래서 토머스 머튼은 관상을 "우연
적인 실체 안에서 모든 실체의 바탕이며, 참 실체이신 하나님을 보는 것"
으로 정의하기도 했다.[22]

또한, 라틴어 컨템플라티오(contemplatio)의 어원은 그리스어 '테오리
아'(Θεωρία)이다. 테오리아(Θεωρία)는 '하나님(Theos)'과 '뵙다(horaod)'의
합성어다. 따라서 테오리아(Θεωρία)라는 말은 내적으로 하나님을 유심히
바라봄으로써 하나님께 대한 직접적이고 완전한 인식을 얻게 되는 것을
의미한다.[23] 그런데 '테오리아'(Θεωρία)는 어떤 목적을 위해 대상을 주의
깊게 바라보는 것을 의미하는 그리스어 동사 '테오레인'(Θεώρειν)에서 파
생한 단어이다.[24] 그 동사는 '의도적이고 고의로 어떤 사물을 보는 것'을
의미한다. 동방교부들 중에는 이 용어를 피조물 속에서 하나님의 흔적들
을 발견하는 것으로 나타내는 용어로 사용하기도 했다. 그래서 관상의 가
장 높은 차원의 형태요, 직접적이고도 완전한 하나님의 인식 즉 하나님과
하나 되는 직접적인 경험을 명시하는 용어를 테오로기아(Θεολογία)라고
했다.[25]

관상이 한자로는 '觀想'(관상)으로 표기하고 있다.[26] 문자적으로 볼 '觀',
생각할 '想'으로 깊이 생각하며 바라본다는 것이다.[27] 즉 관상(觀想)의 한
자 풀이를 해보면 관(觀)은 '보다.', '자세히 보다.', '명시하다.'의 뜻이 있
다. 그리고 상(想)은 '생각하다.', '생각', '모양', '형상'의 뜻이 있다. 그리고
영어 풀이를 해보면, 관상(contemplation)은 '주시', '응시', '명상'의 뜻이
있다. 이것의 동사형인 contemplate는 "찬찬히 보다.", "깊이 생각하다.",

---

22) 송복란, "관상기도가 심리적 안녕감과 지각된 스트레스에 미치는 영향", op. cit., pp. 5-6.
23) Thomas Keating, Open Mind Open Heart, 「마음을 열고 가슴을 열고」, 엄무광 역, (서울:
   카톨릭 출판사, 2011), p. 27.
24) Ibid., p. 27.
25) 김경아, "센터링 침묵기도를 통한 내적 치유 연구", (미간행석사학위논문: 서울신학대학교 상
   담대학원, 2007), p. 27.
26) 김수천, "관상기도의 성서적 유례와 성서 신학적 의미 고찰", 「실천과 신학」, 한국실천신학
   회(2021), p. 233.
27) 석현만, "관상기도의 목회적 적용", op. cit., p. 12.

"명상하다."의 뜻이 있다. 따라서 관상은 '생각, 모양, 형상을 자세히 바라
보다.', '생각, 모양, 형상을 명시하다.'의 뜻이 된다. 따라서 문자 그대로
풀이하면 '상을 바라보는 것'이 된다.[28]

따라서 한자어로는 문자 그대로 "생각으로 본다."라는 의미이다. 이것
은 관상이라는 말을 사용했던 플라톤이 의미했던 것과 유사하다. 플라톤
은 관상을 영혼이 이데아를 바라봄을 통해 지혜를 얻는 것으로 이해했다.
그런데 이러한 헬라어 어휘를 번역한 라틴 교부들은 contemplatio(컨템플
라시오)로 번역하였다. 이 말은 "실체의 내면을 바라보는 것을 의미한다."
즉, "실체의 내부를 들여다봄으로써 그것들의 바탕과 기원인 하나님을 발
견하고 바라보는 것"이다.[29]

한편, 문자적 어근으로 볼 때 컨템플라시오(contemplatio)는 '템플
럼'(templum, 성역)에서 파생되었다. 그리고 여기에서 '템플'(temple 성전,
사원)이 유래되었으며, 관상은 'con'(함께) + 'Templum'(집, 지성소, 성전)
의 합성어이므로 집이나 성전에 함께 머무른다는 뜻도 될 수 있다는 것이
다.[30] 바로 관상이란 용어가 영어로 contemplation이다. 영어 앞 단어인
con은 '함께' '강하게'라는 뜻이다. 그리고 이교의 성소, 그리고 후대의 기
독교적 성소를 뜻하는 'templum'의 합성어이다. 이는 '관찰하기로 표시된
특별한 장소', '성전' 등의 뜻이다.[31] 이에 '템플럼'(templum)은 성스러운
사람들이 신의 뜻과 목적을 발견하기 위해 '사물의 내면'을 들여다보는 장
소였다. 이에 관상기도 옹호론자들은 실체의 내부를 들여다봄으로써 그
기원인 하나님을 발견하고 바라본다고 하고 있다.[32]

그런데 로마세계에서 '템플럼'(templum)은 하늘이나 땅의 한 공간을 말
하는 것으로 어떤 징후를 읽기 위한 예언자를 위해 구획되어진 공간이었

---

28) 이향우, "'예수기도'의 연구와 한국교회에서의 활용방안", (미간행석사학위논문: 호남신학대학
    교 대학원, 2016), p. 10.
29) 김수천, "관상기도의 성서적 유례와 성서 신학적 의미 고찰", 「실천과 신학」, op. cit., p. 233.
30) 오방식, "관상기도의 현대적 이해," 「장신논단」 제30호(2007), p. 274.
31) 권명수, "관상기도의 의식의 흐름과 치유", 「신학과 실천」16, 한국실천신학회(2008), p. 4.
32) 정태홍, 「고신의 변질 관상기도」, op. cit., pp. 152-153.

다. 그러므로 이는 성스런 공간 다른 공간으로부터 구별되는 곳이다. 여기
에 따라 웹스터 사전에서는 관상을 정의하기를 잘 바라보기 위하여 확보
한 여유 있는 공간이라고 정의하였다. 그래서 성소는 어떤 성스러운 사람
들이 성스러운 의미와 목적을 발견하기 위해 '사물의 내면'을 바라보기 위
한 장소였다. 즉 마음의 공간 마음의 장소라고 할 수 있을 것이다. 이에
따라 관상은 장소라기 보기보다는 현실의 내면들을 '바라보는 것'이라고
표현할 수 있을 것이다. 이는 단지 기도자가 아무것도 아님을 발견하고
존재의 정체성을 찾아 근원과 기초가 되는 원인을 같은 시점에서 발견하
게 되는 단계에만 존재한다. 기도자는 근본을 '바라보고' 하나님을 '바라보
게' 된다는 것이다.[33] 그리하여 'Contemplation'인 관상은 '사물의 내면을
바라볼 수 있는 장소인 성소에서 사물들의 근원인 하나님을 발견하고 바
라보는 것'이라고 한다.[34]

여하튼 영어로 contemplation에 대하여 웹스터 사전에는 관상이란 "눈
여겨보기, 응시, 정관, 심사숙고, 집중적으로 무엇, 어떤 대상을 바라본다.
마음의 여유를 가지고 바라본다."라고 정의하고 있다. 즉 눈여겨 집중해서
바라보며 여유 있는 바라봄이 관상이라고 하고 있다.[35]

나. 관상에 의미

관상(觀想)이라는 말의 사전적 정의에 대하여 불교에서는 수행의 한
가지로서 마음을 오로지 일정한 대상에 기울여, 어떤 상념을 일으키게 하
여 번뇌를 없애는 일이다. 일반 종교에서는 신(神)을 직관적으로 인식하고
사랑하는 일이다. 그리고 철학에서는 순수한 이성의 활동에 의하여 진리
나 실재를 인식하는 일이라고 하고 있다.[36]

33) 이혜원, "관상기도 연구", (미간행석사학위논문: 감리교신학대학교 대학원, 2005), p. 16.
34) 조남준, "개혁주의 성령론에서 본 신비주의 은사론 비판", (미간행석사학위논문: 안양대학교 대학원, 2012), p. 46.
35) 석현만, "관상기도의 목회적 적용", op. cit., p. 12.

그런데 일반적으로 관상(觀想)에는 "자세히 본다"는 의미가 포함되어 있다. 그런데 심리학자 켄 윌버(Ken Willber)는 13세기 이탈리아 신학자이며 철학자인 보나벤투라(St. Bonaventure)를 인용해 인간은 세 가지 눈, 곧 "감각의 눈(eye of flesh)과 이성의 눈(eye of reason), 그리고 관상의 눈(eye of contemplation)"으로 지식을 획득한다고 하였다.[37] 즉 보나벤투라에 의하면 인간은 원래 세 개의 '눈'을 가지고 신성한 형상(像)들을 볼 수 있었다고 하고 있다. '육체의 눈'을 통하여 외적 세계를 볼 수 있으며, '이성의 눈'을 통하여 영혼을 들여다볼 수 있고, '관상의 눈'(eye of contemplation)을 통하여 하나님과 신적인 것들을 볼 수 있었다고 한다. 그러나 죄 때문에 인간은 이성의 눈은 근시안적이 되고 관상의 눈은 멀게 되었다. 그 결과로 사람들은 육체의 눈을 통해 보는 것을 제외하고는 하나님도 영혼도 볼 수 없게 되었다고 하고 있다.[38] 여하튼 보나벤투라가 말하는 감각의 눈으로는 '시공간 및 물질의 영역에 대한 지식'을 얻으며, 이성의 눈은 '철학적 진리에 대한 지식'을, 관상의 눈으로는 "감각과 이성 너머에 있는 전체성인 초월적 영역 자체, 신성한 궁극자(Divine Ultimate) 자체를 발견한다"(켄 윌버)는 것이다. 또한 "이성이 감각을 초월하는 것처럼 관상은 이성을 초월하며, 이성의 눈이 초경험적인 것처럼 관상의 눈은 초합리적이며 초논리적이고 초정신적이다"(켄 윌버)라고 하고 있다.[39] 여기서 우리가 말하는 '보다'라는 개념은 세 번째 영적인 눈을 통하여 영적으로 보는 것을 의미한다.[40]

그러면 이 영적으로 본다는 것은 어떤 의미인가? 그런데 구약시대에 하나님을 보는 것은 죽음을 의미했기 때문에 하나님의 이미지를 그리는 것을 제한했다. 마찬가지로 초대교회나 사막교부들은 우리의 상상이나 이

---

36) 일맥, "관상(觀想) 기도(Contemplative Prayer)", https://cafe.daum.net/ilmak/LZyw/483
37) 송복란, "관상기도가 심리적 안녕감과 지각된 스트레스에 미치는 영향", op. cit., p. 5.
38) 류충열, "영성수련의 한 과정으로서의 관상기도에 관한 연구", (미간행박사학위논문: 한신대학교 신학전문대학원, 2007), p. 11. 주 30에서 인용.
39) 송복란, "관상기도가 심리적 안녕감과 지각된 스트레스에 미치는 영향", op. cit., p. 5.
40) 이혜원, "관상기도 연구", op. cit., pp. 15-16.

미지가 죄를 불러온다고 생각했기 때문에 이미지를 없애는 데 주력했다. 이후부터 사용되어온 관상기도의 전통은 이미지 없는 기도가 그 주류를 이루었다. 여기서는 우리의 모든 감각을 내려놓고 하나님의 현존 안에 그 저 머무는 것이다. 그럴 때 하나님과 같이 있는 체험 그 자체를 관상의 단계로 말한 것이다. 그러나 이미지가 있고 없음은 관상의 단계로 인도하 는 각기 다른 문이지 어떤 하나의 단계가 관상 자체는 아니라고 한다.[41]

여하튼 '본다'라는 의미를 갖고 있는 관상(觀想, contemplatio, theoria) 은 하나님을 바라보는 것으로서 근원적으로 기독교 영성의 최상의 단계를 뜻한다. 영혼이 정화되거나(catharis, purification) 성결하게 되면 하나님을 볼 수 있다. 또한, 하나님의 말씀과의 관계 속에서도 관상은 하나님을 보 는 것이라고 한다.[42] 이에 Robert Faricy와 Rucy Runy도 "관상이란 한결 같이 바라본다는 뜻이다. 기독교의 관상은 사랑을 가지고 예수님을 바라 보는 것이다."라고 하고 있다.[43]

이러한 관상에 대하여 클리프턴 월터스는 "자기 존재의 중심에서 하나 님을 알고 사랑하는 깨달음"이라고 한다.[44] 즉 이런 깨달음을 얻는 것을 관상이라 한다. 이 깨달음을 얻기 위해서 필요한 것을 우리 자신의 능력 이 아닌 하나님의 사랑의 부르심이다. 즉 우리 영혼이 하나님께 조금씩 가까이 가게 되면서 하나님의 사랑의 지식을 깨닫게 되는데, 이때 영혼은 그 사랑의 불에 휩싸이게 되는 것이다.[45] 즉 하나님께서 우리를 사랑으로 부르시는데, 이 부르심을 우리에게 은총으로 다가오게 되고 이것을 체험 하는 것이 관상이다.[46] 그러므로 관상의 체험은 우리의 의지와 뜻에 달려 있는 것이 아닌, 오직 하나님의 뜻과 우리가 이 관상의 은총을 받을만한 능력이 갖추어졌느냐 하는 것과 또한 성령의 역사하심에 달려 있는 것이

41) Ibid., p. 16.
42) 이종대, "칼 융의 인격과 영혼 돌봄으로서의 관상기도", op. cit., pp. 6-7.
43) Robert Faricy, Rucy Runy, The Contemptative Way of Prayer, 「관상기도법」, 이선비 역, (서울: 성요셉, 1994), p. 41.
44) 클리프턴 월터스, 「무지의 구름」, 성찬성 역, (서울: 바오로딸, 2004), p. 44.
45) 십자가의 성 요한, 「어둔밤」, 최민순 역, (서울: 바오로딸, 2002), p. 165.
46) 윌리엄 A. 메닝거, 「사랑의 탐색」, 성찬성 역, (서울: 바오로딸, 2003), p. 24.

라고 하고 있다.[47]

그러므로 관상은 하나님이 우리 안에서 무엇이든지 알 수 있는 하나의 세계로서 이것은 내적인 변형의 과정을 우리에게 거치게 한다. 그리고 이러한 관정 속에서 하나님과의 친밀한 관계가 형성되고, 또한 이러한 관계는 하나님과의 일치로 향하게 한다.[48]

이에 6세기 말에 대 그레고리오는 관상(contemplation)을 "사랑으로 가득히 충만 된 하나님에 대한 직접적이고 전적인 인식을 하게 되는 최고의 지식"이라고 설명했다. 그레고리오에게 관상은 성경의 하나님 말씀에 대한 묵상의 열매이면서 동시에 하나님께서 주신 고귀한 선물이다. 그는 이것을 '하나님 안에 쉼'이라고 불렀다. 이러한 '쉼'의 상태에서는 처음에 찾던 '하나님을 맛봄'과 같은 체험을 마음과 가슴이 더 이상 찾지 않는다. 이 상태는 모든 상태가 정지된 상태와 같은 것이 아니고 오히려 많은 활동과 사고들이 하나의 활동과 사고로 합쳐져서 이 기도의 시간에 자신의 깊은 내면에서 하나님이 현존하시고 활동하시는 것에 자신이 동의한다는 것과 같은 하나의 단순한 활동과 사고로 집중되는 것이라고 하였다.[49]

관상에 대하여 토머스 머튼은 자기 존재의 중심에서 하나님을 알고 사랑하는 깨달음이다. 이 깨달음이란 언제나 영혼이 자기 고향으로 향하듯 향하는 이 '타자(他者)'에 대한 원초적인 감각이요, 영혼은 이것 없이는 생명을 지탱하기 불가능함을 알게 된다고 하고 있다.[50]

로마카톨릭교회에서는 다음과 같이 관상을 설명하고 있다.

"관상은 염경기도나 일반적 묵상기도와 달리 단순·본질의 직관적 성격을 갖는 것으로 본질적인 것의 터득에서 오는 것이므로 직관의 기도라 할 수 있다. 다시 말해서 하느님과의 친교가 직접적이고 내재적인 일치로 발전한 나머

---

47) 클리프턴 월터스, 「무지의 구름」, 성찬성 역, (서울: 바오로딸, 2004), p. 183.
48) 최병억, "관상기도를 통한 영성훈련", (미간행석사학위논문, 목원대학교대학원, 2008), p. 19.
49) Thomas Keating, Intimacy with God, 「하느님과의 친밀」, (서울: 성바오로출판사, 2003), pp. 50-51.
50) 이은아, "토마스 머튼의 관상기도 연구", (미간행석사학위논문: 한신대학교 신학대학원, 2001), p. 25.

지 하느님을 단순히 바라보는 것이다. 자신 안에 특별히 긴밀한 양식으로 내재
하는 하느님을 본질적으로 바라보고 직접적으로 사랑하는 것이다."[51]

권명수는 "관상(觀想)이란 말은 '마음의 상을 바라본다'라는 뜻이다. 곧
조용히 눈을 감고 호흡을 가라앉히며 있노라면 마음속에서 여러 가지 생
각, 영상, 정서들이 움직인다. 그래서 마음속에서 떠올라 의식 속에 인지
된 대상을 글자 그대로 바라보는 것을 의미한다."라고 하고 있다.[52]

엄무광은 "관상은 우리의 지식과 이성, 상상과 감각, 지각과 기타 인간
의 모든 정신적 기능(mental faculty)들을 넘어서 우리 영의 가장 깊은 곳
(inmost being) 안에서 하느님 안에 쉬며 하느님을 만나고 하느님을 알게
되며, 또한 하느님과 일치를 이루는 것을 뜻한다. 곧 순수한 사랑과 순수
한 믿음으로 우리의 정신활동과 의식이 미치지 못하는 곳(곧 영의 심층)
에서 전인격으로 하느님과 사랑을 속삭이며 하느님과 친밀함을 이루는 것
이다."라고 하고 있다.[53]

김보록은 "관상은 하나님과 인간 사이의 중개적 수단으로 사용되는 기
도문, 언어, 상상, 표상 등을 최소화하거나 전혀 사용하지 않고, 인간의 지
성, 의지, 감정, 감각, 상상력 등을 거의 혹은 전혀 사용하지 않고 친교하
는 기도의 형태이다. 그러므로 관상은 주님을 똑바로 직관적으로 보고, 알
고 사랑하는 행위이다."[54]라고 하고 있다.

그레고리에게 있어 관상은 성경의 하나님 말씀에 대한 묵상의 열매이
면서 동시에 하나님께서 주신 고귀한 선물이다. 그는 이것을 '하나님 안에
쉼'이라고 불렀다. 이러한 '쉼'의 상태에서는 처음에 찾던 '하나님을 맛봄'
과 같은 체험을 더 이상 찾지 않으며, 모든 상태가 정지된 상태와 같은
것도 아니고, 오히려 많은 활동과 사고들이 하나의 활동과 사고로 합쳐져

---

51) "관상", 「가톨릭사전」,
　　https://maria.catholic.or.kr/dictionary/term/term_view.asp?ctxtIdNum=263&keyword=%EA%B4%80%EC%83%81&gubun=01
52) 권명수, "관상기도의 의식의 흐름과 치유", 「신학과 실천」16, 한국실천신학회(2008), p. 4.
53) 엄무광, 「관상기도의 이해와 실제」, (서울: 성바오로, 2002), p. 20.
54) 김보록, 「기도하는 삶」, (광주: 생활성서사, 2001), p. 61.

서 이 기도의 시간에 자신의 깊은 내면에서 하나님이 현존하시고 활동하시는 것에 자신이 동의한다는 것과 같은 하나의 단순한 활동과 사고로 집중되는 것이다.[55]

관상기도 옹호자들은 관상이란 말은 신 플라톤 철학의 영향을 받기는 했지만, 그 어원은 신·구약성경과 교부들의 신학적 이해에 뿌리를 두고 있다고 하고 있다.[56]

이러한 관상은 기도자의 내면의 여정에서 어떤 한 단계를 지칭하는 용어로써 어떤 방법을 말하는 것이 아니라 어떤 '상태'나 '태도'를 지칭한다. 이는 기도자가 기도할 때 어떤 이미지나 반추의 작용, 또는 감정의 동요가 거의 없는 상태를 말하며 동시에 하나님의 전적인 개입이 나타나는 상태이다. 즉 관상은 기도자의 지식과 이성, 상상과 감각, 지각과 기타 인간의 모든 정신적 기능들을 넘어서 우리 영의 가장 깊은 곳에서 하나님을 만나고 그 하나님 안에서 쉬며, 하나님을 알게 되므로 하나님과 일치를 이루는 것을 뜻한다고 한다.[57]

관상기도 옹호자들은 관상을 하나님으로부터 주어지는 신비적인 체험으로 이해하기도 한다. '혼인 신비주의'나 '영혼을 불살라 버림'이라는 표현과 같은 관상 이해는 오랜 영성훈련을 수반하는 신비체험이라고 하고 있다.[58]

관상은 우리의 내면의 여정에서 어떤 한 단계를 지칭하는 용어로써 어떤 방법을 말하는 것이 아니라 어떤 '상태'나 '태도'를 지칭한다. 경험적으로 말을 하면 우리가 기도할 때 어떤 이미지나 반추의 작용, 또는 감정의 동요가 거의 없는 상태를 말하며 동시에 하나님의 전적인 개입이 나타나는 상태이다. 즉 관상은 우리의 지식과 이성, 상상과 감각, 지각과 기타

55) Thomas Keating, Intimacy with God, 「하느님과의 친밀」, (서울: 성바오로출판사, 2003), pp. 50-51.
56) 류충열, "영성수련의 한 과정으로서의 관상기도에 관한 연구", (미간행박사학위논문: 한신대학교 신학전문대학원, 2007), p. 12.
57) 박남희, "복음관상기도 수련에 의한 하나님 이미지 변화의 경험적 연구", (미간행석사학위논문: 장로회신학대학교 목회전문대학원, 2012), pp. 17-18.
58) 남재영, "변증법적 유물론의 영성적 사유와 대안 성심기도", (미간행박사학위논문: 감리교신학대학교 대학원, 2020), p. 137.

인간의 모든 정신적 기능들을 넘어서 우리 영의 가장 깊은 곳에서 하나님을 만나고 그 하나님 안에서 쉬며, 하나님을 알게 되므로 하나님과 일치를 이루는 것을 뜻한다. 순수한 사랑과 순수한 믿음으로 우리의 정신활동과 의식이 미치지 못하는 영의 심층에서 우리의 전인격(마음과 가슴과 영혼, mind, heart, soul)으로 하나님과 사랑을 속삭이며 하나님을 알게 되는 것이다. 그러므로 관상(contemplatio)이란 사고에 의한 분석적 하나님 경험이 아니라 주체와 객체가 하나가 되는 하나님 임재 체험과 관련된 말이다. 이러한 하나님 임재 체험을 관상체험 또는 관상적 체험이라고 한다.[59]

이러한 관상이라는 용어를 불교에서도 사용하는 단어이다. 불교에서 보는 시각으로 觀想은 초기불교 부정관(不淨觀) 수행 등 해탈을 지향하는 수행 방편에서 시작되었다고 보고 있다. 대승불교에서는 부처님의 교법(敎法, 敎義)이 녹아든 초월적인 직관적 체험이다. 금강승 등 밀교에서 관상은 존격(尊格)과 합일하는 즉 신성불(信聖佛)의 수행 방편이었다. '그 자체 모습 그대로'의 실상이며 현상이 지닌 허구의 장막을 걷어내어 조작 없이 '바르게 보는' 정견[60]과 정념의 현현이라 할 수 있다는 것이다.[61]

또한 관상(觀想)은 觀과 想이 결합된 차제의 수행관점에서 의미를 확인할 수 있다. 觀은 사념처(四念處, cattāro satipaṭṭhāna)인 몸·느낌·마음·법의 네 가지를 '따라가며 보는 것(隨觀,[62] anupassanā)'을 통해 들뜸과 가라앉음, 산란함 등 미세한 정서적 장애와 심리적 고통을 알아차린다. 想은 오온(五蘊)[63] 중 인식작용이다. 오온에서 색온(色蘊)의 물질적 요소에

---

59) 박남희, "복음관상기도 수련에 의한 하나님 이미지 변화의 경험적 연구", (미간행석사학위논문: 장로회신학대학교 목회전문대학원, 2012), pp. 17-18.
60) 정견(正見)은 깨달음의 시작이면서 완성이라고 하며, 진리를 깨달아 세상을 있는 그대로 보는 여실지견(如實知見)의 정견은 사성제의 진리를 깨우치려는 팔정도 수행의 첫 단계이다. 정견은 바로 보는 것으로, 올바른 견해, 진실(眞實)의 인식(認識)이며, 붓다는 깨달음 이후 이 정견을 포함하여 팔정도와 사성제를 설법하였다.
김혜옥, "불교명상과 천주교 관상기도 경험에 관한 현상학적 비교연구", (미간행박사학위논문, 서울불교대학원대학교, 2016), p. 22.
61) 황선미, "觀想의 심리치유적 원리와 적용 가능성 연구"(미간행박사학위논문: 동방문화대학원대학교 목회전문대학원, 2019), pp. 39-40.
62) 수관(隨觀)은 '대상을 놓치지 않고 계속해서 뒤따르면서 본다'는 뜻이다.
63) 오온(五蘊 pancakkhandha)은 다섯 가지 무더기, 즉 색온(色蘊, 물질의 무더기)·수온(受蘊, 느

대해 수온(受蘊)이 단순히 감각기관과 외부접촉에 의한 반응이라면, 상온 (想蘊)은 좀 더 고차원적 반응인 것이다. 개념·지각·표상 등의 작용이 여기에 속한다. 상온(想蘊)에 의해 행온(行蘊)의 능동적 정신작용인 의지 로 이뤄진 행위가 업을 발생시키고, 식온(識蘊)의 의식작용을 일으켜 존재 는 생사를 유전한다고 하고 있다.[64]

또한, 불교에서 관상은 관상 수행과 관상기도, 관상 생활로 표현된다. 수행은 정진이 필수불가결한 조건이며 귀의에서 회향에 이르는 과정이라 면, 기도는 구도적인 수행 속에서 신과의 합일을 이루려는 방편이라 할 수 있다. 관상기도는 신에 승복하는 관상 생활로 이해된 측면이 있다.[65]

이에 리카르도는 이러한 관상의 형태는 영혼의 앎의 세 가지 능력을 내포하고 있다고 보고 있다. 즉 그것들은 상상, 이성, 이해이다. 여기서 상 상력을 통한 관상의 형태는 보이는 물질에 적용된다. 하나님께서 만드신 작품들을 보면서 창조주이신 하나님을 경외하게 되는 것 같은 관상을 말 한다. 이런 과정은 보이는 물질에 대한 생각들로 이어지고, 이를 통해 영 혼은 보이는 물질들의 내적 의미를 고려해 보게 된다. 상상력을 통해 얻 은 심상들, 즉 눈에 보이지 않는 영적 사물들을 알기 위해 보이는 사물들 의 상징적 가치를 사용하여 얻은 심상들에 의존하는 관상이다.[66] 이성을 통한 관상은 심상들을 사용하지 않고 이성의 고려만을 포함하게 된다. 이 성을 통한 관상에서 영혼은 보이는 사물로부터 보이지 않는 사물에 이르 기까지 단지 그 존재 여부로만 구별할 수 있는 것이 아니고 특성까지도 이성으로 알아가기 시작한다.[67] 그리고 직관적 인식능력을 통한 관상은 이 성을 초월하여 영혼의 이해 안에서 일어난다. 이 관상의 대상은 한 분이

낌의 무더기)·상온(想蘊, 인식의 무더기)·행온(行蘊, 의도의 무더기)·식온(識蘊, 분별심의 무 더기)을 지칭한다.

문일수, "문일수의 붓다와 뇌과학", 「법보신문」, 2023. 6. 19.

64) 황선미, "觀想의 심리치유적 원리와 적용 가능성 연구"(미간행박사학위논문: 동방문화대학원 대학교 목회전문대학원, 2019), p. 43.

65) Ibid., p. 40.

66) 김영삼, "관상에 이르는 길", (미간행석사학위논문, 수원카톨릭대학교대학원, 2008), p. 72.

67) Ibid., p. 72-73.

신 하느님이시며, 삼위일체에까지 도달하게 된다. 리카르도는 누구든지 관
상의 높은 지식에 도달하기를 바라는 사람은 이 여섯 가지의 관상에 익숙
해져야만 한다고 권고한다.[68]

2. 관상기도(Contemplative Prayer)란?

분명 관상기도는 개혁교회에서는 생소한 용어이다. 이에 토마스 키팅
은 "관상은 누구에게나 열려 있다. 그러나 누구나 하는 것은 아니다"라고
관상의 현실을 말하고 있다.[69]

관상기도(Contemplative Prayer)는 '순수한 기도'(Pure Prayer), '믿음의
기도'(Prayer of Faith), '마음의 기도'(Prayer of the Heart), '단순성의 기
도'(Prayer of Simplicity), 그리고 '단순 흠숭의 기도'(Prayer of Simple
Regard) 등으로 불리어 왔다.[70] 또는 관상기도는 서구에서 향심기도
(centering prayer)라고 부르거나, 혹은 기독교 내에서는 '묵상기도' 또는
'침묵기도'(silence prayer)라고 부르기도 한다.[71] 또한, 관상기도를 다른 기
도들과는 달리 '직관의 기도'라고도 한다.[72]

그러면 관상과 관상기도의 관계는 무엇인가? 관상과 관상기도의 관계
를 규정하기 위하여 라킨(Larkin)은 이 두 용어의 차이를 제안하고 있다.
즉 그 내용은 관상기도는 '길'이며 관상이 최종 목표라는 것이다. 그런데
라킨(Larkin)은 이렇게 관상과 관상기도를 명백하게 구별하면서도 이 구
별은 부적절할 수 있다고 지적한다. 왜냐하면 이 두 가지는 너무나 긴밀

---

68) Ibid., p. 73.
69) 엄무광, 「관상기도의 이해와 실제」, (서울: 성바오로, 2002), p. 14.
70) 홍성주, 「내 영성을 살리는 관상기도」, op. cit., p. 51.
71) 정태흥, 「고신의 변질 관상기도」, op. cit., p. 152.
72) 이재훈, "향심기도와 관상적 쉼", (미간행석사학위논문: 감리교신학대학교 대학원, 2015), p. 28.

하고 유기적으로 연결되어 있기 때문이다. 관상기도는 관상을 성취하기 위하여 고안된 일종의 '길'이지만 관상기도로써 시작하는 기도는 곧 관상이 될 수 있다. 이렇게 기도의 흐름이나 역동이라는 측면에서 관상기도는 기도의 시작부터 관상 그 자체까지를 포함하는 것으로 이해될 수 있다.[73]

이렇게 관상은 관상기도를 통해서 실현된다고 한다. 즉 관상기도는 관상을 추구하고 지향하는 수단이자 도구요 길이자 통로이다.[74] 이렇게 관상으로 가는 길이 바로 관상기도(contemplative practices)라고 한다.[75] 그러나 관상기도와 관상 상태는 구별해야 한다고 한다. 즉 관상기도는 하나님과의 일치를 이루는 상태로 이끌어 주는 일련의 경험을 말한다. 그러나 관상 상태는 하나님과 일치를 이룬 그 상태 자체를 말하며, 이때에는 기도와 행동이 성령에 의해 움직여진다고 한다.[76]

이제 이러한 관상기도에 대하여 살펴보고자 한다.

기독교 역사 내에서 관상(contemplation)이라는 단어는 수 세기 동안 여러 가지 다양한 의미를 가져왔기 때문에 더욱 애매한 용어가 되었다. 현재에도 긍정으로든 부정으로든 관상기도에 관한 관심은 생겨났지만, 많은 영성 지도자들은 아직도 서로 다른 이해를 가지고 관상기도라는 용어를 사용하고 있는 실정이다.[77]

기독교 영성사를 보면 관상기도에 대한 이해가 시대와 지역에 따라 조금씩 달리하였음을 보게 된다. 동방교회에서는 "주여 우리를 불쌍히 여기소서, 그리스도여 우리를 불쌍히 여기소서"라는 '예수의 기도'를 쉽 없이 기도함으로 종국에는 하나님과 하나가 되고자 하였다. 이를 통해, 자신이 '신성화'(deification)되어 가는 것이 관상기도의 최고의 수준과 궁극적 목적으로 삼았다. 다시 말하면 인간이 의지적으로 성화에 이르고자 기도의

73) 오방식, "현대 관상 기도의 이해", 「관상기도 레노바레의 정체성」, (서울: 국제진리수호연구소, 2010), p. 245.
74) 남재영, "변증법적 유물론의 영성적 사유와 대안 성심기도", (미간행박사학위논문: 감리교신학대학교 대학원, 2020), p. 137.
75) 송복란, "관상기도가 심리적 안녕감과 지각된 스트레스에 미치는 영향", op. cit., p. 6.
76) 고려 수도원, 「관상수도회」, (서울: 수도원교회, 2007), p. 10.
77) 이재훈, "향심기도와 관상적 쉼", (미간행박사학위논문: 감리교신학대학교대학원, 2019), p. 29.

수련을 통해 내 영이 하나님과 일치되고자 하였다. 이 과정을 통해 점점 주님의 모습으로 닮아가고자 했다.[78]

서방교회의 전통에서는 다른 양상을 띠고 있다. 서방교회의 관상기도 이해가 지역의 넓음과 오랜 시기로 인해 한마디로 요약 정리하기가 매우 어렵기는 하다. 중세 시대의 초반에 서방교회를 대표하는 인물인, 대 그레고리(Gregory the Great, 540~604)의 관상기도 이해를 들어 설명할 수 있다고 본다. 그는 관상기도란 '하나님의 환상'(vision)을 보는 데에 초점이 있다고 하였다. 이런 유의 기도를 관상기도, 즉 상을 보는 기도라고 한다.[79]

이렇게 관상기도(觀想祈禱, Contemplative prayer)에 대한 정의를 내리기는 쉽지 않은 일이다. 6세기경의 그레고리 대제(St, Gregory the Great)는 관상을 "사랑으로 가득한 하나님에 대한 지식"이라고 설명하며 "성경에 하나님의 말씀을 묵상함으로써 얻어지는 열매이며 동시에 하나님의 선물이고 하나님 안에서 쉬는 것"이라고 말한다.[80]

이러한 관상기도와 관상의 용어에 대하여 오방식은 "일반적으로 묵상에서부터 관상까지 마음 기도(Mental Prayer)의 전 범위를 나타내는 용어로 사용하고 있다. 그리고 특별히 구별하지 않고 동일한 내용을 표현하는 데 병행하여 사용한다."라고 하고 있다.[81]

이러한 관상과 관상기도의 차이에 대해 라킨(Larkin)은 관상기도는 '길'이고 관상은 '최종 목표'라고 하였다.[82] 또한, 오방식은 관상에 대하여 라킨(Larkin)의 두 용어의 차이를 인용하여 설명하고 있다. 즉 수련자의 최종 목표는 관상에 이르는 것이다. 하지만 관상에 이르게 하는 통로는 바로 관상기도라는 것이다. 따라서 관상은 하나님과의 아주 친밀한 교제와 사귐이

---

78) 權五尙, "토마스 머튼의 영성 신학에 대한 연구", (미간행석사학위논문, 한남대학교 학제신학대학원, 2006), p. 39.
79) Ibid., p. 39.
80) 김보현, "관상기도를 통한 호스피스 환우의 영성지도에 대한 연구", (미간행석사학위논문: 이화여자대학교 신학대학원, 2007), p. 40.
81) 오방식, "관상기도의 현대적 이해," op. cit., pp. 284-285.
82) 김혜옥, "불교명상과 천주교 관상기도 경험에 관한 현상학적 비교연구", (미간행박사학위논문, 서울불교대학원대학교, 2016), p. 30.

이루어지는 영적 상태를 말한다. 그리고 관상기도는 그 영적 상태에 이르도록 돕는 역할을 하는 일종의 '통로'라는 것이다.[83]

남재영은 관상과 관상기도에 대하여 다음과 같이 설명하고 있다.

> "관상은 하나님과의 관계에서 친밀한 관계를 형성하기 위한 노력이나 갈망을 전제한다. 관상은 하나님의 사랑이 우리를 자라게 하고 변형시킬 능력을 가지고 있고, 관상기도의 목적은 이러한 내적 변형을 촉진한다. 관상은 관상기도의 여정을 통해서 실현된다. 일반적으로 관상기도(觀想祈禱=contemplative pray)는 관상의 여정에 있는 깊은 침묵기도이다."[84]

개혁교회 영성학자인 코에(John Coe)는 관상기도에 대하여 "관상기도는 우리 인간의 영이 예수의 내주하는 영(성령)을 향해 개방하고 주의를 기울이는 행위이자 경험이다. 그 영은 우리에게 지속적으로 자신을 계시하며 우리의 영에게 우리가 그리스도 안에서 하나님에 의해 사랑받는 하나님의 자녀들임을 증거한다."고 말한다. 또한 "그것은 십자가 위에서 이루어진 그리스도의 사역에 대해 성령이 하시는 일을 경험하고 분별하도록 인간의 의지를 맞추는 것이다"라고 말한다. 이러한 코에의 정의는 성자와 성령 중심의 정의라고 김수천은 밝히고 있다.[85]

미국 트라피스트 신부인 토머스 머튼(Thomas Merton)은 관상기도를 하나님 안에서 편히 쉬는 것이라고 한다. 하나님을 발견하는 길이라기보다 차라리 기도자가 이미 발견한 분, 기도자를 사랑하고 계시는 분, 기도자와 가까이 계신 분, 기도자에게 오셔서 당신에게도 이끄시는 분 안에서 편히 휴식을 취하는 것이라고 하고 있다.[86]

토마스 키팅은 머튼보다 더 나아가 관상기도를 "그리스도와의 관계를

83) 오방식, "관상기도의 현대적 이해," 「장신논단」 제30호(2007), pp. 286-287.
84) 남재영, "변증법적 유물론의 영성적 사유와 대안 성심기도", (미간행박사학위논문: 감리교신학대학교 대학원, 2020), p. 133.
85) 김수천, "관상기도의 성서적 유례와 성서 신학적 의미 고찰", 「op. cit., p. 234.
86) Thomas Merton, The climate of monastic prayer, 「마음의 기도」, 이영식 역, (서울: 바오로출판사, 1988), p. 24.

언어, 사고, 감정의 차원을 넘어서 일치하는 단계까지 발전시키는 것으로서, 하나님을 기다리는 단순화된 활동에서 기도의 원천으로 성령의 선물이 점점 더 우세해 가는 과정"으로 정의하고 있다.[87] 또한 "관상기도는 하느님께서 그 안에서 어떤 일이든 가능하게 하시는 세계이다. 그 영역 안으로 들어가는 것은 아주 커다란 모험이다. 그것은 무한한 세계를 여는 것이며, 나아가 무한한 가능성을 향해 열려진다. 우리의 개인적이며 자아로 이루어진 세계는 끝나며, 새로운 세계가 우리의 내부와 우리를 둘러싼 곳에서 나타나 불가능했던 세계는 일상의 경험이 된다."[88]라고 하고 있다.

유해룡은 "관상기도는 사고보다는 사랑에 의해 하나님의 임재를 경험하는 그 자체"라고 하고 있다.[89]

이은선은 관상은 순수한 사랑으로 하나님과 친밀함을 이루는 것이라고 한다. 인간의 모든 정신적 기능들을 초월하여 영의 깊은 곳(영의 심층) 안에서 전인격적으로 하나님과 사랑을 속삭이며 하나님과 일체를 이루는 것이라고 하고 있다.[90]

이재훈은 관상기도를 다른 기도들과는 달리 '직관의 기도'라고 하고 있다. 그런데 그에 대해 이해가 부족한 이유 중 하나는 관상이 정확한 정의를 내리기가 쉽지 않고 우리들에게 친숙하지 않기 때문이라는 것이다.[91]

권명수는 "관상기도는 주 앞에서 이미지나 언어를 사용하지 않고, 마음으로 주님을 지향하는 기도이다. 곧 침묵 가운데 주님을 사랑하는 마음으로 주님의 품 안에서 쉬는 기도"라고 정의한다.[92] 이는 인간의 이성을 사용하여 하나님께 간청하는 행위라기보다 아무런 노력 없이 하나님의 품

87) Thomas Keating, Invitation to Love: The Way of Christian Contemplation, 「관상기도를 통해 하나님께 나아가는 길」, 엄무광 역. (서울: 가톨릭출판사, 1999), p. 174.
88) Tomas Keating, OPEN MIND OPEN HEART, 「센터링 침묵 기도」, 권희순 역, (서울: 가톨릭출판사, 2009), p. 31.
89) 유해룡, 「하나님 체험과 영성수련」, (서울: 장로회신학대학교출판부, 1999), p. 92.
90) 이은선, "세속화 시대의 기독교 영성: 관상 기도에 대한 비판적 고찰을 중심으로", 「성경과 신학」 제49권, 한국복음주의신학회(2009), p. 83.
91) 이재훈, "향심기도와 관상적 쉼", op. cit., p. 28.
92) 권명수, "관상기도의 의식의 흐름과 치유", 「신학과 실천」 16, (2008), pp. 220-223.

안에 머무르며 '쉼'을 누리는 기도이다. 기도자가 개인의 욕망과 욕심을 버리고 하나님께로 마음을 향하여 일치를 지향하는 것이라고 한다.[93]

관상기도를 지칭하는 다른 이름들로서는 '침묵의 기도', '쉬는 기도', '단순한 하나님 현존의 기도', '사랑의 집중기도', '성령의 기도' 등이 있다.[94]

관상기도는 침묵 가운데서 드리는 기도라고 한다. 그러므로 내적 침묵은 관상기도에서 필수요소이다. 관상기도는 입으로 하는 기도나 정신으로 하는 기도를 넘어서서 성령 안에서 드리는 기도이기 때문이다. 관상기도는 하나님의 말씀을 듣는 것을 중요시한다. 이에 성경에서의 근거를 마리아는 주님의 말씀을 들음으로써 관상에(더 좋은 것) 이를 수 있었으며(눅 10:38~42), 엘리야(왕상19:11~14)는 여호와 앞, 산에 선 채 불과 뇌성과 바람을 차례로 지나 보내고 있는 중에 그는 세미한 음성 가운데 계시는 하나님을 만남을 예로 들고 있다.[95]

이만홍은 관상기도를 묵상(默想)기도라고 부른다. 즉 관상이란 용어가 '동양 종교적' 어감이 있기에 이를 배제하기 위하여 개혁주의 교회 전통에 친숙한 '묵상'기도라고 부르기를 제안한다.[96] 또한, 관상기도를 '침묵기도'라고 말하기도 한다. 그 이유는 관상기도는 입으로 소리 내어 간구하거나, 마음으로 주님께 간구하는 등의 행위를 하지 않고, 침묵 가운데 머무르며 주님께 마음 문을 여는 행위를 지칭하기 때문이다. 또한, 관상기도를 '명상기도'로 번역하기도 한다. 이는 뭔가에 대해 골똘히 생각하는 것에서부터 눈을 감고 하는 것까지를 포함하기 때문이다.[97]

관상기도는 은밀한 기도이며 말을 사용하지 않는 기도라고 하고 있다. 마태복음 6장 5~7절에서 주님은, 기도하는 자가 말을 많이 하지 않아도 하나님께서는 그 기도를 들으신다고 했다. 하나님께서는 기도하는 자에게

---

93) 김보현, "관상기도를 통한 호스피스 환우의 영성지도에 대한 연구", (미간행석사학위논문: 이화여자대학교 신학대학원, 2007), p. 41.

94) 류충열, "영성수련의 한 과정으로서의 관상기도에 관한 연구", (미간행박사학위논문: 한신대학교 신학전문대학원, 2007), p. 13.

95) Ibid., p. 18.

96) 이만홍, 「영성치유」, (서울: 한국영성치유연구소, 2006), p. 7.

97) 권명수, "관상기도의 의식의 흐름과 치유", 「신학과 실천」16, 한국실천신학회(2008), p. 5.

무엇이 필요한지를 미리 아신다. 주님께서 이 구절 안에 "관상기도와 같이 침묵에 머무는 기도를 긍정하신다."는 해석의 여지를 남겨놓으셨다고 할 수 있다. 따라서 관상기도는 마음의 골방과 같이 침묵이 확보된 유무형의 공간에서 내적 침묵 가운데로 들어가 하나님을 만나는 기도라고 한다.[98]

리차드 포스터는 관상기도는 '무언의 기도'라 명했고 이 기도는 우리를 사랑하시고 우리와 함께하시는 하나님에 대한 애정 어린 정신집중이라고 표현한다. 또 무언 기도의 목표는 '하나님과의 연합'이라고 하고 있다.[99]

관상기도는 마음과 의지의 기도라고 하고 있다. 마음과 의지는 하나님의 현존을 향하여 나아간다. 입술과 정신은 쉰다. 마음은 말 없는 기도로 주님께로 나아가고 의지는 주님의 의지와 하나 되기를 추구하면서, 다만 단순히 주님을 응시한다.[100] 그리고 '하나님이 그 안에서 무엇이든지 할 수 있는 하나의 세계'라고 할 수 있다.[101]

관상은 하나님과 인간 사이의 중개적 수단으로 사용되는 기도문, 언어, 상상, 표상 등을 최소한으로 줄이거나 전혀 사용하지 않고 하나님과 친밀히 사귀는 마음의 기도이다. 또한, 인간의 지성, 의지, 감정, 감각, 상상력의 기관을 거의 혹은 전혀 사용하지 않고 하나님과 사귀는 기도의 형태이다. 한 마디로 주님을 어떤 가림도 없이 직관적으로 바라보고 알고 사랑하는 것을 관상기도라고 하고 있다.[102]

이금만은 관상기도를 사랑의 일치를 지향한다고 하면서 기도의 마지막이고 최고의 단계라고 하며 다음과 같이 설명하고 있다.

> 기도의 핵심 목표는 하나님과 사랑의 일치를 이루는 데 있다. 청원은 사실

98) 류충열, "영성수련의 한 과정으로서의 관상기도에 관한 연구", (미간행박사학위논문: 한신대학교 신학전문대학원, 2007), p. 19.
99) 리차드 포스트, 「기도」 송준인 역, (서울: 도서출판 두란노, 2000), pp. 213-215.
100) 박노열, 「관상기도 개론」, (서울: 도서출판 나뮘, 2013), p. 9.
101) 이향우, "'예수기도'의 연구와 한국교회에서의 활용방안", (미간행석사학위논문: 호남신학대학교 대학원, 2016), p. 12.
102) 정재화, "현대 영성훈련 방안에 대한 연구", , (미간행석사학위논문: 목원대학교 신학대학원, 2009), p. 43.

이차 목표이다. 하나님과 사랑의 일치를 이루는 것이 일차목표이다. 하나님과 사랑의 일치를 이루려는 기도가 관상기도이다. 내 앞에 현존하시는 하나님을 의식하면서 주님께 나를 다 맡긴다는 자세로 침묵하는 기도이다.[103]

관상기도는 기도의 마지막이고 최고의 단계다. 관상되어지는 대상은 이성의 개입 없이 직관되며, 이해타산 없이 사랑 받는다. 관상기도야말로 기도의 시작이며 목표인 동시에 최상의 청원기도라고 할 수 있다. 사랑하게 하는 일치의 기도는 무엇보다 하나님 생각에 주의를 집중하면서 관계가 심화되는 은총을 체험한다. 일치의 기도는 사랑의 하나님이 관심하시는 것을 관심하고, 하나님이 가시는 곳을 가고, 하나님이 침묵하시는 것에 침묵한다.[104]

관상기도란 하나님께서 자기 내면 안으로 들어오도록 자유롭게 자신을 열어놓는 상태이며 마침내 하나님의 신비가 자기 자신의 내면에 부딪혀 옴으로써 기도의 주체와 객체가 하나 되는 경험을 하는 것이라고 한다.[105] 즉 관상기도 옹호자들은 관상기도는 하나님을 내적으로 바라봄에 있어 전인격적인 하나님을 경험하는 것이라고 하고 있다. 이러한 하나님 경험은 그분을 온전히 신뢰하고 그분의 세계로 들어가게 하는 것이며, 그분을 위해 우리의 삶을 열어놓는 것이다. 이러한 관상기도를 통해 기도자의 생각과 언어의 감정을 넘어서 절대 신비이신 하나님께 기도자의 존재를 열어드리는 것이라고 할 수 있다고 한다.[106]

이러한 관상기도가 도달하고자 하는 목표는 하나님과의 영적 교통이다. 기도자의 영혼이 마침내 하나님과 하나가 되는 것이라고 한다.[107]

---

103) 이금만, "기도의 영성 형성에 관한 연구", 「대학과 선교」 제19권, 한국대학선교학회, 2010, p. 230.
104) Ibid., p. 230.
105) 유해룡, 「하나님 체험과 영성수련」, (서울: 장로회신학대학교 출판부, 1999), p. 140.
106) Thomas Keating, Open Mind Open Heart, 「마음을 열고 가슴을 열고」, 엄무광 역, (서울: 카톨릭 출판사, 2011), p. 234.
107) 이영민, "토마스 머튼의 관상적 영성과 융의 집단무의식 비교", (미간행석사학위논문: 서울신학대학교 상담대학원, 2007), p. 20.

제2장 관상기도의 역사적 이해

1. 관상기도의 배경과 발전 역사

관상기도는 기독교 전통 안에서 생겨난 것이지만 거슬러 올라가면 유대교의 신비주의와 플라톤주의와 신플라톤주의의 사상 체계에서 영향을 받았다.[1] 이러한 관상이라는 단어의 시작이 관상기도의 시작은 아니었다. 그럼 관상이라는 개념은 언제부터 생겨난 것인가? 그런데 전통 유대교의 사상에서는 하나님을 본다는 것은 매우 두려운 일이었다. 그러나 유대교의 신비주의는 관상기도의 궁극적 목적인 하나님과의 합일 사상에 영향을 주었다 할 수 있다. 또한, 플라톤 철학은 관상이라는 용어를 형이상학적으로 도입함으로써 인간이 하나님을 알고 보고자 하는 개념을 가시화시켰다. 이것이 기독교로 유입되면서 신비주의 영역에서의 기도로 발전되면서 관상기도라는 개념이 생겨난 것이다.[2]

이렇게 관상기도의 역사적 유래는 교회의 신비주의(mysticism) 역사와 함께한다. 교회 안에서 신비주의는 이성적 인식에 의하지 않고 신과 합일

---

1) 남성현, "관상기도 전통에 대한 소고(小考)", 「韓國敎會史學會誌 第21輯」, 한국교회사학회 (2007), p. 96.
2) 이혜원, "관상기도 연구", (미간행석사학위논문: 감리교신학대학교 대학원, 2005), pp. 17-18. 윤정아, "관상기도의 역사에 관한 연구", (미간행석사학위논문, 협성대학교대학원, 2011), p. 41.

을 이루는 것으로 그 합일은 신의 간섭에 의한 것으로 여겼다. 그런데 이러한 신비주의는 2가지 특성을 지닌다. 그 첫 번째는 말로 다 표현할 수 없음(ineffability)이다. 이것은 신비적인 의식이나 마음의 상태가 다른 사람에게 전이, 또는 전달할 수 없기 때문에 부정적(uncertainty) 상태로서 감정의 상태를 말한다. 다음으로는 인식론적인 특성(noeticquality)이다. 신비적 상태는 감정의 상태와 여러 가지 측면에서 유사하지만 그러한 상태를 경험한 사람들에게 지식의 상태처럼 느껴진다. 즉 신비주의가 신과 합일을 이룬 내적 경험을 체계화하려 함을 통해 지식의 상태와 같이 느껴진다는 사실이다.[3]

가. 유대주의 영향

본래 유대교 전통에서는 하나님을 직접 경험하고, 직접 본다는 것은 매우 두려운 일로써 그들에게는 죽음을 의미했다.[4]

(출19:21)"여호와께서 모세에게 이르시되 내려가서 백성을 경고하라 백성이 밀고 들어와 나 여호와에게로 와서 보려고 하다가 많이 죽을까 하노라"

(출20:19)"모세에게 이르되 당신이 우리에게 말씀하소서 우리가 들으리이다 하나님이 우리에게 말씀하시지 말게 하소서 우리가 죽을까 하나이다"

그러나 그럼에도 불구하고 인간의 영혼이 하나님께로 나아가고자 하는 갈망은 끊임없이 있어왔다. 아브라함, 야곱, 모세의 경험과 그들의 삶의 이야기는 하나님과 접촉하려는 사람들의 본보기가 된다. 이러한 하나님에 대한 직접적 경험을 유대교의 묵시문학과 연결되어 있다. 이것은 기독교 신비주의와 연결되어 있다.[5]

알렉산더 정복 시기 이후 유대사회는 정치적, 문화적, 종교적으로 많은

---

3) 박은정, "관상기도를 통한 자기대상의 경험적 연구", (미간행석사학위논문: 한신학대학교 신학대학원, 2012), p. 9.
4) 윤정아, "관상기도의 역사에 관한 연구", (미간행석사학위논문, 협성대학교대학원, 2011), p. 41.
5) Ibid., p. 42.

변화를 겪는다. 헬라문화를 적극적으로 수용하려는 무리들과 그것을 배척하고 본인의 전통을 고수하려는 무리들로 나뉘지만 헬레니즘의 영향을 전반적으로 받는 것은 피할 수 없는 흐름이었다.[6)]

헬레니즘 시대(기원전 322~167), 하스모니안 왕조 시대(기원전 167~63), 로마통치시대(기원전 63년 이후)를 거치면서 유대교의 종교생활은 다양해졌다. 이것은 신비주의가 성장할 수 있는 기초가 되었다. 그리고 이것은 하나님, 우주, 그리고 하나님께서 인간과 소통하는 방편이 새롭게 인식되었음을 말하는 것이었다. 즉 이제까지는 하나님을 직접경험하는 것이 그들에게 두려운 일이었다면 헬레니즘의 영향으로 신을 인식하는 방법이 다양화되었다는 것이다.[7)]

이에 창세기 5장 24절에 나온 에녹의 이야기가 다음과 같이 외경 에녹서에서 하늘로 올라간 그곳에서 신적 현현이 주어졌다고 하고 있다.

> 나에게 나타난 환상은 다음과 같다. 그것은 환상 중의 구름이 나를 부르고 또 안개가 나를 부르며 별의 운행과 번개가 나를 빈번히 재촉하고 환상 중의 바람은 나를 날듯이 달리게 하여 재촉하는 것이었다. … 내가 물끄러미 바라보고 있을 때 그 가운데에 한 층 더 높이 된 좌석이 보이고 그 외관은 서리와 같고 주위에는 태양과 같은 것이 있어 빛을 비추고 있었다. 또 그룹의 소리도 들렸다. 그 큰 좌석의 밑에서 타오르는 불이 몇 줄기가 흘러나오고 있었으나 그것은 볼 수가 없었다. 위대한 영광을 몸에 지닌 분이 거기에 앉아 계셨다. 그 옷은 태양보다 밝고 빛나며 눈보다도 희다. 천사들 중의 어느 한 사람도 여기에 들어올 수는 없으며 육적인 사람은 누구도 명예롭고 성스러운 분의 얼굴이 가까이 뵐 수 없다. … 주님은 친히 나를 불러 이렇게 말씀하셨다. "에녹아 가까이 와서 나의 거룩한 말을 들어라" 그 분은 나를 일으켜 세워 빗장이 있는 곳까지 데리고 가셨는데 나는 고개를 숙인 채 지면을 보고 있었다.[8)]

---

6) Ibid., p. 42.

7) Ibid., p. 42.

8) 이혜원, "관상기도 연구", (미간행석사학위논문: 감리교신학대학교 대학원, 2005), p. 19에서 에녹1서 14:8, 18-21, 24-25 재인용.

이러한 환상의 종교적 의미는 유대교의 전통적 접근 방식이 아닌 헬라 세계에서 성행한 넓은 범위의 계시 문학의 일부였다. 현세가 아닌 다른 세계로의 여행을 기록한 것은 그리스 로마 근동 지방의 여러 문헌들과 비교될 수 있는 것이다. 그것의 내용은 신적인 것과의 새롭고 직접적인 만남이 일어나는 세계로 올라가는 승천의 형태인 것이다.[9]

유대 묵시문학은 우주적 신비, 하늘의 법정, 거룩한 보좌와 거기 앉아 계신 분을 볼 수 있는 천상으로의 환상적 여행은 물론이요, 세상에 있으면서 보는 꿈과 상징적인 환상들도 포함된다. 현존해 있는 유대교 묵시록들과 관련된 문헌에는 하나님에 대한 직접적 경험들을 묘사한 것이 있다. 그들이 신적 임재를 경험하는 장소는 처음에는 회막(출25~30)이었고, 제2성전 시대(기원전 587~70)에는 예루살렘 성전이었다. 따라서 이들 성전 방문의 핵심은 '야웨의 얼굴을 보는 것'이었다.[10]

이런 방법으로 그들은 그들의 조상들, 즉 이삭을 희생 제물로 바치려고 할 때에 산에서 하나님을 본 아브라함(창22:14), 얍복 강가에서 하나님과 대면하여 씨름한 야곱(창32:23~32)과 같은 옛 조상들과 동일 선상에 있을 수 있었다. 모세도 하나님을 보았다. 비록 제한적이기는 했지만 타는 떨기나무 속에서(출3:2~6) 그리고 시내 산에서 하나님을 보았다.[11]

예언자들 역시 하나님을 보거나 경험했다. 예를 들면 엘리야는 호렙산에서 환상을 보았고(왕상19:9~18), 에스겔 선지자도 바벨론 포로로 있을 때 환상을 보았다(겔1:4~5). 이렇듯 유대교의 묵시 문헌은 기독교 신비주의의 원초적 흔적으로 중요한 자료가 되는 것이다.[12]

나. 플라톤 철학의 영향

---

9) 이혜원, "관상기도 연구", op. cit., p. 19.
10) 윤정아, "관상기도의 역사에 관한 연구", op. cit., 43-44.
11) Ibid., p. 44.
12) 이혜원, "관상기도 연구", op. cit., p. 20.

관상(contemplatio, theoria)은 플라톤 철학의 한 요소이다. 그리고 플라톤 세계관 전체를 관통하는 것으로서 인간의 영원한 진리 혹은 '진, 선, 미의 궁극적 이데아' 또는 '실상(reality)'에 대한 만남과 인식, 연합을 뜻한다. 이러한 방식으로 이루어지는 임재는 전통적인 기독교 신비의 신학적 시작이다. 하나님의 임재는 전통적인 인간의 감각적·지적·정서적 활동이 잠잠해질 때, 다시 말해 자아가 비워질 때 자아 속에서 하나님의 현존은 한없이 커지게 된다. 관상기도는 침묵에서 출발하는데, 침묵으로 들어가는 것은 내면의 '참 자아' 속으로 깊이 들어가는 것을 의미한다. 이러한 점에서 관상기도는 회중 기도 등의 예전적인 기도나 구송기도, 경건의 시간 등 자신의 의지가 개입되는 기도와 구별된다.[13]

(1) 플라톤(Platon) 철학에서의 관상

초대교회의 교부신학의 근본적인 문제 중 하나는 당시 헬레니즘 문화와의 관계라고 할 수 있다. 그런데 이 헬레니즘 문화의 근저에 뿌리박혀 있는 사상이 바로 플라톤 철학이다. 따라서 초대교회 교부들의 관상을 이해하기 위해서는 먼저 플라톤 철학에서의 관상 사상을 이해해야 할 필요가 있다.[14] 이는 그리스 철학자 가운데 관상에 대해서 체계적으로 정리한 사람은 플라톤(Platon, B.C. 428~B.C. 347)이기 때문이다.[15]

플라톤의 인식론에 있어서 관상은 아주 중요한 의미를 갖는다. 플라톤은 인간이 어떻게 하면 참된 지식에 이를까를 고민하였다. 그에 의하면 참된 지식이란 변하지 않는 것이므로 지식의 대상 역시 불변하고 영원한 것이어야 했다. 그런데 우리가 경험하는 감각적인 세계는 가변적이라 참

---

13) 이종대, "칼 융의 인격과 영혼 돌봄으로서의 관상기도", (미간행석사학위논문: 호서대학교 연합신학전문대학원, 2022), pp. 11-12.

14) 이경순, "관상기도의 교회사적 고찰", (미간행석사학위논문: 백석대학교 기독신학대학원, 2007), p. 36.

15) 라영환, "개혁신학적 입장에서 바라본 관상기도", 「한국교회사학회지」 21권, 한국교회사학회(2007), p. 12.

된 지식을 갖는 것이 불가능하게 된다.[16)]

그러나 유한하고 가변적인 세상 속에서 참된 지식을 얻을 수 있을까? 라는 문제를 해결하기 위해서 플라톤은 형상계라는 개념을 끌어들인다. 그는 사물의 '감각적인 세계(appearance)'와 별도로 '형상계(essence)'가 존 재한다고 보았다. 그에 의하면 형상계는 변함이 없고 영원한 곳으로 사물 의 원형이 있는 곳일 뿐만 아니라 감각적인 세계에 실재성을 부여하는 곳 이다.[17)]

문제는 감각적인 세계 안에서 살아가는 우리들이 끊임없이 생성, 소멸 그리고 변화하는 감각적인 현상들 밑바닥에 놓여있는 본질을 파악할 수 있느냐이다. 플라톤은 동굴의 비유를 통해서 이 문제에 대한 자신의 생각 을 다음과 같이 이야기한다. 즉 플라톤에 의하면 동굴이란 우리 앞에 펼 쳐진 세계를 의미한다. 그는 인간은 마치 동굴 안에 쇠사슬에 묶여진 채 한쪽 벽만 응시하고 살아가는 죄수들과 같아서, 동굴 밖에서 들어오는 빛 에 의해서 맺혀진 상(像)을 바라보고 사는 존재들이라고 보았다. 사람들은 자신들 눈앞에 보이는 상들이 사물의 그림자라는 사실을 알지 못한 채, 마치 그것들이 사물의 본질인 양 생각한다. 그런데 그 죄수들 가운데 하 나가 우연히 동굴 밖에 나가 그들이 바라보고 있었던 것이 사물의 그림자 이지 사물 자체는 아니라는 것을 깨닫게 된다. 그는 동굴 안에 들어와 그 동안 자신들이 보던 것이 사물이 아닌 그 사물의 그림자라는 사실을 이야 기하지만 사람들은 그의 말을 믿지 못한다는 것이 비유의 줄거리이다. 플 라톤은 이 이야기를 통하여 인식에 대해서 다음과 같은 사실을 지적한다. 그것은 인간이 바라보는 감각적인 세계는 사물의 본질이 아니라 모상(模 像, 복제된 것)이라는 것이다. 이렇게 감각적으로 경험되는 세계를 그는 현상(phenomenon)이라고 한다.[18)]

이제 플라톤에게 제기된 문제는 다음과 같다. 그것은 어떻게 하면 감각

---

16) Ibid., p. 12.
17) Ibid., p. 12.
18) Ibid., pp. 12-13.

적인 세계에 살고 있는 인간이 참된 본질을 알 수 있는가 하는 것이다. 플라톤은 이 형상계와 감각적인 세계를 연결하는 것이 영혼이라고 보았다. 플라톤은 인간의 영혼은 이데아의 세계 혹은 형상계에 있다가 감각적인 세계에 들어오면서 망각의 강을 건너왔다고 믿었다. 즉 플라톤에 의하면 망각의 강을 건넌 인간의 영혼은 이데아의 세계에서의 일을 다 잊어버렸지만, 영혼은 순간적으로나마 포착했었던 이데아의 세계에 대한 기억을 가지고 있다. 그는 인간의 영혼 안에 있는 이 기억만이 인간에게 감각에 의해서 왜곡되지 않은 참된 지식을 제공해 줄 수 있다고 보았다. 플라톤은 영혼의 회상을 통해서 그의 궁극적 질문이었던 변화무쌍한 감각의 세계에 살고 있는 유한한 인간이 참된 지식을 얻을 수 있는 방법에 대한 해답을 발견한다. 그에게 있어서 참된 지식은 오직 영혼이 옛날에 알고 있었던 것을 회상함을 통해서 얻어질 수 있는 것이었다. 참된 인식은 회상을 통해서 이루어진다. 여기서 그가 말하는 회상이란 동굴 안에서 자신들의 눈 앞에 펼쳐진 그림자를 숙고하는 것이 아닌 감각적인 것에 의해서 오염된 영혼이 동굴 밖으로 나와서 태양을 바라보는 것이다. 이렇게 동굴 밖으로 나온 인간은 처음에는 빛 때문에 실재의 본질을 올바로 파악하지 못하지만, 시간이 지나면서 본질을 파악하게 된다. 인간이 동굴 밖으로 나와 이데아의 세계를 '바라봄(Θεωρία, 관상)'으로서 영원한 진리의 세계에 들어갈 수 있다고 보았다.[19]

이러한 플라톤(Platon, 429~347 BC)의 철학사상 가운데 우주관과 그 기원에 대한 사상은 무엇보다 종교적이고 신비적이며, 신 중심적인 세계관으로 형성되어 있다.[20] 이 사상은 영혼이 '신과의 직접 대면'을 찾아 나서는 일에 관심을 기울였다. 이에 플라톤은 참된 인간의 주체, 즉 영혼은 만물을 아름답게 만드는 절대 선을 영구적으로 소유하지 못하여 쉼 없이 추구한다고 간주하였다. 그런데 영구적으로 절대 선을 소유하는 것은 관

---

19) Ibid., pp. 13-14.
20) 이경순, "관상기도의 교회사적 고찰", (미간행석사학위논문: 백석대학교 기독신학대학원, 2007), p. 36.

상(theoria)을 통해 이루어지는데, 관상은 사랑과 지식의 상승적 정화
(askesis)의 열매이며, 또한 영혼 안에 있는 신적 요소인 이성(nous)이 그
고귀한 원천에 동화될 때 목표에 이른다.[21]

그런데 이 사상의 핵심은 인간은 본질적으로 영적인 본능을 지니고 있
다는 것을 확신한다는 점이다. 즉 인간이 영원한 진리의 세계에서 한 몫
을 차지할 수 있는 것은 영혼을 지니고 있기 때문이며, 이러한 영적 본능
을 지닌 인간은 신과 동족이라는 것이다. 따라서 이들은 영혼이 신과 직
접 대면하는 일에 관심을 기울일 뿐 아니라, 신에게로 올라가는 것을 추
구했던 것으로 보인다. 즉 영혼은 본래 신의 세계에 속한 것이기 때문에
신에게로 올라감으로써 자기의 참된 본성을 깨닫게 되기 때문이라는 것이
다. 이러한 플라톤 철학 안에 있는 신비적 사상은 후에 기독교 신비주의
와 만나 '기독교 플라토니즘'이 되었다.[22]

플라톤 철학에서 관상의 교의는 한 요소이면서 플라톤의 세계관 전체
를 통하여 그 중심적인 특징을 이루는 것이다. 인간의 영혼은 본래 영원
한 진리, 혹은 실상(reality)을 관상하고 있었으나 세상에 태어나 육신과
결합하는 괴로운 과정을 겪음으로써 망각의 세계에 빠져버리고 만 것이
다. 때문에 참된 지식은 영혼이 옛날에 알고 있던 것을 다시 그려보는 일
이다. 그렇게 할 수 있는 근거는 영혼은 본래 신적인 것이기 때문에 신의
세계로 돌아가려는 속성 때문이다.[23]

그리고 영혼은 이 일을 '실상', '진', '선'에 대한 관상 즉 테오리아
(theoria)를 통하여 수행한다. 이 '테오리아'는 단순히 숙고하는 것이나, 이
해하는 것만이 아니고, 참된 지식으로 참된 대상 안에 한몫을 차지하는
일이며, 그 대상과 하나가 되는 것이다. 이것은 '직접적 현존감'을 말하는
것이다. 즉 한몫을 차지한다는 개념은 그 대상의 일부에 속함으로써 분리
된 이원론이 아닌 일치적 현존감을 말하는 것이다.[24]

---

21) 윤정아, "관상기도의 역사에 관한 연구", op. cit., p. 45.
22) 이경순, "관상기도의 교회사적 고찰", op. cit., pp. 36-37.
23) 윤정아, "관상기도의 역사에 관한 연구", op. cit., p. 45.

그러나 기독교 전통에서도 이러한 관상이 '부어지는 은혜'로 여겨지면서 밖으로부터 오는 현상, 즉 수동적인 것임을 말했던 것과 같이 플라톤주의에서도 관상은 인간이 할 수 있는 영역은 아니라고 말한다. '선' 혹은 '미'에 관한 이러한 궁극적 관상이 최종 목표이지만, 관상은 우리가 실천할 수 있는 것이 아니다. 이 궁극적 테오리아(theoria)는 밖으로부터 오는 것이다. 따라서 인간은 이에 대비하고 기다리는 작업을 하는 것이다. 인간은 그것을 이끌어 낼 수 없다. 왜냐하면, 관상은 인간의 지식과 이해력이 미치는 한계를 초월한 것이기 때문이다.[25]

> 가장 높은 존재이고 '하나'인 '선'은 진정 말로 표현할 도리가 없다. 인간은 관상을 통해 이와 접촉하고 일치될 수 있으나 이를 어떠하다고 정의할 수는 없다. 군이 표현하자면 이는 하나의 본질(essence)일 따름이다. 그러나 이는 모든 본질들의 속성을 결정지어주는 원리이며 모든 본질들이 존재하도록 유지해 주는 것이기에 본질 모두를 초월하고 있다. 그러므로 스승이 제자에게 최대한으로 해줄 수 있는 지도는 손잡고 이끌어 주는 정도에 그쳐야 한다. 스승은 제자를 인도하고 자신의 방법과 정신으로 제자가 관상수행에 이르도록 준비해 줄 뿐 제자의 관상행위를 만들어낼 수도 없고 수행 결과를 함께 나눌 수도 없다. 관상이란 개인 각자가 체험하는 삶이다.(Festugiere, Contemplation, 191)[26]

앞의 글을 통해서 볼 수 있듯이 이미 플라톤 시대부터 관상의 실천이 밖에서부터 주어지는 수동적인 것임을 말하고 있다.

플라톤 사상의 특징은 현상 세계와 이데아의 세계를 예리하게 구분하고 있다. 관상이란 '누스'(nous)가 현상 세계인 유한한 세계에서 유배 생활을 하면서 절대자와의 직관적인 접촉을 통해서 이 두 영역을 하나로 묶는 것이라고 할 수 있다. '누스'를 통한 두 영역의 결합에 대해 헬레니즘 시대의 종교연구에 관한 현대적인 최고권위자 중 한 사람인 페스뛰지에르

---

24) Ibid., p. 45.
25) Ibid., p. 46.
26) 이혜원, "관상기도 연구", op. cit., p. 21에서 재인용.

(André-Jean Festugière 1898-1982)는 다음과 같이 설명하고 있다.[27]

> 이성에 의하여 진리에 접근하는 것과 고대인들이 '누스'라고 불렀던 직관력
> 에 의하여 진리에 도달하는 것은 전혀 다른 것이다. '누스'는 성 프란치스코 살
> 레시오가 '영혼의 첨단'이라고 불렀으며, 파스칼이 '심정'이라고 부른 말과 같은
> 말이다. 영혼은 '누스'의 매개를 통하여 무엇인가를 알게 되는데, 이 앎이란 직
> 접적인 접촉으로서 감성으로 느껴지고 만져지고 눈에 보이는 것이다. 영혼이
> 추구하는 것과 완전히 용해되어 하나가 되는 결합, 두 생명이 서로 스며들어
> 하나로 되는 융합이다.[28]

영혼이 이 세상에 오기 전에 누렸던 '이데아'의 관상에 들어가는 것, 즉
귀향이 무엇을 의미하는지 이해하기 위해 플라톤이 그의 저서 「국가」
제7권에서 '동굴'의 비유에 대하여 언급하고 있다. 즉 플라톤의 동굴 비유
를 보면, 관상은 우리가 고향, 즉 영혼의 본고장인 '형상'의 세계로부터 멀
리 떨어져 나와 살고 있다는 사실을 깨닫는 것에서부터 시작된다. 플라톤
은 이렇게 깨닫는 것을 눈을 뜨는 것이라고 표현하고 있다. 눈을 뜨고 나
면 영혼은 거짓 실상으로부터 떨어져 나와 참된 실상 속으로 밀착하게 되
는데, 이것이 바로 플라톤이 말하는 '영혼의 상승'이다. 영혼의 상승에서
중요한 요소는 영혼이 육신을 벗어나 스스로가 영적인 존재임을 깨닫는
것이다. 이 과정에서 인간은 자신을 육신으로부터 정화하여 스스로 순수
하게 만들어야 하는데, 이 정화에는 윤리적 차원과 지적 차원의 정화가
있다. 영혼이 이러한 정화의 과정을 모두 거치고 나서 도달하는 곳에서
발견하게 되는 것이 '놀라운 본성으로서의 미'이다. 이러한 '미'의 발견이
바로 영혼 상승의 목표라고 할 수 있다. 이때 영혼은 '미' 그 자체, 즉 '미
의 형상'을 열광하며 우러러보게 된다고 한다. 그런데 이때의 관상은 단순
히 '미의 형상'만을 식별하는 것이 아니라, 오히려 영혼이 인식하였던 바

---

27) 이경순, "관상기도의 교회사적 고찰", op. cit., pp. 37-38.
28) Ibid., p. 38에서 재인용

를 모두 초월하는 그 어떤 것에 주목하는 것을 의미한다. 즉 지금까지 다른 형상들을 관상할 때와 같은 통상적인 관상의 의미를 초월한다는 것이다.[29]

플라톤에게 있어서 '아름다운 것'이 나타나는 최종 단계는 획득하거나 발견하는 것이 아니라 '한순간에'(exaiphnes) 보는 것이다. 이것은 영혼에 들이닥치면서 계시되는 것이라고 할 수 있다. 즉 영혼의 수용 능력 밖에 있으면서 영혼에게 부여되는 것, 영혼이 별안간 받아들이는 그 무엇이라고 할 수 있다. 이를 두고 '황홀'이라고 표현할 수 있겠다.[30]

플라톤 철학에서의 관상의 특징은 '미의 현현'으로 나타난다. 즉 인간이 행복에 이르는 길은 미의 현현을 통해 이루어지는데, 이때 영혼이 각성된다고 보는 것이다. 이를 통해 영혼이 '지성적 영역'으로 상승하게 되면, 선의 이데아가 가장 높아지게 되고 결국은 궁극적인 '봄'(vision)의 상태에 이르게 된다는 것이다. 플라톤은 이 궁극적인 '봄'을 '영혼의 눈으로 존재의 가장 밝은 영역과 본질을 관상하는 것'이라고 표현하고 있다. 따라서 이러한 '봄'에 이르는 영적 순례의 과정은 영혼의 각성에서부터 시작되며, 고통스런 정화와 점진적인 조명을 거쳐, 결국은 '봄'이라는 관상의 상태에 이르게 된다는 것이다.[31]

따라서 플라톤 철학에서의 관상은 기독교의 구원론과는 달리 일종의 자기 성취적 구원으로서, 이 구원론에 따르면 철학자는 순전히 자기 힘으로 목표에 도달하게 된다. 이는 타락한 인간에게는 은혜가 필요하다고 강조하는 기독교적 개념과는 큰 차이가 있다. 그럼에도 불구하고 현인이 자신의 욕망을 제어하고 영혼 안에서 덕을 고양시키기 위하여 사용하는 금욕이나 정화의 과정은, 플라톤에게서 시작된 그리스의 관상적 전통의 또 다른 모습으로서 후기 기독교 신비주의 영성에 많은 영향을 미쳤다.[32]

---

29) Ibid., pp. 38-39.
30) Ibid., p. 39.
31) Ibid., pp. 39-40.
32) Ibid., p. 40.

플라톤과 기독교 신비주의 사상의 차이를 윤정아는 다음과 같이 정리하고 있다.[33)]

첫째, 플라톤의 관상의 목표에 대한 개념은 다분히 지성적이었다. 플라톤의 관상은 이성의 영역을 넘어서지 않는 수준이었다.

둘째, 플라톤의 철학은 특출한 인물 및 신의 도움의 필요성이라는 개념을 가진 구원 종교가 아니다. 그러나 기독교적 관상은 많은 신학자들 간에 일치를 보는 것이 아름다움이 제공한 은혜의 역할을 필요로 한다.

마지막으로 플라톤의 관상은 영혼이 가지고 있는 본성적인 신성의 활성화이다. 이것은 그리스도를 따르는 사람들의 자기 포기와는 아주 다른 탁월한 자아실현이다.

이렇듯 플라톤 철학은 기독교 전통과 비교하여 꼭 같은 의미에서 발전하지는 않았지만, 초기 관상적 전통을 이루는데 그 시초가 되었다고 보고 있다.

(2) 필론(Philo, Philon)의 영향

필론(Philon, 20 BC~AD 50)은 중기 플라톤 철학의 대표자로 예수님과 같은 시대에 살았던 인물이다. 그는 이집트의 알렉산드리아에서 태어났으며 그 지방에서 성장했다. 필론은 유대의 부유층 집안 출신이었기 때문에 그리스 말로 교육을 받았고 헬라문화에 통달하였다. 또한, 믿음이 깊은 유대인으로서 자기의 전통적 신앙 관습들을 충실하게 지켜나갔다. 그는 단순히 플라톤 사상을 받아들인 것이 아니라, 성경의 유일신적 신앙과 헬라의 관상적 이상을 연합한 최초의 인물이었다. 유대와 그리스 문화의 유산을 모두 계승한 필론은 그가 물려받은 것을 저술로서 많이 표출하였다. 그의 저술은 대부분 유대주의와 헬레니즘을 혼합한 형태를 띠고 있다. 그의 글들은 대부분 성경을 강해한 것들이었으며, 풍유적 해석(allegory)

---

33) 윤정아, "관상기도의 역사에 관한 연구", op. cit., p. 47.

방법을 사용하여 플라톤주의와 스토아주의적으로 해석했다.[34]

필론은 중기 플라톤 철학의 대표자였다. 그의 저술은 그리스 교부신학 가운데 알렉산드리아 학파에 지대한 영향을 미쳤다. 이에 플라톤이 관상의 개념을 열었다면 필론은 기독교적 개념에 더 가까워진 모습을 하고 있다는 것이 그의 사상에 의의인 것이다.[35] 즉 플라톤의 사상이 관상의 개념을 여는 것이었다면 필론에게 와서는 그 개념이 기독교 교부전통에 더 가까워진 모양이라고 볼 수 있다. 그는 단순히 플라톤의 사상을 받아들인 사람이 아니었고, 서방 역사에서 성경의 유일신적 신앙과 헬라의 관상적 이상을 연합한 최초의 인물이었다. 그리고 그의 중요성은 플라톤적 관상을 보다 개인적인 것으로 변화시키는 데 있었다.[36]

또한, 필론은 후에 동방과 서방의 기초 신학 방법론이 되는 긍정신학과 부정신학에서 한 맥락인 부정신학의 시초였다. 필론은 하나님은 본질적으로 알 수 없는 분이며 다만 그 업적을 통하여 인간이 알 수 있다고 말한 것이다. 따라서 부정신학(否定神學)의 원조가 누구냐 하는 주장이 여러 방면에서 있지만, 필론이야말로 부정신학의 아버지이다. 우리가 살펴보는 부분에서 부정신학이 중요한 이유는 후대에 사막교부를 거치면서 이 부정신학 방법론이 관상기도에 이르는 길로 많이 사용되기 때문이다.[37]

여기 부정신학의 핵심은 하나님의 초월성이다. 인간은 초월적인 하나님을 인식할 수 없고, 그분에게 다가갈 수도 없다. 중세의 관상가들은 부정신학의 근거 위에서 묵상 등의 지성적 기도나 의지적인 정서적 기도로는 하나님께 다가가는 것에 명백한 한계가 있음을 말한다. 인간의 능력에 의존하는 이런 긍정적 관점 대신 인간적인 모든 능력을 내려놓을 때에만, 즉 자아가 한없이 작아져서 아무 것도 아닌 것인 무(無)가 될 때에만 하나님의 현존을 충만히 체험할 수 있다고 가르친다. 이런 관점에서 관상기

---

34) 이경순, "관상기도의 교회사적 고찰", op. cit., p. 45.
35) 이혜원, "관상기도 연구", op. cit., pp. 22-23.
36) 윤정아, "관상기도의 역사에 관한 연구", op. cit., p. 47.
37) 이혜원, "관상기도 연구", op. cit., p. 23.

도는 '침묵' 속에서 이루어지는 기도가 된다. 침묵이란 언어가 없는 상태 뿐 아니라 개념(지성)과 상상과 기억과 의지 등이 작동하지 않는 상태이다.[38]

필론에게 있어서 하나님은 그의 저서 「파르메니데스」 첫 번째 가설에 나오는 일자와 같이 인간의 모든 언어를 초월하신다. 그분은 부정적 (apophatic)이다. 부정적이란 하나님은 본질적으로 알 수 없는 분이기에 다만 그 업적을 통하여 알아갈 뿐이라는 것이다. 즉 하나님은 인간의 능력을 초월하시는 분이기 때문에 피조물이라는 인간의 조건상 인간이 하나님을 안다는 것은 불가능하다는 것이다. 이러한 필론의 신관은 후에 초기 교부들의 신학의 한 맥락인 부정신학의 원조가 되었다. 부정신학에서는 하나님은 본질적으로 알 도리가 없으며, 하나님의 본질은 인간의 인식으로는 헤아릴 수가 없다고 주장한다. 다만 하나님과 인간이 관계를 맺을 때에 한해서만 인간이 하나님을 알 수 있을 따름이라는 것이다.[39]

필론의 부정신학은 다음과 같이 이어 나간다. "하나님께서 계시는 먹구름 속으로 지극히 내밀한 지성소로 존재에 관계된 형상 없는 생각들 속으로 들어가는 모세를 보라." 여기에서 말하는 존재 없는 생각들이란 형상의 세계 즉 플라톤이 말하는 "하늘 위의 세계"를 초월한다는 의미로 해석할 수 있다. 그것은 먹구름이다.[40]

이러한 필론의 부정신학을 중요하게 살펴보아야 할 이유가 있다. 그것은 후에 사막의 교부들을 거치면서 이 부정신학에서의 방법론이 관상에 이르는 길로 제시되었기 때문이다. 즉 필론에 따르면 우리가 그분을 안다는 것은 그분이 우리와 관계를 맺었기 때문이라는 것이다.[41]

필론의 하나님 개념은 구약성경의 하나님으로 인간을 창조하시고 돌보시며 이스라엘을 자기 백성으로 선택하시고 그들과의 교류를 통하여 스스

---

38) 남성현, "관상기도 전통에 대한 소고(小考)", 「韓國教會史學會誌 第21輯」, 한국교회사학회 (2007), pp. 103-104.
39) 이경순, "관상기도의 교회사적 고찰", op. cit., pp. 45-46.
40) 이혜원, "관상기도 연구", op. cit., p. 23.
41) 이경순, "관상기도의 교회사적 고찰", op. cit., p. 46.

로를 계시하셨던 하나님이다. 그가 품었던 하나님의 개념, 즉 말씀하시고 스스로 드러내시는 하나님은 이후 교부들에 의해서 예수님의 삶과 죽음과 부활을 통하여 말씀하시고 스스로를 드러내시는 하나님으로 더욱 구체적이고 직접적인 개념으로 변모하게 된다. 즉 하나님을 안다는 것은 이 같은 계시를 받아들이는 것이며, 이를 통해 하나님과의 교제에 참여하게 되었다는 것이다. 그는 때때로 자기 인식이 어렵고 불가능하기까지 한 점을 하나님의 불가지성에 대한 이론적 근거로 제시하였다.[42]

필론에 의하면 하나님은 자신의 순수성과 인간의 무능력 때문에 본질적으로는 알 수 없는 분이지만, 때때로 스스로를 계시하실 수도 있다는 것이다. 특히 지배자로서 또한 은혜를 베풀어 주시는 분으로서 당신을 드러내신다는 것이다. 하나님이 당신 스스로를 드러내셔서 알게 하심으로써 인간은 비로소 하나님을 알게 된다는 것이다.[43]

필론이 기독교 관상에서 중요하게 언급되는 이유는 바로 로고스, 즉 거룩한 말씀을 통해서 절대적으로 초월적이고 불가지한 하나님과 인간 영혼 사이의 중재자 역할을 부여했기 때문이다. 이 중재자 개념은 플라톤에게서는 찾아볼 수 없는 개념이다. 플라톤은 인간의 형상은 신의 형상을 닮았기 때문에 궁극적 선을 바라보면 신화될 수 있다고 생각했던 반면, 필론은 인간과 절대자 사이에는 극복할 수 없는 깊은 골이 있기 때문에 그 사이를 이어줄 중재자가 필요했던 것이다.[44]

필론이 말하는 로고스는 초월신과 세상 사이에 중개자로서 초월적인 면과 내재적인 면을 함께 갖추고 있다. 이 길은 말씀을 통해서 하나님께 귀를 기울임으로써 스스로 계신 분이신 하나님께 다가가는 것이다. 그러나 이는 아직 하나의 단계일 뿐이다. 하나님을 추구하는 영혼은 '말씀'을 통하여 드러나시는 하나님을 초월하여 스스로 드러나시는 하나님에게로 다다르고자 하는 상승을 계속할 것이다. 따라서 말씀은 하나님 안에서 오

---

42) Ibid., p. 46.
43) Ibid., p. 47.
44) Ibid., p. 47.

직 그분만을 추구하기 위한 영혼의 양식으로 생각하고 있다. 이다. 필론의 관상의 중요한 특징은 영혼과 하나님과의 친교로서 성경을 양식으로 삼았다는 것이다.[45]

따라서 필론이 그리스도인 저자들의 모델이 될 수 있었던 중요한 이유가 여기에 있다. 바로 로고스 즉 거룩한 말씀을 통해서 절대적으로 초월적이고 불가지한 하나님과 인간 영혼 사이의 중재자 역할을 부여했기 때문이다. 이 중재자 개념은 앞에 플라톤에서는 찾아볼 수 없는 개념으로 플라톤이 인간의 형상은 신의 형상을 닮았기 때문에 궁극적 선을 바라보면 신화될 수 있다고 생각했던 반면 필론은 인간과 절대자 사이에는 극복할 수 없는 깊은 골이 있기 때문에 그 사이를 이어줄 중재자가 필요했던 것이다. 이 길은 '말씀'을 통해서 하나님께 귀를 기울임으로써 스스로 계시는 분이신 하나님께로 다가가는 것이다. 그러나 이는 아직 하나의 단계일 뿐이다. 하나님을 추구하는 영혼은 '말씀'을 통하여 드러나시는 하나님을 초월하여 스스로 드러나시는 하나님에게로 다다르고자 상승을 계속할 것이다. 필론의 이러한 개념은 기독교 전통에서 관상의 단계에서 우리에게 중보자가 되는 말씀 즉 그리스도의 중심성을 말하는 개념의 시초라고 할 수 있겠다.[46]

(3) 플로티누스(Plotius)의 영향

초대교회 교부들의 관상을 이해하기 위하여 플라톤에 이어 탐구해야 할 또 한 명의 철학자가 플로티누스(Plotius, AD 205~270)이다. 플로티누스 역시 기독교의 교부들에게 많은 영향을 주었다. 앞의 학자들이 '관상'에 대해서 말하였다면 플로티누스는 관상적 기도의 차원을 경험한 학자였다고 한다.[47]

---

45) Ibid., p. 47.
46) 이혜원, "관상기도 연구", op. cit., pp. 23-24.
47) 윤정아, "관상기도의 역사에 관한 연구", op. cit., p. 50.

플로티누스는 플라톤 철학에서 출발한 신플라톤주의자로서 오늘날 '신비철학'이라고 부르는 학문 분야의 최고의 해설자였다. 플로티누스의 신비철학은 플라톤 철학의 전통을 그대로 따르고 있다. 그는 플라톤을 인용함으로써 자기의 주장에 대한 진실성과 정통성을 밝혀나갔다. 이는 그의 저술들이 플라톤을 직접 인용하지 않을 때에도 종종 플라톤을 생각나게 하는 글들로 가득 차 있다는 점을 통해서도 알 수 있다.[48]

즉 플라톤의 주장은 플로티누스(Plotinus, A.D. 204~270)에게도 계승이 되었던 것이다. 플로티누스는 플라톤과 마찬가지로 관상을 지성 최고의 활동으로 보았다. 유사한 것은 유사한 것에 의해서 알려질 수 있다는 논리에 근거해서, 플로티누스는 인간은 실재(reality)에 관한 충분한 지식을 획득할 수 있다고 보았다. 플라톤의 전통을 따라 플로티누스는 인간은 본성적으로 신성을 지니고 있으며, 이데아의 세계를 바라봄으로써 절대적인 선과 접촉하고 그와 합일을 이룰 수 있는 능력을 갖추고 있다고 생각했다. 그에 있어서 관상이란 인간이 일자를 바라봄으로써 그 일자에 가까이 가거나 혹은 동화할 수 있는 활동이었다. 관상을 통해서 인간의 영혼은 실재 혹은 일자로 충만해지게 되고 일자와 연합하게 된다. 관상을 통해서 참된 지식을 느낄 뿐만 아니라 그 대상과 하나가 될 수 있다는 플로티누스의 주장은 중세 신비주의운동 및 현대 관상주의 운동과 관련하여 아주 중요한 의미를 갖는다.[49]

플로티누스는 현대인들이 신비한 경험이라고 일컫는 것들을 경험했다고 밝히고 있는 인물이다.[50] 그는 「에네아드」에서 다음과 같이 말한다.

> "종종 나는 내 몸 밖으로 나왔다가 자신 안으로 들어갔으며 다른 모든 사물 밖으로 나갔다. 나는 엄청난 아름다움을 보았으며 내가 대체로 더 좋은 부분에 속했다는 확신을 느꼈다. 나는 실제로 최상의 삶을 살았으며 그 신성과 일치되

---

48) 이경순, "관상기도의 교회사적 고찰", op. cit., p. 40.
49) 라영환, "개혁신학적 입장에서 바라본 관상기도", 「한국교회사학회지」 21권, 한국교회사학회, 2007. pp. 14-15.
50) 이혜원, "관상기도 연구", op. cit., p. 24.

기에 이르렀다. 그 안에 확고히 자리 잡은 나는 그 최고의 현실에 도달했으며 지성의 영역에 있는 다른 모든 것 위에 자리 잡았다. 그 후 신성 안에서 휴식을 취한 후 지성을 떠나 논설적인 추론으로 내려왔는데 어떻게 내려왔는지 어리둥절하다."[51]

이러한 플로티누스의 신비철학의 체계는 두 가지 관점에서 접근할 수 있다. 하나는 존재에 대한 하나의 커다란 위계질서적 사슬구조로 인식할 수 있다는 점이다. 다른 하나는 내면적 자기 성찰의 훈련이라는 관점으로 접근할 수 있다.[52]

플로티누스의 위계질서는 '히포스타시스'(hypostases), 즉 '신들'(gods)이라고 표현되는 세 가지 원리로 구성되어 있다. 가장 높은 곳에는 '일자', 즉 '선'이 있고, 그 아래에 '누스'(nous), 즉 '지성'이 있다. 마지막으로 '프쉬케'(psyche), 즉 '영혼'이 있다. 그는 '일자'로부터 '누스'가 유출되었고 '누스'로부터 '영혼'이 유출되었다고 주장한다. 따라서 만물은 그들이 흘러나온 원천인 존재의 충만함, 즉 '일자'에게로 돌아가기를 열망하며, 귀환을 하게 된다는 것이다. 이 귀환의 과정은 육신을 입은 영혼이 육신을 벗어나 '영혼'으로, '영혼'은 '누스'로, '누스'는 '일자'를 향하여 움직이게 된다.[53] 즉 이 세 가지 '하나', '지성', '영혼'은 플로티누스의 용어로 표현되는 흘러나옴(流出)과 되돌아감(歸還)의 과정을 통하여 서로 연결되어 있다. 모든 것은 '선'을 추구하고 '선'으로 되돌아가려고 갈망한다. 이것이 다름 아닌 귀환이다. 귀환의 과정은 관상으로 키워지고 관상 안에서 표현되는 열망의 움직임이다. 플로티누스는 「에네아드」에서 말하기를 "만물은 비전(vision)을 하나의 목표로 바라보며 관상을 추구하려 애쓴다"라고 말했다.[54]

그러나 여기서 말하는 '하나', '지성', '영혼'의 위계질서는 '하나'를 정상

---

51) Ibid., p. 24에서 재인용.
52) 이경순, "관상기도의 교회사적 고찰", op. cit., p. 41.
53) Ibid., 41.
54) 이혜원, "관상기도 연구", op. cit., p. 25.

에 두고 멀리 떨어져 있는 것이 아니다. 플로티누스에게 있어서 더욱 높다는 것은 더욱 멀다는 것이 아니라 더욱 깊은 내부에 있다는 뜻이다. 영혼은 '하나'에게로 상승함에 따라 점점 더 깊이 자기의 내부로 파고 들어간다. 즉 '하나'를 발견하는 것은 자기를 발견하는 것이다. 즉 참 자아에 대한 의식이 깨달음을 통해 있어야 하는 것이다. 이것은 관상적 기도를 할 때 생기는 과정이다. 그런데 마지막 부분에서 관상기도를 정의할 때 이 의식을 통한 깨달음은 중요한 부분이다. 이것은 밖에서 주어지는 관상의 단계 이전에 할 수 있는 인간의 마지막 능동적인 부분인 것이다. 이것을 위해서 두 눈을 감고서 마음속에 잠자고 있는 또 하나의 시력을 일깨워야 한다.[55]

플로티누스의 신비철학에 대한 또 하나의 관점은 내면적인 자기 성찰의 훈련으로 보는 것이다. 그에게 있어서 더 높다는 것은, 더욱 깊은 내부에 있다는 뜻이다. 즉 내면으로 깊이 파고들어 감으로써 높이 올라간다는 것이다. 플로티누스에 의하면 영혼이 '일자'에게로 상승함에 따라 점점 더 깊이 자기의 내부로 파고 들어간다. 이에 플로티누스는 "우리는 정신을 초월하여 언제나 내면으로 눈을 돌려야한다"라고 말하고 있다. 그 요점은 영혼이 모든 한계를 벗어나 궁극적으로 참된 실상을 경험하도록 고요히 마음 가운데로 물러앉아 집중하는 행위를 의미한다.[56]

플로티누스는 타락한 영혼은 신성을 모두 잃어버리고 '같지 않은 곳'(place of unlikeness)의 주민이 되어 어둠과 진창 속에서 살고 있다고 말했다. 그렇기 때문에 영혼은 자신이 떠나왔던 그곳으로 다시 돌아가기를 열망한다. 이러한 영혼의 열망을 '본향'(Fatherland) 이라는 사실적인 단어로 표현했다. 그는 영혼이 본향으로 돌아가는 길은 정화의 길을 통하여 이루어진다고 주장하고 있다. 그러나 정화를 통한 자기 탈피와 자기 부정이 우리를 '지성'의 세계 안으로 들어가게 해주는 것이 아니라, 오히려 영혼이야말로 참으로 지성에 속한다는 사실을 드러내 주는 것이라고

---

55) Ibid., p. 25.
56) 이경순, "관상기도의 교회사적 고찰", op. cit., p. 41.

말한다. 따라서 정화를 통하여 영혼은 자기를 회복하고 자기 안에서 형상의 세계, 즉 지성의 세계를 알게 된다고 주장한다. 그가 말하는 지성의 세계는 스스로를 초월한 곳으로, 영혼은 추론적이고 산만한 지식을 초월하여 더 직접적이고 직관적인 깨달음에 이른다는 것이다. 여기에서 플로티누스가 말하고 있는 정화란, 인간의 의지적인 노력의 결과가 아니라 더욱 차원 높은 실재에 의해서 좌우되는 것임을 알 수 있다.[57]

플로티누스에게 있어서 '선'을 아는 것, 즉 '선'과 접촉하는 것은 대단히 중요한 의미를 갖는다. 그는 '선'과의 접촉을 통하여 '선'의 속성과 '선'으로부터 흘러나오는 모든 것을 이해하게 됨으로써 '일자'와 하나가 될 수 있다고 믿고 있다. 이때 영혼이 별안간 자기를 벗어나 합일에 휩쓸려 들게 되는데, 이때의 합일은 영혼이 이루어 낼 수 있는 것이 아니라 영혼에게 찾아드는 것이라고 표현하고 있다. 여기에서 주의해야 할 점은 '일자'가 그 어떤 활동으로 탈혼 상태에 있는 영혼을 자기에게로 이끌어 들인다고 생각해서는 안 된다는 것이 그의 기본 입장이다. 그는 영혼은 '일자'와의 합일을 통해 탈혼 상태, 즉 "자기 밖으로 나간다"(sortie de soi)는 것을 누누이 강조하고 있다. 엄밀히 말하면 이러한 상승으로 영혼이 '누스'가 되거나 '누스'가 '일자'가 되는 것이 아니라, 영혼은 자기 밖으로 나와서 다른 것이 된다는 것이다.[58]

이렇게 플로티누스에 의하면 모든 것이 일자로부터 나와서 다시 일자로 돌아간다. 만물의 근원인 일자는 본성적으로 모든 것을 방출해 낸다. 그러나 이러한 유출에도 불구하고 일자는 그 자체로서 결코 감소하지 않으며, 따라서 유출은 시작도 끝도 없는 행위이다. 우리가 살아가는 이 감각적인 혹은 물질적인 세계의 다양성은 일자로부터 하향적으로 범람한 결과이다. 일자는 필연적으로 자기 충만에 의해 범람하게 되고 이 범람은 물질적인 세계에 이르기까지 그 단계를 점점 낮추어 간다. 이것이 소위 말하는 통일성으로부터 다양성에 이르는 일자의 하향적 운동이다. 일자로

---

57) Ibid., pp. 41-42.
58) Ibid., pp. 42-43.

부터의 유출이 아래로 내려갈수록 일자의 단일성은 더 옅어지고 다양성은 더 짙어진다. 유출의 마지막 단계는 물질세계이다. 이곳은 절대 단순성으로부터의 유출의 전 과정이 점차 없어져 가는 곳이며, 일자와 관련하여 가장 적은 통일성과 가장 많은 다양성이 있는 곳이다.[59)]

플로티누스는 개별적인 인간 영혼이 이러한 물질과 접촉하면서 오염되었다고 보았다. 따라서 인간의 영혼은 높고 높은 통일성을 향해 올라가기 위해 자신을 정화시켜야 한다. 이 정화는 플라톤이 「파이도스」에서 이야기한 바와 같이 영혼의 순화 혹은 덕행을 통해서 이루어지는 것이다. 이러한 정화를 통하여 인간의 영혼은 자신이 일자로부터 유출되었다는 사실을 깨닫게 되고, 감각적인 세계를 향했던 관심을 일자에게로 돌리게 된다. 이것이 다양성에서보다 높은 통일성으로 향한 상향적 운동이다. 이러한 상향적 운동은 인간이 마음속 깊은 곳으로 물러서서 자기를 바라봄으로 이루어진다. 그는 불멸하는 영혼을 가진 인간이 관상을 통해서 감각적인 세계를 벗어나 사물의 본질에 참여하게 된다고 보았다.[60)]

플로티누스에게 있어서 관상의 절정에서 얻어지는 연합의 본질을 말하고 있다. 즉 현세에서는 인간의 몸이 저급한 것들과 묶여 있기 때문에 현세에서 관상을 통해 얻는 연합은 잠시만 지속될 뿐이다. 그러나 실제 연합은 '봄을 획득한 사람이 다른 존재가 되는 것,' 말하자면 보는 자와 봄의 대상이 일치되는 것이다. 그 상태에서 그는 자기 자신이기를 그치며 자신의 것은 아무것도 소유하지 않는다. 우리는 그 목표를 '타자이나 우리와 하나인 것'으로 느낀다. 즉 일치다. 신비적 연합은 자기 초월이면서 동시에 영혼의 참된 자아에게로 꿰뚫고 들어가는 것이다.[61)]

플라티누스의 관상의 특징을 요약해 보면, 그에게 있어서 신비적 연합은 자기 초월이면서 동시에 영혼의 참된 자아에게로 꿰뚫고 들어가는 것이다. 그의 저서 「에네아드」에 따르면 그의 '관상'과 '봄'(theoria)에는 한

---

59) 라영환, "개혁신학적 입장에서 바라본 관상기도", op. cit., p. 15.
60) Ibid., pp. 15-16.
61) 윤정아, "관상기도의 역사에 관한 연구", op. cit., pp. 52-53.

계가 없다. 이것은 관상이 영혼의 생명 자체, 영혼을 산출해낸 '작용'이며 그 원천에게로 복귀하려는 환원적 동경이기 때문이다. 그는 "모든 것이 관상으로부터 나오며 모든 것이 관상이다."라고 말한다. 그의 저술에서는 관상의 극치에서 발견되는 직관을 조명, 유입, 수태, 소유 등에 비유하여 묘사하고 있다. 직관은 '갑자기' 모든 형태의 지식을 능가하는 현존의 상태로 나타나는데, 최고의 순간에 영혼은 스스로에 대한 의식을 잃어버리고 일자에게 기인되는 것으로 간주 되는 '앎'의 형태를 취한다. 이는 일자와 연합함으로써 직관으로 아는 것이다.[62]

그러나 플로티누스의 관상은 앞에서 살펴본 플라톤이나 필론처럼 인격적 하나님과의 연합을 완성하지는 않는다. 플로티누스의 목표에서는 분별력 있는 인격이 존재하지 않는다. 그에게 개인주의적이고 사적이고 내적인 요소들이 있음은 사실이지만 플로티누스가 추구했던 해방은 철학적 엘리트들에게만 해당되는 것이며 또한 사적이고 개인적인 일이었다. 또 이 철학적 목표는 특정의 역사적 인물이나 사건과는 하등의 관계도 없다. 그것은 영원히 현존하며 그 실현을 위하여 어떠한 역사적 과정도 필요로 하지 않는다. 이 연합과 그 시대의 기독교 신비적 연합은 무척 다른 개념이었다. 그러나 그럼에도 불구하고 플로티누스의 사상이 서방과 동방의 기독교 신비주의 형성에 주요한 영향을 끼쳤다고 알려지고 있다.[63] 즉 관상을 통해서 일자에 대한 궁극적인 통찰이 가능할 뿐만 아니라 그것과의 연합에 이를 수 있는 경지에 도달하게 된다는 플로티누스의 이론은 중세 신비주의운동가들에게 지대한 영향을 미쳤다.[64]

2. 초대 교부신학에서의 관상

---

62) 이경순, "관상기도의 교회사적 고찰", op. cit., p. 44.
63) 이혜원, "관상기도 연구", op. cit., p. 25.
64) 라영환, "개혁신학적 입장에서 바라본 관상기도", op. cit., p. 16.

가. 속사도 시대의 관상

속사도 시대(post-apostolic age, AD 95~135)란 60년경 사도시대가 끝
난 후부터 2세기까지를 말한다. 속사도 교부들이란 용어는 전통적으로 신
약성경 밖에 남아 있는 최초의 기독교적인 저술들을 수집하기 위하여 사용
되었다. 이 시기는 기독교 역사에 있어서 로마제국을 정복할 중요한 시기
로 속사도 교부들은 이것에 대한 중요한 증인들이라 할 수 있다. 이 시기
에 씌어진 글로는 「디다케」, 「바나바 서신」, 「헤르마스의 목자」, 「안
디옥의 이그나티우스의 일곱 서신」, 「서머나의 폴리캅의 두개의 서신」
등이 있다. 그런데 2세기 초부터 2세기 말까지는 기독교가 로마제국 안으
로, 또는 그레코 로마 세계로 뻗어 나가면서 기독교의 교리를 확립하고, 기
독교 신앙을 이방인들에게 변증하는 시대였다.[65] 이제 속사도 교부들의
「디다케」, 「바나바 서신」, 「안디옥의 이그나티우스의 일곱 서신」 등
에 나타난 관상과 저스틴, 이레니우스의의 관상에 대하여 살펴보고자 한다.

저스틴은 플라톤과 플라톤주의자들을 잘 알고 있었으나 회심하면서 플
라톤주의와 결별했다. 그는 영혼의 본성적 신성에 대한 플라톤주의자들의
견해가 옳지 않다고 확신하며, 플라톤 교리의 모순성을 보게 해준 선견자
의 지도를 받아 기독교적인 입장으로 나아갔다. 그의 주장은 하나님에 의
해 출생한 이성이 출생한 것이 아닌 성령에 의해 장식된 것이라고 한다.
그의 저서 「트리포와의 대화」에서 '하나님을 봄'이라는 플라톤의 견해를
비판한다. 그는 자신이 기록한 두 권의 변증서에서 플라톤을 많이 인용했
지만 하나님을 보는 것이 인간의 목표라고 언급한 적은 없다. 그러나 영
혼과 하나님의 교제에 대해서 말할 때는 그 시대에 통용되었던 플라톤주
의의 표현들을 사용하였던 것을 볼 수 있다.[66]

---

65) 이경순, "관상기도의 교회사적 고찰", op. cit., p. 48.

반면 이레니우스에게서 있어서는 하나님을 보는 것이 중심이 된다. 그의 저서 「이단 논박」에서 말해주듯이, 하나님의 영광은 살아있는 인간이며 인간의 생명은 곧 하나님을 보는 것이다. 이에 발타사르(Balthasar)는 주장하기를 이레니우스의 신학은 영지주의와는 달리 '존재하는 것을 봄'에 집중하는데, 이는 플라톤의 관상 의미보다는 사실들의 분명한 메시지 앞에 서 있는 것을 의미한다. 이레니우스는 보이지 않는 하나님이 어떻게 모든 역사를 회복시키면서 성육하신 아들을 통하여 보여지게 되었는지를 밝혀내려는 노력을 하였다. 이는 장래 동방과 서방의 신비신학을 위한 교리적 근거의 중요한 부분이라 할 수 있다. 이레니우스는 창조주 하나님이며 구속자이신 하나님을 보여주는 역사적 예수를 보는 것을 강조했다. 이것은 하나님을 봄에 대한 영지주의의 개념에 대한 강력한 공격이었음을 알 수 있다. 또한, 그는 마음이 청결한 사람이 하나님을 볼 것이라는 약속이 기독교 신앙에 필수적인 부분임을 상기시켜 주었다. 이레니우스는 그리스도인들이 완전을 향해 가는 과정을 분석하기보다는 성육신의 가현설적 견해를 공격하는 상황에서 신화라는 주제를 사용하였다. 그는 정통교회에서 신화라는 주제를 최초로 사용한 신학자였다.[67]

나. 클레멘트(Clement of Alexandria)의 관상

(1) 클레멘트는 누구인가?

알렉산드리아의 클레멘트(Clement of Clement, A.D 150~215)는 이교도 가정에서 태어났지만 어린 시절 회심하여 평생을 기독교 신앙에 관한 진리를 탐구하는 데 여생을 바쳤다. 그는 오랜 여행 끝에 만족할만한 스승 판테누스(Pantenus)를 만나 알렉산드리아에서 기독교 교사가 되었다.[68]

---

66) Ibid., pp. 48-49.
67) Ibid., p. 49.
68) Ibid., p. 49.

클레멘트는 하나님을 봄, 신화, 연합이라는 개념들을 다룬 최초의 기독교 저술가이다. 그래서 레바스티는 그를 기독교 신비주의의 창시자라고 불렀다. 그는 참 영지가 교회의 삶에 근본적인 것이라고 주장했을 뿐만 아니라, 처음으로 영지를 중기 플라톤주의의 부정(apophatic)신학의 틀에 끼워 맞춘 사람이었다. 하나님을 봄이라는 주제는 그가 기독교 신비신학의 기초를 놓았음을 이해하는데 핵심적인 열쇠가 된다. 그는 자신의 중요한 개념들을 그리스 종교철학의 언어로 표현했지만, 그것들의 근거는 성경 본문에서 찾았다. 클레멘트는 두 개의 분명한 인식을 토대로 그 시대의 플라톤적 신비주의의 주제들을 받아들여 적용했다. 즉 첫째는 영혼이란 본래 신적인 것이 아니라는 것이고, 둘째는 비록 영지가 중요한 것이기는 하지만 구원의 전제조건은 아니라는 것이다.[69]

(2) 클레멘트의 관상 이해

클레멘트는 '하나님을 바라봄'이 기독교 신앙의 핵심이라고 보았다. 그는 그의 저서 「스트로마타(Stromata)」에서 삶의 목표는 하나님을 보는 것이라고 말했다. 기독교적 영지주의를 주장했던 클레멘트는 영지자 삶의 목표는 철저하게 보는 것이기 때문에 '지식(Γνωσις, gnosis)'의 목표와 열매도 하나님을 보는 것이라고 주장하였다. 클레멘트는 플로티누스의 영혼의 상승이라는 개념을 받아들여 현세에서 하나님을 바라보는 것은 점진적인 과정이라고 보았다. 믿음은 실재(reality)에 대해 훈련되지 않고 열등한 반응이었다. 그는 믿음은 구원의 지식에 대한 텅 빈 지식 혹은 해골과 같은 것이며, 참된 지식(gnosis, 영지)만이 우리가 믿음으로 받았던 골격과 같은 지식에 살을 채우게 한다고 보았다. 클레멘트에게 있어서 이러한 참된 지식은 오직 하나님을 바라봄을 통해서, 즉 하나님을 관상함을 통해서만 얻어질 수 있는 것이었다. 이러한 믿음과 지식에 대한 클레멘트의 구

69) Ibid., p. 50.

분은 전적으로 플라톤 철학에서 온 것이다.[70]

그런데 믿음은 본질적인 것들에 대한 간결화된 지식이다. 그러나 지식은 믿음으로 받아들인 것에 대한 확실하고 흔들리지 않는 증거이다…. 앞에서 말한 바와 같이 이교에서 믿음으로 옮겨가는 첫 번째 종류의 변화가 있고, 다시 믿음에서 지식으로 옮겨가는 두 번째 종류의 변화가 있다. 그리고 이 지식은 사랑으로 연결되어 있기에 아는 것과 알려지는 것 사이에 친교가 이루어진다. 그리고 이와 같은 단계에 이른 자는 이미 천사들과 동등하게 된다. 이렇게 육신에 있어서 최종적인 상승에 이른 후에 계속 전진하여 헤브도마드(Hebdomad)[71]를 거쳐 하나님이 거하시는 곳에 들어가게 될 것이다.[72]

여기서 우리는 클레멘트의 지식에 대한 견해가 스토아 철학에서 말하는 지식(Υνωσις)과 유사하다는 사실을 발견하게 된다. 단순히 믿기만 하는 단계는 수련이 덜된 초신자들에게 필요한 것이고, 지식은 관상을 통해서 하나님을 바라보는 자의 것이라는 그의 견해는 스토아 철학에서 그대로 기독교로 옮긴 것이다.[73]

클레멘트는 그의 저서 「스트로마테이스」 제1권에서 "삶의 목표는 보는 것이다."라고 말했다. 영지적 영혼들은 항상 보다 높은 곳을 향해 올라가 마침내 사랑하는 마음으로 거울을 통해서 영원히 지속되는 광경을 보게 된다. 이것을 마음의 청결함에 의한 인지적인 봄으로 설명하고 있다. 이것은 지식과 봄을 연결하는 대표적인 구절로서, 하나님을 봄은 지식의 목표이며 곧 열매라고 할 수 있다. 여기에서 클레멘트는 바울이 고린도전서 13장 12절에서 말한 것처럼 "얼굴과 얼굴을 맞대고 보는 것"에 대해서 말하고 있지만, 바울과 다른 점은 이러한 바라봄은 지상에서부터 시작된다는 것이다.[74]

---

70) 라영환, "개혁신학적 입장에서 바라본 관상기도", op. cit., pp. 16-17.
71) 헤브도마드는 플라톤의 「대화록(Timaeus)」에 나오는 물질세계의 세계의 창조자를 말한다.
72) Ibid., pp. 17에서 재인용.
73) Ibid., pp. 17-18.
74) 이경순, "관상기도의 교회사적 고찰", op. cit., p. 50.

클레멘트에 의하면 현세에서 하나님을 보는 것은 점진적인 과정이라고 할 수 있다. 그는 하나님을 보는 데 이르는 신비적 단계들에 대해서 언급하고 있는데, 완전의 과정은 영혼이 무정념[75]의 상태로 하나님께 나아가는 것과 하나님께서 주시는 신화라는 선물에 의해 가능한 것임을 규정하고 있다.[76]

클레멘트는 그리스도인의 완전을 나타내기 위해서 신화 혹은 하나님처럼 된다는 개념을 폭넓게 사용한 최초의 기독교 저자였다.[77] 하나님처럼 된다는 것에 대해서 그의 「스트로마테이스」에서는 다음과 같이 선언하고 있다.

> 인간이 어떻게 하나님이 될 수 있는지를 인간에게 배우게 하기 위해서 하나님의 로고스가 인간이 되셨다. 주께 순복하고 주를 통해서 주어진 예언을 따르는 자는 그 스승의 모양을 따라 완전해지므로 육체로 있는 동안에도 하니의 신이 된다.[78]

클레멘트는 신화에 관한 자신의 가르침 근거로 베드로후서 1장 4절의 '신의 성품에 참여하는 자'라는 본문을 사용하지 않고, 다른 교부들이 사용한 두 개의 다른 본문을 사용한다. 이 구절들은 신화의 유익한 증거가 되는 구절이기는 하지만, 바울과 요한이 가르친 그리스도와 신자의 일치와 인간 실존의 목표에 대한 철학자들의 가르침은 구분되어야 할 필요가 있다. 신의 성품에 참여한다는 것, 천사와 동등해지는 것을 그리스도 혹은 감추인 하나님과 동일시해서는 안 되기 때문이다. 이에 대해 클레멘트는 로고스의 신성과 우리가 그를 통해 얻는 신화를 구분하였다. 그는 요한복음 1장 18절의 "본래 하나님을 본 사람이 없으되 아버지 품속에 있는 독생하신 하나님이 나타내셨느니라."라는 요한의 메시지에 동의하고 있다.

---

75) 무정념(Apatheia)은 욕구(pathos)가 없음이라는 뜻으로, 스토아학파가 지향했던 금욕의 경지를 이르는 말이다.
76) 이경순, "관상기도의 교회사적 고찰", op. cit., p. 50.
77) Ibid., pp. 50-51.
78) Ibid., p. 51에서 재인용.

또한, 하나님의 불가지성에 대한 그의 고찰들은 그리스도가 우리를 신적 심연으로 이끌어 줄 유일한 원천임을 강조하려는 데 그 목적이 있음을 알 수 있다.[79]

클레멘트의 관상에 대한 사상은 헬라적 배경에서 취한 것이라는 비판을 받기도 했다. 당시의 영지주의를 대처하는 데 있어서 중요한 역할을 한 것이 사실이다. 또한 '하나님을 봄'과 '신화'에 관한 그의 견해들은 이후에 오리게네스에게 많은 영향을 끼쳤다.[80]

다. 오리게네스(Origen, Oregenes)의 관상

(1) 오리게네스는 누구인가?

오리게네스(Origen, Origenes A.D. 185~254)는 185년경 알렉산드리아의 경건한 기독교 가정에서 태어났다. 오리게네스의 부친 레오디네스는 그에게 고전 헬라 교육과 성경을 잘 가르쳤다. 그의 부친은 202년 세베루스의 박해 때에 순교했는데, 당시 젊은 오리게네스와 함께 순교하려고 하자 그의 어머니가 옷을 감추는 바람에 순교의 뜻을 이루지 못하였다고 한다. 이후 오리게네스는 기독교공동체의 요리 문답 교사로 임명되었는데, 그의 헌신적인 연구와 엄격한 생활방식, 그리고 성적 쾌락을 피한 것은 그리스 철학자들과 기독교 금욕주의자들의 모범이 되었다. 오리게네스는 수많은 저술을 남겼지만, 6세기에 많은 저술이 이단으로 정죄 되어 파괴되었다. 다행히도 남아 있는 것 중 「요한복음 주석」과 「아가서 주석」은 그의 사상을 이해하는 데 큰 도움이 된다. 그는 기독교가 알고 있는 최초의 주석가였다.[81] 이러한 오리게네스는 플라톤 철학에 깊이 영향을 입었다. 그는 철학이란 기독교 신학자에게 변증법적 사고력을 키워주는 훈

---

79) Ibid., p. 51.
80) Ibid., p. 51.
81) Ibid., p. 52.

련으로 유익한 학문이라고 생각했다.[82]

오리게네스는 알렉산드리아에서 활동한 교부로 플라톤주의자들의 관상에 대한 사상을 기독론적으로 해석하여 초대교회의 영성신학 형성에 중요한 기여를 한 인물이라고 한다.[83] 그는 철학이란 기독교 신학자에게 변증법적 사고력을 키워주는 훈련으로 유익한 학문이라고 생각했다.[84] 그러나 오리게네스는 영혼의 불멸과 만물의 궁극적 회복을 의미하는 만유구원설을 가르쳐 이단으로 정죄되기도 하였다.[85]

(2) 오리게네스의 관상 이해

클레멘트의 영향을 받은 오리게네스(Orineses, 185~254)는 그리스도인의 삶을 하나님을 향한 영혼의 순례라고 보았다.[86] 즉 그리스도인의 삶을 예수님과 같은 모습으로 변화하여 점점 더 큰 영광에 이르게 되는 순례의 과정이며, 하나님과의 연합을 향한 순례로 보는 것이다. 이것은 영혼이 본래의 상태를 향해 나아가는 점진적 회귀이며, 영적 변화의 과정이요, 상승의 과정이며, 하나님에 대한 지식이 향상되는 과정이다.[87]

오리게네스는 영혼의 순례 목표를 그리스도의 신비에 대한 '신비적인 봄'과 보다 '고등한 지식'이라고 생각했다. 「오리게네스와 신비지식」을 저술한 크루젤(henri Crouzel)은 오리게네스에게 있어서 "지식은 하나의 봄이나 직접적인 접촉, 그 대상에 참여하는 것, 연합, 그 대상과 섞이는 것, 그리고 사랑이다"라고 말한다. 하나님을 안다는 것은 영적인 눈으로 하나님을 보는 것이며, 지식은 또한 사랑이며 결합이다. 즉 안다는 것은 사랑하는 것이며, 사랑한다는 것은 결합한다는 것이다. 지식이 커질수록

---

82) 윤정아, "관상기도의 역사에 관한 연구", op. cit., p. 60.
83) 김수천, "관상기도의 성서적 유례와 성서 신학적 의미 고찰", 「실천과 신학」, 한국실천신학회(2021), p. 236.
84) 이혜원, "관상기도 연구", op. cit., p. 29.
85) 김수천, "관상기도의 성서적 유례와 성서 신학적 의미 고찰", op. cit., p. 236.
86) 라영환, "개혁신학적 입장에서 바라본 관상기도", op. cit., p. 18.
87) 이경순, "관상기도의 교회사적 고찰", op. cit., p. 52.

사랑은 더욱 뜨거워지게 되므로 오리게네스에게 있어서 지식이란 지성적이며 동시에 감성적인 것이다.[88]

이에 라영환은 오리게네스의 관상에 관한 주장들이 성경보다는 플라톤주의에 더 가깝다고 보고 있다. 즉 그리스도인의 삶을 하나님을 향한 영혼의 순례라고 본 오리게네스의 주장은 플로티누스의 영혼의 상승이라는 개념과 상당히 유사하게 보인다는 것이다. 플라톤이나 플로티누스에게 있어서 영혼이 이데아 혹은 일자와 동족(同族)관계에 있는 것과 같이, 오리게네스는 인간의 영혼이 하나님과 동족관계에 있다고 보았다. 그리고 플로티누스가 영혼이 자기가 일자로부터 유출되었다는 것을 깨닫고 그 관심을 일자로 돌린 것과 같이, 인간의 영혼이 관상을 통해 하나님을 향한 상승운동을 한다고 보았다. 앤드루 라우스(Andrew Louth)는 오리게네스가 비록 플라톤의 사상에 빚을 지고 있지만, 철학보다는 성경에 바탕을 두었다고 보았다. 그러나 이는 어디까지나 관상기도가 그리스 철학에 근간을 두었다는 비판을 피하기 위한 주장이다. 오리게네스에게 있어서 성경은 그가 신플라톤주의로부터 받았던 사상을 증명하기 위한 지지 본문(proof text)으로서만 사용되었을 뿐이다.[89]

오리게네스는 영혼은 '윤리적 단계(ethike)', '자연을 관상하는 단계(physike)', 그리고 '하나님을 관상하며 상승하는 단계(enoptike)'를 거쳐야 한다고 주장하였다. 그가 말하는 윤리적인 단계란 플라톤이 「파이도스」에서 이야기한 것과 같이 육체의 정욕을 죽이는 단계를 말한다. 그리고 자연을 관상하는 단계는 세상의 무상함을 깨닫고 세상을 초월하려는 것을 소망하는 것을 말한다. 이 두 단계의 목표는 육신을 영혼에 순응하게 한 후에, 육신으로부터 영혼을 해방하게 하는 것이다. 이렇게 영혼이 육신으로부터 해방하게 될 때 비로소 하나님을 관상하는 길로 들어서게 된다. 이러한 관상을 통해서 인간은 '하나님과 같이(being like God or being

---

88) Ibid., pp. 52-53.

89) 라영환, "개혁신학적 입장에서 바라본 관상기도", 「한국교회사학회지」 21권, 한국교회사학회(2007), pp. 18-19.

deified)' 된다. 오리게네스는 인간의 영혼은 '되어짐의 세계 혹은 변화의 세계'(The world of becoming)로부터 일어나 '존재의 세계'(the realm of being)로 들어가야 한다고 보았다. 그리고 이러한 도약은 오직 영지적인 그리스도인에게만 가능한 것이라고 보았다.[90]

오리게네스는 플라톤 철학의 관상개념을 수용하되 기독교적으로 차별화하여 수용하였다. 그 내용을 김수천은 다음과 같이 요약하여 제시하고 있다.[91]

첫째, 플라톤은 영혼에 대해 영혼은 창조된 것이 아니라 불멸하는 운동의 원리로서 신적 본성을 지녔다고 가르쳤다. 이에 대해 오리게네스는 영혼의 불멸은 수용했으나 영혼은 타락한 본성을 지닌 것으로 평가하였다. 따라서 영혼이 이데아의 세계를 관상함을 통해 스스로 신적 지혜를 얻을 수 있다고 가르친 플라톤의 관점을 전적으로 수용하지는 않았다.

둘째, 플라톤은 이원론에 따라 육체를 부정적으로 이해하여 정신을 가두는 감옥이라고 표현하기도 하였다. 반면, 오리게네스는 바울의 교훈을 따라 인간존재를 영·혼·육으로 구성된 것으로 이해하였다(살전5:23). 생각과 감정이 기능하는 영역인 인간의 혼은 육체적인 사랑이나 인간들 사이의 다양한 감정적 얽매임에서 벗어나야 함을 강조했다. 그리고 육체는 지상에서 영혼의 훈련을 위한 교육의 기회가 된다고 긍정적으로 해석하기도 하였다.

셋째, 플라톤은 이데아를 향한 영혼의 상승과정에 신적 돕는 자라는 개념을 설정하지 않았다. 하지만 오리게네스는 영적인 상승은 성자를 통해서만 가능하다고 강조하였다. 그는 성자의 하강과 승천의 모델을 신자들의 영적 상승의 모델로 설명하였는데 이것은 오리게네스의 독특한 사상으로 그는 이러한 개념의 선구자가 된다고 맥긴은 설명한다.

넷째, 플라톤이 관상을 향한 여정에서 강조한 정화와 조명, 그리고 연합에 대하여 오리게네스는 구약의 지혜문학을 통하여 설명한다. 즉 잠언은 정화를 위한 책, 전도서는 조명을 위한 책, 그리고 아가서는 연합을 위

---

90) Ibid., p. 18.
91) 김수천, "관상기도의 성서적 유례와 성서 신학적 의미 고찰", op. cit., pp. 236-237.

한 책으로 설명하였다.

다섯째, 플라톤은 영혼의 상승과정에서 영혼이 갖는 궁극적 진리에 대한 갈망을 사랑으로 표현하며 사랑이 중요한 역할을 한다고 가르쳤다. 반면, 오리게네스는 하나님 안에서의 영적 진보를 에로스 사랑의 개념으로 설명하였다. 그는 영적 갈망과 진보의 핵심은 하나님에 대한 사랑이라고 이해하였는데 그 사랑을 설명하기 위해 에로스 사랑의 개념을 사용하였다. 즉, 하나님의 사랑을 대문자 Eros라고 칭하고 신자의 사랑을 eros ii라고 지칭하였다. 플라톤과 달리 절대자와의 인격적 사랑의 관계를 기독교적으로 적용한 것을 볼 수 있다.

플라톤주의의 영향을 받은 오리게네스는 영혼의 순례를 그리스 철학의 이원론적 체계에서 생각하지만, 근본적인 그의 생각은 철학보다는 성경에 바탕을 두고 있다. 그는 순례의 과정을 행동과 관상으로 구분하였다. 한 예로 누가복음 10장 38~42절의 마르다는 행동을 나타내고 마리아는 관상을 나타낸다고 해석한다. 그는 관상을 행동보다는 우위에 두고 더욱 진전된 단계라고 설명하지만, 이 둘은 영혼의 교육을 위해서 항상 협력해야 할 것을 역설한다. 그는 이 두 가지 삶의 측면은 예수님에게서도 찾아볼 수 있다고 한다. 즉 요한복음 1장 39절에서의 "와서 보라"는 말씀은 '와서'는 행동을 가리키는 것이며 '보라'는 관상을 가리키는 것이라고 말한다. 그러므로 예수님은 이 말씀을 통해 우리를 관상적 삶으로 초대하신다는 것이다. 따라서 오리게네스는 가능한 한 세속적인 일들로부터 벗어나서 마음을 하나님께 향하고 그분을 관상하라고 가르치고 있다.[92]

오리게네스는 이러한 관상을 통하여 우리의 영혼이 말씀과 연합을 이루는 단계에 다다르게 된다고 주장한다. 이 단계에서 우리는 말씀과 교통하고 그분의 신비에 들어가게 된다는 것이다.[93] 이때 우리의 영혼은 하나님의 말씀에 대한 뜨거운 갈망하게 되는데 이에 대해 다음과 같이 표현하고 있다.

92) 이경순, "관상기도의 교회사적 고찰", op. cit., p. 53.
93) Ibid., p. 53.

영혼은 말씀을 밤낮으로 바라고 기대하며, 그분에 대해서만 말할 수 있고, 그분에 대해서만 들으려 하고, 그분만을 생각하며, 그분 외에는 어떤 희망이나 기대도 가지려고 하지 않는다. 영혼은 하나님 말씀의 아름다움과 청명함을 분명하게 바라보면서 그분의 우아함과 깊은 사랑에 빠지게 되며, 말씀으로부터 사랑의 표지와 상흔을 받고 천상의 사랑과 대망에 의해 움직이게 된다.[94]

하나님의 말씀에 대한 사랑에 사로잡힌 영혼은 모든 감각이 영적으로 바뀌게 되며 모든 생각은 하나님의 말씀으로 충만하게 된다는 것이다. 그리고 말씀에 의해 사로잡힌 영혼은 감각적이고 세상적인 것들로부터 영적이고 신적인 것으로 옮겨간다는 것이다. 이런 상태를 그는 하나님과의 신비스러운 연합으로 '영적 결혼'이라고 표현했다. 그러므로 영혼의 상승은 신부가 신방에 들어가기 위하여 준비하는 것과 같다고 주장하였다.[95]

이러한 오리게네스는 관상의 특징은 성부의 궁극적 불가지성이나 하나님 가운데의 어둠에 대해서는 언급하지 않았다는 점이다. 하나님을 알 수 없는 분이라고 했던 필로나 닛사의 그레고리우스와는 달리 그는 '하나님을 아는 것' 또는 '하나님을 보는 것'에 대해 이야기하고 있다. 그는 하나님의 궁극적인 불가지성에 대해 부정하지는 않지만, 하나님의 임재가 주는 긍정적인 면에 집중하게 했다는데 그 특징이 있다. 종종 그의 신학을 '빛의 신학'이라고 하는 것도 이런 관점에서이다. 그는 하나님의 신비를 완전하게 보고 이해하게 되는 놀라운 상태를 '무아경' 혹은 '황홀경'이라고 불렀다.[96]

플로티누스의 귀환의 과정과 맞대어 오리게네스는 영혼이 차례로 거쳐 나가야 할 세 가지 단계가 있다고 생각했다. 첫 번째로 덕을 배우는 단계(ethike)이고, 다음은 자연 만물을 바르게 받아들이는 단계(physike)이며, 마지막으로 하나님을 관상하며 상승하는 단계(enoptike)이다. 오리게네스는 이처럼 단계적으로 밟아나가는 계승의 개념을 강조했다.[97]

---

94) Ibid., pp. 53-54에서 재인용.
95) Ibid., p. 54.
96) Ibid., p. 54.

오리게네스는 하나님을 향한 영혼의 순례 마지막 단계를 완성, 신화, 또는 회복이라고 표현했다. 이때 영혼은 가장 높은 단계에서 하나님을 알게 되고, 그분과 마주 보게 될 것이며, 사랑으로 연합하게 될 것이라고 했다. 그는 이 상태야말로 하나님의 형상을 회복하고, 하나님에 대한 완전한 지식을 가지고 그분과 교제하는 축복된 상태라고 했다. 오리게네스는 완성, 신화를 말하면서 알렉산드리아의 클레멘트가 즐겨 사용하던 스토아주의의 용어인 '아파테이아'를 쓰지 않았다. 그는 하나님을 감정이 없는 분이라고 표현하는 것도 거부하며 사랑이 '아파테이아' 보다 우위에 있다고 주장하였다.[98]

이에 오리게네스는 영혼은 육신으로부터 해방되었을 때에 비로소 형이상학의 길, 즉 하나님 '그분'을 관상하는 길로 들어설 수 있게 된다고 보았다. 그 이유는 타락한 인류는 사회 안에 있는 인간들을 연구하거나 천계를 관상함으로써 진리를 발견할 수는 없다고 확신했기 때문이다. 이 길은 하나님의 자비에 의지하여 사랑으로 충만하게 되어야만 나아갈 수 있다.[99]

오리게네스의 신학 방법은 필론에게서와 같이 부정적인 방법은 아니다. 오리게네스은 황홀경이나, 하나님의 궁극적인 불가지성이나, 하나님 가운데의 어둠에 대해서는 언급하지 않았다. 그리고 어둠은 영혼이 거쳐 가야 할 하나의 단계일 뿐, 필론이나 닛사의 그레고리우스, 혹은 디오니시우스와 같이 궁극적인 것은 아니다. 그는 말하기를 어둠은 우리의 노력이 부족한 탓이며 하나님을 알고자 노력만 한다면 어둠은 사라질 것이라고 이야기한다. 또한, 그는 하나님의 불가지성의 개념을 받아들이고 싶지 않았던 사람으로 짐작된다. '하나님은 알 수 없는 분'이라고 했던 필론이나 닛사의 그레고리우스와는 달리, 오리게네스는 주저하지 않고 '하나님을 아는 것' 또는 '하나님을 보는 것'에 대하여 말하고 있다.[100]

---

97) 앤드루 라우스, 「서양 신비사상의 기원」, 배성옥 역, (왜관: 분도출판사, 2001), p. 99.
98) 이경순, "관상기도의 교회사적 고찰", op. cit., p. 55.
99) 윤정아, "관상기도의 역사에 관한 연구", (미간행석사학위논문, 협성대학교대학원, 2011), p. 61.
100) Ibid., p. 61.

이러한 오리게네스가 말한 하나님을 관상한다는 것, 즉 하나님을 안다는 것은 하나님에게 알려짐을 뜻하는바, 하나님은 당신을 아는 이들과 결합하시어 당신의 신성을 나누어 주시는 것이라고 하고 있다. 그러므로 하나님을 안다는 것은 '신성을 가지게 됨'(theopoiesis)이다. 하나님을 안다는 것은 사람이 지니고 있는 하나님의 모습을 되찾게끔 우리 스스로를 바꾸는 것, 사람이 다시 하나님을 닮아 원래의 모습을 되찾기까지 완전하게 되는 것이다. 여기에서 관상은 완성으로 이르는 길이다.[101]

그러나 오리게네스에게 있어서는 필론의 중보자에 대한 개념이 보이지 않는다. 이것은 플라톤적인 색채로 인간에게 본래 신적 본성이 있기 때문에 하나님을 봄으로써 그 신적 본성에 참여한다는 것이다. 그러나 이러한 논리는 기독교적 관상은 아니다.[102]

그러나 그럼에도 불구하고 오리게네스의 이와 같은 전통은 에바 그리우스에 의하여 발전되어 동방교회로 이어져 나갔다. 이 전통에 충실한 신비사상에 의하면 관상에 의한 합일이란 영혼의 첨단 부분인 '지성'과 하나님과의 합일이며, 둘의 결합은 '모습을 바꾸어주는' 비전을 통하여 일어나는 것이다. 이러한 합일 가운데 '지성'은 자신의 참된 본성을 찾게 된다. 그의 입장에서는 자신을 떠나 다른 존재로 나아가는 것이 아니므로 황홀상태란 있을 수 없다. 또한, 영혼과 합일하는 하나님은 알 수 없는 분이 아니다. 따라서 어둠이란 영혼이 상승하는 과정에서 거쳐나가야 할 단계일 뿐, 하나님 가운데 궁극적 어둠이란 있을 수 없는 것이다.[103]

관상에 관한 오리게네스의 교의는 말씀에 중심을 두고 있다. 또한, 하나님을 관상함은 오직 그리스도를 통하여 가능하다는 것을 분명히 주장하고 있다. 그런데 오리게네스가 말한 하나님을 관상하는 것, 즉 하나님을 아는 것은 단순히 머리로 이해하는 단계를 넘어섬을 의미한다. 그는 하나님을 아는 것이란 말의 의미를 설명할 때 성경에서 예를 들어 설명하고

---

101) Ibid., pp. 61-62.
102) Ibid., p. 62.
103) Ibid., p. 62.

있다. 이는 그의 저서인 「요한복음 주해」에 나타나 있다. 하나님을 안다는 것은 하나님에게 알려짐을 뜻하며, 하나님은 자신을 아는 이들과 결합하시어 자신의 신성을 나누어 주신다는 것이다. 그러므로 하나님을 안다는 것은 신성을 가지게 됨을 의미한다. 즉 하나님을 안다는 것은 우리가 지니고 있는 하나님의 모습을 되찾게끔 우리 스스로를 바꾸는 것, 우리가 다시 하나님을 닮아 원래의 모습을 되찾기까지 완전하게 되는 것이다. 따라서 관상은 완성에 이르는 길이다. 오리게네스에게 있어서 관상은 '모습을 바꾸어 주는' 비전이기 때문이다. 그는 모세가 성막에 들어갔을 때 얼굴 모습이 변한 것을 언급하며, 하나님을 관상하며 완성의 길로 나아가는 사람은 관상의 대상을 통하여 대상 안에서 스스로 거룩하게 된다고 주장하고 있다.[104]

그런데 오리게네스는 관상을 통해서 인간은 하나님을 마주 보고 그분과 연합하게 될 것이라고 주장한 것은 관상을 통하여 인간의 영혼이 일자와 연합할 수 있다는 플로티누스의 주장과 너무 유사하다. 이에 성경은 이 세상이 무로부터 창조되었다고 말한다. 그러나 오리게네스에게 있어서 영혼은 창조된 것이 아니라 하나님과의 동족관계이다. 이러한 이해는 성경보다는 신플라톤주의에 더 가까운 것이다. 성경은 오리게네스가 말하는 것처럼 인간이 하나님과 본성상 유사한 존재이기 때문에 하나님을 바라봄(관상)을 통해서 신적인 영역에 복귀한다고 말하지 않는다. 우리가 하나님께 나가는 것은 오직 예수 그리스도의 보혈의 공로로 그리스도의 의가 우리에게 전가될 때 가능하게 되는 것이다. 이를 통해서 보았을 때 오리게네스의 관상에 대한 이해는 플라톤의 앎의 여정을 기독교적으로 적용한 것이라고 말할 수 있다.[105]

---

104) 이경순, "관상기도의 교회사적 고찰", op. cit., p. 55.
105) 라영환, "개혁신학적 입장에서 바라본 관상기도", op. cit., p. 19.

1. 동방교회의 관상기도

관상기도의 역사적인 뿌리는 동방의 사막교부들을 중심으로 한 은수자
(隱修者)들의 활동과 그들 주변에 자연스럽게 나타나기 시작한 공동생활
수도자들 그리고 이후에 제도적으로 발전한 수도원의 활동에서 찾을 수
있다. 동방의 수도원제도는 3~5세기에 정착되었고 서방의 수도원제도는
6~11세기에 확립되었다. 동방에서는 파코미우스(St. Pachomius, 292~
379)와 바질(St. Basil the great, 330(29)~379)이 수도원의 정착에 공헌하
였고 서방에서는 「수도원 규칙」을 제정한 베네딕트(St. Benedictus of
nursia, 480~540)가 그러하였다.[1]

동방교회가 주관했던 지역은 발칸반도와 소아시아와 알렉산드리아 중
심의 이집트와 팔레스틴과 시리아 지방 및 메소포타미아였다. 그중 이집
트와 시리아는 기독교 수도자들이 처음으로 등장하는 장소였다. 이집트의
사막에 수도사들이 등장하기 직전, 시리아에는 '언약의 아들들(딸들)'이라
는 형제단들이 있었다. 수도사(monachos)라는 말이 처음으로 이집트 기독

---

1) 류충열, "영성수련의 한 과정으로서의 관상기도에 관한 연구", (미간행박사학위논문: 한신대학
교 신학전문대학원, 2007), p. 22.

교 파피루스에서 나타나고, 사부(abbot)라는 단어의 어원은 시리아어로 추정된다.[2]

초기 동방교회의 은수자 혹은 수도공동체와 관련이 있는 인물들은 전형적인 은수사였던 이집트 북부 사막의 안토니(St. Anthony 251~356), 나일강 상류의 타벤니시(Tabennisi)에 가장 성공적인 공동체를 세운 파코미우스, 4세기 갑바도기아 수도원운동과 「규칙」을 쓴 바질, 330년경에 이집트 스케티스(Scetis, 오늘날의 Wadinatrum)로 들어간 은수자이며 「50편의 신령한 설교」를 저술한 마카리우스(Macarius ?~390), 기독교 신비주의의 아버지라 불리는 닛사의 그레고리우스(Gregorius Nyssenus, 335~395) 등이 있다.[3]

은수자들의 출현은 다른 사회 경제적인 것을 이유를 들 수도 있겠으나 콘스탄틴 이후의 기독교의 어용화와 세속적 가치관에 대한 저항운동 혹은 정화운동의 성격이 강했다. 수도원운동은 모든 평화와 영적 자유의 일차적 원천은 기도라는 것과 엄격한 금욕의 필요성에 대한 확신에 기인한다. 그리고 수도자들의 진정한 성취는 자기 부인과 신비적 합일이다.[4]

동방교회의 영성은 '하나님과의 연합'이 강조된다. 동방교회는 하나님과의 연합을 위하여 금욕적인 삶, 은둔생활, 완전한 고독과 사색, 예수의 기도, 성상, 성례, 성찬 등을 중요한 도구로 사용하였다.[5]

가. 동방교회에서의 관상생활

흔히 영적 여행에 있어서 기본적인 두 단계를 구분한다. 그것은 활동적인 생활(praxis, praktike)과 관상생활(theoria)이 그것이다. 이 구분은 알

---

2) Ibid., p. 22.
3) Ibid., p. 22.
4) Ibid., p. 22.
5) 전성환, "렉시오 디비나를 통한 영성훈련", (미간행석사학위논문, 목원대학교 신학대학원, 2010), p. 10.

렉산드리아의 클레멘트(150년경~215)와 오리게네스(185년경~254)에게서 발견된다. 거기에서 마르다는 활동적인 생활의 상징으로, 마리아는 관상생활의 상징으로 다루어진다(참조: 눅10:38~42). 그런데 이 두 가지 용어는 오늘날과는 약간 다르게 사용되었다. 현대 로마카톨릭교회에서 활동적인 생활이란 가르침이나 설교나 사회사업에 종사하는 교단의 회원들과 관련되며, 관상생활은 봉쇄 수도자들과 관련된다. 그러나 동방교부들의 저서에서 그 용어는 외면적인 상태가 아니라 내면적 상태를 언급할 때에 사용된다.[6]

활동적인 생활이란 덕을 획득하고 정욕을 극복하기 위한 '금욕적인 노력'을 의미하며, 관상생활이란 하나님을 '보는 것'을 의미한다. 이 두 번째 용법에 따르면, 대부분의 은수자들과 봉쇄적인 삶을 사는 종교인들은 지금도 활동적 단계에서 분투하고 있다. 반면에 만일 세상에서 완전히 외면적인 봉사에 헌신하고 있는 의사나 사회사업가가 내적 기도를 실천하며 마음의 침묵을 획득했다면, 그는 동시에 관상생활을 추구하고 있다고 볼 수 있다.[7]

이러한 관상생활은 하나님에 대한 관상과 자연에 대한 관상으로 나누어진다. 그러나 두 단계로 이루어졌던 것이 세 단계가 된다. 즉 활동적 생활(Praktike), 자연에 대한 관상(또는 자연적인 관상, Physike), 그리고 엄격한 의미에서 하나님을 보는 것(Theoria)인 관상(이것은 Theologia, 또는 Gnosis, 영적 지식 등의 용어로 불린다)이 있다.[8]

(1) 활동적인 생활(Praktike)

활동적인 생활은 회개(metanoia)와 더불어 시작된다. 회개란 단지 죄로

---

6) 이현석, "관상과 기도 생활을 중심으로 본 동방 교회의 영성에 대한 고찰", (미간행석사학위논문: 가톨릭대학교 대학원, 2002), pp. 23-24.

7) Ibid., p. 24.

8) Ibid., p. 25.

인해 애통해 하는 것이 아니라 마음의 변화와 근본적인 회심, 우리의 삶 전체의 중심을 다시 하나님께 두려는 노력을 지속적으로 하는 것을 말한다.[9]

회개는 일반적으로 그리스도인이 되는 과정으로 이해된다. 즉 회개는 기독교 신자가 되기 위한 첫 번째 조건이다. 세례자 요한을 통해, 회개란 하나님의 결정적인 행위에 대해 시급히 결단해야 하는 인간의 자세임을 알게 된다. 여기에서 중요시되는 것은 '인간의 노력'이다. 그러나 세례와 연결시키는 의미에 있어서는 하나님께서 친히 이루어주시지 않으면 절대로 성취할 수 없는 종말론적인 행위이다.[10]

동방교부들에게 있어서 모든 그리스도인은 계명을 실천하고, 성사와 전례 생활에 참여함으로써 옳고 그름에 대한 인식(분별력)이 성장하며 그 인식에 따라 노력함으로써 점차 깨끗한 마음을 획득하게 된다. 이것이 활동적인 생활의 궁극적인 목적이요 apatheia를 성취하는 것이라고 한다.[11]

(2) 자연적 관상(Physike)

두 번째 단계인 자연적 관상(Natural contemplation)은 자연 안에서 하나님을 보고 하나님 안에서 자연을 보는 것이다. 즉 각각의 피조물들 안에서, 그것들을 통해서, 그 안에 현존해 계시면서 동시에 그것을 초월하시는 신적 현존을 인식하는 것이다. 그것은 각각의 사물을 하나의 거룩한 하나님의 발자취로 취급하는 것, 자연 전체를 하나님의 책으로 보는 것이다. 즉 피조물들의 존재에 대한 참된 인식을 연마함으로써 창조주께서 만물 안에 현존하여 계심을 발견할 수 있다는 것이다.[12]

이 단계는 다음 단계인 하나님에 대한 관상으로 들어가는 하나의 입문

---

9) Ibid., p. 25.
10) Ibid., p. 26.
11) Ibid., p. 27.
12) Ibid., p. 28.

과정이 되기도 한다. 이제 기도하는 사람은 하나님이 지으신 사물들을 관상함으로써, 하나님 자신에 대한 관상에 이른다. 이 둘째 단계인 자연적 관상은 반드시 활동적인 삶 뒤에 이어질 필요가 없으며 동시에 이루어질 수도 있다고 한다.[13]

모든 관상은 용의(깨어 있음, nepsis)가 없으면 불가능하다. 즉 지금 있는 곳에서, 이 순간 이 장소에 집중하는 법을 배우지 않는 한, 나는 자연이나 하나님에 대해 관상할 수 없다. 그러므로 모든 행동을 멈추고, 그저 대상을 바라보고 귀를 기울여야 한다. 이것이 바로 관상의 출발점이다.[14]

자연을 통해서 하나님을, 그리고 하나님을 통해서 온갖 자연을 바라보게 될 때에 기도자는 하나님께서 부여하신 질서 안에 있는 한 인간으로서의 참된 위치를 깨닫기 시작한다. 즉 만물의 존재에는 피조된 것이 아닌 하나님의 에너지가 스며들어 있으며, 또 그에 의해서 유지된다. 따라서 만물은 하나님의 현존을 깨닫게 하는 하나의 신현(theophany)이 된다.[15]

하나님은 만물 위에, 만물 너머에 계시지만, 동시에 창조주이신 하나님은 만물 안에 계신다. 따라서 자연에 대한 관상은 모든 사물과 사람 및 순간을 하나님의 표징이며 발자취, 에너지로 보기 때문에 우리는 영적 시각을 가지고서 각각의 사물을 보이는 그 자체로 볼 뿐만 아니라 투명한 것으로 보아야 한다. 즉 그 피조물들 안에서, 그리고 그것들을 통해서 그 안에 스며계신 하나님을 분별해야 한다. 각 사물의 특성을 발견할 때에, 또한 각각의 사물이 그 자체를 초월하여 그것을 지으신 분을 가리키고 있다는 것도 발견해야 한다. 이것이 자연에 대한 관상이다.[16]

(3) 하나님께 대한 관상(Theoria)

---

13) Ibid., p. 28.
14) Ibid., pp. 28-29.
15) Ibid., p. 29.
16) Ibid., p. 29.

세 번째 단계인 하나님께 대한 관상에서 동방교회 영성의 특징인 부정(否定)과 헤시카즘(Hesychasm), 그리고 직관적 방법을 만나게 된다.[17]

①부정(否定, Apophatic)의 길

하나님은 인간의 지성으로 온전히 인식할 수 없다. 그러므로 그분을 만나기 위해서 인간은 하나님을 지성으로만 파악하는 것이 아니라, 오히려 그분에 대한 모든 인식을 부정하고 단지 존재자로서 하나님을 대면해야 한다. 여기에서 부정의 필요성이 나타난다.[18]

기도의 여정 중 세 번째 단계인 하나님에 대한 관상에서, 그리스도인은 더 이상 피조물을 통해서 창조주에게 접근하지 않으며, 무매개(無媒介)적인 사랑의 합일 안에서 얼굴과 얼굴을 대면하여 직접 하나님을 만난다. 자연에 대한 관상을 하면서, 신비가는 하나님이 자연을 초월하여 그 너머에도 계신다는 사실을 더욱 깨닫게 된다. 신성은 말과 이해를 초월하는 신비이다. 이러한 관상을 하는 동안 인간의 정신은 단순히 응시하거나 접촉에 의해서 하나님을 직관적으로 파악하기 위해서 개념과 말과 형상(추론적인 사유의 차원)을 초월해야 한다. 이는 에바그리우스의 표현처럼 정신은 '벌거벗은' 상태가 되어 다원성을 초월하여 통일성을 향하여야 한다. 그것의 목표는 '순수한 기도' 즉, 도덕적으로 순결하고 죄악된 생각에서 해방되었을 뿐만 아니라, 지적으로 순결하며 모든 생각에서 해방된 기도이다.[19]

이 세 번째 단계에서 그리스도인은 양심이나 피조물의 중재를 통해서 하나님을 경험하는 것이 아니라, 매개물이 없이 이루어지는 사랑의 합일 안에서 창조주를 직접 대면하여 만난다. 하나님의 영광을 보는 일은 내세에서나 온전히 이루어지는 것이지만, 현세에서도 이를 누릴 수 있다.[20]

---

17) Ibid., p. 29.
18) Ibid., p. 30.
19) Ibid., p. 30.
20) Ibid., p. 30.

관상이 보다 높은 단계에 이르면 주체와 객체를 구분하는 의식은 희미해지고, 그 대신에 모든 것을 포용하는 통일성의 의식만이 존재하게 된다.[21]

부정적(apophatic) 태도는 곧 하나님께 대한 모든 긍정적인 진술들은 부정적인 진술들에 의해 제한되고 균형을 이루어야 함을 뜻한다. 왜냐하면, 언어적 정식은 초월적인 신비를 완전하게 포함할 수 없기 때문이다. 기도의 영역에서 그것은 마음에서 모든 이미지와 개념을 제거해야 한다는 것, 그리하여 하나님께 대한 우리의 추상적인 개념들 대신에 하나님의 직접적인 현존의 의식이 자리 잡게 되어야 한다는 것을 의미한다. 그런데 동방교부들에게 있어서 인간이 만들어낸 그림이나 지적이고 추상적인 개념에 의존하는 것은 일종의 우상숭배이다. 왜냐하면, 그것은 하나님의 살아 계신 실재 대신에 신성에 대한 우리의 개념을 선호하는 것이기 때문이다. 돌로 만든 형상들뿐만 아니라 개념적인 형상들도 파괴해야만 한다. 우리의 목표는 말과 개념을 초월하여 일종의 현존 의식(sense of presence)을 획득하는 것이기 때문이다.[22]

인간적 범주의 제한성과 살아 계신 하나님의 무제한성을 고려할 때, 하나님에 대한 진정한 지식은 영적 및 지적인 카타르시스, 곧 하나님에 관한 기도자의 모든 그릇된 관념들을 제거하는 정신의 정화를 요구한다. 즉 회개를 통해 하나님께로 마음을 돌린 이들은 다시 하나님과 일치하기 위해 지성으로부터 마음을 돌려야 한다. 신비가가 하나님과 마주 대할 때 필연적으로 지성으로부터의 어두움을 감수해야 한다. 이것이 교부들이 말하는 부정적 방법이다.[23]

인간 이성은 모든 사색적 우상들로부터 정화되어야 한다. 말하자면 인간은 반드시 무지에 의해서 나아가야 한다. 왜냐하면, 하나님은 긍정과 부정 양자 모두를 초월하신 분이기 때문이다. 그분은 어떤 인간의 이해조차

---

21) Ibid., pp. 30-31.
22) Ibid., p. 31.
23) Ibid., p. 32.

도 초월해 계신다. 최종적 원인으로서의 하나님은 우리의 이해를 넘어서 계신다. 그러므로 기도자는 기도하면서 말과 이미지와 상징들을 통한 긍정적 방법을 사용한다. 여기에 덧붙여서 부정적 방법을 병행함으로써 균형을 이루어야 한다.[24]

결국, 부정적 방법은 기도의 단계 중 둘째 단계에서 셋째 단계로 인도해 주는 다리 역할을 한다. 인간의 말과 생각을 초월하는 영원한 진리를 향해 나아가기 위해 기도하는 이는 고요와 침묵 속에서 하나님을 바라보기 시작한다. 이러한 정적 또는 내적 침묵을 동방교부들은 헤시키아 (Hesychia)라고 표현하였고, 고요한 기도를 추구하는 사람을 헤시카스트 (hesychast)라고 불렀다.[25]

동방교부들에게 있어서 하나님을 '지성으로' 온전히 파악할 수 없다는 사실과 인간과 그분과의 '완전한' 만남 혹은 합일이 서로 배타적인 것이 아니다. 교부들은 하나님의 신비성을 확언함과 동시에 그분과의 신비적 합일의 필요성을 동시에 강조하며 또한 기도자가 '인격적으로' 그분을 대면할 수 있음을 보여주는 성경의 많은 진술들을 제시하고 있다. 이렇듯 '테오시스', 즉 하나님과의 합일이야말로 영성에 있어서 부정의 진정한 목적이다.[26]

그런데 동방교부들의 영성에서 발견할 수 있다는 것은 부정과 긍정의 방식이 전혀 배타적이거나 모순되는 방식이 아니라고 하고 있다. 그러기에 하나님과의 합일이라는 최종적 목표를 위해 긍정과 부정의 두 길을 모두 상호 보완적으로 받아들이고 있다.[27]

②Hesychasm(헤시카즘, 靜觀주의 혹은 潛心주의)

헤시카즘(Hesychasm)은 초세기에서부터 중세기의 초엽에 걸쳐 동방

---

24) Ibid., p. 32.
25) Ibid., p. 32.
26) Ibid., pp. 35-36.
27) Ibid., p. 36.

교회에서 성행했던 영성생활의 이론과 실천의 조류를 말한다. 이는 수도원의 기원과 함께 비롯된 오랜 전통을 지닌다. 이는 하나님과의 합일을 위해, 그분과의 진정한 대면을 위해서 반드시 이루어야 할 신비가의 과제이다.[28]

초대교회 수도자들의 이상은 예수님의 모범을 따라 말을 많이 하기보다 밤이나 낮이나 끊임없이 기도하는 것이었다. 실현이 어려운 이상향이지만 그들은 일이나 행동에 있어서 항상 하나님을 대면하는 정신으로 '기도의 상태', 혹은 '하나님 현존의식의 연장' 안에서 살아간다면 실현 가능하다는 의식을 가지고 살았다. 즉 하루 생활의 전부가 계속되는 기도로서 하나님께 봉헌되었다. 동방교회에서 이러한 이상적인 기도의 전통, 혹은 관상 안에서 하나님과 밀접한 일치를 이루기 위한 방법으로 '마음의 내-외적 평화(ἡσυχία)'에 도달하려는 영성적 현상을 헤시카즘(Hesychasm)이라 부른다.[29]

헤시카즘(Hesychasm)은 관상생활을 통하여 하나님과의 일치에 도달하기 위해 외적 환경과 내적 상태를 모두 고요와 침묵으로 지키며 기도를 위해 준비하는 것이다. 사막교부들의 금언집(Apophtegmes)과 그들의 전기에 이 사조(思潮)에 관하여 명백히 언급되어 있으며 교부시대에 많은 영성가들도 헤시카즘(Hesychasm)의 영성생활 방법을 추천하였다.[30]

오늘날 일반적으로 알려져 있는 헤시카즘(Hesychasm)은 13세기와 14세기에 걸쳐 아토스산(山)의 수도자들이 실천하였던 '예수 기도'이다. 이 기도는 예수님의 이름을 끊임없이 부르면서 마음뿐만 아니라 몸까지도 기도에 참여시키는 기도방법이었다.[31]

③**직관**

---

28) Ibid., pp. 36-37.
29) 방효익, 「영성사」, (서울: 바오로딸, 1996), p. 88.
30) 이현석, "관상과 기도 생활을 중심으로 본 동방 교회의 영성에 대한 고찰", op. cit., 2002), p. 37.
31) Ibid., p. 38.

헤시키아(Hesychia)가 동방기독교에서 실천되는 내적 기도의 유일한 형태는 아니다. 사실상 동방의 많은 저자들은 그리스도의 삶, 특히 그분이 당하신 고난을 상세히 상상하면서 묵상할 것을 권했다. 그런데 다마스커스의 베드로(Peter of Damascus, 11~12세기)는 형상 없는 기도(imageless prayer)와 상상적인(형상 있는) 묵상(imaginative meditation)에 대해 논했는데, 이 두 가지 방법은 상호 배타적인 것이 아니라 보완적이다.[32]

또한, 인간이 관상기도를 하면서 하나님을 파악하는 기능을 에바그리우스는 nous, 즉 지성, 혹은 정신이라고 묘사했다. 그는 기도를 '지성의 최고의 지적 작용'이라고 정의했는데, 여기에서 nous란 추론적인 이성을 의미한 것이 아니라, 직관, 혹은 내면의 '시각'을 통해서 영적 진리를 '직접적으로' 이해하는 것을 의미한다.[33]

그런데 그밖에 다른 희랍 교부들도 기도를 정신(nous)의 작용이 아니라 마음(kardia)의 작용이라고 간주했다. 이렇게 다른 용법을 기초로 할 때, 초기 영성의 두 조류, 또는 학파를 구분할 수 있을 것이다. 하나는 주지적 조류이고 다른 하나는 정의적(affective)인 조류이다. 그러나 그 차이점을 과장해서는 안 되며, 특히 '마음'이라는 용어를 올바르게 이해해야 한다. 정신(nous)이라는 용어를 사용한 교부들이 이 용어가 배타적으로 혹은 일차적으로 추론적인 이성만을 의미한다고 간주하지 않은 것처럼, 마음이라는 용어를 사용한 저자들도 이것이 감정만을 의미한다고 간주한 것은 아니다. 이는 하나님께 대한 직관을 의미하는데, 이 마음이라는 용어에서부터 '마음의 기도'라는 말이 사용되었다.[34]

그런데 머리와 마음은 이분법으로 존재하는 것이 아니라고 한다. 왜냐하면, 지성은 마음 '안에' 있기 때문이다. 이러한 마음은 몸과 영혼, 의식과 무의식과 초의식, 인간적인 것과 신적인 것 등이 만나는 곳으로서 포

---

32) Ibid., p. 49.
33) Ibid., p. 49.
34) Ibid., pp. 49-50.

괄적인 의미를 지닌다. 이처럼 '마음'을 포괄적인 방식으로 이해하게 되면, 동방교회 저자들에게 있어서 '마음의 기도'(prayer of the heart)가 단지 서방교회가 말하는 '정감적 기도'(affective prayer)를 의미하는 데 그치는 것이 아니라, 전인적으로 드리는 기도(prayer of the whole person), 기도 자가 기도하는 행위와 완전히 하나가 되는 기도를 의미한다고 한다.[35]

나. 헤시카즘(Hesychasm)

현대 서구세계의 지적인 삶에서 가장 중요한 사건 중 하나는 헤시카즘 (hesychasm)이라고 불리는 동방교회의 관상적 전통의 발견이다. 동방교회 에서 실천해온 내적 기도는 헤시키아(hysychia)라는 단어로 요약할 수 있 다. 헤시키아는 비형상적이고 비추론적인 하나님의 임재 의식을 의미한다. 헤시키아는 말의 부재 즉 말들 사이의 휴지(休止)라는 부정적인 의미에서 의 침묵이 아니라, 경청하는 태도라는 긍정적인 의미에서 침묵을 의미한 다. 그것은 비어 있음이 아니라 충만함을, 공백이 아니라 임재를 의미한 다.[36]

수도자들의 이상은 예수님의 모범을 따라 말을 많이 하기보다 밤이나 낮이나 끊임없이 기도하는 것이었다. 실현이 어려운 이상이지만 그들은 일이나 행동에 있어서 항상 기도하는 정신으로 혹은 '기도의 상태'에 머물 면서 살아간다면 실현 가능하다는 의식을 가지고 살았다. 즉 하루 생활의 전부가 계속되는 기도로서 하나님께 봉헌되었다. 동방교회에서 이러한 이 상적인 기도의 전통, 혹은 관상 안에서 하나님과 밀접한 일치를 이루려는 방법으로 '마음의 내-외적 평화(헤시키아: ἡσυχία)'의 상태에 도달하려는 영성적 현상을 '헤시카즘'이라 부른다.[37]

---

35) Ibid., p. 50.
36) 류충열, "영성수련의 한 과정으로서의 관상기도에 관한 연구", op. cit., p. 23.
    이승원, "예수기도에 관한 연구", (미간행석사학위논문, 협성대학교 신학대학원, 2004), p. 9.
    남재영, "변증법적 유물론의 영성적 사유와 대안 성심기도", (미간행박사학위논문: 감리교신 학대학교 대학원, 2020), p. 136.

헤시카즘(Hesychasm)은 근본적으로 정관생활(靜觀生活)을 지향하는 특수한 영성체계로서 인간의 완성은 끊임없는 기도를 통하여 하나님과 합일하는 데 있다고 주장한다. 그리고 이 영성체계는 하나님과의 합일에 도달하는 제일 탁월한 방법이 바로 헤시키아, 즉 고요와 무념무상의 상태를 추구하는 데 있다고 보기 때문에 헤시카즘은 동방교회의 기도를 연구하는 데에 빼놓을 수 없는 방법이다.[38]

(1) 헤시카즘(Hesychasm)의 어원

헤시카즘(Hesychasm)은 헬라어 'hesychia'(ἡσυχία, 헤시키아)로부터 나온 말이다.[39] 헤시키아(ἡσυχία)는 '조용함(quiet), 고요(stillness), 정적(tranquility), 평화, 침묵, 휴식, 침착, 무상(無想)' 등의 뜻을 가지고 있다.[40] 이 상태는 외부에서 들려오는 소음이나 복잡한 사건이나 전쟁 등으로 발생하는 혼란의 원인을 제거함으로써 얻어지는 상태를 말하기도 하고 혹은 심리적 불안이 없는 상태를 말하기도 한다. 후자는 모든 관능(官能)들이 질서와 균형을 이루어 몸가짐이나 행동하는 데 있어 평온함과 침착함과 온유함을 나타내는 것이다.[41] 뿐만 아니라 헤시키아(Hesychia)는 은둔생활이나 홀로 고적한 시간을 갖는 것을 말하기도 한다. 이러한 삶을 통하여 휴식을 취하고 고요를 누리며 무념무상의 경지에 들어갈 수 있다는 것이다.[42] 이에 수도사들은 관상수도에서 고요와 평정심을 통해 인간적 격정(pathos)을 물리치고 무 정념의 상태(apatheia)에 이르고자 헤시키아의 상

---

37) 이영호, "필로칼리아에 나타난 예수기도 연구", (미간행박사학위논문: 감리교신학대학교 신학대학원, 2010), pp. 30-31.
　　이승훈, "마음의 기도 연구", (미간행석사학위논문: 협성대학교 신학대학원, 2003), p. 50.
38) 이영호, "필로칼리아에 나타난 예수기도 연구", op. cit., p. 29.
39) Ibid., p. 30.
40) 이향우, "'예수기도'의 연구와 한국교회에서의 활용방안", op. cit., p. 37.
　　이승원, "예수기도에 관한 연구", (미간행석사학위논문, 협성대학교 신학대학원, 2004), p. 14.
41) 이현석, "관상과 기도 생활을 중심으로 본 동방 교회의 영성에 대한 고찰", op. cit., p. 38.
42) Ibid., pp. 37-38.

태를 추구한다.[43]

헤시키아(hesychia)는 두 가지 측면으로 구별할 수 있다. 그것은 외적 헤시키아와 내적 헤시키아이다. 외적 헤시키아는 속세의 모든 소음이나 번잡함을 피함으로서 얻어지는 것이다. 한 마디로 이 세상의 모든 소리를 피함으로써 얻어지는 것이라 할 수 있다. 다시 말하면 우리 주위에서 일어나는 모든 소리, 즉 소음이나 복잡스러움을 피함으로써 얻어지는 것이다.[44] 이에 내적 헤시키아는 마음의 깊이를 깨닫고 심정을 다스림으로써 얻어지는 것이다. 즉 마음속 깊은 곳에서 일어나는 모든 것에 집중하며, 그것을 깨닫고 마음의 움직임을 다스림으로써 얻어지는 것이다.[45] 결국, 이 모든 것은 내적 상태에 의해서 이루어진다. 하지만 이 보다 선행되는 것이 바로 외적인 조건이다. 그것은 물론 외적 조건이 절대적이긴 않지만, 외적 조건이 제대로 갖추어지면 내적 고요한 상태에 보다 더 빠르게 이를 수 있기 때문이다.[46]

그런데 헤시카즘(Hesychasm)의 역사에서는 영성생활의 중점을 고독, 은거, 은수에 두고 있다. 물론 은거나 은수는 마음의 내적 헤시키아를 얻기 위한 조건이 된다. 고독을 즐기면서 생활한 은거자, 은수자들을 헤시키아를 사랑하는 사람으로 불렀으며 내·외적으로 마음이 평화로워진, 자유로워진 사람이라는 뜻으로 헤시키아인으로 불렀다.[47]

(2) 헤시카즘(Hesychasm)의 의미

헤시카즘이란 기도를 통하여 신학을 내면화하는 방법을 말한다.[48] 헤시

---

43) 이향우, "'예수기도'의 연구와 한국교회에서의 활용방안", (미간행석사학위논문: 호남신학대학교 대학원, 2016), p. 37.

44) Ibid., p. 37.

45) Ibid., pp. 37-38.

46) Ibid., pp. 37-38.

47) 이영호, "필로칼리아에 나타난 예수기도 연구", op. cit., p. 32.

48) 안광덕, "'예수기도'의 한국식 영성교육과 호흡기도 모형", (미간행석사학위논문: 연세대학교 연합신학대학원, 2016), p. 34.

카즘(Hesychasm)은 근본적으로 관상생활을 지향하며 인간의 완성은 끊임
없는 기도를 통해서 하나님과 합일하는 데 있다고 주장한다. 하나님과의
합일에 도달하는 가장 탁월한 방법은 바로 헤시키아(hesychia), 즉 고요와
무념무상의 상태를 추구하는 데 있다고 한다. 칼케돈 공의회(451년)에서는
수도자들이 완덕(完德)에 나아가려면 바로 헤시키아의 상태에 도달하기
위해 노력해야 한다는 의무를 지웠다. 그것은 관상생활의 자연환경이며
어떤 의미로는 바로 관상생활 자체인 것이다.[49] 즉 헤시카즘(Hesychasm)
은 근본적으로 관상생활을 지향하며 인간의 완성은 끊임없는 기도를 통해
서 하나님과 합일하는 데 있다는 전제를 두고 있다. 하나님과의 합일에
도달하는 제일 탁월한 방법은 바로 헤시키아(Hesychia), 즉 고요(靜)와 무
념무상(無念無想)의 상태를 추구하는 데 있다. 그러나 헤시키아(Hesychia)
는 단순히 관상에 도달하는 특수한 방법만은 아니다. 그것은 관상생활의
자연환경이며 어떤 의미로는 바로 관상생활 자체인 것이다.[50]

그러나 헤시카즘(Hesychasm)이 고요와 무념무상의 상태를 추구한다고
해서 정적주의[51]라고 판단해서는 안 된다고 한다. 왜냐하면, 끊임없는 수
덕생활의 노력 없이는 헤시키아에 도달할 수 없다는 사실을 명시적으로
가르치고 있기 때문이다. 신 신학자 시메온은 저속(低俗)적이고 개인주의
적이며 무위도식하는 관념을 명백히 배척하였고 헤시키아(hesychia)에 대
한 진정한 체험은 '규칙에 따라서 알맞게 투쟁하는 자에게만' 주어지는 것
이라고 하였다. 헤시키아의 휴식은 그리스도인의 법, 즉 겸손, 사랑, 봉사
등을 포기하는 것이 아니며 한가함이 아니라는 것이다.[52]

---

49) 이영호, "필로칼리아에 나타난 예수기도 연구", op. cit., p. 31.
50) 이현석, "관상과 기도 생활을 중심으로 본 동방 교회의 영성에 대한 고찰", op. cit., p. 40.
51) 이영호는 정적주의에 대하여 "정적주의는 quiétisme(프랑스어, 퀴에티즘)으로 인간의 능동적
    인 의지를 최대로 억제하고 권인적인 신의 힘에 전적으로 의지하려는 수동적 사상. 좁은 의
    미로는 17세기에 에스파냐의 몰리노스(Molinos, M.) 등이 주장한 가톨릭 내의 한 사조를 이
    른다고 이해된다."라고 하고 있다.
    이영호, "필로칼리아에 나타난 예수기도 연구", (미간행박사학위논문: 감리교신학대학교 신학
    대학원, 2010), p. 31. 주 21.
52) 이영호, "필로칼리아에 나타난 예수기도 연구", op. cit., p. 31.

뿐만 아니라 헤시키아(hesychia)는 고대 희랍의 스토아학파의 무동정[53]
이나 에피쿠로스학파[54]의 평정[55] 그 자체를 추구하는 것이 목적이 아니고
하나님과의 일치를 위한 순수한 수단이나 방법인 것이다. 하지만 그것은
하나님을 찾는데 요구되는 마음의 기본 상태를 갖추는 제일 좋은 수단이
며 방법이다.[56]

그런데 칼리스토스 웨어에 의하면 '헤시카즘'은 주로 다음과 같은 세
가지 방식으로 이해될 수 있다고 한다.

첫째, 일반적인 의미에서 헤시카즘은 동방기독교에서(특히 수도원적인
계통에서) 4세기 이후로, 가르쳐지고 실천된 내적 기도의 방법을 의미한
다. 가끔 헤시키아(hesychia)가 외적, 신체적 의미에서 이해된다. 여기서
헤시카스트(수도자)는 공동체 생활을 하는 수도자와 대비되어 은수자, 은
둔자를 말한다. 그러나 보다 일반적으로 헤시키아의 의미는 내적인 것이
다. 따라서 헤시카스트는 자기 자신으로 돌아오는 사람, 자기 안의 하나님
나라를 찾고 모든 경성함으로 마음을 지키는 사람이요, 방문객들을 피해
단지 외적인 방문을 닫는 것뿐 아니라 악한 생각들과 방만함으로부터 마
음의 내적인 문을 닫는 사람이다. 그러므로 존 클리마쿠스는 헤시카스트
를 "역설적으로 들릴지 모르겠지만, 그의 비물질적인 자아를 그의 신체적
집에 제한하기 위해 분투하는 사람"이라고 정의한다. 더욱 특별하게 헤시

---

53) 무동적인 아파테이아(Apatheia)는 밖으로부터의 영향을 받아서 생기는 감정의 상태인 파토스
(Pathos)가 없는 것, 즉 초연한 무감동의 경지를 말한다. 스토아학파는 이 말로써 인간의 생
활 이상을 표현하였다. 즉 마음의 자율적이 아닌 움직임 쾌(快), 고(苦), 희(喜), 노(怒), 호
(好), 악(惡)들의 파토스를 억누르고 자율 자제적으로 강한 의지와 이상에 의하여 살때 아파
테이아가 실현되고 본능적 욕정에 어지럽혀지지 않는 현자의 경지에 이를 수 있다고 한다.

54) 에피쿠로스학파(Epicurean School)란 B.C 307년경, 원자론과 쾌락주의로 유명한 고대 그리스
철학자인 에피쿠로스(Epikuros B.C 341~270)가 아테네의 어떤 정원에 친구와 제자들을 모
아 놓고 강의를 시작한 데서 연유하는 학파이다. 에피쿠로스가 주장한 쾌락주의는 감각적인
쾌락을 물리치고 간소한 생활 속에서 영혼의 평화를 찾는 데 있다. 따라서 원자론을 기초로
하는 그의 방대한 체계는 윤리적 생(生)의 실현을 초점으로 두고 있다.

55) 평정(ataraxia)은 마음의 평온, 부동의 상태, 인간의 참 즐거움은 결혼을 피하고 아이를 갖지
않고 '숨어서 사는 것(은둔)'을 지킬 때 비로소 얻어진다고 한다. 그것은 바깥으로부터 괴롭
힘을 받지 않는 평온 부동의 마음 상태로, 마음의 동요를 제거하여 이와 같은 경지를 실현
시키는 것이 철학의 궁극 목표라는 것이다.

56) 이영호, "필로칼리아에 나타난 예수기도 연구", op. cit., p. 32.

키아는 종종 기도를 의미하는데, 가능한 한 형상과 개념들로부터 자유로우며 상상과 추론적 이성이 없는 기도를 의미한다. 이는 닛사의 그레고리우스, 에바그리우스, 고백자 막시무스, 그리고 니느웨의 이삭 등이 권하였던 '순수기도'의 일종이다. 클리마쿠스에 의하면 '헤시키아는 생각들을 버리는 것이다.' 시나이의 그레고리우스는 헤시카스트를 '생각들을 끊는 사람'이라고 말한다. 보다 좁은 의미에서 헤시카즘은 예수 기도의 사용 - 특히 호흡의 조절을 포함하는 신체적 기법이 동반될 때 - 을 지칭한다. 더욱 제한적인 의미에서 헤시카즘은 1337~1347년 동안 발람과의 논쟁에서 발전된 그레고리 팔라마스의 신학을 지칭한다.[57]

이러한 헤시카즘(Hesychasm)은 동방교회에서 발생한 은수자들의 영성 사상의 조류로서 수도원의 기원과 함께 비롯된 오랜 전통을 지닌다. 헤시카즘은 관상생활을 통하여 하나님과의 일치에 도달하기 위해 외적 환경과 내적 상태의 복합관계를 하나로 묶은 영성생활을 주장하였다. 사막교부들의 격언집과 그들의 전기에 이 사조에 관하여 명백히 언급되어 있으며 교부시대의 많은 영성가들도 헤시카즘의 영성생활 방법을 추천하였다.[58]

(3) 헤시카즘(Hesychasm)의 역사

헤시카즘은 동방교회의 대표적 영성 중 하나로서 자리매김을 해왔으며 그 기원과 발전은 천여 년의 역사를 가지고 있다.[59] 이러한 헤시카즘(hesychasm) 전통은 이집트 안토니오(3세기)에서 비롯하여 이집트에서 널리 퍼졌다. 그 다음에 팔레스틴 지역, 성산 아토스 지역 그리고 키예브 동굴 수도원에서 러시아 지역으로 발전하였다. '헤시카스트'(hesychia) 전통 기원은 신비가인 신 신학자 시므온(St. Symeon The New Theologian, 949~1022), 키르케르코스 마마스(St. Mamas of Xylokerkos 수도원장,

---

57) Ibid., pp. 29-30.
58) 이영호, "필로칼리아에 나타난 예수기도 연구", op. cit., p. 31.
59) 이영식, "동방교회의 영성 : 헤시카즘", 「신학전망」, 72호(1985), p. 50.

「거룩한 사랑 찬송」 저자), 그리고 그 제자 니케다스 스테타토스 (Nicetas Stethatos) 등에게 거슬러 올라간다. 후일에 아토스 산(Mount Atos)은 헤시카즘 중심지였다. 14세기에 헤시카즘은 살로니카 대주교 그 레고리 팔라마스(St.Gregory Palamas) '창조되지 않은 빛'(uncreated light)에 관한 이론을 말하면서 이들과 동일시하였다. 러시아 세라핌은 헤 시카스트를 크게 부흥시켰다.[60]

역사학자들에 의하면 헤시카즘의 영성전통은 첫째는 6세기와 7세기에 시나이 학파들에 의해 이루어졌으며, 둘째는 그 후 아토스산의 수도자들 이 수행하며 발전시켰던 '예수 기도'이며, 셋째는 14세기 그레고리 팔라마 스에 의해 발전한 신학적·철학적 체계화의 과정으로 보고 있다.[61]

'예수 기도'를 헤시카즘으로 동일시하는 오늘날의 이해는 '예수 기도'가 헤시카즘 즉 '영혼의 내적 고요'를 이루는 주된 방식이었기 때문이다.[62]

고대 희랍에서 헤시키아는 일반적으로 고요, 평화, 휴식, 침착, 무상 상 태 등을 의미했다. 그것은 모든 감각기관(sense)들이 외적 집착과 혼돈에 서부터 벗어나 질서와 균형을 이루어 마침내 하나님 안에서 쉬게 됨을 의 미한다. 그런데 헤시키아가 분명히 내적 고요와 무념무상의 상태를 추구 한다고 해서 그것이 단순히 조용한 것을 추구하는 정적이 목표는 아니다. 그것은 고대 희랍의 스토이시즘의 무감정이나 에피큐리즘의 평정과 같이 그와 같은 현상들이 궁극적인 목표가 아니다. 헤시키아는 끊임없는 기도 와 영적 생활을 통한 하나님과의 일치를 그 본래적이며 궁극적인 목표로 삼는다. 또한, 헤시카스트란 단어는 표면적이며, 공간적 감각으로 사용된 다. 그 이유는 그것이 수행이나 수도원적 공동체 속에서 사는 수도승과 대조해 볼 때 수행자 혹은 혼자임을 나타내기 위하여 사용되는 용어이기 때문이다. 좀 더 특별한 의미로 말한다면 헤시카즘은 14세기 중반 그레고 리 팔라마스의 본질과 하나님의 에너지 사이를 구분 짓는 이들을 가리키

---

60) 안광덕, "'예수기도'의 한국식 영성교육과 호흡기도 모형", op. cit., p. 35.
61) 이영식, "동방교회의 영성 : 헤시카즘", 「신학전망」, 72호(1985), p. 50.
62) 이영호, "필로칼리아에 나타난 예수기도 연구", op. cit., p. 33.

는 말이다.[63]

4세기와 5세기 사이에 이집트를 중심으로 시리아, 팔레스틴 등지의 황량한 사막과 광야에서 은둔하던 수도자들은 그들만의 독특한 헤시키아 정신으로 기독교 신비주의의 화려한 꽃을 피웠다고 한다. 이들은 구약의 모세, 엘리야, 신약의 세례 요한, 예수님의 모범을 따라 사막을 찾아 나섰다. 대표적인 인물은 안토니, 가이사랴의 바실, 폰투스의 에바그리우스, 존 카시안, 존 클리마쿠스 등이 있다.[64]

(4) 헤시키아(Hesychia)의 내적, 외적 측면

헤시키아(Hesychia)는 내적, 외적 두 가지 측면으로 구별할 수 있다.

①외적 헤시키아

외적 헤시키아는 속세의 모든 소음이나 번잡함을 피함으로써 얻어지는 것이다.[65] 그런데 헤시카즘의 역사에서는 영성생활의 중점을 고독, 은거(隱居), 은수(隱修)에 두고 있다. 물론 은거나 은수는 마음의 내적 헤시키아를 얻기 위한 조건이 된다. 이제 헤시카스트는 정신과 마음을 하나님께 집중하기 위하여 홀로 있는 생활을 해야 했고 침묵을 지켜야 했다. 침묵은 홀로 있는 생활 못지않게 중요한 것이며 헤시키아란 낱말의 관념에 이미 내포되어 있는 것이다. 그러나 은수생활이나 독수(獨修)생활을 하던 헤시카스트는 이웃의 구원과 완성을 돕는 일에 무관심해서는 안 되는 기독교적 애덕의 요구를 망각하지 않았다고 한다.[66]

---

63) Ibid., pp. 33-34.
64) Ibid., p. 34.
65) 이현석, "관상과 기도 생활을 중심으로 본 동방 교회의 영성에 대한 고찰", op. cit., p. 41.
66) 이현석, "관상과 기도 생활을 중심으로 본 동방 교회의 영성에 대한 고찰", (미간행석사학위논문: 가톨릭대학교 대학원, 2002), pp. 41-42.
    이승훈, "마음의 기도 연구", (미간행석사학위논문: 협성대학교 신학대학원, 2003), p. 55.

②내적 헤시키아

내적 헤시키아는 마음의 깊이를 깨닫고 심정을 다스림으로써 얻어지는 것이다. 물론 중요한 것은 내적 상태이지만 보통 그것은 외적 조건이 갖 춰졌을 때 이루어진다.[67]

내적 헤시키아는 근심, 걱정 없는 차분함 혹은 영혼의 차분함을 흔들어 놓을 수 있는 모든 상념들에서부터 떠남을 나타내는 무념(無念, amerimnos), 정신과 마음이 깨어 있는 상태를 말하는 용의(用意, νηψις, nepsis), 끊임없는 하나님 현존의식으로 나누어 볼 수 있다.[68]

㉮무념(無念, amerimnos)

헤시키아를 찾으려면 소음과 속세의 혼잡함을 피해야 할 뿐만 아니라 그 원인이 될 수 있는 것까지도 피해야 한다. 그러나 이것만으로는 부족 하다. 왜냐하면, 마음에서 일어나는 번뇌(煩惱)로 인해서 외적 고독이 있 다고 해도 집착(執着)과 잡념으로 말미암아 마음이 흔들리고 혼잡해지기 때문이다. 따라서 헤시키아를 찾는 것은 이 번뇌와 욕정(欲情)을 거슬러 싸우는 전쟁이다.[69]

㉯용의(用意, Nepsis)

용의는 정신을 바짝 차리고 자기 자신과 하나님 앞에 현존(現存)하는 마음의 자세이다. 즉 정신과 마음에 스며드는 망상 망념에 속지 않도록 정신을 가다듬고 유혹이 닥쳐오는 첫 순간부터 신속하게 물리치려는 마음 의 자세를 말한다. 이러한 방어태세를 갖추는 것을 '주의(注意, προσοχή)' 또는 '마음의 경계(警戒)'라고도 하며, 용의(watchfulness: 깨어 지킴)로 표 현하기도 한다.[70]

'용의'는 완덕(完德)의 길이며 하나님 계명의 길이다. 그것은 마음의 고 요에 깃들고 정신의 수호자가 되며 환상을 제거해 준다. '용의'를 실천하

---

67) 이현석, "관상과 기도 생활을 중심으로 본 동방 교회의 영성에 대한 고찰", op. cit., p. 41.
68) Ibid., pp. 43-44.
69) Ibid., p. 44.
70) Ibid., p. 45.

는 데는 합리적인 생각이나 비합리적인 생각의 차별 없이 모든 생각을 마음에서 제거하여야 한다. 왜냐하면, 정욕이 없는 단순한 생각일지라도 우리가 느끼지 못하는 사이에 정욕을 일으키는 생각이 따라오게 되기 때문이다.[71]

㉯끊임없는 하나님 현존의식(하나님의 追想)

헤시키아는 '용의'나 '주의' 같은 소극적 측면에만 머물러 있는 것이 아니다. 적극적으로, 습관적으로 '끊임없는 하나님 현존의식'을 실천한다. 그렇게 함으로써 은혜롭고 다양한 결실을 맺을 수 있다고 한다. 하나님의 현존을 구체적으로 느끼고, 적어도 잠재적으로 계속 하나님을 숭배하고 기도하게 하는 예수님에 대한 현존의식이 습관적으로 되도록 수련해야 한다고 한다.[72]

(5) 헤시카즘(Hesychasm)의 주요 특징

윌리엄 존스턴(William Johnston)에 의하면 헤시카즘의 주요 특징을 다음과 같이 제시하고 있다.[73]

먼저 헤시카즘의 첫 번째 특징은 읽거나 생각하거나 추론하거나 상상하지 않고 고요한 상태로 들어가는 것을 말한다. 특히 이 단계의 헤시카즘은 테레사(St. Teresa of Avila)의 고요의 기도(The prayer of quiet)와 유사하다고 할 수 있다. 그녀가 말한 고요의 기도 단계에서 영혼은 이제 마음을 가라앉히고 깊은 생각에 잠기기 시작한다. 그러면서 초자연적인 것과 접하게 된다. 그리고 인간의 의지가 하나님의 의지와 어느 정도 일치되는 단계이다. 따라서 이 단계에서는 스스로의 노력으로는 이를 수 없

---

71) Ibid., p. 47.
72) Ibid., p. 47.
73) Johnston. William, Mystical Theology, 「신비신학」, 이봉우 역, (왜관: 분도출판사, 2007), pp. 110, 141-150.
이향우, "'예수기도'의 연구와 한국교회에서의 활용방안", (미간행석사학위논문: 호남신학대학교 대학원, 2016), pp. 38-39.

다. 그리고 기억과 지성은 의지가 큰 은총을 더욱더 즐길 수 있도록 도와준다. 이 단계에서 일어나는 모든 일은 더없이 큰 위로를 가져다주고 영혼은 이 세상의 것들에 대한 집착을 잃어버리기 시작한다. 따라서 기억과 지성의 두 기능이 산만해지더라도 잠심이 계속되는 한 고요와 평화를 잃지 않는다.

두 번째 특징은 예수 기도를 반복하는 것이다. 여기에는 몇 가지 공식들이 있다. 하지만 그중에서 가장 공통적인 것은 바로 "주 예수 그리스도, 하나님 아들이시여, 죄인인 나에게 자비를 베푸소서"이다. 여기서 중요한 것은 예수님의 이름이다. 신앙과 사랑으로 소리 내어 되새길 때마다 예수님의 이름은 하늘과 땅을 움직이는 힘을 지니게 된다.

세 번째 특징은 리듬에 따라 규칙적으로 숨을 쉬는 것이다. 그리고 동시에 마음과 배, 그리고 배꼽을 응시한다. 여기에서 목표는 '마음이 심장 안으로 되돌아가게 하는 것이다.' 이는 배꼽을 뜻하는 그리스어 omohalos(배꼽)에서 기원한 ὀμφαλοσκοπία(자신의 배꼽을 응시하며 하는 명상: omohaloscopia)라고 불리는 과정이라는 것이다.

네 번째 특징은 내면의 불처럼 될 수도 있는 내적 온기를 느끼는 것이다. 그리고 때때로 '타보르 산(변화산)의 빛'이라고 불리는 거룩한 빛의 환시가 보이기도 한다는 것이다.

다섯 번째 특징은 이 모든 것의 목표는 동방정교회의 구원 개념인 신화(Θέωσις), 하나님과 일치에 이르는 것이다. 여기서 신화의 핵심적인 성경적 근거는 베드로의 둘째 서신이다.

(벧후1:3~4. 공동번역)"(3)그리스도 께서는 당신이 가지신 하느님의 능력으로 우리에게 경건한 생활을 하는 데 필요한 모든 것을 주셨습니다. 그래서 우리를 부르셔서 당신의 영광과 능력을 누리게 하신 그분을 알게 해주셨습니다. (4)우리는 그 영광과 능력에 힘입어 귀중하고 가장 훌륭한 약속을 받았습니다. 여러분은 그 덕분으로 정욕에서 나오는 이 세상의 부패에서 멀리 떠나 하느님의 본성을 나누어 받게 되었습니다."

다. 예수 기도(The Jesus Prayer)

동방교회의 영성을 대표하는 것은 '예수 기도'(Jesus prayer)이다. 존 클리마쿠스(John Climacus, ?~650)가 시나이반도 거룩한 산(시내산)에서 저술한 「신적상승의 사다리」에 의하면 헤시카즘(hesycastic)적 영성은 시나이 사막의 미지의 수도사들에 의해 시작되었다.[74]

예수 기도는 예수님의 이름을 부르는 기도로, 다양한 이름을 갖고 있다. 이르마 잘레스키(Irma Zaiesk)에 따르면 예수 기도는 '예수의 기도'(the Prayer of Jesus), '예수의 이름의 기도'(the prayer of the Name of Jesus), '쉬지 않는 기도'(Unceasing Prayer), '마음의 기도'(prayer of the Heat), '침묵의 기도'(prayer of Silence)라는 명칭들을 지니고 있다.[75]

또한, 동방정교회의 대주교인 니콜 코르네아누(Nicolae Comeanu)는 예수 기도의 이름이 '마음의 기도'(그 기도가 드려진 제단이 되는 마음), '정신기도'(기도의 지고의 단계에서는 정신으로만 기도가 말해지는 연고로), '중단 없는 기도'(그 기도는 숨과 다른 기능처럼 자연적이고 무의식적으로 될 때까지 끊임없이 말해지기에), '은둔자의 기도'(Hesychast Prayer, 이 용어는 이 단어와 거의 전적으로 동일시되어 왔던 '은둔운동 Hesychast Movement'에서 유래했다.) 등으로 불려지기도 했다.[76]

동방기독교에서는 Hesica(내면의 고요)에 이르기 위해서 특별히 귀중하게 여기는 것이 있다. 그것이 바로 '예수 기도'이다. 예수 기도는 자주 반복하기 위해 고안된 것으로서 구세주께 드리는 짧은 단문의 기도이다. 흔히 그것은 "하나님의 아들 주 예수 그리스도시여 나를 불쌍히 여기소서"라는 형태를 취한다. 이러한 예수 기도는 두 가지 주된 상황에서 사용

---

74) 류충열, "영성수련의 한 과정으로서의 관상기도에 관한 연구", (미간행박사학위논문: 한신대학교 신학전문대학원, 2007), p. 23.
75) 홍성주, 「내 영성을 살리는 관상기도」, (서울: 신앙과 지성사, 2012), p. 128.
76) Ibid., p. 128.

된다. 즉 교회나 자기 방에서 다른 행동을 하지 않고 홀로 있으면서 기도하는 공식적인 '기도 시간'에 예수 기도를 되풀이하여 암송할 수 있다. 또 일상적인 일을 하면서 자유로이 예수 기도를 할 수 있을 것이다.[77]

이러한 예수 기도를 일종의 '기독교적 만다라'라고 부르기도 한다. 그러나 그것은 잘못된 것이라고 하고 있다. 왜냐하면, 예수 기도는 단순히 운율적인 기원이 아니기 때문이라는 것이다. 그 기원에는 특별한 인격적 관계와 의식적으로 고백하는 믿음이 함축되어 있다고 하고 있다. 그리고 이 기도의 목표는 단순히 모든 생각의 정지에 있는 것이 아니라 하나님을 만나는 데 있다고 한다.[78]

예수 기도에서 가장 중요한 요소는 절대적 침묵이다. 이 침묵을 추구하는 영성을 '헤시카즘'이라고 한다. 헤시카스트(수도자)는 기도 속에서 자기를 말하는 것이 아니라 내면에서 들려오는 하나님의 음성 듣기를 지향한다. 여기에서 예수 기도는 동방교회 수도사들이 하나님과의 합일에 이르기 위한 수단으로서 헤시키아의 상태를 추구하는 수도방법이다.[79]

동방교회에서 예수 기도는 지성이나 마음을 지키는 방법이 된다. 비록 말로 하는 기도이기는 하지만 예수의 이름을 부르는 것은 아주 간단하고 단순하기 때문에 기도자로 하여금 언어를 초월하여 살아있는 하나님의 침묵에 도착할 수 있게 해준다고 하고 있다.[80]

(1) 예수 기도의 기원

'단순기도'와 '마음의 기도'라고도 불리는 '예수 기도'는 예수의 이름을 끊임없이 부르는 기도로써 성경에서는 신약 전승에 뿌리를 두고 있다고 하고 있다.[81] 이에 동방정교회 전통에서는 "예수 기도"(Jesus Prayer)를

---

77) 이혜원, "관상기도 연구", (미간행석사학위논문: 감리교신학대학교 대학원, 2005), p. 45.
78) Ibid., p. 45.
79) 이향우, "'예수기도'의 연구와 한국교회에서의 활용방안", (미간행석사학위논문: 호남신학대학교 대학원, 2016), p. 37.
80) 이혜원, "관상기도 연구", (미간행석사학위논문: 감리교신학대학교 대학원, 2005), p. 45.

자주 반복함으로써 예수님께 기도한다. 이 기도의 형태는 "다윗의 자손 예수여 나를 불쌍히 여기소서"이다.[82] 이것은 여리고 성 밖에서 소경이 드린 기도(눅18:38)로서 예수님으로부터 치료와 구원을 얻었다. 사도행전에서 제자들은 예수의 이름으로 사람들을 가르치고 복음을 전하며, 일상생활에서도 예수의 이름으로 인사하고, 대화하고, 서로 화목하게 지내며 사랑했다. 이렇게 두 말씀에 근거를 두고 예수 기도가 나온 것이라고 한다.[83]

예수 기도는 초세기에서 중세기에 이르기까지 동방교회 특히 비잔틴과 슬라브 지방에서 기독교 신자들이 사용한 특수한 기도 양상(樣相)이다. 오늘날 동방교회의 영성 사조인 헤시카즘에서 생겨났으며 사막교부들 시대에까지 거슬러 올라가서 그 기원을 찾아야 하는 동방교회의 오랜 전승이라고 알려져 있다.[84]

예수 기도는 고대로부터 동방 수도자들의 독특한 수행의 한 방법으로 오늘날 알려진 영성훈련을 위한 기도방법이지만 창시자는 알려져 있지 않다.[85]

이러한 예수 기도의 기원은 4세기 이집트 영성에서 찾고 있다. 니트리아와 스케티스에 거주하던 사막교부들은 내면의 애통(penthos)과 하나님의 자비의 필요성을 특별히 강조했다. 그들은 끊임없이 하나님을 기억하기 위한 방법으로서 짤막한 기도를 사용하여 독백처럼 기도했다. 그리스 포티스의 주교였던 디아도꼬(Diadochus)는 예수의 이름을 거듭 부르는 기도의 중요성에 대해서 강조했다. 그는 우리의 지성을 고요 상태로 만들기 위해서는 오직 "주 예수" 기도만 하면 된다고 했다. 이렇게 예수 기도의 형태가 점차 드러나게 되었고 이런 전통으로부터 영향을 받아 새로운 기

81) 방효익, 「관상과 사적계시」, (서울: 가톨릭출판사, 2006), p. 279.
82) 김혜숙, "바람직한 영성훈련 바람직한 영성훈련 방안 연구", (미간행석사학위논문: 목원대학교 신학대학원, 2007), pp. 34-35.
83) 정재화, "현대 영성훈련 방안에 대한 연구", (미간행석사학위논문: 목원대학교 신학대학원, 2009), p. 50.
84) 이영식, "동방교회의 영성: 예수의 기도", 「신학전망」 73호(1986), pp. 103-104.
85) 박노권, 「렉시오 디비나를 통한 영성훈련」, (서울: 한들출판사, 2008), p. 48.

도 형식으로 발전되어 갔다.[86]

5세기부터 8세기 사이에 예수 기도는 동방 기독교권에서 하나의 인정된 '영성적 길'로서 인정을 받고 정착이 되면서 러시아 정교회로 확산되었다.[87] 예수 기도라는 명시적 표현을 최초로 한 이는 닐루스(Nilus of Ancrya) 라는 수도사이다. 그는 430년경 자신이 보낸 한 편지에서 예수님의 이름을 부르면서 끊임없이 그분을 기억하길 가르치고 있다. 이로부터 오래지 않아 포티케의 디아도쿠스(Diadochus of Photice)는 보다 자세히 이 예수 기도의 방식과 효능을 적고 있다. 그러다가 예수 기도의 기도 문구가 문헌상 처음으로 등장하는 곳은 세기의 필레몬(Abba Philemon)의 전기에서다.[88]

또한, 이러한 예수 기도의 역사에서 가장 중요한 사람은 북부 그리스의 포티체(Photice)의 감독인 디아도쿠스(Diadochus)이다. 그는 이미지 없는 고요한 기도상태로 들어가기 위해서 예수의 기도라는 단순한 형식을 빌어 반복기도를 하곤 했다. 사막교부들의 영성을 소개해 준 탁월한 동방의 두 교부는 에바그리우스 폰티쿠스(Evagrius Ponticus)와 존 카시안(John Cassian, 360~435)이 있다. 존 카시안은 동방교부들의 영성지도의 전통을 서방교회에 전해주는데 크게 기여를 한 사람이다.[89]

예수 기도는 고대에서 중세기에 이르기까지 정교회에서 발전한 기도양식이며, 그 기원은 사막 교부들에게까지 거슬러 올라간다.[90] 1782년 정교회에서 '필로칼리아'[91]라는 선집이 출판되었다. 이 책은 정교회 영성에서

---

86) 허성준, 「수도 전통에 따른 렉시오 디비나」, (칠곡: 분도출판사, 2006), pp. 160-161.
87) 이혜원, "관상기도 연구", op. cit., p. 45.
88) Ibid., pp. 45-46.
89) 류충열, "영성수련의 한 과정으로서의 관상기도에 관한 연구", (미간행박사학위논문: 한신대학교 신학전문대학원, 2007), p. 24.
90) 이영식, "정교회의 영성,"「신학전망」 73, (1986), pp. 103-104.
91) 1782년 베니스에서 발간된 필로칼리아는 2단짜리로 1200쪽 이상의 방대한 양이다. 4세기부터 15세기에 이르기까지 30여명의 저자들의 작품들을 발췌 혹은 전부 실었다. 그중에는 에바그리우스, 고백자 막시무스, 신 신학자 시메온, 시나이의 그리고리, 그레고리 팔라마스 등의 저술들이 실려있다. 본문의 일차적 선정은 코린트의 마카리우스에 의해 그리고 개정은 서문을 치가한 성산의 니코디모스에 의해 이루어졌고, 둘이 함께 각 저자들의 도입 주석을 달았다. 「도브로톨류비에」로 이름 붙은 축약된 슬라브판은 1793년 파이시 펠리치코프스키에 의해

가장 큰 영향을 끼치고 있는 책으로 평가된다. 이 책을 간추려서 1884년 출간된 다른 책이 있다. 그것이 '순례자의 길'이다. 이 순례자의 길이 예수 기도에 있어서 가장 중요한 지침서가 된다.[92]

이러한 필로칼리아란 삶과 진리 계시의 초월적 근원으로 이해되는 아름다운 것, 고귀한 것, 탁월한 것에 대한 사랑을 의미한다. 그러한 사랑을 통해서 지성은 정화되고 조명되고 완전해진다. 필로칼리아에 나타난 본문들이 이 정화와 조명과 완전함을 염두에 두고서 수집되었다. 그것들은 주의를 환기시키고 발전시키는 방법, 성성(聖性)의 특징인 깨어 경성함의 상태를 획득하는 방법을 알려준다. 그것들은 그 저자들이 예술 중의 예술이요 학문 중의 학문이라고 부르는 것, 정보의 자료나 정신의 민첩함이 아니라 의지와 마음의 근본적인 변화, 이것은 인간으로 하여금 자신에게 열려져 있는 최고의 가능성을 향하게 한다. 그리고 그의 존재의 보이지 않는 부분을 형성하고 양분을 공급해 주며, 영적 성취와 하나님과의 합일을 이루도록 도와준다. 필로칼리아는 시간의 미로를 통과해 가는 여정, 삶의 광야와 공허를 통과해 가는 사랑과 지식의 고요한 길이다. 그것은 영적인 길을 계시해 주고 그 길을 따르도록 유도하는 적극적인 요인이다. 그것은 인간에게 자신의 무지를 극복하고 내면에 있는 지식을 드러내고 망상을 제거하며, 모든 것을 가르치시고 기억하게 하시는 성령의 은혜를 받으라고 요청한다.[93]

필로칼리아에 수록된 본문들은 관상생활 실천의 길잡이로서 선정된 것들이다. 그리고 그것은 일련의 과정을 염두에 두고 마치 스승이 제자를 키워가는 것과 같은 양식으로 그리스도의 장성한 분량을 향해 신화를 추구해 나가는 영적인 갈망을 갖은 사람들에게 동방의 풍부한 영성의 세계

발간되었다. 러시아어 번역본은 주고 익나티 브리앙카니노프에 의해 1857년에, 주교 은수자 테오판에 의해 1877년에 발간되었다.
이영호, "필로칼리아에 나타난 예수기도 연구", (미간행박사학위논문: 감리교신학대학교 신학대학원, 2010), p. 35에서 주 28참조.
92) 브래들리 홀트, 「기독교 영성사」, 엄성옥 역, (서울: 은성, 994), pp. 182-183.
93) 이영호, "필로칼리아에 나타난 예수기도 연구", op. cit., pp. 35-36.

를 제시해 주고 있다. 그리고 구체적으로 이 책을 통해서 얻게 될 진보의 상태를 '헤시키아'(hesychia)라고 묘사한다.[94]

헤시카즘과 밀접한 연관이 있는 것이 필로칼리아이다. 필로칼리아는 헤시카즘을 수록된 내용처럼 초대 시대의 영적 전통 전체를 통틀어 말하고 있는 것이다. 그 근거로 제시하는 것이 바로 예수의 이름에 호소하는 기도, 즉 '예수 기도'이다. 그리고 바로 그 예수 기도가 이 책의 내적 통일성을 부여해 준다고 언급한다.[95]

이러한 예수 기도는 동방교회에서 은둔자들의 관상기도 법으로 채택이 되었고, 그들의 중심적인 수련 방법이 되었다. 현대 그리스도인 중에도, 순간 "주여", "주님", "아버지"하는 단어를 종종 사용한다. 이 또한 예수 기도의 일종으로 볼 수 있다고 하고 있다.[96]

동방정교회에서 예수님의 이름으로 기도하는 것은 주로 상상력을 잠재우는 방법으로 이미지가 없는 관상기도에 들어가기 위한 수단으로 간주되었다. 이러한 동방정교회의 '예수 기도' 형태가 서방세계에서 크게 보급되어 왔다.[97]

(2) 예수 기도의 의미

예수 기도는 구송기도, 묵상기도, 관상기도의 형태가 모두 가능한 기도라고 한다. 또한, 언제, 어디서, 누구나 할 수 있는 쉬운 기도이며 깊게 하나님과 교통할 수 있는 기도라고 한다.[98]

예수 기도는 "하나님의 아들이신 주 예수 그리스도님, 죄인인 저에게 자비를 베푸소서"라는 문장을 끊임없이 바치는 기도로써 이 기도는 영광

---

94) Ibid., p. 36.
95) Ibid., p. 36.
96) 정재화, "현대 영성훈련 방안에 대한 연구", (미간행석사학위논문: 목원대학교 신학대학원, 2009), p. 50.
97) 김혜숙, "바람직한 영성훈련 바람직한 영성훈련 방안 연구", op. cit., p. 35.
98) 김양민, "기도교육에 관한 연구", (미간행석사학위논문: 목원대학교 신학대학원, 2008), p. 43.

에 둘러싸여 있는 살아 계신 예수께로 마음을 집중하고 중심을 맞추는 기도이다. 이것은 동방 수도자들의 독특한 수행의 한 방법이다.[99]

예수 기도의 주요 내용은 예수님의 이름을 부르고 그분의 자비와 도우심을 간구하는 짧은 기도문을 거듭 되풀이하여 외움으로써, 예수님이 하나님이시며 메시아라는 신앙을 고백하는 것이다. 오랜 세기 동안 "하나님의 아들, 예수 그리스도여! 나를 불쌍히 여기소서!"라고 표현하였고 러시아에서는 간혹 "죄인인 나를"이라고 덧붙였다.[100]

예수 기도의 기본 형태는 "하나님의 아들이신 주 예수 그리스도여, 죄인인 나를 불쌍히 여기소서"이다. 더 단순하게는 "주 예수 그리스도여, 나를 불쌍히 여기소서", "예수여, 불쌍히 여기소서", "예수님, 사랑합니다" 또는 "예수"라고만 부를 수도 있다. 여기서 가장 중요한 것은 예수이며, 예수의 이름이 빠진다면 예수 기도가 아닌 것으로 볼 수 있다.[101]

(3) 예수 기도의 세 단계

동방교회의 전승 안에서 기도는 보편적으로 세 가지 범주, 즉 외서 드리는 기도(구송기도)와 정신(지성, 이성)으로 드리는 기도, 그리고 심장으로 드리는 기도(마음의 기도)로 구분된다. 이러한 부분은 기도의 발전 단계에 따른 것이라기보다는 내화된 그 깊이의 수준에 따른 것이라고 한다. 그런데 '이름에 호소하는 기도' 역시 다른 기도들과 마찬가지로 의도적인 의지의 노력에 따라 혀로 발음하는 구송기도에서 출발한다. 이때 혀로 발음하는 기도의 의미에다 정신을 집중시키는 또 하나의 의지적 노력이 동시에 이루어져야 한다.[102]

그런데 에바그리우스와 마카리우스는 뒷날 동방 수도 생활의 영적 전

---

99) 김혜숙, "바람직한 영성훈련 바람직한 영성훈련 방안 연구", op. cit., p. 34

100) 이영식, "동방교회의 영성: 예수의 기도", 「신학전망」 73호(1986), p. 66.

101) 정재화, "현대 영성훈련 방안에 대한 연구", (미간행석사학위논문: 목원대학교 신학대학원, 2009), pp. 49-50.

102) 티모시 웨어, 「예수 이름의 능력」, 한국 정교회 역, (서울: 성요셉출판사, 1985), p. 33.

통에서 볼 수 있는 본질적인 모든 요소들을 결정하였다. 동방에서 에바그리우스의 '이성 기도'(intellectual Prayer)는 성육하신 말씀을 명백하게 표현하는 인격적 기도인 '마음의 기도'(Prayer of Heart)가 되었고, 그 본질적인 곳인 심장(마음)에서 '이름을 기억'하기를 쉬지 않는 '예수 기도'(Jesus Prayer)가 되었다고 한다.[103]

이제 현대의 동방교회 저술가들은 이전 시대의 가르침을 요약하면서 예수 기도를 실천하는 데 있어서 다음 세 가지 단계로 구분하고 있다.[104]

①구송기도(입술의 기도)

첫 번째 예수 기도는 큰 소리로 암송하는 '구송기도(입술의 기도)'로서 시작한다. 처음 단계에서는 그 기도의 단어들 자체를 충실하게 되풀이해야 한다는 필요성을 크게 강조한다.[105] 이때 혀로 발음하는 기도에 온 정신을 집중시키는 또 하나의 의지적 노력이 동시에 이루어진다. 초심자들은 자신이 단번에 말이 필요 없는 마음의 기도로 전진하고 있다는 생각에 미혹되지 않아야 한다. 그리고 마음을 다하고, 정성을 다하고, 온 힘을 다해 이 기도에 집중해야 한다고 한다.[106]

②정신의 기도(intellectual Prayer: 지성의 기도)

구송기도는 점차 내면화되면 '지성기도'(prayer of the intellect) 혹은 '정신기도', '이성기도'로 발전한다.[107] 이 단계에서는 그 기도를 소리 내어 드리지 않고 내면적으로 기도하게 될 것이다.[108] 즉 이 단계에서 정신작용이 더욱 강렬해지고 자연스러워지며 입으로 발음하는 소리가 차지하는 비중은 줄어든다. 그러다 소리가 완전히 사라지게 되고 입술이 움직이지 않

---

103) 이영호, "필로칼리아에 나타난 예수기도 연구", op. cit., pp. 77-78.
104) 이혜원, "관상기도 연구", (미간행석사학위논문: 감리교신학대학교 대학원, 2005), p. 46.
105) Ibid., p. 46.
106) 방효익, 「관상과 사적계시」, (서울: 가톨릭출판사, 2006), p. 304.
107) 황호기, "관상기도를 이용한 목회상담 방법론 연구", (미간행석사학위논문: 장로회신학대학교 목회전문대학원, 2007), p. 98.
108) 이혜원, "관상기도 연구", op. cit., p. 46.

는 상태에서 오직 정신만이 말없이 '이름'을 부르게 된다. 물론 그렇다고 해서 목소리가 완전히 필요 없게 된다는 말은 아니다. 의식 안에서 끊질기게 떠오르는 심상들은 부드럽고 확고하게 제거되거나 밀쳐지며 정신적인 심상이나 개념이 동반되지 않는 그리스도의 직접적인 현존의식이 한층 강력해진다.[109]

③마음의 기도(Prayer of Heart)

마지막으로 그 기도는 지성의 기도에서 '마음의 기도'로 내려간다. 이때에 지성과 마음은 하나가 된다. 따라서 그 기도는 마음의 기도(prayer of the heart)이다. 보다 정확하게 표현하자면 마음의 기도 안에 있는 지성의 기도가 된다. 즉 지(知)·정(情)·의(意)로 드리는 전인(whole person)의 기도가 된다.[110] 그러나 극히 드물게 그러한 기도가 끊임없이 계속될 수도 있겠지만 대부분의 경우에 그 기도는 간헐적으로 잠시동안 획득되는 특별한 상태이다.[111]

마음의 기도는 결코 예수의 이름을 부르는 모든 사람들에게 자동적으로 주어지는 것이 아니다. 그것은 하나님의 은총의 특별한 선물이다. 그것은 단순히 인간의 노력 결과가 아니라 우리 안에서 활동하는 신적 에너지의 결과이다. 이제 이러한 차원이 되면 예수 기도도 '부어지는 관상'(infused contemplation)이라고 칭하는 상태로 이어진다. 예수 기도를 통해서 관상에 이르게 된 것이다. 이제 영혼은 활동적이 아니라 수동적이 된다.[112]

기도란 본질적으로 단순히 하나님의 현존 안에 머물러 있는, 하나님 앞에 서 있는 상태이다. 은수자[113] 테오판은 마음의 기도가 우리의 전인격을 통합시키며 정신을 마음속에 넣어 사랑과 경이의 하나님 면전에 우리를

---

109) 이현석, "관상과 기도 생활을 중심으로 본 동방 교회의 영성에 대한 고찰", op. cit., pp. 76-77.
110) 이향우, "'예수기도'의 연구와 한국교회에서의 활용방안", op. cit., p. 43.
111) 이혜원, "관상기도 연구", op. cit., p. 46.
112) 버나드 맥긴외 공저, 「기독교 영성 I」, 유해룡외 공역, (서울: 은성출판사, 1997), pp. 660-661.
113) 은수자(hermit, 隱修者)란 종교적인 이유로 사회를 떠나 은둔생활을 하는 사람을 말한다.

데려간다는 것을 풍성하게 표현한다. 기도는 마음과 지성이 함께, 구분이
나 구별이 없고 우리가 완전히 하나라는, 우리 존재의 일치가 이루어진
상태에서 하나님의 현존 안에 서 있는 것이다.[114]

　주의할 점은 동방교회의 수덕적인 문헌에서 마음(심장)에 대해 언급
할 때 그것은 '육적인 마음', '근육으로 이루어진 육체의 한 기관'을 의미
하기도 한다는 것이다. 단지 상징적이거나 형이상학적인 의미로만 이해해
서는 안 된다. 그러므로 마음의 기도는 영과 혼의 기도일 뿐만 아니라 몸
의 기도이기도 하다. 마음은 인간의 영과 대등한 것으로서 우리 존재의
핵심, 혹은 정점을 의미하며 마음속에서 인간은 하나님과 대면하게 된
다.[115]

　기도가 머릿속에, 지성이나 두뇌 속에 머물러 있는 한 기도는 불완전
하다. 두뇌에서 마음으로 내려가야 한다. '마음의 장소를 발견하며', 정신
을 마음속으로 끌어내리며, 정신과 마음을 통합해야 한다. 그렇게 할 때
진실로 '마음의 기도'가 될 것이다.[116]

　예수 기도를 통해 마음의 기도에 내려간 이들에게는 두 가지 형태가
경험될 것이라고 한다. 첫 번째는 기도하기 위해 사람의 노력을 필요로
하는 기도이며 또 하나는 기도가 저절로 존재하며 실천되는 기도이다. 그
런데 노력을 필요로 하는 첫 단계의 기도는 사람의 의식적으로 하나님의
도움을 받아 노력하는 단계이며, 두 번째 단계의 기도는 선물로 주어지는
기도이기에 더이상 기도자가 기도하는 것이 아니라 성령께서 그의 내면에
서 기도하신다. 이제 영혼은 자기 활동적인 것이 아니라 주님의 은총에
모든 것을 맡기며 수동적이 된다. 그런 사람에게 있어서 기도는 일련의
행동이 아니라 하나의 상태가 된다.[117]

　이때부터 마음의 기도는 좁은 의미에서 '신비적 기도' 형태를 취하기

---

114) 이현석, "관상과 기도 생활을 중심으로 본 동방 교회의 영성에 대한 고찰", op. cit., p. 76.
115) Ibid., pp. 76-77.
116) Ibid., p. 77.
117) Ibid., p. 77.

시작한다. 테오판은 이것을 관상기도 또는 '의식의 한계를 초월하는 기도'
라고 표현한다. "정신과 의식이 관상하는 대상 안에 완전히 몰입되므로
의식이나 정신이 전혀 없는 것처럼 된다."고 말하면서 이 관상의 상태를
'몰아의 기도'(prayer of ecstacy)라고 표현하기도 한다.[118]

마음의 기도에서 요구하는 것은, 무엇보다도 우리의 온 존재가 모두
하나님으로 가득 차 있어야 한다는 것이다. 예수 기도는 우리가 정신을
서서히 비워가도록 도와주며 마음의 모든 공간을 하나님께만 내어드리게
도와준다. 이처럼 마음의 기도는 자기 자신이 중심이 되어있던 상태에서
자신을 하나님께로 향하게 하는 기도이므로 인간존재 전체, 인격 전체에
영향을 미친다고 한다. 이제 마음의 기도는 예수께 바치는 기도가 아니라
예수 자신의 기도가 된다고 한다.[119]

(4) 예수 기도의 실제적인 방법

예수 기도는 언제 어디서나 할 수 있는 기도라고 한다. 거리에서나 일
터에서 일하면서, 각자의 방에서, 교회에서 등 어디에서든지 예수님의 이
름을 부르며 기도할 수 있다. 어떠한 규율에도 제한받지 않으면서 자유롭
게 예수님의 이름을 부르며 기도할 수 있다. 이 방법 외에도 규칙적으로
이름을 부르면서 기도하기 위해 일정한 장소와 시간에 따라 기도를 하는
것도 아주 좋은 방법이다. 초보자들에게는 먼저 규칙적인 실천으로 이 기
도를 숙달하는 것이 꼭 필요하다고 하고 있다.[120]

예수님의 이름을 부르는 이 기도에는 많은 형식(주 예수 그리스도여,
하나님의 아들이여, 우리 이 죄인에게 자비를 베푸소서, 주 예수여, 예수
님, 가장 오랫동안 사용된 정식) 등이 있다. 이 많은 형식 가운데서 자신
이 가장 좋아하고, 자신과 잘 어울리는 형식을 선택해서 자기 자신의 기

---

118) Ibid., p. 77.
119) Ibid., pp. 77-78.
120) 김양민, "기도교육에 관한 연구", (미간행석사학위논문: 목원대학교 신학대학원, 2008), p. 44.

도로 만들어 가는 것이다.[121]

현재 어떤 형식이 사용되든 간에 예수님의 이름을 부르는 이 기도의 중심과 핵심은 오직 거룩한 이름 그 자체인 '예수님'이란 단어에 있다. 이 거룩한 이름 안에 모든 힘이 다 들어있다. 예수님의 이름을 부를 때 소리 내어 부를 수도 있고 마음속으로 부를 수도 있다. 처음에는 소리 내어 부르고, 그 다음에는 진심으로 고요히 마음속으로 부른다면 더욱 좋을 것이다. 이 짧은 기도는 기도자로 하여금 소리 내어 하는 기도에서 마음의 기도로 쉽게 이끌어 준다. 뿐만 아니라 천천히 생각에 잠기면서 이 호칭기도를 소리 내어 반복한다면 이 기도는 기도자 마음 깊은 곳까지 이끌어 줄 뿐만 아니라 우리 영혼을 깊은 관상 속으로 잠기게 해 준다.[122]

이제 이러한 예수 기도를 하기 전에 먼저 생각을 정리하고 정해진 시간에 편안한 자세로 앉는다. 성령의 도우심을 간구한다. 눈을 감고 마음을 모으고 심장의 움직임과 소리에 집중한다. 잠시 마음을 가다듬고 부활하신 예수님이 앞에 계신다고 상상한다. 호흡을 집중하고 자신 안으로 들어가고 나가는 공기를 느낀다. 숨을 들이쉴 때 "하나님의 아들 주 예수 그리스도여"라고 부르면서 그분의 현존을 상상한다. 숨을 내쉴 때 "죄인인 저를 불쌍히 여기소서"라고 고백하면서 자신의 모든 죄를 내뱉는 상상을 한다.[123]

예수 기도 자세는 일반적으로 오른손 엄지, 검지, 중지를 한 대로 모아 성삼위 하나님을 생각하고, 무명지와 새끼손가락을 접어 육화하신 주 예수 그리스도를 생각한다. 그리고 먼저 오른손을 이마에 대면서 모든 근원이신 하나님 아버지를 생각하며, 그 다음에 오른손을 배꼽에 대면서 사람 성모마리아에게 육화하여 태어나신 구세주 예수 그리스도를 생각한다. 그 다음에 오른쪽 어깨에 대면서 성부 오른편에 앉으신 그리스도를 통한 구원을 생각한다. 그 다음에는 왼편 어깨에 대면서 "예수를 주님이시라, 하

---

121) Ibid., p. 44.
122) Ibid., p. 44.
123) 정재화, "현대 영성훈련 방안에 대한 연구", op. cit., pp. 50-51.

나님을 아빠, 아버지"라 부르게 하고 우리를 진리로 이끄셔서 생명을 주시는 성령을 생각한다. 끝으로 코가 바닥에 닿게 엎드리면서 "이 죄인은 아무것도 할 수 없으나 오직 하나님 자비에 의존하고 제 자신을 다 바치오니 저를 구원해주소서"라고 하면서 일어선다. 이러한 행동을 계속 반복한다.[124]

예수 기도를 통해 하나님께서 주시는 열매는 예수님의 임재를 느끼든 느끼지 못하든 예수님과 동행한다고 한다. 그리스도 안에 머무르며 종일토록 주님과 지속적인 연합을 위해 자신을 개방하게 된다. 마음의 가장 깊은 열망을 말로 표현하고 그 열망을 기도로 올려 드린다. 하나님이 임재하시며 당신 안에 사심을 스스로 늘 일깨우며, 자신의 마음속 말을 보호하여 생각과 감정과 행동이 모두 하나님과의 지속적인 대화로부터 흘러나오게 한다. 항상 일정하고, 내적이며, 멈추지 않고, 영속적인 기도의 습관을 길들일 수 있다고 하고 있다.[125]

기도의 말을 너무 빨리하거나 중언부언하지 않기 위해서, 반복하는 중에 약간의 간격(마디)을 두고 정신을 기도 말씀에 집중하는 것이 필요하다. 기도 말을 큰 소리로 내려면 숨을 일단 들어 마시고 난 다음에 기도 말을 한 번에 또 두 번에 나누어 한다.[126]

같은 내용으로 선 채로 허리를 굽혀 오른손 끝이 바닥에 닿도록 구부리면서 "주 예수 그리스도 하나님의 아들이시여, 저를 불쌍히 여기소서"를 반복한다. 20~30㎝ 높이의 의자에 앉아서 갈멜산에서 행한 엘리야의 기도 형태를 취할 수도 있다. 자유로운 방법으로는 좌선 형태를 취할 수도 있고, 누운 채로도 좋다. 쉴 때, 잠잘 때, 설거지할 때, 일할 때도 몸의 움직임에 따라 조절할 수 있다. 이는 영혼과 육신의 온몸이 기도하는 전인적(全人的)인 기도 자세를 말한다.[127]

---

124) 안광덕, "'예수기도'의 한국식 영성교육과 호흡기도 모형", op. cit., p. 58.
125) 정재화, "현대 영성훈련 방안에 대한 연구", op. cit., p. 51.
126) 안광덕, "'예수기도'의 한국식 영성교육과 호흡기도 모형", op. cit., p. 58.
127) Ibid., p. 59.

예수 기도에는 도구가 필요하다. 보통 양모(羊毛)로 짠 매듭 묵주를 사용하여, 기도자는 양털 매듭 묵주를 손에 들면서 먼저 양(羊)을, 하나님 어린 양, 세상 죄를 없애시는 예수 그리스도를 생각한다. 그리고 착한 목자, 예수 그리스도를 생각한다. 우리는 그분의 양 떼이고 그분은 우리의 참 목자임을 믿고 그분 음성을 듣고 그분을 따른다. 그래서 정교회 수도자(성직자)들은 양모로 짠 매듭 묵주를 손에서 놓지 않는다. 수도자들이란 정교회 모든 고위 성직자들을 다 포함한다. 성령으로 충만한 수도자들은 매듭 묵주와 같은 도구가 필요 없겠지만, 원로수도자(스타렛츠)라도 늘 자기는 초심자와 같은 겸손한 마음가짐 때문에 매듭 묵주를 손에서 떠나지 않게 간직한다.[128]

렉시오 디비나는 말씀 묵상으로 관상의 기도에 들어가고 예수 기도는 상상이나 생각 없이 관상기도로 들어간다. 이러한 예수 기도방법에 대하여 김혜숙은 다음과 같이 제시하고 있다.[129]

①서두름 없이 마음을 차분히 가라앉히고, 마음의 눈을 심장에 집중하고 귀 기울인다.

②심장 박동에 따라 예수 기도를 바친다. 한 번 박동에 "주", 두 번 박동에 "예수", 세 번 박동에 "그리스도님", 네 번 박동에 "저에게", 다섯 번 박동에 "자비를 베푸소서"라고 말하기를 끊임없이 반복한다.

③심장 박동에 따른 기도에 익숙해지면, 이제 자신의 심장을 들여다보면서 호흡을 맞추어 다음 단계의 예수 기도를 바친다. 즉, 들숨에 "주 예수 그리스도님", 날숨에 "저를 불쌍히 여기소서"라고 자연스럽게 기도하라. 이것이 반복되면 어느덧 심장이 더워져 기분이 좋아지고, 새로운 차원으로 넘어간다.

④기도 중에 절대로 분심(分心)이나 잡념에 현혹되어서도, 어떤 형태로든지 불러일으켜서도 안 된다.

---

128) Ibid., p. 59.
129) 김혜숙, "바람직한 영성훈련 바람직한 영성훈련 방안 연구", (미간행석사학위논문: 목원대학교 신학대학원, 2007), p. 36.

(5) 예수 기도와 호흡

물리적 기술로 특별히 사용하는 호흡을 예수 기도는 사용한다. 호흡을 사용하는 것이 언제부터 인지는 분명하지 않지만, 이를 사용한 흔적을 볼 수 있다.[130]

초기 교부 중에 닛사의 그레고리우스(Gregorius Nyssenus)는 "하나님을 너의 호흡보다 더 가깝게 기억하라"고 하였다. 앙크라의 닐우스는 "우리가 공기 중에 계속적으로 호흡하는 것보다, 우리는 더 하나님을 계속적으로 찬양하고 노래해야만 한다"고 하였다. 시나이의 그레고리도 "호흡을 조절한다는 것은 생각을 안정시킨다는 것"이라며 반복하여 끊임없이 기도할 것을 권유하였다.[131]

예수 기도는 예수님을 기억하거나 예수님께 기원한 형식은 심상이나 생각이 없는 기도를 획득하는 방법이라고 여긴다. 따라서 예수 기도는 말로 기도하는 동안에 침묵으로 이어진다. 클리마쿠스와 헤시키우스는 그 기도를 호흡의 리듬에 맞춰서 했다.[132]

아마도 호흡에 대한 이러한 표현들은 하나의 은유적일 수도 있다. 기도는 계속하여야 하는데, 우리 자신의 전부인 호흡과 같은 행위여야 한다는 것을 주장한다. 이에 사다리의 요한 클라이막쿠스는 좀 더 부드럽게 정의하였는데 "예수에 대한 기억을 너의 모든 호흡이 되게 하라" 혹은 "너의 호흡과 연합시켜라"고 하였으며, 헤시키우스는 좀더 분명하게 "예수 기도를 너의 호흡과 직결하라" 하였다. 여기에서 기도 말은 분명히 호흡 리듬과 관계가 아주 깊다는 것을 말해준다.[133]

더 정확한 설명으로 곱틱 마카리안 학파(7~8세기)는 표현하기를 "매

---

130) 안광덕, "'예수기도'의 한국식 영성교육과 호흡기도 모형", op. cit., p. 59.
131) Ibid., p. 60.
132) 김혜숙, "바람직한 영성훈련 바람직한 영성훈련 방안 연구", op. cit., p. 35.
133) 안광덕, "'예수기도'의 한국식 영성교육과 호흡기도 모형", op. cit., p. 60.

호흡마다, 주 예수 그리스도여, 이 죄인에게 자비를 베푸소서'라는 기도 말을 말하는 것은 쉽지 않다."라고 경험을 이야기하고 있다. 이러한 언어 들은 단순한 아날로기라기보다는 확실하게 호흡에 대한 어떤 형태의 기술 을 지적하고 있다.[134]

13세기~14세기에 이르러서는 호흡에 대한 물리적이고 기술적인 기술 이 분명하고 상세하게 그리스 자료들에 나타났다. 그러한 기술적인 수많 은 기법들의 저술은 아니지만, 영성 지도자들이 제자들에게 직접 구전으 로 전하였을 것이다.[135]

호흡에 관한 완전한 기술을 두 개의 논문에서 찾을 수 있다. 13세기 후 기에 아토스산의 수도승인 헤시카스트 니코포르서(949~1022)의[136] 「마음 의 경성함과 거룩함」과 신신학자 시메온의 「기도의 세 가지 방법」에서 이다. 14세기 후반에 칼리스토스와 이그나티우스 잔트포울로스의 저작에 서도 약간의 보충적인 기술들을 하였다.[137]

다음은 니케포로스의 호흡 방법에 대한 소개이다.

> 예수기도의 방법은 세 가지 주요 방식이 있다 : (1)특별히 신체 자세를 적용 한다 : 앉아서, 머리 어깨를 굽히며, 수직으로 심장이나 배꼽을 응시한다. (2)호 흡 속도를 천천히하며, 예수기도 기도 말을 호흡의 날숨과 들숨에 맞추어 쉰다. 「이름없는 순례자」에서 기도자는 기도 말을 심장 박동의 리듬에 동시 발생으 로 결합했지만, 그러한 제안들은 13~14세기 문서들에서야 나타났다. (3)내적 탐구 훈련(내심 수련)에 있어서, 정신집중은, 더 분명하게 심장을 특별한 심신 의학의 센타로 강조하였다 : 들숨과 함께 생각(정신)이 심장까지 내려온다. 이 러한 방법들이 헤시키안과 요가, 슈피즘 사이에 놀랄만한 유사성이 있지만, 이 들이 직접적으로 서로 영향을 미쳤다는 분명한 증거들은 찾기가 어렵다.[138]

134) Ibid., p. 60.
135) 안광덕, "'예수기도'의 한국식 영성교육과 호흡기도 모형", op. cit., p. 60.
136) 독거자 네케포르스는 14세기 초에 아토스산에서 생활한 수도사요, 그레고리 팔라마스의 영 적 사부였다. 그는 예수기도의 낭송과 관련한 육체 훈련을 상세히 기술한 최초의 수덕적 저 술가라고 한다.
137) 안광덕, "'예수기도'의 한국식 영성교육과 호흡기도 모형", op. cit., pp. 60-61.
138) Ibid., p. 61에서 재인용.

이상에서 예수 기도를 호흡과 함께 사용하라는 확실한 전통을 가지고 있다. 분명한 것은 예수 기도 수도자들이나 정교회 신자들이 호흡과 아울러 기도하였다는 사실이다. 이미 옛 수도자들과 정교회 신앙인들은 숨결에 맞추어 기도하는 것을 심장 기도요, 내심의 깊은 경지에 들어가는 기도며, 침묵 속에서 주님을 만나는 길임을 받아들이고 있었던 것이다.[139]

본래 사람과 호흡은 잠시도 떠날 수 없는 절대적 관계가 있어서, 잠시라도 호흡이 중단되면 질식하여 죽고 만다. 호흡이 빠르고 숨이 거칠면 단명하고, 호흡과 맥박이 같이 뛰면서 어깨 호흡을 하면 3일을 넘기지 못하고 사망한다. 이와 같이 생명과 호흡은 절대적으로 연관이 있다고 하고 있으면서,[140] 예수 기도를 호흡과 함께 기도하는 방법론을 복원하였으면 하는 제안을 하는 분도 있다.[141]

김양민은 예수 기도를 호흡하는 법을 다음과 같이 소개하고 있다.

온몸이 편안한 자세가 되었을 때 서서히 기도를 시작한다. 먼저 마음속으로 10을 센다. 10에서부터 시작해서 9-8-7 천천히 세어 내려간다. 7에서 잠시 멈춰서 생각한다. "나는 지금 마음속 깊은 곳으로 내려가고 있는 중이다…" 내려가고 있음을 다시 생각한다. 다음 3-2-1에서 끝을 맺는다. 여기에 도달하면 그대는 내적, 외적으로 깊은 고요 속에 둘러싸이게 된다.[142]

예수 기도의 정식을 짧게 줄인 정식인 "예수님-자비를"하고 줄인 것은 "예수님!"하고 숨을 들이쉬고, "자비를!"하고 숨을 내쉬면서 자연스럽게 호흡과 일치하며 기도할 수 있도록 편의를 제공하기 위해서라고 한다. 이제 몇 분 동안 이러한 방법으로 호흡을 계속하면서 예수 기도를 바친다. 이렇게 계속 반복하다 보면 호흡은 점점 느려지게 되며, 의식마저 점점

---

139) Ibid., p. 61.
140) Ibid., p. 98.
141) Ibid., p. 62.
142) 김양민, "기도교육에 관한 연구", (미간행석사학위논문: 목원대학교 신학대학원, 2008), p. 45.

사라지고, 단어도 점점 불분명해지면서 오로지 정신만 더욱 맑고 순수해진다. 이 묵상을 하는 동안은 눈은 항상 감은 채로 있어야 한다고 하고 있다.[143]

(6) 예수 기도의 특성

예수 기도는 무한한 은총과 능력을 지닌 거룩한 이름 '예수'에 대한 깊은 신심이다. 죄를 통회하면서 하나님의 자비를 청하고, 이 짧은 기도를 끊임없이 반복한다. 예수 기도의 반복은 한 사람으로 하여금 기도를 드리는 것(offering)에서 기도자가 되는 것(becoming)에로 옮겨가도록 해준다. 이것이 바로 쉬지 말고 기도하라(살전5:17)는 뜻으로 전 생애에 걸쳐 기도자로서의 삶을 살아야 한다는 것이다. 즉 하나님의 현존하심 앞에 서 있는 존재임을 인식하여 우리의 전 생애가 하나님께 응답할 수 있도록 해야 하는 것이다. 따라서 상상이나 추론 없이 내적 고요와 평정을 추구하는 기도이다.[144]

동방교회의 전통 안에서 발견되는 예수 기도에서는 네 가지 요소를 구분할 수 있다. ①예수라는 거룩한 이름을 부름. ②죄로 인한 고통을 느끼면서 하나님의 자비를 구함. ③빈번하게 또는 계속해서 반복하는 훈련. ④비(非) 추론적인, 또는 부정적(apophatic) 기도에 도달하려는 소원 등이다.[145]

2. 서방교회의 관상기도

---

143) Ibid., p. 45.
144) 김혜숙, "바람직한 영성훈련 바람직한 영성훈련 방안 연구", op. cit., pp. 35-36.
145) 류충열, "영성수련의 한 과정으로서의 관상기도에 관한 연구", (미간행박사학위논문: 한신대학교 신학전문대학원, 2007), pp. 23-24.

가. 니케아 정통신학에서의 관상

A.D 325년에 있었던 니케아 공의회는 정통파인 아타나시우스파와 아리우스파의 신학 논쟁으로 기독교 신학 역사에 분수령이 되었다. 이 논쟁은 아타나시우스와 그의 논적 아리우스를 중심으로 전개되었다. 논쟁의 주요 쟁점은 예수님의 신성에 관한 것이었다. 이 논쟁은 결국 아타나시우스의 승리로 끝났으며, 그 결과 니케아 이후의 시대는 정통신앙의 경계선을 한층 더 엄격하게 긋는 시기가 되었다. 이 시기에 아타나시우스와 닛사의 그레고리우스의 관상을 살펴보고자 한다.[146]

(1) 아타나시우스(Athanasius)의 관상

①아타나시우스는 누구인가?

4세기 기독교 역사에서 주요한 인물이었던 아타나시우스(Athanasius, A.D 295~373년)는 알렉산드리아의 기독교 가정에서 태어났다. 그는 어린 시절부터 이집트 사막의 은둔자들로부

▲ 아타나시우스

터 많은 영향을 받았으며, 고전적인 기독교 정규 교육을 받았다. 319년에는 알렉산더 감독의 비서가 되었고, 325년에 열린 니케아 종교회의에 동반 참석하였다. 3년 후인 328년에는 알렉산더의 뒤를 이어 알렉산드리아의 감독직을 맡게 되었다. 373년 그가 세상을 떠나기 전까지 46년간 감독으로 시무했다. 그의 생애 대부분을 교리적인 적수인 아리우스와의 투쟁으로 보냈다.[147]

---

146) 이경순, "관상기도의 교회사적 고찰", (미간행석사학위논문: 백석대학교 기독신학대학원, 2007), p. 56.
147) Ibid., pp. 56-57.

②아타나시우스의 관상 이해

그런데 오리게네스에 의해서 발전된 관상에 대한 교리는 정통을 구분하는 니케아공의회에서 다른 양상을 보였다. 필론에서 이어지는 '말씀'에 대한 개념은 아타나시우스(Athanasius, 기원후 293~373)에게 와서 중요한 포인트가 되었다. '말씀'에 대한 기독론적 입장을 고양시킨 것이다.[148) 아타나시우스와 아리우스주의가 어떻게 '말씀'에 대한 교의를 변화 발전시켰다. 이제 그것은 관상의 교의에 어떠한 영향을 미쳤는지 그 흐름을 살펴보자.[149)

그런데 관상에 대한 교리에 앞서서 아타나시우스와 아리우스주의가 나누어진 근본적인 차이는 '말씀'에 대한 차이였다. 이것이 관상의 신학에도 그대로 영향을 미쳤다. 정통파에게는 '말씀', 즉 아들이 '아버지'와 동일한 본성인 데 비하여 아리우스파에게는 '말씀'은 지극히 숭고한 존재이긴 하지만 피조물이었던 것이다. 똑같이 무로부터의 창조에 대해서는 이견이 없었지만, 그 범위에 대해서 의견이 달랐던 것이다. 즉 아리우스는 '말씀'을 피조물계에 해당시켰고, 정통파는 '말씀'을 신의 영역에 해당시켰다. 정통파는 앞에서 설명했던 플라톤 철학에 관련된 내용들을 충분히 이해한 시점에 이르러 플라톤 철학의 견지에서 벗어나 기독교에서 말하는 하나님의 계시를 명백하게 이해하기 위하여 새로운 단계로 나아갔던 것이다.[150)

이에 오리게네스의 세계관에서 위로는 '아버지'에서부터 가장 아래에 있는 영적 존재들에 이르기까지 관상은 영적 상하 질서를 묶어주는 결합의 원리였다. '말씀'은 '아버지의 오묘하심을 끊임없이 관상함으로써' 신성을 확고히 유지하듯이 영적 존재들도 '말씀'을 관상함으로써 신성을 지니게 된다. 이러한 관상론은 영혼과 신성과의 동족관계를 주장하는 플라톤 철학을 배경으로 하는 것이었다. 이같은 동족관계가 있기에 관상이 가능했으며 또한 관상을 통하여 동족관계도 실현되는 것이었다.[151)

---

148) 윤정아, "관상기도의 역사에 관한 연구", (미간행석사학위논문, 협성대학교대학원, 2011), p. 63.
149) 이혜원, "관상기도 연구", op. cit., p. 30.
150) 윤정아, "관상기도의 역사에 관한 연구", op. cit., p. 63.

그러나 기독교적 정통신앙을 확립하는 데 있어서 '무로부터의 창조'라는 교리는 존재론상의 가장 근본적인 구별을 하나님과 피조물 사이에 두고 있으므로 영혼도 육신도 다같이 피조물의 세계에 속하는 것이다. 그러므로 영혼은 하나님과 공통되는 영역을 전혀 지니지 못한다. 이제 관상은 더 이상 신성과의 동족관계를 실현할 수 없다. 따라서 이제껏 내려왔던 오리게네스 계통의 관상에 대한 교리가 그 전제조건 자체가 성립 불가능하게 되었던 것이다. 즉 그사이에 '말씀'이 개입되어야만 관상이 가능하게 된 것이다.[152)]

이렇듯 아타나시우스는 초기에는 오리게네스 신학 전통에 충실한 학자였으나 후에 그의 책 「강생론」에서는 양상이 완전히 달라졌다. 타락으로 인하여 영혼은 하나님을 닮은 모습이 너무나 손상되어 버렸기에 인간이 구원을 얻기 위해서는 손상되기 이전의 영혼이 지녔던 모습의 원형, 즉 '말씀'이 사람이 되시어 내려오시는 일이 필요하다는 것이다. 그래서 그에게 있어서 관상은 더 이상 신성을 얻기 위한 수단이 아니라 이미 말씀을 통하여 거룩하게 된 영혼의 여러 활동 가운데 하나일 뿐이다. 오리게네스에게서처럼 영혼은 관상하는 대상을 통하여 거룩하게 되는 것이 아니라 아타나시우스의 말을 인용하면 "우리가 거룩하게 되도록 '말씀'이 사람이 되신 것이다." 따라서 아타나시우스는 영혼이 관상을 통하여 거룩하게 된다는 신비주의는 무엇이든 의심을 품게 되었다. 또한 거룩하게 된다는 것은 오리게네스의 관상론에서처럼 영혼과 하나님의 직접적인 관계에 대한 것이 아니다. 영혼이 거룩하게 되는 것 인간이 거룩하게 되는 것은 하나님의 모습인 '말씀'과 같은 모습을 회복함으로써 이루어지는 것이다. 이는 '말씀'이 육신을 입으시고 사람이 되시어 우리의 타락한 상태로까지 내려오셨기 때문이다.[153)]

아타나시우스의 관상 사상은 그의 초기 논문인 「Against the Heathe

151) 앤드루 라우스, 「서양 신비사상의 기원」, 배성옥 역, (왜관: 분도출판사, 2001), p. 123.
152) 이혜원, "관상기도 연구", op. cit., p. 30.
153) 앤드루 라우스, 「서양 신비사상의 기원」, op. cit., p. 125.

n」과 그 후에 썼던 논문 「On the Incarnation」에서 각기 다른 양상을 보이고 있음을 발견할 수 있다. 「Against the Heathen」에 나타난 아타나시우스의 사상은 오리게네스의 신학 전통을 그대로 따르고 있음을 볼 수 있다. 그는 오리게네스처럼 영혼을 '누스'와 '프쉬케'의 단계로 나누어 설명하고 있다. 타락한 영혼인 '프쉬케'가 육체와 관계를 맺고 있는데 관상을 통하여 다시 하나님과 결합할 수 있다고 주장하고 있다. 또한, 아타나시우스는 자신의 저서 「Against the Heathen」 8장에서 "영혼은 아버지의 모습을 볼 수 있는 거울"이라고 표현하고 있다. 이는 오리게네스의 신비신학과 연결된 것으로 볼 수 있다. 비록 하나님과 영혼 사이에 존재론적인 연속성은 없다 할지라도 영혼은 거울과 같아서 거울이 맑을 때는 하나님의 모습을 볼 수 있다는 은유적 표현은 후대 신학자들에게 신플라톤주의적 신비신학, 즉 오리게네스의 관상에 대한 이론과 연결시키는 다리의 역할을 했기 때문이다.[154]

그러나 그의 논문 「On the Incarnation」에서는 오리게네스와 다른 관점에서 관상에 관해 이야기하고 있는 것을 발견할 수 있다. 이 논문에서 아타나시우스는 영혼이 거룩하게 되는 것은 오리게네스처럼 하나님과의 직접적인 관계에 의한 것, 즉 상위의 존재를 관상함으로써 하나님과 동질임을 확인하는 것이 아니라 오직 예수 그리스도의 성육신의 결과이며, 하나님의 모습인 말씀과 같은 모습을 회복함으로써 이루어진다고 주장하고 있다. 이것은 마르틴 루터의 주장처럼 인간이 거룩하게 되는 것은 인간의 자유의지에서 우러나오는 수덕적 노력과는 상관없이 오직 하나님의 은총에 의한 행위라는 주장으로 볼 수 있다.[155]

그는 그의 논문 「On the Incarnation」에 나타난 아타나시우스의 사상은 영혼은 '무로부터 창조'되었기 때문에 손상되기 쉬운 미약한 존재이며, 타락하기 이전의 안정된 상태에서도 하나님의 은총에 의해 좌우되었다는 것이다. 타락한 영혼은 하나님을 닮은 모습이 손상되었기 때문에 인

154) 이경순, "관상기도의 교회사적 고찰", op. cit., p. 57.
155) Ibid., pp. 57-58.

간이 구원을 얻기 위해서는 손상되기 이전 모습의 원형이신 하나님이 사람이 되어 내려오시는 일이 필요하다는 것이다. 따라서 아타나시우스에게 있어서 관상은 신성을 얻기 위한 수단이 아니라, 이미 거룩하게 된 영혼의 여러 활동 중의 하나일 뿐이다.[156]

아타나시우스는 오리게네스처럼 영혼은 관상하는 대상을 통하여 거룩하게 되는 것이 아니라, 우리가 거룩하게 되도록 말씀이신 하나님이 사람이 되셨다고 주장한다. 즉 하나님께서는 우리가 하나님과 같이 되도록 하기 위해서 사람이 되셨다는 것이다. 그의 논문 「On the Incarnation」에서는 보이지 않는 하나님이 어떤 분이신지 마음속에 그려볼 수 있도록 하나님께서 직접 육신을 입으시고 스스로를 드러내 보여주셨다고 주장하고 있다. 이러한 교리의 발전은 하나님과 피조물, 즉 하나님과 영혼 사이에 있는 존재론적인 깊은 틈을 확인하게 했고, 영혼이 관상을 통해서 거룩하게 된다는 오리게네스적 신비신학을 의심하게 만들었다. 이러한 주장은 결국 영혼이란 신성과 같은 본성을 지닐 수 없는 존재이며, 적어도 플라톤주의적 의미에서의 관상은 더 이상 영혼을 거룩하게 해주는 활동이 아니라고 하면서 플라톤주의와의 본격적인 결별을 시도하게 만들었다.[157]

그런데 기독교 초기에 많은 사람들이 가졌던 의문 중의 하나는 "어떻게 하나님을 알 수 있는가?"라는 것이었다. 당시 플라톤 사상에서는 신은 사람들로부터 멀리 떨어져 있기 때문에 인간이 알려고 해도 알 수 없는 존재라고 가르쳤다. 이처럼 인간세계와 동떨어져 있는 존재로서 도무지 알 수 없는 신에 대해서 명확한 해답을 제시해 주는 아타나시우스의 성육신론은 당시의 그리스도인들에게 무척 매력적으로 다가왔으리라 여겨진다. 그는 예수 그리스도를 '보이지 않는 하나님의 형상'(골1:15)으로 소개한다. 즉 요한복음 1장 14절의 "말씀이 육신이 되어"라는 선언처럼 하나님이 인간으로 성육신하셨다는 것이다. 이는 아타나시우스의 성육신 교리가 철저하게 복음적 계시에 바탕을 두고 있다는 것을 알 수 있게 해준다.

---

156) Ibid., p. 58.
157) Ibid., p. 58.

아타나시우스의 성육신에 대한 교리는 후대 신학자들에게 많은 영향을 주었다. 특히 신의 하강을 강조하는 서방 기독교 관상 사상에 많은 영향을 끼친 것으로 보인다.[158]

이렇게 오리게네스까지 이어졌던 관상에 대한 교의는 아타나시우스에 와서 일대 전환을 맞게 된다. 그러나 그 큰 흐름이 변화되었을지라도 거기에 영향을 받은 관상에 대한 교의는 기독교 전통에서 계속 내려오게 된다.[159]

(2) 닛사의 그레고리우스(Gregorius Nyssenus)의 관상

①닛사의 그레고리우스는 누구인가?

아타나시우스의 학문을 이어받은 니케아 정통 신학의 신비신학자인 닛사의 그레고리우스 (Gregorius Nyssenus, A.D 335~395)는 카파도키아의 유명한 로마카톨릭교 집안에서 태어났다. 그는 열 명의 형제 중 셋째 아들이었다. 특히 그의 누이였던 마크리나와 형 바질은 그레고리우스

▲ 닛사의 그레고리우스

의 종교적 성장과 교육에 있어서 중요한 영향을 끼쳤다. 그는 아버지의 뒤를 이어 수사학 교사가 되기로 결심하고 결혼도 했다.[160]

이렇게 수사학자가 되려고 교회의 직무를 버리고 결혼하여 세상의 일을 하다가 아내가 죽은 뒤에 가족들과 친구들의 설득으로 형 바질의 수도원에 입회하여 수도하던 중 닛사의 주교가 되었다.[161]

그레고리우스는 381년 콘스탄티노플에서 열린 제2차 공의회에서 삼위일체 교리가 정통으로 확립되는 데 중요한 역할을 했으며, 말년에는 영적 삶을 주제로 하는 철학적 신학을 발전시켰다. 그가 노년에 저술한 것으로

---

158) Ibid., p. 59.
159) 이혜원, "관상기도 연구", op. cit., pp. 31-32.
160) 이경순, "관상기도의 교회사적 고찰", op. cit., p. 59.
161) 전달수, "그리스도교 영성사 - 교부들의 영성", 「가톨릭신문」, 2000. 11. 5.

알려진 「Life of Moses」에서는 은둔 수도사의 관상을 하나의 위대한 철학으로 이야기하고 있는 것을 발견할 수 있다. 그는 신비신학의 대가로 동·서방을 막론하여 널리 영향력을 행사하였으며, 수많은 저서들을 남긴 4세기의 가장 매력적인 저술가 중에 한 사람으로 알려지고 있다.[162]

②닛사의 그레고리우스 관상 이해

오리게네스와 마찬가지로 그레고리우스는 영혼의 상승이라는 플로티누스의 사상을 관상과 연결시켰다. 그레고리우스는 인간의 영혼 안에 하나님의 모상성이 있으며, 이 모상성으로 인하여 영혼은 자신의 원천인 하나님을 향하게 된다고 보았는데 이러한 주장은 플라톤주의와 밀접한 관계가 있다.[163]

닛사의 그레고리우스는 인간 영혼의 끊임없는 성숙을 강조하였고, 하나님과의 합일을 위해 현실의 환상과 허상, 즉 무로부터 벗어나야 하며, 영혼의 정화를 통한 참된 실재의 파악을 역설하였다.[164]

그레고리우스는 인간에게 일어나는 두 가지 종류의 운동을 발견하였다. 이 두 가지 운동은 변화를 수반한다. 한 가지는 육체의 순환적인 운동이고 다른 하나는 영광에서 영광으로의 변형이다. 이에 그레고리우스는 육체의 순환 운동을 여러가지 우화를 통하여 설명하였다. 그는 쳇바퀴 위에서 맹목적으로 움직이는 짐승과 모래언덕을 오르는 인간, 밀려오는 조수에 무너지는 어린이들이 쌓아 놓은 모래성으로 이를 설명하길 좋아하였다. 이러한 순환 운동은 욕망에 기초를 둔 거미줄과 같은 것이다. 즉 우리 영혼의 적인 악마에 의해 우리 주변에 짜여진 이 거미줄은, 본바탕이 없는 허상의 깨어지기 쉬운 조직임에도 우리는 이것에 포로로 잡힐 수 있다. 그렇지만 환상은 환상일 뿐이며 그 이상은 아니라는 것이다. 다시 말

---

162) 이경순, "관상기도의 교회사적 고찰", op. cit., pp. 59–60.
163) 라영환, "개혁신학적 입장에서 바라본 관상기도", 「한국교회사학회지」 21권, 한국교회사학회(2007), p. 20.
164) 고창주, "Thomas Merton의 觀想祈禱와 社會的 行動", (미간행석사학위논문: 장로회신학대학교 대학원, 2005), pp. 27–28.

해 물질과 감각에 빠져 사는 삶은 그리스의 신화에 나오는 하데스 탄탈루스의 이야기 즉 그의 입술에서 조금 떨어진 곳에 놓인 음식을 두고 배고파 죽는 경우나, 자신을 해방시켜 주리라 알고 짐을 지고 언덕의 정상에 오르지만, 그가 정상에 도착하자마자, 그 짐이 다시 바닥으로 굴러떨어지는 시지푸스의 전설과 같이 환상적인 고통을 재생하지 않을 수 없는 것이다. 각각의 경우에 인간은 도피처가 없는 것으로 영원한 순환의 감옥에 묶여 있는 것이다. 이 운동의 최종적인 특성은 비실제적이고, 환상적인 것이다. 이는 성숙이 없는 움직임이다. 이 운동은 사실 존재하지도 않는 가치에 자신의 전 존재를 반복해서 투신하는 결과이고, 이는 인간이 지닌 환상의 정도가 그가 행하는 행동의 강도로 나타난다. 우리가 덜 가질수록 우리는 할 일이 더 많아지게 된다. 이러한 허상의 궁극점은 철저히 이기적이고 분리와 불일치가 극도에 달한 상태이다.[165]

이러한 무한한 순환 운동에서 벗어나는 길은, 영광에서 영광으로의 변형이라 부르는 두 번째 종류의 일을 하는 것이다. 그것은 어떠한 만족도 추구하지 않는 영적인 운동이다. 이는 인간의 최고 활동인 관상, 즉 감각이나 가르침의 차원을 초월한, 내면의 활동을 추구하는 것이다. 이에 대해 그레고리우스는 우리는 매일의 성장을 통하여 더욱 완전해져야 한다고 전제하고 이 완전성은 한계에 도달할 수 없는 것으로 보았다. 왜냐하면, 영원한 진리 안에서 완전을 향한 우리의 성장을 결코 멈출 수 없기 때문이다.[166]

또한, 아타나시우스의 학문을 이어받아 발전시킨 닛사의 그레고리우스는 아타나시우스와 마찬가지로 그에게도 영혼은 모든 피조물과 함께 무에서 창조된 것이었다. 때문에 그는 아주 색다른 특색을 지닌 신비사상을 이루었다. 즉 사랑을 통하여 하나님과 직접적으로 친교하는 경험에 더욱 뚜렷이 초점을 맞추게 되었던 것이다. 그가 무로부터의 창조라는 교리를 인식하고 있었다는 것은 영혼과 하나님 사이에는 접촉점이 전혀 없다고 보았다. 따라서 하나님은 영혼이 결코 알 수 없는 분이시므로 하나님께서

---

165) Ibid., pp. 28-29.
166) Ibid., p. 29.

가능성을 허락하여 주시지 않는 한 영혼은 하나님에 관한 어떠한 경험도 할 수 없음을 뜻한다.[167]

닛사의 그레고리우스는 플라톤 철학에서 가지계(加持界)[168]와 가감계(加感界)를 명확하게 구분했던 것과는 달리 가지계를 창조되지 않은 창조적 영역과 창조된 피조물의 영역으로 구분하여 지적 영역과 감각적 영역의 구분을 없앴다. 닛사의 그레고리우스에게 있어서 창조되지 않은 것과 창조된 것 사이에 벌어진 틈은 영혼이 이를 건너갈 수 있는 가능성을 완전히 배제할 정도로 깊은 것이었다. 그러므로 영혼이 피조물로서 본성을 떠나 창조되지 않은 영역으로 넘어가게 되는 탈혼이란 있을 수 없는 것으로 본다. 그는 황홀 상태의 가능성을 이처럼 거부함으로써 플라토니즘과 네오플라토니즘과 구별되는 명백한 분기점을 찍었다.[169]

닛사의 그레고리우스는 창조주와 피조물 사이의 이 깊은 틈으로 인해 피조물과 창조주가 단절된 것이 아니라, 피조물을 구원하기 위하여 이 세상에 오신 하나님과 사랑을 통하여 직접적으로 친교를 나눌 수 있다고 주장한다. 영혼이 하나님의 사랑에 응답하는 가운데 알 수 없는 하나님께로 더 가까이 다가갈 수 있고, 그렇게 될 때 영혼은 더욱더 어둠 속으로 들어가면서 지식의 경지를 초월한 어떤 길(출20:21 참조)을 통하여 하나님을 알게 된다는 것이다.[170]

그레고리우스에 의하면 인간은 신앙의 삶을 살면서 빛과 구름과 암흑의 과정을 거치면서 하나님께 가까이 간다는 것이다. 이것은 마치 모세가 빛(출19:18)과 구름(출20:21)과 암흑(출24:15-18)의 과정을 거치면서 하나님께 가까이 간 것과 같다. 그러나 암흑 속에서 하나님께 가까이 간 모세가 하나님을 볼 수 없었듯이 우리가 하나님께 아무리 가까이 가도 그를 이해할 수 없다는 것이다. 그래서 그레고리우스는 우리는 "맑은 정신의

167) 앤드루 라우스, 「서양 신비사상의 기원」, op. cit., p. 129.
168) 가지계(加持界)란 눈으로 볼 수 없고 이성을 통해 봐야 하는 것.
169) 이경순, "관상기도의 교회사적 고찰", op. cit., p. 60.
170) Ibid., p. 60.

술 취함", "깨어 있는 잠", "열정 없는 열정", "빛나는 암흑" 속에서 하나님을 보지 못하지만 안 다는 것이다. 그레고리우스의 이런 모순적인 표현은 고도의 신학 사상과 깊은 영성이 교차하는 데서 하나님을 만나는 것을 인간의 언어로 표현한 것으로 볼 수 있다.[171]

이렇게 닛사의 그레고리우스에 있어서 영혼은 연속적으로 빛, 구름, 어둠 속으로 들어간다. 방향은 빛에서 시작하여 점점 어둠 속으로 나아가는 과정이다. 오리게네스에 있어서 영혼은 점점 더 밝아오는 길을 추구했던 반면에 그레고리우스에게서는 영혼이 점점 더 깊어지는 어둠 속으로 나아간다. 그레고리우스는 필론에게서 나왔던 부정적 방법을 기독교 맥락에서 체계적인 부정의 신학(apophatic)으로 만들어냈다. 이 부정주의의 가장 큰 특성은 '무한한 추구'(epektasis)라는 유명한 교리 지상에서와 하늘나라에서의 기독교적 삶의 목표는 무진정한 신적 본성을 끝없이 추구하는 것이라는 가르침이다. 이 주제는 그의 저술 「모세의 생애」에 계속 나타난다. 이 부정신학적 전통에서 무한 추구는 이후 기독교의 많은 사상가들에게 지대한 영향을 미쳤다. 또한, 부정신학적 방법에서 관상에 이르는 길로도 지대한 영향을 미쳤다.[172]

이에 그레고리우스는 무한한 추구는 다음과 같은 어떤 방식으로 진행된다고 하고 있다.[173]

첫째 길은 '빛'의 길로서, 영혼은 이를 통하여 실상이 아닌 거짓 현실에서부터 홀로 참된 실상이신 하나님에게로 눈을 돌린다.

두 번째 길은 '구름'의 길이다. 정화된 영혼은 세상 만물의 헛됨을 알게 될 뿐만 아니라, 하나님의 영광이 세상 만물 가운데 드러나 있다는 것을 깨닫게 된다. 이 두 번째 길은 플라톤이 말한 관상의 세계, 즉 순수한 실상인 '형상'의 세계를 관상함을 뜻한다. 중요한 것은 여기서 말하는 관상은 다만 도중에 거치는 한 단계일 뿐, 영혼이 나아가는 길의 목적지는 아

---

171) 조대준, "(3) 닛사 그레고리(335년-394년)", 「크리스찬투데이」, 2004. 6. 24.
172) 이혜원, "관상기도 연구", op. cit., p. 32.
173) 윤정아, "관상기도의 역사에 관한 연구", op. cit., pp. 66-67.

니다. 하나님은 '말씀'을 통하여 세계를 창조하셨던바, '말씀'이야말로 관상의 대상이며, 이는 또한 '창조주'로서의 '말씀'일 뿐 아니라 '강생하신 분'임을 깨닫게 된다. 관상의 대상은 스스로 계시는 분으로서의 하나님이 아니라 세계를 창조하시고 보속하시는 거룩한 힘을 통하여 우리에게 스스로를 드러내 주신 하나님이시다.

세 번째 길은 어둠 속으로 들어가는 길이다. 이에 그레고리우스는 다음과 같이 묘사하고 있다.

> 그런데 이제 모세가 먹구름 속으로 들어가 하나님의 모습을 보고 기뻐했다는 말은 무엇을 의미하는 것일까? 여기에 관한 성경구절(출24:15)은 모세가 전에 보았던, 밝게 드러나신 하나님의 모습과는 어쩐지 모순된 듯한 인상을 준다. 전에는 빛 가운데 나타나신 하나님을 보았는데 여기서는 먹구름 속에서 보았다고 한다. 하지만 그렇다고 해서 우리가 지금까지 살펴보았던 연속적인 영적 교훈 전체가 모순된 것이라고 생각해서는 안 된다… 그러나 영혼은 진보를 계속함에 따라 더욱 강하고 완전한 집중력으로 진리를 안다는 것이 무엇인가를 깨닫게 되는 바, 영혼이 이러한 깨달음에 가까이 가면 갈수록 하나님의 본질은 보이지 않는 것임을 알게 된다. 그리하여 영혼은 온갖 겉모습의 현상, 즉 감각으로 파악되는 것들뿐 아니라 이성으로 알 수 있는 현상들도 떠나서 계속 내면세계로 더욱 깊이 파고들어가 마침내 보이지 않고 이해할 수 없는 데까지 영성의 힘으로 뚫고 들어가게 되면, 영혼은 그곳에서 비로소 하나님의 모습을 보는 것이다. 우리가 추구하는 것을 참으로 보고 참으로 안다는 것은 곧 이같이 보이지 않는 것이며, 우리의 목표는 모든 지식을 초월하며, 결코 알 수 없는 어둠으로 우리와는 어디에서나 차단되어 있는 지식임을 깨닫는 것이다. 그러므로 위대한 복음사가이며 이같이 계시적 어둠 속으로 뚫고 들어갔던 요한은 우리에게 말하기를 "일찍이 하나님을 본 사람은 아무도 없다"(요1:18)고 했다. 그는 이처럼 누구 한 사람도, 정녕 그 어떤 지적 피조물도 하나님을 알 수는 없다는 것을 가르쳐 주었다.[174]

어둠 속으로 들어간다는 것은 하나님의 불가지성을 깨닫게 되는 것이

---

174) 닛싸의 그레고리, 「모세의 생애」, 고진옥 역, (서울: 은성, 1993), p. 230.

다. 그러나 그레고리우스는 하나님을 알 수 없는 분이라고 얘기하는데 그치지 않고 한 걸음 더 나아가 이를 깨닫는 것은 거룩한 어둠 속으로 들어가는 것이라고 한다.[175]

또한 그는 "얼굴을 맞대고 하나님을 뵙고 싶다"(출33:11)는 모세의 간청에 대해서 다음과 같이 해석한다.

> 모세가 경험하고 있었던 것은 영혼 가득히 품고 있던, '최고선'에 대한 갈망이었으리라 생각된다. 또한 이 갈망은 그가 전에 언뜻 보았던 아름다움으로부터 비롯된 '초월자'에 대한 기대로 끊임없이 강도를 더해가고 있었다. 또한 이기대는 그가 하나하나의 단계를 밟아나가면서 이룩한 모든 성취감으로 인하여, 최고의 단계에 아직도 무엇이 감춰져 있는지를 보고자 하는 갈망을 끊임없이 불태우고 있었다. 그러므로 아름다움을 열렬히 사랑하는 사람은 그리워하는 대상의 이미지를 언제나 보면서도 바로 그 이미지의 원형으로 충족되기를 바란다. 갈망의 언덕으로 올라가는 영혼의 대담한 요구는 거울에 비추어 반사된 아름다움이 아니라 '아름다움' 그 자체를 직접 주고자 하는 것이다. 하나님의 목소리는 모세의 요청을 거절하면서도 몇 마디 말로 끝없이 깊은 관상의 바위굴을 가리켜줌으로써 그의 요청을 들어주신 것이라고 할 수 있다. 한없이 너그러운 하나님이기에 그의 갈망이 채워지도록 해주시겠지만, 갈망 자체가 멈추거나 충족될 것을 약속하지는 않았다. 모세가 처음 보았던 하나님의 모습이 갈망을 그치게 할 그러한 비전이었다면 정녕 하나님은 당신 종에게 당신의 모습을 보이지 않았을 것이다. 하나님의 진정한 모습이란 오히려, 당신을 바라보는 영혼이 당신을 갈망하기를 결코 멈추지 않게 하는 것이리라.[176]

이것이야말로 그레고리우스는 하나님을 본다는 의미의 참뜻이라고 하고 있다. 모세가 하나님을 뵙고자 하는 소망이 끊임없이 충족되면서도 결코 충족되어 버리지 않는다. 이에 하나님을 본다는 것의 참뜻을 모세를 통해서 보자면, "모세는 하나님을 뵙고자 애썼다. 이 말은 어떻게 하면 하나님을 보게 되는지에 대하여 지침을 받은 것인즉, 하나님을 본다는 것은 당신

---

175) 윤정아, "관상기도의 역사에 관한 연구", op. cit., p. 68.
176) 닛싸의 그레고리, 「모세의 생애」, 고진옥 역, (서울 : 은성, 1993), p, 231-33.

께서 인도하시는 곳이면 어디라도 따라감을 뜻한다." 이것을 풀이하면 영혼
은 끊임없이 하나님을 그리워하며 하나님을 알고자 끊임없는 소망을 내뻗
고 있지만, 궁극적인 만족도 결정적인 합일도 없고, 황홀한 결합을 이루는
탈혼 상태도 없다. 다만 어둠 속으로 더욱더 깊이 빠져들어 갈 뿐이다.[177]

이러한 닛사의 그레고리우스는 영혼이 하나님께로 향할 때 세 가지 단
계가 있다고 하고 있다. 그는 영혼의 계속적인 성숙을 말하는 빛을 받는
단계에서 세 가지 상징적 요소인 빛, 구름, 그리고 어두움을 끌어들이고
있다. 세 가지 단계는 우선 정화를 통해 점점 순결해지고 정욕으로부터
자유롭게 되는 과정으로 진보해 나간다. 여기에서 진보란 빛에서 시작하
여 점점 더 깊어지는 어두움으로 나아가는 과정을 말한다. 그 첫 번째 단
계에서는 진리의 빛으로 오류의 암흑을 없애는 일이다. 하지만 영혼이 성
숙하면 할수록 더욱더 깊은 어둠 속으로 들어가게 되어, 마침내 영혼은
감각과 이성의 빛으로 파악되는 영역으로부터 완전히 차단되어 버린다는
것이다.[178]

그런데 이 부분은 오리게네스와 극명한 대조를 이루고 있다. 오리게네
스에게 있어서의 관상은 영혼이 앞으로 나아갈수록 눈앞의 어두움은 사라
지고 빛 가운데로 들어가는 반면, 닛사의 그레고리우스의 관상은 영혼이
성숙해질수록 점점 더 깊어지는 어두움으로 들어가게 된다는 것이다. 이
점에 있어서는 필로와의 유사성을 드러내고 있는데 이는 두 사람 다 오리
게네스와는 반대로 하나님의 불가지성에 관하여 근본적으로 의견의 일치
를 보이고 있기 때문으로 이해된다.[179]

닛사의 그레고리우스(Gregorius Nyssenus)의 관상의 특징은 하나님은
본질적으로 보이지 않는 분이시지만 만물을 통하여 자신을 드러내 보여주
시고, 영혼은 알 수 없음이란 어둠 속에서 거울에 비친 하나님을 관상하
게 된다는 것이다.[180] 그런데 그레고리우스는 하나님을 보는 방법은 두 가

---

177) 윤정아, "관상기도의 역사에 관한 연구", op. cit., p. 69.
178) 이경순, "관상기도의 교회사적 고찰", op. cit., pp. 60-61.
179) Ibid., p. 61.

지가 있다고 한다. 그것은 영혼이 거울을 통하여 하나님을 보는 것과 '먹구름(dark cloud)' 속에서 하나님을 경험하는 것이다. 영혼이 거울을 통해서 하나님을 보게 된다는 것은 영혼이 비록 하나님을 보지만 하나님은 언제나 알 수 없는 분으로 남아 계시기에 우리가 거울로 보는 것처럼 희미하게 본다는 것을 말한다. 그리고 먹구름 속에서 하나님을 경험한다고 하는 것은 인간이 관상을 통하여 보이는 감각 세계를 벗어나 보이지 않는 세계로 인도되어, 이성이나 감각에 의해서 파악될 수 없는 하나님의 현존을 어둠 속에서 경험하는 것을 말한다. 영혼은 알 수 없는 어둠 속에서 하나님을 볼 수 없지만, 하나님을 느낄 수 있다. 이러한 그레고리우스의 관상에 대한 이해는 플라톤주의의 영향을 강하게 받은 것이다.[181]

그런데 앤드루 라우스는 그레고리우스의 거울 비유는 영혼이 덕을 쌓으며 깨끗이 정화됨으로써 하나님과 같은 모습을 가지게 된다는 사실에 근거한다고 하고 있다. 즉 영혼은 자신의 덕을 통하여 하나님의 완덕(完德)에 참여하게 된다는 것이다. 이는 닛사의 그레고리우스의 관상이 창세기 1장 27절의 말씀과 더불어 거룩하고 순수한 본성에 따라 창조된 인간은 이성적이며 동시에 반성적 존재라는 사실에서 출발한 것임을 알 수 있다. 또 한 가지 방법인 먹구름 속에서의 하나님 경험은 그레고리우스가 그의 저서 「모세의 생애」에서 가장 많은 관심을 기울여 설명했던 부분이다. 바로 그레고리우스는 영혼이 어둠 속에서 겪는 하나님에 대한 경험을 '감미로움'(glukus)이란 말로 표현하기도 했다. 이는 영혼이 어둠 속에서 하나님이 현존해 계시다는 느낌을 갖게 될 때 느끼는 황홀함을 표현한 듯하다. 이에 앤드루 라우스는 이때의 현존에 대하여 영혼이 하나님을 발견하는 것이 아니라 하나님에게 발견되어지는 것이라고 설명한다.[182]

즉 그레고리우스에 있어서 하나님을 본다는 것의 참뜻을 모세를 통해서 보자면 "모세는 하나님을 뵙고자 애썼다. 이 말은 어떻게 하면 하나님

180) Ibid., p. 61.
181) 라영환, "개혁신학적 입장에서 바라본 관상기도", op. cit., pp. 19-20.
182) 이경순, "관상기도의 교회사적 고찰", op. cit., pp. 61-62.

을 보게 되는지에 대하여 지침을 받은 것인즉 하나님을 본다는 것은 당신께서 인도하시는 곳이면 어디라도 따라감을 뜻한다."는 것이다. 이것을 풀이하면 영혼은 끊임없이 하나님을 그리워하며 하나님을 알고자 끊임없는 소망을 내뻗고 있지만, 궁극적인 만족도 결정적인 합일도 없고 황홀한 결합을 이루는 탈혼 상태도 없다. 다만 어둠 속으로 더욱더 깊이 빠져들어 갈 뿐이라는 것이다.[183]

그런데 그레고리우스는 모세가 하나님과 만나는 과정 중에 나타난 어둠과 환시의 단계를, 인간이 하나님과 만나기 위해 오르는 단계로 상징화하였다. 처음에 모세는 타오르는 가시덤불 속에서 하나님을 보았고, 하나님의 인도하심에 따라 한 조각의 구름에 의지하여, 사막을 건넜으며, 마침내는 시내산에 오르게 되고, 그곳에서 하나님과 얼굴을 맞대고, 하나님의 어두움 안에서 이야기하게 되었다. 그에게 있어서 참된 신학은 이와 같이 어둠 속에서 하나님을 체험하는 것이며, 이는 영혼이 맨 먼저 눈에 보이는 피조물에서 하나님을 보지만, 영혼이 성숙함에 따라 지성은 영혼으로 하여금 감추어진 것을 관상하게 하도록 감각적인 모든 것을 덮어 가리는 구름 구실을 한다. 그리고 영혼은 인간 본성이 가능한 한 현세의 모든 것을 버렸을 때, 완전한 신적 어둠에 싸인 하나님에 관한 인식의 성소로 들어가게 되는 것이라는 하고 있다.[184]

이에 암흑 속에서 보이지 않는 존재를 어떻게 알 수 있을까?에 대하여 그레고리우스는 하나님은 영혼에게 그가 임재한다는 어떤 감각을 주신다고 말한다. 하나님은 인간의 감각에 잡히지 않지만 하나님이 거기 계시다는 신비로운 감각이 영혼에게 전달된다는 것이다. 하나님을 만난 영혼은 하늘의 기쁨으로 충만하게 된다는 것이다. 그러나 한번 충만하게 된 영혼은 그것으로 만족하지 않는다고 그레고리우스는 말한다. 그러므로 그는 이것을 '충족된 부족'이라고 부른다. 그러나 이것은 이 세상에서의 부족이 아니다. 이 세상에서의 만족은 시간이 지나면 약해지고 사라져 가지만 하

---

183) 앤드루 라우스, 「서양 신비사상의 기원」, op. cit., p. 139.
184) 고창주, "Thomas Merton의 觀想祈禱와 社會的 行動", op. cit., p. 32.

나님을 만남에서 오는 만족은 약해지고 사라지지 않는다는 것이다. 그러므로 이런 만족은 영광에서 영광으로 움직이는 충족된 부족이라고 하고 있다(고후3:18).[185]

이렇게 그레고리우스에게 있어서 하나님은 알 수 없는 분이고 하나님에 대한 궁극적인 지식은 알 수 없지만 그렇다고 해서 영혼이 하나님과 멀리 떨어져 있고 결코 접할 수 없는 분이란 뜻이 아니라고 한다. 오히려 하나님은 어둠 속에서 영혼에게 모습을 보이시며 영혼은 하나님과 결합하는 것이다. 그리고 그에게 있어서 하나님을 보는 방법이란 하나님의 활동하심을 통해서 가능하다고 보았다. 즉 하나님은 본질에 있어서는 알 수 없는 분이지만 그의 활동을 통해서 또 하나님과 맺어진 만물을 통해서 관상할 수 있다고 본 것이다.[186]

또한, 사람의 마음인 온갖 피조물과 변덕스러운 애착에서 벗어나 깨끗이 정화되면 스스로 아름다움 가운데 드러나는 '거룩한 본성'의 이미지를 보게 되리라는 것이다. 영혼은 거룩한 이미지를 비춰주는 거울이기에 영혼 속에 현존하는 하나님의 이미지를 관상함으로써 하나님을 관상할 수 있게 되는 것이다. 이러한 전통 속에서 사막교부들이 서 있다.[187]

여기서 닛사의 그레고리우스의 관상을 정리하자면 영혼이 어둠 속에서 경험하는 것은 관상(theoria)이 아니고 또 관상일 수도 없다. 암흑 속에서는 볼 수 있는 가능성이 없는 것이다. 하나님의 현존하심은 볼 수도 없고 이해할 수도 없으며 오직 느낄 수 있고 받아들일 수 있을 뿐이다. 그레고리우스는 관상(테오리아)의 궁극성을 부인함으로써 오리게네스와 에바그리우스와 뚜렷이 구별된다. 이로써 플라톤 철학을 배경으로 한 관상의 교리는 뒤로 물러나게 된다. 영혼은 관상을 초월하여 알 수 없는 어둠 속에서 사랑으로 하나님에 대한 깨달음과 현존하심을 찾아 더욱더 깊숙이 뚫고 들어가는 것이다. 이전까지는 보는 신학이었다면 그레고리우스 이후

---

185) 조대준, "(3) 닛사 그레고리(335년-394년)", 「크리스찬투데이」, 2004. 6. 24.
186) 이혜원, "관상기도 연구", op. cit., pp. 34-35.
187) Ibid., p. 35.

보는 것과는 거리가 먼 신의 현존 자체를 느끼는 그것을 관상의 교의로 대체하게 되는 것이다.[188]

아타나시우스가 오리게네스와 결별한 이후 닛사의 그레고리우스에 의해서 그 정통신학적 교의는 더 견고해졌다. 이것이 이후 교부들에게 영향을 미친 것이다. 따라서 오리게네스까지의 관상개념과는 결별하고 새로운 관상개념 즉 무념무상의 교의가 점차 자리를 잡아가기 시작한 것이다. 이것은 깨달음과 하나님의 현존을 느끼는 것에 중점을 둔다. 즉 플라톤 철학의 이성적 지식을 초월하여 마음으로 하나님의 현존하심을 느끼고자 하는 신비주의를 전개해 나간 것이다. 이것은 이제까지의 신학이 지성에 중심이 있었다면 마음으로 내려오는 전환점이 되는 중요한 시점으로 이것 역시 사막교부들에게 지대한 영향을 끼친 점이다.[189]

그리고 닛사의 그레고리우스의 관상에 대한 사상은 오리게네스의 주지주의와 플라톤 철학을 바탕으로 하는 신비신학을 초월하여 사랑을 통하여 하나님을 알고자 하는 어둠의 신비신학, 즉 알 수 없는 어둠 속에서 하나님의 현존과 사랑을 느끼고자 했던 부정의 신학으로 발전해 나갔다. 그가 말한 어둠의 신비신학은 오리게네스와 에바그리우스의 관상을 초월하여 어둠 속에서의 하나님을 경험하는 더 깊은 탐구로 이어졌다.[190]

나. 안토니우스(St. Antonius)의 관상

고대 사막교부들의 관상을 이야기하면서 빼놓을 수 없는 인물이 '수도사들의 아버지'라고 불리는 안토니우스(St. Antonius, A.D 251~356))가 있다. 그는 이집트 북부 지방 멤피스 근처인 코만의 부유한 농부의 아들로 태어났다. 어려서부터 신앙적인 분위기 속에서 참된 그리스도인으로서의 교육을 받았지만, 18세 때 부모를 여의고 누이동생과 단둘이 남게 되

188) Ibid., p. 35.
189) Ibid., p. 35.
190) 이경순, "관상기도의 교회사적 고찰", op. cit., p. 62.

었다. 누이동생을 극진히 돌보며 생활하던 그는 어느 날 문득 '사도들은 무엇 때문에 모든 것을 버리고 주님을 따랐으며, 초대교회 신자들은 왜 자신의 재산을 가난한 사람들에게 나누어 주도록 사도들에게 맡겼는지 그리고 그들이 하늘나라에서 얻는 것이 과연 얼마나 크고 위대한 것인가'에 대하여 곰곰이 생각하게 되었다. 그러던 어느 날 미사 참례 도중 "당신이 완전해지려고 하면 가서 당신이 소유하고 있는 것을 팔아 가난한 사람들에게 주시오. 그러면 하늘에서 보물을 차지하게 될 것입니다. 그리고 와서 나를 따르시오."(마19:21)라는 말씀을 바로 자기 자신에게 하시는 하나님의 말씀으로 받아들이게 되었다. 완전한 자가 되기 위하여 모든 것을 포기하기로 결심한 안토니우스는 동생의 교육비를 제외한 모든 재산을 팔아 가난한 이에게 나누어 주었으며, 금욕과 고행으로 몸과 마음을 단련시키는 수도생활을 시작하였다고 한다.[191]

안토니우스에 관한 저술로는 알렉산드리아 감독이었던 아타나시우스가 안토니 사망 직후인 357년에 펴낸 「안토니의 생애」와 안토니우스 자신이 작성한 '서신들', 그리고 사막의 교부들이 남긴 「사막교부들의 금언」이 있다.[192]

「안토니의 생애」를 저술한 아타나시우스는 기독교의 구원이 신격을 의미한다고 여겼다. 그가 「안토니의 생애」를 통해서 우리에게 보여주려고 한 것도 변하기 쉬운 인간에서 변하지 않는 신격화된 인간으로의 전환이다. 안토니우스라는 성자가 한 인간으로서의 개성을 잃지 않은 채, 아담의 잃어버린 형상, 즉 작은 그리스도로 변화되어 가는 과정을 생생하게 보여줌으로써 완전함을 추구하는 많은 수도사들이 신격화에 다가갈 수 있도록 도전을 주었다. 수도사들은 시험을 피하기 위해 불가능한 일들을 행한 사람, 종종 절망의 경계에 선 자신을 발견한 사람, 때때로 기도할 힘을 잃곤 했던 사람, 성경과 하나님의 비밀에 대한 자신의 완전한 무지를 인정했던 사람, 이웃 사랑이 최고의 가치 있는 일이라 여겼던 사람 안토니

---

191) Ibid., pp. 62–63.
192) Ibid., p. 63.

우스를 본받으려 했다.[193]

「안토니의 생애」는 두 부분으로 나눌 수 있다. 1~14장은 안토니우스의 영적 순례의 과정을 상세하게 기술하고 있는데, 이 과정은 마음의 순결을 이루기 위한 순종과 자기 포기의 훈련이라고 볼 수 있다. 즉 관상을 위한 준비 단계임을 알 수 있다. 15~94장은 안토니우스의 지혜와 기적적인 능력에 관하여 이야기하고 있다. 이는 하나님께서 만드신 원래의 본성으로 회복된 상태로서 아담이 잃어버린 형상을 그리스도의 능력을 통해서 되찾은 새 아담, 새로워진 인간의 상태이다. 이것이 관상의 단계에 도달한 상태라는 것이다.[194]

안토니우스의 수도생활의 목표는 마태복음 19장 21절에서 말하는 완전함, 즉 모든 악으로부터 자유로운 평정의 상태에 이르기 위함이었다. 이는 범죄 후 타락한 아담이 잃어버렸던 하나님의 형상 회복이라고 할 수 있다. 그가 잃어버린 하나님의 형상을 회복하여 완전함에 도달하기까지는 20년이 걸렸다고 한다.[195]

안토니우스의 생애에 나타난 관상의 특징에 대하여 이경순은 그리스도의 형상으로서의 회복이라고 보고 있다. 이는 우리가 추구하고 있는 영적 여정의 최종 목적지이기도 하다.[196] 그런데 「안토니의 생애」에서는 관상이라는 단어를 찾아볼 수 없다. 그러나 안토니우스의 생애를 통해서 관상의 목표인 신화된 인간, 잃어버린 하나님의 형상을 회복하고 완전에 도달한 인간의 모습을 발견하게 되었다. 이는 관상이란 신비적 행위가 아니라, 하나님의 현존 안에 살아가는 삶임을 깨닫게 해준다는 것이다.[197]

다. 에바그리우스(Evagrius of Pontus)의 관상

---

193) Ibid., p. 63.
194) Ibid., p. 64.
195) Ibid., p. 64.
196) Ibid., p. 65.
197) Ibid., p. 65.

(1) 에바그리우스는 누구인가?

　관상생활에 관한 중요한 저술들을 남긴 독수도자 에바그리우스(Evagrios pontikos, A.D 345~399)는 폰투스의 이보라(Ibora)에서 태어났다. 카파도키아 교부들의 제자였던 그는 대 바실에 의해 성경 낭독자로 임명되었고, 신학자 그레고리우스에 의해 부제로 임명되었다. 381년에는 그레고리우스를 수행하여 콘스탄티노플 공의회에 참석하기도 했으나 한 사건으로 인해 사제로 서임되지는 못했다. 이 경험은 그가 금욕생활로 전환하는 계기가 되었다. 한 때 교만과 애욕의 유혹에 빠진 적도 있었으나 방탕한 생활을 청산하고 383년 이집트로 갔습니다. 니트리아에서 2년 동안 살다가, 더 깊은 사막 켈리아에서 14년 동안 필사가로 일하면서 소량의 빵과 소금과 기름으로 금욕생활을 했다. 그는 그리스도교 저작들을 필사하고 문맹자들을 위해 책을 서술했으며[198] 이집트에서 16년 동안 보내다 생애를 마쳤다.[199]

　폰투스의 에바그리우스(Evagrius of Pontus, 345~399)는 이집트 광야의 4세기 스승으로서 오리게네스에 힘입은 바가 지대한 지성주의적 전통에 있었다. 그 자신의 시대뿐 아니라 동서방교회 전체에 걸쳐 후대의 기도 전통에 크나큰 영향을 미쳤다고 알려진다. 또한 동방과 서방의 수도사들을 이어주는 중요한 연결고리 역할을 했다. 그는 아주 젊었을 적부터 바실의 영향을 받았으며, 그로부터 독서직에 임명되었다. 그러나 그는 바실의 수도생활과 결별하고, 수도 콘스탄티노플로 가서 지적 생활에 몰입하던 중 환상을 보고 383년에 이집트의 사막 니트리아로 갔다. 그리고 2년 후에 더 깊은 사막 켈리아로 가서 55세로 죽기까지 그곳에 머물렀다.[200]

---

198) 고진석, "에바그리우스 폰티쿠스에게 배우는 수행의 지혜", 「가톨릭뉴스 지금여기」, 2012. 9. 20.
199) 세바스티안 브로크, 「시리아교부들의 영성」, 이형호 역, (서울 : 은성, 2003), p. 98.
200) 윤정아, "관상기도의 역사에 관한 연구", op. cit., p. 71.

에바그리우스는 플라톤주의에 입각한 사변적인 오리게네스 주의자이다. 그러나 그의 신학과 교리가 의심을 받아 정죄 되었다. 결과적으로 그의 많은 저술들이 파괴되거나, 다른 사람의 이름으로 잔존하였다. 그의 수도 원적 영성은 깊은 심리학적 통찰과 함께 동방교회에 큰 영향을 미치는 역할을 하였다.[201]

에바그리우스는 다작의 저술가로서 많은 글을 남겼다. 그의 저술은 「Gnostikos」와 「Praktikos」라는 두 가지 경향으로 구분된다. 사변적 측면이라고 할 수 있는 「Gnostikos」에서는 오리게네스를 크게 의지하여 그에게서 영혼의 선재, 그리스도 안에서의 만물의 회복 등에 대한 특별한 이론을 받아들였다. 실질적 측면이라고 할 수 있는 「Praktikos」에서는 이집트, 주로 콥트 사막 교부들의 생생한 경험을 활용하고 있는데, 「Gnostikos」와 「Praktikos」밀접하게 연결되어 있다. 그의 저서 중 가장 잘 알려진 것은 「hundred chapters on Prayer」이다. 그 외에 수도생활에 대한 대표적인 작품 가운데 하나로 173개 격언으로 구성되어 있는 「Ad Monachos」 등이 있다.[202]

(2) 에바그리우스의 관상 이해

에바그리우스의 관상은 알렉산드리아의 클레멘트에게서 유래한다. 그는 알렉산드리아의 클레멘트와 더불어 덕행 실천과 공부[203]를 통해 어떤 영적 인식에 도달한 그리스도인을 나타내려고 기독교 문학 안에서 사용되기 시작했던 '그노스티코스'(gnostikos, 관상가)란 말을 받아들였다. '그노스티코스'란 수행을 통해 영적 인식을 갖게 된 사람, 즉 관상을 위해 준비된 사람을 뜻한다.[204]

---

201) Ibid., p. 71.
202) 이경순, "관상기도의 교회사적 고찰", op. cit., p. 66.
203) 여기에서 공부란 '주의 깊은 묵상' 혹은 '주의 깊은 숙고'를 뜻한다.
204) 이경순, "관상기도의 교회사적 고찰", op. cit., p. 66.

관상생활의 그리스어는 영지적 삶을 뜻하는 용어이다. 이에 에바그리우스에게 영지적 삶이란 하나님을 아는 삶이다. 그는 이 삶을 자연에 대한 관상과 하나님에 대한 관상으로 나눈다. 여기서 관상, 인식, 학문, 영지 등은 모두 그리스어 그노시스를 번역한 것으로 동일한 의미로 받아들인다.[205)]

에바그리우스는 영성생활을 크게 프락티케(praktioke, 수행)와 그노스티케(gnostike, 관상·인식)라는 두 영역으로 구분한다. 프락티케는 인간의 마음에 있는 불순한 욕망과 감정을 정화하는 영적 투쟁으로 수행(修行)이라고 이해한다. 그노스티케는 인간의 이성에 쌓인 무지를 걷어 내어 참된 지혜에 도달하는 영적 투쟁이다. 이는 득도(得道), 즉 깨달음이다.[206)]

에바그리우스는 수행(praktioke)을 '영혼의 욕정을 정화하는 영적 방법'이라고 정의하며, 수도자들은 수행을 통하여 욕정에서 벗어나 영지적인 삶, 곧 관상생활(gnostike)로 들어가 영지(gnosis), 혹은 영적 인식을 맛보기 위해 필요한 '아파테이아'를 얻게 된다고 주장한다. 곧 수도자는 수행을 통하여 관상가가 될 수 있다는 것이다.[207)]

이제 관상가가 된 수도자는 더 이상 수행자처럼 단지 자기 자신의 정화에만 신경을 쓰지 않는다고 한다. 관상가는 아직 수행 중인 사람에게 어떻게 정념에서 정화될 수 있는지를 가르쳐야 하기 때문이다. 따라서 관상가는 스승이자 교사라고 할 수 있다. 여기에서 교사라고 표현하는 것은 오로지 자기 제자의 구원을 위하여 가르치는 자임을 일컫는다.[208)]

에바그리우스가 이해한 인간의 삶이란 죄악으로 유혹하는 악마와의 끊임없는 싸움이었다. 후대에서 봤을 때 이 유혹하는 악마란 자신에게서 연

---

205) 고진석, "에바그리우스 폰티쿠스에게 배우는 수행의 지혜", 「가톨릭뉴스 지금여기」, 2012. 9. 20. 에바그리우스는 인식을 퓌시케(physiké)와 테올로기케(theologiké)라는 두 차원으로 나눈다. 전자는 보다 낮은 차원의 인식으로 자연에 대한 관상 혹은 인식(자연학)이라 할 수 있다. 이는 피조물의 창조 이유를 깨닫는 것이다. 후자는 가장 높은 차원의 인식으로, 삼위일체 하나님에 대한 관상 혹은 인식(신학)이다.
206) Ibid.
207) 이경순, "관상기도의 교회사적 고찰", op. cit., pp. 66-67.
208) Ibid., p. 67.

유한 것이었다. 그래서 그는 더 이미지와 상념들을 멀리할 것을 훈련했다. 이것이 관상기도로 나타났을 때에 무념, 무상의 길로 이끈 것이다.[209]

에바그리우스도 오리게네스와 마찬가지로 영혼의 훈련의 길을 세 단계로 나누었다. 그는 오리게네스의 '윤리학', 자연학, '형이상학' 대신에 '실천학', '자연학', '신학'이란 말을 사용했다. 후에 이런 말들은 보편적인 용어가 되었다.[210]

초기에 실천학(praxis)이란 용어는 오늘날과는 약간 다르게 사용되었다. 현대 서방교회, 특히 로마카톨릭교회에서 활동적인 생활이란 가르침이나 설교나 사회사업에 종사하는 종단의 회원들과 관련되며, 관상생활은 봉쇄 수도자들과 관련된다. 그러나 그리스 교부들의 저서에서 그 용어는 외면적인 상황이 아니라 내면의 발달에 적용된다. 활동적인 생활이란 덕을 획득하고 정욕을 극복하기 위한 금욕적인 노력을 의미하며, 관상생활이란 하나님을 보는 것을 의미한다.[211]

오리게네스(Origen, 185~254)의 영향을 받았던[212] 이에바그리우스(Evagrios of Pontus)는 오리게네스와 마찬가지로 영혼이 나아가는 길을 세 단계로 나누었다. 그는 오리게네스가 영혼이 나아가는 길을 윤리적 단계, 자연을 관상하는 단계, 그리고 하나님을 관상하며 상승하는 단계로 구분하였던 것과 달리 수덕생활을 통한 '실천학 단계(praktikē)', 물질세계에 대한 '자연을 관상하는 단계(physikē)', 그리고 하나님에 대한 관상인 '신학의 단계(theologikē)'로 구분하였다. 그런데 이 세단계(praktikē, physikē, theologikē)는 이성(nous)이 원래의 위치로 회복되는 단계를 나타낸다.[213]

---

209) 윤정아, "관상기도의 역사에 관한 연구", op. cit., pp. 71-72.
210) Ibid., p. 72.
211) Ibid., p. 72.
212) 박종원, "센터링 침묵기도를 통한 심리치유의 목회적 적용에 관한 연구", (미간행석사학위논문: 감리교신학대학교 대학원, 2008), p. 8.
213) 라영환, "개혁신학적 입장에서 바라본 관상기도", 「한국교회사학회지」 21권, 한국교회사학회(2007), p. 20.
박종원, "센터링 침묵기도를 통한 심리치유의 목회적 적용에 관한 연구", (미간행석사학위논문: 감리교신학대학교 대학원, 2008), p. 8.

여기서 수덕생활을 통한 '실천학 단계(praktikē)'에서 에바그리우스 폰티쿠스가 말하는 실천이란 육체의 욕망을 억누르는 것을 말한다. 그리고 자연을 관상하는 단계는 침묵을 통하여 육체의 소욕을 억제한 후에 창조된 현실 속에서 하나님을 관상하는 것을 말한다. 이 단계에 이르러 영혼은 '아파테이아(apatheia)'에 이르게 된다. 이 상태에 이르게 되면 영혼은 세상의 모든 욕망에서 벗어난 '완전한 평온상태'에 도달한다. 이 평온의 상태에서 영혼은 모든 존재하는 것의 배후에 있는 비물질적인 원리를 깨닫게 된다. 그리고 마지막 단계인 신학의 단계에서 영혼은 하나님을 관상하는 단계로 들어간다. 이 단계에 이르러서 인간의 영혼은 스스로 관상하는 대상과 하나가 된다.[214] 결국, 관상의 목표는 인간의 영혼이 하나님과 합일의 상태가 되는 것이다.[215]

이러한 단계를 더 살펴보면 다음과 같다.

첫 번째 단계는 활동적인 실천학(Praktike)이다.[216]

실천학은 영혼이 덕을 실천하여 나아가는 단계이다. 더 정확히 표현하자면 이 단계에서 영혼은 '아파테이아'(apatheia),[217] 즉 무감정, 정념에서 해방된 상태에 이른다. 그리고 에바그리우스가 말하는 '정욕'(pathos)은 영혼을 거세게 지배하는 무질서한 충동으로써 하나의 '병적인 상태'로 간주했다. 활동적인 생활의 최종 목표는 이러한 정욕이 무정욕(apatheia)을 성취하는 것으로 보았던 것이다. 그것은 모든 감정의 부재 상태가 아니라 재통합과 영적 자유의 상태이다. 에바그리우스에게 있어서 평온은 가장 자연스럽고 가장 건강한 영혼의 상태를 말한다. 이 건강은 인간으로 하여금 가장 능률적으로 활동할 수 있게 해주는 것이다. 이것은 현세에서 물러나와 침묵과 고독, 즉 고요 속으로 몰입함으로써 가능한 것이다. 그러므로 에바그리우스에 있어서 실천학의 첫 단계는 고독과 침묵 속으로 물러

---

214) 라영환, "개혁신학적 입장에서 바라본 관상기도", 「한국교회사학회지」 21권, 한국교회사학회, 2007. pp. 20-21.

215) 정태홍, 「고신의 변질 관상기도」, (경남: RPTMINISTRIES, 2021), p. 159.

216) 윤정아, "관상기도의 역사에 관한 연구", op. cit., pp. 72-73.

217) 아파테이아(apatheia)는 외부세계의 자극에 흔들리지 않는 초연한 마음의 상태이다.

가 그 가운데서 악마와 맞부딪쳐 싸우는 일이다.

따라서 그에게는 기도는 이미지 같은 것이 자리할 곳이 절대로 없다. 악마가 사람과 접촉하는 곳은 인간의 두뇌라고 보았기에 산만하지 않은 기도야말로 가장 높은 정신활동이며, 영상이나 형상들은 정신활동의 아랫부분에 속한다고 본 것이다.

영혼이 아파테이아(apatheia)에 이르렀다는 또 하나의 증거는 '지성'이 자기 자신의 빛을 보기 시작할 때, 꿈에 무슨 환영을 보듯 조용하고 태연하며 외부세계에서 돌아가는 일들을 보고도 전혀 아무런 감정의 동요도 없이 고요하다는 사실이다. 누스가 자기 자신의 빛을 보기 시작한다는 말은 영혼이 완전한 무감정의 상태에 이르게 되면 정신은 자유롭게 관상하고 기도할 수 있다는 것이다. 그러므로 영혼이 아파테이아(apatheia)에 이르면 지성은 스스로를 인식하여 자기의 빛과 자기의 능력을 알게 됨으로써 관상의 영역으로 들어선다. 이것이 두 번째 단계이다.

두 번째 단계는 자연학(Physike)이다.[218]

여기서 말하는 자연적 관상은 심미적 방식으로 이해되어서는 안 되며 신학적으로 이해되어야 한다. 그것은 만물 안에서 하나님을 보고 하나님 안에서 만물을 보는 것이다. 즉 각각의 피조된 실체들 안에서, 그것들을 통해서, 그 안에 임재해 있으면서 동시에 그것을 초월하시는 신적 임재를 식별하는 것이다.

이 두 번째 단계는 완전한 평온과 불완전한 평온의 중간에 있는 단계로서, 영혼이 평온을 얻기 시작하였지만 아직은 완전한 평온에 이르지 못한 단계이다. 그러나 이미 관상을 시작한 단계이다. 영혼이 관상하는 대상은 창조된 피조물의 배후에 있는 원리들이다. 이는 자연을 관상하는 단계로서 만상을 하나님을 통하여 관찰하는 것이다. 왜냐하면, 이러한 것들은 하나님 안에, '말씀' 안에 존재하기 때문이다. 그리고 좀 더 깊이 들어가면 자연 만물의 질서 자체를 관상하는 것으로 시작하여 다음으로는 이를 넘

---

218) 윤정아, "관상기도의 역사에 관한 연구", op. cit., pp. 73-74.

어 자연질서의 배후에 깔린 원리들을 깨닫게 된다. 처음에는 아직 다양한
세계에 머물고 있지만 좀 더 깊은 관상에 이르러서는 집중성 혹은 단일성
이 한층 강해진다. 여기서 중요한 것은 영혼은 자신이 정신에 속해 있음
을 깨닫는 것이다.

여기서는 깨닫는 데 있어서 에바그리우스의 신학에는 거룩한 어둠으로
들어간다거나, 부정신학적인 성격은 없다. 어둠은 일시적으로 나타나는 것
이다. 그레고리우스에게서와 같이 하나님께서 가까이 다가가는 경험은 아
니다. 그러나 그 역시 신학의 단계에는 참으로 진전이 있으며, 하나님의
무한하심에는 언제나 끝없이 더 알아야 할 바가 있다고 생각했다.

이런 방식으로 부정적(apophatic) 태도는 마음에서 모든 이미지와 개념
을 제거하고 하나님의 직접적인 임재의 의식으로 자리 잡게 되어야 한다
는 것을 의미한다. 여기에 대해서 닛사의 그레고리우스는 십계명 중 첫
번째 계명을 상징적으로 해석해서 인간이 만들어 낸 그림이나 지적이고
추상적인 개념에 의존하는 것은 일종의 우상숭배라고 말한다. 그레고리우
스는 그의 책 「모세의 생애」에서 돌로 만든 형상들뿐만 아니라 개념적
인 형상들도 부숴 버려야 한다고 말한다. 우리의 목표는 말과 개념을 초
월하여 일종의 임재의식(sense of presence)을 획득하는 것이라고 하고
있다. 이것은 현대에 많이 개념화되어 있는 관상기도의 의미와 매우 흡사
하다.[219]

에바그리우스는 무엇보다도 기도가 모든 형상과 생각을 다 초월해야
한다고 믿었다. 참된 기도는 그것들과 연루되어있는 정욕을 벗어나서 순
수한 지성의 아파테이아(apophatic) 상태로 되는 것을 목표한다는 것이다.
그것은 모든 개념에서 벗어나 깊은 고요, 공(void), 무(nada) 속으로 들어
가는 것이다. 동방교회의 부정신학이 여기서도 엿보인다. 결국 영은 모든
육신적인 감각, 물질세계의 상들을 초월하여 영이신 하나님과 온전히 순
수하게 결합하게 된다. 그것이 순수한 기도, 신령한 기도, 참된 기도라고

---

219) 이혜원, "관상기도 연구", op. cit., pp. 39-40.

한다. 그는 또한 단순한 한 말씀에 집중할 것을 권고하기도 했다.[220]

이러한 에바그리우스의 기도론은 현대에서 사람들이 이해하는 관상기도로 들어가기 위한 모습과 매우 유사하다. 즉 중세의 십자가의 요한부터 현대의 토마스 머튼, 토마스 키팅에 이르기까지 현대에서 인식하는 관상기도의 가장 원형적인 모습을 에바그리우스에게서 찾을 수 있다.[221]

세 번째 단계는 하나님에 대한 관상신학이다.[222]

세 번째 단계인 하나님에 대한 관상에서 그리스도인은 더이상 피조물을 통해서 창조주에게 접근하지 않으며, 무매개적인 사랑의 연합 안에서 얼굴과 얼굴을 대면하여 직접 하나님을 만난다고 한다. 신성은 말과 이해를 초월하는 신비이므로, 이러한 관상을 하는 동안 인간의 정신은 단순히 응시하거나 접촉에 의해서 하나님을 직관적으로 파악하기 위해서 개념과 말과 형상을 초월한다는 것이다.

에바그리우스는 이 단계에서 기도할 때에 대해 다음과 같이 제시하고 있다.

> 기도할 때에 당신의 내면에 신성의 어떤 형상도 만들지 말며 당신의 마음에 어떤 형태의 인상도 남기지 말며 비물질적인 방법으로 비물질적인 분에게 다가가라 … 기도는 모든 생각을 벗어버리는 것을 의미한다 … 기도하는 동안 감각들로부터 완전히 해방된 지성은 복되도다.[223]

> 기도할 때에 당신의 영을 모든 개념들로부터 해방시켜, 그 자체의 깊은 평온함 안에 머물게 하라. 그리하면 무지한 사람들을 불쌍히 여기시는 하나님께서 하찮은 당신을 찾아오실 것이다. 그때에 당신은 가장 영광스러운 기도의 은사를 받게 될 것이다.[224]

> 기도할 때에는 결코 어떤 이미지를 만들거나 형태를 상상하려 하지 말라.[225]

---

220) Ibid., p. 40.
221) Ibid., p. 40.
222) 윤정아, "관상기도의 역사에 관한 연구", op. cit., pp. 74-76.
223) 이혜원, "관상기도 연구", op. cit., p. 39에서 재인용.
224) Ibid., p. 39에서 재인용.
225) Ibid., p. 39에서 재인용.

거듭 말하지만 기도할 때에 형상들을 완전히 버린 상태에 이른 영은 행복하다. … 기도할 때는 다른 모든 기쁨을 초월하라.[226]

에바그리우스에게 있어서 관상생활은 아파테이아(apatheia)를 획득함을 전제로 하고 있다. 즉 아파테이아는 관상의 길로 진입하기 위한 전제조건이다. 그의 저서인 「Ad Monachos」에서는 "어린아이는 우유 없이 양육되지 못하며, 마음은 아파테이아 없이는 고양되지 않을 것이다."라고 말하고 있다. 에바그리우스는 아파테이아에 대해 매우 미묘한 개념을 가지고 있다. 그에게 있어서 아파테이아에는 단계가 있다. 즉 영혼의 욕망부(慾望部, the concupiscible part)에서 오는 육체의 욕정을 극복했을 때 이르게 되는 '작은 아파테이아' 또는 '불완전한 아파테이아'의 단계가 있는가 하면, 이것 이후에 정념부(情念部, the irascible part)에서 오는 영혼의 욕정을 포함한 모든 욕정에 대한 승리를 통해서 얻어지는 '완전한 아파테이아'의 단계가 있다.[227]

에바그리우스가 말하는 관상생활은 아파테이아(apatheia)의 문턱에 도달했을 때 시작되며, 수행의 덕을 계속해서 실천하게 될 때 완전한 아파테이아를 향해 나아가게 된다고 주장한다. 에바그리우스의 이러한 주장은 중세기 부정신학으로 널리 알려진 십자가의 요한이 말한 감각의 밤, 영혼의 밤의 개념과 유사한 것으로 이해된다.[228]

에바그리우스는 그의 작품 「Gnostikos」 1장에서 관상가는 영지적 대상을 볼 것이라고 말한다. 이는 영적 인식을 의미함으로 해석된다. 에바그리우스는 하나님을 나타내기 위하여 '원형'을 뜻하는 헬라어 '아르케'(άρχη)를 사용하고 있다. 이는 창세기 1장 26절의 하나님의 형상을 의미하는 것으로 보인다. 그는 관상가는 자기 안에 하나님의 유사성을 완전하게 하려고 초대받은 사람임을 언급하며, 관상가는 자기 제자들에게 하나님의

---

226) Ibid., p. 39에서 재인용.
227) 이경순, "관상기도의 교회사적 고찰", op. cit., p. 67.
228) Ibid., p. 67.

형상을 회상시켜 주어야 한다고 주장한다. 즉 가르침을 통해서 죄인인 인간이 다시 일어나 하나님의 형상으로 창조된 최초의 상태로 돌아가도록 도와주어야 한다는 것이다. 그러기 위해서는 항상 원형이신 하나님을 바라보아야 한다고 주장한다.[229]

「Gnostikos」 4장에서는 "밖에서 우리에게 도달하는 인식은 존재 이유를 통해 그 대상을 보여주려고 노력한다. 그러나 하나님의 은총으로 우리 안에서 오는 인식은 정신에 직접 그 대상을 제시한다. 그리고 정신은 그 대상을 바라보면서 그 존재 이유를 파악한다. 첫 번째 인식에는 오류가 장애가 되고, 두 번째 인식에는 분노와 격정이 장애가 된다."라고 말하고 있다. 즉 오류가 외적 인식의 장애가 되는 것처럼 분노는 영적 인식에 장애가 된다고 주장한다. 따라서 관상가는 분노, 증오, 슬픔으로부터 자유로워야 한다고 말한다. 에바그리우스는 온갖 분노를 없애고 영혼의 정념부가 평온해진 상태를 '온유'라고 부르고 있다. 이를 '아파테이아의 딸'이자 '인식의 문'이라고 일컬으며 관상가의 탁월한 덕으로 소개하고 있다.[230]

에바그리우스의 관상의 특징은 아파테이아에 도달한 영혼이 평온을 넘어 더욱 진보함으로써 삼위일체 하나님을 관상하는 데 있다. 에바그리우스에게 있어서 기도란 하나님과의 정신적인 소통이며 하나님께서 친히 영혼의 수준으로 내려오심으로써 이루어진다. 이러한 영혼은 '테올로고스'(theologos), 즉 하나님을 알고 하나님에 관하여 말할 수 있는 자가 된다. 이런 의미에서 에바그리우스가 말하는 관상자는 곧 신학자임을 의미한다.[231]

이렇게 관상을 통해서 인간의 영혼이 관상하는 대상인 하나님과 하나가 된다는 에바그리우스의 견해는 플로티누스의 사상에 근거한 것이다. 그에게 있어서 존재한다는 것은 플로티누스의 말을 빌리자면 일자와의 연합성안에 거하는 것이다. 인간은 비록 하나님의 형상을 따라 창조되었지만 피

---

229) Ibid., pp. 67-68.
230) Ibid., p. 68.
231) Ibid., pp. 68-69.

조물일 따름이다. 그리스도인들은 예수 그리스도를 통해서 신성한 삶에 참여케 되지만 그것이 하나님과의 합일을 의미하는 것은 아니다. 인간의 영혼이 관상을 통해서 하나님과 하나가 될 수 있다는 이러한 주장은 인간의 영혼이 하나님과 동족관계에 있다는 플라톤 철학에서 나온 것이다.[232]

에바그리우스의 저술들을 세밀하게 살펴보면 비판의 요소들을 찾을 수 있다. 그가 사용하고 있는 개념과 용어들이 플라톤적 개념을 취하고 있다는 점이다. 그는 천사를 순수한 정신으로 보고 인간과 악마를 타락한 정신으로 보고 있다. 이는 플라토니즘 혹은 네오플라토니즘의 영향으로 해석된다. 또한, 그의 저서인 「Praktikos」 89장에서 아파테이아 상태의 특성인 영혼의 세 부분 간의 조화를 보장하는 덕에 대해 설명하고 있다. 이때 정의를 관상가의 고유 역할에 적용하면서 분배 정의에 대한 아리스토텔레스적이고 스토아적인 개념을 채택하고 있다. 또한 그가 자주 사용했던 '분노의 억제'라는 말과 '자기 영혼의 도구'라는 표현 역시 아리스토텔레스 철학에서 유래했다는 점이다. 이런 점에 비추어 볼 때 에바그리우스의 관상은 신비신학이라기보다는 신비철학으로 느껴질 수도 있다는 비판을 받고 있다. 이런 이유 때문에 553년 콘스탄티노플에서 열렸던 제5차 공의회에서 이단으로 정죄되었던 것으로 보인다.[233]

라. 아우구스티누스(Augustinus)의 관상

(1) 아우구스티누스는 누구인가?

지금까지 탐구했던 고대 교부들의 관상은 주로 동방세계와 관련되어 있었다. 이제 서방 기독교 신비신학의 중심인물인 아우구스티누스(어거스틴. Augustinus, A.D. 354~430)의 관상에 대하여 살펴보고자 한다.

---

232) 라영환, "개혁신학적 입장에서 바라본 관상기도", op. cit., p. 21.
233) 이경순, "관상기도의 교회사적 고찰", op. cit., pp. 69-70.

아우구스티누스는 아프리카 내륙도시인 타
가스테(Thagaste)의 중하층 가정에서 태어났
다. 그는 자라면서 이교도였던 아버지 파트리
키우스 보다는 경건한 그리스도인이었던 어머
니 모니카의 영향을 더 많이 받았다. 19세 때
에 키케로의 저서 「호르텐시우스」를 읽고서
지혜를 사랑하게 되었으며, 383년에 이탈리아
로 가서 서방의 수도인 밀라노에서 수사학 교

▲ 아우구스티누스

사가 되었다. 그는 387년 부활절에 암브로시우스에게 세례를 받았다. 그해
가을 로마의 항구 오스티아에서 어머니 모니카와 함께 신비로운 환상을
보며 하나님의 어루만지심을 경험하게 된다. 그는 391년 아프리카로 돌아
와 수도공동체를 세우고 사제 서품을 받았으며, 395년에 힙포의 주교로
임명되었다.[234]

아우구스티누스는 수많은 저술들을 남겼다. 현재 800여 편의 설교와
400개의 서신, 그리고 그의 논문 중 가장 중요한 자료라 할 수 있는「고
백록」,「창세기에 대한 문자적 주석」, 「신국론」 등이 있다.[235] 이러한
아우구스티누스는 라틴어 철학과 신학의 전통을 이어받은 신학자로 플로
티누스에게서 영향을 많이 받았다.[236]

(2) 아우구스티누스의 관상 이해

아우구스티누스와 동방교부들의 관상에 대한 저술들을 비교해 보면 눈
에 띄는 차이점을 발견할 수 있다. 동방교부들의 관상 분위기는 대부분
객관적이었다. 따라서 교부들이 직접 경험했던 문제에 대한 언급이 별로
없다. 주로 성경해석에 관한 내용이나 성경해석을 통하여 영혼이 탐구하

---

234) Ibid., p. 70.
235) Ibid., p. 70.
236) 윤정아, "관상기도의 역사에 관한 연구", op. cit., p. 76.

는 길에 새로이 비추는 빛에 관한 이야기, 즉 '거룩한 계시'에 대한 호소들이었다. 그러나 아우구스티누스의 대표적 작품인「고백록」을 보면 고대 저술들에서는 찾아보기 힘든 독특성을 지니고 있다. 이 책은 인간 내면을 향한 자기 성찰서로서 내면 성찰과 탐구, 심리적 자기 검증에 대한 새로운 차원을 열어주었다. 그리하여 독자들로 하여금 그의 사상뿐만이 아니라 아우구스티누스라는 한 인간의 모습을 적나라하게 들여다볼 수 있게 해준다. 이는 동방 교부들에게서는 찾아볼 수 없는 독특한 부분이다. 즉 동방교부들에게서 결여되어 있는 내면성이 아우구스티누스에게서는 깊은 통찰을 통해 드러나고 있다는 점이다.[237]

아우구스티누스의 관상은 이 세상이 본향이 아니라는 느낌, 즉 하나님을 향한 영혼의 그리움에서부터 시작된다. 「고백록」1권 1장에서 그는 "하나님, 우리가 당신을 향하여 살도록 당신이 우리를 창조하셨기에 우리의 마음은 당신 안에서 쉼을 얻을 때까지 평안할 수 없나이다."라고 고백하고 있다. 이는 마치 플라톤이 어두컴컴한 동굴 세계에서 벗어나 지성세계의 순수한 빛으로 달아나고자 하는 그리움, 즉 영혼의 상승 개념과 유사하게 느껴진다. 이는 아우구스티누스가 어머니 모니카와 함께 오스티아에서 경험했던 신비로운 환상에 대해 기록한 「고백록」의 내용을 살펴보면 더 분명하게 이해할 수 있다.[238]

"우리는 마음이 한층 더 뜨거워져 스스로 계시는 분께로 우리 자신을 들어 올리며, 모든 삼라만상을 단계적으로 뚫고 지나간 다음, 해와 달과 별들이 있어 지상으로 빛을 보내는 저 천상의 세계에까지 도달하였나이다. 우리는 당신의 성업을 속으로 생각하고 말하고 찬탄하면서 더 높이 올라가다가 우리 인간 영혼의 세계에 이르렀으며, 결국은 그것까지 초월하여 당신께서 진리의 꼴로 이스라엘을 영원토록 먹이시는 저 무한히 풍요로운 곳에 다다르게 되었습니다."
(「고백록」 IX권 24장)[239]

---

237) 이경순, "관상기도의 교회사적 고찰", op. cit., pp. 70-71.
238) Ibid., p. 71.
239) Ibid., p. 71에서 재인용.

아우구스티누스에게 있어서 관상은 '삼위일체 하나님을 보는 것'이다. 즉 우리가 내면의 눈을 뜨고 삼위일체의 형상을 의식적으로 활용하여 우리 안에 현존하여 활동하고 계시는 삼위 하나님을 보는 것을 말한다. 그는 우리가 하나님을 보려면 먼저 하나님을 갈망해야 하며, 그분을 갈망하려면 어떤 식으로든지 하나님을 알아야 한다고 가르친다. 앎으로써[240] 갖게 되는 하나님에 대한 믿음은 하나님을 봄으로써 주어지는 완전한 믿음은 아니지만, 하나님을 보는 데 이르기 위한 원동력을 제공해 준다는 것이다.[241]

아우구스티누스는 「설교」에서는 '하나님을 봄'을 '하나님의 형상'인 인간의 본성에 연결짓는 새로운 사고방식을 반영한다. 주로 삼위일체에 대해 다룬 이 설교에서 아우구스티누스는 피조물들 안에 삼위 하나님과 닮은 것이 있느냐고 묻는다. 현재의 삶에서 결코 걸음을 멈추지 않는 기나긴 과정을 거치면서, '삼위일체'에 대한 교의의 빛으로 밝혀진 길을 밟아나감으로써 영혼은 하나님께로 돌아간다. 즉 아우구스티누스의 목표는 성령을 통하여 영혼 속에 현존하여 계시는 '삼위일체'를 관상하는 데 있다. 삼위일체적인 영혼이 삼위일체이신 하나님을 관상하는 것이다. 성령은 하나님을 향한 영혼의 사랑이고, 영혼이 나아갈 길은 이 사랑에 응답하는 길이요, 사랑과 겸손의 길이다.[242]

아우구스티누스의 저술들을 살펴보면, 삼위일체 하나님을 관상하기 위해서 그가 제시하고 있는 몇 가지의 방법들을 찾아낼 수 있다.[243]

첫째는 창조물을 통한 관상이다. 그의 저서 「참회록」에서 그는 성령께서 알게 해주시므로 우리는 창조물 안에서 하나님을 본다고 이야기한다. 즉 성령께서는 우리로 하여금 모든 것을 성령의 눈으로 보도록 만들어 주시기 때문에, 하나님께서 좋다고 여기시는 것을 우리도 좋게 여길

---

240) 아우구스티누스는 모든 종류의 인식(앎)을 일종의 능동적인 '봄'의 형태로 보았다. 그는 이 '봄'을 육체적인 봄, 영적인 봄, 지적인 봄으로 구분하고 있다.
241) 이경순, "관상기도의 교회사적 고찰", op. cit., pp. 72-73.
242) 윤정아, "관상기도의 역사에 관한 연구", op. cit., pp. 79-80.
243) 이경순, "관상기도의 교회사적 고찰", op. cit., pp. 73-74.

수 있다는 것이다.

둘째는 말씀 묵상을 통한 관상이다. 그의 저서인 「삼위일체론」에서는 성경 말씀을 들을 때 우리는 육신의 눈이 아니라 마음의 눈으로 섬광처럼 하나님을 본다고 말한다. 따라서 '하나님을 봄'을 획득하기 위해서는 말씀을 통해 그리스도를 묵상함이 필요하다고 주장한다.

세 번째는 활동을 통한 관상이다. 그는 '시편 설교'에서 우리가 동료 인간들에게 나타내는 사랑이 곧 우리가 믿음 안에서 하나님을 사랑하는 것이라고 주장한다. 즉 우리가 이웃 사랑을 통해서만 하나님을 사랑할 수 있다는 것이다. 따라서 사랑만이 현세와 내세에서 하나님을 볼 수 있게 해준다고 말한다. 아우구스티누스는 그의 후기 저술에서도 '이웃 사랑이 하나님 사랑'이라는 동일한 메시지를 반복한다. 여기에서 아우구스티누스의 관상은 개인적인 것이 아니라, 공동체적이라는 것을 발견할 수 있다. 따라서 그가 말하는 하나님과의 연합은 개인의 영혼과 하나님과의 연합이 아니라, 모든 신자를 그리스도의 몸에 결속시켜주는 유대로서의 연합으로 이해할 수 있다. 이 부분 역시 동방교부들과 달리 아우구스티누스에게서 새롭게 발견할 수 있는 독특한 부분으로 여겨진다.

아우구스티누스는 그의 저서 「참된 종교」에서 하나님을 보는 데 이르는 영혼의 상승을 7단계로 설명하고 있다. 첫 번째는 감화가 큰 역사의 젖을 먹는 시기이고, 두 번째는 인간적인 것을 망각하고 신적인 것 지향하는 단계이며, 세 번째는 육적인 욕망을 이성의 능력과 결합시키는 단계이다. 네 번째는 질서 잡힌 태도로 행동하는 단계, 다섯째 단계는 모든 면에서 평정을 찾게 되는 단계이고, 여섯 번째는 영원한 생명으로 전환되는 단계로 하나님의 모상, 즉 완전무결한 형상을 이루는 단계이며, 일곱 번째 단계에서는 영원한 안식으로 끝없는 행복을 누리게 된다는 것이다.[244] 아우구스티누스는 이와 같은 영혼 상승의 7단계를 거쳐 영혼은 전인적인 회복, 즉 하나님의 형상으로 회복될 수 있다고 주장하고 있다.[245]

244) 아우구스티누스, 「참된 종교」, 성염 역, (왜관: 분도출판사, 1989), p. 105.
245) 이경순, "관상기도의 교회사적 고찰", op. cit., p. 73.

아우구스티누스는 「하나님을 보는 것에 대하여」(On Seeing God)라는 논문에서 "하나님은 영이시다(고후3:17). 그러므로 누구든지 주와 합하는 자는 '그와' 한 영이다(고전6:17). 이런 까닭에 보이지 않게 하나님을 볼 수 있는 사람은 영적으로 하나님과 합할 수 있다"고 말한다. 여기 '보이지 않게 하나님을 본다'는 개념은 아우구스티누스의 신비주의의 중심적인 관심사 중 하나였다. 아우구스티누스는 하나님을 봄 'visio Dei'에 대해서 자주 논의했을 뿐만 아니라, 드물게 자신의 하나님 체험을 말할 때에도 이 표현을 사용했다.[246]

로버트 오코넬은 말하기를 "만약 아우구스티누스의 사상 전체에 일관되게 흐르는 것이 있다면, 그것은 행복의 문제에 몰두한 것이다. 그러나 그에 대한 답변은 언제나 동일하다. 즉 사람을 행복하게 해주는 것은 하나님을 소유하는 것, 즉 하나님을 봄으로써 하나님을 소유하는 것이다."라고 말한다. 그리고 참된 봄은 그리스도의 교회라는 구원의 공동체 안에서만 성취될 수 있음을 말한다.[247]

그러면 이러한 참된 봄은 어떻게 이루어지는가? 아우구스티누스의 하나님을 아는 방법을 이해하기 위해서는 잠시 그의 '기억'이라는 개념을 살펴볼 필요가 있다. 그는 자신의 영혼 속으로 들어가기 위하여 기억의 개념을 사용한다. 하나님 추구는 "당신을 만질 수 있는 곳에서 당신을 만지며 당신에게 매달릴 수 있는 곳에서 당신에게 매달리고픈 갈망 안에서" 기억 자체를 넘어선다. 참 행복은 진리이신 하나님 안에서 즐거워하는 것이다. 그 하나님의 진리에 대한 모든 의식은 정신 안에서 발견된다는 점에서는 기억 안에 존재하시지만, 그 기억의 창조주로서 그것을 초월하신다. 이 기억은 단순히 옛일을 회상하는 기능만이 아니라 의식과 무의식을 포함한 정신상태 전체를 뜻하고 있다. 이에 아우구스티누스는 자신이 겪은 모든 경험과 상상할 수 있는 모든 것을 포용하는 이 기억의 동굴을 무척이나 좋아했다. 그리고 그가 말하는 기억은 정신 전체를 뜻하기에 또한

246) 윤정아, "관상기도의 역사에 관한 연구", op. cit., pp. 76-77.
247) Ibid., p. 77.

영적 세계 전체를 의미할 수도 있다. 이는 무엇인가를 안다는 것은 그것을 정신 속에 나의 기억 속에 지니는 것이기 때문이다.[248)

아우구스티누스의 '하나님을 봄'(visio Dei)에 대해서 살펴보면 그의 초기 저작인 「영혼의 위대함에 대하여」에서 영혼이 하나님께로 상승하는 일곱째 단계, 즉 '진리를 보고 관상함'은 비록 그리스도의 행위에 의존하며 교회에 의해서 육성되지만 일종의 머무름으로서 후일 아우구스티누스가 허용한 것보다 더 영구적인 상태요 모세와 바울과 요한과 같은 "비교할 수 없이 위대한 영혼들"이 도달한 것으로 언급된다. 비록 젊었을 때 아우구스티누스는 여전히 이 세상에서 진리를 보는 것은 부분적인 것이라고 주장하는 것 같지만 여기서 그는 세상에서 완전함에 이를 수 있는 가능성에 대한 확신을 표현하고 있는데 이것은 초기의 다른 저서에 나타나 있지만 나중에는 부인되었다. 이렇듯 아우구스티누스는 궁극적으로 하나님을 관상하는 것은 죽음 이후에 가능하다고 보았다.[249)

그러면 어떻게 해야 죄악 된 인류가 하나님을 보는 데 필요한 청결한 마음을 얻을 수 있는가? 아우구스티누스는 그 대답을 도덕적 정화를 강조한다. 그러나 또한 이것이 지닌 내적인 의미 즉 '사랑'을 통한 "하나님의 형상에 따라 재창조된 속사람"의 회복을 강조한다. 그는 사랑이 진보하는 데 비례하여 그 형상이 더 가까이 가게 되며, 그에 따라서 하나님을 인식하기 시작할 것이라고 말한다. 그러면 하나님을 인식한다는 것은 무엇인가? 그것은 전에는 부재하였던 하나님이 우리에게 오시는 것이 아니며, 우리가 하나님께로 가는 것도 아니다. 하나님은 항상 우리에게 현존해 계시며 만물에 현존해 계시지만, 우리가 시각장애인처럼 눈이 멀어 그분을 보지 못하고 있다. 하나님을 파악하려면 우리는 하나님처럼 선해야 하며, 하나님처럼 사랑스러운 생각을 품어야 한다고 하고 있다.[250)

아우구스티누스에게 있어서 하나님을 보는 것, 즉 관상의 목적은 창조

248) 이혜원, "관상기도 연구", op. cit., p. 41.
249) Ibid., p. 42.
250) 윤정아, "관상기도의 역사에 관한 연구", op. cit., p. 80.

때 우리에게 주어진 하나님의 형상을 회복하기 위함이다. 그의 저서 「삼위일체론」에서는 "하나님을 보는 것이 완전해질 때, 그 형상 안에 있는 하나님과의 유사성이 완전해질 것이다."라고 주장하고 있다.[251]

그러나 여기서도 그의 다른 저서에서와 마찬가지로, 우리 속에 활동하고 있는 삼위일체에 대한 우리의 각성을 깊게 함으로써 그 형상을 재형성시키는 활동이 현세에서는 결코 완성되지 않을 것임을 주장하고 있다. 이는 하나님의 은총으로 아담이 잃어버렸던 하나님의 형상을 회복하고 완전함에 이르렀다고 주장하는 동방교부들의 관상과 차이를 보이고 있다.[252]

그러면 이러한 참된 봄은 어떻게 이루어지는가? 아우구스티누스의 하나님을 아는 방법을 이해하기 위해서는 잠시 그의 '기억'이라는 개념을 살펴볼 필요가 있다. 그는 자신의 영혼 속으로 들어가기 위하여 기억의 개념을 사용한다. 하나님 추구는 "당신을 만질 수 있는 곳에서 당신을 만지며, 당신에게 매달릴 수 있는 곳에서 당신에게 매달리고픈 갈망 안에서" 기억 자체를 넘어선다. 참 행복은 진리이신 하나님 안에서 즐거워하는 것이다. 그 하나님의 진리에 대한 모든 의식은 정신 안에서 발견된다는 점에서는 기억 안에 존재하시지만, 그 기억의 창조주로서 그것을 초월하신다. 그러나 이 기억은 단순히 옛일을 회상하는 기능만이 아니라 의식과 무의식을 포함한 정신상태 전체를 뜻하고 있다.[253]

아우구스티누스는 자신이 겪은 모든 경험과 상상할 수 있는 모든 것을 포용하는 이 기억의 동굴을 무척이나 좋아했다. 그리고 그가 말하는 기억은 정신 전체를 뜻하기에 또한 영적 세계 전체를 의미할 수도 있다. 이는 무엇인가를 안다는 것은 그것을 정신 속에, 나의 기억 속에 지니는 것이기 때문이다.[254]

아우구스티누스에게 있어서 하나님을 알기 위한 첫걸음은 자아에 대한

---

251) 아우구스티누스, 「참된 종교」, op. cit., p. 401.
252) 이경순, "관상기도의 교회사적 고찰", op. cit., p. 73.
253) 윤정아, "관상기도의 역사에 관한 연구", op. cit., pp. 77-78.
254) Ibid., p. 78.

참된 앎이다. 영혼은 하나님을 그리워한다. 영혼이 찾아 헤매는 것은 사랑의 대상을 찾는 것이다. 영혼은 피조물의 세계를 통과하고는 이를 초월하여 위로 나아가면서 동시에 안으로, 자기 자신 속으로 들어간다. 그곳에서 영혼은 앞에서 말한 기억을 발견한다. 그리고 하나님을 그리워하며 찾아 헤매던 영혼은 마침내 하나님을 알아보기에 이른 것이다. 하나님은 찾아지는 분이 아니라 영혼 속에서 존재 자체가 하나님에게 좌우되는 영혼 속에서 스스로 드러내시는 분이시다. 그리고 이것은 '말씀'을 통한 강생에 의해서 가능해진다. 그는 관상의 경지에 다다르고자 한다면 믿음의 길로 들어서야 하고 '강생하신 말씀'이 우리를 위하여 이룩하신 바를 받아들여야 한다고 보았다.[255]

하나님을 향한 영혼의 상승에 대한 이해에 있어서 관건이 되는 것은 영혼은 하나님을 닮은 모습, 하나님의 이미지로 창조되었다는 아우구스티누스의 교의이다. 여기에서 하나님을 닮은 모습, 즉 하나님의 이미지라는 개념에는 플로티누스의 영향이 배어있다. 플로티누스를 살펴볼 때 보았듯이 이미지는 흘러나옴과 되돌아감의 운동을 파악하는 데 중요한 개념이다. 흘러나오는 것은 그 원천의 이미지이다. '지성'은 '하나'의 이미지이고, '영혼'은 '지성'의 이미지이다. 하나의 이미지는 원형을 닮았으나, 원형보다는 열등한 모습이다. 더욱 중요한 것은 이미지는 어떠한 중개자도 없이 원형에서 직접적으로 흘러나온다는 점이다. 나아가, 이미지는 원형을 그리워하며 원형으로 돌아가고자 한다. 이미지와 원형 사이의 닮음으로 인해 이미지는 원형을 알아볼 수 있고, 원형을 관상함으로써 더욱 깊이 원형을 알게 되어 결국 더욱 원형에 가까워진다. 그런즉 플로티누스에게 있어서 관상한다는 것은 곧 원형으로 되돌아가는 행위인 것이다. 그리고 이제 아우구스티누스에 와서는 원형으로 되돌아가고자 하는 행위, 즉 관상이 내면을 성찰하는 행위이다. 자기 존재의 핵심으로 더욱 깊이 들어감을 뜻하는 것이다.[256]

255) Ibid., p. 78.
256) Ibid., pp. 78-79.

아우구스티누스의 관상의 두드러진 특징은 '사랑'(caritas)에 대한 강조이다. 그는 우리가 하나님을 뜨겁게 사랑할수록 그만큼 더 확실하고 고요하게 하나님을 보게 된다고 주장한다. 그는 하나님께서는 우리의 영혼을 하나님께로 고양시키기 위해 사랑을 부어주실 뿐 아니라, 영적 여정의 목표 지점에서 값없는 사랑의 선물로 자신을 나타내주신다고 주장한다. 이것은 플로티누스가 말한 것처럼 영혼이 내적으로 일자와 동등함을 발견하는 것이 아니라, 하나님의 사랑을 통한 신적 계시를 받는 것을 의미한다. 그는 플로티누스가 말한 영혼의 황홀 대신에, 하나님께서 스스로 낮추어 사람이 되시고 성령을 우리의 마음에 부어주시는 가운데 드러나는 지극한 사랑에 대해서 말하고 있다. 즉 우리가 하나님께로 돌아가는 길은 황홀한 순간을 통해서가 아니라, 현실의 삶에서 삼위일체에 대한 교의의 빛으로 밝혀진 길을 멈추지 않고 걸어감으로써 가능하다는 것이다.[257]

이러한 아우구티누스의 관상은 서방 기독교 신비주의에 큰 영향을 미쳤다. 그의 관상은 성경적이며, 관상에 대한 개념들을 기독론적이고 교회론적인 맥락에서 표현하려고 노력했던 흔적이 역력하다.[258]

마. 존 카시안(John Cassian)의 관상

(1) 존 카시안은 누구인가?

아우구스티누스에 이어 서방 기독교 관상에 가장 큰 영향을 미친 인물로 동방의 영성을 서방에 소개한 존 카시안(John Cassian, AD 360~432년경)이 있다. 카시안은 아우구스티누스와 동시대 사람으로 동방의 스키타이(Scythian)에서 태어나, 베들레헴에서 유년기를 보냈다. 그는 어릴 때부터 훌륭한 고전 교육을 받았으며 라틴어와 그리스어를 완벽하게 구사하

---

257) 이경순, "관상기도의 교회사적 고찰", op. cit., pp. 74-75.
258) Ibid., p. 75.

였다. 청년시절 베들레헴 수도원에서 공동체
생활을 하였으나, 그 후 피누피우스에게서 영
향을 받고 '완전을 찾기 위해서' 사막의 유명한
교부들을 만나기 위해 이집트의 여러 수도원들
을 찾아다녔다. 그는 오리게네스주의 논쟁이
벌어졌을 때 이집트로 도피했으며, 401년부터
405년까지는 콘스탄티노플에서 지내며 존 크리
소스톰의 제자가 되었다. 그 후 서방으로 가서
로마와 고올에서 사제로 서임되었고, 415년경

▲ 존 카시안

마르세이유의 남부 고올에 정착해 두 개의 수도원을 건립하였다. 그는 자
신이 이집트 수도사들을 방문하면서 얻었던 영적 가르침을 서방 수도자들
의 토양에 옮겨 심고자 노력했다. 그의 주요 저술인 「Conferences」와
「Institutes」는 수많은 수도자들에게 사랑받는 영적 필독서가 되었다.
「Conferences」는 은수사와 공주수도사들의 내면생활에 대한 동방교부들
의 가르침을 모은 것으로 24권으로 구성되어 있으며, 「Institutes」는 공
동체 안에서 생활하는 수도사들의 외적 관습을 수록한 책으로 수도생활의
길잡이가 되고 있다.[259]

(2) 존 카시안의 관상 이해

존 카시안의 관상에 관한 저술들이 중세 서방수도원에서 중요한 영적
지침서로 추천되어 온 데는 그럴만한 이유가 있다. 아우구스티누스가 수
도원적 이상에 헌신한 사람이었다면, 카시안은 수도적인 삶을 실천했던
사람이기 때문이다. 따라서 그의 저술에는 관상생활에 대한 실제적인 지
침과 방법들이 기록되어 있다. 그는 수도사들의 목표는 '마음의 순결'을
이루는 데 있다고 말한다. 이 목표를 이루기 위해서는 끊임없는 기도를

---

259) Ibid., pp. 75-76.

통해 마음에서 세속적인 모든 악덕을 멀리하며, 정욕의 누룩을 없애야 한다고 주장한다. 그는 우리가 기도할 때에 우리에게 일어나기를 원치 않는 일체의 것을 기도하기 전에 우리의 마음의 성소에서 열심히 쫓아내야 한다고 말한다.[260]

이에 대해 그의 저서 「The Conferences」에서는 다음과 같이 기록하고 있다.

> "우리의 신앙고백의 목표는 하나님 나라입니다. 그러나 그것의 직접적인 목적은 청결한 마음입니다. 이것이 없이는 누구도 목표에 도달할 수 없습니다. 그러므로 우리는 항상 이 목적을 염두에 두어야 하며, 잠시라도 우리 마음이 그 길에서 벗어나는 일이 생긴다면 즉시 마음을 제 자리로 가져와야 하며 우리의 목적을 고려하여 생활해야 합니다."[261]

존 카시안은 마음이 그 길에서 벗어나게 될 때 안정시키는 방법은 세 가지가 있다고 하고 있다. 그것은 철야와 묵상과 기도라고 주장한다. 그러나 철야나 금식, 묵상과 기도 자체는 완덕(完德)이 아니라 완덕에 이르기 위한 도구임을 강조하고 있다.[262]

존 카시안의 관상은 마태복음 5장 8절의 "마음이 청결한 자는 하나님을 볼 것이다"에 근거한다. 그는 당시 사막의 교부들이 즐겨 사용하던 무정념이라는 용어 대신 성경적 용어인 '청결한 마음'이란 단어를 사용했다. 그는 또한 '마음의 순결'을 이루고 완전에 이르기 위해서는 우리의 내면에서 일어나는 여덟 가지 악한 정념[263]을 제거해야 한다고 말한다. 그는 각 사람의 마음은 그 깨끗한 정도에 따라 기도의 질이 달라지며 발전해 나간다고 주장한다. 다시 말하면 마음이 청결해질수록 세속적이며 물질적인

---

260) Ibid., p. 76.
261) Ibid., p. 77에서 재인용.
262) Ibid., p. 77.
263) 카시안이 말한 8가지 악한 정념은 탐식(gluttony), 탐욕(avarice), 음란(impurity), 슬픔(depression), 노여움(anger), 지루함(acedia), 허영(vainglory), 교만(pride)을 말한다.

내용이 그 안목에서 사라지게 되어 마음의 눈으로 예수님을 볼 수 있게 된다는 것이다. 그에게 있어서 '마음의 순결'은 관상을 위한 준비 단계이며, 필수적인 조건이라 할 수 있다.[264]

그의 저서 「The Conferences」에서는 마음의 순결이 관상의 조건이 됨을 다음과 같이 설명하고 있다.

> 오직 지상적이며 현세적인 모든 행동과 생각을 떠나 그분과 함께 높은 산에 올라가는 사람만이 지극한 깨끗한 눈으로 그분의 신성을 바라볼 수 있다. 지상의 모든 생각과 시끄러운 혼란을 벗어났고 죄악의 물듦에서 멀리 떨어진 그 산은 지극히 깨끗한 믿음과 위대한 덕행으로 솟아올라 그분을 깨끗한 마음의 눈으로 볼 자격이 있는 이들에게 그분 얼굴의 영광과 광채를 드러내신다.[265]

카시안은 파프누시우스 아빠스와의 담화 내용을 담은 「Conferences」에서 마음의 순결을 이루기 위하여 수도자들이 가야할 세 가지 포기의 단계에 대해서, 첫째는 소유의 포기이고, 둘째는 결함과 악습의 포기이며, 셋째 포기는 현세에 대한 모든 관심을 버리고 이 세상을 초월하는 가치로 마음을 완전히 돌리는 것이다. 그런데 이 셋째 포기는 카시안이 다른 저술에서 언급하고 있는 '마음의 순결'과 동일한 것으로 이해된다.[266]

그런데 카시안은 창세기 12장 1절의 "여호와께서 아브람에게 이르시되 너는 너의 본토 친척 아비 집을 떠나 내가 네게 지시할 땅으로 가라"라는 말씀을 인용하여 세 가지 포기를 설명하고 있다. 첫째 포기는 '네 땅에서'라는 것으로 이 세상의 재산과 물질을 멀리하라는 것이다. 둘째는 '친족에서'로 날 때부터 혈통 관계와 같이 우리에게 붙어있는 과거의 관행과 악습을 멀리하라는 것이다. 셋째는 '아버지 집에서'로 우리 눈에 들어오는 이 세상의 모든 관심을 버리라는 것이다. 카시안은 이 세 가지 포기가 진

---

264) 이경순, "관상기도의 교회사적 고찰", (미간행석사학위논문: 백석대학교 기독신학대학원, 2007), p. 77.
265) Ibid., p. 78에서 재인용.
266) Ibid., p. 78.

정으로 완성될 때에 우리의 마음은 육신의 욕정으로 무감각해지는 일 없이 숙련된 칼날처럼 깨끗해져서 지상의 모든 감정과 영향을 벗어날 수 있다고 주장한다. 그때에 우리의 마음은 끊임없이 하나님을 묵상하고 관상함으로써 볼 수 없는 세상으로 넘어가게 된다는 것이다. 이 단계에 올라가면 시간과 공간의 개념을 초월하여 우리의 감각으로는 느낄 수 없는 하나님의 신비를 체험하게 되는데, 이런 사람은 현실의 허무에서 벗어나 에녹(창5:24)과 같이 하나님과 동행할 수 있다는 것이다.[267]

존 카시안의 저술들을 살펴보면 관상기도에 대한 실제적인 실천방법들을 찾을 수 있다. 그는 마태복음 5장 6절의 "너는 기도할 때에 네 골방에 들어가 문을 닫고 은밀한 중에 계신 네 아버지께 기도하라 은밀한 중에 보시는 네 아버지께서 갚으시리라"라는 말씀을 인용하여 다음과 같이 가르치고 있다.[268]

> 골방에 들어가서 간구한다는 것은 시끄러운 생각과 걱정을 우리 마음으로부터 버리고 비밀히 간담하듯이 주님께 우리의 기원을 밝히는 것이다. 문을 닫고 기도한다는 것은 입을 다물고 완전한 침묵 속에서 말소리가 아니라 마음을 살피는 분께 간구하는 것이다. 그리고 숨은 가운데 기도한다는 것은 오직 마음과 주의 깊은 정신으로 하나님께만 우리의 청을 올리는 것이다.[269]

카시안은 우리가 침묵으로 기도하는 이유를, 첫째는 옆에 있는 형제의 기도를 방해[270]하지 않기 위함이며, 둘째는 기도할 때에 우리를 습격하려는 원수들에게 우리의 기도의 뜻을 알리지 않기 위해서라고 주장한다. 또한, 그는 관상에 이르기 위한 기도의 방법으로 짧은 기도를 반복하는 기도를 소개하고 있다. 이처럼 단순한 기도를 끊임없이 계속하는 것은, 곧 우리를 습격하려는 원수가 마음에 틈을 타지 못하도록 막아주는 결과를

---

267) Ibid., p. 78.
268) Ibid., p. 79.
269) Ibid., p. 79에서 재인용.
270) 기도 중에 중얼거리거나 고함을 지름으로 인해서 옆 사람에게 분심(分心)을 주게 됨을 의미함.

가져오게 된다는 것이다.[271]

카시안은 실제로 시편 70편 1절의 "하나님이여, 속히 나를 건지소서 여호와여 속히 나를 도우소서"에서 취하여 단순한 기도의 형태인 "하나님이여, 나를 도우소서"라는 말을 반복하는 기도를 드릴 것을 가르치고 있다. 그는 이 끊임없는 기도가 눈에 보이지 않는 천상적 관상, 그리고 극소수만이 경험하는 기도의 세계로 이어진다고 주장하고 있다. 그는 수도생활의 목표는 끊임없이 계속되는 기도임을 강조하고 있다. 카시안이 제시한 기도의 방법은 동방교회의 '예수 기도'와 함께 하나님의 임재를 의식하는 기도로 발전되어 현재까지 이어져 내려오고 있다.[272]

바. 위 디오니시우스(Pseudo Dionisius)의 관상

(1) 위 디오니시우스는 누구인가?

신비신학의 주요 노선이 오리게네스의 전통은 에바그리우스의 신비신학에서 그 고전적인 표현이 완성되었고, 아우구스티누스의 직관은 서방세계에 계승되었으며, 필론을 시작으로 닛사의 그레고리우스에 뿌리를 둔 부정신학의 전통은 위 디오니시우스에 의해서 완성하였다고 한다. 위 디오니시우스는 '신비신학'이라는 용어를 처음으로 만들어 낸 인물로 알려지고 있다.[273]

이러한 위 디오니시우스(Dionysius the Areopagite or Pseudo Dionysius)는 500년경 시리아에서 살았던 신분이 밝혀지지 않은 인물이다. 이 수수께끼 같은 인물은 「신비신학」의 저자로 하나님과 세계의 관계에 대한 변증적 견해를 체계적으로 표현했다. 즉 그는 닛사의 그레고리우스로부터 시작되었던 부정신학을 잘 정리하여 중세 신비신학에 커다란

---

271) 이경순, "관상기도의 교회사적 고찰", op. cit., p. 79.

272) Ibid., pp. 79-80.

273) Ibid., p. 80.

영향을 끼쳤던 인물로서 이것은 천 년 이상 사변적 신비 체계의 근원이
되었다.[274]

디오니시우스의 저술은 「신의 이름들」, 「신비신학」, 「천상의 위
계」, 「교회의 위계」라는 네 개의 논문과 10편의 서신이 있다. 디오니시
우스의 저술들은 수 세기 동안 사도적 권위에 준하는 것으로 여겼으나,
이런 사도적 권위에 의심을 품은 루터는 그가 기독교보다 플라톤 철학을
받들고 있다고 그를 공식적으로 공격하였다.[275]

(2) 위 디오니시우스의 관상 이해

디오니시우스에게 있어서 관상이란 '신적 어두움'[276] 속에서 보이지 않
는 가운데 보게 되는 하나님에 관한 참된 깨달음이다. 그는 모든 존재와
지식을 초월하시는 하나님과 연합하기 위해서는 감각되고 인식되며 이해
되는 모든 것을 잊으라고 말한다. 모든 것을 버리고 완전히 포기함으로써
모든 것을 초월하시는 '신적 어두움'의 빛에게로 들려 올라갈 수 있다는
것이다.[277]

위-디오니시우스는 '신적 어두움'에 대해서 다음과 같이 말한다.

> 신적 어두움이란 하나님께서 머무시는 곳에 있는 도달할 수 없는 빛이다.
> 이는 아무 흠도 없는 그분의 맑음으로 인해 가까이 갈 수 없음을 의미한다. 그
> 럼에도 불구하고, 이곳은 바로 하나님을 관상하고 알게 되는 자격을 갖춘 자들
> 이 도달하는 곳으로, 보는 것과 아는 것을 초월하여 진리에 도달하는 곳이다.[278]

274) Ibid., pp. 80-81.
275) Ibid. p. 81.
276) '신적 어두움'이란 하나님께서 머무시는 곳에 있는 도달할 수 없는 빛이다. 이는 아무 흠도
없는 그분의 맑음으로 인해 가까이 갈 수 없음을 의미한다. 그럼에도 불구하고, 이곳은 바로
하나님을 관상하고 알게 되는 자격을 갖춘 자들이 도달하는 곳으로, 보는 것과 아는 것을
초월하여 진리에 도달하는 곳이다. (디오니시우스, 편지 5)
277) 이경순, "관상기도의 교회사적 고찰", op. cit., pp. 81-82.
278) 라영환, "개혁신학적 입장에서 바라본 관상기도", op. cit., p. 22에서 재인용.

위 디오니시우스는 모든 존재와 지식을 초월하는 하나님을 만나기 위해서는 감각되고 인식되며 이해되는 모든 것을 버려야 한다고 주장한다. 이러한 포기를 통하여 인간의 영혼은 모든 것을 초월한 신적 어두움의 빛에게도 갈 수 있게 된다.[279]

디오니시우스는 닛사의 그레고리우스와 마찬가지로 거룩한 산에 오르는 모세와 대비하여 이를 설명하고 있다. 그는 모세가 보는 것과 인식할 수 있는 모든 것들로부터 도망쳐서 무지의 신비한 어둠 속으로 뛰어들었기에, 그는 완전히 초월하시는 분의 소유가 되었다고 말한다. 즉 지식의 활동을 중단함으로써 정신을 초월하여 알려지지 않은 하나님과 연합하게 되었다는 것이다.[280]

디오니시우스에게 있어서 관상, 즉 하나님에 대한 진정한 앎이란 모든 사물이나 생각에서 벗어날 때 가능한 것임을 알 수 있다. 따라서 디오니시우스는 신비적 관상에 들어가기 위해서는 모든 존재와 지식을 뛰어넘어 모든 것을 초월하신 분과의 일치를 위해 감각적이며 관념적인 지식을 포기할 것을 종용하고 있다. 여기에서 감각적인 것을 포기한다는 것은 감각의 문을 닫는 훈련을 일컫는 것으로, 자신 안에 감각적 재료의 입력을 멈추고 침묵 속에 침잠하는 것으로 이해된다.[281]

디오니시우스는 기도를 통해 신비적 황홀에 이르는 길, 즉 하나님께로 나아가는 영적 여정을 상승적인 과정으로 설명하고 있다.[282] 즉 위 디오니시우스는 인간이 하나님께로 나아가는 영적 여정을 '정화(purification)', '조명(illumination)', 그리고 '완전(perfection)'에로 나아가는 상승적인 과정으로 보았다. 위 디오니시우스가 말하는 정화란 인간이 신비적 관상으로 들어가기 위해 감각적이며 관념적인 지식을 포기하는 것이다. 하나님에 대한 인식을 가능케 하는 정화는 부정신학[283]에서 말하는 앎으로 우리를

---

279) Ibid., p. 22.
280) 이경순, "관상기도의 교회사적 고찰", op. cit., p. 82.
281) Ibid., p. 82.
282) Ibid., p. 82.
283) "부정신학에서 '부정'(ἀπόφασις)은 '부정' , '부인' 또는 아니라고 말하는 것을 뜻한다. 전통

인도해 가는데, 이 앎이 우리를 빛으로 인도한다. 인간이 하나님과 만나게 되는 것은 긍정적인 개념들과 사고들에서 벗어나서 거룩한 어두움을 뚫고 지나 하나님께 나아가려면 하나님께서 비춰주시는 빛(illumination)을 받아야 한다. 인간은 관상을 통해서 이 빛을 받게 된다. 이 빛을 받기 위해서는 감각적인 세계에서의 모든 인식을 버리고, 모든 감각 기능을 멈춘 후에 침묵의 세계로 들어가야 한다. 이 침묵 속에서 인간의 영혼은 지성이 아무것도 깨달을 수 없는 어두움 속으로 들어간다. 그리고 그곳에서 하나님의 임재를 경험하게 된다.[284]

디오니시우스는 그의 논문 "천상의 위계"에서 이 과정에 대해 다음과 같이 설명하고 있다.

> 정화된 사람들은 오염되지 않아야 하며, 부동의 흠이 전혀 없어야 합니다. 거룩한 조명을 받고 있는 사람들은 하나님의 빛을 완전히 받아야 하며, 또 하나님을 완전히 볼 수 있게 되려면 정신의 거룩한 눈이 들어 올려져야 한다고 생각됩니다. 온전해지고 있는 사람들은 불완전함에서 빠져나와 완전해진 이해력으로 거룩한 것들을 보는 무리와 결합해야 한다고 생각됩니다.[285]

디오니시우스는 빛이라는 네오플라토니즘적 이미지를 끌어들이면서 오리게네스가 말한 영성생활의 성숙단계를 설명하기 위해서 나누었던 삼 단계[286]와 닛사의 그레고리우스가 말하는 정화와 조명의 단계를 지나야만

적으로 Apophasis는 부정에 의한 논증 내지는 논리적 추론 방법을 의미한다. 이 부정이란 어떤 것을 두고 그것이 아닌 것을 말하기 때문에 그것이 무엇인지 말하는 방식이다. 신학에 있어서 부정의 길이란 하나님에 대한 제한적이고 불완전한 규정을 '부정하는 방식(via negativa)'을 통해서 하나님을 이야기 하고자 하는 시도를 말한다. 위-디오니시우스가 말하는 "부정"은 "긍정"의 반대가 아닌, 궁극의 원인인 하나님은 "전혀 알 수 없다."는 것을 말한다.
라영환, "개혁신학적 입장에서 바라본 관상기도", 「한국교회사학회지」 21권, 한국교회사학회, 2007. p. 22 주25에서 재인용.

284) 라영환, "개혁신학적 입장에서 바라본 관상기도", 「한국교회사학회지」 21권, 한국교회사학회, 2007. pp. 22-23.
285) 이경순, "관상기도의 교회사적 고찰", op. cit., p. 83에서 재인용.
286) 삼 단계는 윤리학, 자연학, 관상을 말하고 있다.

관상이 가능하다고 주장하고 있다. 다시 말해서 부정신학으로 나아가는 길은 자기 자신의 정화를 끝낸 후에 자연의 만상을 통한 관상, 즉 하나님 안에서 세상을 관상하는 경지까지 올라와 있는 영혼이라야 들어설 수 있는 길이라는 것이다.[287]

디오니시우스의 관상을 요약하면 하나님은 '신적 어두움' 속에 계심으로 표현할 수도 없고 형언할 수도 없기 때문에 하나님에 대한 어떤 상징이나 이미지도 거부해야 한다는 것이다. 그는 모든 것을 부정하는 길이야말로 진정으로 보고 아는 것이며, 드높이 위에 계시는 하나님을 초월적인 방법으로 찬양하는 것이라고 주장한다. 이는 마치 조각가가 감추어져 있는 형상을 깨끗이 보기 위해서 장애물들을 모두 제거하는 것과 같다고 설명하고 있다. 이와 같은 부정을 통해 영혼은 하나님이 계시는 곳에 다다르게 되지만 직접 하나님 자신에게 도달한 것은 아니라는 것이다. 따라서 다음 단계로 영혼은 하나님이 계시는 깊은 어둠 속으로 쏠려 들어가 완전히 수동적으로 알 수 없는 하나님과 알 수 없는 방법으로 하나가 되기에 이른다는 주장을 한다. 이처럼 수동적인 상태에서 영혼이 하나님과 결합될 때, 영혼은 하나님에 대해서 어느 정도 공감하게 되고 발견하게 된다는 것이다. 이러한 디오니시우스의 관상은 심리학적, 형이상학적인 것에 있어서는 네오플라토니즘과 같은 표현을 사용하고 있다. 그러나 그들과 다른 점은 하나님과 결합되는 관상은 자신의 노력이 아닌 하나님의 은총으로만 가능하다는 점이다. 즉 그리스도께서 참된 선의 빛을 우리에게 비추어 주시고, 우리를 최고 선의 거룩한 역사하심으로 이끌어 주심으로써 가능하다는 것이다.[288]

결국 디오니시우스의 신비신학은 하나님에 대한 인간의 불가지성을 설명하기 위한 것이 아니라, 관상기도의 여정에서 하나님과 일치하는 인간의 무지를 뛰어넘어 우리의 이성적인 사고의 틀이 정화될 때 가능하다는 것을 설명하기 위함임을 알 수 있다. 그리고 디오니시우스를 통해 알게 된

---

287) 이경순, "관상기도의 교회사적 고찰", op. cit., p. 83.
288) Ibid., pp. 83-84.

것은 관상생활이란 하나님에 대한 무지를 알아가는 과정이고, 어두움을 헤쳐 나가는 과정이며, 느낄 수 없는 하나님의 존재를 무한한 영광으로 받아들이는 과정이라는 사실이다.[289]

라영환에 의하면, 위 디오니시우스의 관상이란 '부정의 신학'이라고 하고 있다. 위 디오니시우스는 하나님의 빛을 받기 위해 인간의 지성과 감각을 중지시키고 침묵의 세계, 어둠 속으로 들어가서 하나님의 임재를 경험하는 플라톤주의에 기초한 신비주의 신학이다. 이러한 위 디오니시우스의 관상이 범신론에 가까우며 개혁주의 인식론과는 거리가 멀다고 하고 있다. 그리고 부정의 길을 통한 하나님과의 연합은 신플라톤주의의 관상이라고 보고 있다.[290]

3. 동 · 서방의 관상기도 차이

가. 동방의 관상기도

관상기도의 역사적인 뿌리는 동방의 사막교부들을 중심으로 한 은수자들의 활동과 그들 주변에 자연스럽게 나타나기 시작한 공동생활 수도자들 그리고 이후에 제도적으로 발전한 수도원의 활동에서 찾을 수 있다. 동방의 수도원 제도는 3~5세기에 정착되었고 서방의 수도원 제도는 6~11세기에 확립되었다.[291]

초기 동방교회의 은수자 혹은 수도공동체와 관련이 있는 인물들은 전형적인 은수사였던 이집트 북부 사막의 안토니우스(Anthonius 251~356), 나

---

289) Ibid., p. 84.
290) 정태홍, 「고신의 변질 관상기도」, (경남: RPTMINISTRIES, 2021), p. 160.
291) 윤정아, "관상기도의 역사에 관한 연구", (미간행석사학위논문, 협성대학교대학원, 2011), p. 81.

일강 상류의 타벤니시(Tabennisi)에 가장 성공적인 공동체를 세운 파코미우스(St. Pachomius, 292~379), 4세기의 바질(Benedictus of nursia, 480~540), 330년경에 이집트 스케티스(Scetis, 오늘날의 Wadinatrum)로 들어간 은수자인 마카리우스(Macarius), 기독교 신비주의교와 신비주의의 아버지라 불리는 닛사의 그레고리우스(Gregorius Nyssenus, 335~395) 등이다.[292]

그런데 동방교회가 주관했던 지역은 발칸반도와 소아시아와 알렉산드리아 중심의 이집트와 팔레스틴과 시리아 지방 및 메소포타미아였다. 그 중 이집트와 시리아는 기독교 수도자들이 처음으로 등장하는 장소였다. 그런데 이집트의 사막에 수도사들이 등장하기 직전, 시리아에는 '언약의 아들들(딸들)'이라는 형제단이 있었다.[293]

수도사(monachos)라는 말이 처음으로 이집트 기독교 파피루스에서 나타나고, 사부(abbot)라는 단어의 어원은 시리아어로 추정된다.[294] 그런데 은수자들의 출현은 다른 사회 경제적인 것을 이유로 들 수도 있다. 그러나 콘스탄티누스 이후의 기독교의 어용화와 세속적인 가치관에 대한 저항운동 혹은 정화 운동의 성격이 강했다. 이러한 수도원운동은 모든 평화와 영적 자유의 일차적 원천은 기도라는 것과 엄격한 금욕의 필요성에 대한 확신에 기인한다. 그리고 수도자들의 진정한 성취는 자기 부인과 신비적 합일이다.[295]

현대 서구세계의 지적인 삶에서 가장 중요한 사건 중 하나는 헤시카즘(hesycasm)이라고 불리는 정교회의 관상적 전통의 발견이다. 동방교회에서 실천해온 내적기도는 헤시키아(hesychia)라는 단어로 요약할 수 있다. 헤시키아는 비형상적이고 비추론적인 하나님의 임재 의식을 의미한다. 헤시키아는 말의 부재 즉 말들 사이의 휴지라는 부정적인 의미에서의 침묵이 아니라, 경청하는 태도를 가진 긍정적인 의미에서의 침묵을 의미한다.

---

292) Ibid., pp. 81-82.
293) Ibid., p. 80.
294) Ibid., p. 80.
295) Ibid., p. 82.

그것은 비어 있음이 아니라 충만함을, 공백이 아니라 임재를 의미한다.[296]

동방교회의 신학과 기도는 부정의 길을 포함하고 있었다. 기도의 영역에서 부정의 길은 마음에서 모든 이미지와 개념을 제거하고 하나님에 대한 우리의 추상적인 개념들 대신에 하나님의 직접적인 임재의식이 자리 잡게 되는 것을 말한다. 기도의 목표는 말과 개념을 초월하여 일종의 임재의식(sence of presence)을 획득하는 것이다. 헤시키아(hesychia)를 획득하기 위해서는 기독교적 삶의 온갖 표현들, 예를 들면 교회의 교리에 대한 정통적인 믿음, 전례기도, 성례, 성경 읽기, 계명 준수, 봉사활동, 이웃을 향한 긍휼 등을 전제로 한다. 그중에서도 내면의 침묵에 도움을 주는 것으로서 예수 기도가 특별히 귀중한 방법으로 여겨졌다. 바로 동방교회의 영성을 대표하는 것은 예수 기도(Jesus prayer)이다.[297]

동방교회의 전통 안에서 발견되는 예수 기도에서는 네 가지 요소를 구분할 수 있다. ①예수라는 거룩한 이름을 부름, ②죄로 인한 고통을 느끼면서 하나님의 자비를 구함, ③빈번하게 또는 계속해서 반복하는 훈련, ④비 추론적인, 또는 부정적 기도에 도달하려는 소원 등이다.[298]

현대의 동방교회 저술가들을 이전 시대의 가르침을 요약하면서 예수 기도를 실천하는 데 있어서 다음과 같이 세 가지 단계를 구분한다. ①예수 기도는 큰 소리로 암송하는 '입술의 기도'로 시작하며, ②그 기도는 점차 내면화되어 '지성의 기도' 혹은 정신의 기도가 되고, ③마지막으로 그 기도는 마음의 기도로 내려간다. 예수 기도는 보다 깊은 차원에 도달하면 "내가 아니요 오직 내 안에 계신 그리스도"(갈2:20)라는 말씀처럼 자기 활동적인 것이 되며, 신비신학에서 말하는 '주부적 관상'이라고 칭하는 상태로 나아간다.[299] 이로 인해 예수 기도를 일종의 "기독교적 만다라"라고 하고 있기도 하다. 그러나 관상기도를 옹호하는 사람들은 그렇지 않다고 주

296) Ibid., pp. 82-83.
297) Ibid., p. 83.
298) Ibid., p. 83.
299) Ibid., pp. 83-84.

장한다. 그 이유에 대해 예수 기도는 단순한 운율적인 기원이 아니기 때
문으로 그 기원에는 특별한 인격적 관계와 의식적으로 고백하는 믿음이
함축되어 있다고 하고 있다. 그리고 분명한 신앙고백이 없으면 예수 기도
를 드릴 수 없으며, 이 기도의 목표는 단순히 모든 생각의 정지에 있는
것이 아니라 하나님을 만나는 데 있다고 하고 있다.[300]

　이러한 예수 기도는 5~8세기에 동방교회의 영성의 길로 인정받고, 정
착되면서 러시아 정교회로 확산되었다. 예수 기도의 역사에서 가장 중요
한 사람은 북부 그리스의 포티체(Photice)의 감독인 디아도쿠스
(Diadochus)이다. 그는 이미지 없는 고요한 기도상태로 들어가기 위해서
기도라는 단순한 형식을 빌려 반복기도를 하곤 했다. 사막교부들의 영성
을 소개해 준 탁월한 동방의 두 교부는 에바그리우스 폰티쿠스(Evagrius)
와 존 카시안(JohnCassian, 360~435)이 있다. 존 카시안은 동방교부들의
영성지도의 전통을 서방교회에 전해주는데 크게 기여를 한 사람이다. 그
리고 14세기에 시나이의 그레고리우스의 저술들을 통해서 예수 기도는 널
리 알려졌다. 1782년에 「필로칼리아」(Philokalia)가 출판되면서[301] 이 기
도는 더욱 촉진되었다.[302]

　러시아 정교회에는 스타레츠(Staretz)라는 영성지도자들이 있다. 이들
은 초기 이집트의 사막에서 수도원주의 전통과 매우 밀접한 관계를 지니
면서 동방교회로부터 그 전통을 이어받았다. 이들은 본질적으로 카리스마

---

300) Ibid., p. 84.
301) "필로칼리아"라는 말은 "아름다움에 대한 사랑"이라는 뜻으로 세상의 지혜와 대비되어 사
　　용된 용어였다. 이 책의 제목은 4세기에 대 바실(Basil the Great)과 나지안주스의 그레고리
　　(Gregory of Nazianzus)의 금욕적이고 신비적인 본문들로부터 오리겐의 작품에서 선택한 본
　　문들의 모음집에 처음으로 사용되었다.
　　「필로칼리아」(Philokalia)는 고린도의 마카리우스(Macarius ofCorinth)와 성산의 니코데무스
　　(Nicodemus of the Holy Mountain)가 신령한 글들을 편집한 방대한 전집이다. 필로칼리아의
　　번역본으로 말미암아 러시아와 루마니아에 예수 기도가 더 잘 알려지게 되었고, 많은 서방
　　그리스도교인들도 그 기도를 사용하게 되었다. 이 책은 헤시카즘(hesycasm)의 마음의 기도
　　및 헤시카스트적 방법을 따르는 데 대한 하나의 안내서, 지침서, 동반자 역할을 하는 일련의
　　본문들로 구성되어 있었다.
　　윤정아, "관상기도의 역사에 관한 연구", (미간행석사학위논문, 협성대학교대학원, 2011), pp.
　　84-85.
302) 윤정아, "관상기도의 역사에 관한 연구", op. cit., pp. 84-85.

적이며 예언자적인 인물이다. 예수 기도는 우리 각 사람으로 하여금 '도시의 헤시카스트'가 되어 외면적인 압박들의 와중에서도 내적으로는 고요하고 은밀한 중심지를 보존하며, 어디로 가든지 마음속에 자신의 사막을 소유할 수 있게 해준다고 했다.[303]

나. 서방의 관상기도

고대에 서방으로 전해진 기도의 이해와 실천은 11세기 말까지는 거의 발전하지 못하였다. 그러다가 수도원운동을 중심으로 묵상의 방법과 더불어 변화가 일어났다. 그런데 전통적으로 이어오는 기도의 형태는 세 가지 즉 '오라티오'(oratio: 기도), '렉시오'(lectio: 영적 독서), '메디타티오'(meditatio: 묵상)와 연관하여 행해졌다. 그리고 관상이라는 용어는 기도의 세 가지 형태인 lectio, meditatio, oratio 등과 연결되곤 했다. 그리고 이 세 가지 단어는 관상기도를 구성하는 행위들과 영적 태도들을 지칭하는 것이 되었다.[304]

'오라티오'(oratio)는 영혼이 어떤 본문에서 차용한 단어의 중재를 받지 않고서 하나님과 대화하며 하나님과 연합할 때 일어나는 것을 말한다. '렉시오'(lectio) 안에서 하나님이 자신을 계시하오며, '오라티오' 안에서 사람이 자신을 하나님께 드리게 된다. 이 둘은 분리될 수 없었고 수도사들은 이 두 가지에 전념해야 했다. 묵상은 독서의 연장이고, 오라티오를 준비하였다. 묵상은 성경을 읽고 묵상하는 자유로운 행위이며 '즐겁고', '향기로운 것'으로 불렸고 근본적으로 성경 본문들과 연결되어 있다. 기도와 묵상과 영적 독서를 연결시키는 관상적인 분위기는 수도원을 중심으로 11세기 이후에도 지속되었다.[305]

적어도 기독교 역사에서 15세기까지는 관상기도에 대해 매우 긍정적이

303) Ibid., p. 85.
304) Ibid., pp. 85-86.
305) Ibid., p. 86.

었다. 그러나 16세기 이후부터는 관상에 대한 부정적인 태도가 지배적이었다. 16세기에 들어서면서 정신적 기도는 사고의 측면이 우세할 경우에는 논리적 묵상으로, 의지가 강조될 때는 정감적 기도로 그리고 하나님에 의한 은총의 주심이라는 측면이 우세할 때는 관상으로 나뉘게 되었다. 논리적 묵상, 정감적 기도, 그리고 관상은 더이상 하나의 기도의 과정에서 나타나는 다양한 행위가 아니라 각각 그 나름대로의 의도와 영역을 가진 발전된 기도 형태로 구분되었다. 그래서 관상은 소수의 사람들에게만 주어진 특별한 은총이라는 생각을 심화시키는 데 일조하게 되었다.[306]

1522년에서 1526년에 이루어진 이냐시오의 영성수련은 논리적 묵상과 정감적 기도, 그리고 오감을 사용하는 기도로 이루어진 것이었다. 이 방법은 초보자들에게는 전통적인 의미의 관상으로 안내하고, 이미 기도에 진전이 있는 사람들에게는 전통직인 의미의 관상으로 안내하고, 영적인 감각을 발전시키기 위해서 고안되었다. 하지만 1574년에 예수회 총장 신부인 에버라드 머큐리언(Everard Mercurian)은 예수회에서 정감적 기도와 오감을 사용하는 방법을 금지시켰다. 그럼으로 해서 예수회의 영성생활은 기억과 지성, 의지의 세 가지 기능을 사용하는 논리적 묵상으로 한정되었다.[307]

관상기도의 장려를 주저하게 만든 또 다른 이유는 1687년 인노센트 12세기에 의해 신비주의로 단죄된 정적주의(Quietism) 논쟁 때문이기도 하다. 루이 14세의 궁전 성직자였던 보수에(Bishop Bossuet)는 프랑스에서 온건한 정적주의(semi-Quietism)를 단죄하는 데 성공했다. 이러한 논쟁은 전통적인 신비주의에 대해서도 나쁜 평판을 가져왔다. 기독교 영성의 역행을 더욱 심화시킨 것은 17세기 동안 세력을 얻었던 얀센주의(Jansenism)였다. 얀센주의는 19세기에 걸쳐 널리 퍼지게 된 반인간적인 태도를 남겼고, 이것은 현시대로까지 이어졌다. 얀센주의는 인간 본성의 본질적인 신성뿐만 아니라, 예수의 구원행위의 보편성까지 의문을 제기하였다. 경건의 이 비관주의적 형태는 프랑스 망명자들과 함께 아일랜드와

---

306) Ibid., pp. 86-87.
307) Ibid., p. 87.

미국을 포함한 영어권으로 널리 확산되었다. 왜곡된 신비주의와 더불어 얀센주의적 편협성은 현재에도 그 나라의 신학교나 수도원의 심리적 분위기에 깊은 영향을 미치고 있다.[308]

그러나 19세기 동안 관상기도에 대해 말하고 저술을 남긴 사람은 거의 없었다. 관상기도는 아주 특별한 기도로 간주되었다. 그리고 보통 평신도나 성직자 또는 수도자들은 약간의 안전한 거리를 두고 선망해야 하는 경이로우면서도 위험한 것으로 여겼다. 또한, 관상기도를 열망하는 것은 교만이라는 태도가 마지막 걸림돌이 되었다.[309]

오늘날 관상기도가 다시 주목을 받는 데에는 두 가지 이유가 있다. 그 하나는 십자가의 요한과 다른 영성가들의 통합된 가르침을 재발견한 역사적 연구들 때문이다. 다른 하나는 제2차 세계대전 이후의 동양세계 도전 때문이다. 기독교 전통의 관상기도와 유사한 동양의 묵상법들이 급증하였고, 좋은 결과를 낳으며 많은 인기를 얻게 되었다. 은둔적인 영성과는 차별화되는 새로운 영적 갱신운동이 교회에서 일어나야 할 필요성이 생긴 것이다. 이런 필요에 따라 현대교회는 중세에 수도원에서 수련했던 거룩한 독서의 가치를 재발견하였다. 그리고 하나님의 말씀을 묵상하며 영감을 받음으로써 하나님의 현존 안에서 쉬는 관상기도를 재발견하게 되었다. 이에 따라 관상기도에 쉽게 접근할 수 있는 방법들도 개발되었다. 센터링 기도가 그 좋은 예이다.[310]

센터링 기도는 하나님의 현존 안에서의 쉬운 관상에 도달할 수 있도록 준비시킨다. 이 관상은 근세에 와서 가장 간과된 것이기도 하다. 데카르트-뉴튼적(Cartesian-Newtonian) 세계관은 우리의 직관 능력을 억압하는 정신구조이며, 지나치게 사물을 분석하려는 뿌리 깊은 경향이다. 현대 서구 사회의 이런 개념적 장애는 묵상으로부터 자발적 기도로 그리고 자발적 기도에서 내적 침묵(경이와 찬양)으로 넘어가는 것을 방해했다. 그러나

---

308) Ibid., pp. 87-88.
309) Ibid., p. 88.
310) Ibid., pp. 88-89.

거룩한 독서를 재발견함으로써 성경 묵상과 기도에서의 직관 능력을 회복할 수 있게 되었다.[311]

오늘날에 이르러, 16세기 이후로 각기 부분으로만 남아 있던 논리적 묵상과 정감적 기도와 관상 이 세 가지가 함께 하는 시대를 맞이하게 된다. 관상기도나 수도원의 영성에 머무르지 않고, 모든 사람이 쉽게 접할 수 있는 것으로 만들기 위해 노력하는 사람들이 생겨났다. 토마스 머튼(1915-1968)이나 토마스 키팅이 그 대표적인 사람이다. 센터링 기도(centering prayer)는 관상기도에 관한 기독교 전통의 가르침을 새롭게 하려는 노력의 산물이다.[312]

서방교회는 16세기 이후로 관상의 길에서 멀어졌지만, 현대에 와서 관상기도에 관한 관심이 증폭되고 있다. 그에 반해 동방정교회는 헤시카즘(hesycasm)의 영성을 통해 지속적으로 관상의 길을 추구해 왔음을 알 수 있다.[313]

현시대의 관상기도는 동양적 영성에 대한 현대인들의 높은 관심에 자극을 받고 역사적 유산으로서의 관상기도를 재발견한 사람들에 의해서 현실에 적용될 수 있었다. 1970년대 이후로 미국의 트리피수트 수도자들이 메사추세츠 주의 스펜서에 위치한 요셉 수도원에서 센터링 기도를 지속적으로 탐구했다. 그리고 1975년에 윌리엄 메닝거(Frs, William Menninger)와 바실 페닝톤(Basil Pennington)은 14세기 고전 「무지의 구름」에 기초하여 센터링 기도(centering prayer)라고 불리는 관상 수련법을 실시했다. 그리고 이 기도방법은 성직자와 평신도들에게 차례로 전수되었다. 이에 토마스 키팅은 센터링 기도를 가르치는 교사들을 훈련하기 위해 심화된 워크숍을 실시하였다. 그리고 이 기도방법은 현재 한국에서도 여러 경로로 보급되었던 것이다.[314]

---

311) Ibid., p. 89.
312) Ibid., p. 89.
313) Ibid., pp. 89-90.
314) Ibid., p. 90.

제4장 현대 로마카톨릭교와 한국교회에서의 관상기도

1. 현대 로마카톨릭교에서의 관상

관상과 관련한 신학적 전통은 4세기 무렵 닛사(Nyssa)의 그레고리우스(Gregorius)나 에바그리우스 폰티쿠스(Evagius Ponticus) 등을 통해 윤곽이 형성된다. 관상기도의 방법을 구체적으로 소개하는 최초의 전통은 14세기로 거슬러 올라간다.[1]

그런데 그리스도인은 처음 시대의 15세기 동안은 관상기도에 긍정적인 태도의 특징을 가지고 있었다고 한다. 그러나 불행하게도 16세기 이후부터는 부정적인 태도가 널리 퍼졌다. 어떻든 간에 관상에 대한 부정적인 반대 속에서도 관상기도는 발전을 거듭하여왔으나 오늘날에까지 그 영향을 미치고 있다. 이러한 관상기도를 12세기의 지도자들은 발전시키려고 노력하였다. 12세기경부터 종교적 사조에 괄목할 만한 발전이 이루어져 신학적 큰 학파들이 생겨났으며 기도와 관상의 신학적 이해를 발전시키려

---

1) 남성현, "관상기도 전통에 대한 소고(小考)", 「韓國教會史學會誌 第21輯」, 한국교회사학회 (2007), p. 97.

노력하였고 13세기에 이들의 가르침에 따른 묵상의 방법들이 프란치스코 수도회에 의해 대중화되었다.[2]

현대에 보급되는 관상기도는 대체로 바로 이런 중세적 관상전통에 의지하고 있다. 「무지의 구름」(The Cloud of Unknowing)이 바로 그것이다. 저자 미상의 이 책은 14세기 말경에 저술된 것으로 알려졌다. 이 책은 기도하는 자가 모든 관념에서 벗어나서 자아의식을 비울수록 하나님께 가까이 갈 수 있다고 가르친다. 성경의 본문을 묵상하는 것은 이성을 매개로 한 관념의 작용을 통해서 가능하며, 자신의 의지를 갖고 기도하는 것은 자아의식의 중개를 통해서 가능하다. 「무지의 구름」(The Cloud of Unknowing)의 저자는 관상기도의 단계를 '망각의 구름'이 드리워지는 것으로 표현한다. 망각의 구름이란 자아와 세상을 단절하는 구름으로 일체의 의식작용, 심지어는 선과 악의 관념이나 하나님에 대한 관념조차도 초월하는 상태를 가리킨다.[3]

그런데 중세 시기 서방교회의 영성은 보통 수도원 중심으로 나타났다. 수도원운동의 목표는 그리스도인의 온전한 삶의 추구에 있고 당시 경건의 모양만 있었으며 생명력을 지키고자 나름대로 노력하였다. 특히 13세기에는 중세 영성의 절정기라 할 수 있는데 다양한 수도원운동들이 새롭게 일어나고 있었다. 이 시기에 여러 탁발수도 교단들이 설립되었는데 도미니칸 수도회, 프란시스칸 수도회, 어거스틴 수도회 등이 설립되었다. 이들의 공통점은 기독교의 사회성을 새롭게 인식했다는 것이다. 이들은 수도원 안에서 공동기도와 개인기도 생활을 하기도 하고 이들은 가난, 순결, 순명을 서약했으며 세상과 연계되어 봉사를 하기도 했다.[4]

이 시기에 기도의 주요 관심사는 주님의 가르침에 따라 쉬지 않고 기

---

2) Tomas Keating, Open mind Open Heart, 「마음을 열고 가슴을 열고」, 엄무광 역, (서울: 카톨릭출판사, 2003), p. 37.
3) 이종대, "칼 융의 인격과 영혼 돌봄으로서의 관상기도", (미간행석사학위논문: 호서대학교 연합신학전문대학원, 2022), p. 12.
4) 전성환, "렉시오 디비나를 통한 영성훈련", (미간행석사학위논문, 목원대학교 신학대학원, 2010), p. 9.

도하는 데 있었다(눅18:1). 그러나 고대에 서방으로 전해진 기도의 이해와
실천은 11세기 말까지는 거의 발전하지 못하였다. 그러다가 수도원운동을
중심으로 묵상의 방법과 더불어 변화가 일어났다.[5]

　　전통적으로 이어오는 기도의 형태는 세 가지 즉 'oratio'(기도), 'lectio'
(영적독서), 'meditatio'(묵상)와 연관하여 행해졌다. 관상(contemplatio)이
라는 용어는 lectio, meditatio, oratio 등과 연결되곤 했다. 그리고 이 세
가지 단어는 관상기도를 구성하는 행위들과 영적 태도들을 지칭하는 것이
었다.[6]

　　'오라티오'(oratio)는 영혼이 어떤 본문에서 차용한 단어의 중재를 받지
않고서 하나님과 대화하며 하나님과 연합할 때 일어나는 것을 말한다. 렉
시오(lectio 영적독서) 안에서 하나님이 자신을 계시하시며, 오라티오
(oratio) 안에서 사람이 자신을 하나님께 드리게 된다. 이 둘은 분리될 수
없었고 수도사들은 이 두 가지에 전념해야 했다. 묵상은 독서의 연장이고
오라티오(oratio)를 준비하였다. 묵상은 성경을 읽고 묵상하는 자유로운
행위이며 '즐겁고', '향기로운 것'으로 불렸고 근본적으로 성경 본문들과
연결되어 있다. 이러한 기도와 묵상과 영적 독서를 연결시키는 관상적인
분위기는 수도원을 중심으로 11세기 이후에도 지속되었다.[7]

　　여하튼 플라톤주의의 영향 아래 발전되었던 중세 신비주의운동에서의
관상은 중세 후기에 오면서부터 점점 약화하여 수도원에서만 그 명맥이
유지되어 오다가 제2차 바티칸공의회를 기점으로 다시 살아나게 된다. 중
세 신비주의의 관상이 다시 세간의 주목을 받게 된 것은 토마스 머튼
(Thomas Merton, 1915~1968)과 토마스 키팅(Thomas Keating, 1923~
2018)에 의해서이다.[8]

---

5) 류충열, "영성수련의 한 과정으로서의 관상기도에 관한 연구", (미간행박사학위논문: 한신대학
　　교 신학전문대학원, 2007), p. 25.
6) Ibid., p. 25.
7) Ibid., pp. 25-26.
8) 라영환, "개혁신학적 입장에서 바라본 관상기도", op. cit., p. 24.

가. 이냐시오 로욜라(Ignatius Loyola)의 이미지 기도

기독교 신학 전통 방법에는 긍정의 신학(Cataphatic theology 또는 kataphatic theology) 전통과 부정신학(apophatic theology)의 전통이 있다. 형상 없는 기도만이 기독교에서 실천되는 내적 기도의 유일한 형태라고 생각해서는 안 된다. 많은 저자들은 그리스도의 삶 특히 그분이 당하신 고난을 상세히 상상하면서 묵상할 것을 권했다. 이것은 특히 은둔자로 알려진 마크(Mark, 5세기 초)와 니콜라스 카바실라스(Nicolas Cabasilas, 4세기)에 의해 강조되었다. 그리고 이냐시오 로욜라(Ignatius Loyola)로 그는 이미지와 상상으로 기도하는 영성수련법을 가장 널리 전파한 사람이다. 이것은 중세기까지 무념적 기도가 주류를 이루었던 흐름 속에서 적극적 명상의 기도를 도입한 큰 전환점이라 할 수 있겠다.[9]

이냐시오 로욜라는 조국 에스파냐의 전쟁에 참여했다가 다리에 부상을 당하는 신세가 되었다. 많은 우여곡절 끝에 속세의 생활을 청산하고서 성지순례의 길로 바르셀로나를 향하지만, 그 중간에 페스트가 유행하여 만레사시에 있는 동굴에 머물게 된다. 그는 그곳에서 영신수련을 하였고 묵상 중에 하나님과 대화하기를 배워가며 쓸쓸함과 흐뭇함, 그리고 슬픔과 기쁨, 또는 불안과 평화 등을 번갈아서 깊이 체험하였다. 이렇게 하는 동안 그는 그곳에서 영신수련의 기본원리와 요점을 기술하였고 일년 후에 몇 가지 부칙을 덧붙여 「영신수련」을 저작하게 되었다. 이 책을 통하여 영신수련을 수행하는 사람들에게 지침이 될 뿐만 아니라 지력과 의지를 써서 생활을 정리하려고 결심하는 사람들에게도 실용적 교과서가 된다고 하였다. 이러한 이냐시오의 영신수련은 긍정적인 방법으로 적극적인 상상을 통해서 하나님과의 합일을 추구한다.[10]

이냐시오의 영신수련 방법에서는 초대교회나 교부시대 이전에 하나님

---

9) 이혜원, "관상기도 연구", op. cit., p. 51.
10) Ibid., pp. 51-52.

을 관상하는 자체로써 보였던 긍정적인 방법들이 사용되고 있다. 보기 위해 상상하고 상상한 것을 보는 등의 요소가 기도의 가장 중요한 요점으로 활용되고 있다.[11]

이냐시오의 기도 방식 중에 묵상은 영혼의 세 가지 기능, 즉 기억과 지성과 의지를 활용하는 추론적인 기도이다. 묵상의 주제는 추상적인 진실이 아니고 믿음의 구체적인 실제성이다. 묵상에서 지성적으로 이러한 실제성을 간단히 이해하는 것이 아니라 내적으로 그것들을 맛 들이는 것이다. 기도의 이러한 방식의 움직임은 하나님의 사랑과 담화에서 표현된 친근한 사랑을 향한 것이다.[12]

이냐시오는 자주 관상과 묵상을 똑같게 사용하지만, 관상은 보통 영혼의 집중이 복음의 일화 내용에서 느낌이 오는 것에 멈추고 곰곰이 생각하고 기쁨을 발견할 수 있는 것이다. 이러한 이냐시오적 방법에서는 적극적으로 복음 내용의 사람들, 그들의 말들과 행동에 대해서 생각하게 한다. 왜냐하면 그것들은 죽으시고 다시 부활하셨으며 교회 안에서 아직 살아계신 주 그리스도의 신비를 나타내기 때문이다. 그 때문에 기도자는 그 신비적 마음과 영혼에 들어간다. 정말 그것은 주님의 지혜의 일원으로서 기도자 안에 완성하게 된다고 하고 있다.[13]

기도함에 있어서 되풀이와 오관을 사용한다. 이냐시오는 보통 5번을 묵상하도록 한다. 첫째, 둘째 묵상은 피정자가 노력을 해야만 하는 새로운 문제를 제공하고, 세 번째 묵상은 첫째 둘째 묵상을 되풀이하고, 네 번째 묵상은 세 번째 묵상을 되풀이하고, 다섯째 묵상은 이것을 오관으로 묵상하는 것이다. 이 다섯 개 묵상에서의 움직임은 기도자에게 원기를 주는 매우 행동적인 기도로부터, 기도자를 사랑하시는 주님을 평화롭게 받아들일 수 있는 수용적인 기도까지 있다.[14]

---

11) Ibid., p. 52.
12) Ibid., p. 55.
13) Ibid., p. 55.
14) Ibid., pp. 55-56.

이제 묵상을 함에 있어 생각에 대한 새로운 주제를 택하기보다는 첫째, 둘째 묵상에서 기도자에게 강하게 느낌을 주는 생각이나 감정들로 되돌리도록 한다. 커다란 위안이나 고독, 또는 일반적으로 더 큰 맛을 느끼는 것에 더 머무르는 것이다. 되풀이의 목적은 이미 묵상한 주제를 가지고 하나님의 움직임을 내 마음 안으로 더 깊게 가라앉히는 것이다. 특징적인 것이 다섯 번째 묵상으로 오관 묵상은 기도자 자신을 내어놓는 것이고, 그리스도 생애의 신비에 기도자 자신을 몰입시키는 것을 의미한다. 그것은 새로운 사상을 생각하거나 혹은 신비에 들어가는 새로운 방법을 시도하는 문제도 아니다. 차라리 그것은 기도의 부분이었던 모든 체험들을 증진하는 것이다. 즉 묵상에서 나의 감각으로 주의 집중하여 보고 냄새 맡고 느끼는 것을 받아들이는 자동적이고 수동적인 방법에 가깝다. 어떤 방법이든지 간에 가장 생생하게 나의 것이 되어 소화될 수 있도록 그리스도 생애의 특별한 신비에 온전히 감동하도록 만들어야 한다는 것이다.[15]

이렇듯 이냐시오 기도의 주요 목적은 사람으로 하여금 올바른 그리스도적 인생관을 파악하게 하여 죄악을 인식하고, 통회하며, 자기를 극복한 다음 그리스도를 따름으로써 자기를 성화하는 동시에 그리스도의 나라를 건설하는 데에 적극적으로 협력하게 하려는 것이라고 한다. 그러나 이러한 성찰은 이미지를 통해서 시작된다. 집중적 묵상을 통해서 내적으로 상상하고 자신이 등장인물이 되어서 그 이미지 속에서 적극적으로 활동한다. 여기서는 상상하는 사람이 장소도 묘사하고 등장인물도 묘사한다. 그리고 상상할 때 오감을 적극적으로 활용한다.[16]

이렇게 이냐시오의 기도는 오관과 이성을 사용하여 최대한 적극적으로 경험한다. 이것은 이제까지 무념적 기도의 전통과 대비되는 것으로 하나님이 주신 사람의 감각을 적극적으로 활용해서 하는 상념적인 기도의 대표가 되는 것이다. 이러한 상념적 기도의 극치는 그 상황에 자신을 대입시켜 '담화'의 형식으로 현장의 느낌을 주고받는 것이다.[17]

---

15) Ibid., p. 56.
16) Ibid., p. 56.

여기서 담화란 근본적으로 말하면 친구가 다른 친구에게 또는 종이 자기 상전에게 말하는 것처럼, 어떤 때는 무슨 은혜를 간청하고, 어떤 때는 자기가 저지른 잘못을 꾸짖어 말한다. 또 어떤 때는 자기 사정을 이야기하고 거기에 대하여 의견을 구하는 것을 말한다.[18]

이렇게 성경을 묵상할 때에 먼저 초기에 장소를 설정하고, 등장인물을 구한다. 둘째로 오감을 사용하여 그 장면을 상상한다. 셋째로 사람들의 말과 행동에 능동적으로 참여한다. 넷째로 수용 단계로 내가 그 사건에 깊이 참여하면서 주님을 음성을 듣는 것이다. 그리고 마지막으로 관상의 단계에 이르면 수동적 상태에서 영의 감각이 열리며 고요히 주님의 임재를 체험하며 주님의 임재의 영향을 받는다.[19]

결국, 이러한 이냐시오의 영신수련의 방법도 관상의 단계에 이르는 하나의 방법이라는 것이다. 이 기도 역시 모든 감각을 통하여 상상한 이후에 마지막 단계에 이르면 수동적 상태에서 영의 감각이 열리며 주님의 임재를 체험하게 되는 것이다. 따라서 관상은 내가 할 수 있는 능동적인 행위의 기도가 아니라 수동적인 상태이며 그 상태는 결국 말로는 표현할 수 없는 신비적인 경험이라는 것이다.[20]

나. 토마스 머튼(Thomas Merton)의 관상

(1) 토마스 머튼은 누구인가?

토마스 머튼(Thomas Merton, 1915-1968)은 1915년 1월 31일 프랑스 남부의 작은 마을 프라데(prades)에서 태어났다. 그의 부모는 예술가로서 아버지는 뉴질랜드 태생의 오언 머튼(Owen Merton)은 뉴질랜드 태생의

---

17) Ibid., p. 57.
18) Ibid., p. 57.
19) Ibid., p. 57.
20) Ibid., pp. 57-58.

화가였고, 어머니 루스 젠킨스(Ruth Jenkins)는 미국 오하이오 출신의 화
가였다.[21] 아버지 오웬 머턴은 종교에 관심이 있었음에도 교회에는 거의
가지 않았다. 어머니 루스 젠킨스는 퀘이커교 신자였으나 그녀의 신앙은
모임에 참석하는 것에 지나지 않았다.[22] 머튼은 아버지의 권유로 성공회에
서 세례를 받았던 인물이다.[23] 그러나 머튼은 1938년 11월 16일 영세를 받
고 로마카톨릭 신자로 개종하였다.[24]

그런데 머튼이 태어난 이듬해 가족들은 미국으로 건너가 롱아일랜드에
정착했다. 머튼이 여섯 살 때 어머니가 죽고, 그림 전시회 때문에 객지를
떠돌던 아버지는 1931년에 런던에서 뇌종양으로 숨진다. 당시 열여섯살이
던 머튼은 영국 오크햄(Oakham)의 고등학교를 졸업하고 케임브리지 대학
과 클레어 대학에서 장학금을 받아 1934년까지 머문다. 스무살 되던 해
컬럼비아 대학으로 옮긴 그는 청년 공산주의자
모임에 참여하며 학생들의 간행물인 「제스터」
(Jester)의 삽화 편집자로 일하기도 했던 것으로
보아 공산주의 영향을 받았던 것이다.[25]

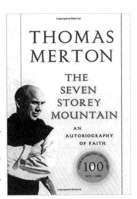

1968년 12월 10일, 머튼은 방콕 회의에서 마지
막 강의를 했다. 그 연설 제목은 '마르크스주의와
수도적 관점'이었다. 그 연설에서 그는 마르크스
주의와 수도주의는 모두 세상의 변화를 촉구한다
고 제안했다. 즉, 마르크스는 경제구조의 혁명을
주장하며 수도주의는 의식의 변화를 주장한다고

▲ 토마스 머튼의
칠층산 영문판 표지

설명했다. 머튼의 주제는 내적인 변화가 수도자의 서원의 핵심에 있다는
것이었다.[26]

---

21) 조현필, "토마스 머튼의 영성에 대한 고찰", (미간행석사학위논문, 대구가톨릭대학교 대학원,
2020), p. 4.
22) 이은아, "토마스 머튼의 관상기도 연구", (미간행석사학위논문: 한신대학교 신학대학원, 2001), p. 6.
23) 조현필, "토마스 머튼의 영성에 대한 고찰", op. cit., p. 4.
24) Ibid., p. 11.
25) 한상봉, "토마스 머튼, 세상을 떠나 고독으로 들어가다", 「가톨릭뉴스 지금여기」, 2009. 12. 16.
26) 웨인 심직, "토머스 머튼, 관상가의 길", 「가톨릭뉴스 지금여기」, 2012. 5. 9.

머튼은 1948년에 그의 자서전인 「칠층산」(The Seven Story Mountain)[27]과 「명상이란 무엇인가?」(What is Contemplation?)[28]를 출간하였다. 1949년에는 「명상의 씨」(Seeds of Contemplation)[29]를 1951년에 「진리의 산길」(The Ascent to Truth), 1958년에 「고독속의 명상」(ThoughtinSolitude),[30] 1967년에 「동서관상」(Mystics and Zen Masters) 이외에도「마음의 기도」 등을 출간하였다.[31] 그러한 많은 저서들을 통해서 관상기도를 직접적 간접적으로 전파했다. 여기서 그를 특히 더 주목해야 하는 점은 그가 이렇게 개인적으로도 관상적 차원의 기도를 전파했지만, 그의 영향을 받은 후대의 사람들이 그 영향으로 인하여 더 활발히 관상적 차원의 기도를 대중에게 전하게 한 것이다. 대표적인 인물이 토마스 키팅이나 헨리 나우웬 등을 들 수 있다. 한국 개혁교회도 머튼의 직접적인 영향이 대중에게 다가온 것이라기보다는 헨리 나우웬이나 토마스 키팅 등을 통하여 왔다고 할 수 있겠다.[32]

머튼은 다른 로마카톨릭 공동체와 다른 종교들에 대해 오랫동안 관심을 가져왔다. 그는 종교적 체험을 나누는 것은 세상의 일치와 평화를 키

---

27) 「칠층산」은 단테(1265~1321)의 「신곡」(1321)에 나오는 연옥에 있는 산을 지칭한다. 그런데 수많은 미국 젊은이가 「칠층산」의 영향으로 기도하고 명상하는 삶을 살기 위해 수도자가 됐을 정도로 영향을 끼친 책이다.
김환영, "[김환영의 종교 이야기(9)] 구원의 여명 밝힌 '미 국민의 대표자' 토마스 머튼", 「월간중앙」, 2017년 1월호, 2016. 12. 17. https://jmagazine.joins.com/monthly/view/314867

28) 이 책을 통해 머튼은 신자 생활에 있어서 본질적인 것 중의 하나가 바로 관상임을 깊이 깨우쳐 주고 있다. 그래서 관상은 수도원에 있는 수도자들이나 해야 하는 것이 아니라 삶의 참된 가치와 행복을 깨닫기 위해서 평신도도 해야 한다고 말하고 있다.
許容華, "토마스 머튼의 관상기도 개념에 대한 연구", (미간행석사학위논문, 부산가톨릭대학교 대학원, 2003), p. 38.

29) 이 책은 토마스 머튼이 자신만의 독특한 트라피스트 수도자로서의 목소리를 내기 시작한 최초의 책이다. 전통적인 수도원적 관상에 대한 머튼의 견해를 심화시켜 나가면서 관상기도 생활에 대한 좋은 조언을 담은 책이다.
許容華, "토마스 머튼의 관상기도 개념에 대한 연구", (미간행석사학위논문, 부산가톨릭대학교 대학원, 2003), p. 36.

30) 머튼은 이 책에서 인간이 고독 속으로 들어 갈수록 참된 영적 삶을 살 수 있고 하나님과 하나 될 수 있다고 보았다.
許容華, "토마스 머튼의 관상기도 개념에 대한 연구", (미간행석사학위논문, 부산가톨릭대학교 대학원, 2003), p. 43.

31) 김경주, "토마스 머튼의 관상 이해", (미간행석사학위논문: 가톨릭대학교 대학원, 2017), p. 9.

32) 이혜원, "관상기도 연구", (미간행석사학위논문: 감리교신학대학교 대학원, 2005), p. 58.

우는 것이라고 생각했다. 머튼은 하나님이 그리스도인들에게만 속한 존재가 아니라고 느꼈다. 이에 머튼은 유대인들, 불교인들, 마호멧 교인들과도 규칙적으로 서신을 교환하고 있었다. 또한, 동양의 종교, 특히 선불교는 머튼의 흥미를 돋구었다. 「선과 욕구의 중생들」, 「신비가와 선의 대가들」은 선(禪)에 대한 그의 글들을 많이 담고 있다.33)

머튼은 티베트의 영적 지도자 달라이 라마가 '가장 깊은 영적 대화'를 나눈 인물로 꼽을 만큼 동서양을 넘나들었던 인물이었다. 여기에 헨리 나우웬은 평생 토머스 머튼을 단 한 번 만났을 뿐이었지만, 자신에게 '가장 깊은 영감을 준 사람'으로 머튼을 꼽고 있다.34)

이러한 토마스 머튼은 사상가, 시인, 영성 작가, 사회 활동가, 신비가 등 여러 모습으로 알려져 있다. 여기에 기독교 관상전통을 현대에 되살려 전파한 인물로 더 알려져 있다.35) 즉 토마스 머튼은 트라피스트 수도원의 한 수도자로서 단절되었던 기독교의 관상기도 전통을 현대에 전파한 선구적인 사람이었던 것이다. 이러한 머튼은 현대 인간의 문제가 참된 자아의 상실에서 오는 것으로 생각하고 이러한 자아 상실을 극복하기 위해 하나님과의 합일을 통한 인간 회복이 필수적임을 주장하면서 이러한 인간 회복의 방법으로 관상기도를 제시하고 있다.36)

토마스 머튼은 관상기도의 이론을 정립하여 특별한 사람들이 하는 기도가 아니라 일반인들이 누구나 할 수 있다는 주장을 하였다. 그런데 그의 관상기도 이론의 정립에 장자와 불교의 선의 영향을 받은 인물이다. 이러한 토마스 머튼은 다양한 저술 활동을 하며 관상기도를 확산시키는 활동을 하던 가운데 1968년 로마카톨릭 신부들과 불교 승려들이 한자리에 모이게 된 공회의 참석차 태국을 방문하던 중 갑작스러운 사고로 53세에 사망했다.37)

---

33) 웨인 심직, "토머스 머튼, 관상가의 길", 「가톨릭뉴스 지금여기」, 2012. 5. 9.
34) 조현, "비움과 침묵의 현자 토머스 머튼", 「한겨레신문」, 2008. 3. 10.
35) 신광식, "헨리 나우웬(Henri Nouwen)의 그리스도교 관상전통의 재해석과 적용에 관한 연구", (미간행박사학위논문: 서강대학교 대학원, 2020), pp. 80-81.
36) 이혜원, "관상기도 연구", op. cit., pp. 58-59.

(2) 토마스 머튼의 관상기도 이해

토마스 머튼은 그의 초기 수도원 생활에서 주된 관심사는 '하나님과 일치'[38]의 삶이었다. 이러한 일치를 위해 머튼은 침묵과 고독, 그리고 이 세상과의 분리가 필요하다고 생각하였다.[39] 그리고 머튼은 '관상이란 깊은 평화 안에서의 하나님을 향한 개방으로써 인간의 지적이고 영적인 삶의 최고의 표현'이라고 하고 있다.[40]

---

37) 이은선, "세속화 시대의 기독교 영성-관상기도의 비판적 고찰을 중심으로", 「크리스천인사이드 2호」, 2010. 11. 8.

　　머튼은 27년에 걸친 그의 수도자 생활은 의외의 사건으로 끝났다. 1968년 그는 태국 방콕에서 개최된 종교간 수도자 대화 모임에 참석하러 갔다가 고장난 선풍기에 의해 감전사했다고 한다. 그에 나이 53세. 그러나 일부 연구자와 전기 작가는 그가 암살당했거나 혹은 자살했을 가능성을 제기하기도 한다.

　　머튼은 1966년 51세 때 척추 수술을 위해 병원에 입원했을 때 그는 25세 견습 간호사인 마지 스미스와 사랑에 빠졌다. 두 사람의 나이 차이나 마지 스미스에게 베트남전에 참전하고 있는 약혼자가 있다는 사실은 둘의 사랑을 막지 못했다. 수도회 입회 후 줄곧 일기를 써온 머튼은 둘의 사랑을 일기에 기록했으며 머튼의 일기는 1990년대에 출간됐다. 그의 일기에 나온 마지 스미스는 "나를 완전하게 만든 내 인생의 기적"이었다. 둘의 관계는 정신적이었을 뿐만 아니라 '에로틱'했다. 머튼은 수도회에 남아 있기로 결심하고 마지에게 받은 편지들을 불태웠다. 마지 스미스는 결국 약혼자와 결혼했다. 자살설을 주장하는 사람들은 사랑을 이루지 못한 '후회'를 이유로 든다.

　　김환영, "[김환영의 종교 이야기(9)] 구원의 여명 밝힌 '미 국민의 대표자' 토마스 머튼", 「월간중앙」, 2017년 1월호, 2016. 12. 17. https://jmagazine.joins.com/monthly/view/314867

38) 일반적으로 하나님과의 일치는 습관적인 일치(the habitual union), 잠재적인 일치(the subconscious union), 현행적인 일치(the actual union)로 나누기도 한다.

　　습관적인 일치는 성화의 은총으로 이루어지는 하나님과의 일치이며, 세례를 통해서 성화의 은총 지위에 있는 모든 그리스도인들이 지니는 일치이다. 이 일치의 상태는 하나님의 자녀로 새로 태어나고 창조되는 만큼 존재의 깊은 차원에서 이루어진다.

　　잠재적인 일치는 하나님과 보다 밀접하게 일치하려는 지향을 세웠을 때 그 지향을 취소하지 않는 한 계속되는 일치이다. 보통 어떤 일을 시작할 때 그 일을 봉헌하고 성화시키면서 하나님과 일치하겠다는 지향을 두면 일하는 동안 하나님의 현존에 대한 뚜렷한 의식이 없다 하더라도 그 지향의 힘으로 말미암아 잠재의식이나 하층 심리의 차원에서 하나님과 통합되는 상태를 말한다.

　　현행적인 일치는 하나님의 현존을 항상 뚜렷하게 의식하는 상태이다. 생각하고 말하고 행동하면서도 정신 깊숙한 곳에서는 늘 하나님과의 일치가 이루어진다. 이 현행적인 일치는 위에서 말한 두 가지를 다 포함하는 탁월한 일치이다. 이 일치는 다른 모든 일치가 지향하는 목표이며, 천국에서 맛보게 될 하나님과의 일치를 미리 지상에서 맛보는 것이다.

　　박기석, "관상(觀想)의 삶", (미간행석사학위논문, 광주가톨릭대학교 대학원, 2002), p. 58.

39) 김경주, "토마스 머튼의 관상 이해", (미간행석사학위논문: 가톨릭대학교 대학원, 2017), p. 9.

40) 조현필, "토마스 머튼의 영성에 대한 고찰", (미간행석사학위논문, 대구가톨릭대학교 대학원, 2020), p. 32.

1967년 미국 겟세마니 수도원에서 개최된 여성 관상 공동체들의 장상 모임에서 한 수도자가 미국 트라피스트 수도원 토마스 머튼에게 "사람들이 하느님과의 일치를 얻기 위한 최선의 방법은 무엇일까요?"라고 물었다. 이에 머튼은 "우리는 사람들에게 그들은 이미 하느님과 일치돼 있다고 반드시 말해 줘야 한다"며 "관상기도는 우리가 이미 하느님과 일치해 있다는 의식 안으로 들어가는 것"이라고 답했다고 한다.[41]

관상기도는 크게 두 가지로 구분할 수 있다. 즉, 기도하는 사람 스스로의 노력으로 혹은 하나님의 도우심으로 하나님의 사랑을 체험할 수 있는 능동적 관상기도와 스스로의 노력이 아닌 온전히 하나님의 은혜로 그분과의 친밀함에로 불림을 받은 수동적 관상기도가 그것이다.[42] 이에 머튼 또한 관상기도를 능동적 관상기도와 수동적 관상기도로 구분하여 이해한다. 엄밀히 말하자면 그는 관상에는 오직 한 가지 관상만 있을 뿐이라고 말했다. "정말은 딱 한 가지의 관상이 있을 따름이다. 그 엄밀하고 정확한 뜻에서 주부적(主賦的) 혹은 신비적 관상을 의미한다. 이는 또한 수동적 관상이라고도 일컬어진다."[43] 하지만 수동적 관상에 이르기 위해선 전(前)단계의 기도가 필요하다. 이것을 머튼은 능동적 관상기도라고 칭했다. 능동적 관상기도는 명상(meditatio)과 동일한 의미로 받아들일 수 있으며 이 단계에서는 인간의 사고와 행위, 의지의 작용이 요청된다. 능동적 관상기도의 기능은 정신을 일깨워 준비시키고, 하나님께 일치되어 그분 안에서 쉬고자 하는 열망을 일으켜 주는 것이다. 나아가 능동적인 관상은 무엇보다 하나님의 사랑으로 통하는 길을 닦아 주는 작용을 한다.[44]

반면에 수동적 관상은 영혼의 그 모든 자연적 능력들을 절대적으로 초월하며 자신의 노력만으로는 얻을 수 없는 하나님의 선물이다. 이는 단순히 주어진다는 측면만이 있는 것이 아니라 하나님 외에 다른 것들에 대한

41) 민경화, "토마스 머튼의 수행과 만남", 「가톨릭신문」, 2021. 5. 2.
42) 조현필, "토마스 머튼의 영성에 대한 고찰", op. cit., p. 33.
43) Thomas Merton, 「명상이란 무엇인가?」, 오무수 역, (서울: 가톨릭출판사, 1998), p. 29.
44) Ibid., pp. 29-30.

모든 애착을 깨끗이 비워 내는 정도에 따라 우리의 영혼에게 주어진다고 하고 있다.[45]

머튼에 의하면 관상이란 하나님께 대해 자신을 전적으로 개방하고 내어 맡기며 또한 자신을 온전히 비우는(無) 태도와 행위를 의미한다. 따라서 관상적 기도 역시 입술로나 지성 상상력으로 하는 기도가 아니라 내 존재의 근원으로부터 하는 기도, 내가 알지 못하는 하나님이 내 속으로 내려오셔서 나를 속박하고 있는 온갖 잡념들로부터 나를 자유롭게 하는 기도를 말한다. 따라서 관상기도는 나의 마음 의지, 생각, 영혼의 한 부분에서 하는 기도가 아니라 나의 전 존재로 드리는 기도, 내 존재의 중심 곧 내 영혼의 심연 속에서 드리는 기도를 말한다. 그리고 결국에는 하나님 자신이 스스로 활동하시도록 내맡기는 수동적기도이다.[46]

머튼의 기도는 이냐시오의 방법론과는 완전히 달라서 반대적인 기도로 생각할 수도 있겠으나 결국 결론에서는 두 기도 모두 수동적으로 하나님께 자신을 내어드릴 때 그 안에서 일치의 신비로 역사하시는 하나님의 체험을 경험하는 것을 기도의 궁극이라고 했다. 머튼의 주요한 점은 이제까지는 이러한 일치적 신비가 묻혀 있었고 관상기도 전통에 있는 수도원에서 간신히 명맥을 유지하는데 그쳤던 소수의 기도라고 생각했던 것에 반해 그리스도인이면 누구라도 할 수 있고 해야 하는 기도라고 말한 것이다.[47]

중세 신비신학을 현대화시켜 관상기도를 만드는 원동력이 되었던 토마스 머튼의 관상기도의 개념에 대하여 세 시기로 구분하고 있다.[48]

그는 초기에 관상기도가 수도자에게만 가능하다고 보았다. 그는 1949년에 쓴 「명상의 씨」(Seed of Contemplation)에서 관상기도는 수도원의 수도자만이 가능하며 내적 고독을 위해 외적 고독이 필요하다며 고독에

---

45) Ibid., p. 39.

46) 이혜원, "관상기도 연구", (미간행석사학위논문: 감리교신학대학교 대학원, 2005), p. 59.

47) Ibid., pp. 59-60.

48) 이은선, "세속화 시대의 기독교 영성: 관상 기도에 대한 비판적 고찰을 중심으로", op. cit., p. 84.

관해 관심을 집중하고 있다. 그는 다음 해에 쓴 「명상이란 무엇인가?」에서도 동일한 태도를 유지하고 있었다.[49]

토마스 머튼은 중기시기에 관상기도가 평신도에게도 가능하다고 주장한다. 그는 1956년에 쓴 「시편으로 바치는 기도」(Praying the Psalms)에서 시편으로 참으로 관상기도를 드릴 수 있다고 하면서, "그러면 도대체 누가 어떻게 이 시편을 진정으로 기도에 적용할 수 있는가? 평신도! 평신도에게 가능한 일이다"라고 말한다. 그는 그 후에 고독에 관한 관심은 수도원의 장소가 아니라 마음속의 고독으로 들어가 하나님을 만나는 것이라고 말한다.[50]

머튼은 1960년 이후에는 동양 사상들과의 대화를 시도한다. 그는 관상적 체험의 일치가 타종교와의 대화의 가능성을 제공한다고 보았다. 그는 장자를 5년간 연구한 후에 엮은 「장자의 길」에서 관상기도와 장자의 무위자연의 연결점을 제시하였다. 무위자연은 인위적인 것을 하지 않으면서 도의 원리를 따라 사는 것이라고 한다. 이것은 수동적인 관상이 하나님을 향하는 적극적인 활동에서 출발하는 것과 연결된다. 그는 관상기도와 선불교와의 공통점을 논하는 「동서관상」(Mystics and Zen Masters)에서 양자의 은둔과 잠심의 경험과 물질과 감각세계로부터의 이탈이란 공통점이 세상과의 분리로 끝나지 않아야 한다고 경고한다. 머튼은 이와 같이 장자의 무위자연과 선불교의 참선과의 대화를 시도한다. 이러한 것들은 무엇을 함으로써가 아니라 하지 않는 무위의 명상 세계에서 이루어지며, 이러한 측면에서 동양종교와의 대화가 가능하다고 보았다.[51]

이러한 토마스 머튼은 그의 말년에 불교와 수피즘(신비주의 이슬람)을 공부하고 "나는 수피즘으로 충만해 있다."라는 말을 하였다. 또한, 머튼은 "토마스 머튼의 서구에서의 마지막 날들의 회고"에서 "나는 불교와 기독교 사이에 모순점을 발견할 수 없다…. 나는 할 수 있는 한 좋은 불교도

---

49) Ibid., p. 84.
50) Ibid., p. 84.
51) Ibid., pp. 84-85.

가 되려고 한다."고 말하고 있다. 그리고 "아시아, 선(禪), 이슬람 등등 이 모든 것들은 나의 삶 속에 함께 진입해 온다. 이 모든 것을 배제한 채 나스스로의 수도원 생활을 영위하려는 시도는 바보짓일 것이다."라는 말을 하였다.[52]

이렇게 토마스 머튼은 유대교·이슬람·힌두교·유교·도교 등 두루 섭렵하였다. 특히 로마카톨릭과 다른 종교들의 신비주의 전통의 유사점을 파고들었다. 그는 다른 종교들, 특히 동양 종교들이 그리스도교를 보완할 수 있다고 봤다. 머튼은 불교, 불교 중에서도 선불교(禪佛敎), 선불교보다

는 참선(參禪) 자체에 관심이 많았다. 그는 참선을 통해 그리스도교인들이 예수 그리스도를 향해 나아갈 수 있다고 주장했다. 사망 전날 머튼은 "참선과 그리스도교가 미래" 라고 말한 것으로 전한다.[53]

▲ 토마스 머튼과 달라이 라마

머튼에게 있어 이러한 영성(靈性)의 배경에는 제2차 바티칸 공의회(1962~65)가 있다. 제2차 바티칸 공의회의 '비(非)그리스도교에 관한 선언'은 로마가톨릭교회가 "타 종교에서 발견되는 옳고 성스러운 것은 아무것도 배척하지 않는다"며 "그들 안에서 발견되는 정신적 혹은 윤리적 선과 사회적 내지 문화적 가치를 긍정하고 지키며 발전시키기를" 권고했기 때문이다.[54]

그러나 동양종교에 대한 머튼의 관심과 저작 등은 정통적인 성경과 로마카톨릭의 테두리를 넘어버렸다. 특히 말년으로 갈수록 그러했다. 그래서 그를 '선불교 신자'라고 평가하는 사람도 있을 정도이다. 실상 정통주의자들이 보기에는 머튼은 타종교의 '잘못된' 점까지 수용했다는 비판을 받고 있다.[55]

---

52) 정태홍, 「고신의 변질 관상기도」, op. cit., p. 221.
53) 김환영, "[김환영의 종교 이야기(9)] 구원의 여명 밝힌 '미 국민의 대표자' 토마스 머튼", op. cit.
54) Ibid.

머튼은 「마음의 기도」 15장에서 '관상기도'에 대해 비유를 들어 다음과 같이 설명하고 있다.

> 관상 기도는 어떤 면에서 사막, 비움, 가난을 단순하게 택하는 것이다. 어둡고 무미건조한 미지의 오솔길을 다른 모든 길보다 더 좋아하면서 직관적이고 자발적으로 그 길을 찾을 때, 이미 그 사람은 관상의 의미를 알기 시작한 것이다.[56]

또한, 머튼은 관상에 대해서 정의하기를 "명상이란 그분의 지혜와 깨달음의 선물을 통하여 그분에 대한 우리의 사랑을 각별한 배려로써 길러 주시고 완성시키시고자 우리 영혼 안에서 작용하시는 성신의 행업이다."라고 말한다. 즉 관상을 통하여 우리에게 지혜와 깨달음이 주어지고 그로 인해서 그분을 향한 사랑이 깊어가는 것이다. 즉 이것은 그분이 주셔야 가능하고 또한 우리의 영혼이 직접적으로 체험했을 때 가능해지는 경험이라고 한다. 또한, 머튼은 우리가 그분의 맛스러우심을 보고 맛들여야 한다고 말한다. 그렇게 할 때 우리는 하나님이 무한하신 사랑이라는 것 그분이 그분 자신을 우리에게 건네주셨다는 것, 그리고 이제부터는 사랑 그것만이 오직 문제일 따름이라는 사실에 대해서 알게 된다고 말한다.[57]

토마스 머튼은 관상이 신비체험이나 하나님의 본질에 대한 추상적인 개념이 아니라 인격이신 하나님에 대한 사랑이라고 한다. 머튼 영성의 가장 큰 특징은 하나님과의 일치이다. 관상이란 기본적으로 하나님과의 영적인 일치를 이루는 것이며, 그러므로 이 일치는 사랑이나 은총의 질서 안에서의 친교 혹은 일치를 뜻하는 것이다. 그는 우리가 하나님과 일치하려면 관상기도를 통해 우리 자신이 되어야 한다고 말한다. 사람에게는 자유의지가 주어져 있기 때문에, 하나님의 형상의 실현인 인간의 거룩성은

---

55) Ibid.

56) Thomas Merton, The climate of monastic prayer, 「마음의 기도」, 이영식 역, (서울: 바오로 출판사, 1988), p. 167.

57) 이혜원, "관상기도 연구", op. cit., p. 60.

인간성 이상의 것이다. 하나님의 형상인 우리가 자아를 실현할 때 우리 자아 속에서 하나님을 발견하게(만나게) 되는 것이다. 이러한 인간의 가능성에 의존하여 자아실현을 하려는 것이기 때문에 그의 관상기도는 정화, 조명, 일치의 상승적인 사다리를 통한 영성을 추구하게 된다. 그는 관상에서 또한 자기를 비워 무가 되는 것을 강조한다. 능동적 관상기도에서는 자기를 비우는 과정이 진행되며, 이때 하나님의 직접적인 개입으로 수동적인 관상기도로 전환된다. 이러한 자기 비움이 바로 자기 정화이며, 이러한 비움을 통해 거짓 내가 죽고 그러한 죽음을 통해 참 나의 실현인 하나님과의 합일이 이루어진다. 그러나 이러한 자기 비움의 무가 세상과 단절되는 정적주의가 아니라고 머튼은 강조한다. 오히려 세상을 더 사랑하기 위한 자기 비움이다.[58]

따라서 관상이 주는 의미는 하나님께 대해 자신을 전적으로 개방하고, 내어 맡기며, 또한 자신을 온전히 비우는 태도와 행위를 의미라 할 수 있다. 따라서 관상적 기도 역시 입술로나 지성, 상상력으로 하는 기도가 아니라, 내 존재의 근원으로부터 하는 기도, 내가 알지 못하는 하나님이 내 속으로 내려오셔서 나를 속박하고 있는 온갖 잡념들로부터 나를 자유롭게 하는 기도를 할 수 있다. 따라서 관상기도는 나의 마음, 의지, 생각, 영혼의 한 부분에서 하는 기도가 아니라 나의 전 존재로 드리는 기도, 내 존재의 중심 곧 내 영혼의 심연 속에서 드리는 기도라고 한다.[59]

토마스 머튼은 관상이란 "눈부신 어두움 속에서 하나님을 체험하는 것"이라고 말하며, "진정한 묵상으로 일어나는 일은 창조된 인간의 내적 실체와 하나님의 무한한 실체가 접촉하는 것입니다."라고 하였다.[60] 즉, 머튼은 관상을 "진정한 묵상으로 일어나는 일은 창조된 인간의 내적 실체와 하나님의 무한한 실체가 접촉하는 것"이며, "눈부신 어두움 속에서 하나

58) 이은선, "세속화 시대의 기독교 영성: 관상 기도에 대한 비판적 고찰을 중심으로", op. cit., p. 85.
59) 이영민, "토마스 머튼의 관상적 영성과 융의 집단무의식 비교", (미간행석사학위논문: 서울신학대학교 상담대학원, 2007), p. 19.
60) 라영환, "개혁신학적 입장에서 바라본 관상기도", op. cit., p. 24에서 재인용.

님을 체험하는 것"이다. "우리 안에 있는 생명과 존재가 보이지 않는 초
월적이며 무한히 풍요로운 '원천'의 실체를 인식하는 것이다."라고 하고
있다. 또한, "관상은 하나님을 계신 그대로 아는 것과 동시에 순수한 관상
에 의해 우리의 마음과 뜻이 하나님과 합일되는 것이기 때문에 관상에의
길은 우리의 마음과 뜻과 온 영혼을 발전시켜 완성시키는 것이다"라고 하
고 있다.[61]

　관상을 통한 신과의 일치라는 머튼의 주장은 플라톤의 사상에 영향을
받은 것이다. 플라톤은 인간의 영혼이 신과 동족성을 가지고 있어서, 본성
적으로 감각적인 세계를 떠나 신에게로 회귀하려는 성향을 가지고 있다고
보았다. 그에게 관상이란 인간의 영혼이 신에게로 회귀하는 방법이었다.
그런데 관상기도와 관련한 머튼이 사용하는 용어나 개념들을 살펴보면 철
저하게 플라톤적이라는 사실을 발견하게 된다.[62]

　머튼은 "관상이란 우리 안에 있는 생명과 존재가 보이지 않는 초월적
이며 무한히 풍요로운 '원천'의 실체를 인식하는 것이다."라고 주장한다.
이러한 머튼의 주장은 인간의 영혼이 하나님과 동족관계에 있다는 플라톤
주의의 주장을 기독교적으로 적용한 것뿐이다. 머튼의 주장대로라면 인간
이 하나님과 동일본질이라는 것인데, 이것은 정통 기독교 신앙과 대치되
는 것이다. 이러한 머튼의 견해는 결국 무로부터의 창조를 부인하게 되는
결과를 가져오게 된다고 라영환은 지적하고 있다.[63]

　머튼은 플라톤주의의 전통을 따라 인간이 묵상을 통해서 하나님과 존
재론적인 일치를 경험한다고 주장한다. 머튼은 다음과 같이 말한다.

　　우리 내면의 '나'는 하나님의 완벽한 형상이므로 그 '나'가 깨어나면 자기 안
　에서 임재를 발견합니다. 그리고 인간의 모든 표현을 초월하는 역설로, 하나님
　과 영혼은 단일한 '나'처럼 보입니다. 둘은 하나님의 은혜로 단일한 인격체처럼

61) 정태홍, 「고신의 변질 관상기도」, op. cit., pp. 162-163에서 재인용.
62) 라영환, "개혁신학적 입장에서 바라본 관상기도", op. cit., pp. 24-25.
63) Ibid., p. 25.

됩니다. 둘은 하나처럼 호흡하고, 살고 행동합니다. '둘' 가운데 '어느' 쪽도 객체가 아닙니다.[64]

'감각의 어두운 밤'이라고 하는 이것은 신비적 묵상으로 넘어가는 평범한 문턱이라고 할 수 있습니다. 다음 더 깊고 무서운 밤, '영의 어두운 밤'이 있습니다. 거기서 우리는 하나님과의 온전한 연합을 이룰 수 있습니다… 이 두 밤은 두 영적 죽음을 의미합니다. 전자에서는 겉사람이 죽고 다시 살아나 속사람이 됩니다. 후자에서는 속사람이 죽고 다시 살아나 하나님과 연합하는데, 이는 둘이 하나되어 형이상학적 구분 외에는 둘을 전혀 구분할 수 없을 만큼 완전한 연합을 뜻합니다.[65]

머튼은 관상을 통해서 인간의 영혼(혹은 내적 자아)이 하나님과 연합하여 단일한 인격체와 같이 되어, 형이상학적 구분 외에는 둘을 구분할 수 없을 만큼 완전한 연합을 이룬다고 하였다.[66]

정말 우리가 머튼이 말하는 바와 같이 하나님과 존재론적인 일치를 경험할 수 있을까? 하나님과 연합을 통해 존재론적 결합을 이야기한 머튼과 달리 칼빈(John Calvin, 1509~1564)은 그리스도와의 연합을 통해 신자들이 신적인 본성을 갖는 것이 아니며, 여전히 죄 가운데 있다고 본다. 그리고 성경은 우리가 하나님과 존재론적인 결합을 한다고 말하지 않는다.[67]

이에 머튼은 어떻게 하면 육신이라는 감옥에 갇힌 영혼이 자신의 근원인 하나님과 일치할 수 있을까? 라는 질문에 대하여 플로티누스의 영혼의 상승운동을 통해 대답한다.[68]

머튼은 묵상의 방법에 대해서 다음과 같이 말하고 있다.

여기서 우리가 말하는 '인식'이란 현존하되 거의 자의식이 없는 인식입니다. 이는 일종의 부정적 인식이요 '무지'를 말합니다. 유사-디오니시오의 고전적 표

64) Ibid., p. 25에서 재인용.
65) Ibid., pp. 25-26에서 재인용.
66) Ibid., p. 26.
67) Ibid., p. 26.
68) Ibid., p. 26.

현에 따르자면 인간은 하나님을 '모름'으로 하나님을 안다는 것입니다. 개념을 초월한 어둠 속에서 아무 말 없이 그분께 다가갑니다. 그리고 묵상할 줄 아는 것을 잊음으로써 묵상합니다.[69]

이러한 머튼의 생각은 플로티누스의 부정의 방식에 더 가깝다고 라영환은 보고 있다. 이러한 플로티누스의 부정의 방식을 통한 인식이라는 생각은 그레고리우스를 지나 위-디오니시우스에 의해서 더욱 발전되는데, 이것이 머튼에게 전수가 된다. 머튼에 의하면 인간은 '무지의 어두움 속'에서 하나님을 만날 수 있다는 것이다. 그런데 머튼이 말하는 무지의 어두움이란 '인간의 사고와 갈망이 끝나는 곳'을 말한다. 이러한 어두움 속에서 하나님과의 접촉이 이루어진다는 머튼의 주장은 인간의 모든 인식이 멈춘 그곳, 인식을 통해서 아무것도 알 수 없다는 것을 깨닫는 순간에 실재를 경험하게 된다는 플로티누스의 사상을 근거로 한 것이다.[70]

(3) 토마스 머튼의 기도에 삼 단계

토마스 머튼은 기도의 단계를 3단계로 구분한다. 지적 회상기도(reflexive prayer), 하나님의 직접 개입(God's direct intervention)이라는 체험을 기점으로 인간의 능동적 기도(active prayer)를 명상적 기도(meditative prayer 또는 meditation)[71]라고 하며, 수동적 기도(passive prayer)를 관상적 기도(contemplative prayer 또는 contemplation)로 구분한다.[72] 즉 기도의 과정은 지적 회상기도를 출발점으로 하여, 명상적 기도

---

69) Ibid., p. 26에서 재인용.
70) Ibid., p. 27.
71) 명상 기도는 능동적 기도(active prayer), 정신 기도(mental prayer), 능동적 관상(active contemplation), 마음의 기도(prayer of the heart), 명상(meditation), 명상 기도(meditative prayer) 등으로 쓰인다. 머튼의 초기 작품에는 구분하였지만 후기의 저술에는 거의 구별하지 않고 있다고 한다.
   權五尙, "토마스 머튼의 영성 신학에 대한 연구", (미간행석사학위논문, 한남대학교 학제신학 대학원, 2006), p. 66. 주 100에서 참조.
72) 權五尙, "토마스 머튼의 영성 신학에 대한 연구", (미간행석사학위논문, 한남대학교 학제신학

가 하나님의 직접적인 개입의 사건을 계기로 관상기도를 행하게 되고, 신비적인 합일(mystical union)에 이르는 과정이다.[73]

①첫째 단계, 지적 회상기도(reflexive prayer)이다.

지적 회상기도(reflexive prayer)는 의식의 표피층 상태에서 경험적 자아가 기도의 대상인 하나님께 인간의 주객 관계의 대화처럼 대화하는 단계이다. 기도는 의식의 표피에서 이루어지며 중언부언하는 기도이거나 자기 자신의 자기 암시적 반성기도이다. 초보단계의 묵상기도로 성령이 말할 수 없는 탄식으로 내 영혼을 통해 기도한다기보다는 '내'가 주체가 되어 말을 거는 기도의 첫 단계이다. 그러면서 한 걸음 더 심화된 기도를 해야 한다고 강조한다.[74]

②둘째 단계, 명상적 기도(meditative prayer 또는 meditation)이다.

명상적 기도(meditative prayer)는 적극적인 자세로 간절히 간구하는 능동적인 기도요, 하나님의 뜻을 끌어당기는 기도로써 열성적인 기도이다.[75] 이는 인간의 심령 깊은 속에서 사물의 깊이로 한 발 더 들어가 자기 심령의 깊은 곳에서 하나님을 직관, 직중, 직접 체험하는 자세이다. 이 기도는 적극적 자세로 간절히 간구하는 성도의 기도요, 성경에서도 주님이 가르쳐 주신 기도이다. 그러나 아직도 자아가 철저히 겸손히 비워지고 죽어져서 하나님의 뜻과 성령의 은혜가 주관하시도록 되어 있지 않은 상태의 기도이다. 적극적 의지가 살아있어 하나님의 뜻을 끌어당기는 기도로서 적극적 자세요, 열성적인 기도이다. 명상기도는 머튼의 능동적 기도를 나타내는 말이다.[76]

대학원, 2006), p. 66.
73) 박종원, "센터링 침묵기도를 통한 심리치유의 목회적 적용에 관한 연구", (미간행석사학위논문: 감리교신학대학교 대학원, 2008), p. 19.
74) 이영민, "토마스 머튼의 관상적 영성과 융의 집단무의식 비교", (미간행석사학위논문: 서울신학대학교 상담대학원, 2007), p. 17.
75) 박종원, "센터링 침묵기도를 통한 심리치유의 목회적 적용에 관한 연구", op. cit., p. 19.
76) 權五尙, "토마스 머튼의 영성 신학에 대한 연구", (미간행석사학위논문, 한남대학교 학제신학

머튼에게 있어서 명상기도는 회복의 이중 운동에 있어서 외적인 것으로 나의 중심을 향하는 과정에 있는 기도이다. 명상기도는 "논리적으로 생각하고 자신의 상상력을 구가하며, 의지 속에 자리 잡고 있는 정서를 불러일으킨다. 하나님을 단순한 마음으로 바라보기 위하여 신학과 철학과 예술, 음악의 모든 자료를 다 활용하고 있다. 내적인 삶에 관한 모든 전통적인 방법과 실천들은 하나님을 단순히 바라봄으로써 우리가 그분을 알고 그분을 사랑할 수 있도록 돕는다." 머튼은 명상기도에 있어서 우리의 노력이 필수적임을 규정하고 있다. 그리고 이 능동적인 노력은 자발적이며 동시에 의식적인 것이다. 바로 이 능동적인 노력 때문에 머튼은 명상기도를 능동적인 기도라고 부른다. 즉 명상은 우리가 거룩한 영적 교섭을 중심으로 준비하는 우리의 능동적인 노력이다. 이것에는 우리의 사고와 행위, 그리고 의지작용이 요청된다. 그렇다고 객관적이고 사변적인 지식을 얻기 위한 노력이 아니라 정신을 일깨워 준비시키고 하나님께 마음을 들어 올리도록 하는 것이고, 하나님을 좀 더 알고자 하고, 그분 안에 쉬고자 하는 열망을 일으키는 것이다.[77]

머튼에 의하면 명상의 기능은 하나님께 마음을 드리도록 하는 것이며 그분 안에 쉬고자 하는 열망을 일깨워 준다. 영혼의 영적인 삶의 기쁨으로 이끌며 육적 만족이나 자연적인 지식에서 오는 만족을 끊어 버리고 하느님께 나아가게 한다. 따라서 혼돈과 슬픔을 주는 피조물과 세속적인 관심사로부터 자신을 자유롭게 하는 방법을 가르치는 것이고 하나님으로부터 절실한 도움을 받을 수 있도록 하나님과의 의식적이고 사랑스러운 접촉에 들어가는 것이라고 하고 있다.[78]

머튼은 명상기도의 두 목적에 관해 이야기하고 있다. 첫째는 우리가 외적인 사물로부터 자신을 돌아보는 것이고, 둘째는 자신의 존재 속에서 하

　　대학원, 2006), p. 67.
　77) Ibid., pp. 67-68.
　78) 허진, "불교의 선(禪)과 기독교 관상(觀想)의 비교연구", (미간행석사학위논문: 성공회대학교 신학대학원, 2001), p. 19.

나님과의 만남을 시작하는 것이다. 즉 하나님이 항상 존재해 계시는 존재의 터전으로 들어가기 위하여 우리는 의지와 지성의 능동적인 노력에 의하여 우리의 흐트러진 마음을 가다듬어야 한다고 한다.[79]

머튼에 명상기도의 특성을 요약하면 다음과 같다.[80]

첫째 명상기도는 능동적인 기도로서의 명상은 하나님 안에서 우리의 정체성을 찾으려는 자세이다. 외적인 사물로부터의 관심을 자신의 내면으로 집중하는 기도가 명상기도이다. 그것은 하나님의 진리 안에서 우리 자신을 발견하고 생명과 신앙의 진실에 대해 직접적, 실존적인 파악과 개인적인 체험을 추구하는 것이다. 우리 존재 내부에 하나님의 앎과 사랑이 들어오고 있음을 깨닫는 것이다. 하나님에 대한 우리의 인식은 역설적으로 하나님이 우리의 중심에 계심으로 우리는 우리 자신을 통해 하나님을 인식한다.

둘째 명상기도는 사랑으로 통하는 길을 닦아준다. 그것은 순명과 겸손을 가르쳐 준다. 명상으로 하나님께 끌려간 영혼은 곧 복종의 가치를 알아볼 것이다. 다시 말하면 날이면 날마다 자기의 이기심과 교만, 무능으로 인해 당해야 하는 난관과 번민은 남의 인도와 조언과 지도를 받고자 하는 갈망을 불러일으킬 것이다. 머튼에 따르면 명상기도의 목표는 '순수한 마음'(purity of heart)이다. 이것은 "하나님께 대한 무조건적이고 완전히 겸손한 항복, 하나님이 의도하신 대로 우리 자신과 처지에 대한 전적인 수용"을 말한다. 바로 새로운 영적 정체성, 즉 하나님께서 원하시는 실재에 부합하는 "자기"와 상호 관계가 있다.

셋째로 명상기도에는 우리의 노력이 능동적이며 의식적이라는 특성을 갖는다. 그것은 아직 기도하는 원천이 '나'이기 때문이다. 따라서 이 단계에서는 감각이나 지각 등을 통해 느끼고 생각하며, 이해하는 일들이 통용되고, 상징과 의식, 지적인 이해 등도 중요하다. 그리고 자기 자신을 비우고 정화하는 노력도 필요하다. 그러므로 명상기도는 하나님의 현존과 사

79) 權五尙, "토마스 머튼의 영성 신학에 대한 연구", op. cit., p. 68.
80) Ibid., pp. 69-70.

랑을 향한 우리들 전 존재의 의도적 개방이며, 우리 영혼의 거룩한 중심으로 뚫고 들어감이다. 그리고 기도와 병행되는 자기정화(自己淨化)의 노력도 이 단계에서는 애써 악을 멀리하고 애써 선(善)을 닦는 능동적이고 의식적인 노력이 중심을 이룬다.

머튼에 의하면 명상기도에서 관상기도로 전환시키는 하나님의 직접 개입(God's direct intervention)은 모든 사람에게 일률적인 형태로 나타나지 않고 다음과 같이 세 가지 양태로 나타난다고 보았다.[81]

첫째, 그것은 깨달음의 선물이라는 분명한 체험으로 비교적 드물게 나타난다. 이것을 선물이라고 하는 이유는 주는 자와 받는 자가 분명 구분되어 있음을 의미한다. 그러나 머튼이 여기서 하나님의 직접 개입을 '선물'이라고 말하는 것은 우리의 잃어버린 본래의 것을 말하려고 한다. 이때 우리는 온갖 이미지가 사라지고 개념과 말이 침묵을 지켜 영혼이 텅 비워진 우리 안으로 자유와 맑음의 문이 열리고, 놀라움과 깊이와 밝음, 그리고 하나님의 공(空, emptiness)과 헤아릴 수 없는 유현하심을 깨닫게 된다.

둘째, 그것은 메마름의 광야를 거치는 것으로서 명상기도에 이르는 가장 일반적인 길이다. 이때 우리는 아무것도 보지 못하고, 느끼지 못하고, 이해하지 못하지만 어떤 내적인 고통과 근심만은 의식하고 있다. 관상기도가 발전함에 따라 이런 무미건조한 고요함 속에서 쉬는 법을 배운다. 이런 체험의 복판에 현존하는 어떤 위로하는 강한 힘이 생긴다. 그리하여 본능과 본능의 모든 기능에는 고통인 빛 안에서 하나님은 당신을 드러내 주신다는 것을 차차 알게 된다. 그러나 하나님의 빛은 우리의 이기심과 어두움과 불완전과 싸우고 있기 때문에 그 깨달음은 고통스러운 것이다.

셋째, 맛과 휴식과 향유가 가득한 고요함이 있다. 이 고요함은 우리 영혼 속에 보내진 그리스도의 사명과 관계있으며, 그리스도가 우리와 더불어 계신다는 표지이다. 이런 평정은 대부분 성만찬에서 얻어진다고 한다.

---

81) Thomas Merton, Seeds of contemplation, 「명상의 씨」, 조철웅 역, (서울: 가톨릭출판사, 1961), pp. 236-237.

③세 번째 단계, 관상적 기도(contemplative prayer)이다.

세 번째 단계의 관상기도는 가장 깊은 단계의 기도로써 이 기도는 인간의 심령 깊은 곳에서, 완전히 자기를 비우고 정화하여 하나님에 은총의 현존과 성령의 뜻과 그리스도의 의지에 완전 의탁, 일치하는 기다림의 자세이다. 이 기도는 소극적인 듯하면서도 적극적인 기도라고 한다. 예수님께서 겟세마네 동산에서 자신의 뜻대로 마시고 하나님의 뜻대로 이루시기를 바랐던 기도가 바로 관상의 기도라고 한다. 또한, 사도 바울이 갈라디아 교회에 보낸 서신 가운데 "이제는 내가 사는 것이 아니라 그리스도가 내 안에서 사시는 것입니다."라는 고백 또한 관상의 단계에서 이루어진 것이라고 하고 있다.[82]

그런데 명상적 기도가 나의 의지로 이끌러 주도하는 기도라고 한다면, 관상적 기도는 그 이끄는 주체가 내가 아니라 하나님이 되는 것이다. 그러기에 관상적 기도는 나의 의지를 버리고 수동적으로 하나님의 '이끄심'을 하나님의 은총 속에서 바랄 뿐이다. 그러기에 관상적 기도는 비우는 것(being empty)이요, 수동적(being passive)인 것이다. 관상적 기도를 수동적 기도라고 하는 이유는 여기에 있다.[83]

명상적 기도가 성숙되면 말이나 생각, 개념들에 대한 것들이 무의미해지며, 하나님에 대한 우리가 알고 있는 지식들이 '무지의 구름'(cloud unknowing) 속에 숨는 단계가 온다고 한다. 이러한 황량함과 당혹감의 고통은 '어둔 밤'으로 표현이 되는데 이 단계가 오게 되면 관상의 단계, 더이상 자신의 노력으로 할 수 없는 단계로 들어서게 된 것이다. 이러한 하나님의 개입은 순수한 믿음의 어둠 속에서 우리가 알지 못하는 사이에 이루어지는 것이다. 따라서 관상적 기도를 통하여 하나님을 우리 자신과 분리된 대상으로서가 아니라, 우리 자신의 실재 안에 있는 존재로서 이해

---

82) 고창주, "Thomas Merton의 觀想祈禱와 社會的 行動", (미간행석사학위논문: 장로회신학대학교 대학원, 2005), p. 63.
83) 박종원, "센터링 침묵기도를 통한 심리치유의 목회적 적용에 관한 연구", op. cit., pp. 20-21.

하게 되는 것이다. 그러므로 관상의 체험은 우리 안에 하나님을 대상으로서가 아니라, 우리 자신의 주체성의 초월적 원천으로서 하나님의 생명과 현존에 대한 분명한 경험이라고 한다.[84]

이러한 관상기도는 기도 속에서 인간의 모든 노력들을 침묵시키고 단순히 하나님을 그 자신 안에 깊이 받아 숨 쉬는 기도이다. 그러기에 관상기도는 기도를 하는 인간 행위의 노력으로 주어지는 것이 아니라 그것은 오로지 하나님의 은총 선물이라고 한다. 관상이란 것이 그분의 지혜와 깨달음의 선물을 통하여 그분에 대한 우리의 사랑을 각별한 배려로써 길러주시고 완성시키시고자 우리 영혼 안에서 작용하시는 성신의 행업이라고 한다. 이러한 선물로 주어지는 관상은 주부적 관상 혹은 주입적(infused) 관상이다. 수동적 관상이라고도 말하는 주부적 관상은 완전히 인간의 의지가 배제된 것으로 관상의 성격을 규정짓는데 가장 적절한 단어라 할 수 있다. 이러한 관상기도는 하나님이 그 안에서 무엇이든지 할 수 있는 하나의 세계이다. 이 세계 안에서 우리는 하나님을 체험적으로 인식하며 그 존재의 깊이에서 하나님과 일치의 경험, 즉 변형 일치에의 결혼이 이루어지게 된다고 한다.[85]

머튼은 명상기도가 나의 의지가 이끌어 주도하는 기도라고 한다면 관상기도는 이끄시는 주체가 인간이 아니라 하나님이 되는 것이다. 그러기에 관상기도에서는 바랄 뿐이다. 그러기에 관상기도를 수동적인 기도(passive prayer)라고 한다.[86]

또한, 머튼은 이 관상의 기도를 "주님을 기다리는 일"이라고 말하고 있다. 이는 그가 기도를 그분을 증거하려는 태도를 넘어서 하나님께 자신을 완전히 내어 맡기고 그분께 복종하는 것으로 생각하고 있음을 보여주는 말이다. 다시 말해 그가 말하는 기도란 관상기도를 일컫는 것이며 이 기

---

84) Ibid., p. 21.
85) 고창주, "Thomas Merton의 觀想祈禱와 社會的 行動", (미간행석사학위논문: 장로회신학대학교 대학원, 2005), pp. 63-64.
86) Ibid., p. 64.

도는 근본적으로 공허를 지향하는 기도이다. 이 공허는 자기 비움을 통한 자기 정화로 인간은 근본적으로 공허의 심연 속으로 잠심하여 하나님께서 그에게 하시는 말씀을 기다려야만 한다. 이때 하나님께서는 그에게 말씀하시고, 그 안에 새로운 존재 - 하나님과 같이 전적으로 자유로운 존재 - 를 창조하신다. 즉 관상기도란 적극적 수동성을 지닌 기도이며, 인간의 삶이 함축되어 있는 기도이다. 이 관상기도는 '내 뜻대로 마옵시고 하나님의 뜻대로만 이루어지이다.'라고 진정으로 기도하는 단계이다. 그곳에서 하나님의 뜻과 인간의 뜻이 하나가 되는 것이다. 명상기도가 자신의 능동적인 의지 행위로의 기도라고 한다면 관상기도는 머튼이 말한바 '자신의 의지적 노력이 배제되고 자신을 비움으로써 매 순간마다 하나님을 바라보고 체험하는 기도'이다. 그러기에 관상기도는 행위자의 노력으로 주어지는 것이 아니라 오로지 하나님의 직접적인 개입으로 이루어지는 거룩한 은총의 선물이다.[87]

여기서 머튼이 하나님의 직접적인 개입을 '선물'이라고 말한 것은 하나님과 나와의 관계를 구분지어서 관상의 수동적 성격을 드러내려는 의도만이 아니라 우리의 잃어버린 본래의 참모습을 말하려는 것이다. 이것은 하나님의 모상대로 지음 받은 태초의 인간을 말하는데, 인간은 죄인이기에 앞서 하나님 같은 성품을 가진 하나님의 형상이라는 것이다. 하나님의 형상으로서의 인간의 참모습을 머튼은 진아(true self) 혹은 속자아(inner self), 가장 깊은 나(inmost self)와 같은 이름으로 언급하고 있으며, 바로 그 존재의 원천에서 우리는 하나님과 분리할 수 없는 하나로 있다고 말한다. 따라서 관상기도는 하나님을 분리된 대상으로서가 아니라 우리 자신의 실재 안에 있는 실재(Reality)로서, 우리 존재 안에 있는 존재(Being)로서 우리 생명의 생명으로서 이해한다. 그러므로 관상의 체험은 우리 안에서 하나님을 대상으로서가 아니라 우리 자신의 주체성의 초월적 원천으로서 하나님의 생명과 현존에 대한 분명한 체험이라고 하고 있다.[88]

---

87) Ibid., pp. 64-65.
88) Ibid., pp. 65-66.

(4) 토마스 머튼의 관상 방법

머튼에 의하면, 관상에 도달하려는 방법으로서 세속적 욕망에서 벗어나 참 자아를 발견해야 한다고 한다. 우리는 세상적 욕망과 이기심의 결과로 참 자아를 볼 수 있는 눈을 잃어버렸고, 참자는 하나님을 발견할 때 얻어진다. 관상가는 침묵과 고독을 통해 참 자아를 보다 명확히 바라보게 된다. 그리고 그는 자신의 일과 명예에 대한 집착에서 벗어나게 해주는 겸손이 바로 관상의 길임을 밝히고 있다. 그리고 끝으로 머튼은 순명이 수도자의 영혼을 관상에 들도록 준비시켜 주는 은총이라고 하였다. 그 이유에 대해 관상이 성령께 순명함으로써 얻어지는 것이기 때문이라는 것이다.[89]

①세속적 욕망에서 벗어나 참 자아의 발견

머튼에 의하면 관상은 사람이 세상에 속해 있는 정도에 따라서 그에게서 거부될 것이라고 생각하였다. '세상'이라는 표현은 이 세상의 사(事)와 물(物)들을 사랑하는 사람들을 의미하며, 그들은 하나님의 사랑이신 성령을 받아들일 수가 없다는 것이다. 그는 "서로 모순된 두 개체는 동일한 주제에 대하여 동시에 양립할 수 없다."는 십자가의 요한의 말을 빌려 이 이치를 설명한다.[90]

머튼에게 있어 모든 죄는 이기적인 열망의 거짓된 자아가 실재의 중심이라고 생각하는 데서 시작한다고 말한다. 이러한 환상을 깨뜨리는 작업이 세속적 욕망에서 벗어나는 것이다. 세속적인 욕망에서 벗어난 사람은 그 안에 내적인 고독과 평화를 느낀다. 그리고 하나님께서는 내적 고독과 평화 안에 현존하시며 그에게 말씀하신다. 이런 이유로 세속적인 일에 몰두하는 사람에게 또는 세속적 욕망에 사로잡힌 이들은 이미 내적으로 하

89) 김경주, "토마스 머튼의 관상 이해", (미간행석사학위논문: 가톨릭대학교 대학원, 2017), p. 92.
90) Ibid., pp. 83-84.

나님을 바라보지 않는 상태에 있다고 할 수 있다. 관상은 하나님으로부터 오는 선물이기에 내적 상태가 하나님을 거부하는 상황이라면 관상의 시작부터 불가능하게 되는 것이다.[91]

머튼은 세상적 욕망에서 벗어남의 대상이 내적이고 영적인 것도 포함한다는 것을 강조한다. 관상의 열매인 내적 평화와 영적 기쁨도 만약 그 자체가 관상의 목적이 된다면 장애물이 되는 것이다. 관상에서 오는 영적 보상은 단지 하나님의 선물이기 때문이다. 선물에만 목적을 둔다면 관상의 참된 목적인 하나님을 놓치게 될 것이다. 그러므로 세상적 욕망뿐만 아니라 영적으로 주어진 좋은 감성에도 애착하지 말아야 한다. 머튼은 이에 대해 "편안한 느낌, 영신적 위로에 희망을 두지 마십시오. 그런 것은 없어도 됩니다."라고 단호하게 이야기한다.[92]

머튼에 의하면 "모든 존재의 본질과 우리 영혼의 심연에 기꺼이 거처하시는 생명과 사랑으로 일치"하기 위해서 거짓된 우리 자아의 감옥으로부터 탈출해야 한다고 하고 있다.[93] 우리는 세상적 욕망과 이기심의 결과로 참 자아를 볼 수 있는 눈을 잃어버렸다. 이는 마치 백내장에 걸린 환자같이 뿌연 세상을 바라보고 있는 것이다. 그런데도 우리는 마치 우리가 제대로 보고, 듣고 있는 것처럼 살아간다. 그러므로 우리는 일단 이러한 거짓된 자아를 떨쳐버리고 참 자아를 발견해야 한다. 하지만 이러한 참자는 하나님을 발견할 때 얻어지며, 하나님 안에서 진정한 자기 자신을 되찾는 것이며, 하나님의 눈으로 자신뿐만 아니라 세상을 바라보는 것이다. 이에 머튼은 "내가 나 자신이 될 수 있는 유일한 길은 나의 존재 이유와 완성이 숨어 있는 그분과 하나가 되는 것"이라고 하고 있다.[94]

②침묵과 고독

91) Ibid., p. 84.
92) Ibid., p. 84.
93) Thomas Merton, New Seeds of Contemplation, 「새 명상의 씨」, 오지영 역, (서울: 가톨릭 출판사, 2002), p. 39.
94) Ibid., p. 48.

관상가는 관상에 도달하기 위해서 세속적 욕망에서 벗어나 참 자아를 발견하는 첫 단계를 지나 두 번째 단계인 '침묵과 고독'의 세계를 만나게 된다. 여기서 관상가는 침묵과 고독을 통해 참 자아를 보다 명확히 바라보게 된다. 침묵과 고독의 세계는 "영적 여정에서 사치품이 아닌 필수품"이라고 머튼은 말한다.[95]

머튼에 의하면 물리적으로 혼자 있는 것, 외적 침묵 그리고 진정한 반성(反省)이 관상 생활을 하는 누구에게나 필요한 것이라고 말한다. 하지만 이 침묵과 고독 역시도 목적을 위한 수단임을 강조한다. 모든 것을 포괄하는 단 하나의 목적은 하나님께 대한 사랑이다.[96]

머튼의 고독 이해에서 고독(孤獨, solitude)은 단순히 사람들과 함께 있는 것이거나, 또는 소음으로 가득 찬 세상이 싫어서 이로부터 도피하는 것이 아니라고 한다.[97]

> 진정한 고독은 사람의 밖에 있는 것이 아닙니다. 주변에 사람이나 잡음이 없는 것이 아닙니다. 고독은 영혼의 한가운데에 열려 있는 심연입니다. … 고독을 찾는 유일한 방법은 배고픔, 갈등, 슬픔, 가난 그리고 열망으로써입니다. 고독을 찾은 사람은 마치 죽음으로 비워진 것처럼 비워집니다.[98]

머튼의 이러한 고독 이해는 그의 삶에서 발견된 것이었다. 머튼은 수도회에 입회할 당시 자신이 이 세상과는 완전히 이별했음을 느꼈고, 자신의 온 삶을 하나님과 일치를 위해 헌신하고자 하였다. 하지만 이러한 그의 열망과는 달리, 머튼은 바쁘고 소란스러운 환경에 놓인 자신을 발견하였다. 수도원장은 더 많은 글을 쓰도록 요구했고, 바깥 노동에 많은 시간을 할애해야 했으며, 수도원의 여러 분야에서 많은 일이 주어졌다. 이러한 삶을 돌아보며 자신이 진정 관상 생활로 부르심을 받았는지에 대해 질문하

95) 김경주, "토마스 머튼의 관상 이해", op. cit., p. 85.
96) Thomas Merton, New Seeds of Contemplation, 「새 명상의 씨」, op. cit., p. 91.
97) 김경주, "토마스 머튼의 관상 이해", op. cit., p. 85.
98) Thomas Merton, New Seeds of Contemplation, 「새 명상의 씨」, op. cit., pp. 91-92.

게 되었다고 한다. 이제 고뇌 끝에 진정한 고독은 단순한 일상에서 추구하고 발견할 수 있음을 깨달았다. 그러므로 하나님을 만나기 위한 사막이 반드시 외부적인 지형이 아니라 마음의 가난과 고독이 중요함을 깨닫게 된 것이다.[99]

머튼은 고독이 어느 곳에나 있다는 것을 인정하면서도 실체적이고 구체적인 장소에 대해서 말한다.

> 거기에는 적어도 공간, 아무도 당신을 찾지 못하고 방해하지도 못하며 당신을 알아차리지 못할 어떤 구석이 있어야 합니다. 세상을 끊어 버릴 수 있어서 자기를 자유롭게 하고, 보고 듣고 생각함으로 다른 사람들의 존재에 당신을 묶는 모든 굵고 가는 끈을 풀 수 있어야 합니다.[100]

머튼에 의하면 관상가는 이런 고독을 통해, 고독 속에서 사물의 모습을 있는 그대로, 직접적으로 보게 된다고 한다. 그리고 더불어 모든 사람들을 사랑하는 연민을 자신 안에서 발견하게 된다. 고독 속에서 만이 사람은 뿌리에 존재한다. 혼자 있는 사람과 자신의 고독이 무엇을 의미하는지 알고 있는 사람은 자신이 삶의 바탕에 있다는 것을 깨닫게 된다. 그는 '사랑 속에' 있다. 그는 '모든 것'과 '모든 사람'과 사랑의 관계에 있는 것이다. 그리고 고독한 생활은 침묵의 생활이라는 것이다.[101]

그런데 침묵은 단순히 말을 하지 않는 것도 아니며, 다른 사람을 거부하여 자신 안으로 집중하는 것도 아니라고 한다. 진정한 침묵은 자기 자신의 마음을 비움이다. 즉 자신을 내세우거나, 다른 사람들로부터 환심을 사거나 만족을 얻고, 또 어떤 사람이 되고자 하는 욕망도 없이 완전히 빈 마음이라고 한다.[102]

또한, 머튼은 "오직 침묵만이 하느님을 찾을 수 있도록 우리의 마음을

---

99) 김경주, "토마스 머튼의 관상 이해", op. cit., p. 86.
100) Thomas Merton, New Seeds of Contemplation, 「새 명상의 씨」, op. cit., p. 92.
101) 김경주, "토마스 머튼의 관상 이해", op. cit., p. 87.
102) Ibid., p. 87.

열어주며, 이러한 깊은 내적 기쁨은 침묵 속에서 고통을 겪음으로써만 얻을 수 있는 것"임을 강조한다.[103]

머튼에 의하면 내적 자아는 침묵 속에 나타난다. 침묵 속에서 관상가는 끈질기게 무시해 왔던 우리 존재의 심층과 우리 자신의 실체에 진실하지 못한 표층 사이의 간격을 직시하며 인정할 수 있게 된다. 그러므로 침묵을 통해 내면으로 마음을 열고 이 심층을 들여다보기 거절한다면, 이것은 우리 안에 현존하시는 보이지 않는 하나님과 만나기를 거절하는 것이라고 한다.[104]

③겸손

머튼은 자신의 일과 명예에 대한 집착으로부터 벗어나게 해주는 겸손이 바로 관상의 길임을 밝히고 있다. 이 겸손은 마음의 가난, 솔직함 그리고 단순함이다. 자신을 남보다 낮추는 사람의 마음 자세이다. 이러한 겸손은 더 이상 자신과 남을 비교하지 않게 하며, 다른 사람들과 경쟁할 모든 욕망에서 자유롭게 한다. 겸손한 사람은 더 이상 자신의 외적 자아에 관심을 갖지 않기 때문이다.[105]

머튼은 신비적 일치의 핵심이 "모든 자만심을 버리고 하나님 앞에 아무것도 아닌 것이 되는 순수하고 이기심이 없는 사랑"이라고 한다. 그리고 하나님의 위대함을 소유하는 유일한 길은 '자기 자신의 절대적 부족이라는 좁은 문'으로 들어가는 것이라고 한다.[106]

관상가가 하나님과의 일치로 나아가는 길은 겸손을 통해 자신을 낮추고 비우는 것이다. 그리하여 우리에게 오시는 하나님의 사랑을 우리 안에 받아들임으로 우리가 그분처럼 사랑으로 변화되는 노력이 필요하다. 하나님 안에 자신을 잃음으로써 자신의 참된 신분인 사랑을 깨닫게 된다고 하

---

103) Thomas Merton, 「침묵 속의 하나님을 찾는 사람들」, 오무수 역, (왜관: 분도출판사, 2002), p. 63.
104) 김경주, "토마스 머튼의 관상 이해", op. cit., p. 88.
105) Ibid., pp. 88-89.
106) Thomas Merton, New Seeds of Contemplation, 「새 명상의 씨」, op. cit., p. 186.

고 있다. 또한, 머튼은 "겸손은 자기 몰두로부터 벗어나게 해주며 이러한 자기 함몰은 하느님의 사랑 안에서 그리고 하느님 사랑 안에서 다른 사람들을 사랑하는 것으로 극복된다."는 사실을 상기시킨다.[107]

④순명(順命)

머튼에 의하면 관상은 우리도 자신도 모르는 사이에 점진적으로 하나님으로부터 배우는 것이라고 한다. 그러므로 믿음을 통해 하나님께 순명하는 영혼은 성령께서 인도하시어 관상의 최종 목적인 하나님과의 신비적 합일로 나아간다.[108]

이에 대해 머튼은 "사람으로 하여금 하나님을 뵐 수 있기에 합당케 해주는 것은 다름 아닌 순명(順命)"이라고 말한다.[109]

머튼은 또 순명은 수도자의 영혼을 관상에 들도록 준비시켜 주는 은총이라고 한다. 그 이유는 관상은 성령께 순명함으로써 얻어지는 것이기 때문이다. 그러므로 순명의 덕은 수도생활에서도 아주 중요한 자리를 차지한다. 순명은 화해의 표지이며 하나님 왕국의 증언이며 그리스도 부활 신앙의 선언이다. 순명이 없으면 깊은 사랑도 없다. 수도자는 순명을 통해 자기희생이라는 사랑의 기초를 쌓으며, 자기 확신과 자기를 추구하는 완고한 주장에서 벗어나며, 세상 사람들은 수도자의 이 표지를 보고 그가 그리스도의 제자라는 사실을 알게 된다(요13:35).[110]

순명이 관상에서 반드시 필요한 이유는 관상에 있어 어두운 밤이라는 과정이 있기 때문이다. 때때로 하나님께서는 영적 어두운 밤으로 사람들을 초대하신다. 이들은 생각할 수도 묵상할 수도 없다. 그들은 보고 싶지 않은 것들에 대한 상상으로 괴로워한다. 기도 생활에 빛도 없고, 즐거움도 없다. 신심에 대한 어떤 느낌도 없다. 그들이 할 수 있는 유일한 것은 침

---

107) 김경주, "토마스 머튼의 관상 이해", op. cit., p. 89.
108) Ibid., p. 90.
109) Thomas Merton, 「명상이란 무엇인가?」, op. cit., p. 28.
110) 김경주, "토마스 머튼의 관상 이해", op. cit., pp. 90-91.

묵 가운데 머물며 단순하고 깨어 있는 마음으로 어둠에 주의를 기울이는 방법밖에 없다. 이때 비로소 하나님과 신비적 일치로 부르시는 순명의 자세를 발휘하게 된다. 그 결과 이러한 무미건조함과 무기력이라는 광야로 이끄시는 하나님을 의탁하여 하나님과 일치라는 평화와 기쁨을 맛보게 될 것이라고 한다.[111]

(5) 토마스 머튼의 관상에 특징

토마스 머튼의 「진리의 산길」(The Ascent to Truth, 1951)은 토마스 아퀴나스와 십자가의 요한에게 많은 영향을 받았다는 것을 보여주는 저술이다. 이 저술에서 관상과 관련된 내용들의 특징을 살펴보면 다음과 같다.[112]

첫째, 머튼의 참된 관상은 참으로 완전하고 초자연적인 합일이다. 그리고 자신의 지적 능력과 학식으로 신학의 최종 목적인 관상에 도달할 수 없다고 밝혔다.

둘째, 십자가에 대해서, 십자가만이 신비기도에 이르는 유일한 길임을 보여주었다. 관상과 영혼의 관계에 대해서는 관상에 이른 영혼은 자신의 본성을 초월하는 새로운 세상, '새로운 창조'로 나아가기 시작한다.

셋째, 그리스도 안에서 성교회의 권위에 복종하는 것이 수덕 실천에서 가장 본질적인 것임을 보였다. 그리고 그리스도 안에서 하나님과 온전히 하나 되려면 그리스도가 본성으로 하나님과 하나이듯이 은총으로 하나님과 하나 되어야 한다.

끝으로, 관상은 성화가 아니라고 한다. 관상이 성화의 가장 효과적인 수단이지만 신앙의 성숙에 이르는 여러 길 중 하나일 뿐이다.

(6) 토마스 머튼의 인간 이해

---

111) Ibid., p. 91.
112) Ibid., p. 23.

인간의 비밀은 하나님의 그림자가 아닌 하나님의 형상이다(창1:27). 하나님의 형상인 인간은 존재의 원천에서 하나님과 자연합일을 이루고 있다. 그런데 인간이 좋은 본성을 가졌다고 믿는 것은 기독교 신앙의 근본 요소이며 영적 여정의 첫 도약이다. 우리의 선함의 기본적 핵심이 참 자아(Self)이다. 그 참 자아의 가장 중심이 바로 하나님이다. 하나님과 인간의 참 자아는 별개가 아니다. 비록 인간은 분명 하나님은 아니지만, 하나님과 인간의 참 자아는 본질적으로 같은 곳에 존재한다. 인간은 하나님의 순수한 사랑을 실천할 수 있는 가능성의 존재이다. 이렇게 인간의 본성은 하나님과의 일치 경험을 할 수 있도록 지어졌고, 하나님을 끊임없이 찾는 존재이며, 동료 인간과 피조물을 참으로 깊은 곳에서 만나고 이해함을 통해 하나님의 현존을 체험할 수 있다. 그러므로 죄란 인간성 속의 이 본질적 갈망을 거세하거나 억압하거나 부정하는 것이다. 그러나 인간은 그 본래의 성스러움을 실현하지 못하고 있다. 인간은 하나님을 지향하도록 지음 되었기에 인간의 최대의 과제는 하나님을 찾아(Seeking for God) 하나님과 일치(Union with God)되어 자유와 사랑 속에서 그의 영성적 생명을 완성하는 일이다.[113]

머튼은 인간 아담이 하나님과 자연합일의 상태에서 '이중운동'(a double movement)을 통하여 타락하였다고 한다. 즉 하나님→나의 중심→외적인 것의 과정으로 타락하였다. 그러므로 '본래적 통일'(original unity)의 회복은 외적인 것→나의 중심→하나님의 과정으로 인해서 가능하다고 본다.[114]

그런데 머튼에게 있어서 나의 중심(the center of ourselves, the center of our soul)은 하나님을 발견할 수 있는 유일한 길이다. 그리고 나의 중심에 이르는 것과 나의 중심을 통하여 하나님에 이르는 것은 각기 다른

---

113) 이은아, "토마스 머튼의 관상기도 연구", (미간행석사학위논문: 한신대학교 신학대학원, 2001), pp. 21-22.
114) Ibid., p. 22.

두 가지가 아니라 분리할 수 없는 하나이며 동시적인 것이다. 바로 하나님은 우리 중심에 항상 함께하시기 때문이다. 그러므로 하나님과의 신비합일(神秘合一)[115]로 회복하는 '이중운동'은 참 나의 중심으로 돌아가는 그 일로 성취되는 것이다. 바로 하나님을 찾는 일과 참나를 찾는 일은 하나요 동시적인 일이라고 하고 있다.[116]

머튼은 종교적 실천의 요체인 기도란 결국 참다운 나를 실현하는 자연합일(自然合一)을 신비합일(神秘合一)로 실현하는 전 과정으로 보고 있다. 그러므로 기도는 밖을 향하는 것이 아니라 우리의 존재의 원천을 향하는 것이다. 무엇을 '달라'는 의식으로의 청원기도가 아니라 자기 비움(self-emptying)이다. 이 기도는 새로운 것의 발견이 아니라 본래부터 있던 것이다. 단지 우리가 필요로 하는 것은 이미 가지고 있는 것을 체험하는 것뿐이라는 것이다.[117]

그런데 이 새로운 재결합과 회복은 은총의 강림과 성령의 도우심 없이는 불가능하지만, 인간 본성 속에 인간학적으로 방향 지워져 있는 하나님과 함께 하나 됨으로써 자신의 생명을 확인하려는 인간성의 향신성을 강조한다. 이 하나님을 알고자 하는 열망은 '명상생활'의 가장 중요한 것이라고 한다. 그런데 이 열망이 없으면 우리는 하나님의 위대한 선물들을 결코 받지 못할 것이다. 각 개체는 자기 고유의 특성과 구체적 본질 그리고 독립성으로 인해 자기의 모든 특색과 성격 그리고 훼손될 수 없는 정체성을 가지고 하나님께서 지금 여기에서 되기를 바라시는 바로 그것이 됨으로써 그분의 사랑과 그분의 완전무결한 예술로 마련한 환경에서 하나님께 영광을 드린다. 단지 장애는 우리의 '자아'에 있다. 즉 우리의 격리되고 외적이며 자기 본위의 의지를 유지하려는 고집스런 욕구에 있는 것이다.[118]

---

115) 머튼은 본래의 합일이 완전히 실현되어 순수한 사랑이 생활 속에 드러나는 완성의 경지를 신비합일(mystical union)이라고 부른다.
116) 이은아, "토마스 머튼의 관상기도 연구", op. cit., pp. 22-23.
117) Ibid., p. 23.
118) Ibid. p. 23.

거룩함과 구원의 문제는 사실 내가 누구인지를 찾고 진정한 자아를 발견하는 것이라고 한다. 그러나 나무와 동물 같은 피조물은 문제가 없다. 그들은 하나님께서 그들과 의논하지 않으시고 지금의 그들을 만드셨고 그들은 만족하고 있다. 그러나 인간은 우리가 원하는 것은 무엇이든지 되게 하는 자유를 주셨다. 선택은 우리의 것이다. 그리고 그 선택에는 책임이 따른다. 그러므로 우리의 소명은 단순히 '있는' 것만이 아니고 하나님과 함께 우리의 생명, 우리의 신원, 우리의 운명을 창조하는 일이다. 이러한 우리의 소명은 매 순간 현실에 대한 세심한 주의를 요구하며 신비로이 드러내 보이시는 하나님께 대한 큰 신뢰심을 요구한다. 나의 온전한 정체성의 비밀은 그분 안에 감추어져 있다고 보고 있다.[119]

토마스 머튼은 여러 사상가로부터 영향을 받았다. 그중 몇몇을 보면 대표적인 인물로 아우구스티누스, 십자가의 요한의 영향을 받았다. 아우구스티누스의 하나님과의 일치 사상은 토마스 머튼의 사상의 중요한 요소가 되었다. 이것은 그의 인간론과 밀접한 관계가 있는 것으로 인간에게는 본래적 하나님의 형상이 있기 때문에 그 형상인 참 '나'(True self)를 발견하면 하나님과의 일치에 이를 수 있다는 것이다. 또한, 하나님과 깊은 관계를 통해서 우리의 잃어버린 하나님의 형상을 회복하는 일이라고 하였다. 즉 자신을 잃음으로 자신을 찾는 일이다. 다만 이것은 그리스도를 통해서 가능하다고 하고 있다.[120]

(7) 토마스 머튼과 선(禪)

①토마스 머튼의 선(禪) 사상

머튼의 생애 후반기에 그를 사로잡은 것은 선(禪)이었고 선을 통해 그의 관상에 대한 이해는 더욱 풍부해졌다고 한다. 머튼은 장자를 읽고 선

---

119) Ibid., pp. 23-24.
120) 이영민, "토마스 머튼의 관상적 영성과 융의 집단무의식 비교", (미간행석사학위논문: 서울신학대학교 상담대학원, 2007), pp. 18-19.

(禪)불교 및 선(禪) 정신을 깨달으면서 동양의 지혜를 통해 기독교 영성
이 더 순수하게 정화되기를 원했다. 머튼은 선(禪) 자체를 선불교와 동일
한 것으로 이해하지는 않았다. 머튼은 선과 선불교가 매우 밀접한 관계인
것이 틀림없지만 참다운 선은 불교적 교리, 종교적 실재관, 종교적 상징
그 어떤 것에 매이거나 집착하지 않는 것이라 여겼다. 이점에 있어서 장
자는 머튼에게 선의 근본 태도를 가르쳐 준 스승이라고 할 수 있을 것이
다.[121]

머튼은 종교 간의 대화가 '통교'(communication)가 아니라 관상적 체험
의 일치를 가능케 하는 '친교'(communion)의 차원에서 가능함을 이야기하
였다. 이에 머튼은 동양종교로서의 선불교와의 대화를 시도하였다. 이러한
만남이 이루어지게 된 결정적 계기로서 제2차 바티칸공의회에서 타종교와
의 대화의 가능성을 고찰한 데서 비롯되었다고 할 수 있다. 이러한 교회
의 움직임에 영향을 받은 머튼은 동양과 서양의 종교적 진리의 체험이 서
로 상치되는 것이 아니라고 보아 서로 조화시키려고 하였다.[122]

1967년에 출판한 토마스 머튼의 「동서관상」(Mystics and Zen
Masters)에서 서양의 관상 사상과 동양의 선(禪)이 연결될 수 있는가에
주목하고 있다. 머튼은 이 책에서 동양종교의 전통들을 객관적 위치에서
관찰하고 그 전통의 가치와 경험에 참여하여 가능한 한 그 전통을 자신의
것으로 만들고자 노력하였다. 이러한 노력의 과정에서 서양 사람으로서
자신의 연구를 기초로 하여 선을 이해하였다.[123]

관상생활이 기독교 사이에뿐만 아니라 기독교와 고대 동양종교, 나아가
기독교와 마르크스주의자들 사이에서도 대화의 길을 열 수 있다고 하고
있다. 그러나 이러한 관상생활의 공통된 견해들을 수용하고자 할 때에 몇

---

121) 權五尙, "토마스 머튼의 영성 신학에 대한 연구", (미간행석사학위논문, 한남대학교 학제신
학대학원, 2020), pp. 30-31.
122) 허진, "불교의 선(禪)과 기독교 관상(觀想)의 비교연구", (미간행석사학위논문: 성공회대학교
신학대학원, 2001), p. 33.
123) 許容華, "토마스 머튼의 관상기도 개념에 대한 연구", (미간행석사학위논문, 부산가톨릭대학
교 대학원, 2003), p. 51.

가지 섬세한 부분들이 요구되고 있다. 그런데 머튼은 이 문제에 대해 다음과 같이 제시한다.[124]

> 종종 관상의 경험을 기술하면서, 특히 그리스도교와 동양의 관상을 모두 포함하게 될 방법으로 관상의 경험을 기술하고자 할 때에, 저술가들은 다른 중대한 곤란점을 야기시킬 방법으로 이를 기술하려는 경향이 있다. 예를 들면 심리학적 내향, 감각적 실재에서의 도피, 깊은 잠심과 내적 단일성, 지상의 평화, 모든 감각적 만족을 넘는 영적 기쁨 등의 요소를 강조하려 한다. … 관상은 전적으로 부정적이고 세상을 부정하는 것이라고 주장하고, 관상 생활이란 또한 세계와 역사와 시대에는 전혀 관계가 없는 것이라고 선언하지 않을까?[125]

머튼은 기독교의 관상이 이들 동양종교 안에서 나타나는 관상적 요소와 대화를 시도하게 될 때, 우리의 관상이 은거와 침묵의 수련 그 이상의 것이라는 것을 염두에 두어야 한다고 보고 있다. 기독교의 관상이 은거와 침묵으로 들어가는 것은 세상과의 분리가 아니라 더욱 분명한 사회적 관심을 위한 것이라는 것을 명심해야 된다. 이러한 점을 잊고 동양의 종교들과 대화를 시도하게 될 때 분명 중대한 오류를 야기시킬 수 있다는 것을 머튼은 지적하고 있다.[126]

머튼은 선(禪)이 세계를 있는 그대로 볼 수 있게 해 준다고 생각했다. 또한, 모든 기존 관념으로부터 벗어난 청정, 무위자연, 마음의 안정과 고요, 허상과 집착으로부터 해방을 가져다준다는 것을 인식하기 시작했다. 이러한 의미에서 머튼은 선이 기독교 영성과 모순되지 않으며 오히려 상호 보완적임을 역설하였다. 실제로 머튼의 후기 저작들은 대체로 선의 관점을 수용하고 있다. 머튼에 의하면 선은 "지금 여기"라는 삶의 실존적 현재와 관련되어 있다. 선(禪)은 현세의 삶의 문제와 관련되어 있기에 선

---

124) Ibid., p. 51.
125) Thomas Merton, Mystics and Zen Master, 「동서 관상」, 김택준 역, (서울: 성바오로출판사, 1978), p. 108.
126) 許容華, "토마스 머튼의 관상기도 개념에 대한 연구", op. cit., p. 52.

(禪)은 본질적으로 종교도 철학도 아닌, 세상에서의 "존재의 한 방식"이다. 선(禪)은 인생의 체계적인 설명도, 세계관도 아니며, 계시와 구원의 신학도 아니고, 고행과 금욕을 통한 완성의 길도 아니며, 신비주의도 아니다. 이 세상 가운데, 바로 여기 지금, 우리 존재의 존재론적 기반에 대한 깨달음이기 때문에 기독교와 충돌하지 않는다고 했다. 머튼의 후기 저작물들은 선(禪)의 관점을 수용하고 있다.[127]

머튼은 선불교와 대화하고 선불교의 명상을 하였다. 따라서 로마카톨릭의 머튼에게 인식이란 결국 동양종교의 무념무상이다.[128]

머튼은 선(禪)을 요약하면 다음 세 가지로 부정과 동일시 한다. 첫째, 판단(判斷)을 중지한다. 선정신(禪精神)은 긍정도 부정도 않는 일이다. 둘째, 자아(自我)를 배제한다. 선(禪)은 인식하는 자와 인식이 대상 간의 대립을 극복한 일종의 순수의식이다. 셋째, 목적(目的)을 두지 않는다. 언어의 세계는 의미의 세계이다. 모든 것에는 그 사물의 목적이 공존한다. 그러나 선의 정신은 그 사물을 가지고 무엇을 하느냐 하는 것과는 관계없이 사물을 본다.[129]

머튼은 1968년 세상을 떠나기 전날 "미래는 선과 기독교에 달려있다."고 했다. 이 세상에는 두 개의 세계가 있는데, 직접 경험의 세계(감각의 세계)와 언어의 세계(하나님 말씀에 집중된 의미의 세계)가 그것이다. 인간이 지상에 사는 동안 만들어진 사물에 관한 모든 인식에 무관할 수 없다. 명상은 하나님과 그리스도인 사이, 하늘과 땅 사이의 대화를 포함한다. 우리의 인간 정신은 창조자의 말씀과 동시에 창조된 세계에 의해서 형성되어야 한다. 그러므로 그리스도인 이 두 가지를 모두 알아야 한다는 것이다.[130]

머튼은 그이 관상기도에 있어서 선에 대해서 긍정적인 평가를 내리고

---

127) 權五尙, "토마스 머튼의 영성 신학에 대한 연구", op. cit., p. 31.
128) 정태홍, 「고신의 변질 관상기도」, (경남: RPTMINISTRIES, 2021), p. 206.
129) 權五尙, "토마스 머튼의 영성 신학에 대한 연구", op. cit., p. 31.
130) Ibid., pp. 31-32.

있다. 즉 인간 내부에서 하나님을 찾는 행위가 선의 그것과 유사하며 오히려 도움을 주고 있다는 평가이다.[131]

②관상과 선의 비교

토마스 머튼에게 영향을 준 선(禪)과 관상에 차이점과 유사점을 살펴봄으로 참고하고자 한다.

㉮관상과 선의 차이점

이은아는 그의 논문에서 관상과 선의 차이점을 다음과 같이 밝히고 있다.[132]

* 관상과 선의 깨달음 체험에서 무엇보다 간과할 수 없는 차이점은 "내가 바로 부처다"라는 말과 "하나님 같은 존재"라는 말이다. 즉 지음을 받은 존재와 창조주 사이의 본질이 동일하다는 말은 아니다.

* 관상은 이 기도의 성숙 과정이나 관상에서 하나님의 존재를 부인하지 않고, 관상기도를 하는 방법에서 가장 중요한 것은 '하나님에 대한 불굴의 신뢰와 사랑'이다. 또한, 관상에서 그리스도의 인간적 '형상', 즉 거룩한 인성(人性) 없이 관상할 수 있느냐 하는 격렬한 논쟁에서 기독교의 다수 의견은 관상의 중심에 하나의 상으로서 신앙의 대상인 그리스도가 현존해야 할 필요성이 있다고 한다. 그러나 선사들은 이것을 가리켜 신 실재에 대한 집착이 아닌가 하고 말하기도 한다. 선 수행자는 그 어떤 것도 공 속으로 내던져 버린다. 그러므로 어떤 선사는 태연하게 "부처를 만나면 부처를 죽여라!"고 말한다.

* 그런 이유에서인지 관상과 깨달음의 상태의 현상학적 표현이 다르다. 기독교의 영성신학 전통에서 하나님과 인간의 신비적 일치 경험의 표징은 하나님의 실재성에 대한 감사, 경외, 사랑, 찬양을 드리는 것이다. 이것에 선사들은 신 실재에 대한 집착으로 보는 견해에 대해 토마스 머튼과 기독교 관상적 기도의 경험자는 고백하기를 하나님의 실재성은 인간을 억압하

---

131) Ibid., p. 32.
132) 이은아, "토마스 머튼의 관상기도 연구", op. cit., pp. 89-90.

거나 제약하는 관념이나 타율적 실체가 아니라, 오히려 한없는 자유와 존재의 충만감을 선물로 동반하는 존재 자체를 해방시키는 힘, 현존적 임재라고 고백한다. 기독교 신앙에 있어서 인간의 하나님과 찬양과 경외의 느낌을 저버릴 수 없다. 만물이 산은 산으로 물은 물로 보이지만 비 온 뒤의 맑고 깨끗하게 돋보이는 자연의 순수 자연스러움과 온전감과 평화로움과 조화와 포용적 관계성에서 밀도 깊게 느껴지는 것만이 아니고 기독교의 관상적 기도 체험자는 거기에 덧붙여진다. 그것은 감사하고픈, 찬양하고픈 환희의 감정이다.

　* 기독교적 체험은 그리스도의 신비와 그리스도의 몸인 교회의 공동체적 삶과 분리될 수 없으므로 이 체험은 삶 속에서 항상 공동체성을 지향하는 특별한 양상을 지닌다. 이것은 개인적인 심리적 차원을 초월하여 '교회와 함께 신학적으로 체험하는 것'이다. 그러므로 다른 그리스도인들이 쉽게 이해할 수 있는 언어와 상징을 사용하는 자연스러운 경향이 있다. 그래서 표현할 수 없는 것들은 친숙한 상징들로 무의식적으로 번역하게 되기도 한다. 그러나 선은 쉽게 전달하려는 모든 유혹을 단호히 물리친다. 선의 가르침과 수행에서 볼 수 있는 역설과 폭력은 손쉬운 설명과 편안한 상징이라는 디딤돌을 치워 버린다.

　* 기독교는 복음의 전달수단인 말에 많은 관심을 기울인다. 그러나 선에서 스승과 제자 사이에서 표현되고 전달되는 것은 '무엇'도, '낱말'도, '소식'도 아니다. 선이 전달하는 것은 잠재적으로는 이미 그곳에 존재하지만, 그 자체를 의식하지 못하는 하나의 '인식'이다. 그러므로 선은 '선교'가 아니라 '깨달음'이며 '계시'가 아니라 '의식'이고 '당신의 아들을 이 세상에 보내시는 성부로부터의 새로운 소식'이 아니라 '지금 여기, 바로 이 세상 한가운데에 우리 자신이 존재한다는 존재론적 근거에 대한 인식'이다.

　㉯관상과 선의 유사점

　이은아는 그의 논문에서 관상과 선의 유사점을 다음과 같이 밝히고 있다.[133)]

* 선과 기독교는 먼저 인간의 현재 상황에 대한 관점이 일치한다. 두 종교는 모두 인간은 세계와 세계 내의 사물들과 올바른 관계에 놓여있지 않음을 인식하고 있다. 더 정확히 인간은 그 관계를 왜곡하고 세계와 그 안에서의 자신의 위치에 대해 자신이 지닌 거짓된 관점을 정당화하기 위해 많은 에너지를 소모하는 기이한 경향을 가지고 있다고 본다. 이 왜곡을 선은 무명이라고 부르며 기독교는 원죄라고 본다.

* 관상과 선은 인간의 능력과 가능성에 대한 신뢰를 바탕으로 하고 있다. 인간은 하나님의 형상을 따라 지음 받은 것으로 존재의 바탕에서 하나님과 합일을 이루는 존재이다. 선에서는 인간 본래의 모습이 부처이다. 그러므로 관상과 선은 인간 본래의 성품으로 회복시키는 과정에서 외부로부터 '참 나'에게로 퇴수하는 과정이 필요하다. 그리고 관상기도와 선의 목표는 존재의 원천을 향하여 인간의 참 자기를 발견하고 회복하여 완전성에 이르는 데 있다. 그리고 그 출발점은 인간의 마음이다.

* 토마스 머튼은 "낙원은 지상에서의 어떤 상태 또는 장소이다."라고 말한다. 옛 사막의 교부들이 사막에서 '낙원'을 발견하려고 할 때, 타는 듯한 바위들과 동굴들 가운데에서 흘러가는 시원한 물가 나무 그늘에서 편히 기댈 수 있는 장소를 발견하리라고 기대하지 않았음은 분명하다. 그들이 추구했던 것은 그들 자신 안의 낙원, '선악에 대한 지식' 때문에 깨어져 버린 그 '일체성'의 회복에서 낙원을 찾았다고 말한다. 그런데 선에서는 깨달음을 얻기 위해서 밖에서 찾지 말 것을 강조한다. 심즉불(心卽佛), 즉 마음이 부처이다.

* 두 종교는 무엇보다도 고통을 회피하기 위해 고통을 설명하려는 사람이나 설명 자체가 도피처라고 생각하는 사람에게만 고통은 불가해함을 보여준다. 두 종교가 나름대로 이해하는 바와 같이 고통은 다름 아닌 우리의 자아와 경험적 생존의 일부이다. 그러므로 우리는 선이 말하는 '큰 죽음'에 의해, 또 기독교에서 '그리스도와 함께 죽어 그리스도와 함께 부

133) Ibid., pp. 91-97.

활함'으로써 변화되기 위해 모순과 혼란의 한 가운데로 뛰어들 수밖에 없
다.

＊깨달음에 이르는 길에는 일체의 망상과 편견을 버려야 한다. 그 때
에 본래의 지긋한 참 기쁨과 맛을 느낄 수 있는 것이다. 자기 마음을 부
처로 만드는 일이다. 무념무상(無念無想)(한 점으로 기력을 집중하되 마음
을 어디에도 두지 않는다), 즉 모든 쓸데없는 생각을 하지 않는 것이다.
해야 할 것은 오직 현재의 일 뿐이다. 오직 지금 당장 일을 차례로 잘 처
리해 나가는 것이다. 아빌라의 테레사는 '일체가 허무요, 모든 것이 무상
이라는 것을 늘 생각하는 것'을 하나님께 이르는 효과적인 방법이라고 말
하면서, 겸손은 이러한 자아 이탈과 함께 동반한다고 말한다. 이 겸손은
모든 집착으로부터 떨어지게 한다. 결국 "그리스도를 위하여 죽으러 온"
사명을 다하게 한다고 말한다.

＊관상기도가 시작되면 인간의 모든 노력은 필요 없게 된다. 단지 어
떤 어려움에도 하나님을 향한 사랑의 열망으로 최대한으로 내어 맡기는
태도를 갖고 기다려야 한다. 그러면 성령이 친히 이끌어 가신다. 모든 기
도가 성령의 도우심을 바라지만 관상기도는 인간의 모든 이성과 감정을
초월하여 하나님이 역사하시는 은총의 사건이다. 또한, 많은 영적 지도자
들은 기도 중에 나타나는 어떤 신비적인 형상이 나타나거나 의사(疑似)
심리 현상에 관심을 두지 말라고 가르친다.

마찬가지로 선수행자가 초기수행을 하고 그 수행이 깊어지면 삼매의
몰입에 들어간다. 삼매의 몰입에 들어간 수행자는 그의 의지와 이성과 관
계없이 외부자극에 반응을 나타내지 않으며 최면상태와 같은 수동적인 상
태에 이른다. 그리고 '마계의 출현' 단계에 이르면 더욱 수동적이 되어서
신비적인 형상이 나타나거나 의사(疑似) 심리 현상이 나타나기도 한다. 그
러나 그 모든 이례적인 현상에 관심을 버리고 무념무상의 상태로 일관하
기를 가르친다.

＊선을 아는 자와 믿음의 사람은 양자 모두 자유인, 해방 받은 사람이

요. 자기중심적 삶에서 참 실재 중심적 삶으로 바꾸어진 새 사람들이다. 또한, 선과 믿음은 모두 자율과 타율의 이분법적 갈등을 넘어선 신율적 삶이다. 깨달은 사람은 선에서 말하는 '무공덕', '무상', '무원'의 마음으로 남을 행복하게 해 주겠다든지, 누구를 믿겠다고 한다든지 하는 여러 가지 소원을 일체 잊어버린다. 그러나 어김없이 그 소원대로 살아간다. 그것은 그리스도인이 내(ego) 뜻대로 사는 것이 아니라 내 안의 그리스도가 사는 삶이다.

 * 선과 기독교는 진리 안에서 일체의 속박을 벗어난 자유를 말한다. 칼 바르트는 모든 종교를 인간의 불신앙과 오만의 표현이라고 보았고, 기독교를 하나의 종교로 이해하려는 모든 종교사적 해석학을 거절하고 하나의 '은총의 신앙'을 강조했다. 선사 도겐(Dogen)은 "선을 불교의 한 학파나 종파라고 생각하거나 선학파라고 부르는 자는 곧 악마다"라고 말한다. 둘은 모두 생명 그 자체인 절대를 상대적이고 유한한 그 어떤 것 안에 죽여 담아 놓으려는 시도를 경계하였다.

 * 선 수련에 있어 기본은 단순한 바라봄(見)이다. 하나의 절대적 객체가 아니라 절대적 봄을 본다. 성경의 '안다'라는 표현은 사랑의 행위 안에서 소유한다는 의미로 알고 있다. 선과 기독교는 이렇게 직접 보고 아는 체험을 중요시한다. 구약 예언자들의 체험은 확실히 선의 그 어떤 사실에 못지않게 사실적이고 실존적이다. 신약에서도 성령의 계시 안에서의 직접적 체험이 중요시된다고 머튼은 말한다.

그리스도인에게 '십자가의 말씀'은 이론적인 그 무엇이 아니라 그리스도의 부활에 참여하기 위해 죽어가는 그리스도와 결합하는 강력하고 실존적 체험이다. 십자가의 말씀을 완전히 '듣고 받아들임'은 그리스도가 우리의 죄 때문에 죽었다는 교리적 명제에 단순히 동의하는 일 이상의 것이다. 그것은 '그리스도와 함께 십자가에 못 박힘'을 의미한다. 그러므로 우리 마음 가장 깊은 곳에서 우러나오는 행동의 원리는 이제 자아가 아니라 우리 안에 사는 그리스도가 됨을 의미한다. 참된 기독교에서는 십자가와 자기 비움의 이러한 체험이 그리스도인의 삶의 중심이 되어야 한다. 그리스도를 통하여 하나님의 모든 풍요로움을(체험에 의해) 알 수 있는 것이다.

* 선은 기독교 교회의 영성 역사에서 보는 정관과 매우 유사하다. 선사가 깊은 좌선의 삼매경에서 홀연히 깨우쳐 진정한 '참된 자기'(self), 만물의 여여(如如)한 실상을 보는 때에 인간은 자기(ego)라는 유한한 생명체의 감옥에서 벗어나 영원한 법체와 하나가 되어 절대 자유·무애의 생명을 맛보듯이 진정한 기도와 정관의 경지에 들어선 참된 영혼은 햇빛을 선인과 악인에게 고루 비추시는 하나님과 아브라함이 나기 전부터 있었던 자기(self)를 알게 된다. 그리하여 살아서 그리스도를 믿는 자는 영원히 죽지 않는 영생의 생명 속에 합일되는 체험을 갖게 된다.

* 십우도[134]에서 나타난 것처럼 마지막으로 깨달은 사람은 마을로 들어가는 농부와 대화를 나눈다. 그는 이제 사람들에게 진정한 자유와 깨달음에 이르게 하기 위하여 사람들 속으로 들어간다. 이웃에게 봉사하기 위하여 온 정력을 기울인다. 이에 기독교에서 하나님을 만난 사람, 즉 성령의 사람들은 자신이 발견한 하나님을 찬양하며 하나님의 마지막 지상명령에 따라 하나님을 그 삶으로 증거하며 하나님의 뜻을 전하는 전도자가 된다.

* 하나님을 만난 후 그리스도인의 일차적 관심은 항상 자신의 영혼이 이 세상의 그 모든 것들로 인해 갇히지 않도록, 어두워지지 않도록, 둔해지지 않도록, 숨이 막히지 않도록 견디며 스스로 지켜 가는 일이다. 그런데 깨달은 사람은 여전히 번뇌 망상이 지배하는 세상에서, 망상에 속아사는 사람들 사이에 있다. 오히려 깨달은 사람은 그가 진실을 봤기에 더욱더 괴로운 처지에 처하게 된다. 따라서 깨달은 사람의 수행은 오염된 세상에 살면서 어떻게 오염되지 않은 수행을 하는가에 달려 있다.

---

134) 수행자가 정진(精進)을 통해 본성을 깨달아 가는 과정을 잃어버린 소를 찾는 일에 비유해서 그린 선화(禪畵)로 그 과정을 10단계로 구분하고 있어 십우도(十牛圖) 또는 목우도(牧牛圖)라고도 한다.
　　"심우도(尋牛圖)/십우도(十牛圖)", http://ksdsang0924.tistory.com/9829

210 바로알자! 관상기도의 정체

(8) 토마스 머튼의 관상기도 비판

머튼의 관상기도를 그 자체로 개혁교회 영성에 수용하기 위해서는 몇 가지 문제점과 한계성을 지니고 있다고 권오상은 지적하고 있다.

첫째는 정적주의의 위험이 있다. 즉 자신의 영혼의 무화(無化)라는 거짓된 관념을 쫓아 자신 안에 모든 사랑과 거짓을 비워내려 한다. 또한 정적주의의 수동성 때문에 관상기도와 혼동이 생길 수 있다. 그래서 '나는 남과 다르다'는 착각 속에서 생활할 수 있다. 그러나 이것은 관상은 아니며, 자기기만이며 '자아의 팽창'의 일종밖에 될수 없는 것이다.[135]

둘째는 머튼의 관상은 개혁교회의 본질과 현격한 차이점이 있다. 머튼의 관상은 자기 부정으로부터 시작하는 기도이다. 즉 모든 영상들을 배제하며, 감각과 이성에 있어서 암흑과 같은 상태를 통해 하나님과의 신비적 합일에 도달하게 되는 것이다. 그리고 자기 자신의 자의식까지 초탈하여 주객 도식을 넘어선 차원의 전혀 새로운 인식을 말하고 있다. 이런 의미에서 머튼의 관상은 철저하게 무념적 기도이다. 머튼은 관상에 대해 '깨어남', '자각', '참 자아의 발견' 등의 용어를 통해 말하고 있다. 특히 이는 인신적이고 지성적인 경향에 치우쳐 있다고 볼 수 있다. 머튼의 관상기도는 정적이기보다는 사색적인 특징을 지닌다. 그러나 개혁교회의 신학 전통에서는 하나님의 은총이 '말씀'을 통해서 우리에게 주어진다고 믿는다. 이 말씀은 예수 그리스도요, 그의 복음이다. 그 말씀을 받아서 내 삶에 육화시킴으로써 믿음이 생기고, 믿음이 능력이 생긴다.[136]

세 번째는 주관주의다. 기독교 안에는 많은 신비가 있다. 하나님 성육신 자체가 신비요, 그리스도의 부활이 신비다. 이러한 신비가 기독교 진리를 전파하고 그리스도인들의 삶의 원동력이 되기도 한다. 그러나 이러한 신비경험이나 거기서 얻는 쾌락 자체가 목적이 되어 버린다면 종교 집단

135) 權五尙, "토마스 머튼의 영성 신학에 대한 연구", op. cit., p. 91.
136) Ibid., pp. 91-92.

으로 전락하게 된다. 이와 같이 주관주의는 하나님께서 그리스도인들에게 주신 사명을 구체적인 역사와 현실 속에서 감당하는데 큰 장애물이 되어 왔기 때문이다.[137]

이외에도 머튼의 「마음의 기도」가 동양적 분위기로 빠져 있다고 보고 있다. 그 이유는 고대 동방교회 영성사의 흐름을 이룬 헤시카즘 (Hesychasme)[138]과 불교의 선(禪)의 영향이었다. 관상 수도승 생활을 하던 머튼은 이성적 설명에 집중된 서구 신학에 어떤 부족함을 느껴왔었다. 특히, 내적 체험을 중시하는 동방의 종교, 그중에서 불교의 선묵상(禪默想)에 깊은 관심을 가지게 되었다. 그는 기도를 통해, 동·서양 종교, 즉 불교와 기독교가 평화롭게 만날 수 있도록 노력하였다는 것이다.[139]

다. 토마스 키팅(Thomas Keating)의 관상

(1) 토마스 키팅의 관상 배경

관상기도는 역사를 거슬러 올라가 보면 4세기경 수도원 수도사들의 명상훈련(the meditational practice of monasticism)에서 시작했다. 그 이후 로마카톨릭에서는 수도사들의 경건과 기도훈련으로 사용해 왔으나 일반 신도들에게는 널리 보급되지 못하였다. 그러나 전 세계 로마카톨릭 주교 2000여 명이 모인 바티칸 제2공의회(1962~1965) 주교회의에서 예배의식 갱신을 위한 법(The Constitution on the Sacred Liturgy)를 제정하였다. 그 목적은 로마카톨릭의 예식을 좀 더 쉽고, 간편하고, 이해하기 쉽게 하여 일반에게 널리 보급하기 위한 예배의식 개혁운동이었다(참고: What is the Liturgical Movement?). 그러한 예식개혁운동에 발맞추어 개발하기

---

137) Ibid., p. 93.
138) 헤시카즘(묵정주의, 默靜主義)은 믿음과 사랑으로 예수님의 이름을 암송하는 조용한 기도다. 그 말 자체는 조용한 것을 의미하는 그리스어(묵정: hesychia)에서 유래했다.
139) 김경주, "토마스 머튼의 관상 이해", (미간행석사학위논문: 가톨릭대학교 대학원, 2017), pp. 71-72.

시작한 것 중에 하나가 바로 수도사들이 수도원에서 사용하던 관상기도를 현대화하는 것이었다. 그러한 개혁운동을 본격적으로 추진 한 사람이 바로 현대 관상기도의 선구자라고. 하는 토마스 키팅(Thomas Keating) 수도사이다. 그는 관상기도를 전 세계에 널리 전하기 위하여 관상 확장 활동기구(Contemplative Outreach Ltd.)를 창설하였고 관상기도를 홍보하기 위해서 「Open Mind Open Heart」, 「The Mistery of Christ」, 「Intimacy with God」 등 여러 책들도 저술하였다.[140]

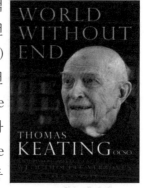

▲ 토마스 키팅의
The World Without End

토마스 키팅(Thomas Keating) 수도사는 로마카톨릭의 전통적 관상기도를 현대화하고, 타종교와 나누기 위하여 동양의 힌두교, 불교 수도사들과 만나 함께 초월적 명상을 연구하였고(참고: Father Thomas Keating), 토마스 키팅 자신이 종교간 수도사 대화(The Monastic Interreligious Dialogue)기구의 회장이 되기도 하였다(참고: Contemplative Outreach). 그러므로 그는 자신의 저서 Intimacy with God」에서 동양종교의 영적 지도자들을 강사로 초청하였고, 그 후 8년간 일년에 두 번씩 특별수련회를 수도원에서 함께 가졌으며, 힌두교의 초월적 명상(transcendental meditation)에 함께 심취되었었다고 기술하였다. 그러므로 토마스 키팅이 현대화시킨 관상기도 사상은 힌두교, 불교, 뉴에이지 신앙 행위와 흡사하기 때문에 힌두교에서 유래된 요가(yoga)를 관상기도(Contemplative Prayer, or Centering Prayer)에 적용하라고 추천하였다고 한다. 또 토마스 키팅의 저서 「Invitation to Love」에서 그는 '에너지 센터'(Energy Centers)를 언급하였는데 이 말은 뉴에이지 용어라고 한다.[141]

뉴에이지에서는 인간에게 Chakras라고 불리는 일곱 가지 에너지 센터가 있는데 능력의 기가 인간의 척추뼈를 오르내린다고 한다. 그리고 힌두

---

140) 보이스, "관상기도(Contemplative Prayer)의 위험성", http://www.voamonline.com/ref-1/017_contemplation/
141) Ibid.

교는 척추뼈 맨 아래 좌골 삼각지대에 '뱀의 힘'(Kundalini Shakti=Serpent Power)이 자리 잡고 있으며, 그 힘이 상층 7에(Chakra) 도달하면 신비적 능력을 경험하고, 그 힘(serpent power)은 기적과 해탈 (liberation)에 이르게 한다고 가르친다. 그런데 토마스 키팅이 자신의 저서 「Open Mind, Open Heart」에서 언급하기를 기도하는 사람이 관상기도를 오래 충분히 하면 '무아의 경지'(no consciousness of self)에 도달하게 된다고 했다. 그 무아의 경지는 바로 힌두교나 불교의 해탈(liberation)이나 같은 것이다.[142)]

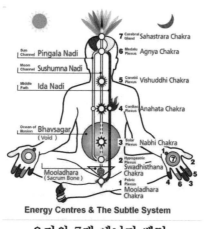

Energy Centres & The Subtle System

요가의 7개 에너지 쎈터

토마스 키팅(Thomas Keating)은 관상기도가 대중적으로 확산되는 데 지대한 영향을 미쳤다. 키팅의 관상기도에 관한 견해는 클레멘트, 오리게네스, 그레고리우스, 에바그리우스, 위-디오니시우스 그리고 토마스 머튼과 유사하다. 그리고 관상에 대한 키팅의 견해는 머튼과 마찬가지로 플라톤주의에 그 기원을 둔다.[143)]

(2) 토마스 키팅의 관상 이해

---

142) Ibid.
143) 라영환, "개혁신학적 입장에서 바라본 관상기도", op. cit., p. 27.

토마스 키팅은 머튼과 마찬가지로 관상기도의 목적이 하나님과의 합일에 있다고 보았다. 이에 키팅의 관상기도와 관련하여 우리가 주목해야 할 것은 그가 관상기도에 관심을 갖게 된 계기이다. 즉 키팅은 관상기도를 현대적으로 재해석하고 소개하는 이유를 제2차 세계대전 이후 동양에서 밀려온 도전 때문이라고 말하고 있다. 그는 서구에서 요가나 명상에 관한 관심이 급증하자 이를 기독교적으로 적용할 필요성을 느껴 기독교적인 관상기도의 전통과 동양의 묵상 방법들을 결합하였다.[144]

키팅은 '관상의 상태(하나님과의 일치)'에 이르기 위해 'centering prayer(향심기도)'가 필요함을 역설한다. 그에 의하면 향심기도(관상기도)는 관상 상태에 이르는 과정으로 마음을 하나님께로 향하는 것이다. 그는 우리의 마음이 하나님께로 향하기 위해서는 조용한 장소와 시간을 마련한 후 편안한 자세를 취하고 눈을 감아야 한다고 말한다. 그리고 마치 동양 종교에서 우리의 모든 기능을 한데 모아 하나님께로 향하기 위해 합장을 하는 것처럼 일상적인 생각을 멈추기 위해서 한 가지 생각만을 해야 한다고 말한다.[145]

그러면 관상의 상태란 무엇인가? 키팅은 관상기도는 '하나님과의 일치를 이루는 상태로 이끌어 주는 일련의 경험'이라고 말하며, 관상생활은 '하나님과 일치를 이룬 그 상태 자체'를 의미한다고 하고 있다.[146]

키팅은 관상기도 과정에 있어서 호흡의 중요성에 대해서도 언급한다. 그는 기도자가 자신의 호흡에 주의하는 것도 마음이 하나님께로 향하는 데 도움이 된다고 본다. 이러한 과정을 통해서 기도자가 무념의 상태에 도달하게 되는 것이다. 그는 이 부분에서 '금강경(Diamond Suntra)'을 언급하면서 이렇게 무념의 상태에 도달하게 되면 "환시, 탈혼, 내적 음성, 영적 교감, 심령 선물 등이 포함된다."라고 주장한다. 키팅은 이러한 무념

---

144) Ibid. pp. 27-28.
145) Ibid., p. 28.
146) 정태홍, 「고신의 변질 관상기도」, op. cit., pp. 223-224.

의 상태에 도달하는 과정에서 "특정한 미소나 가려움, 통증 혹은 강한 감정들"이 일어날 수 있는데 이러한 것들은 마음속에 있는 심리적인 폐기물들이 버려지는 과정 속에서 나타나는 것이라고 본다. 이러한 키팅의 방법론은 선, 도가 그리고 요가와 같은 동양의 수련 방식을 차용한 것이다.[147]

관상기도와 동양의 신비종교와의 유사성은 방법뿐만 아니라 그 목적에 있어서 무아의 경지에서 절대자와 합일을 통한 기쁨을 추구한다는 점에 있어서도 차이가 없다.[148]

이에 머튼은 다음과 같이 말한다. "힌두교든 불교든 동양 어디서나 낙원의 강에 대해 끊임없이 갈망합니다. 이런 다양한 묵상적 실존의 배후 철학과 신학이 무엇이든 목표는 언제나 똑같습니다. 합일의 추구, 즉 내적 자아가 절대자와 연합의 상태로 돌아가는 것입니다."[149]

라. 헨리 나우웬(Henri Jozef Machiel Nouwen)의 관상

(1) 헨리 나우웬의 관상 배경

한국에서는 머튼의 관상기도에 바탕을 둔 영성이 보급되는데 더 많은 영향력을 미친 사람은 헨리 나우웬이다.[150] 이러한 헨리 나우웬(Henri Jozef Machiel Nouwen. 1932~1996)[151]은 1932년 1월 24일 네덜란드 중부

---

147) 라영환, "개혁신학적 입장에서 바라본 관상기도", op. cit., pp. 28-29.
148) Ibid., p. 31.
149) Ibid., p. 31에서 재인용.
150) 이은선, "세속화 시대의 기독교 영성: 관상 기도에 대한 비판적 고찰을 중심으로", 「성경과 신학」 제49권, 한국복음주의신학회(2009), p. 85.
151) 헨리 나우웬(Henri Nouwen, 1932~1996)은 1960년대부터 1990년대까지 주로 미국을 중심으로 활동했던 영성 작가다. 네덜란드 가톨릭 배경의 가정에서 태어난 헨리 나우웬은 1996년 장애인 공동체인 라르쉬(L'Arche)에서 생을 마감할 때까지 평생 동안 가톨릭 사제로, 사목심리와 기독교 영성 학자로, 영성 작가, 사회운동가, 강연자로 활동하였다. 그의 작품들은 한국어를 비롯한 여러 나라 언어로 번역되었고 특이하게도 로마카톨릭 교회만이 아니라 개혁교회에서도 영향력 있는 영성저자로 평가받는다. 한국에서도 개혁교회 계통의 출판사에서 그의 작품을 많이 번역·소개되어 있다.
신광식, "헨리 나우웬(Henri Nouwen)의 그리스도교 관상전통의 재해석과 적용에 관한 연구",

의 작은 도시 니즈케르크(Nijkerk)에서 태어났다. 그는 전형적인 네덜란드
의 유복한 로마카톨릭 집안에서 성장했다. 그에 아버지 로우렌트 나우웬
은 세금법의 전문가로서 변호사와 대학교수로 활동하였으며, 어머니 마리
아 나우웬 램스라는 문학과 신비주의에 관심을 가졌던 지적이며 종교성이
강하였다고 한다.[152] 이에 나우웬은 이미 6세 때에 사제가 되고 싶다는 뜻
을 가족들에게 밝혔다고 한다. 나우웬은 그후 헤이그에 있는 예수회 소속
김나지움에 들어가면서, 공식적인 공부를 시작했다. 이후 중·고등학교 교
육을 마친 뒤 리젠버그와 드리버겐 등에 있는 신학교에서 신학을 공부하
고, 마침내 1957년 네덜란드 우트레히드 교구에서 사제로 서품을 받았다.
이후 토마스 머튼(Thomas Merton)의 수도원적 명상과 사회적 실천 사상
에도 영향을 받았다.[153] 이러한 나우웬은 평생 동성애자로 알려지고 있
다.[154]

　　1971년 나우웬은 미국으로 옮겨와 예일대학교 신학대학에서 사목신학
교수로 자리 잡는다. 나우웬이 미국으로 자리를 옮기게 된 것에는 사목심
리학적인 접근을 담은 그의 초기 저작이 네덜란드에서는 큰 호응을 얻지
못했지만 미국의 신자들에서 반향을 일으키고 주목을 받은 데 있었다.
1960년대 네덜란드에서는 종교생활에 대한 관심이 급격히 약해지고 있었
고 특히 대학 안에는 전통과 교의적인 접근을 고수하고 있던 로마카톨릭
교회에 호의적이지 않은 분위기가 자리하고 있었다. 반면 미국 사회에 있
어 1960년대는 개인적인 차원의 영적 모색이 활발하게 일어나고 있던 전
환기였다. 그의 신학과 심리학의 학문적 분석방법과 사목심리학적인 접근
방법이 미국의 변화된 영적 추구의 분위기 속에서 주목을 받았다고 할 수
있다.[155]

　　　(미간행박사학위논문: 서강대학교 대학원, 2020), p. 1.
　152) 김남진, "헨리 나웬의 후기 생애와 영성 연구", (미간행석사학위논문, 한신대학교 신학전문
　　　대학원, 2003), p. 9.
　153) 이정순, "헨리 나웬의 목회와 영성 이해", 「실천과 신학」, 한국실천신학회(2014), p. 557.
　154) 류언근, "신학적 입장에서 본 뉴에이지(Newage)", 「교회와 이단」 2010년 1월호, p. 91.
　155) 신광식, "헨리 나우웬(Henri Nouwen)의 그리스도교 관상전통의 재해석과 적용에 관한 연
　　　구", (미간행박사학위논문: 서강대학교 대학원, 2020), p. 32.

당시 나우웬은 미국 사회의 신자들이 겪고 있는 '영적 갈망', '외로움', '단절', '불안', '두려움'의 문제에 대해 사목적 차원에서 어떻게 답을 줄 수 있는지 모색한다. 나우웬은 당대의 많은 문제의 뿌리가 하나님과의 친밀한 관계를 상실한 것에 있다고 진단하고 이를 회복할 수 있는 영적생활 (spiritual life)의 지침을 제시하고자 했다. 이 시기 동안 헨리 나우웬은 임상심리학과 영성을 통합하는 사목심리, 기독교 관상전통, 그리스도인들의 사회 참여에 대한 관심을 자신의 저작 안에 구체화시켰다.[156]

나우웬은 당대의 신자들이 겪고 있는 문제에 논리적이고 신학적인 해답을 제시하기보다는 자신이 겪고 있는 문제를 드러내고 체험을 통해서 얻은 영적인 통찰을 제시하는 방식을 취했다. 이 시기의 대표적인 저술은 「상처입은 치유자」(The Wounded Healer), 「살아있는 기억매체」 (The Living Reminder), 「모든 것을 새롭게」(Making All Things New) 이다.[157]

이 시기에 나우웬은 기독교의 관상전통에 대한 탐구도 심화한다. 그는 1974년 트라피스트 수도회에 7개월간 단기입회한다. 그는 수도승들의 삶을 직접 살아봄으로써 지적으로만 이해하고 있었던 관상생활과 토마스 머튼의 관상이론에 대한 체험적인 이해를 얻게 된다. 이 체험을 바탕으로 그는 「영적발돋움」(Reaching Out)과 「제네시 일기」(Genesee Diary」를 발간한다. 또 1976년 미네소타 칼리지빌의 에큐메니칼 연구소의 연구원으로 있으면서 이냐시오(Ignatius of Loyola)의 「영신수련」(The Spiritual Exercises) 피정에 참여한다. 그는 동방정교회 영성의 헤시카즘 (Hesychasm) 기도 방식과 사막의 수도승들의 영성에 대한 세미나, 토마스 머튼 강의를 개설하는 등 기독교 관상전통에 관심을 갖고 당대의 영적 대안으로 제시한다. 그는 '침묵', '고독', '관상기도'와 같은 기독교 관상전통의 영적 수련 방법을 현대적으로 재해석하고 현대인들의 영적 생활에

---

156) 신광식, "헨리 나우웬(Henri Nouwen)의 그리스도교 관상전통의 재해석과 적용에 관한 연구", (미간행박사학위논문: 서강대학교 대학원, 2020), p. 32.

157) Ibid., p. 33.

어떻게 도움이 될 수 있는지 숙고한다.[158]

이러하였던 나우웬은 조국 네덜란드를 방문하는 도중 심장발작을 일으켜 1996년 9월 21일 숨을 거두었다.[159]

(2) 헨리 나우웬의 토마스 머튼 관상이론의 수용

헨리 나우웬에 있어 초기 저작들은 토마스 머튼의 관상이론을 탐구하고 트라피스트 수도원의 관상전통을 경험한 자신의 체험을 바탕으로 이를 영적 생활의 주제로서 다양하게 제시하고 있으며 사막의 영적 전통인 헤시카즘 기도 방식을 소개한다. 후기에 들어서 나우웬은 이냐시오의 영신수련 체험을 바탕으로 상상력을 활용한 관상기도의 방식이나 동방교회의 이콘을 활용한 기도 방식을 제시한다. 더 나아가 그는 이콘만이 아니라 성화나 한 인생을 관상적으로 바라보고 영적인 의미를 발견할 수 있도록 적용하고 엑스터시와 같은 관상전통의 개념들을 재해석해서 확장 적용하고 있다.[160]

헨리 나우웬은 자신의 저작에서 성찬(Eucharist)의 신비, 사막교부들의 가르침, 동방정교회의 헤시카즘(Hesychasm)기도, 이콘기도, 관상기도, 엑스터시 등 기독교 관상전통에 관심을 보이고 있을 뿐만 아니라 기독교 관상전통과 관련된 여러 인물들을 영적인 안내자로 소개한다. 그 가운데에서도 그는 자신이 머튼의 사상에서 가장 큰 영향을 받았다는 점을 밝히고 있다.[161]

이러한 헨리 나우웬이 머튼의 관상이론을 직접적으로 탐구하고 자신의 저서에 반영하고 있는 것은 「영적 발돋움」과 「제네시 일기」가 있다. 이 두 저서는 나우웬이 제네시 트라피스트 수도회에서 임시회원으로 7개

---

158) Ibid., pp. 33-34.
159) 이정순, "헨리 나웬의 목회와 영성 이해", op. cit., p. 559.
160) 신광식, "헨리 나우웬(Henri Nouwen)의 그리스도교 관상전통의 재해석과 적용에 관한 연구", op. cit., p. 79.
161) Ibid., p. 90.

월간 생활한 이후에 쓰여진 작품들이다.[162]

헨리 나우웬이 머튼의 사상에서 가장 먼저 주목하는 것은 관상전통 안에서 고독과 침묵이 가지는 의미였다. 그는 머튼이 수도회 입회 이전에도 기독교 신비주의 관상전통에 친숙해 있었다는 점을 강조한다. 그는 머튼이 수도회에 입회하게 된 동기를 "인간 영혼이 본래의 모습을 되찾고 하나님을 발견하는 것"은 오로지 수덕을 통해서만 가능하다는 것을 깨달았기 때문이었다고 말한다. 나우웬은 입회 초기의 머튼의 삶을 '침묵과 고독'의 의미를 발견하는 시기로 본다. 그는 수도원의 담장 안에 있다는 사실 자체가 머튼이 원하는 '고독과 내적 침묵'을 얻게 해 줄 수 없었고 끈질긴 영적 씨름을 통해서야 비로소 고독의 의미를 발견할 수 있었다고 강조한다. 침묵과 고독을 통해 머튼은 자신의 욕망을 내려놓게 되었고 대신 하나님의 자비를 깨달았다는 것이다. 깊은 고독의 체험을 통해 입회 이전 세상에 실망하고 세상을 빈정거렸던 머튼의 태도가 연민의 태도로 바뀌었다고 본다. 특히 나우웬은 머튼이 '침묵과 고독'을 통해 다른 인류를 발견하고 다른 이들과 매우 친밀한 관계를 맺고 존중하게 되었다는 점에 주목하며 침묵과 고독이 내적인 연대성의 근거가 된다고 보았다. 나우웬은 전통적인 관상생활에서 추구하는 고독이 고립이 아니라 다른 인류와 깊이 연결되어 있다는 점을 발견한 것이 머튼의 수도생활에서 전환점을 이룬다고 평가한다.[163]

머튼이 1950년대 말부터 동양종교나 타종교 신비주의에 대해 적극적으로 수용하고 타종교와 대화의 문을 열었다는 점은 일반적으로 잘 알려졌다. 헨리 나우웬은 머튼이 동양종교에 관심을 기울인 이유를 지성적 분석과 정교한 이론을 통해 관상이나 진리에 다가서려는 서구적인 태도의 한계 때문이었다고 보고 있다.[164]

---

162) Ibid., p. 100.
163) Ibid., pp. 92–93.
164) Ibid., p. 95.

(3) 헨리 나우웬의 마음의 기도

나우웬은 기도를 하나님 현존에 머무르는(dwelling in the presence of the One) 훈련이라고 정의한다. 또 기도를 '영혼의 작업'이라고 보았다. 나우웬은 인간의 영혼 안에 하나님이 친밀한 방식으로 머물러 있는 거룩한 중심이 자리하고 있다고 본다. 그리고 인간 영혼 안에 자리한 하나님께 나아가는 것을 기도로 정의했다. 그런데 나우웬이 관상기도로서 강조하는 것은 마음의 기도(the prayer of the heart)이다. 그는 기도를 통해 우리 안에 있는 하나님의 생명(the life of God)을 알아봄으로써 우리 안에 있는(within us) 하나님이 우리 가운데(among us) 있는 하나님을 알아보는 것이라고 보았다. 나우웬은 내 안에 있는 하나님을 알아봄으로써 이 세상에서 하나님을 보고, 그분을 보이게 만드는 것이 관상기도의 핵심이라고 말했다. 그는 인간 안에 자리한 하나님을 알아보는 기도는 인간의 마음과 하나님의 마음이 일치하는 데서 이루어진다고 보았고 이를 "마음과 마음이 말한다"라고 표현한다. 나우웬은 정신과 더불어 마음으로(with mind in the heart) 옮겨가는 기도를 마음의 기도(the prayer of the heart)라고 불렀다.[165]

헨리 나우웬에 의하면 참된 기도는 마음으로 드리는 기도라고 하고 있다. 먼저, 이 마음의 기도는 사막의 교부들 영성에 기초해 있다. 사막의 교부들은 마음의 기도가 무엇인지 그 길을 제시해 준다. 성경에서 "항상 기도하라"의 축어적 번역은 "와서 쉬라"이다. 여기서 '쉰다'의 헬라어는 '헤세키아'(hesychia)로서, 이 말에서 사막의 교부들이 추구한 영성을 의미하는 '헤시키즘'(hesychasm)이나 '헤시키스트'(hesychist)라는 단어가 나왔다. 헤시키스트들은 고독과 침묵을 추구하면서 그 안에서 참다운 휴식을 누린 자들이다. 그것은 갈등이나 고통이 없는 것이 아니라, 오히려 격렬한 일상의 투쟁 한 가운데 하나님 안에서 진정한 휴식을 우리는 것을 의미한

---

165) Ibid., pp. 126-127.

다. 즉 끊임없는 기도에서 바로 그런 휴식이 나온다는 것이다. 그런데 나우웬에 의하면 사막의 교부, 즉 헤시키스트들은 이런 기도를 지성이 아니라 마음(heart)에 의해서 드렸다. 지성이 기도에서도 작용하지만, 더 중요한 것은 마음이라는 것이다.[166]

나우웬은 수도자 러시아 수도자 테오판의 말을 빌려 마음의 기도를 이렇게 정의한다. "기도하는 것은 지성과 함께 마음속으로 내려가 그곳에서 당신 안에 영원히 현존하시며 널리 만물을 내다보시는 주님의 면전에 서는 것이다." 여기서 마음은 모든 신체적·정서적·지성적·의지적·도덕적 에너지의 원천을 의미한다. 마음은 하나님이 거하는 곳이요, 하나님께로 나아가는 길이며, 바로 기도가 이루어지는 장소이다. 마음의 기도는 자신이 중심이 되어있던 상태에서 자신을 하나님께로 향하게 하는 기도이다. 마음의 기도는 하나님에 관한 흥미 있는 말이나 종교적인 정서에 국한하지 않게 하는 기도이다. 마음의 기도는 하나님과 우리 자신의 진리로 눈을 뜨게 하며, 우리의 전 존재를 하나님과의 참된 관계로 변화시킨다. 마음의 기도는 하나님 앞에 우리의 전 존재를 숨김없이 드러내며, 하나님의 자비에 우리 자신을 전적으로 내맡기게 한다. 그러므로 자기 마음속으로 깊이 들어가는 것이 기도의 첫 과제이다. 물론 이것은 계속적인 훈련을 필요로 한다. 그런데 지성 지향적인 세계에서 우리 안에서 기도하시는 하나님의 이끄심에 더 잘 귀를 기울이기 위해서 마음의 기도에 이르는 진지한 수련이 필요하다고 한다. 다시 말해, 생명의 원천이신 하나님에게 우리의 인격적 친밀함이 뿌리내리기 위해 이런 마음의 기도가 필요하다는 것이다.[167]

나우웬은 이런 마음의 기도의 구체적인 방식으로 여러 가지가 있을 수 있다고 보았다. 그는 여러 마음의 기도 방식 가운데서도 지금 시대에 가장 적절한 마음 기도의 방법으로 동방정교회의 헤시카즘의 기도를 들었다. 헤시카즘(Hesychasm)은 침묵을 뜻하는 헬라어 hesychia에서 유래한

---

166) 이정순, "헨리 나웬의 목회와 영성 이해", op. cit., pp. 569-570.
167) Ibid., p. 570.

말로 비잔틴 금욕수련자(ascetics)가 마음의 침묵 가운데서 이미지(image)나 관념(thinking)에서 탈피하는 영적 수련방식으로 도입하면서 시작되었다. 초기에는 마음의 침묵을 얻기 위한 방식으로서 예수의 이름을 부르고 자비를 청하는 짧은 예수 기도(Jesus prayer)를 반복하는 방식이었다. 이는 12세기에 신체적인 침묵과 예수의 이름에 집중하며 숨을 조절하는 방식으로 발전했다. 이 방식은 그리스 아토스산을 중심으로 판텔레이몬(St. Panteleimon) 수도원에서 시작되었다고 알려졌다. 나우웬은 헤시카즘 기도 방식을 담고 있는 「기도의 기술」(The Art of Prayer)이 토마스 머튼이 가장 좋아하는 책이라고 함으로써 머튼을 통해 이 기도 방식을 접했음을 밝힌다. 나우웬은 곳곳에서 헤시카즘 기도 방식을 언급하고 독자들에게 추천했다. 나우웬은 예수님의 이름을 부르는 기도가 하나님의 친밀한 일치로 이끌어 준다고 말한다.[168]

그러면 어떻게 마음의 기도를 드리는가? 이에 대하여 나우웬은 세 가지 방법을 제시한다.[169]

첫째, 마음의 기도는 짧고 단순한 기도로부터 발전된다. 곧 "오 하나님, 오셔서 저를 도와주소서," "나의 주님이신 예수여 저에게 자비를 베푸소서"와 같은 짧은 문장들을 반복함으로써 마음의 기도를 시작할 수 있다는 것이다. 또 때에 따라서는 "주님"이나 "하나님"이라는 단어만을 반복할 수도 있다. 이중 "예수여 저에게 자비를 베푸소서"라는 기도문은 동방정교회 전통 속에 오랫동안 내려오는 그 유명한 '예수의 기도'(Jesus Prayer)이다.

그러면 왜 이런 단순한 기도문들이 필요한가? 그것은 우리가 침묵하며 하나님의 말씀을 기다릴 때 일어나는 수많은 생각과 관념들로부터 벗어나, 우리의 마음을 제대로 모으고, 마음 깊은 곳에서부터 하나님을 향하기 위해서이다. 곧 이런 반복적인 기도는 마음으로 내려가 하나님께로 올라

---

168) 신광식, "헨리 나우웬(Henri Nouwen)의 그리스도교 관상전통의 재해석과 적용에 관한 연구", op. cit., pp. 127-128.
169) 이정순, "헨리 나웬의 목회와 영성 이해", op. cit., pp. 570-571.

가는 사다리와 같은 역할을 한다.

둘째로, 마음의 기도는 끊임없이 지속적으로 이루어져야 한다. 이것은 기도가 나 자신의 생활을 통해, 나 자신의 내면 속에서 계속적으로 진행되는 것을 의미한다. 다른 사람들과 이야기를 하거나 혹은 육체적인 노동에 집중하고 있을 때라도 내 안에서 계속되는 기도를 의미한다. 나우웬은 역설적으로, 기도가 어떻게 끊임없이 이루어질 수 있는지를 간청하는 것이 기도라고 말한다.

셋째, 마음의 기도는 포괄적이다. 마음의 기도는 우리의 모든 관심사를 포괄한다. 우리가 지성을 가지고 마음속으로 들어가 하나님의 현존에 참여하게 되면, 모든 정신적 성향들은 기도가 된다. 바로 마음의 기도 힘은 인간 지성의 모든 것이 기도가 되게 하는 데 있다. 마음의 기도는 인간 영혼 구석구석까지 영향을 미치고 변화시키며, 더 나아가 사회를 변화시키는 힘이 된다고 하고 있다.

헨리 나우웬은 침묵과 마음의 기도로 대표되는 이런 신비주의의 길이 개인의 내면적인 차원에만 머물지 말고 사회 속에서의 실천과 연결되어야 함을 잊지 않고 강조한다. 고독과 침묵과 마음의 기도로 개인의 전 존재가 하나님과 하나 되어 새롭게 변화되어야 할 뿐 아니라, 더 나아가 인간 사회, 정치, 경제전 분야로까지 실천의 문제가 확대되어야 한다는 것이다. 그래서 불의한 사회 구조와 온갖 악의 문제까지도 제기하고 변화시키도록 노력할 수 있어야 한다는 것이다. 그러므로 그의 침묵의 영성, 마음의 기도 영성은 곧 사회 변혁의 영성으로까지 발전하게 된다고 하고 있다.[170]

(4) 헨리 나우웬의 관상 이해

나우웬은 기도가 하나님께 공간(space for God)을 마련해드리고 하나님과의 친밀한 통교를 이루는 가장 기본적인 움직임으로 영적 생활의 기

---

170) Ibid., p. 572.

본 바탕을 이룬다고 보았다.[171]

나우웬은 관상기도를 인간 안에 자리한 '신적 자아에 참여하는 것(a participation in this divine self)'이라고 말하면서 하나님 현존에 머무르는(dwelling in the presence of the One) 훈련이라고 정의하고 있다.[172]

나우웬은 1979년 발간된 「로마의 어릿광대」에서 관상기도를 "그리스도를 마음에 그려보는 것으로 그리스도가 우리의 내적 공간 안에 항상 현존하는 이콘(icon)이 될 수 있도록 들어오게 하는 것"이라고 말한다. 그는 "사랑스러운 눈으로 주의 깊게 그리스도를 바라봄으로써, 우리는 우리의 정신과 마음으로 그분께 나아가는 것을 배우게 된다"고 언급한다. 따라서 나우웬은 먼저 관상기도에 들어가기 전날에 복음을 전날 미리 읽고 떠올리도록 권고한다. 이에 나우웬은 구체적인 관상기도 훈련 방식으로 상상력을 이용해서 그리스도의 현존 안으로 들어가는 방식을 다음과 같이 제시하고 있다.[173]

> 관상기도를 위한 아주 간단한 훈련은 매일 저녁 잠자리에 들기 전에 다음날 전례의 복음을 특별히 주의를 기울이며 읽는 것이다. 특별히 위로를 주는 문장이나 단어를 골라 몇 차례 반복함으로써 그 한 문장이나 단어를 통해 전체 내용이 머리 속에 떠오르게 되고, 천천히 머리에서 마음으로 내려올 수 있도록 하는 것이 유익하다.[174]

헨리 나우웬은 이콘을 "영원을 내다보는 창문"이라고 은유한다. 그는 이콘의 이차원적 표면 뒤에는 그것을 초월하는 하나님의 정원이 놓여있고 우리는 이콘이라는 이 창문을 통해 사랑의 하나님과 깊은 친교를 나누도록 이끌리게 된다고 설명한다. 이어 헨리 나우웬은 이콘에 대한 자신의

---

171) 신광식, "헨리 나우웬(Henri Nouwen)의 그리스도교 관상전통의 재해석과 적용에 관한 연구", op. cit., p. 196.
172) Ibid., p. 197.
173) Ibid., p. 201.
174) Ibid., p. 201에서 재인용.

묵상을 제시하고 독자들도 이콘 앞에 머물기를 청하면서 "삶 속에 계시는 하나님의 놀랍고 사랑 어린 현존을 한층 더 깊이 알았으면 좋겠다"고 말한다.175)

이렇게 나우웬은 창문이라는 표현을 주로 관상생활을 은유적으로 표현할 때 사용했다. 나우웬은 세상의 저 건너편을 보여주고 참된 본질을 계시해 주는 것이 관상생활이며 창문이 이 역할을 한다고 말한다.176)

> 우리가 창문(a window)을 통해서 뭔가를 볼 수 없다면 그것이 진정한 창문일 수 없는 것처럼 우리의 세상이 불투명한(opaque) 상태로 남아 있고 그 너머 저편을 우리에게 짚어(point)주지 않는다면 이 세상은 우리에게 자신의 진정한 정체성을 보여줄 수 없다.177)

나우웬은 관상전통의 일치, 관상, 환시 등의 용어 대신 '친밀함'이라는 개념을 사용한다. 관상전통에 나타나는 관상처럼 '친밀함'은 인간의 노력으로만 얻을 수 없고 은총을 통해서만 가능하다는 수동적 성격을 그대로 보존한다. 그러면서도 그는 하나님과의 친밀함을 통해 이웃과의 연대성으로 나아간다는 것을 보임으로써 친밀함의 의미를 확장해서 사용한다.178)

나우웬은 하나님께 이르는 길을 정화, 조명, 일치의 길로 구분하는 전통적인 방식 대신 '움직임(movement)'이라는 개념을 사용한다. 그는 하나님께 나아가는 과정을 양극점 사이의 지속적인 움직임으로 보았으며 일상에서 경험하는 부정적인 체험까지를 아울러 계속해서 순환하며 성장하는 과정으로 제시하였다.179)

나우웬은 관상의 준비로서 정화의 과정에서 '비움, 초탈'이라는 개념 대신 '영적 공간의 창출과 발견'이라는 개념을 사용한다. 나우웬은 영적 공

---

175) Ibid., p. 205.
176) Ibid., p. 206.
177) Ibid., p. 206에서 재인용.
178) Ibid., p. 241.
179) Ibid., p. 241.

간을 발견해야 한다는 표현과 창출해야 한다는 표현을 동시에 사용하고 있으며 이는 신비가들의 신학적 인간이해와 관련이 있다. 나우웬이 영적 훈련의 목적으로 제시하는 공간의 성격은 관상전통의 정화의 과정과 관련된다. 그가 하나님께 나아가는 준비로서 공간의 창출과 발견 특히 '집'이라는 단어를 사용한 배경에는 현대인들이 존재의 근원이 되는 '집(home)'을 잃어버렸다는 문제의식을 보여준다. 이는 근대 이후 영적인 질서를 의미했던 우주가 물리적 우주로 바뀌면서 우주적 의미 지평을 상실한 것과 관련되어 이해할 수 있다.[180]

나우웬은 이미지와 스토리텔링을 활용해서 상상력을 활용한 이냐시오식 관상기도를 성경만이 아니라 그림이나 한 인생의 이야기에 확장 적용한다. 그리고 관상전통에서 하나님과의 일치에서 드러나는 엑스터시(ecstasy, ecstasis)를 공동체적인 차원의 변화와 움직임 더 나아가 지구적 엑스터시(global ecstasy)로 그 개념을 확장하고 있다.[181]

그리고 나우웬은 하나님과의 일치를 표현하는 말로 자주 사용하는 용어인 '엑스터시'의 의미를 확장시킨다. 나우웬은 당대가 기쁨이 없는 세대라는 것에 주목했고 전통적인 엑스터시의 의미를 '정적인 것(static)'에서 벗어나(ek)' 변화, 재생, 회복, 움직임에서 오는 기쁨으로 확장시켰다. 또 황홀한 기쁨만이 아닌 슬픔, 실패, 수난의 모든 경험까지를 포괄하는 통합적인 기쁨으로 재해석한다. 무엇보다도 엑스터시를 고립된 개인을 넘어서 공동체적인 삶으로 나아가고, 넓게는 지구적인 차원의 연대로 확장시켜서 적용한다.[182]

2. 한국교회에서의 관상

---

180) Ibid., pp. 241-242.
181) Ibid., p. 242.
182) Ibid., p. 243.

가. 리차드 포스터(Richard J. Foster)의 관상

(1) 리차드 포스터는 누구인가?

퀘이커 교인인 리처드 포스터(Richard J. Foster)는 미국 아주사 퍼시픽 대학교, 미시건의 스프링 아버 대학교의 영성신학 교수이며, '레노바레'(Renovare)의 설립자다. 영성 운동의 대중화에 힘썼으며, 삶에 적용되고 이웃과 사회의 영성을 깊게 하는 크리스천 영성의 영향력을 넓혀나간 인물이다. 그의 저서로는 「영적 훈련과 성장」(Celebration of Discipline), 「기도」, 「돈, 섹스, 권력」, 「신앙고전 52선」, 「영성 고전 산책」(Spiritual Classics) 등이 있다.[183]

1984년 미국에 리처드 포스터가 창립한 레노바레(라틴어 Renovare)는 신비주의 퀘이커교와 관상기도의 영향에 산물이다.[184] 레노바레(ronovare)란 "새롭게 하다"(to renew)라는 뜻의 라틴어 '레노보'(renovo)에서 파생된 단어로서 '갱신', '부흥'이란 말이다.[185]

레노바레 운동은 영성회복운동으로서 레노바레측이 정의하는 바에 의하면 레노바레는 침묵 속에서 자신의 내면으로 들어가 하나님의 임재를 체험하면서 스스로 변화되고, 이를 통해 교회와 이웃을 새롭게 하는 운동이다. 원하는 것을 큰 소리로 외치는 기존의 통성기도와 달리 침묵기도는 고요함 속에서 하나님의 사랑을 체험하는 '내면 여행'을 강조하는 영성운동이라고 하고 있다. 이러한 레노바레 운동의 핵심은 바로 '침묵기도' 혹은 '관상기도'라고 불린다.[186] 이는 로마카톨릭의 관상기도(觀相祈禱)와 유

---

183) 위키 백과, 항목 "리처드 포스터", https://ko.wikipedia.org/wiki/리처드_포스터.
184) 원문호, 「관상기도 레노바레의 정체성」, (서울: 국제진리수호연구소, 2010), p. 26.
185) 김광락, "레노바레의 관상기도에 관하여", https://revkimgl.tistory.com/531
186) Ibid.

사한 것으로 설명할 수 있다.[187] 이러한 레노바레(Renovare)라는 명칭으로
한국교회에 소개한 대표적인 인물이 이동원이다.[188]

(2) 리차드 포스터의 관상 이해

여하튼 리차드 포스터는 그의 책 「기도」라는 책에서 관상기도(무언
의 기도)에 대해서 언급하고 있다. 즉 관상기도는 하나님께 대한 애정 어
린 정신집중이다. 우리를 사랑하시고, 우리와 가까이 계시며, 우리를 자신
에게로 인도하시는 하나님께 주의를 집중하는 것이다.[189] 관상기도를 드리
는 사람들이 감정에 대해서 말할 때 의도하는 것은 바로 이렇게 하나님과
의 내적인 교제 속으로 들어가는 것이다.[190] 이러한 관상기도의 목표는 하
나님과의 연합이라고 말한다.[191] 즉 관상기도(觀想祈禱)의 목적은 하나님과
의 친밀한 교제 초월적인 사랑/ 황홀경)이다. 그 목표는 신비주의 신인합
일(神人合一)의 신의 임재로서, 하나님의 음성을 들을 수 있다는 혼합영성
의 이론과 실제는 어두움의 영이 위장한 역사로 진리의 분계선을 자유롭
게 왕래케 한다. 이를 성취하는 단계는 감각과 영의 정화 단계, 조명의 단
계, 일치 기도를 위한 만트라의 실행, 이는 모든 지성의 상상력과 이미지,
느낌이나 생각을 멈춘 수동 상태에서 내면에 세계로 들어가는 능동적인
체험과 치료를 위하여 부르짖는 외적 정화, 침묵 상태로 들어가는 내적인
정화의 단계에 머물게 된다. 이후 비로소 조명의 단계로 하나님께서 은총
으로 다가오셔서 하나가 되는 일치를 경험한다. 이를 영적인 약혼, 결혼이
라 한다. 이것이 신인합일(神人合一)이다.[192]

그런데 관상을 옹호하는 사람들은 신인합일에 다음과 같이 의미하는

187) 원문호, 「관상기도 레노바레의 정체성」, op. cit., p. 115.
188) 이혜원, "관상기도 연구", (미간행석사학위논문: 감리교신학대학교 대학원, 2005), p. 12.
189) Richard J. Foster, Prayer, 「기도」, 송준인 역, (서울: 두란노출판사, 1995), p. 213.
190) Ibid., p. 214.
191) Ibid., p. 215.
192) 원문호, 「관상기도 레노바레의 정체성」, op. cit., pp. 26-27.

것이라고 변명하고 있다. 즉 기독교 관상전통에서 하나님과의 연합 또는 하나님과의 합일은 존재론적 합일을 말하는 것이 아니라 우리와 하나님의 사랑의 합일, 의지의 합일을 뜻한다고 하고 있다. 기독교 영성의 역사 연구에 있어서 버나드 맥긴(B. McGinn)은 만약 하나님과의 연합이 개인의 인격이 상실되면서 이루어지는 흡수나 동화와 일치의 경험으로 간주한다면 우리 기독교 역사에 그러한 신비주의자는 거의 존재하지 않는다고 말한다.[193] 여기에서 유해룡은 관상으로도 표현되는 하나님과의 연합은 하나님의 본성과 인간의 본성이 연합됨으로써 인간적 속성이 소멸되고 하나님의 속성으로 흡입된다거나 혹은 하나님의 본성이 인간의 본성에 흘러들어와 인간을 하나님 되게 하는 차원이 아니며, 삼위일체 되신 하나님과의 관계 속에서 이루어지는 인격적인 일치를 의미한다고 하고 있다.[194]

이에 레노바레 관상기도에 대하여 원문호는 "관상기도 신인합일(神人合一)에 연합은 신비주의요, 범신론적인 이단의 사상이요, 인간이 신을 움직이는 접신 행위로서, 하나님은 가증이 여기시고 용납하지" 않는 것이라고 비판하고 있다.[195]

이렇게 관상기도에서의 신인합일은 위험천만한 것으로 기독교에 깊숙이 숨어들고 있다. 이러한 행위를 성경은 용납하지 않을 뿐 아니라, 관상기도의 방법론에 의한 성화는 회칠한 무덤에 불과한 것으로 여호와는 가증이 여기신다. 성도의 성화는 자기 죄를 자백, 모든 행실에서 점진적으로 맏아들의 형상을 본받기 위하여(롬8:29) 새사람을 입는 것이지(엡4:22~24), 관상기도 방법론으로 성화가 되거나 영화를 완성하는 것이 아니다.[196]

이제 리차드 포스터는 관상기도에는 세 가지 기본적인 단계가 있다고 하고 있다.

첫 번째 단계는 '마음의 평정'이다. 이것은 기도자가 정신이 통일되거나

---

193) Bernard McGinn, The Foundations of Mysticism: Origin to the Fifth Century, 「서방 기독교 신비주의의 역사」, 방성규·엄성옥 공역, (서울: 은성출판사, 2000), p. 20.
194) 유해룡, "칼빈의 영성학 소고," 「장신논단」 제16집(2000), p. 549.
195) 원문호, 「관상기도 레노바레의 정체성」, op. cit., p. 27.
196) Ibid., p. 27.

마음이 온전히 하나 될 때까지 그저 자기 자신을 들여다보는 것을 뜻한다. 바실 페닝턴(Basil Pennington)은 그것을 '집중적인 기도'라고 했고, 수 몽크 키드(Sue Monk Kidd)는 '임재기도'라고 했으며, 옛 퀘이커 교도들은 '침잠'이라고 하였다.[197]

마음의 평정을 이루는 방법이 하나 있다. 먼저 편안하게 자리에 앉아서 천천히, 그리고 신중하게 모든 긴장과 방법을 내버리는 것이다. 그다음 방안에 계신 하나님의 임재를 느껴보라. 아마 당신의 맞은편 의자에 앉아 계신 예수님의 모습을 그리고 싶을지도 모르겠다. 왜냐하면, 예수님께서 참으로 그곳에 와 계시기 때문이다. 걱정거리가 생기거나 정신이 산만해지면 그것을 다만 아버지의 품 안에 올려 드리고 아버지께서 해결해 주시도록 맡기라. 이것은 우리 마음속에서 일어나는 소동을 억누르는 것이 아니라 풀어 버리는 것이다. 억제란 내리누르는 것이며 제지하는 것을 말하는 반면, 마음의 평정이란 내버리는 것이며 풀어주는 것이다. 정확히 말해서 하나님이 우리와 함께 계시기 때문에 우리는 마음의 평정을 유지할 수 있고 또 모든 것에서 자유 할 수 있다.[198]

관상기도의 두 번째 단계로 아빌라의 테레사는 '고요기도'라고 부르는 것으로 인도받는다. 이제 기도자는 마음의 평정을 통해 마음속의 온갖 방해 요인들과 정신을 분산시키는 것들과 의지를 박약하게 하는 것들을 모두 내버렸다. 하나님의 사랑과 찬양의 은혜가 대양의 파도처럼 우리를 씻어준다. 그렇기 때문에 내적으로 하나님의 움직임에 민감해지는 모습을 경험한다. 기도자의 존재 중심에는 요동하지 아니하는 고요함이 있다. 그 경험은 다지 침묵한다든가 말이 없는 것이 아니라 그보다 더 심오한 것을 말한다. 거기에는 분명히 고요함이 있다. 하지만 그것은 하나님의 음성에 귀 기울이는 고요함이다. 우리의 마음이 비뚤어져 무조건 풍부한 것, 많은 것만을 찾을 때보다 마음이 고요할 때 우리는 더 살아있고 더 활동적임을 깨닫는다. 우리 속 깊이 있던 그 무엇이 깨어나 의식을 갖게 된 것이다.

---

197) Richard J. Foster, Prayer, 「기도」, 송준인 역, (서울: 두란노출판사, 1995), p. 219.
198) Ibid., p. 219.

우리의 영혼이 바짝 긴장하여 하나님의 말씀에 방심하지 않고 귀를 기울이는 상태가 된다.[199]

관상기도의 마지막 단계는 영적인 신비체험으로 황홀경에 들어가는 것이다. 이것은 기도자가 해야 할 일이 아니라 하나님께서 기도자에게 역사하시는 일이라는 점에서 앞에서 말한 두 단계와는 아주 다르다. 여기에서 기도자의 책임은 성령께서 우리에게 역사하시도록 끊임없이 마음을 열어 놓고 받아들일 준비를 갖추는 것이다. 황홀경은 최고도에 달한 관상의 기도이다. 그러나 관상의 기도 생활에 있어 인정받는 권위자들조차 이 황홀경을 그들 생활의 필수불가결한 것으로 보기보다는 지나가는 일시적인 체험이라고 생각하였다.[200]

이러한 레노바레 관상기도와 관련하여 한국에 어떤 교회는 촛불을 켜고 종소리를 울리면서 하나님의 임재를 기다리기도 하였다고 한다. 이는 신비경험 중독의 행위로서 참믿음에 결과가 아니다. 이런 관상기도나 레노바레는 구원을 받은 성도에게 모범이 아닐 뿐 아니라, 종교인들이 신의 존재와 접신에서 무엇을 느껴서 안위를 얻으려는 인위적인 의도에 결과이다. 이를 실행함은 마약에 중독된 환상의 결과나 다를 바가 없어 신체 기능에 장애를 일으키듯이, 정통신앙에 혼란은 물론 영적인 순기능에 마비를 초래한다고 원문호는 지적하고 있다.[201]

나. 한국에서의 관상 현황

관상적인 영성운동은 수도원적이고 사막교부들과 같이 살고자 하는데 그 목적을 갖고 있다. 그리고 현실 도피성과 신비주의적이고 은둔적인 형태를 취하게 된다. 이들의 특징은 "하나님을 만나기 위해 참 존재나 무아경(ecstatic) 말을 위한 내적 추구나 숙고하는 명상을 개인이 경험하려고

---

199) Ibid., p. 220.
200) Ibid., p. 223.
201) 원문호, 「관상기도 레노바레의 정체성」, op. cit., p. 27.

노력"한다는 것이다. 궁극적 목적은 하나님과의 신자가 신비적 연합이고 하나님의 현존을 내적으로 인식하고 하나님의 사항을 늘 명상하는 것이다. 가시적이고 명백한 세계 이면에 있는 불가시적 하나님을 보고자 추구한다. 그래서 믿음의 경험적인 면들과 감성적인 면들에 의존하는 경향을 갖는다. 이러한 영성의 형태는 교회사적으로 볼 때, 사막의 교부들이나 수도원운동을 일삼았던 수도사들이 행했던 것으로 지금에 이루어지는 한국교회의 수도원적 수덕이나 관상적 영성 형태가 여기에 속한다고 볼 수 있다. 그리고 로마카톨릭에서 이전부터 행하고 있던 형태였다.[202]

그런데 종교개혁 이후 관상기도의 유산은 살아 있는 전통으로서 사실상 사라졌었다고 한다. 그러나 20세기 서양대서 문화적 교류와 대화, 그리고 역사적 연구에 힘입어, 기독교의 관상적 전통이 재발견되기 시작되었다. 1970년 초 신부인 미국의 토마스 키팅의 권고 하에 윌리엄 메닝거가 '무지의 구름'의 기도방법을 도입하여 시험적으로 시도한 것이 큰 호응을 얻었다. 그 후 1976년부터 향심기도라 이름하여 관상기도 피정이 시작되었고 1983년 처음으로 뉴욕에서 관상기도 세미나가 열렸다. 그리고 관상지원단인 관상생활센터가 1987년에 콜로라도 덴버에서 정식으로 발족되었고, 2002년에는 관상지원단 한국사무국이 문을 열었다.[203]

이러한 관상기도가 우리나라에서는 관상기도라는 용어와 함께 향심기도, 구심기도, 센터링 침묵기도, 센터링 기도 등의 용어가 사용되고 있다.

이 중에 센터링 기도는 키팅이 중세의 무지의 구름(The Cloud of Unknowing)과 어둔 밤(The Dark Night of the Soul) 등 중세 관상기도 전통을 현대적으로 응용하면서 생겨난 용어로서 이 용어가 한국에서 번역될 때 한국관상지원단은 '향심기도'로, 왜관수도원에서는 '구심기도'로, 감신대 권희순은 '센터링 침묵기도'로 번역하였다.[204]

---

202) 라은성, "한국교회 영성신학 비판-관상신학을 중심으로", 「조직신학연구 5권」, 한국복음주의조직신학회(2004), pp. 232-233.
203) 이은선, "세속화 시대의 기독교 영성: 관상 기도에 대한 비판적 고찰을 중심으로", op. cit., p. 82.
204) Ibid., p. 81.

이러한 관상기도가 우리나라에서는 관상기도라는 용어와 함께 향심기도, 구심기도, 센터링 침묵기도, 센터링 기도 등의 용어가 사용되고 있다. 이 중에 향심기도(向心祈禮)라는 용어는 센터링 기도(Centering prayer)를 번역한 것이다. 이 표현은 한국 관상지원단이 만든 것이다. 반면 같은 용어인 센터링 기도(centering prayer)를 분도 왜관수도원에서는 오래 전부터 구심(求心)기도라고 옮겨 사용했다. 반면 감신대의 권회순은 동일한 표현을 '센터링 침묵기도'라고 옮긴다. 종합하면 센터링 기도라는 표현이 우리말로는 향심기도, 구심기도, 센터링 침묵기도 등으로 다양하게 번역되어 사용되고 있다. 그런데 우리말 표현에 어려움을 주었던 본래의 영어의 표현인 '센터링 프레어'(centering prayer)는 20세기에 미국이라는 장소에서 태어난 새로운 표현으로 「무지의 구름」(The Cloud of Unknowing)이나 「어둔 밤」(The Dark Night of the Soul) 등 중세의 관상기도 전통을 현대적으로 응용하려는 토마스 키팅 등에 시도에 의해 만들어졌다.[205] 이에 필자는 '센터링 기도(향심기도)'나 '향심기도'로 병행하여 표기하고 있다.

그런데 한국교회의 관상기도 역사는 로마카톨릭의 소수의 수도자들이나 혹은 공동체의 수도자들에게만 수련되고 있는 소수의 특별한 기도였다. 그러나 로마카톨릭교회에서나 성공회에서도 일반 신자들을 위한 관상기도 모임이 열리기 시작하였다.[206]

여기에 지구촌교회 이동원은 관상기도의 측면을 하나님과의 일치, 영혼의 쉼, QT의 확장, 침묵, 관상적 삶 등으로 말하면서 지구촌교회와 그 파생교회들을 중심으로 관상기도 세미나를 하면서 목회자들과 일반 신도들에게 관상기도를 소개하였다.[207]

---

205) 남성현, "관상기도 전통에 대한 소고(小考)", 「韓國敎會史學會誌 第21輯」, 한국교회사학회 (2007), pp. 104-105.
　　이은선, "세속화 시대의 기독교 영성: 관상 기도에 대한 비판적 고찰을 중심으로", 「성경과 신학」 제49권, (한국복음주의신학회, 2009), p. 81.
206) 이혜원, "관상기도 연구", op. cit., p. 12.
207) Ibid., p. 12.

이동원은 1998년 관상기도를 처음 접한 후 문화적인 충격과 신앙적인 충격으로 말미암아 확신을 갖지 못하다가 미국의 Shalem Institute에서 관상기도를 체계적으로 접하고 수련하면서 확신을 갖게 되었다고 한다. 이후 차츰 지구촌교회 내에서만 목회자들과 재직자들을 중심으로 이 기도를 수련하다가 차츰 평신도들에게 전파하고 이후 다른 교회 목회자들에게 접할 수 있는 기회를 주었으며 이후 목회자를 동반한 평신도들에게도 세미나에 참석할 수 있도록 하는 등 관상기도를 한국교회들에게 전달하는 역할을 하였다.[208]

이승구는 오늘날 개혁교회 교인 중에서 관상기도를 널리 보급하는 데 앞장선 사람들은 퀘이커 전통 속에 있는 리처드 포스터(Richard Foster), 리전트 컬리쥐의 유진 피터슨(Eugene H. Peterson), 침례교 전통 속에 있는 존 에커만 등을 들고 있다. 우리나라에서는 한신대학교의 권명수, 장신대학교의 유해룡과 오방식, 감신대학교의 이정배과 이후정, 그리고 고려수도원의 박노열, 다일 공동체의 최일도, 방영식, 이건종, 그리고 이제는 더이상 그 용어를 사용하지 않으려고 하는 이동원을 대표적인 예로 들고 있다.[209] 이 중에 이동원은 2011년도에 "관상기도 세미나 하지 않겠다" 발표하였다.[210]

여기에서 대표적 한국개혁교회 신학교라 할 수 있는 장로교신학대학교와 감리교신학교에서도 관상기도 모임이 열리고 있다. 장로교신학대학교는 이냐시오의 묵상법에 따라 관상의 길로 인도하고 있으며 감리교신학대학교는 안석모가 1994년 시작한 이래 권희순의 센터링기도로 관상기도의 길을 인도받고 있다고 이혜원은 밝히고 있다.[211]

또한 한국에서의 관상기도는 수도원운동을 하는 곳을 통하여 전파되고 있음을 필자는 파악하고 있다.

---

208) Ibid., p. 12.
209) 이승구, "합신측 96회 총회 '관상기도 운동' 연구보고서", 교회와신앙」, 2011. 10. 28.
210) 김진영, "이동원 목사 "관상기도 세미나 하지 않겠다"", 「크리스천투데이」, 2011. 7. 6.
211) 이혜원, "관상기도 연구", (미간행석사학위논문: 감리교신학대학교 대학원, 2005), p. 13.

그러면 문제가 되는 관상기도가 한국에 있는 교회에 출몰하게 된 배경이 무엇일까? 여러 가지 신앙적인 원인이 있을 것이다. 이에 대하여 림헌영은 "관상기도가 출몰하게 된 배경에는 그저 입술로만 부르짖는 기도에 머물러 있는 한국교회의 대부분 모습이 조금 천박하고 가벼워 보인다는 느낌 때문일 수도 있다. 혹시 웰빙 시대의 귀족스러운 교인들에게 품위 있게 어필할 수 있는 기도방법은 없을까 하여 그저 우아하고 무게감 있는 기도는 없을까를 생각하다가 이러한 비성경적인 이교도적 관상기도에 미혹이 되었을 가능성도 엿보인다."라고 말하면서 그러한 관상기도는 이교도의 신비주의 명상을 도입한 기독교 형의 탈을 쓴 비성경적인 자아 최면의 행각이라고 하고 있다.[212]

그러나 관상기도의 방법은 성경에서 권하는 기도의 방식이 아니다. 잘못하면 사탄이 들어와 활동하게 하는 지름길을 만들어 줄 수도 있어 오히려 하나님에게서 멀어지게 할 수도 있기 때문이다. 어쩌면 서구에서는 관상과 명상이 낯설게 느껴지거나 신비해 보일 수도 있다. 그러나 우리에게는 낯선 것이 아니다. 왜냐하면, 우리나라는 불교의 영향을 받은 나라이기 때문이다. 이교나 불교의 영향권에서 그리스도를 영접한 그리스도인들이 다시 불교와 유사한 명상이나 관상을 통해서 하나님을 만나겠다는 그 자체가 바람직한 신앙관일까?[213]

그런데도 이러한 관상기도(Contemplative Prayer, or Centering Prayer)를 한국교회가 도입하여 아무것도 모르는 교인들에게 주입시키고 있다는 현실은 참으로 가슴 아픈 일이다.[214]

이에 림헌원은 "신·구약 성경 어디에서도 그 근거를 찾을 수 없는 이교도의 영성 관상기도(영성기도, 묵상기도, 경청기도, 침묵기도, 숨(호흡)기도, 마음기도, 향심(向心)기도, 등으로 포장 변형된 용어)가 등장하여 최근 한국 기독교계에 기독교의 신앙과 성경적 가르침의 뿌리를 뒤흔들며

---

212) 임헌원, "관상기도는 묵상이 아닌 자아 최면 행각", https://cafe.daum.net/fgbc/I0Zm/131
213) 마경언, "관상 기도와 명상의 위험성", http://cafe.daum.net/dm3179/3uGm/534 참조.
214) 보이스, "관상기도(Contemplative Prayer)의 위험성", http://www.voamonline.com/ref-1/017_contemplation/

미혹하고 있다. 일부 여러 교단 목회자들이 관상기도 관련 영성기도 행위를 기독교 전통의 강가에서 건져 올린 보석이면서 이 시대의 최고의 영성신학이라고 주장하며 교회성장의 한 방법으로 목회 현장에 도입하고 있는 실정이다."라고 안타까운 사실을 피력하고 있다.[215]

이에 요즘 유행처럼 퍼져 가는 관상기도 운동(Contemplative Spirituality)의 잘못된 영성에 미혹 당하지 않아야 한다고 하면서 조남준은 "관상기도의 명상 영성운동, 이것은 가장 비성경적인 신앙운동으로 동양 신비주의와 연합하여 기독교의 독특성을 말살하려는 운동임을 인식하고 포스터와 머튼의 주도로 진행되는 이 운동을 한국교회로부터 멀리해야 하겠다."고 권고하고 있다.[216]

---

215) 림헌원, "관상기도 관련 영성행위는 성경적 증거 없다", 「이단연구 논문집 제1집」, (아레오바고사람들, 2010), p. 151.
216) 조남준, "개혁주의 성령론에서 본 신비주의 은사론 비판", (미간행석사학위논문: 안양대학교 대학원, 2012), p. 61.

제5장 관상기도의 분류와 단계

1. 관상기도의 분류

가. 관상기도 형태로 본 분류 : 관상에 이르는 길

로마카톨릭교회의 「가톨릭대사전」에서 관상은 이에 도달하는 양식에 따라 수득적(修得的) 관상과 주부적(注賦的) 관상으로 나누어진다고 하고 있다. 이에 전자는 개인의 노력으로써 직관의 능력에 도달하는 것으로 능동적 관상이라고도 한다. 마음을 가다듬어 번뇌를 끊고 진리를 깊이 생각하여 무아정적(無我靜寂)의 경지에 몰입하는 불교의 선(禪)은 이에 해당한다 하겠다(비그리스도교 선언문 2). 한편 후자 즉 주부적 관상은 하느님의 은혜로 인하여 신적(神的) 영역을 체험하고 신비에 대한 깊은 깨달음을 얻는 것으로 수동적 관상이라고도 한다. 일상생활 가운데 성령의 감화를 받아 하느님의 본성을 체험하는 경우가 이의 대표적인 예라고 하고 있다.[1]

일반적으로 관상과 관상기도의 여정에서 하나님께 이르는 두 가지의

---

1) "관상", 「가톨릭사전」,
https://maria.catholic.or.kr/dictionary/term/term_view.asp?ctxtIdNum=263&keyword=%EA%B4%80%EC%83%81&gubun=01

길이 있다. 첫째는 '유념적 방법' 혹은 '긍정의 길'(kataphatic way)이다. 둘째는 '무념적 방법' 혹은 '부정의 길'(apophatic way)이 그것이다.[2]

먼저 유념적 방법 혹은 긍정의 길(kataphatic way)은 모든 피조물이 하나님에게서 나왔기 때문에 피조물을 깊이 관상하게 되면 그곳에서 하나님의 속성을 발견하게 된다고 한다. 그러므로 피조물이 지니고 있는 가장 미천한 속성에서부터 점차 가장 고상한 속성에 이르기까지 계속해서 관상해 나가면 그 피조물 안에 깃든 하나님의 가장 고상한 속성을 맛볼 수 있게 된다. 이렇게 피조물의 가장 하찮은 것에서 가장 고상한 속성을 단계적으로 관상해 가면서 하나님과의 만남을 추구하는 영적 여정의 패턴을 유념적 방법 혹은 긍정의 길(kataphatic way)이라고 한다. 결국 긍정의 길(kataphatic way)은 피조물과 하나님 사이의 유사성에 기초하여 세상 만물이 하나님을 만나고 하나님께 나아가는 데 도움이 된다고 보기 때문에 모든 피조물이나 인간의 모든 선한 경험들은 하나님의 실재를 엿볼 수 있는 창문의 역할을 한다고 한다. 특별히 이러한 기도에서는 기도자의 능동적 활동을 인정하고, 기도 안에서 하나님에 대한 이미지, 개념, 상징, 언어 등을 활용한다. 하지만 유념적 방법으로만 하나님과의 완전한 일치를 추구할 수는 없다. 그것은 피조물이 지닌 가장 고상한 속성조차 하나님과의 유사성도 포함하고 있지만 비유사성을 갖기 때문이다. 따라서 이 비유사성을 제거할 때만이 하나님과의 온전한 일치에 이를 수 있다. 즉 모든 피조물들은 하나님에 '대해서' 말해줄 뿐이며 하나님의 궁극적 실재에 이르도록 하지는 못한다.[3]

이러한 관상기도는 스스로의 노력과 하나님의 도우심으로 하나님의 사랑을 체험할 수 있다는 긍정의 길(Kataphatic way)로 가는 능동적(active) 관상기도이다. 곧 "우리가 하나님에 의해 깨달아질 수 있도록 우리 마음을 항상 열리게 하려고 우리 스스로 행하는 능동적인 노력"이 능동적 관

상기도이다.[4]

또 다른 하나는 스스로의 노력이 아닌 오직 하나님의 은총으로만 하나님과 일치를 이룰 수 있다고 보는 무념적 방법 혹은 부정의 길(Apophatic way)으로 표현하는 수동적(passive) 관상기도가 있다.[5] 즉 하나님은 인간과 질적으로 다른 절대 타자성을 가지며 인간의 어떤 감각과 이성적 작용을 통해서도 그분을 본질적으로 알 수 없기 때문에 이 세상 만물과 인간 안에서 하나님에 대해 말할 수 있는 모든 개념, 이미지, 언어, 상징, 속성들을 하나씩 부정해 나가야 한다. 이를 무념적 방법 혹은 부정의 길이라고 한다. 이런 계속적인 부정을 통해 인간의 모든 개념, 이미지, 생각, 상징들은 잠을 자게 되고, 깊은 침묵과 어둠의 심연으로 들어가게 된다. 이 깊은 심연은 결코 인간의 어떤 감각이나 지적인 인식작용으로도 포착할 수 없는 순전한 영의 세계요 절대적인 세계이다. 이 순수한 세계 속에서 개념화할 수 없는 하나님과의 일치를 이루게 된다고 하고 있다.[6]

때문에 많은 수도자들은 은둔생활과 침묵으로 삶을 일관하는 등, 인간적 활동을 줄임으로써 성령의 활동을 더욱 잘 감지하고자 하였다.[7] 이러한 무념적 방법 혹은 부정의 길(Apophatic way)로 표현하는 수동적 관상은 하나님이 나를 사랑하여 은혜로 내려 주는 것이다. 그러므로 이 단계에서는 나의 노력은 사라지고 오히려 하나님의 은혜로 하나님을 사랑하게 되는 것이다. 이것은 기도자의 마음이 하나님에 대한 사랑으로 불붙고 나의 의지는 하나님의 의지와 일치를 이루어가는 것이라고 한다. 이러한 관상은 정화, 조명, 일치의 3단계 가운데 일치의 단계에서 이루어진다. 이것은 로마카톨릭의 성화의 단계로 영적 성숙의 단계이다.[8]

---

4) Thomas Merton, The climate of monastic prayer, 「마음의 기도」, 이영식 역, (서울: 바오로출판사, 1988), p. 127.
5) 임경수, "그리스도교 관상기도의 재해석과 적용에 관한", (미간행석사학위논문: 수원가톨릭대학교 대학원, 2022), p. 54.
6) 송영민, "토마스 키팅의 향심기도 연구", op. cit., p. 53.
7) 임경수, "그리스도교 관상기도의 재해석과 적용에 관한", op. cit., pp. 54-55.
8) 이은선, "세속화 시대의 기독교 영성: 관상 기도에 대한 비판적 고찰을 중심으로", 「성경과신학」 제49권, 한국복음주의신학회(2009), p. 83.

여기 긍정의 방법에 대표적인 것은 거룩한 독서(Lectio Divina)가 있으며, 부정의 방법에는 「무지의 구름」과 '향심기도'(Centering Prayer)가 있다.[9] 그리고 긍정의 길에 대표적인 신학자는 알렉산드리아 학파의 오리게네스 아다나티우스(Origenes Admantius, 185년경~254년경)이고, 부정의 길은 카파도키아 출신의 닛사의 그레고리우스(Gregorius Nyssenus)이다.[10]

이와 관련하여 5세기 후반에 시리아 기독교와 실 플라톤적인 분위기 아래서 저술 활동을 한 동방교회의 한 수도자였던 디오니시우스(Pseudo-Dionysius)는 그의 작품들을 통하여 신 플라톤적인 형이상학과 성경의 해석법, 그리고 기독교의 내면적인 영적 여정을 잘 조화 통합시켰다. 그는 '긍정적 신학'과 '부정적 신학'이라는 새로운 영적 여정의 패턴을 열어놓았다. 즉 인간이 가지고 있는 하나님에 대한 개념 혹은 이미지는 그것이 아무리 고상할 것일지라도 하나님의 성품을 나타내기에는 충분하지 않다. 아무리 고상한 이미지 일지라고 거기에는 반듯이 하나님과의 공유적 속성과 비공유적 속성을 동시에 지니고 있다고 하였다.[11]

하나님이 피조물에게 부여해 주신 그만큼 유사성을 지니고 있다. 그러나 반면에 그분에게만 속한 무한한 속성에 대해서는 비교할 수 없는 비유사성이 있다. 그래서 유사성을 통하여 하나님을 만나려는 길을 긍정 신학, 혹은 유념적 방법(Kataphatic way)이라고 한다. 그리고 비유사성을 통하여 하나님을 만나려는 방법을 부정신학, 혹은 무념적 방법(Apophatic way)이라고 한다.[12]

긍정적 신학은 단어, 개념, 이미지, 결단 등으로 이루어진 기도이다. 이에 사람은 기도하고 기도하는 말에 주의를 집중하며, 자신의 양심을 성찰한다. 또한, 더 선한 행동을 하기로 결심하며, 자신의 잘못을 인정하며, 세

9) 김양민, "기도교육에 관한 연구", (미간행석사학위논문: 목원대학교 신학대학원, 2008), p. 20.
10) 남재영, "변증법적 유물론의 영성적 사유와 대안 성심기도", (미간행박사학위논문: 감리교신학대학교 대학원, 2020), p. 134.
11) 김양민, "기도교육에 관한 연구", op. cit., p. 19.
12) Ibid., pp. 18-19.

상에 나가서 기도한 대로 살려고 노력한다. 이러한 긍정적 전통은 하나님과 피조물 사이의 유사성을 강조하면서 긍정하는 방법이다. 인간관계에 속한 것을 연구하여 그 원리들과 통찰들을 기도 관계에 적용한다. 이에 사람은 피조물을 통해서 하나님께로 가며, 하나님은 피조 세계 안에 현존하신다.[13]

　부정적 신학은 어떤 대상에 적용되지 않는 것을 말함으로써 그것에 대해 언급하지 않는 것을 의미한다. 부정적 전통은 말이나 단어를 사용하지 않고 우리가 육안으로 태양을 볼 수 없듯이 인간의 말로는 하나님을 묘사할 수 없다고 의식한다. 이것은 역설, 언어의 절제, 궁극적으로는 침묵의 방법이다. 이 부정의 전통은 하나님과 인간 사이의 근본적인 차이점을 강조하는 부정의 방법이다. 결국, 나 자신이 유한한 존재이며 하나님은 무한하시다는 것이며, 내가 할 수 있는 것은 오로지 하나님의 임재 안에 쉬는 것이다. 하나님의 임재 안에 거하는 것은 나의 모든 생각을 초월하시는 하나님께 복종하는 것뿐임을 인정하는 것이다. 이러한 부정의 전통은 우리가 이미지들을 포기해야 한다는 것이며, 그것을 초월하는 지식을 소유해야 한다는 것을 지적해 준다. 그런데 이 두 방법은 모두 필요하며, 이 두 방법에 의존한다.[14]

　수동적 관상기도인 무념과 능동적 관상기도인 유념이라고 하는 두 종류의 관상기도 방법은 관상이라고 하는 최종 목표를 향해 나아가는 수단의 역할로서 존재한다. 이 방법들은 서로 영향을 주고받으며, 최종적으로 완전한 무념의 세계인 관상의 길로 통합된다. 오늘날 유념적인 방법과 무념적인 방법은 이분법적 도식으로 명확히 구분될 수 없는 유기체적 관계 안에서 상호작용한다. 그러므로 관상기도 방법을 명확히 나누어 서로의 방법을 해석하기보다는 관상의 지향을 품으며 수련을 신실하게 하는 것이 더 중요하다고 한다. 따라서 일상생활에서 관상 수련을 할 때 유념과 무념이라는 두 가지의 방법을 상호보완하여 병행 수련하라고 권장하고 있다.[15]

---

13) Ibid., pp. 18-19.
14) Ibid., p. 20.

일반적으로 기독교회의 신비신학 전통에서는 관상기도가 스스로의 노력으로 얻어지거나 혹은 은총의 도움으로 하나님의 사랑을 체험할 수 있다고 미리 예측될 수 있었던 것이라면 '능동적 관상', 또는 '습득적 관상'(acquired contemplation)이라고 한다. 그러나 스스로의 노력이 아니라 순수한 하나님의 은혜에 의해 이루어지는 것이라면 '수동적 관상', 또는 '주입적 관상'(infused contemplation)이라 한다.[16] 그리고 이 두 가지가 혼합되어 있는 관상을 '중간적 관상' 또는 '복합적 관상'이라고 한다.[17] 그런데 엄격한 의미에서 이 주입적(수동적) 관상의 경지가 바로 '관상'이라고 하고 있다. 바로 이 경지에서 영혼은 자신이 지닌 능력에 의한 깨달음이나 혹은 어떤 외부 요소들의 도움이 전혀 없이 오직 하나님의 은총에 의해서 직접적으로 초월의 세계 안으로 몰입되어 들어간다고 하고 있다.[18]

그런데 능동적 관상기도를 위한 노력은 하나님을 향한 갈망을 가지기 위한 '사랑을 채움'을 지향한다면, 수동적 관상기도는 하나님께 마음을 열어드리기 위한 '자신을 비움'을 지향한다. 머튼은 이러한 점에서 능동적 관상기도를 수동적 관상기도를 위한 전제로써 요청하며, 모든 이를 능동적 관상기도에로 초대하고 있다.[19]

여기에 관상기도가 여러 가지 있음을 다양하게 표현하기도 한다. 16세기 스페인의 주앙 드 예수스 마리아 칼라구리타노(Juan do Jesus Maria Calagurritano, 1564~1615)는 관상기도를 세 가지, 즉 자연적인 것, 초자연적인 것, 그리고 신적인 것으로 나누었다. 즉 첫 번째의 자연적인 관상기도는 자연적인 이성의 빛으로 말미암아 우주의 창조주이며 자연적인 진리의 근원이신 하나님께 도달한다. 두 번째의 초자연적인 관상기도는 은총의 창시자이시며 초자연적 구원의 신비와 또한 초자연적 신앙의 빛을

15) 장동원, "관상을 향한 향심기도에 관한 연구", (미간행석사학위논문, 한신대학교 신학대학원, 2021), p. 8.
16) 석현만, "관상기도의 목회적 적용", (미간행석사학위논문: 성결대학교 신학전문대학원, 2006), pp. 15-16.
17) 엄두섭, 「영풍」, (서울: 은성, 1989), p. 128.
18) 석현만, "관상기도의 목회적 적용", op. cit., p. 16.
19) 임경수, "그리스도교 관상기도의 재해석과 적용에 관한", op. cit., pp. 55.

통해 도달한 자연 진리의 창시자이신 하나님께 나아간다. 세 번째의 신적
인 관상기도는 두 번째와 같은 목적을 지니지만 지혜의 선물로부터 유래
한다.[20]

포르투갈의 호세 델 에스피리투 산토(Jose del Espiritu Santo, 1609~
1674)도 세 가지의 관상기도를 제시하고 있다. "관상의 행위는 완전을 향
하는 데 있어서 세 가지 차원으로 나타난다. 신앙의 단순한 응시, 또한 획
득적 신비신학으로 불리는 획득적 관상기도(Acquired Contemplation); 신
적인 어둠 속에서 은사의 뛰어난 조명으로부터 유래하는 주부적 관상기도
(Intused Contemplation); 그리고 엄밀하게 말해서 신비신학인, 하나님의
향기를 맡으며 소유하게 되는 궁극적인 또는 최고의 관상기도(Ultimate
or Supreme Contemplation)가 있다."라고 하고 있다.[21]

그런데 로마카톨릭 전통에서 흘러 내려오는 관상의 세 가지 측면으로
습득적 관상과 주입적 관상, 그리고 복합적 관상(중간적 관상)으로 나누기
도 하고 있다. 이에 토마스 머튼은 대체적으로 능동적인 기도의 단계를
나타내는 말로 '정신기도'(mental prayer), '마음의 기도'(prayer of the
heart), '명상'(meditation), '능동적 관상' 등의 여러 가지 표현을 쓰고 있
다. 또한, 수동적 기도의 단계를 나타내는 말로 '관상'(contemplation), '수
동적 관상', '주부적 관상', '신비적 관상' 등을 사용한다.[22]

(1) 능동적 관상기도(active contemplation)

삶에서 하나님의 임재를 경험하는 '일상의 영성'에 관상이 있다. 이것은
삶으로 살아내는 것을 말하며 '관상은 삶이다'라고 말한다. 이것은 '습득적
관상'(注賦的 觀相, active contemplation), 혹은 '유념적 방법'(Kataphatic

---

20) 홍성주, 「내 영성을 살리는 관상기도」, (서울: 신앙과지성사, 2012), p. 64.
21) Ibid., pp. 64-65.
22) 고창주, "Thomas Merton의 觀想祈禱와 社會的 行動", (미간행석사학위논문: 장로회신학대학
    교 대학원, 2005), p. 72.

way)이라 하며 하나님과의 일치를 삶에서 경험하는 관상이다.[23] 또한, 긍정의 길(Kataphatic way)로서 개인의 노력으로써 관상에 이르는 것을 '능동적 관상기도(active contemplation)라고 한다.[24]

이러한 기도의 특징은 모든 상상력이나 갖가지 이미지가 관상적인 체험에 이르는 중요한 매개체가 된다는 전통이다. 유념적 방법의 기초는 모든 피조물이 지니고 있는 가장 하찮은 속성으로부터 한 단계 한 단계 관상해 가면서 피조물이 지닌 가장 고상한 속성에 이르게 된다. 이를 통하여 그만큼의 하나님이 지닌 거룩하고 가장 고상한 속성을 맛보게 된다. 그러므로 하나님의 속성을 단계적으로 관상해 가면서 하나님과의 만남을 추구하는 영적 여정의 패턴이라고 한다.[25]

능동적 관상기도인 '유념적인 방법'은 "이성, 기억, 상상력, 감정, 의지"와 같은 정신적 기능을 사용하는 방법이다. 특정한 상(像)과 이미지에 정신적 기능을 모으고 맞추어 그것에 다다르려고 하는 방식이다. 교회에서 드리는 대부분의 기도 - 중보기도, 선례기도, 성찬, 찬양, 그리고 '추론적 묵상' - 가 유념의 길에 해당한다. 다시 말해 '유념적인 기도'란 예수 그리스도의 삶과 가르침을 묵상하면서 벌어지는 모든 정서적 활동에 초점을 맞추고 집중하는 기도를 의미한다.[26]

능동적 관상기도의 단계에 기도는 우리가 의도적으로 시간을 내어 기도하는 단계로 보통 관상기도를 한다고 할 때의 단계를 말한다. 조던 오먼의 분류 중 단순함의 기도가 능동적 관상기도에 속한다. 그런데 단순함의 기도는 수덕적(修德的) 기도와 신비적 기도 사이에 다리 노릇을 한다. 이것이 성령이 은사를 통해 영혼 안에 작용하기 전 최종적 단계이다. 이 기도 실천은 특성상 기도하는 특수한 방법이 없이 그냥 응시하고 사랑하는 것뿐이다. 거룩한 단어를 가지고 하는 능동적 기도는 자유로운 순간순

---

23) 정태홍, 「고신의 변질 관상기도」, (경남: RPTMINISTRIES, 2021), pp. 56-57.
24) 김보현, "관상기도를 통한 호스피스 환우의 영성지도에 대한 연구", (미간행석사학위논문: 이화여자대학교 신학대학원, 2007), p. 41.
25) 김양민, "기도교육에 관한 연구", op. cit., pp. 18-19.
26) 장동원, "관상을 향한 향심기도에 관한 연구", op. cit., p. 7.

간에 거듭 되풀이하여 잠재의식 속으로 넣어야 한다.[27]

키팅은 이것을 낡은 테이프에 비유하여 능동적 기도가 잠재의식에 저장되면 아침에 깰 때 자연적으로 기도하게 되거나 꿈속에서도 기도하게 된다고 말한다. 그러므로 이 기도를 불안감이나 서두름, 과도한 노력을 들이지 말고 편안하고 자연스럽게 수련하라고 말한다.[28]

능동적 관상기도에서는 기도하는 사람의 지적인 활동이 점점 더 축소되며, 사랑으로 가득 찬 마음으로 변하여, 감성적인 기도를 드리게 된다. 이 기도를 통해 인간은 비교적 능동적인 역할을 일부분 담당한다. 그는 성경의 구절들을 읽고, 내적인 언어로 자기 마음의 열정과 믿음의 눈길을 표현할 수가 있다. 그는 분심(分心)을 물리치기 위해 부단히 싸워야 하며, 자신의 인간적 느낌을 정화시켜야 하며, 비록 고귀한 기억일지라도 기억에서 물러서야 한다.[29] 곧 기도자가 하나님에 의해 깨달아질 수 있도록 마음을 항상 열리게 하려고 기도자 스스로 행하는 능동적인 노력이 능동적 관상기도이다.[30]

습득적 관상(習得的 觀想)으로도 불리는 능동적 관상은 기도자 자신의 사랑을 하나님께로 향하게 하고 그분의 초청을 순종하여 받아들이며 영적인 규율들을 실천한다. 그리고 끊임없이 기도하고 노력함으로 자신을 하나님께 의탁해 드림으로써 도달할 수 있는 그러한 영역이다.[31]

이러한 능동적 관상기도(active contemplation)는 인간의 지성, 의지, 감정, 감각 등의 능력을 최소한으로 줄여, 단순하고 순수하고 직선적으로 하나님과 친교하는 관상이다. 그러므로 어느 정도는 인간의 능력을 사용하거나 언어, 개념, 이미지, 상상 등의 매개 수단을 이용한다. 이 관상은 인간의 능동적 자세가 아직 남아 있고, 인간의 노력으로 획득할 수 있으므

27) 김보현, "관상기도를 통한 호스피스 환우의 영성지도에 대한 연구", op. cit., pp. 41-42.
28) Ibid., p. 42.
29) 許容華, "토마스 머튼의 관상기도 개념에 대한 연구", (미간행석사학위논문, 부산가톨릭대학교 대학원, 2003), p. 11.
30) Thomas Merton, The climate of monastic prayer, 「마음의 기도」, 이영식 역, (서울: 바오로 출판사, 1988), p. 127.
31) 정영식, 「영성적 삶으로의 초대」, (서울: 국해원, 1996), p. 183.

로 '습득적 관상'이라고 부른다.[32]

능동적 관상은 사실상 단순화된 정감적 묵상이기에 다음과 같이 정의를 내리기도 한다. 즉 관상 속에서 정감적이고 지적인 행위의 단순함을 통해 은총의 도움을 받아 우리의 행위를 통해 얻는 결실을 말한다. 이러한 능동적 관상은 자주 영혼이 느끼지 못하는 방법으로 성령의 은사가 개입한다고 한다.[33]

이러한 단순한 묵상기도는 단순화된 정감적 묵상으로서 능동적 관상을 말한다. 이때 단순한 묵상, 즉 능동적 관상기도는 차츰 영혼을 추리에서 벗어나게 한다. 이러한 관상기도는 성령이 주시는 신성한 충동과 작용에 민감함으로써, 영혼은 평화를 주는 감미로운 관상을 주의 깊게 하게 된다. 그러므로 능동적 관상기도는 다음 두 가지의 중요한 행위를 갖는다. 즉 하나님을 바라보는 것과 그분을 사랑하는 것이다. 영혼은 사랑할 목적으로 하나님과 그분의 거룩함을 바라보고, 더 잘 바라보기 위해서 사랑하는 것이다.[34]

이와 같은 단순한 묵상인 능동적 관상은 주입적 관상을 위해 매우 중요한 예비 단계이다. 그러므로 일반적으로 하나님께서는 영혼이 주입적 관상에 잘 준비되었을 때 언제나 영혼을 하나님 안에서 변모시켜 주신다는 것이다. 왜냐하면, 하나님께서는 아무것도 거절하려 하지 않는 용기 있는 영혼들과의 더욱 완전한 일치를 원하시기 때문이다.[35]

능동적 관상은 사실상 단순화된 감정적 묵상으로서 관상 속에서 감정적이고 지적인 행위의 단순함을 통해 은총의 도움을 받아 자신의 행위를 통해 얻는 결실을 말한다. 이러한 능동적 관상은 성령의 도우심을 통해 이루어지며 특히 지식(science)과 통찰(intelligence) 및 지혜(sage)의 은사를 허락하심으로 하나님의 사랑에 시선을 집중하도록 도와주신다고 하고

---

32) 고창주, "Thomas Merton의 觀想祈禱와 社會的 行動", op. cit., p. 73.
33) Ibid., p. 73.
34) Ibid., p. 74.
35) Ibid., p. 75.

있다.[36)]

그러므로 이 관상은 믿음과 소망을 갈망하는 사랑으로 하나님의 임재를 향해 나아 갈 때 믿음으로 하나님이 진정으로 임재하심을 아는 것으로 시작하여, 온 마음을 다해서 하나님과의 접촉을 계속 추구하는 것이다. 따라서 이 습득적 관상은 하나님의 활동이라기보다 자기 자신의 활동이며 습득적 관상을 통하여 주입적 관상으로 발전해 나가기 위해 준비되는 것이라고 하고 있다.[37)]

(2) 수동적 관상기도(passive contemplation)

무념무상의 상태에서 하나님과 신비적인 일치를 경험하게 하는 관상이 있다. 이것을 '수동적 관상'으로, 혹은 '주부적 관상'(infused contemplation)이나 '무념적 방법'(Apophatic way)이라고 부르기도 한다. 일체의 영상이나 이미지가 멈추어진 순수 어두움의 상태에서 하나님과 일치의 경험을 말한다.[38)] 바로 '무념적인 방법'은 정신적 기능을 사용하지 않는 기도방법이다. 이 방법은 수련자가 하나님에 관한 생각, 개념, 이미지, 상징을 내려놓음으로써, 하나님이 직접 자신을 드러내시는 것을 체험하여 하나님과의 일치를 이루고자 하는 기도방법이다. 이러한 무념적인 기도방법은 좀 더 정묘한 지각 기능인 '영적 감각'(Spiritual senses)으로 자아인식을 초월하는 관상의 길에 들어서게 한다고 한다.[39)]

이러한 '수동적 관상기도'는 부정의 길(Apophatic way)로 스스로의 노력이 아니라 순수한 하나님의 은혜에 의해 이루어지는 관상이다. 이러한 수동적 관상기도는 '주입적 관상(注入的 觀想)', '부정적 관상', '신비적(mystical) 관상' 등으로 불리기도 한다. 또한 '직관적 기도' 또는 '애정의

---

36) 석현만, "관상기도의 목회적 적용", op. cit., pp. 16-17.
37) Ibid., p. 17.
38) 정태홍, 「고신의 변질 관상기도」, op. cit., p. 56.
39) 장동원, "관상을 향한 향심기도에 관한 연구", op. cit., pp. 7-8.

기도'라고 부르기도 한다.[40]

그런데 머튼이 "관상은 우리의 생명이 자기의 소리를 잃고, 숨어 계시지만 살아계시는 그분의 자비와 왕권을 공명하는 우리 영혼의 심연에서 울려 나오는 깊은 공진입니다."라고 말할 때에 이 관상은 수동적 관상인 주입적 관상을 말하고 있다.[41]

아돌프 땅끄레도 그의 저서에서 주입적 관상에 대해 다음과 같이 설명한다.

> 일반적으로 관상을 말할 때는 대개 주입적(注入的) 관상을 말한다. 수동적 또는 주부(注賦)·주입적 관상은 본질적으로 하나님께서 영혼에게 주시는 무상의 대가이다. 이 주입적 관상에 주어지는 하나님의 은총은 인간의 노력으로 획득되는 것이 아니다. 그러므로 우리는 이 관상을 다음과 같이 정의할 수 있다. 주입된 관상이란, 하나님의 특별한 은총의 작용에 의한 결과로써 영혼으로 하여금 지적이고 정감적인 행위를 단순하게 한다. 이와 같은 관상은 영혼이 스스로 하나님의 은총에 동의하면서 자신 안에서 이루시는 그분의 사랑과 빛을 받게 하고 느끼게 한다.[42]

주입적 관상(注入的 觀想)으로도 불리기도 하는 수동적 관상을 일반적으로 '관상'이라고 말한다. 이러한 관상은 본질적으로 하나님께서 영혼에게 주시는 무상(無償)의 선물이다. 고린도전서 12장 2절에서 사도 바울의 삼층천 체험은 주입적 관상의 단계라고 하고 있다. 이러한 수동적 관상에 주어지는 하나님의 은총은 인간의 노력으로 획득되는 것이 아니다.[43]

이러한 수동적이고 주부적인 관상은 엄밀한 의미의 관상으로서는 지성, 의지, 감정, 감각 등의 인간적 능력을 사용하지 않는다. 또한, 언어, 개념, 이미지, 상상 등의 수단도 사용하지 않는다. 머튼은 주입된 관상에서의 어

---

40) 정태홍, 「고신의 변질 관상기도」, op. cit., p. 56.
41) 고창주, "Thomas Merton의 觀想祈禱와 社會的 行動", op. cit., p. 75.
42) 아돌프 땅끄레. 「수덕·신비 신학5」, 정대식 역, (서울: 가톨릭 크리스챤, 2000), p. 25.
43) 석현만, "관상기도의 목회적 적용", op. cit., p. 17.

떠한 개념이나 추론으로도 부적합하다고 말한다. 이 관상은 인간의 노력 으로는 체득할 수 없는 것으로서, 하나님께서 당신이 원하시는 사람에게 만 주부 은총으로 주시므로 '주부적 관상'이라고 부르기도 한다. 또한, 인 간이 전적으로 수동적 자세를 취하는 가운데 하나님께서 전면적으로 활동 하시므로 '수동적 관상'이라고 부른다. 이 주부적 관상을 하는 사람 안에 하나님은 온전한 일치로써 내재하시고 직접 활동하시므로 인간은 그 현존 과 활동을 분명히 느낄 수 있다고 하고 있다.[44]

수동적 관상은 무념적(Apophatic way) 방법이다. 특징은 일체의 영성 이나 이미지가 멈춘 순수 어두움의 상태에서 하나님과 일치의 경험을 주 장하는 전통이다. 관상 경험에 이르기 위해서는 일체의 상상력이나 이미 지를 끊임없이 제거하여 감각의 어두운 밤과 영의 어두움에 이르러야 한 다는 것이다. 인간의 개념 속에서 유추할 수 있는 모든 이미지나 속성들 을 하나씩 하나씩 부정해가는 것이다. 끊임없는 부정의 길을 달려갈 때 결국 인간의 모든 개념이나 언어는 잠을 자게 되고 깊은 침묵의 심연으로 들어가게 된다. 이 깊은 심연은 결코 감각으로도 지적인 인식작용으로도 포착할 수 없는 순전한 영의 세계요, 절대적인 세계이다. 이 순수함 속에 서 개념화할 수 없는 하나님과의 일치를 이루게 된다.[45]

수동적 관상을 하는 사람 안에 하나님은 온전한 일치로써 내재하시고 직접 활동하시므로 인간은 그 임재와 활동을 분명히 느낄 수 있다. 그러 므로 하나님께서 값없이 거저 주신 은총으로 기도할 때 하나님께서 하나 님의 임재에 대한 진정한 자각을 주신다. 예를 들면 하나님은 사랑, 평화, 기쁨과 같은 성령의 열매를 체험하게 함으로써 하나님의 임재를 참으로 자각하게 해준다고 하고 있다. 마음 안에 계신 하나님의 임재에 대한 자 각을 통해서 또는 다른 방법을 통해서 깨닫게 해주신다는 것이다.[46]

주입적 관상으로 불리기도 하는 수동적 관상은 하나님의 특별한 은총

---

44) 고창주, "Thomas Merton의 觀想祈禱와 社會的 行動", op. cit., pp. 76-77.
45) 김양민, "기도교육에 관한 연구", op. cit., p. 18.
46) 석현만, "관상기도의 목회적 적용", op. cit., p. 18.

의 작용에 의한 결과로써 영혼으로 하여금 지적이고 감정적인 행위를 단순하게 한다. 이와 같은 관상은 영혼이 스스로 하나님의 은총에 동의(同意)하면서 하나님을 열망하며 하나님 외에 다른 것에 대한 애착을 깨끗이 비우고 자신 안에서 이루시는 하나님께서 사랑과 빛을 받게 하고 느끼게 한다. 그러나 하나님께서는 홀로 영혼 안에서 역사 하시지 않고 동의를 구하신다. 즉 관상기도 자를 인격적으로 존중해 주시며 역사하시는 것이다.[47]

이러한 수동적 관상은 카리스마나 비상한 은혜가 아니고 성령의 은사 작용으로 이루어지는 기도의 한 단계이다. 주부적 관상은 반드시 성화 은총(聖化 恩寵, gratoa samctofocans)을 요구하며 성령의 은사를 통하여 기도자가 완전히 사로잡혀 육신의 모든 감각이나 능력이 지배되는 상태를 의미한다고 한다.[48]

이 기도는 하나님의 은총으로 인하여 의식적으로 노력하지 않아도 신적 영역을 체험하고 신비에 대한 깊은 깨달음을 얻는 것을 말한다. 또는 기도 중에 은혜가 밀려오는 것을 경험하는 때가 있다. 즉 기도자의 의지적 의도보다는 수동적인 자세에 있음을 말한다. 능동적 관상기도의 상태를 지닌 두 번째 단계가 수동적 관상기도이다. 이 단계는 성령의 주도에 의해서 이루어지기 때문에 수동적 측면이 주된 상태이다. 즉 기도하는 가운데 아무런 노력 없이도 은총이 밀려오는 상태를 말한다. 관상기도는 성령의 도우심으로 드리는 기도로 빌 바를 알지 못하지만, 성령께서 탄식으로 드리는 기도에 사람이 함께 참여한다. 기도자는 언제나 성령께 기도의 주도권을 내어드린다는 의미에서 관상기도는 성령의 기도라고 불리기도 한다.[49]

그런데 수동적 관상기도에서는 성령의 활동이 활발해지며 인간의 활동은 축소된다. 말하자면 영혼이 '침묵'과 '갈망'의 상태에 놓이며 수동적이

---

47) Ibid., p. 17.
48) Ibid., p. 18.
49) 김보현, "관상기도를 통한 호스피스 환우의 영성지도에 대한 연구", op. cit., pp. 42-43.

된다. 그래서 기도하는 사람은 더욱더 수동적인 관상 상태가 되어 하나님이 새로운 방법으로 그 사람 안으로 침투한다. 그의 기도는 물론이거니와 그의 모든 행동이 거룩해진다. 인간의 존재가 거룩한 '형태'를 입게 되는 것이다. 여기에서 변화시키는 일치는 인간의 노력에 의해서 만들어지는 것이 아니라 오로지 하나님의 은총에 의해서 가능하게 된다.[50]

그러므로 관상기도는 하나님께서 주시는 선물이라고 한다. 관상기도는 처음 시작할 때 어느 정도 우리의 노력이 있어야 하지만 우리의 마음과 가슴을 열어드리면 우리 안에 계신 성령께서 기도를 이끌어 가신다. 그러므로 성령의 자유로운 움직임을 방해하는 방법은 관상기도로서 적절하지 않다. 하나님께 대한 사랑과 열망을 가지고 하나님 앞에 나아가 자신을 하나님께 열어드리기만 하면 하나님께서는 이미 우리 안에 계신 성령으로 하여금 우리를 하나님과 일치하도록 해주신다. 이렇게 인간의 노력에 의해서가 아니라 하나님의 능력에 의해서 이루어지는 기도를 수동적 관상기도라고 부른다.[51]

이제 이러한 수동적 관상기도인 주입적 관상에 이르기까지는 능동적으로 기도를 했지만, 주입적 관상의 단계에 이르렀을 때는 수동적인 태도를 가져야 한다고 한다. 즉 관상기도 안에서 내가 무엇을 하려고 노력할 것이 아니라 하나님께서 내 안에서 활동하시도록 내어 맡기는 자세를 가져야 한다. 다시 말해서 기도하려고 노력하는 대신에 하나님 안에 머물러 하나님이 주시는 감미로운 은총의 선물을 맛보며, 완전한 수동적인 자세로 하나님의 은총이 활동하도록 마음을 내어드리는 것이다. 그렇게 될 때에 모두 하나님의 은총을 통해 애덕이 성장하며, 완덕(完德)으로 나아가 하나님에 의해 피조된 세계를 다시 재건하고 하나님의 뜻에 합당한 삶으로 정진할 수 있게 된다고 하고 있다.[52]

오먼(Jordan Aumann)은 수동적인 관상인 주부적 관상의 특징들을 다

---

50) 許容華, "토마스 머튼의 관상기도 개념에 대한 연구", op. cit., pp. 11-12.
51) Ibid., p. 12.
52) 고창주, "Thomas Merton의 觀想祈禱와 社會的 行動", op. cit., p. 80.

음과 같이 제시하고 있다.[53]

    ＊ 하나님의 현존 체험을 한다.

    ＊ 관상가의 영혼에 초자연적인 것이 엄습한다.

    ＊ 본성적인 노력으로는 신비체험을 할 수 없다.

    ＊ 관상에서 관상자는 능동적이기보다 훨씬 수동적이다.

    ＊ 관상 중에 누리는 하나님께 관한 체험적 지식은 명확하거나 뚜렷하지 못하고 모호하고 혼잡스러운 것이다.

    ＊ 주부적 관상은 관상가가 하나님의 활동 아래 있다는 안정감과 확신을 그에게 준다.

    ＊ 주부적 관상은 관상자가 은총상태에 있다는 윤리적 확신을 준다.

    ＊ 신비체험은 서술 불가능하다.

    ＊ 신비적 일치는 변화의 동요를 가져온다.

    ＊ 신비체험은 흔히 신체에 반응을 일으킨다.

    ＊ 신비적 기도는 흔히 기능 정지나 결박을 가져온다.

    ＊ 주부적 관상은 덕행 실천에 큰 충동을 준다.

이와 같은 관상은 영혼이 스스로 하나님의 은총에 동의(同意)하면서 하나님을 열망하며, 하나님 외에 다른 것에 대한 애착을 깨끗이 비우고, 자신 안에서 이루시는 하나님께서 사랑과 빛을 받게 하고 느끼게 한다.[54]

    그러나 하나님께서는 홀로 영혼 안에서 역사하시지 않고 동의를 구하신다. 즉 관상기도자를 인격적으로 존중해 주시며 역사하시는 것이다. 그러므로 주부적 관상은 자기 자신의 노력으로는 얻을 수 없고, 오직 하나님께서 자신을 사랑하는 영혼들에게 부어주시는 '하나님의 선물'이라고 한다.[55]

---

53) Jordan Aumann, Spiritual Theology, 「영성신학」, 이홍근역, (경북칠곡: 분도출판사, 2003), pp. 384-387.

54) 김경아, "센터링 침묵기도를 통한 내적 치유 연구", (미간행석사학위논문: 서울신학대학교 상담대학원, 2007), p. 31.

55) 엄무광, 「관상기도의 이해와 실제」, (서울: 성바오로, 2002), p. 22.

(3) 중간적 관상(中間的 觀想, 복합적 관상)

중간적 관상(中間的 觀想)은 복합적 관상이라고도 하며 습득적 관상과 주입적 관상이 복합되어 있는 관상이다. 즉 습득적 관상과 주입적 관상의 중간적 단계이다. 습득적 관상과 주입적 관상의 요소들이 서로 교차되어 나타나다가 주입적 관상이 빈번해진 후 전적으로 주입적 관상으로 흐르게 된다. 이것은 주입적 관상의 초기적 단계라고 볼 수 있으며 주입적 관상으로 가는 과도기적 단계라고 한다. 이때 습득적 관상과 주입적 관상의 형태가 혼합되어 나타남으로 혼란을 겪고 당황할 수 있다. 그러나 계속해서 인내심을 갖고 기도에 몰입할 때 혼란은 점차 안정을 찾고 주입적 관상으로 들어갈 수 있다고 한다.[56]

나. 정통적인 관상기도의 분류

(1) 예수의 기도(The Jesus' Prayer)

예수의 기도에 대한 방법과 경험들은 1855~1861년(혹은 1851~1863년)에 무명의 러시아 순례자에 의해서 기록된 것을 「순례자의 길」이란 책으로 번역함으로 세상에 알려지게 되었다.[57]

어느 날 무명의 순례자는 "쉬지 말고 기도하라"(살전5:17)는 말씀을 듣고 쉬지 않고 기도하는 방법을 배우려고 순례를 시작하였다. 여행길에서 노인 수도사를 만났는데 그는 "예수님의 기도를 하루에 3,000번씩 하라. 다음에는 6,000번 그리고 그 다음에는 12,000번을 하라"고 일러주었고 무명의 수도사는 노인이 가르쳐 준대로 하자 예수님의 기도가 저절로 입에서 나와 끊임없이 기도하게 되는 경지에 이르게 되었을 뿐만 아니라 내심

56) 석현만, "관상기도의 목회적 적용", op. cit., pp. 18-19.
57) 김덕겸, 「하나님과의 친밀한 교제 관상기도」, (서울: 은혜출판사, 2007), p. 57.

의 기도로 변하면서 여러 가지 은혜롭고 신기한 일들을 체험하게 되었다. 그 후부터 그는 순례의 길에서 만나는 사람들에게 예수의 기도를 가르쳤다.[58]

무명의 순례자는 다음과 같이 고백하였다고 한다.

> 나는 매일 마다 43마일을 걸으면서 이 기도를 드렸다. 그 때 나는 내가 걷고 있다는 것을 조금도 느끼지 못하였다. 내가 기도하고 있다는 것 외에는 아무것도 인식되지 않았다. 심한 추위가 엄습할 때는 나는 더욱 기도하였고 그 때 나는 나의 몸이 따뜻해짐을 느꼈다. 배가 고플 때는 더욱 열심히 기도하며 주님을 불렀고 나는 음식에 대한 욕구를 잊어버렸다. 나의 등과 허리에 관절염과 같은 통증이 있었으나 기도하는 동안 나는 통증을 느끼지 못하였다. 누가 나를 해롭게 할 때도 나는 기도하였고 예수님의 기도를 드릴 때 마음의 상함을 잊게 되었다[59]

그는 또 "만일 누구든지 집중하여 매일 10~15분 정도 지속적으로 드린다면 일상의 삶 속에서 예수님의 임재를 느낄 수 있을 것이다"라고 말하였다.[60]

(2) 향심기도(Centering Prayer)

향심기도는 14세기 무명의 작가가 쓴 「무지의 구름」과 십자가의 요한 등과 같은 사람들의 그리스도인 전통에서 나온 하나의 기도방법이다.[61] 이 기도는 미국의 영성 신학자들이 많은 수도사나 영성가가 동양적 명상의 방법을 찾아가는 것을 보고 신비적 기도에 대해서 목말라하는 현대 그리스도인들을 위해서 시작되었다.[62]

---

58) 박노열, 「관상기도」, (서울: 한울사, 2006), p. 111.
59) Ibid., p. 111.
60) 박은규, 「기도의 신학과 생활」, (서울: 기독교서회, 1999), p. 183.
61) 박노열, 「관상기도」, (서울: 한울사, 2006), p. 435.
62) 김덕겸, 「하나님과의 친밀한 교제 관상기도」, op. cit., p. 59.

역사적으로는 1970년 초 미국의 코네티컷의 스펜서에 있는 토마스 키팅 신부의 질문에서부터 구체적으로 시작되었다. 그는 동양적 명상을 찾아가는 그리스도인들을 기독교적 전통으로 돌아올 수 있게 하는 방법을 궁리하였다 이것을 윌리엄 메닝거 신부가 받아들여 '무지의 구름'의 방법을 도입하여 시험적으로 시도한 것이 큰 호응을 얻었고 구체적으로 실천되기 시작하였다.[63]

그 후 토마스 머튼의 글을 읽었던 사람들이 '중심으로 돌아가자'는 그의 표현을 따라서 '향심기도'라고 부르자고 제안하였고 1976년경부터 향심기도라고 부르게 되었다. 향심기도의 방법과 실제에 대해서는 뒤에서 다시 다루기로 한다.[64]

(3) 거룩한 독서(Lectio Divina)

거룩한 독서는 중세 수도원의 환경에서 발전된 관상기도의 방법 중의 하나이다. 중세의 수도승들은 수도원에서 성경을 읽고 침묵하는 일들을 지속하였다. 그러면서 성경 속에서 경청하는 기도를 하였는데 이것을 거룩한 독서라 하였다. 그들은 성경의 같은 구절을 네 가지 다른 수준으로 경청하려 하였다. 그들은 성경이 신비로운 역동을 내포하고 있어서 말씀을 경청하는 사람을 이끌어 준다고 믿었다.[65]

인쇄술이 발명되기 전에는 성경의 필사본이 많지 않았다. 수도승들은 성경 중에서 하나의 책을 일 년 동안 읽곤 하였다. 그리하여 그들은 여러 장의 성경들을 외울 수가 있었다. 그들은 성경을 읽다(암송)가 어느 구절이 마음에 와 닿으면 읽기를 중단하고 그 내용을 묵상하고는 그 내용에 대하여 좋은 열매를 맺게 해 달라고 하나님께 간청하며 기도하였다. 단지 논리적인 묵상에서 벗어나 정감적 기도 혹은 의지의 열망으로 넘어가 그

---

63) Ibid., p. 59.
64) Ibid., p. 59.
65) Ibid., p. 60.

열망을 수없이 반복하고 마침내는 하나님 안에서 쉬는 체험을 하였다. 바로 이것이 거룩한 독서의 과정이요 목표였다.[66]

거룩한 독서는 여기서 끝나지 않았다. 중세기의 수도승들은 말씀을 중얼거림으로써 그들의 신체도 대화에 참여하였다. 그들은 때로 말씀을 천천히 읽음으로써 때로는 전체의 과정이 두어 시간 걸리기도 하였다고 한다.[67]

(4) 화살기도(Aspiration)

화살기도는 활을 쓰듯이 하나님께 바치는 짧은 문구로 된 기도로서 생활 중에 여러 활동을 하면서 순간순간 반복하여 외우는 기도이다. 그런데 교회의 역사 안에서 어떤 화살기도가 언제부터 시작했는지 확인할 수는 없으나 오래전부터 수많은 신자들이 여러 종류의 화살기도를 습관적으로 해 온 것이라고 한다.[68]

화살기도(ejacuation, ejaculatio 또는 aspiration, aspieation)는 '쓰다, 던지다(ejaculate)' 또는 '숨 쉬다, 호흡하다(aspirte)'에서 나온 말로 하루에 몇 번이라도 화살을 쓰듯이 하나님께 바쳐 올리는 짧은 기도, 한숨 두 숨 쉬는 가운데 호흡처럼 호흡과 함께 계속적이고 자연스럽게 반복하는 기도를 뜻한다.[69]

(5) 반추기도(ruminatio)

반추기도는 단순히 어떤 구절을 반복한다는 의미만이 아니라 소가 삼킨 음식물을 토출하고 재저장하고 재연하여 완전히 자신의 살과 피가 되

---

66) Ibid., p. 60.
67) Ibid., p. 60.
68) Ibid., p. 61.
69) Ibid., p. 61.

게 하는 일련의 과정과 같은 말씀을 온전히 나의 것이 되게 하는 독특한 수행이다. 그 말씀이 내 안에 생생히 살아 현존하게 하는 수행이 바로 반추기도이다.[70]

2. 관상기도의 단계

가. 관상가들이 주장하는 관상기도의 단계

(1) 아빌라 테레사의 관상기도에 단계

아빌라 테레사(Teresa of Avila)는 그의 저서 「자서전」은 정원에 물을 주는 비유를 통해 기도의 여정을 네 단계로 나누어 설명하고 있다. 즉 그녀가 영혼의 정원에 물을 주는 일은 쉽지 않다고 말하고 있다. 그러면서 그 과정을 물, 정원, 관개(irrigation)와 같은 비유를 사용하여 보다 자세히 설명하고 있다. 테레사에 따르면 정원을 가꾸기 위해 물을 끌어들이는 데는 네 가지 방법이 있다. 즉 물이라는 공통 대상을 얻는 데는 여러 가지 방법이 있다는 것이다. 그런데 여기서 가장 중요한 상징어인 '물'은 하나님의 은총을 의미하며, '정원'은 기도를 뜻하고, 또 정원에 물을 대는 이 네 가지 방법은 기도의 네 가지 단계 또는 등급(grade)을 의미한다. 곧 기도를 시작하면서 점차 높은 단계로 상승하는 과정을 의미한다. 이 비유를 기도의 단계에 적용하여 다시 설명하면 다음과 같다.[71]

기도의 첫 번째 단계는 이른바 '명상의 기도'(prayer of meditation)라고

---

70) Ibid., p. 61.
71) 이정순, "신비주의적 영성의 개신교적 적용에 관한 연구-아빌라의 테레사의 기도 이해를 중심으로", 「신학과 실천」, 한국실천신학회(2021), p. 263.

불리는 단계이다. 이는 우물에서 물을 길어 올리는 단계이다. 이 단계에서는 기도하는 자 측에서의 대단한 노력이 필요하다. 이 단계가 바로 기도의 시작 단계이다.[72]

이 단계에서는 보통 자기 훈련과 세상 욕망에 대한 부정과 참된 기도세계에 도달하려는 절제된 삶이 요구된다. 곧 "우리가 현 상태를 포기하게 될 때, 우리는 비로소 신앙적으로 되는 것이며, 또한 영적인 삶을 살기 시작하고 영적 완전의 길을 따르기 시작하게 되는 것이다." 이 단계에서 기도자는 비로소 하나님을 향해 조금씩 나아가게 된다. 물론 이것은 쉬운 과정이 아니다. 이 과정은 하나님의 은총을 통해서만 궁극적으로 이루어진다. 테레사가 말하는 '물'이라는 은유는 바로 이 은총을 상징한다. 그런데 이 과정을 효과적으로 지나가기 위해서 무엇보다도 하나님과 대화하는 기도, 명상(meditation)의 기도, 온갖 악에서 벗어나려는 피 나는 자기 노력이 요구된다.[73]

두 번째 단계는 '고요의 기도'(prayer of quiet)이다. 이 단계에서 우리는 세상의 욕망에서 벗어나 이제 하나님과 하나님의 은총에 관심을 집중할 수 있게 된다. 기도자는 비로소 이 단계에서 기도의 수동적인 차원을 경험하기 시작한다.[74]

이 두 번째 단계에서 기도자는 좀 더 높은 단계의 신비적 상승을 경험하기 시작한다. 이제 기도는 첫 번째 단계에서처럼 기도자의 피곤한 노력에 불과하지 않게 된다. 물레바퀴와 수도관으로 정원에 더 많은 물을 끌어들일 수 있는 것처럼, 우리는 신의 은총을 더 많이 체험하게 됨으로써 상대적으로 더 많은 기쁨을 얻게 된다.[75]

세 번째 단계는 감각기관이 정지되면서 부분적으로나마 하나님과 연합을 이루는 단계이다. 그래서 '감관이 잠자는 상태'(sleep of the faculties)

---

72) Ibid., pp. 263-264.
73) Ibid., p. 263.
74) Ibid., pp. 264-265.
75) Ibid., p. 265.

의 기도라고 불린다. 이 단계에서 우리는 하나님의 은총으로 인해 하나님과의 교제가 더욱 고조되는 것을 경험한다. 인간 영혼은 하나님의 크나큰 은총으로 경건한 삶 속에서 하나님께 복종하게 된다.[76]

이 단계에서 정원에 물을 대기 위해 다소의 노력이 필요하지만, 그전보다는 훨씬 더 수고가 줄어든다. 하나님이 정원사를 도와주고 정원에 물을 대는 일을 거의 다 맡아서 하시기 때문이다. 이 기도의 단계에서 우리는 비로소 기도의 기쁨을 경험하게 된다. 고통과 고뇌는 하나님과의 부분적인 연합을 통해 기쁨과 행복으로 바뀐다.[77]

마지막 네 번째 단계는 하나님이 주시는 폭우와도 같은 은총을 받는 단계이다. 곧 폭우가 내릴 때 흘러넘치는 물을 정원에 대는 단계이다. 이 단계에서 기도자는 하나님과 완전한 연합을 이루게 된다. 그래서 이 단계의 기도를 '연합(합일)의 기도'(prayer of union)라고 말한다. 이 단계의 기도는 인간의 공로에 의해서가 아니라 오직 하나님의 자비에 의해서 이루어진다. 이전 단계에서 정원에 물을 대는 노력을 해야 했지만 이제 정원사는 하나님이시다. 온전히 하나님과 일치를 이룬 기도자는 단지 기뻐할 뿐이다. 이런 단계는 전혀 기대하지 못한 순간에 찾아온다.[78]

이 단계의 기도는 하나님과 하나 되는 신비적 체험의 차원에 해당된다. 이제 인간의 감각마저 불필요하게 되는 완전한 몰아지경의 단계에 이르게 된다고 하고 있다.[79]

아빌라 테레사(Teresa of Avila)는 「자서전」이 제시하는 물을 주는 비유의 4단계를 「영혼의 성」에서 7궁방으로 더 상세하게 나누어 심화된 자신의 기도이해를 명료화하여 설명하고 있다.[80] 그 내용을 요약하면 1궁방(출발)-분심 잡념, 2궁방(성결)-소리, 빛, 봄, 3궁방(경건, 감사)-영의 감

---

76) Ibid., p. 265.
77) Ibid., p. 266.
78) Ibid., p. 266.
79) Ibid., p. 267.
80) 오방식, "복음과 관상: 아빌라의 테레사의 「영혼의 성」에 대한 루쓰 버로우의 주해를 중심으로", 「신학과 실천」, 한국실천신학회(2020), pp. 202-203.

사, 4궁방(경외)-매일 묵상 실천 노력, 5궁방-잠심(묵상)기도, 6궁방-탈혼의 경지, 부활의 그리스도 누림, 7궁방-하나님과 합일이다. 여기서 1-4궁방은 나 중심이면서 수동적 회상과 함께 조명 길에 들어서고 5-7궁방은 하나님 중심으로 능동적 열림이다.[81]

이제 아빌라의 테레사(Teresa of Avila)가 그녀의 저서 「영혼의 성」을 통해 제시하고 있는 관상의 단계를 좀 더 구체적으로 살펴보고자 한다.

첫째 궁방은 영성 생활의 첫 단계와 상응 한다. 이 단계에서 영혼은 자신의 죄를 깨닫게 되고 하나님을 찾으려 노력한다. 이때 처음 시작하는 기도가 구송기도이다. 그러나 기도를 시작한 초보자들은 아직 세속적인 것에서 이탈되지 못했으므로 물질적인 세계로부터 오는 유혹에 약한 특징을 지닌다. 그러므로 둘째 궁방에 들어가기 위해서는 물질적인 세계에서 눈을 돌려 기도에 주의를 집중하고, 자신의 위치에 따라 사소한 일들이나 꼭 필요치 않은 일들에서 손을 떼어버리는 이탈에 힘쓰며, 사랑과 애덕을 힘써 실천해야 한다.[82]

둘째 궁방에서 영혼은 영적인 세계와 세속적인 쾌락의 세계, 두 세계에 양다리를 걸치고 있는 상태이다. 이 단계에서 영혼은 예민해지고, 악마의 공격이 더 거세짐으로써 죄의 느낌과 유혹을 한층 더 강하게 느끼게 된다. 즉 하나님의 자애로운 부르심은 계속될지라도 인간은 범죄 후의 공포심과 죄책감, 걱정 등으로 그 소리를 듣지 못하게 되는 것이다. 테레사는 이 단계를 이겨내기 위해서는 이성과 믿음 그리고 인내와 기다림으로 하나님께 도움을 청하라고 설명한다. 여기서 영혼은 초보적 단계의 묵상기도에서 단순하게 주님을 응시하거나 주님 안에 머무르는 묵상기도의 단계로 나아가게 된다.[83]

81) 박은정, "관상기도를 통한 자기대상의 경험적 연구", (미간행석사학위논문: 한신학대학교 신학대학원, 2012), p. 28.
82) 윤영조, "기독교 전통에 의한 영성훈련 방법 연구", (미간행석사학위논문: 목원대학교 신학대학원, 2007), p. 34.
83) Ibid., pp. 34-35.

셋째 궁방은 수덕적 기도의 마지막 단계로서 주로 성실한 영혼들이 여기에 들어온다. 여기서 영혼은 일상적인 은총의 도움을 받아 자신의 노력으로 마음을 한곳에 모은 상태에서 기도를 드리게 된다. 영성 생활의 습성이 몸에 배게 되고 신비적 관상의 은혜를 받도록 준비시켜 주는 단계가 된다. 영혼은 집중상태에서 하나님의 현존을 분명히 느끼게 됨으로써, 능동적 기도와 수동적 기도가 혼합됨을 자주 체험하게 된다. 그러나 이는 아직 성령이 은사를 통해 영혼 안에 작용하는 신비의 기도는 아니다.[84]

넷째 궁방에서는 영혼이 비록 초자연적인 은총으로 인해 외부 감각과 사물에 대한 지배력을 상실하게 될지라도 영혼은 더욱 힘차게 자신 안에서 하나님의 현존을 체험하게 되는 거둠의 기도를 하게 된다. 이는 하나님께서 무상으로 주시는 은혜로서 이 세상 것들에 마음을 버리고 더 높은 단계로 올라가게 된다. 거둠의 기도는 수동적인 관상기도로서 이것에 의해 영혼은 하나님에게로 마음을 향하고 신성으로 인도되는 것이다. 그러나 거둠의 기도는 부분적으로 능동적이기 때문에 기도의 진보는 아직도 인간의 의지에 달려 있다. 따라서 분심(分心)이나 상상이 일어날 수 있다. 이에 실망하지 말고 인내하고 고요 속으로 들어가 기도할 것은 권고한다. 이것이 고요기도이며 이를 통해 의지는 아무런 저항 없이 평화와 고요 속에 머물고 하나님을 섬기는 데 힘을 다할 수 있게 된다.[85]

다섯째 궁방은 영혼이 의지뿐만 아니라 모든 내적 기능을 통해서 하나님과 일치함으로써 하나님께서 영혼의 근원이 되시는 단계이다. 하나님과 합일을 이루어지는 대단히 높은 등급의 기도인 일치 기도가 시작되며 이를 통해서 하나님께서 그의 영혼 안에 함께 하신다는 확신이 생기며 하나님에 대한 사랑이 불타오르는 것을 체험하고 이를 극대화하기 위해 영혼의 모든 기능을 정지시켜 주신다. 그러나 이 단계에서 일어나는 영혼의 하나님과의 일치는 아직 불완전한 것이다.[86]

---

84) Ibid., p. 35.
85) Ibid., pp. 35-36.
86) Ibid., p. 36.

여섯째 궁방에서는 하나님께서 영혼을 더 깊이 지배하시기 때문에 탈혼, 황홀감, 말씀, 시현 등이 수반되는 수동적 정화가 이루어진다. 이 정화의 끝에 나타나는 하나님의 특별한 사랑을 테레사는 영적 약혼이라고 부른다. 영혼은 내적으로 하나님께 대한 사랑으로 충만해져 하나님과의 깊은 일치에 들어가며, 외적으로 모든 감각의 행위가 정지된 탈혼 상태에 빠진다. 이러한 탈혼 상태에서 영혼의 모든 능력은 기능을 잃고 감각 작용도 멎으며, 영혼은 무엇이 진행되고 있는지 이해할 수 없게 된다. 그러나 영혼은 탈혼 속에서 하나님의 놀라운 진리를 알게 된다. 즉 하나님의 일을 꿰뚫어 보고 전에 없었던 하나님께 대한 깨달음과 빛을 얻게 되는 것이다. 탈혼에서 깨어나면 인간의 몸은 차차 원기를 회복하게 된다. 그리고 영혼의 생명력은 더욱 왕성해진다.

일곱째 궁방에서는 영적 여정의 마지막 단계로 그리스도에 대한 직관과 삼위일체에 대한 직관이 일어난다. 즉 영혼이 삼위일체이신 하나님을 지적으로 직관하며 상호 통교와 깨달음을 얻게 되는 것이다. 따라서 이 궁방은 신랑과 신부 사이의 일치와 친교와 대화가 지속되는 생활로 비유될 수 있다. 이로써 영혼은 늘 깨어 있으며 전보다 더 하나님을 섬기는 일에 전심하고, 일이 없으면 하나님과 더불어 흐뭇한 사귐을 즐긴다.[87]

이렇게 아빌라 테레사는 기도의 단계를 7궁방으로 설명하였다.

이것을 조던 오먼은 다시 9단계로 세분화하여 기술하였다. 근세에 들어서는 고전적 방식의 관상 과정을 탈피하려는 움직임으로 메튜 폭스의 창조 영성을 주장하면서 4단계의 길을 주장하였다. 즉 창조 영성의 4단계로는 ①창조계를 벗 삼기, ②어둠을 벗 삼기, ③창조성과 우리 신성을 벗 삼기, ④새 창조계를 벗 삼기이다.[88]

이와 함께 전통적인 서구적 관상의 핵심으로 정화, 조명, 일치의 단계가 있다고 하고 있다. 이 중에 조던 오먼의 7단계와 전통적인 서구적 관

---

87) Ibid., pp. 36-37.
88) 박은정, "관상기도를 통한 자기대상의 경험적 연구", (미간행석사학위논문: 한신학대학교 신학대학원, 2012), p. 28.

상의 단계를 살펴보고자 한다.

(2) 알바레즈 드 파스의 관상기도에 단계

신비신학을 최초로 종합시킨 알바레즈 드 파즈는 묵상기도(음성기도가 아닌 의미에서 묵상이라는 말로 통일하여 사용함)를 네 가지 기본형으로 나눈다. 즉 추리적 묵상(discursive meditation), 정감기도(affective prayer), 불완전한 관상(inchoate contemplation), 완전 관상(perfect contemplation) 등이 그것이다.[89]

①추리적 묵상(discursive meditation)

추리적 묵상은 초자연적 진리를 꿰뚫어 보고, 그것을 사랑하며 은총의 도움으로 그것을 실천하기 위해 그것으로 마음을 돌려 추리하는 것을 의미한다. 추리가 끝나면 묵상은 끝나게 된다. 이 과정을 거쳐 정감적 기도나 명상으로 넘어갈 수도 있다. 묵상의 가장 중요한 요소는 지성이 제시하는 초자연 진리에 대한 의지적 사랑의 행위이다. 아빌라의 테레사는 묵상은 많이 생각하는 데 있지 않고 많이 사랑하는 데 있다고 했다. 의지가 사랑의 행위로 부풀어 오를 때 영혼과 하나님 사이에 친밀한 접촉이 이루어지고 비로소 영혼은 참으로 기도한다고 말할 수 있다. 추리 작용은 단순히 사랑을 일으킬 준비에 불과하다.[90]

②정감기도(affective prayer)

정감의 기도란 의지작용이 지성의 추리 작용보다 우세한 형태의 기도라고 할 수 있다. 즉 지성보다 사랑이 우세한 단순화된 묵상이다. 추리에서 의지의 활동으로 옮겨지게 된다. 추리적 묵상과 영적 독서는 정감의

---

89) 이제학, "관상기도를 통한 영적 성장 방안", (미간행석사학위논문: 장로회신학대학교 목회전
   문대학원, 2007), pp. 52-53.
90) Ibid., p. 53.

기도 실천에 중요한 역할을 하며 이것이 의지적 행위를 자극하는 자료가 된다.[91]

정감기도의 실천은 묵상 재료를 하나하나 고찰해 나가다가 의지의 정감이 유발되는 매 순간 추리 묵상을 잠시 멈춤으로써 효과적으로 수행할 수 있다. 정감의 기도를 적절히 활용하면 많은 영적 유익을 얻는다. 심리학적으로 볼 때 정감의 기도는 추리적 묵상에서 오는 무미건조함에서 잠시 벗어난 쉬게 한다.[92]

정감기도는 지나친 내성에서 벗어나게 하거나 아니면 우리 자신의 노력에 너무 의탁하지 않게 한다. 정감기도는 본질상 의지의 작용이고 따라서 사랑의 행위로서 인간으로 하여금 하나님과 깊은 일치를 갖게 도와준다고 하고 있다.[93]

③불완전한 관상(inchoate contemplation)

불완전한 관상은 지극히 단순화된 수덕적 기도의 한 형태이다. 먼저 묵상에서 사용된 추리는 이제 단순한 지적 응시로 바뀌고, 정감기도에서 체험한 정감들은 하나님께 대한 단순한 애정 어린 관심과 합일된다. 이 기도는 수덕기도와 신비적 기도[94] 간의 다리 노릇을 한다. 그것은 바로 성령의 은사가 수동적으로 영혼 안에 작용하기 직전의 최종적 단계이다. 그렇기에 단순함의 기도에서는 습득적(active) 요소와 주부적(onfused) 요소가 혼합됨을 흔히 체험하게 된다. 그런데 습득적 관상에서 이미 하나님의 은총이 작용하기 시작했기 때문에 기도자가 충실하면, 주부적 요소는 점차 증가되어 마침내 기도 전체를 지배하게 된다.[95]

---

91) Ibid., p. 53.
92) Ibid., p. 53.
93) Ibid., p. 53.
94) 수덕기도란 자신의 의지와 지성과 노력을 능동적으로 사용하는 것에 초점을 둔 말이며, 신비기도란 그 기도 자체가 전적으로 하나님의 은총에 의지하고 있으며 수동적인 기도 형태를 띠게 된다.
95) 이제학, "관상기도를 통한 영적 성장 방안", op. cit., pp. 53-54.

④완전 관상(perfect contemplation)

완전 관상기도에서는 습득적 요소가 점점 줄어들면서 주부적 요소가
확대되고, 기도자는 여기에서 추리적 지식이나 탐구적 지식이 아니라 직
관적이고 사랑의 지식을 맛보게 된다. 그 맛은 즐거움과 찬탄과 감격이다.
특별히 지성적인 활동보다는 사랑의 정감이 활발하게 작용하게 되는데,
그 사랑의 활동은 사랑받고 있다는 사실을 강렬하게 경험함으로부터 비롯
된다. 그 사랑은 집착에서 자유롭고 오히려 사랑하는 분을 향하여 자신을
내어주는 활동이다. 자연적 관상의 가장 본보기는 아름다움에 대한 미적
경험에서 찾을 수 있다. 자연을 바라볼 때 자연으로부터 흘러나오는 이기
적인 혜택에 매료될 때 그것을 바로 관상적인 경험으로 이해할 수 있다.
심리적으로 볼 때 하나님 자신과의 일치체험이 바로 자연적 관상과 매우
흡사한 현상을 지닌다.[96]

(3) 조던 오먼의 관상기도의 단계

아빌라의 테레사[97]의 7궁방의 기도의 단계들을 나눔에 있어서 조던 오
먼은 다음과 같이 9가지의 기도의 단계들을 제시하고 있다.[98]

①영성생활의 수덕단계(기도의 능동적 단계)

㉮구송기도(vocal prayer): 갓난아기의 기도, 말과 글로 표현된 기도 형식

㉯묵상(meditation): 초자연적 진리에 대한 추리행위

㉰정감의 기도(affective prayer): 사랑의 의지작용이 우세한 단순화된 묵상

㉱단순함의 기도(prayer of simplicity): 하나님을 그저 응시하고 사랑하

---

96) Ibid., p. 54.

97) 예수의 데레사라고도 불려지는 아빌라의 데레사(Teresa de Cepeda y Ahumada)는 1515년 3
월 28일 스페인 아빌라에서 태어났다. 그녀의 아버지는 세페다의 알론소 산체스(Don
Alfonso Sanchez de Cepeda, 1480-1543)이고, 어머니는 아우마다의 도냐 베아트리스(Doña
Beatriz de Ahumada, 1495-1529)였다.
  이범규, "예수의 데레사 영적 가르침을 통한 '하느님과 一致'", (미간행석사학위논문, 광주가톨
  릭대학교 대학원, 2012), p. 23

98) Jordan Aumann, Spiritual Theology, 「영성신학」, 이홍근역, (경북칠곡: 분도출판사, 2003), p. 366.

는 기도

②영성생활의 신비적 단계(기도자의 수동적 단계 또는 하나님의 능동적 단계)

㉮주부적 관상(infused contemplation): 하나님의 현존을 체험하며 성화와 연관되는 기도

㉯정적인 기도(prayer of quiety): 하나님에 의해서 의자만 사로잡힘

㉰일치의 기도(prayer of union): 하나님에 의해서 모든 내적 기능이 사로잡힘

㉱순응일치의 기도(prayer of conforming union): 약혼단계

㉲변형일치의 기도(prayer of transforming union): 결혼단계

조던 오먼은 이 단계들을 구분하면서 1~4단계까지를 영성생활에서 수덕의 단계로 보고 있다. 그리고 5~9단계까지를 주입기도로서 영성생활의 신비적 단계, 즉 관상의 기도의 차원으로 이야기하고 있다.[99]

①구송기도(vocal prayer)

'구송기도'는 글이나 말이나 관계없이 말마디로 표현된 기도 형식을 뜻한다. 구송기도는 꼭 청원 기도에만 국한되지 않는다. 그것은 찬송, 감사, 통회 및 하나님과의 관계에서 체험하는 다른 모든 감정을 포함한다. 따라서 신심을 불러일으키거나 하나님께 대한 사랑을 표현하는 수단으로써 구송기도를 함은 바람직하다. 구송기도에서 요구되는 주의가 바로 여기서도 요구된다. 주의는 실제적 또는 실질적이어야 한다. 구송기도는 하나님께 대한 사랑의 강도를 표시하는 데나 신심을 불러일으키는 데나 언제나 필요하다.[100]

구송기도란 글이나 말로 표현되는 기도이다. 예배의 공적 기도나 전례기도 즉 주기도문, 사도신경 등의 기도를 드리는 것을 말한다. 이러한 구

99) Ibid., p. 366.
100) Ibid., p. 367.

송기도의 가치는 이 기도를 함으로 인해서 더욱 높은 형태의 기도, 즉 추리적 명상과 정감의 기도로 이끌어 가는 기도라는 것에 있다.[101] 이러한 구송기도(vocal prayer)는 '입술의 기도'라고 할 수 있다. 즉 아뢰는 기도 혹은 올리는 기도로서 인간이 하나님께 간구와 청원하는 행위로서[102] 말을 강조하고, 읽거나 노래로 한다. 통성기도, 상상적 기도, 능동적 기도가 구송기도에 속한다.[103]

구성기도의 특징은 공적으로 바치는 전례기도라는데 있다. 특별히 이 기도는 공동체의 기도라는데 큰 의미가 있다. 그러하기에 이 기도에서는 주의(attention)와 신심(devotion)을 갖는 것이 매우 중요한 것이다. 또한, 이러한 주의와 함께 구송기도에서는 '신심'(믿음)이 요구된다. 신심은 주의를 보충하는 역할을 하게 된다. 여기에서 주의는 기도하는 데 지성을 사용한 것이라면 신심은 우리의 의지를 하나님께 올려 드리는 것이기에 구송기도에서는 이러한 주의와 신심으로 기도를 출발하게 된다.[104]

구송기도는 결코 없어서는 안 되는 기도라고 한다. 그 이유는 모든 기도의 성숙이 이 구송기도에서부터 출발한 다해도 과언이 아니기 때문이다. 특별히 깊은 단계의 기도에 들어간 사람에게도 이 기도는 필수적인 것으로써 더 깊은 단계 속으로 들어가는데 구송기도는 큰 도움이 되기 때문이라고 한다.[105]

②묵상(meditation)

기도의 단계 중 묵상이 지니는 의의는 묵상기도를 행함으로 인해서 초자연적인 진리가 지닌 의미를 꿰뚫어 본다는 데 있다. 그리고 이 묵상을 통해서 정감적인 기도나 관상으로 흐르게 된다는 데 있다. 관상의 세계로 들어가기 전까지는 이러한 추리적 관상을 멈추지 말라고 하고 있다.[106]

101) Ibid., p. 367.
102) 박노열, 「누구나 할 수 있는 관상기도」, (서울: 나됨, 2009), p. 12.
103) 짐 보스트, 「관상」, 박금옥 역, (서울: 성 바오로출판사, 2000), p. 25.
104) Jordan Aumann, Spiritual Theology, 「영성신학」, 이홍근역, op. cit., pp. 367-368.
105) Ibid., p. 369.

추리적 묵상은 초자연 진리가 지닌 의미를 꿰뚫어 보고, 그것을 사랑하며 은총의 도움으로 그것을 실천하기 위해 그것으로 마음을 돌려 추리하는 것을 말한다. 따라서 묵상의 특징은 추리적 형태의 묵상이고 따라서 주의는 절대로 필요한 것이다. 우리가 추리하고 논리적으로 생각하는 활동이 그치면 묵상도 끝나게 된다. 따라서 묵상 중 다른 어떤 것에 고의적으로 우리의 마음을 돌리므로 분심(分心)을 하거나, 정감적 기도나 명상으로 넘어갈 수도 있다. 그러나 추리 작용이 없으면 묵상이 아니다.[107]

③정감의 기도(affective prayer)

정감의 기도란 사랑이 우세한 단순화된 묵상으로서 의지작용이 지성의 작용보다 우세한 형태의 기도를 의미한다. 이러한 정감기도의 실천으로 인도하는 역할을 하는 기도는 추리적 묵상과 영적 독서들이다.[108]

이러한 정감의 기도란 의지작용이 지성의 추리 작용보다 우세한 형태의 기도라고 정의하기도 한다. 그런데 정감의 기도와 묵상 간의 특수한 차이는 없다(묵상과 관상 간의 차이는 있지만). 정감의 기도란 사랑이 우세한 단순화된 묵상이다. 이 때문에 정감의 기도로 이행하는 것은 대개 점진적이고 다소 용이하다. 물론 사람에 따라 다르겠지만, 어떤 이들은 본성적으로 감정적이고 감응되기 쉬워서 쉽게 지적 추리에서 의지의 활동으로 옮겨가게 된다. 그러나 또 어떤 이들은 본성이 냉랭하고 경직하여 그들의 기도는 거의 전적으로 추리적이고 의지의 감정(정감)은 별로 표현되지 않는다. 그런 이들이 정감적 기도를 하려면 많은 시간과 경험이 필요하다.[109]

우리가 매일 묵상을 하게 되면 묵상 중에서 어떤 감정을 체험하게 된다. 이러한 현상에 따라서 우리는 우리 자신을 겸손히 주님의 사랑에 맡

106) 최병억, "관상기도를 통한 영성훈련", (미간행석사학위논문, 목원대학교대학원, 2008), p. 35.
107) Jordan Aumann, Spiritual Theology, 「영성신학」, 이홍조 역, (왜관: 분도출판사, 1987), p. 369.
108) 윤정아, "관상기도의 역사에 관한 연구", (미간행석사학위논문, 협성대학교대학원, 2011), p. 26.
109) Jordan Aumann, Spiritual Theology, 「영성신학」, 이홍조 역, op. cit., p. 375.

기게 되고, 이러한 것들이 점점 반복됨에 따라서 우리는 추리적 묵상에서 정감적 기도로 이행되게 된다. 여기에서 아무리 우리의 이성이 추리적 묵상에 의해서 정감적인 기도로 옮겨가게 된다고 할지라도 우리의 의지는 그대로 있음을 알게 된다. 그러므로 여기에서 우리에게 필요한 것이 추리적 묵상과 함께 영적 독서가 필요하게 된다. 영적 독서는 우리의 의지를 자극해서 정감 기도에서 더 깊은 차원으로 옮겨갈 수 있게 의지를 자극하게 되는 것이다.[110]

정감의 기도란 사랑이 우세한 단순화된 묵상으로서 의지작용이 지성의 작용보다 우세한 형태의 기도를 의미한다. 이러한 정감 기도의 실천으로 인도하는 역할을 하는 기도는 추리적 묵상과 영적 독서들이다.[111]

정감 기도의 실천에 있어서 중요한 실천 사항은 묵상을 하다가 의지의 정감이 유발되는 순간에 추리 묵상을 잠시 멈추어줌으로써 정감 기도가 이행되게 되고. 그리고 영적 독서에서는 영적 독서 중에 어떤 생각이 의지 활동을 자극하게 될 때 독서를 중단하고서 그 의지가 작용하도록 허용할 때 정감의 기도 속으로 들어가게 되는 것이다.[112]

정감 기도에서 조심해야 할 것들이 있다. 그것들은 첫째, 억지로 애정과 의지작용을 불러일으키려 하는 것이고, 둘째, 감각적 위로에 사로잡히게 되는 것이며, 셋째, 습관적 정감 기도에 익숙하게 된 사람은 묵상을 더 할 필요가 없다는 것의 위험한 발상을 하게 된다는 데 있다.[113]

이러한 정감적 기도를 통해서 "덕행을 더욱 열성적으로 실천함, 지향이 점점 순수하게 됨, 극기 및 초탈의 영(정신) 및 자신의 의무를 충실하고 정확히 수행함 등"의 영매들을 얻게 된다.[114]

정감의 기도부터는 사람의 능동적인 노력으로 수동적 상태에 들어가게 되나, 수동적 상태 이후의 일어나는 일들은 사람의 능력으로 할 수 없는

---

110) Ibid., p. 376.
111) Ibid., pp. 375-376.
112) Ibid., p. 376.
113) Ibid., pp. 377-378.
114) Ibid., p. 378.

것이기에 이 기도는 주부적 관상을 이끌어 가는 과정상의 기도라고 볼 수 있다. 즉 이 기도는 신비적 상태에서 이루어지는 관상상의 기도라고 볼 수 있다. 바로 이 기도는 신비적 상태에서 이루어지는 완전한 기도를 향하는 한 단계의 기도인 것이다.[115]

④단순함의 기도(prayer of simplicity)

작크 보수에(Jacques Bossiest: 1627~1704)가 이런 용어를 처음으로 사용했다고 알려지고 있다. 작크 보수에는 단순함의 기도를 하나님과 관계된 대상 - 하나님 자신이거나 하나님이 지닌 어떤 완성 성이거나 그리스도나 그분의 신비 중 그 어떤 것이거나 또는 다른 어떤 기독교 진리 이거나 간에 - 을 단순히 사랑하는 마음으로 응시함이라고 정의했다. 그것은 극히 단순화된 수덕적 기도의 형태이다. 먼저 묵상에서 사용된 추리는 이제 단순한 지적 응시로 바뀌고, 정감기도에서 체험한 정감들은 하나님께 대한 단순한 애정 어린 관심과 합일된다. 이 기도는 기도자가 통상적 은총 아래 노력하여 도달할 수 있는 것이므로 넘어가는 전이 점이 된다. 단순기도에 들어간 이의 특징은 바로 생활의 단순화이다.[116]

테레사는 이러한 단순함의 기도(prayer of simplicity)를 '습득된 잠심의 기도'라고 불렀다. 그리고 테레사는 이 기도를 관상기도의 1단계인 '주입된 잠심'과 구별해서 사용하였다. 즉 단순함의 기도는 주입된 잠심을 준비하는 과정이라고 볼 수 있다. 또한, 이것을 '단순한 응시의 기도' 혹은 '하나님 현존의 기도'나 '신앙에 대한 단순한 비전(vision)의 기도',[117] 또는 '신앙에 대한 비전(vision)의 기도'라고 부르기도 한다. 이 기도는 하나님을 단순히 사랑하는 마음으로 응시하는 것이라고 정의한다. 이것은 지극히 단순화된 수동적인 기도의 한 행태이다.[118]

---

115) 최병억, "관상기도를 통한 영성훈련", (미간행석사학위논문, 목원대학교대학원, 2008), pp. 36-37.
116) Jordan Aumann, Spiritual Theology, 「영성신학」, op. cit., pp. 378-381.
117) 윤정아, "관상기도의 역사에 관한 연구", op. cit., p. 28.
118) Jordan Aumann, Spiritual Theology, 「영성신학」, op. cit., pp. 378-379.

이러한 수동적인 형태의 기도에 추리적 묵상이 도달하면서 추리적인 명상에서의 지적 능력은 '단순한 지적 응시'로 바꾸게 되어진다. 기도의 수준 이동은 바로 수동적 기도 혹은 능동적 기도와 신비적 기도 즉 관상기도 간의 다리 노릇을 하는 역할을 하게 된다. 이 기도의 방법은 특별한 것이 없다. 단지 응시하고 사랑하는 것만 하면 된다. 이 기도에 들어갈 때 유의해야 할 점은 첫째 너무 급작스럽게 기도에 들어가려고 하지 말 아야 하며, 둘째, 묵상과 정감 기도를 하는 동안에는 억지로 끝내지 말고 이러한 기도를 계속 유지하는 것이 필수적인 것이다. 그러나 반대의 현상이 일어나면 즉 어떤 특수한 추리적 묵상이나 정감의 활동을 하지 않고도 깨달음의 은총이 오면 굳이 그러한 기도를 할 필요 없이 애정 어린 사랑의 응시만을 하면 되는 것이다.[119]

기도자는 특별히 이 기도를 하는 동안 하나님께 고정된 사랑스러운 관심을 유지하도록 애써야 한다. 여기에서 주의해야 하는 것은 억지로 해서는 안 된다는 것이다. 그 이유는 바로 억지로 하게 되면 사랑의 응시 안에서 일어나는 분심(分心)과 나태의 현상 앞에서 너무 애씀으로 단순성이 파괴되어서 수동적인 태도가 파괴되고, 이 파괴는 바로 자신의 힘으로 하는 기도가 되기에 단순기도가 되지 못하는 것이기 때문이다.[120]

단순함의 기도를 행할 때에 다음과 같은 유익들이 있게 된다고 하고 있다. 그것은 첫째, 생활이 단순해지고, 이 단순함은 하나님께 대한 깊은 지속적인 잠심으로 이끌리게 되며, 둘째, 기도자가 일상생활의 직무에 바쁠 때에도 항상 내적으로 하나님을 응시하고 사랑할 수 있게 되며, 셋째, 외적인 모든 활동은 단순함의 정신으로 하나님의 영광을 드러내려는 열망을 수행하게 되고, 넷째, 정감 기도의 모든 장점들 즉, 정감 기도가 단순기도의 탁월한 준비가 되는 것처럼 단순기도는 주부적 관상을 준비하는 과정으로써 준비되게 된다.[121]

---

119) Ibid., pp. 379-380.
120) Ibid., p. 380.
121) Ibid., p. 381.

단순기도는 수덕생활의 최고 단계의 기도라고 하고 있다. 이 기도를 통해서 수덕의 최고 단계에서 자연스럽게 관상(신비)의 단계로 흘러갈 수 있는 입구의 역할을 한다는 데 의의가 있다고 하고 있다.[122]

⑤**주부적 관상(infused contemplation)**

주부적 관상은 하나님의 은총에 의한 신비적인 주입된 잠심으로 인하여 지혜와 은사를 얻게 된다. 이러한 지혜와 은사의 작용에 의해서 체험되는 하나님에 관한 복된 지식을 의미한다. 여기에서 우리가 주의해야 할 것은 관상은 은사가 아니라는 점이다. 그러므로 주부적 관상은 은사일 수 없다. 다시 말해서 은사나 비상한 은혜는 타인의 유익을 위해 주어지는 것이며, 이것들은 개인의 성화를 이루어주지 않는다. 이에 비하여 주부적 관상은 이 은총 안에 들어온 이의 영적 성숙의 유익을 지향하게 함으로 성화가 이루어지게 되는 것이다.[123]

관상이란 말에는 즐거움이 뒤따르는 지식을 의미한다. 또 지식의 대상은 보통으로 찬탄을 불러일으키고 영혼을 사로잡는 그런 형태의 것이다. 관상은 인식능력의 작용인 만큼, 자연질서 안에도 순수한 자연적, 습득적 관상과 같은 것이 있다. 초자연적 또는 주부적 관상은 여러 가지 형식으로 정의되어 왔으나 모든 정의에 공통되는 본질적 특징은 그것이 하나님께 대한 체험적 지식이란 점이다. 결국, 신비적 기도의 한 단계인 관상에 관해 언급할 때 '관상'이란 용어에는 물론 애덕이 주입한 신앙을 전제로 하는 지혜와 이해의 은사를 입고 그 작용을 통해 체험되는 하나님에 관한 복된 지식을 의미한다고 한다. 이러한 주부적 관상은 카리스마나 비상한 은혜(gratia gratis data)가 아니고 성화 은총을 지닌 모든 이에게 주어지는바 성령의 은사의 작용으로 이루어지는 기도의 한 단계라고 하고 있다. 그러나 주부적 관상은 본성 노력으로는 신비체험을 할 수 없다고 하고 있다.[124]

---

122) 최병익, "관상기도를 통한 영성훈련", op. cit., p. 38.
123) Jordan Aumann, Spiritual Theology, 「영성신학」, op. cit., p. 383.

이러한 주부적 관상의 특징에 대하여 윤정아는 다음과 같이 밝히고 있다.[125]

첫째, '하나님 현존의 체험'은 관상의 기본적 특징으로써, 십자가의 요한은 이것을 '정화적 관상'이라고 정의한다.

둘째, 기도자가 정확히 이 현상을 설명할 수 없지만, 무엇인가 초자연적인 것이 자신 안에 스며들어 있음을 깨닫게 된다.

셋째, 기도자가 누리는 체험은 스스로의 힘으로 얻을 수 있는 것이 아니라 오직 하나님의 은총에 의해서 체험되고 있음을 알게 된다.

넷째, 신적 피동성(patiensdivina), 즉 기도자가 자신이 원할 때 이 기도의 차원으로 들어오는 것이 아니라 하나님께서 허락하실 때에만, 체험시켜 주신만큼만 체험할 수 있는 것이다.

다섯째, 관상 중에 누리는 하나님에 대한 체험은 명확하지 못하고 모호하게 나타난다.

여섯째, 이 관상은 기도자에게 하나님의 활동 안에 있다는 안정감과 확신을 가져다준다.

일곱째, 기도자에게 은총 안에 있다는 어떤 윤리적 확신을 가져다주게 된다.

여덟째, 이러한 체험을 말이나 글로 표현할 수 없음을 알게 된다.

아홉째, 이러한 신비적 일치는 변화의 동요로 오랫동안 신비적 일치가 가능했다면 그것의 변화가 일어나게 된다.

열째, 기도의 초보자에게서 흔히 나타나는 현상으로써 이것은 관상가가 체험하게 되는 강한 영적 기쁨으로 인해서 기도자의 감각 기능들에 놀랄만한 현상이 일어나게 되는 현상이다.

열한 번째, 이러한 신비적 관상은 강렬한 탈혼의 상태에 빠지게 하는 수도 있다.

열두 번째, 그러한 것들을 순식간에 이루게 되어짐을 경험하게 된다고

---

124) Ibid., pp. 382-383.
125) 윤정아, "관상기도의 역사에 관한 연구", op. cit., pp. 30-31.

274 바로알자! 관상기도의 정체

한다.

⑥정적의 기도(prayer of quiety)

정적의 기도는 심리 기도의 한 형태이다. 이 기도를 통해 의지는 하나님의 현존에 대한 친밀한 인식으로 사로잡히게 되고 영혼과 육신은 형언할 수 없는 감화와 기쁨으로 충만케 된다고 하고 있다. 그러나 정적의 기도와 주부적 관상의 근본적 차이는 관상적 빛의 더 큰 강도와 더 큰 위로는 그만두고라도 정적기도는 최고선(하나님)의 실제적 소유와 즐거운 향유를 영혼에 베푸는 것이다. 보통 정적기도에 따라오는 동반현상은 관능의 휴지(休止) 상태와 사랑에 도취 됨이다.[126)

이러한 주부적 관상은 주로 이성에 영향을 미치기 때문에 이성은 주부적 관상 속에서는 다른 것으로부터 멀어지는 현상이 일어나게 된다. 그러나 정적의 기도는 의지에 영향을 미치게 된다.[127)

이 기도의 단계에서 매우 주의해야 할 것들이 있다. 그것은 첫째, 억지로 이 기도의 단계에 들어가려 하지 말아야 한다. 둘째, 하나님의 활동하심을 느끼게 될 때 그 활동하심에 순종해야 한다. 셋째, 기억과 상상을 통한 분심(分心)들이 일어날 때 이러한 것들에 사로잡히면 안 되기에 이것을 무시하는 것이 필요하다. 넷째, 하나님의 뜻을 거스르는 어떤 것이라도 조심하고 피해야 한다. 다섯째, 끊임없는 기도의 수련을 유지하는 것이 필요하다.[128)

정적의 기도 체험은 특별히 참된 겸손을 배우게 된다고 하고 있다. 그것은 하나님의 은총으로 오는 것이기에 영성적 휴지(休止)와 사랑의 도취 앞에서 체험의 현상이나 애착들로부터 자유하게 되기 때문이다. 만일 이러한 현상에 대한 집착이나 애착 등이 있다면 이 기도자는 아직 정적의 기도의 단계에 이르지 않았다는 증거로써 분별할 수 있다고 하고 있다.[129)

---

126) Jordan Aumann, Spiritual Theology, 「영성신학」, op. cit., pp. 390-391.
127) Ibid., p. 390.
128) Ibid., p. 392.

⑦일치의 기도(prayer of union)

일치의 기도는 신비적 기도의 한 단계로서 여기서는 모든 내적 기능이 점차적으로 하나님으로부터 사로잡히고 점유된다. 정적기도에서는 의지만이 사로잡히고 기능의 휴지에서는 지성 역시 사로잡히게 된다(기억과 상상은 자유롭지만). 그런데 일치의 기도에서는 기억, 상상을 포함한 모든 내적 기능이 사로잡힌다. 오직 외적·신체적 감각만이 자유로우나 그들 역시 다음 단계의 기도에서는 사로잡히게 된다.[130]

이러한 일치의 기도는 모든 내적 기능이 점차적으로 하나님께 사로잡히게 되는 단계라고 한다. 정적의 기도나 기능의 휴지와 차이점을 살펴보면, 정적의 기도에서는 의지가 사로잡힌다. 기능의 휴지는 시정이 사로잡히게 된다. 그러나 일치의 기도에서는 이러한 모든 내적 기능들이 사로잡히게 된다. 오직 자유로운 것은 외적, 신체적 감각만은 자유롭게 된다는 차이점이 있다.[131]

일치의 징표로는 첫째 분심(分心)이 없고, 둘째 하나님과의 친밀함의 일치에 대한 확신이 있으며, 셋째 지루하지도 싫증이 나지도 않게 된다.[132]

일치의 기도 단계에서 따라오는 종반현상이 있다. 그것은 첫째, 신비적 접촉(mystical touches), 둘째, 영혼의 이탈(flights of the Spirit), 셋째, 불같은 사랑의 화살(fiery darts of love), 넷째, 사랑의 상처(wounds of love)로 네 가지의 현상들이 대표적이다.[133]

이러한 현상에 대하여 십자가의 요한과 아빌라의 테레사는 '신비적 접촉'으로서 영혼이 이러한 접촉으로 인해서 하나님의 접촉에 감각을 지니게 되고, 이 감각은 말로 표현할 수 없는 기쁨과 즐거움을 가져다주어서, 때때로 영혼이 탈혼의 상태에 떨어지기도 하며 그와 비슷한 정도에 머물

---

129) 최병역, "관상기도를 통한 영성훈련", op. cit., p. 40.
130) Jordan Aumann, Spiritual Theology, 「영성신학」, op. cit., pp. 393-395.
131) Ibid., pp. 393-394.
132) Ibid., p. 395.
133) Ibid., p. 396.

게 되는데, 이러한 접촉은 '본질적 접촉'이라는 가장 숭고한 접촉으로 이르게 된다고 하고 있다.[134]

⑧순응일치의 기도(prayer of conforming union)

순응일치의 기도에서는 내적인 모든 기능이 하나님께 사로잡히게 되지만 외적 기능은 여전히 자유롭다는 것을 '일치의 기도'에서 말했다. 이러한 자유로운 감각이 남아 있는 일치의 기도를 순응일치의 기도라고 한다. 이 기도는 하나님의 은총이 외적인 감각까지 사로잡아서 변형의 일치에 이를 수 있도록 준비시키는 기도의 단계를 의미한다.[135]

단순 일치의 기도에서 내적 기능은 하나님께만 집중된다. 오직 외적 감각만이 자유롭다. 그러나 순응 일치의 기도에서는 하나님께서 외적 감각까지 사로잡아 영혼이 전적으로 신화된다. 말하자면 하나님께서 변형 일치의 완전하고 최종적인 상태에까지 이르도록 준비하신다. 다시 말하면 순응 일치는 단순 일치 기도와 밀접히 연관되고 있다. 따라서 단순 일치 기도의 연장이다. 그러므로 순응 일치의 기도에서 영혼은 외감을 사용하지 못하는데 - 부분적으로나 전체적으로 - 그 까닭은 모든 내적 기능이 하나님께로 흡수되고 따라서 감각들은 그들의 고유한 자연적 기능에서 이탈되기 때문이다. 이때 영혼이 외적 행위에 관심을 돌리기란 어렵다. 탈혼 상태는 순응일치 기도의 본성이요 바로 그 정의와 관계된다.[136]

어떤 사람들은 이 기도의 단계를 '탈혼의 기도'라고 한다. 그 이유는 바로 탈혼 상태가 순응 일치의 기도의 본성이고 또 순응일치 기도의 정의와 깊은 관계를 갖고 있기 때문이다. 그러므로 순응일치의 기도에서 탈혼은 정상적인 것으로써 이것은 성화의 현상을 가져오게 한다.[137]

이러한 탈혼의 주요 형태는 '부드럽고 즐거운 탈혼과 격하고 고통스런

---

134) 십자가의 성 요한, 「갈멜의 산길」, 최민순 역, (서울: 바오로 딸, 1983), pp. 268-271.
135) Jordan Aumann, Spiritual Theology, 「영성신학」, op. cit., p. 399.
136) Ibid., pp. 399-401.
137) Ibid., p. 401.

탈혼'이 있다. 첫째의 경우는 영혼이 더 이상 육신 안에 머물러 있지 않기 때문에 육신이 지닌 자연적 온기(溫氣)의 상실함을 체험하는 것이다. 둘째의 경우는 탈혼으로 인하여 육신의 고통이 격심하게 되어서 그 고통을 견디기 힘든 상태가 되는 것을 말한다.[138]

감미롭고 부드러운 탈혼은 신체의 건강에 해가 되지 않을 뿐 아니라 건강의 회복과 증진의 현상이 일어나게 한다. 그러나 격한 탈혼은 신체에 무리를 주는 경우가 생기기도 한다.[139]

이 탈혼의 문제에서는 분별의 문제에 있어서 큰 어려움을 겪게 되는 것이 있다. 그것은 하나님으로부터 오는 탈혼인지, 아니면 사탄의 장난인지를 구별하기가 어렵다는 분별의 어려움이 있다. 그러나 아빌라의 테레사는 이러한 탈혼의 구별은 오직 열매를 통해서 가능하다는 이야기를 한다.[140]

이에 아빌라의 테레사는 탈혼의 다섯 가지 형태에 대하여 다음과 같은 형태가 있다고 하고 있다.[141]

첫째의 형태는 점차적으로 영혼이 자기 주위의 사물과 접촉을 끊고 오직 하나님께만 이르게 되는 경지가 있다. 이 탈혼은 하나님에 대한 깊은 맛과 인식을 갖게 되어서 다른 모든 피조물을 매우 경멸하는 현상이 일게 된다.

둘째 형태는 '황홀'이라 불리운다. 이것은 하나님께서 영혼 깊숙한 곳에 비추시는 갑작스러운 광채를 통해서 오는 것으로, 영혼의 상급 부분을 위하여서 육신과 분리 시키는 신속한 운동이 일어난다. 이것은 영혼들의 구원을 바라는 열렬한 욕망의 근원으로써 구령의 한 부분임과 동시에 하나님께서 찬양을 받기를 원하는 것의 간절히 원함이 된다.

탈혼의 셋째 형태는 '영의 이탈'이다. 이것은 예리하고 빠른 그 무엇이

---

138) Ibid., p. 402.
139) 최병억, "관상기도를 통한 영성훈련", op. cit., p. 42.
140) Jordan Aumann, Spiritual Theology, 「영성신학」, op. cit., p. 408.
141) 윤정아, "관상기도의 역사에 관한 연구", (미간행석사학위논문, 협성대학교대학원, 2011), pp. 38-39.

영혼에서 나와서 영혼의 더 높은 부분으로 올라가며 하나님께서 원하시는 곳으로 가는 것으로써 '영의 날음'이라고 한다. 이 '영의 날음'은 영혼에게 세 가지가 부여되게 된다. 그것은 첫째, 하나님의 위대함을 알게 되고, 둘째, 자아 의지와 겸손함이 생겨나며, 셋째, 지상의 모든 것에 대한 극심한 경멸(敬命)이 생겨나게 된다.

탈혼의 넷째 형태는 영혼이 기도에 끌려가지 않음으로 오는 충격이다. 이때 영혼은 깊은 고독과 버림받았다는 느낌 가운데 있게 된다. 영혼은 자신이 하늘과 땅 사이에 달려 있음을 보고 어찌해야 할지를 모름으로써 큰 고통 속에 거하게 되고, 이 충동이 지난 뒤에 깨달음을 얻게 된다.

다섯째 단계는 '사랑의 상처'라고 한다. 이것은 내적 감각이 영혼에게 쏘아붙인 불화살이다. 이러한 일이 일어날 때 영혼은 갑작스러운 충격 때문에 울부짖게 되고, 이 울부짖음은 기쁨의 상처로 인해서 좋음의 탄성으로 흘러나오는 것이다. 이러한 영적 약혼의 단계는 신비적 결혼으로 들어가려는 전 단계로써 준비된다. 이 선행의 단계로써 세 단계가 있다. 그것은 첫째, 예비적 극기이고, 둘째, 영의 수동적 정화이며, 셋째 단계는 영적 약혼이 이루어지는 하나님의 접촉 또는 방문이라고 한다. 이러한 과정을 통하여 순응 일치의 기도는 변형 일치의 기도로 넘어가게 된다.

⑨변형 일치의 기도(prayer of transforming union)

이 기도는 관상기도의 마지막 단계이다. 아빌라의 테레사는 이 기도의 단계(영혼의 성)는 제7궁방을 구성하는 요소로서 현세에서 얻을 수 있는 최고의 완덕(完德) 단계라고 이야기하고 있다. 즉 이 기도의 상태는 바로 하나님으로의 변형을 이야기하는 것으로서, 십자가의 요한은 사랑에 의한 하나님에로의 변형과 함께 참여에 의한 하나님의 하나님, 즉 인간적이라기보다 더욱 신적인 것이라고 표현하고 있다.[142]

이러한 변형 일치의 기도는 영혼의 성중 왕실로 들어가는 기도로라고

---

142) Ibid., pp. 39-40.

한다. 신비가들은 이것을 영적 결혼과 동일시하기도 한다.[143] 즉 아빌라의 테레사는 이 기도를 결혼과 비유해서 다음과 같이 말하고 있다. 즉 "영적 약혼과 영적 결혼의 차이는 마치 약혼한 두 사람과 그 후 결합하여 다시 헤어질 수 없는 부부의 차이와 같다."라고 한다. 이런 변형 일치의 기도는 영혼의 성중 왕실로 들어가는 기도로서, 하나님과 영혼은 사랑이 다할 때까지 서로를 주게 되는 단계이다. 여기에선 어떠한 탈혼도 일어나지 않는다. 그 이유는 영혼이 강화되어서 충분한 사랑의 힘을 받을 수 있게 되었기 때문이다. 이러한 체험 속에서 영혼은 성삼위 하나님을 생생하게 체험하게 되는 것이라고 하고 있다.[144]

이러한 변형의 일치 기도에서 세 가지를 구분할 수 있다고 한다. 첫째, 하나님으로의 변형, 둘째, 상호순종, 셋째, 항구적인 사랑의 일치이다.[145]

이러한 변형 일치는 다음과 같은 효과를 가져온다고 하고 있다. 그것은 첫째, 자신을 완전히 망각하게 되고, 둘째 고통받기를 소망하게 되며, 셋째, 박해받는 것을 기뻐하게 되고, 넷째, 하나님만을 섬기고자 하는 열망이 간절해지며, 다섯째, 모든 피조물에서 이탈하게 되며, 여섯째, 탈혼이 없게 된다. 즉 이러한 변형 일치의 단계는 이제 활동과 관상의 일치로 이어져서 직복 직관의 효과를 가져오게 되어서 완전한 성숙의 단계를 이루게 된다고 한다.[146]

나. 관상에 이르는 단계의 삶과 내면의 변화단계

(1) 관상에 이르는 단계의 삶

143) Jordan Aumann, Spiritual Theology, 「영성신학」, op. cit., pp. 399-401.
144) 윤정아, "관상기도의 역사에 관한 연구", op. cit., p. 40.
145) Ibid., p. 40.
146) Ibid., p. 40.

하나님의 절대 타자성에 대한 넘을 수 없는 질적인 차이 때문에 인간의 어떠한 느낌이나 감각기관으로도 순수한 하나님 체험은 가능하지 않다. 하나님을 만나기 위해서 인간이 지닌 일체의 느낌이나 이미지 등을 부정함으로써 순수한 영혼에 이르는 것이다. 하나님께 이를 수 없는 인간의 질적인 차이를 극복하기 위해서 순수한 하나님 체험 이전에 변화를 요구받는다. 이 과정으로서 정화, 조명 일치의 과정을 거쳐야 한다고 하고 있다.[147]

①정화(淨化, purgation)의 단계

정화는 "타락한 인간의 삶을 에워싸고 있는 죄와 습관적인 악에 대항하는 싸움", 또는 "이기적으로 추구하는 감각적인 쾌락에 대한 욕구"로부터의 해방, 더럽히고 있는 모든 것을 제거하는 것, 본래의 모습을 회복하는 것이라고 표현할 수 있다. 이렇게 정화를 한마디로 표현하기에는 쉽지 않다.[148]

율라노프(Ann & Barry Ulanov)는 '거짓된 자아가 벗겨지는 경험'을 정화라고 하였다. 조던 오먼(J. Aumann)은 인간이 하나님 일치에 이르기 위해서는 깊이 있게 정화될 필요가 있다고 말한다. 그런데 정화과정에서 하나님은 '보다 좋은 부분(受動的淨化)'을 맡으시고, 인간은 은총의 도움을 받아 하나님과 일치로 나아가는 장애물을 제거하는 정화가 필요하다는 것이다. 이는 하나님의 은총에도 불구하고 모든 영혼이 불완전성과 결점을 지닌 '거짓 자아'가 자신의 인격으로 대신하고 있기 때문이다.[149]

이러한 정화는 능동적 비움이다. 예수 그리스도의 영이 우리 안에 들어와 내주 수 있도록 자기 자신을 비우는 것이다. 따라서 정화의 작업은 지속적이고 의지적인 인간의 노력이 함께 하는 수행 과정이다. 인간은 창조

---

147) 김양민, "기도교육에 관한 연구", (미간행석사학위논문: 목원대학교 신학대학원, 2008), p. 20.
148) 이영민, "토마스 머튼의 관상적 영성과 융의 집단무의식 비교", (미간행석사학위논문: 서울신학대학교 상담대학원, 2007), p. 71.
149) 이종대, "칼 융의 인격과 영혼 돌봄으로서의 관상기도", (미간행석사학위논문: 호서대학교 연합신학전문대학원, 2022), pp. 33-34.

주이신 하나님께 이끌리면서 세상 유혹과 죄, 윤리적 약점인 무지로 인해 사랑을 찾는 길에서 어떤 때는 정열적이고 어떤 때는 차가워진다. 이렇게 좌충우돌하는 인간의 번잡함 속에서 정화의 과정은 하나님 앞에 설 때 어떠한 모습으로 그분은 바라보아야 하는지 구체적으로 말하고 있다.[150]

관상기도 안에서 정화는 부정한 것에 대한 부정의 훈련이다. 기도 속에서 자신의 실체를 거부하고 인정하지 못했던 자신을 받아들이므로 이루어진다. 이것은 정화의 원리가 강물 흐르듯 우리의 감정들이 흘러가도록 내버려 두는 것이다. 우리 안에 인정하지 못하고 감추어 두었던 분노 같은 부적절한 감정이나 거짓 자아 같은 두려움을 강물에 흘려보내듯이 하나님 앞에 드릴 때 찾아온다. 결국, 정화의 과정은 기도를 통해 자신의 모습을 있는 그대로 드러낼 때 얻을 수 있다. 이 과정에서 기도자 자신은 거짓된 가면을 벗어 버리고 온전히 사랑하는 주님께 마음을 돌림을 통해 정화되고 변화된다.[151]

박노열은 "정화의 작업은 지속적이고 의지적인 노력을 통해 이루어지는 과정"이라고 말하고 있다. 그러면서 다음과 같이 설명하고 있다.

> 정화의 단계는 외적 감각의 정화, 내적 감각의 정화, 정욕의 정화, 지성의 정화, 의지의 정화 등을 포함하고 있다. 인간의 욕망과 유혹은 인간의 감각기관을 통해서 오는 것이기 때문에 우리의 일상생활에서 영성생활에 방해가 되는 모든 요소들을 제거하는 것이다. 내면의 정화가 이루어지면 우리의 내면에는 하나님의 본성이 알려지고 하나님과 우리 사이의 관계에 대한 깨달음이 오게 된다.[152]

이러한 주장은 관상기도 안에서의 정화가 단순히 인간의 욕망과 유혹을 제거하는 것뿐 아니라 전 존재에 대한 정화를 말하고 있다. 즉 내적,

---

150) 박은정, "관상기도를 통한 자기대상의 경험적 연구", (미간행석사학위논문: 한신학대학교 신학대학원, 2012), pp. 29-30.
151) Ibid., p. 30.
152) Ibid., p. 30.

외적, 정욕, 지성, 의지 등의 모든 정화는 하나님 앞에 서기 위해 우리는
아무것도 걸치지 않은 벌거벗은 모습의 무소유를 지녀야 한다. 그렇게 하
나님 앞에 서서 우리 자신과 그분과의 관계를 깨닫게 될 때 다음의 발전
된 조명의 단계에 이르게 된다고 하고 있다.[153]

그런데 관상기도 중 정화의 과정속에 자기 자신과 대면한다는 것은 고
통스러운 과정이다. 왜냐하면, 행복의 정서프로그램 속에 있는 거짓 자아
와 직면해야 하고 그로 인해 자신의 가장 연약하고 추한 모습을 인정해야
하기 때문이다. 그러나 그 모습을 인정할 때 아무 조건 없이 있는 모습
그대로를 안아주시는 하나님을 경험하게 된다는 것이다. 이러한 관상기도
를 통한 자비의 하나님 경험은 더욱 자신의 과거의 어두움과 미래의 두려
움을 직면할 수 있는 용기와 힘을 부어준다고 한다. 따라서 기도는 하나
님 경험을 통한 구원으로 인도하는 돌파구이다. 이렇듯 관상기도는 우리
가 과거의 아픈 기억과 미래에 대한 두려움과 상실 불안에서 벗어나지 못
하는 상태에서 정화의 단계를 거쳐 더 높은 단계인 조명의 단계로 가야
할 필요성을 알려준다고 한다.[154]

조던 오먼(J. Aumann)은 정화를 다음 여섯 가지로 구별한다.[155]

첫째는 외적 감각의 정화이다. 오직 하나님 안에서만 기뻐하고 하나님
께만 써야 할 마음을 빼앗는 여러 가지 감각에서 오는 기쁨을 피하는 것
이다. 세상에서 촉각으로 느끼고, 눈으로 보고, 귀로 듣고, 혀로 맛보는 것
에서 오는 즐거움과 기쁨보다 하나님 안에서 갖는 안식과 기쁨을 열망하
는 것이다.

둘째는 내적 감각의 정화이다. 오먼은 내적 감각을 상상, 기억, 상식,
평가력으로 보고 이 중에서 상식은 외적 감각의 정화로서 순화되며, 평가
력은 상상력이 정화되고 지적 판단력이 자기 고유의 기능으로 작동되면

153) Ibid., p. 31.
154) 전성주, 「영성과 사회성」, (파주: 한국학술정보, 2008), pp. 66-68.
155) 이종대, "칼 융의 인격과 영혼 돌봄으로서의 관상기도", (미간행석사학위논문: 호서대학교
연합신학전문대학원, 2022), pp. 34-35.

정화되고 통제된다고 한다. 그러므로 내적 감각의 정화는 상상과 기억의 정화를 가리키는 것이다. 하나님께로 향하지 못하는 상상력을 통제하는 것이다. 조건화되고 자동화되어 끊임없이 일어나는 기억을 정화하는 것이다. 즉 하나님께로 나아가는 데 아무런 도움이 되지 않는 기억을 능동적으로 정화하는 것이다.

셋째는 정욕의 정화이다. 육체적인 건강, 슬픔과 분노 및 공포에 영향을 미치는 정욕의 제어와 정화를 말한다. 감성적 욕구의 정화이다.

넷째는 지성의 정화이다. 지성의 정화도 능동적 정화의 성격을 갖고 있다. 지성의 정화는 단순한 이해, 판단 그리고 추론이라는 지적 제 기능이 의지와 감정에 의해 영향을 주는 장애물을 제거하는 일에서 시작된다. 이는 처음부터 헛되고 무익하고 죄에 해당하는 모든 생각을 거부하는 것을 의미한다. 이를 통하여 영혼은 신앙의 빛을 통해 만사를 판단하는 단계에 서서히 도달할 수 있고 마침내 하나님이 만사를 보시듯이 그렇게 만사를 보게 된다.

다섯째는 의지의 정화이다. 의지의 정화는 하나님의 의지에 완전히 복종하고 일치하기 위해 자신의 의지를 하나님께 종속시키려고 노력하는 것이다. 특히 하나님과 완전히 일치를 이루어 나가기 위해서는 자신의 자애심을 거슬러 자신의 의지를 하나님께 돌려야 한다. 또한, 자신의 행위의 참된 동기를 살펴보고 그 의도를 바로잡아야 한다.

다음으로는 영혼의 정화에서 하나님만이 행할 수 있는 부분인 수동적 정화이다. 십자가의 요한은 우리 자신이 제아무리 모든 행위와 욕심에서 스스로 능동적으로 극기하려고 해도 스스로는 온전히 정화될 수 없다고 말한다. 즉 인간은 하나님께서 그를 수동적으로 붙들어 주지 않는 이상 온전히 정화될 수 없다. 십자가의 요한도 하나님이 수동적인 방법으로 영혼에게 손을 쓰시지 않는 이상, 영혼이 아무리 힘을 쏟는다 해도 자신의 불완전함을 바로잡을 수 없다고 고백한다. 수동적 정화는 영혼이 아무리 힘을 써도 하나님을 만나지 못하는 순간, '영혼의 밤'이라고 부르는 그 순간에 시작된다. 그때에 영혼은 모든 인간적 행위를 내려놓고 하나님이 오실 때까지 기다리는 것이다. 여기에서 존재는 하나님의 현존을 체험하게 된다. 이 과정을 거쳐야만 영혼은 완전히 정화된다.[156]

마이스터 엑카르트(Meister Eckhart)의 정화는 초탈의 과정에 해당한다. 초탈의 과정은 우리가 포장하고 있는 모든 외적인 가면들을 벗어 버리고 벌거벗은 영혼으로 하나님을 만나는 것이다. 초탈은 영혼이 표피적으로 만나는 세계, 자아, 하나님과의 관계를 단절하는 행위를 말한다. 하나님과 하나가 되기 위하여 순수한 자기 자신 외에 이를 가로막는 모든 장애물을 떨쳐버리는 것이다. 즉 하나님과의 친밀한 관계를 가로막고 있는 '일체의 생각, 욕망, 모든 상(像)'들에서 벗어나고 비우는 과정이다.[157]

길희성은 엑카르트의 초탈의 길은 '자기 자신을 포기하는 것'이라고 하고 있다. 이는 '자기 자신'을 얻는 길이라고 한다. 초탈은 자기중심의 소유욕과 집착의 포기를 뜻한다. 칼 융이 말하는 외적 인격인 패르조나와의 동일시에서 벗어나서 '자기'로 향하는 개성화 비교가 되는 개념이다. 하나님과의 관계를 가로막고 있는 모든 집착과 소유를 끊어서 자신 내면의 '근저'로 향하는 것이다.[158]

틸든 에드워즈(Tilden H. Edwards)에게 정화의 과정은 '지속적인 자기 비움'의 과정이다. 하나님 안에 참된 자기를 가로막고 있는 모든 것을 비우는 과정이다. 여기에서 자기 비움은 긍정적이든 부정적이든 자신이 가지고 자아의 이미지와 자아와 동일시하는 모든 것을 '떠나보내는 것'이다. 이러한 떠나보냄은 '순종적 의지(willingness)'에 의해서 이루어진다. 자기 이미지들은 갇히고 조작된 자기 참조(self-referenceing)를 실제로 이해하도록 한다. 그래서 모든 관상은 간접적으로 자기 이미지들을 떠나보내는 것이다. 이러한 자기 이미지들을 두려움 없이 떠나보내는 것은, 우리 안에 감춰진 진정한 정체성 속에서 하나님이 늘 임재함을 신뢰할 때다.[159]

---

156) Ibid., pp. 35-36.
157) Ibid., p. 36.
158) 길희성, 「마이스터 엑카르트의 영성 사상」, (왜관: 분도출판사, 2019), p. 15.

그런데 기독교에서의 정화는 하나님으로부터 죄의 용서와 의롭다 함을
인정받은 회심한 인간이 아직은 전 존재가 참되게 하나님의 의로우심같이
성화 되지 못하였기에 인간의 영혼을 하나님의 기뻐하심에 이르기까지에
이르도록 맑게 정화하는 과정이다.[160] 그러나 사람은 하나님께 끌리면서도
세속의 유혹과 죄의 습성, 윤리적 약점 또는 단순한 무지로 말미암아 사
랑을 찾는 길에서 방황하게 된다. 사람은 이 경우 기도하는 법을 배우게
되며, 하나님과 사람의 관계는 무엇이든 해달라고 청하는 기도로 드러난
다. 이것은 시작이다.[161]

이제 기도에 힘쓰는 사람들은 기도가 성숙되어감에 비례하여 그들이
얼마나 하나님으로부터 멀어져 있는지, 얼마나 타락한 존재인가를 통렬하
게 깨닫게 된다. 그래서 그들은 좋지 않은 의지, 나쁜 습성들이 얼마나 무
서운 파괴력을 가지고 인간을 타락시키는가를 알게 되고 이러한 것들에서
멀어지고자 애를 쓰게 되는 것이다. 그러나 이들은 인간적인 노력이 한계
를 갖는 것을 알기에 인간의 능력에만 의존하지 않고 기도를 통해서 초자
연적인 은총을 받아 영적인 변환을 이루고자 갈망한다.[162]

성경은 마음이 청결한 자는 하나님을 볼 수 있다고 하고 있다(마5:8).
우리가 자유의 영이신 성령님을 우리 안에 거하게 하기 위해서 이 세상에
속해 있는 우리 존재의 정화를 의미한다. 회심 자체가 매우 급작스럽게
혹은 매우 감격적으로 이루어지는 것이라면, 정화의 작업은 지속적이고
의지적인 노력을 통하여 이루어져 가는 과정이다.[163]

이 단계에서는 그리스도의 영이 사람 안에 들어와 내주할 수 있도록
자기 자신을 비우기를 힘써야 한다. 정화의 단계는 외적 감각의 정화, 내
적 감각의 정화, 정욕의 정화, 지성의 정화, 의지의 정화 등을 포함하고

159) 이종대, "칼 융의 인격과 영혼 돌봄으로서의 관상기도", op. cit., p. 38.
160) 류기종, 「기독교 영성」, (서울: 열림, 1994), p. 2.
161) 김양민, "기도교육에 관한 연구", op. cit., p. 20.
162) 이영민, "토마스 머튼의 관상적 영성과 융의 집단무의식 비교", (미간행석사학위논문: 서울
신학대학교 상담대학원, 2007), p. 25.
163) 김양민, "기도교육에 관한 연구", op. cit., pp. 20-21.

있다. 인간의 욕망과 유혹은 인간의 감각기관을 통해서 오는 것이기 때문에 우리의 일상생활에서 영성생활에 방해가 되는 모든 요소들을 제거하는 것이다. 내면의 정화가 이루어지면 우리의 내면에는 하나님의 본성이 알려지고 하나님과 우리 사이의 관계에 대한 깨달음이 오게 된다. 그러할 때에 다음 조명의 단계에 접어들게 된다.[164]

인간의 영혼이 영적인 무지와 불완전에서 정화될 수 있는 최상의 안내를 할 수 있는 것이 관상기도를 통한 것이라고 하고 있다. 관상기도에서 정화의 과정으로써 하나님께 나가는데 방해되는 의식구조, 태도, 습관, 이기적인 행동 등을 정화한다. 무엇보다도 하나님과 일치를 가로막는 것은 죄이기에 죄를 정화시켜야만 된다. 죄가 있으면 결코 기도의 응답을 받을 수 없고 은혜를 누릴 수 없기 때문이다.[165]

그런데 관상을 통한 정화는 하나님으로부터 오는 은총이기에 인간 내면에서 성령의 능력으로 우리 안에서 정화되어 물리는 것들을 다시 갈망하거나 얻으려 해서는 안 된다고 하고 있다. 또한, 관상은 정신과 기억을 충분히 통제할 수 있게 해주어서 자신을 반성하고 외적 사물과 사업, 활동과 생각, 그리고 세상 속에서의 초연함을 유지한다고 한다. 한 걸음 더 나아가서, 관상은 하나님의 현존을 깨닫게 하는 길로 인도한다고 하고 있다.[166]

②조명(照明, illumination)의 단계
조명은 영혼의 밝아짐, 빛의 비추임, 각성의 실현, 영의 눈이 크게 열림 등으로 표현할 수 있다.[167]

영혼의 정화가 이루어진 사람에게는 이제 인간의 자아 혹은 영혼의 '밝아짐'이 일어난다. 이 영혼의 밝아짐은 영혼의 '조명'(照明), 또는 '각성'(enlightenment)의 실현이다. 성경적인 표현을 쓰자면 영적인 조명은

---

164) Ibid., p. 21.
165) 석현만, "관상기도의 목회적 적용", (미간행석사학위논문: 성결대학교 신학전문대학원, 2006), p. 14.
166) 이영민, "토마스 머튼의 관상적 영성과 융의 집단무의식 비교", op. cit., pp. 22-23.
167) Ibid., p. 74.

우리의 마음눈이 열리고 하나님의 뜻을 깨닫는 것이다.[168]

이제 정화의 단계를 거치면서 어둠이 끝날 무렵, 공포가 완화되고 긴장이 풀리면서 비로소 영적으로 밝아지는 체험을 할 수 있게 된다. 이것을 조명이라 부른다. 이시기의 특징은 합리화와 방어기제(defensemechanism)을 점점 포기함에 따라 우리 자신이 하나님의 사랑에 이끌리고 있다는 사실을 감지하기 시작한다.[169]

이제 이러한 조명의 단계는 여기에서 사실상 관상기도가 시작된다. 사람은 하나님께서 우리를 사랑하신다는 것을 깨닫고, 사람 쪽에서 하나님을 사랑하는 길을 열심히 찾게 된다. 우리는 도중에 잠시 미끄러지고 넘어져서 정화의 길로 다시 되돌아 갈 수 있지만 필요하면 언제라도 다시 시작할 수 있다. 나중에 달릴 수 있으려면 먼저 걷기부터 해야 한다. 이 길이 조명의 단계이다. 하나님은 사랑이시며, 우리를 사랑하신다는 사실을 깊이 깨닫게 된다.[170]

이 단계에 있는 사람은 하나님의 선하심과 그 은총의 능력을 인식하게 된다. 그래서 표면적으로는 죄악의 길로 다시 빠질 수도 없고 모든 문제로부터 벗어났기 때문에 맑고 밝은 내적인 평화 태라고 생각할 수도 있다. 그러나 정반대로 내적인 소동을 경험할 수도 있다. 전에는 결코 생각지도 못했던 범죄의 가능성과 하나님을 배반할 수도 있다는 사실을 깊이 인식한다. 이 시점에서 우리는 내적인 비전을 통해 그리스도를 따른다는 것이 무엇인지를 보다 선명하게 인지하며, 여전히 그 길을 걷는 데 많은 장애물이 있음을 깨닫는다. 그렇기에 지속적인 자기 포기를 경험할 수밖에 없다. 포기한다는 것은 새로운 삶에 들어가는 것을 의미하며, 인간에 새로운 중심을 형성한다는 것을 의미한다. 그런데 사실 이 단계에서 자기 포기는 그 자신이 스스로 행하는 것이 아니라 하나님의 그 영혼을 더 정화시키기 위해서 주도적으로 하시는 것이다.[171]

---

168) Ibid., pp. 26-27.
169) 김보현, "관상기도를 통한 호스피스 환우의 영성지도에 대한 연구", op. cit., p. 47.
170) 김양민, "기도교육에 관한 연구", op. cit., p. 21.

정화 단계에서의 정화가 능동적인 것이라면, 조명단계에서의 정화는 수동적인 것이라 할 수 있다. 체험자들은 그들의 내면에서 자신의 존재보다 더욱더 큰 힘이 작용하고 있으며, 그 힘이 그를 새로운 방향으로 이끌고 가고 있음을 느낀다. 조명의 단계를 거쳐서 사람은 하나님과 하나가 되는 일치의 삶으로 나아간다.[172]

그런데 관상기도 안에서의 조명은 사랑하도록 맡기는 것이다. 다시 말해 기도자 자신을 그분께 내어 맡기므로 기도자가 그분의 하나님의 자녀임을 알게 한다. 조명의 단계에서 기도자는 하나님을 사랑이시며 하나님은 기도자를 사랑하고 계시다는 사실을 깊게 자각하므로 하나님의 선하심과 그 은총의 능력을 인식하게 된다.[173] 결국, 정화의 단계에서 기도자가 부인의 훈련을 한다면 조명은 기도자 자신의 정체성 확인 훈련이다. 이에 십자가 요한에게 있어 조명의 길은 정화의 밤을 통과한 자들이 얻는 길이라고 하고 있다.[174]

조명의 단계에서는 자신이 직면한 자아를 긍정하고 만족하며 받아들인다. 또한, 조명 가운데 있는 사람의 내부 영역은 외부로 쉽게 나타나지 않기 때문에 내적 평안을 알게 된다. 거기에는 소동이 없으며, 내적인 충동도 없다. 그곳이 연합이 시작되는 지점이며 기도를 통한 이해가 주입되었기 때문에 우리는 더 이상 영에 도달하기 위해 어떤 문법이나 구문들, 몸부림도 필요하지 않다.[175]

하나님은 조명의 단계에서 적극적인 행위자이다. 그러므로 기도자가 수동적이 되는 것은 피조물로서 수용적이어야 한다는 것을 인정하는 방법으로 창조주께서 행하시는 것이다.[176] 이때 기도자는 내면에서 자신의 존재보다 더욱 큰 힘이 작용하고, 그 힘이 자신을 새로운 방향으로 이끌어

---

171) Ibid., p. 21.
172) Ibid., pp. 21-22.
173) 유해룡, 「영성의 발자취」, (서울: 장로회신학대학교, 2011), p. 215.
174) 십자가의 요한, 「어두운 밤」, 최민순 역, (서울: 성 바오로출판사, 1988), p. 59.
175) 김보현, "관상기도를 통한 호스피스 환우의 영성지도에 대한 연구", op. cit., pp. 47-48.
176) 박은정, "관상기도를 통한 자기대상의 경험적 연구", op. cit., p. 31.

가고 있음을 느낀다. 더불어 무엇이 그리스도를 따른다는 것인지 보다 선명하게 인식하고 그 길에 장애물이 있음을 깨닫게 된다는 것이다.[177]

그렇기 때문에 지속적인 자기 비움과 부정을 요구받고 있다. 그러나 이 단계의 비움과 부정은 정화에서 발생하는 것과는 다르다고 한다. 정화에서는 비움과 부정의 주체가 관상가 자신이지만, 조명의 과정에서 비움과 부정의 요구는 하나님이 주도적으로 행하시는 것이기 때문이다. 따라서 조명의 과정에서 인간은 철저하게 수동적이다. 이 과정에 있는 사람은 하나님의 선하심과 그 은총의 능력을 인식하고 모든 문제로부터 벗어났기 때문에 내적인 평화 상태라고 생각할 수 있다.[178]

그러나 조명의 단계에서 표면적으로는 모든 문제로부터 벗어났기 때문에 내적 평온을 유지하는 것 같지만 정반대로 또 다른 내적 소동을 경험하게 된다. 이러한 경험이 일어난다 할지라도 기도자는 조명의 깊은 단계, 즉 하나님이 주도적으로 일하시도록 내어 맡겨야 한다. 이 내어 맡김이 하나님과의 일치를 이루는 길이기 때문이다.[179]

조명의 단계의 가장 큰 특징은 정화과정에서 수동적이 된다는 것이다. 부정의(apophatic)의 정통에서는 기도자가 수동적일 때 하나님은 수동적이 아니라고 이해한다. 그런데 기도자가 수동적이 되는 것은 우리가 피조물임을 인정하고 수용적이어야 한다는 것을 인정하는 방법이다. 조명에서는 창조주께서 행하시는 것이 중요하다.[180]

이제 조명의 단계는 자신과 타인의 모습을 직면한 후에 묵상할 뿐이다. 그리고 인간이 가지고 있는 양면성을 인간의 상태일 뿐이라고 인식하고 받아들인다. 조명의 단계는 자기 부정의 단계를 지났기 때문에 자기 긍정과 내적 평안이 자리 잡게 된다. 기도를 통해 영혼의 고양이 이루어지고 어떠한 소요, 잡음이나 내적인 충동도 없는 상태가 이루어진다. 또한, 다

---

177) 유해룡, 「영성의 발자취」, op. cit., p. 215.
178) 박노열, 「누구나 할 수 있는 관상기도」, (서울: 나뭄, 2009), p. 85.
179) 박은정, "관상기도를 통한 자기대상의 경험적 연구", op. cit., p. 32.
180) 김보현, "관상기도를 통한 호스피스 환우의 영성지도에 대한 연구", op. cit., p. 48.

른 사람들의 모습에 만족하고, 삶의 양면성을 인간의 조건 또는 인간의
상태로 받아들이기 시작한다. 더 나아가 자신의 고통을 이해하는 동시에
다른 사람들의 고통과 함께할 수 있게 된다.[181]

③연합 또는 일치(一致, union)의 단계

관상의 가장 마지막 여정이 하나님과의 연합(일치)이다.[182] 즉 일치는
기독교 영성에서 하나님과 인간의 신비한 합일을 일컫는 말이다.[183] 이러
한 일치는 영성의 최고 상태이다. 인간의 영혼이 하나님과 혹은 그리스도
의 영적 생명과 온전한 합일, 조화, 일치가 실현됨을 의미한다. 인간 생명
의 존재가 신적 생명과 사랑으로 채워지며 신성화(divinization)의 실현을
의미한다. 이때 이러한 사람은 모든 피조물과도 온전한 조화와 일치의 삶
을 살며, 어떠한 대립이나 불일치가 없게 된다. 진정한 자유의 원천인 하
나님의 사랑에 온전히 거하게 되는 것을 의미한다.[184]

관상기도의 가장 큰 목적은 하나님과의 일치이다. 기도가 어떻게든 하
나님께 더 가까이 가도록 돕지 못한다면 그 기도는 의미 없는 것이다. 기
도하기 위해 마련한 시간, 기도하려는 노력, 주님 현존 앞에 고요히 자신
을 내어드리는 일 모두가 우리 실존의 가장 중요한 목적인 하나님과의 일
치를 지향한다. 생각과 말들을 멈추고 현존하시는 하나님께 고요히 나가
는 연습을 하는 관상기도가 그 일치에 사용되는 주된 기도이다.[185]

아빌라의 테레사에게 있어 완덕의 상태(관상)에 들어가기 위해서는 '신
비적 은총 체험이 따르는 관상'과 '하나님의 뜻에 일치'라는 두 가지 방법
의 합일을 말하고 있다. 여기서 신비적 은총 체험이 따르는 관상은 모든
이들에게 열려진 공통적인 길이며 비록 필수적이지는 않더라도 하나님 은
총에 의한 가장 빠른 지름길이다. 그러나 두 번째 하나님의 뜻에 일치하려

181) 이종대, "칼 융의 인격과 영혼 돌봄으로서의 관상기도", op. cit., p. 40.
182) Ibid., p. 41.
183) 이영민, "토마스 머튼의 관상적 영성과 융의 집단무의식 비교", op. cit., p. 77.
184) Ibid., p. 27.
185) 김보현, "관상기도를 통한 호스피스 환우의 영성지도에 대한 연구", op. cit., p. 49.

는 수덕의 노력은 비록 신비 은총이 뒤따르지는 않더라도 그에 못지않게 중요하다. 아빌라의 테레사 또한 두 번째 '하나님 뜻에 일치'라는 길을 강조하고 있다. 왜냐하면 '하나님과 일치' 상태는 감미로운 현상에서 오는 것만이 아니라 덕 닦음을 통해 즉, 하나님 뜻에 자신의 의지를 일치시켜 나감에서 그리스도와 하나가 되어 완전에 이를 수 있기 때문이라고 한다.[186]

토마스 키팅은 하나님과의 연합을 변형의 일치로 설명한다. 이 변형의 일치는 '주입된 평정'에서 평정(平靜)의 기도로 변화하고, 다시 '일치의 기도'로 나아가는 과정이다. 그것은 어떠한 형태나 영상이나 개념들이 아니다. 모든 상상과 기억들이 조용하고 깊은 평정에 이른 상태이다. 내면이 완전히 고요해지고 모든 의지가 하나님 안으로 모여진 상태에서 하나님 안에서 쉬는 것이다. 변형하는 일치란 내 안에 계신 '하나님의 현존에 뿌리를 두고 있다는 감각'을 말하는 것이다.[187]

이제 조명의 단계를 지나 자기중심적이고 이기주의적인 모습은 사라지고 하나님의 현존 안에 깊이 거하며 하나님의 섭리 안에 자신이 머물고 있음을 깨닫는 자리이다.[188] 그런데 하나님의 현존은 여러 가지 형태로 나타날 수 있다. 마치 위에서부터 내려오거나 밑에서 올라오는 것 같기도 하다. 상상과 기억이 사라지는 깊은 평정감으로 다가온다.[189] 이제 평정감으로 잠잠해진 모든 기능은 하나님 안에 빠져들어 온전한 일치의 기도로서 하나님 안에서 쉬는 것이다. 하나님의 현존을 경험하는 모든 것들, 즉 사람들, 사건들, 그리고 모든 자연 속에 계신 그분을 감지하는 능력이 작동하기 시작한다. 이때 기도자는 어떠한 외적인 감각이나 기도 속에서도 하나님과의 일치를 즐길 수도 있게 된다고 한다.[190]

그런데 이러한 관상기도의 과정 가운데 일치는 하나님과 하나 되는 사

---

186) 이범규, "예수의 데레사 영적 가르침을 통한 '하느님과 一致'", (미간행석사학위논문, 광주가톨릭대학교 대학원, 2012), pp. 97-98.
187) 이종대, "칼 융의 인격과 영혼 돌봄으로서의 관상기도", op. cit., pp. 41-42.
188) 유해룡, 「영성의 발자취」, op. cit., p. 216.
189) 박노열, 「누구나 할 수 있는 관상기도」, op. cit., p. 85.
190) Thomas Keating, Open Mind Open Heart, 「마음을 열고 가슴을 열고」, 엄무광 역, (서울: 카톨릭 출판사, 2011), p. 55.

랑 나눔이다. 관상기도의 과정을 거치면서 기도자는 그분과 합일을 통하여 하나 되는 경험과 그분의 나눠주심을 통해 사랑을 경험하게 된다. 더불어 관상기도 과정 안에 일치는 하나님의 현존이다. 하나님을 체험하며 하나님과 내면의 일치를 이룬 사람들은 누구나 그들 안에 있는 '하나님의 자리', 곧 하나님의 현존을 깊이 느끼게 된다고 한다.[191]

엑카르트에 따르면 일치가 될 때에 다음과 같이 된다고 하고 있다.

먼저 영적인 가난이다. 영적인 가난은 먼저 아무것도 원하지 않는 것(nichts Willen)으로 아무것도 요청하지 않는 것이다. 다시 말해 하나님의 뜻을 성취하거나 영원을 갈망하려는 의지도 버리고, 하나님이라는 관념으로부터 자유로운 것이다.

둘째, 아무것도 알지 않는 것(nichts Wissen)이다. 진정한 앎이란 엑카르트에게 있어서 소유와 집착의 대상이 아니라 우리 영혼의 근저 혹은 존재의 바닥으로부터 흘러나오고, 들어가는 본질적인 행위이어야 한다.

셋째 무소유(아무것도 소유하지 않는 것, nichts haben)이다. 그는 하나님과 인간 사이에 어떠한 간극도 없는 완벽한 일치를 말하고 있다. 그것은 인간 안에 하나님의 공간이 다른 것과 같이 별개로 존재한다면 하나님과 인간의 완전한 일치는 가능하지 않다. 엑카르트는 하나님과 인간의 대립적 혹은 상대적 구도를 근본적으로 초월하고자 한다고 보고 있다.[192]

이제 합일 일체의 삶은 영혼의 정화와 조명을 거친 후 더욱 정진하게 되면 하나님의 은혜로써 이러한 상태에 이르게 된다. 이와 같이 되면 인간은 자연스럽게 하나님의 뜻과 조화된 삶을 살게 되며, 형언할 수 없는 신적 평화와 기쁨을 소유하게 되고, 어떠한 환경의 조건과 상황에도 불구하고 예수 그리스도께서 사신 삶처럼 하나님과 동행하는 삶을 살아가게 된다. 이것은 인간에게 있어서 지복(至福)의 삶이라고 하고 있다.[193]

---

191) 박은정, "관상기도를 통한 자기대상의 경험적 연구", (미간행석사학위논문: 한신학대학교 신학대학원, 2012), p. 32.
192) Ibid., p. 33.
193) 이영민, "토마스 머튼의 관상적 영성과 융의 집단무의식 비교", op. cit., p. 29.

(2) 관상을 위한 내면의 변화단계

①첫 단계, 감각의 밤

우리의 외적 감각, 기억, 상상, 이성과 같은 우리의 기능을 사용하지 않는 단계이다. 십자가의 요한은 이 어려운 단계를 '감각의 밤'이라고 불렀다. 그런데 감각의 밤이 완성에 이르려 할 때에 솟아나는 첫 번째 은총은 내면 깊은 곳에서 솟아오르는 신비스러운 깨달음이다. 이러한 감각의 밤은 어린이가 사춘기로 넘어가듯 영적 성장에 필요한 과정이다.[194]

②두 번째 단계, 내적 고요

내적 고요에로 이끌리는 것은 하나님께서 우리의 감각이나 이성이 아니고 직관적 기능에 넣어 주시는 순수한 믿음이라는 결과에서 온다. 이때 영적인 위안은 외적인 감각을 통하여 오지 않고 내면의 깊은 곳에서 솟아오르는 것이다. 그것은 샘에서 솟아서 감각으로 흘러 들어오기도 하지만 그것을 솟아나게 하는 원천은 감각이나 지적 활동이 아니다. 이러한 은총은 자신의 의지가 하나님 안으로 잠입하는 기도인 평정(平靜)의 기도(prayer of quiet)로 확대되어 가기도 한다.[195]

③세 번째 단계, 평정의 기도

기억과 상상의 기능들이 자유로이 돌아다니기 때문에 스스로 무엇인가를 하기 위해 때로는 이 기억이나 상상과 유희를 한다. 이럴 때, 우리는 자신의 원치 않는 활동 때문에 괴로움을 느낀다. 테레사는 이러한 기억과 상상의 방황을 '미친 자의 광란'이라고 부르면서 이것에 주의를 기울이지 말라고 하였다. 그리하여 우리가 원치 않는 생각들이 폭우처럼 들어오는

---

194) 임향복, "관상의 일반화에 기여한 토머스 머턴의 소명연구", (미간행석사학위논문, 가톨릭대학교 문화영성대학원, 2009), pp. 10-11.

195) Ibid., p. 14.

경험을 하더라도, 동시에 우리의 의지가 하나님의 현존으로 향하게 한다. 이는 일치의 감각이나 혹은 성삼위 중 어떤 한 분에 대해 특히 주의를 집중하는 것으로 이루어진다. 이 상태에서 신성한 활동이 우리의 의지를 영적으로 꼭 잡아 주는 것 같은 느낌을 받는다.[196]

④네 번째 단계, 일치의 기도

평정의 기도에 더 깊이 들어가게 되면 상상과 기억이 잠시 정지된다. 하나님은 이 기능들을 당신에게로 불러들인다. 그들은 하나님의 음성을 듣고 기뻐하며 하나님 곁에 모여 더 듣고자 한다. 그리고 기도자의 의지는 조용한 중에 하나님 현존을 즐긴다. 그 상태에서 하나님은 더 많은 은총을 기도자에게 부어주신다. 그것은 기도자 편에서 저항이나 비평을 하지 않기 때문이다. 이것이 바로 '일치의 기도'이다.[197]

그런데 관상적 기도의 중요함은 '거짓 자아'나 '그릇된 자아'에서 벗어나는 과정을 보여준다. 머튼은 영적 여정 중에 하나님을 발견하면서 자기 내면을 발견하는 길고, 고독한 여정을 보여주었다. 하나님께 가까워지는 것을 막는 이기심, 교만, 두려움 등을 소멸시키면서, 하나님과 일치의 기쁨으로 거짓 자아는 사라지고 참 자아를 성장시키는 것이다.[198]

---

196) Ibid., pp. 14-15.
197) Ibid., p. 15.
198) Ibid., pp. 15-16.

제6장 관상기도의 방법과 결과

1. 관상기도의 방법

가. 관상기도의 전제조건

일반적으로 관상의 조건은 다음 세 가지 차원에서 살펴볼 수 있다. 첫째, 하나님의 뜻에 따라 은총이 무상으로 우리에게 주어진다. 둘째, 무상으로 주어진 은총에 우리가 합당하게 응답함으로써 그분의 뜻에 협력해야 한다. 마지막으로 성령의 역사하심에 우리 전 존재를 온전히 내맡겨야 한다. 이러한 관상의 단계로 보아 철저히 인간의 노력과 의지만으로 시작되지만, 그것만으로는 결코 높은 단계에 도달할 수 없다고 한다.[1]

머튼은 그의 영성의 핵심이라고 할 수 있는 관상에 이르기 위해서는 결론적으로 은총과 그리스도에 대한 믿음 그리고 성령의 인도가 절대적으로 필요하다 하고 있다. 그러나 이것은 순차적으로 나타나는 것이 아니라 관상하는 영혼에게 모두 필요한 충족 요건으로 파악할 수 있다고 하고 있다.[2]

---

1) 김택훈, "토마스 머튼의 성서 이해에 따른 렉시오 디비나", (미간행석사학위논문, 가톨릭대학교 대학원, 2012), p. 117.
2) Ibid., p. 117.

(1) 믿음(Faith)

관상은 기도자로 하여금 하나님의 선하심을 보다 굳게 믿게 하고 하나님께 보다 더 의탁하게 하며, 무엇보다도 하나님과의 우정에 보다 충실하게 만든다. 여기서 머튼은 관상의 첫 단계가 믿음이라고 언급한다. 그러면서 머튼은 '부정신학'(apophatic)적 방법으로 믿음에 대하여 정의를 내린다.[3]

무엇보다 믿음은 감정도 느낌도 아니다. 또한, 믿음은 영혼의 힘도 아니며, 의견도 아니다. 믿음은 무엇보다도 지성적 동의이며, 믿음은 정신을 완성하지 파괴하지 않는다. 왜냐하면, 믿음은 이성이 혼자서 알아들을 수 없는 진리를 갖게 하고, 하나님에 대한 확신을 갖게 하기 때문이다. 따라서 믿음은 살아 계시는 하나님과 생생한 접촉을 갖는 방법이라고 할 수 있다.[4]

그런데 만약 믿음으로 하나님을 믿지 않고 주장이나 신조로 믿는다면 믿음이 관상으로 이끌어 주지 않는다고 말한다. 따라서 머튼은 믿음이 말과 신조를 뛰어넘어 기도자를 하나님께로 인도하기에 기도자는 하나님의 빛이 가득 차도록 믿음으로 마음의 문을 열어야 한다고 강조한다.[5]

머튼은 믿음이 깊어질수록 일치도 믿음과 함께 깊어지며 그렇게 되면 믿음은 점점 더 강렬해지고 우리가 생각하고 행하는 모든 것에 영향을 미칠 수 있게 뻗어 나간다는 것이다. 그것은 믿음이 단순함의 차원으로 이끌어 우리의 모든 이해와 체험을 더 깊이 헤아릴 수 있게 한다는 말이다. 이로써 믿음은 사람으로 하여금 자신의 가장 깊은 영적 차원에 이르게 해주며, 바로 그 깊은 곳에 '현존하시는' 하나님과 만날 수 있게 해준다는 것이다.[6]

---

3) Ibid., pp. 117-118.
4) Ibid., p. 118.
5) Thomas Merton, New Seeds of Contemplation, 「새 명상의 씨」, 오지영 역, (서울: 가톨릭출판사, 2002), pp. 147-148.
6) 김택훈, "토마스 머튼의 성서 이해에 따른 렉시오 디비나", op. cit., p. 119.

한편 머튼은 관상을 하는 정상적인 방법은 그리스도의 삶과 그리스도의 가르침에 관한 깊은 연구를 통해서 얻은 그리스도에 대한 믿음이라고 제시한다. 그리고 머튼은 그리스도에 대한 믿음에 이르기 위해서는 렉시오 디비나를 통해 그리스도를 이해하고 그리스도와의 생생한 만남을 강조하고 있다.[7]

> 우리가 복음서를 읽는 것은 그리스도를 이해하고 그리스도에 대한 개념만을 얻기 위해서가 아니고 우리에게 계시된 하느님의 말씀에로 들어가 그것을 거쳐 하느님으로서 우리 안에 살고 계시는 그리스도와 생생한 관계를 믿음으로 맺기 위해서이다.[8]

(2) 은총(Grace)

관상은 하나님의 크신 선물이며 은총으로서 전적으로 그분의 의지와 뜻에 달려 있다. 하나님의 초자연적인 은총으로 말미암아 인간은 감히 하나님을 믿고 사랑할 수 있으며 궁극적으로 하나님과의 참된 일치로 나아갈 수 있다. 이러한 은총은 오로지 겸손하고 순수한 영혼에게 주어진다. 따라서 누구든지 관상의 길로 나아가고자 한다면 하나님의 인도하심에 자신을 온전히 내맡기는 겸손된 자세가 필요하다.[9]

관상의 은총은 하나의 특별한 선물이다. 여기서 특별한 선물이라는 말은 절대로 당연한 것으로 생각해서는 안 된다는 것이다. 비록 자연적인 선물은 우리가 자율적으로 사용할 수 있지만, 기도의 선물은 다른 은총, 즉 겸손의 은총과 불가분한 것으로 우리 존재의 중심인 하나님이 원천이면서 동시에 목적이신 하나님을 향하고 있는 한에서만 의미가 있고 또한 실재라는 것을 깨닫게 해준다고 한다.[10]

---

7) Ibid., pp. 119-120.
8) Thomas Merton, New Seeds of Contemplation, 「새 명상의 씨」, op. cit., pp. 173-174.
9) 김택훈, "토마스 머튼의 성서 이해에 따른 렉시오 디비나", op. cit., p. 120.
10) Ibid., p. 121.

관상은 기도자에 본성의 능력을 개발하여 기도자의 힘으로 얻을 수 있는 것은 아니다. 그것은 은총이 기도자의 마음과 정신을 밝혀 줌으로써 기도자는 그분이 하신 말씀이며 창조주이신 성령께서 기도자 안에 계시고 기도자는 그분 안에 산다는 사실을 깨닫게 해주는 작용이다. 결국, 기도자 안에 감추어진 신비로운 창조 사업을 자비로이 완성해 주시는 하나님의 은총 작용이라고 하고 있다. 따라서 관상은 기도자 안에 있는 생명과 존재가 보이지 않는 초월적이며 무한히 풍요로운 '원천'으로부터 나온다는 사실을 깨닫는 것이다.[11]

(3) 성령(The Spirit)의 이끄심

이제 진정한 믿음으로 예수 그리스도께 우리 자신을 바치면 그분은 은총으로 말미암아 당신을 드러내신다. 그리고 우리 안에 살아 있는 말씀과 마음, 그리고 삶의 통합은 성령으로 그 효력을 발휘한다. 이에 머튼은 "관상이란 것이 하나님이 주시는 지혜와 깨달음의 선물을 통해 그분에 대한 우리의 사랑을 각별한 배려로써 길러주시고 완성 시키고자 우리 영혼 안에서 작용하시는 성령의 활동"이라고 정의한다. 따라서 관상의 삶은 인간적 기술과 노력에서 오는 것이 아니라, 영혼 깊은 데서 성령을 이루어가는 삶이다. 관상가의 본분은 자기 삶에서 천하고 시시한 것을 버리고 하나님의 영이 이끄시는 대로 최선을 다해 자신을 맞추는 것이다.[12]

결국, 하나님은 은총을 통해 사랑으로 당신과 합일하려는 영혼에게 하나님을 소유하려는 열망과 능력을 주신다. 하나님은 영혼의 깊은 갈망의 대상으로서 당신을 드러내신다. 그렇게 갈망함으로써 우리는 희미하게나마 성령의 이끄심으로 하나님을 보게 된다는 것을 알 수 있다는 것이다.[13]

---

11) Ibid., pp. 122-123.
12) Ibid., p. 124.
13) Ibid., p. 126.

나. 관상이 아닌 것

토마스 키팅은 다음과 같은 것은 관상이 아니라고 하고 있다.[14]

(1) 관상은 긴장해소 훈련이 아니다.

동양에서 행해지는 요가, 초월적 명상은 마음의 후식이나 긴장을 완화하는 효과를 목표로 하지만 관상기도는 인간의 존재 심층을 지향하여 내재해 계시는 주님과의 친교와 일치를 지향하는 것이 목표라고 하고 있다.

(2) 관상은 은사가 아니다.

침묵 기도는 믿음, 소망, 사랑의 성장을 깊게 해준다. 그리고 영혼의 실체와 그 기능들의 정화, 치유, 성화를 도와준다. 침묵 기도는 하나님과의 관계를 순수한 믿음의 수준에까지 이르도록 해주는 방법이다. 순수한 믿음이란 내 자아가 관여하여 지적인 토론을 주로 하는 명상의 수준을 넘어서는 것을 말한다.

(3) 관상은 초감각 심리 현상과 같은 의사 심리 현상이 아니다.

관상은 어떤 현상이 생기기 전에 알게 된다든지, 멀리서 일어나고 있는 일을 안다는 것과 같은 소위 예시의 은사나 육체이탈 경험, 초감각 경험, 심리 현상들인 몸 밖의 경험, 또는 죽음을 임박한 경험이 아니다. 인격의 변형과정은 심리적 신비경험이나 능력 그 자체보다는 믿음, 소망, 신적인 사랑의 성장에 좌우된다. 관상기도는 믿음, 소망, 사랑 3가지가 자란 열매

---

14) Thomas Keating, Open Mind Open Heart, 「마음을 열고 가슴을 열고」, 엄무광 역, (서울: 카톨릭출판사, 2001), p. 26.

이고 이것들을 더 나아가게 한다. 이에 비해 심리적 경험이나 능력은 하나님과의 거룩함이나 하나님의 관계 성장과 아무런 관계가 없다. 이것들을 영적인 발달의 표징으로 보는 것은 오해이다.

(4) 관상은 신비 현상이 아니다.

신체 탈혼, 내적 환시, 외적 말씀, 상상으로 주시는 음성, 사람의 영안에 새겨 주시는 말씀 등이 아니다. 순수한 믿음만이 하나님과 일치를 이루는 가장 지름길인 것이다. 신자는 관상기도를 통해 주님과의 일치를 지향한 것에 일차적 관심이 있지, 심리적·신체적 느낌이나 경험에 쏠리게 되면, 목표를 잃어버리기 쉬움을 기억해야 한다.

다. 관상기도의 수행 방법

(1) 묵상을 통한 관상기도

세상 모든 일에는 질서가 있고 통하는 길이 있듯이 기도에도 질서가 있고 통로가 있다. 묵상기도는 관상기도로 들어가는 데에 일어나는 장애를 줄일 수 있고 묵상기도를 통해서 관상으로 들어간다면 보다 쉬운 기도 방법이라고 한다.[15] 그런데 묵상은 눈을 감고 말없이 마음으로 생각하는 것이다. 어떤 대상 내용에 대해 정신을 집중한다는 측면에서는 명상과 유사하지만, 기독교에서는 하나님의 말씀과 사건 속에서 하나님의 뜻을 찾을 때 묵상이라는 말을 주로 사용한다.[16]

이제 묵상을 통해서 하나님의 존재를 직관으로 알고 또 포착하는데 이것이 마음이라는 특수 기관이다. 우선 묵상기도를 할 때 여러 가지 방해

---

15) Ibid., p. 52.
16) 김광률, 「영성훈련의 실체」, (서울: 대한예수교장로회총회출판국, 1992), p. 124.

요소들이 따른다. 마음을 한곳에 집중할 수 없도록 하는 환경의 방해와 소리가 묵상과 관상을 하는 데 방해를 일으키며 제일 심하게 일어나는 것이 잡된 생각이다.[17]

묵상은 눈을 감고 말없이 마음으로 생각하는 것이다. 어떤 대상 내용에 대해 정신을 집중한다는 측면에서는 명상과 같은 것이지만 기독교에서는 하나님의 말씀과 사건 속에서 하나님의 뜻을 찾을 때 묵상이라는 말을 주로 사용한다.[18]

묵상기도의 성경적인 실례로는 시편 19편 14절 "나의 반석이시오 나의 구속자이신 여호와여 내 입의 말과 마음의 묵상이 주의 앞에 열납 되기를 원하나이다."라는 말씀에서 시편기자는 묵상기도의 열납을 간구하고 있다. 시편 119편 4절 "주의 법도를 묵상하며…", 23절 "율례를 묵상하였나이다.", 27절 "주의 기사를 묵상하리다."라고 한 것으로 보아, 묵상기도는 말씀과 주님의 법도와 그리스도로 채우기 위한 묵상이 기독교 묵상이다.[19]

관상으로 들어가려면 우선 기도자의 자세가 하나님 앞에서 겸손한 모습으로 마음을 비우고 하나님과의 현존 체험을 위해 준비하는 자세가 필요하다. 따라서 묵상으로 들어가려면 장소적인 부분도 고려되어야 한다. 주변에 너무 시끄럽지 않은 곳을 선택하고 시간으로는 비교적 조용하고 제일 평안한 시간을 선택하여 들어가는 것이 좋다고 하고 있다.[20]

관상기도에 들어갈 수 있도록 기도하는 자가 마음을 드려야 한다. 의지를 드려서 하나님에게로 향하는 움직임은 반드시 있어야 한다. 말씀을 통해서 하나님께로 향하는 움직임이 있는 한 기도는 진행된다.[21]

처음 기도에 들어갈 때 하지 싫은 감정이 생긴다. 기도에 집중하려고 할 때 잡된 생각, 소음들의 방해가 있다. 이러한 것들을 초월하여 들어가면 조용히 다가오는 주님을 만날 때 쉼을 얻게 된다. 관상을 하는 시간은

---

17) 석현만, "관상기도의 목회적 적용", (미간행석사학위논문: 성결대학교 신학전문대학원, 2006), p. 34.
18) 최병억, "관상기도를 통한 영성훈련", (미간행석사학위논문, 목원대학교대학원, 2008), p. 25.
19) Ibid., p. 25.
20) 석현만, "관상기도의 목회적 적용", op. cit., p. 34.
21) Ibid., p. 34.

새벽이나 오후 시간도 좋다. 또한, 막연히 묵상한다고 앉아 있다고 기도가 되는 것은 아니다. 관상기도에 들어갈 수 있도록 기도하는가가 마음을 드려야 한다. 의지를 드려서 하나님에게로 향하는 움직임이 있는 한 기도는 진행된다. 장소와 시간과 마음이 하나가 되면 눈을 감고 하나님께 자시의 마음을 열고 자신을 내어드린다.[22]

(2) 말씀을 통한 관상기도

기독교 초기의 수도원에서는 성경을 짧은 말씀을 뽑아 수시로 암송하는 것이 유행이었다. 수도사들은 자기가 좋아하는 글귀들을 기도할 때 소리 내어 암송을 했다. 이렇게 하면 정신과 마음을 맑게 해준다고 믿었다. 성경과 함께 하는 기도의 거룩한 도서(Lecto divina)는 눈과 마음으로 읽는 독서가 아니다. 가슴과 영혼으로 경청하는 독서이다. 그리스도인의 삶에 있어서 말씀을 듣는 마음, 말씀을 통해 주님과 대화하는 마음, 하나님의 뜻을 찾는 마음은 성경 묵상을 통해서 다듬어진다. 성경 묵상을 통해서 관상적 기도로 들어가는 것이 좋다고 한다.[23]

성경 묵상을 통해서 지성적인 목적과 감성적인 목적 및 실천적인 목적이 달성 되어질 때 단순한 묵상과 관상적인 묵상으로 들어가기가 용이해진다. 제임스 패커는 말씀을 통해 "하나님의 위대하심과 영광을 묵상"할 것을 권하고 있다. 요한복음 1장 14절 "말씀이 육신이 되어 우리 가운데 거하시매 우리가 그 영광을 보니 아버지의 독생자의 영광이요. 은혜와 진리가 충만하더라." 즉 말씀이 육신이 되신 그리스도라는 것이다. 그러므로 말씀을 통한 묵상은 하나님을 아는 지식에 들어가게 한다는 측면에서 대단히 긍정적으로 볼 수 있다.[24]

고든 맥도날드는 "명상은 우리의 영을 천국의 주파수에 맞추는 것과도

22) 최병억, "관상기도를 통한 영성훈련", op. cit., p. 26.
23) Ibid., pp. 26-27.
24) Ibid., p. 27.

같은 것이다"라고 했다. 말씀을 통해 하나님의 뜻과 의지를 알 수 있고, 자신을 쳐서 복종시킬 수 있기 때문이라는 것이다.[25]

이제 말씀 한 구절을 읽고 묵상으로의 여정의 길을 가고자 할 때 그 내용에 펼쳐진 장면을 연상시키면서 들어가게 되면 성경 말씀의 장면이 무대가 되어서 관상으로의 활동이 이루어지게 된다. 그리고 그 속에서 생생하게 그 장면을 느껴보는 묵상의 훈련을 하게 되면 언제 독서를 끝내고 기도로 들어갔는지 알지 못하며 합일의 체험은 보다 쉽게 이루어질 수 있다는 것이다.[26]

(3) 영상을 통한 관상기도

영상을 통한 관상기도는 상상력을 동원하여 기도하는 관상기도의 한 방법이다. 십자가상을 바라보며 하나님의 임재를 이룰 수 있다. 그러나 영상 중에서도 관상이 아닌 것이 있다. 관상이 아닌 것은 뜬 기분 상태를 느끼고, 황홀경에서 영상을 바라보는 것이다. 영을 분별할 때 오는 거슬림 또는 느낌이 이상 할 때에는 성령의 도움을 구하는 것이 좋다. 또 주님을 부름으로 그 영상이 주님에게서 왔는지 혼란으로부터 왔는지를 구별해야 한다. 주님과 함께 십자가 지는 장면을 따라가면서 현장을 바라보는 것도 관상에 있어서 좋은 방법의 하나라고 가르친다. 만약 시각적 영상이 더 도움이 된다면 사용할 수 있다. 영상은 일반적인 것이어야 하며 너무 선명하거나 정밀한 것이어서는 안 된다.[27] 영상은 눈을 감으면 그림처럼 나타나 마음을 빼앗기는 현상이 생기기 쉽기 때문이다.[28]

그러나 Packer는 형상이나 그림을 반대하고 있다. 반대하는 이유를 하나님의 "인격과 본질과 성격에 대한 진리를 거의 가리기 때문이다."라고

---

25) Ibid., p. 27.
26) 석현만, "관상기도의 목회적 적용", op. cit., p. 37.
27) 최병억, "관상기도를 통한 영성훈련", op. cit., p. 28.
28) 석현만, "관상기도의 목회적 적용", op. cit., p. 38.

하면서 영상을 통한 관상기도를 대단히 부정적으로 보고 있다. 상상 (imagination)과 공상(fantasy)은 다르다. 상상은 실제로 있는 것을 있다고 생각하는 것이며, 공상은 없는 것을 있다고 생각하는 것이다. 그럴지라도 인간의 상상은 불완전하여 하나님의 영광을 반감시킨다. 또한, 성경적인 근거를 찾을 수 없다. 그러므로 영상을 통한 관상기도는 장려할 만한 방법은 아니라고 하고 있다.[29]

(4) 거룩한 단어를 통한 관상기도

거룩한 단어를 통한 관상기도를 그리스도인 사이에서는 '외마디 기도' 라고도 한다. 자주 반복하는 단어나 문장을 중심으로 다가갈 수 있도록 집중시켜준다. 대개 한 음절에서 15개 음절로 이루어진 기도로 언제 어디서나 가슴속에서 계속되는 기도로서 "주여", "아버지", "나의 주 나의 하나님"이 있다. 또한, 시편 23편 1절 "여호와는 나의 목자시니 내게 부족함이 없으리로다.", 요한계시록 22장 20절 "주 예수여 오시옵소서" 등과 같은 말을 반복하는 것이다.[30]

이런 기도는 그리스도인들 사이에서 무의식 간에 삶의 현장에서나 고난과 위기 가운데 많이 이용되고 있다. 다만 공식적으로 정의와 정리가 되어있지 않을 뿐이다.[31]

이상과 같은 관상기도 방법은 관상의 단계로 들어가는 인간적인 노력과 수단이며 매개체가 되는 것이다. 여기서 제시한 방법만이 절대적이라고 말해도 안 되고, 어떤 것만이 절대적이라고 해서도 안 된다. 다양성을 인정해야 한다. 관상기도의 방법은 반드시 관상의 단계에 이르도록 한다고 볼 수 없다. 관상의 은혜는 하나님께서 주시는 것이기 때문이다. 그러므로 관상기도의 방법은 거룩한 단어를 찾아 훈련하는 과정을 통해 관상

---

29) Ibid., pp. 38-39.
30) 최병억, "관상기도를 통한 영성훈련", op. cit., p. 29.
31) Ibid., p. 29.

으로 준비된다.[32]

라. 관상기도의 실제적인 방법

(1) 관상기도 수련의 경로

관상기도를 수련할 때 크게 다음과 같은 3가지 경로(passage)를 통해 기도한다.

①몸을 통한 기도이다.[33]

관상기도는 침묵 가운데서 앉아서 허리를 펴고 몸을 고요히 하여 호흡을 의식하며 있는다. 유념적 관상기도인 상상이나 사고를 이용하여 무언가를 생각하는 능동적(active) 활동에서 한 걸음 나아가, 의도적으로 다른 생각을 하거나 무엇을 상상하지 않고 그저 조용히 앉아서 호흡을 의식하고 있는 것이다.[34]

그러면 이런 기도는 첫째로 쉼(rest)에 이르는 효과가 있다. 이런 몸의 침묵을 통해 외적 환경의 침묵을 유지하게 되며, 몸과 마음은 쉼(rest)에 이르게 된다. 침묵 속에 한동안 있으면 빨리 뛰던 맥박이 점점 천천히 뛰게 되며 종국에는 고요의 상태에 이르러 몸과 마음이 쉼에 이르게 되며 마음의 평화가 일어난다.[35]

②열려 있는 마음가짐을 통한 기도이다.

관상기도 중에 마음은 '깨어' '현재의 순간'에 머물러 마음에 나타나는

---

32) Ibid., p. 29.
33) 권명수 · 김기범, "관상기도와 명상의 효과에 관한 연구", 「신학과 실천」, 한국실천신학회 (2014), pp. 154-155.
34) Ibid., pp. 154-155.
35) Ibid.), p. 155.

어떤 것에도 집착하지 않고 '열려 있는' 자세로 머문다(마26:41; 살전5:6). 침묵 가운데 현재에 머무르려고 하고 있으면, 마음 속으로 과거의 기억들, 현재의 현안들, 미래에 관련된 여러 가지 생각, 감정, 이미지들이 들어온다. 이런 것들에 매이지 않고 바라보며, 흘러가도록 내버려 둔다(letting go). 이런 기도의 행위를 전통적으로 한자인 관상(觀想), 곧 마음의 상을 바라보는 것이라고 불러왔다. 이런 과정을 통해 마음이 비워지게 된다. 종국에는 비움의 상태로 지향하게 된다.[36]

깨여 열려 있는 마음을 통한 관상기도의 실천은 주객의 일치(unity)의 경지에로 인도하는 효과가 있다. 이렇게 바라보다 보면 모든 만물이 각자 떨어진 존재가 아니라 서로 연결되어 교제(communion)하고 있다는 인식이 자라게 된다. 이는 세상 모든 만물이 나와 다른 존재가 아니고, 서로 하나라는 의식이다. 관상으로 인해 신과 만물이 따로 떨어져 존재하는 것이 아니라, 만물 속에 신이 내재되어 있음을 말하는 범재신론(panentheism)[37]적 인식으로 나아가게 된다.[38]

③비판단적 긍휼(non-judgemental compassion)의 태도를 통한 기도이다.[39]

침묵 중에 떠오르는 나, 타인, 사물에 대한 생각에 대해 어떤 가치 판단을 하기보다는 긍휼의 마음으로 바라보려는 자세를 유지한다.[40]

---

36) Ibid., p. 155.
37) 범재신론은 본래 초자연적인 유일신관을 보완하기 위해 최근 등장한 신론이다. 그 신론은 우주에 가둬 버린 범신론도 아니고 완전히 우주 밖에 있는 유신론도 아니다. 그래서 '내재적 초월론'의 형태를 지닌 범재신론의 성격을 지닌다고 설명하고, 일부에서는 세계종교의 신들 중 가장 발달한 지고신의 형태라고 주장하기도 한다. 존재론적 유일신을 인식론적 차원(理神論)에서 혹은 생성론적 차원(過程神學)에서 다시 바라본 것이다. 즉 범재신론은 초월과 내재를 동시에 강조하는 신관으로 초월만 강조하는 유신론이나 내재만 강조하는 범신론의 일방성을 극복하여 신의 초월과 내재를 동시에 강조하는 신관이다.
    윤승용, "한국 민족종교의 신관은 과연 '범재신론(panentheism)'인가?", http://www.kirc.or.kr/hermeneut/hermeneut_03.php?mode=view&tblname=BBS_21&page=0&seqid=1047
38) 권명수・김기범, "관상기도와 명상의 효과에 관한 연구", op. cit., p. 155.
39) Ibid., pp. 155-156.
40) Ibid., p. 155.

침묵 중에 지니도록 권장하는 태도인 비판단적 긍휼은 명상가를 점차적으로 긍휼(compassion)의 마음에로 인도한다. 비판단적 긍휼의 태도로 자기 자신, 타인, 모든 사물을 대하게 되면 점점 연민(compassion)의 삶으로 변화하게 된다. 곧, 자신과 주변의 대상들을 생태적 관점에서 대하며 공존의 삶의 방향으로 나아가게 한다. 이런 생태적 가치 지향적인 삶을 위한 에너지를 공급받기 위해서는 지속적인 침묵이 필요하다. 이상과 같은 관상기도의 경로와 효과는 자신과 타인, 세상을 향한 긍정적 태도의 변화로 인도하기에 치유적 의미를 지니고 있다.[41]

(2) 관상기도의 몸에 자세

관상기도의 시간은 방해받지 않을 만한 조용한 시간, 가장 정신이 맑게 깨어 있을 때를 택하는 것이 좋다고 한다. 하루 업무가 시작되기 전의 이른 아침이 좋은 시간이다. 장소는 넓고 확 트인 조용한 장소를 선택한다.[42]

관상기도의 몸의 자세는 명상의 모든 것이라고 하더라도 그것을 맹목적으로 숭배하는 일은 옳지 않다. 반가부좌나 결가부좌를 하는 것도 좋으며 그것이 아니라도 편안하고 바른 자세면 어떤 자세든 기도의 자세가 된다. 서 있는 것이나 무릎을 꿇는 자세나 엎드리는 자세, 앉는 자세, 걷는 자세까지도 제한시킬 필요가 없다. 개인의 형편과 성격 문화에 맞게 하면 된다. 하지만 등을 구부린 자세는 좋지 않다. 반가부좌의 경우는 좀 높은 방석 위에 앉는 것도 한 방법이다. 균형을 위하여 무릎이 바닥에 닿도록 권하기도 한다. 때로는 기도 의자를 사용할 수도 있다. 머리는 아주 조금만 앞으로 숙이고 눈을 감고 혹은 반쯤 뜨고 행하기도 한다.[43]

---

41) Ibid., pp. 155-156.
42) 류충열, "영성수련의 한 과정으로서의 관상기도에 관한 연구", (미간행박사학위논문: 한신대학교 신학전문대학원, 2007), p. 82.
43) Ibid., p. 82.

(3) 관상기도의 마음에 자세

관상기도는 몸의 자세 못지않게 마음의 자세도 중요하다. 권명수는 관상기도를 행하는 세 가지의 마음 자세를 말한다.[44]

첫째로 믿음과 신뢰의 자세이다. 이 기도는 무엇보다 믿음을 전제로 한다. 침묵 가운데 행하는 이 기도에서 아무런 느낌이 들지 않더라도 기도를 지속하려면 함께 하시는 하나님에 대한 전적인 신뢰와 믿음이 요청된다. 그런 믿음이 있는 사람은 기도 중에 생기는 여러 가지 분심(分心)과 회의를 이겨내고 이 기도를 계속할 수 있다.

둘째로 주님을 사랑하는 마음으로 바라보는 자세이다. 마음에 "주님, 제가 주님을 사랑합니다. 그러나 제가 할 수 있는 것은 오직 주님을 바라보며 사랑하는 것밖에 없습니다."라는 자세가 필요하다. 마치 베다니의 마리아가 주님 앞에서 주님을 기다리며 있는 것과 같다.

셋째로 기도의 시간을 즐기려는 자세이다. 주님 앞에 있는 그 시간에 주님께서 우리 안에 오셨음을 믿고 다른 외부적인 일에 대한 조바심이나 초조함, 불안을 버리고 그분과 함께함을 즐기는 것이다. 어린아이가 엄마 품에 안겨 모든 것을 맡기고 아기 자신은 존재 그 자체를 느끼며 살아가는 것과 마찬가지이다. 관상기도는 몸의 자세만이 아니라 주님을 믿고 사랑하는 마음의 자세가 더욱 중요하다.

관상기도의 호흡은 등을 똑바로 세우면 자연히 느려지고 복식호흡이 된다. 동방교회의 예수 기도 전통은 호흡을 자연스럽게 기도의 리듬으로 사용하기도 한다. 관상기도를 처음 시작할 때 깊은 호흡으로 시작할 것을 권장한다. 호흡은 과거를 잊고 정신을 집중시켜 새 출발을 하도록 돕는다. 호흡은 존재의 근저에서 시작하여 호흡의 각성이 정신생활의 새로운 문을 활짝 열어젖힘으로써 가장 내밀한 자아의 실현으로 할 수 있는 것이다.[45]

---

44) Ibid., pp. 82-83.
45) Ibid., p. 83.

(4) 관상기도의 방법

관상기도의 방법에 대하여 정재화는 다음과 같이 제시하고 있다.[46]

＊ 하나님과 함께 머물며 침묵하는 시간을 보내라(하나님의 임재 안에서 조용히 앉아 있는 것이 당신에게 힘든 일이라면 하나님과 함께 산책을 하라).

＊ 하나님께 말씀을 드리라. "제가 여기 있습니다. 당신과 함께 있습니다."

＊ 하나님과 함께하라. 두 팔을 벌려 하나님을 맞이하라. 그 시간에 대해 통제하거나 영향을 미치려 하지 말고 그저 음미하라. 당신이 성취해야 할 것은 아무것도 없다.

＊ 하나님을 사랑으로 주목하며 하나님과 함께 머물라.

＊ 일어날 때가 되면 그분의 임재로부터 부드럽게 벗어나라. 생각을 고요하게 하는 한 방법은 몸을 고요하게 하는 것이다. 5분 동안 의식적으로 몸의 긴장을 풀고 심호흡을 하라. 그 후에 5분 동안은 당신의 생각이 흘러가는 곳을 살펴보라.

＊ 당신이 본 것을 하나님께 넘겨 드리라. 그리고 그것은 지나가도록 내버려 두고, 자신을 하나님의 사랑을 향해 활짝 열라.

＊ 하나님이 기도하도록 주시는 기도를 받으려고 하라(관상기도는 적극적이기보다는 수용적이라는 점을 기억하라).

＊ 하나님의 사랑을 들이마시는 것으로 기도를 마치라. 당신의 모든 호흡이 하나님의 선물임을 인식하며 일어서라.

＊ 초를 켜고 빛을 지으신 분 앞에서 침묵하라. 촛불을 보며 당신의 마음 중심을 세상의 빛이신 분께 맞추도록 하라. 당신 자신과 당신의 모든 어둠을 예수님께 맡기라. 그분의 빛 안에 머물라. 위로를 받으라.

---

46) 정재화, "현대 영성훈련 방안에 대한 연구", , (미간행석사학위논문: 목원대학교 신학대학원, 2009), pp. 44-45.

2. 관상기도의 결과

가. 관상 생활의 효과

관상기도를 하면서 깨달음을 실생활에 적용시킨 삶을 주님께 드리는 생활로서 없어서는 안 될 중요한 과정이라고 하고 있다. 관상기도와 관상 생활은 구분되어지며 함께 이루어져야 한다고 한다. 그리고 관상기도를 하는 것은 하나님께서 심령 안에서 활동하시고 그 사랑의 활동을 실생활에 나타나는 것이므로 관상기도와 생활은 구분되어질 수 없다고 하고 있다. 즉 관상 생활은 하나님께서 깨닫게 하시고 사랑의 체험들을 주시고 수고와 인내와 감사와 은혜로써 행하여야 할 부분이라고 한다.[47] 그러므로 관상기도의 결과로써 다음과 같은 효과들이 나타나고 있다고 하면서 미혹하고 있다.

(1) 내면의 성숙

하나님의 사랑은 자라게 하시고 성숙시킬 힘을 가지고 계신다. 그리스도인들에게 요구되는 것은 성숙되어지는 실천과정이다. 관상기도는 전통적으로 볼 때 변형과정이 완성되도록 시작되고, 완성시키게 하는 역사라고 할 수 있다. 그리스도인이 되었어도 여전히 어제와 오늘의 행동이 같으면 침체될 수밖에 없다. 날마다 새로워지는 역사가 일어나야 한다. 내면의 세계는 더욱더 그러하다. 이러한 성숙한 삶으로 성장해 가는 과정에서 관상기도를 빼놓을 수 없다고 하고 있다.[48]

---

47) 석현만, "관상기도의 목회적 적용", (미간행석사학위논문: 성결대학교 신학전문대학원, 2006), p. 40.
48) 최병억, "관상기도를 통한 영성훈련", (미간행석사학위논문, 목원대학교대학원, 2008), p. 30.

마음을 볼 수 있는 것이야말로 진정한 나를 발견하는 것이다. 내면에서 주님이 살아 계셔서 역사 하는 것이야말로 가장 자신을 변화시키는데 원천이 된다. 사람의 힘으로 할 수 없으나 하나님께서는 변화시키시고 변형의 일치로 이끌어 가실 것이라고 하고 있다.[49]

(2) 내적 치유

관상에 있어서 내적 치유는 참으로 중요하다. 사랑의 활동에 의해서 내면에서 일어나는 세계에 상처를 치유 받을 수 있고 자기 발견을 하게 는 것은 순수한 그분의 사랑의 활동에 의해서 이루어지는 사랑의 치유 관계이다. 마음이 불안하고 괴로울 때 사람과 상의하지 않고 하나님과 상의하여 그 아픔을 토하고 진실을 고백할 때 치유를 경험할 수 있다. 특히 마음이 불안하고 두려울 때 하나님께 나가 아뢰는 것은 최고의 치료책이다.[50]

관상기도의 훈련을 통하여 내적 정화의 작업이 이루어진다. 어렸을 적에 가졌던 충격적이고 정서적인 경험들이 무의식 세계로 내려가서 자리하고 있다가 관상기도를 통하여 떠오르게 되고 주님의 은혜로 치유할 수 있다고 한다. 의식 할 수 없었던 상처 받은 사건들이 관상기도로 말미암아 의식의 표면에 나타나게 된다. 이로써 무의식 속에 있는 상처를 치유하고 주님과의 관계를 회복할 수 있다고 하고 있다.[51]

(3) 성령의 열매

관상기도의 목적은 하나님과의 일치이며 하나님의 사랑을 갖는 것이며, 그분의 뜻에 순응하는 것이다. 올바른 기도는 반드시 활동에 열매를 가져

---

49) 석현만, "관상기도의 목회적 적용", op. cit., p. 40.
50) Ibid., p. 41.
51) Ibid., p. 41.

온다. 관상기도에 있어서의 열매는 필수적인 것이며 성령의 열매로 나타나는 것이라고 한다. 성령께서 빚어주시는 열매는(갈5:22) 그리스도인 자신의 협력과 노력 없이는 주어지지 않는다. 관상기도 속에서 말씀하시는 그분의 뜻에 순종하는 행실이 이어져야 한다. 성령의 열매에 있어서 가장 중요한 사랑은 하나님에 대한 사랑과 이웃에 대한 사랑이다. 이 사랑은 조금씩 다가오며 시간이 지나면서 점점 자라간다고 하고 있다.[52)]

(4) 성결의 영성 강화

관상기도를 하면서 행동에 변화가 이루어지지 아니한다면 올바른 기도자의 자세가 아니다. 기도는 하나님 앞에 자신을 굴복시키고 항복하는 것이며, 겸손한 복종을 통해 하나님의 뜻을 실현하는 것이 기도의 목적이다. 이제 기도자는 자기의 행동에 문제가 되는 것을 고치고 사랑으로 행할 수 있어야 한다. 그런데 적은 노력을 기울일 때 바른 기도는 사람의 행실을 변하게 하고 하나님의 뜻을 실행할 수 있다. 그런데 관상기도는 관상 생활을 하는데 매우 중요하다고 하고 있다. 즉 주님과 연합하며 그리스도의 장성한 분량에까지 성결(성화) 되어야 한다. 생활과 연결되지 않으면 관상기도는 아무런 소용이 없다. 실생활에 있어서 성결한 삶으로 나가지 못하는 기도는 추상적이거나 형식적인 기도가 된다. 그러므로 관상기도는 성결의 영성 강화를 가져온다고 주장하고 있다.[53)]

현대인은 자기가 자기의 참된 모습으로부터 소외되어 있고, 이웃과 세계와 자연으로부터 소외되어 있고, 하나님으로부터 소외되어 있다. 이 소외의 극복은 참된 새로운 영성신학을 요청한다. 이에 토마스 머튼은 참된 깊은 마음의 바다, 사랑의 심령 깊은 곳에서의 관상적 기도만이 이 비극적 소외로부터, 거짓 신비주의로부터 인간을 자유롭게 한다고 본다. 이를 해결하기 위한 궁극적 해결책이 바로 관상기도를 통해 인간과 하나님과의

---

52) Ibid., pp. 41-42.
53) Ibid., p. 42.

관계를 회복할 수 있다고 하고 있다.[54]

또한. 존재론적 직관으로서 관상기도로 참 자아를 발견할 수 있다고 하고 있다. 이에 머튼은 관상기도를 자아발견을 위한 가장 중요한 길로 생각한다. 관상은 이 세상에서 가능한, 가장 완전한 자아실현 형태이다. 왜냐하면, 인간존재가 하나님의 신비 안에 있기 때문이다. 하나님의 모습을 따라 창조되고 부활하신 그리스도와 하나가 된 인간존재의 심연에는 이 세상의 어떤 빛도 도달할 수 없다. 오직 관상의 빛 안에서 하나님의 신비에 참여할 때 인간은 하나님이 누구인지 깨닫게 되고 그 하나님 안에서 자아를 깨우치게 된다는 것이다.[55]

인간의 자아는 그 사람 안의 하나님께 알려지는 만큼 드러난다. 관상기도로 기도자 안에 하나님의 현존이 실현될 때 그 하나님께서 내가 누구인지 인식하는 정도에 따라 나의 자아가 나에게 드러난다. 여기에서 관건이 되는 것은 하나님의 현존이다. 하나님의 현존이 커질 때, 그 현존에 비례하여 기도자의 자아가 드러나기 때문이다. 이런 의미에서 머튼은 하나님과의 일치가 완전한 자아실현의 길이라고 거듭 강조한다. 자아실현은 인간 자신에 대한 깨달음이라기보다는 자기 안에 있는 하나님에 대한 발견이요 깨달음이라고 하고 있다.[56]

나. 관상기도의 열매

(1) 하나님과의 일치: 참 자아의 실현

관상의 열매는 하나님과의 합일(unio mystica)이다. 하나님과 합일한 자는 하나님의 눈으로 세상을 보아 하나님 중심의 세계관과 지혜를 가진

---

54) 임경수, "그리스도교 관상기도의 재해석과 적용에 관한", (미간행석사학위논문: 수원가톨릭대학교 대학원, 2022), p. 25.

55) Ibid., p. 25.

56) Ibid., pp. 25-26.

다고 하고 있다(잠4:7).[57] 즉 영성의 궁극적인 목적은 '하나님과의 합일'이라고 하고 있다. 특히 관상기도는 참 자아, 곧 하나님의 모상을 온전히 실현시킨다는 점에서 기독교 영성의 최종 목적을 지향한다.[58]

머튼에게 있어서 관상기도의 궁극적인 목적은 '하나님과의 일치'이다. 이 일치는 단순히 외형적·심리적인 일치만을 의미하지 않는다. 즉 그리스도의 도덕적 숭고함이나 십자가 죽음을 통한 헌신을 뜻하는 것이 아니다. 하나님과의 일치는 하나님의 은총과 사랑 안에서 친교를 이루는 것이다.[59]

또한, 머튼은 하나님과의 일치를 통해 참 자아를 발견하고자 했다. 머튼에 따르면 인간의 참 자아는 하나님의 현존 안에서 드러날 수 있다. 왜냐하면, 인간의 참 자아는 하나님의 모상, 그분의 신비 안에 있기 때문이다. 따라서 머튼은 오직 관상의 빛 안에서 하나님의 신비에 참여할 때 인간은 하나님이 누구인지 깨닫게 되고 하나님 안에서 자신의 참 자아를 깨우치게 된다고 가르치고 있다.[60]

(2) 관상과 활동의 일치: 참된 사랑의 원천인 관상

머튼에 의하면 관상을 통해 하나님과 일치를 이룬 인간은 사랑 자체이신 하나님과 같이 변화한다. 그래서 그는 인간의 본래 신분은 사랑이라고도 말한다. 그 이유는 하나님은 사랑이시고 이 하나님의 사랑이 인간의 '참 자아'이기 때문이다. 이러한 관점에서 머튼은 관상과 활동을 따로 구분하지 않는다. 그는 무엇보다 관상과 활동이라는 두 요소를 하나로 묶고 상호조화를 이루어야 한다고 하고 있다.[61]

---

57) "거룩한 독서[영적독서기도 Lectio Divina]", http://cafe.daum.net/kcmc91/N9HL/33

58) 임경수, "그리스도교 관상기도의 재해석과 적용에 관한", (미간행석사학위논문: 수원가톨릭대학교 대학원, 2022), pp. 61-62.

59) Ibid., p. 62.

60) Ibid., p. 62.

61) Ibid., p. 63.

머튼은 관상과 행동을 통합적 관점에서 이해하고 있다. 행동은 참된 관상에서 비롯됨으로써 정당화되고 본래의 빛을 발하게 된다. 그 이유는 참된 관상은 '사랑'을 지향하고 있기 때문이다. 결국, 관상은 참사랑이신 하나님과 일치하고, 그 영적 힘으로 세상과 이웃 사랑함에 의미가 있다는 것이다. 그는 관상과 행동의 일치를 주장함으로써 신앙과 삶의 일치를 지향한다고 하고 있다.[62]

다. 관상기도의 필요성

관상 옹호자들은 관상기도는 기도하는 자에게 실제적인 지침을 준다고 하고 있다. 아울러 관상기도의 회복은 영적 성장을 자연스럽게 가져올 것이고, 또한 이 영적 성장의 역사는 한국교회의 균형 잡힌 영성과 미래에 대한 소망을 분명히 가져올 것이라고 하면서 윤정아는 관상기도에 유익에 대하여 다음과 같이 제시하고 있다.[63]

첫째, 우리는 좋은 지향을 가지고도 극복할 수 없는 습관적인 결점들과 약점들을(예를 들면, 조급한 비판, 화내기, 심한 말들, 적대감, 우울증에 빠지기) 가지고 있음을 발견한다. 이런 결점들은 우리 자신과 이웃들과 하나님과의 사이에서 우리의 평화를 깨뜨린다. 관상기도를 통하여 침묵과 승복 중에 성실하게 하나님을 추구한다면, 이런 결점들의 영향력이 점차로 약화되고, 결점들 자체도 점점 줄어드는 것을 볼 수 있을 것이다.

둘째, 이런 관상기도는 긴장감과 신경 과민성을 크게 줄여 준다. 특히 언제나 다른 사람들의 요구와 필요에 대비하고, 도와주어야 할 필요가 있는 공동체 생활에서는 이런 긴장감과 신경 과민성은 주위 사람들을 힘들게 한다. 이런 관상기도의 실천이 진정한 공동체 생활의 건설을 위해서 아마 잦은 대화(물론 대화도 중요한 역할을 한다)보다 훨씬 더 큰 도움이

---

62) Ibid., pp. 63-64.
63) 윤정아, "관상기도의 역사에 관한 연구", (미간행석사학위논문, 협성대학교대학원, 2011), pp. 90-92.

될 것이다. 대화에서는 문제의 중요성을 강조하는 경향이 있는 반면에, 침묵의 기도에서는 사랑과 평화의 추구가 가장 중요하고 다른 문제들은 다 부수적인 것이 된다. 그리고 고통스러운 결정을 해야 할 때 일지라도 우리는 충돌하는 일이 없이 잘 진행해 나갈 수 있게 된다.

셋째, 우리는 잠을 자고 깨어 있기, 일하고 쉬기, 음식을 먹고 소화시키기를 매일 반복해야 할 필요가 있다. 이와 같이, '인간 영혼의 치유'와 사랑의 움직임을 점검하기 위해서도 매일 한 시간을 사용하는 것은 인간으로서의 생활과 그리스도인으로서의 생활의 균형을 위해서 실질적으로 필수적인 것이다.

넷째, 많은 사제들과 수도자들이 자신들이 처음 성소를 느꼈을 때와 수련소나 신학교에서는 기도를 많이 했다. 이제는 매일 수행해야 하는 일상적인 의무와 영신 수련이 지속적인 개인 기도를 밀쳐 버리고 말았다고 느끼고 있다. 이런 사람들은 좀 더 철저한 개인 기도를 되찾을 수 있는 기회를 반길 것이다. 이 철저한 개인 기도를 자신들의 성소와 생활의 중심으로 삼으려 할 것이다.

끝으로, 이 관상기도의 필요성과 가치에 대해 할 수 있는 모든 것을 다 말하고 행한 다음, 우리가 확인하는 것은 이 관상기도가 우리로 하여금 주님과 아주 개인적인 계약을 맺도록 초대한다는 것이다. 이 계약의 외적 표지는 매일 행하는 한 시간의 기도이다. 이 계약 안에서 우리는 우리 자신을 온전히 주님께 봉헌하고, 주님은 당신 자신을 우리에게 주신다. 이 계약은 우리가 세례 때에 한 약속의 완성된 열매이고, 주님과 그분의 백성 사이의 새로운 계약의 성체성사에서 영원히 거행되고 쇄신된다.

또한, 윤정아는 관상기도가 제시하는 실제적인 다음과 같은 기도의 방법들을 통해 필요성을 강조하고 있다.[64]

첫째, 관상기도는 침묵과 몸의 자세, 호흡, 시간, 장소 등에 대하여 실제적인 가르침들을 주고 있다. 주님께서도 골방에 들어가서 기도하라고

---

64) Ibid., pp. 95-96.

하셨고, 말을 많이 할 필요가 없다고 하셨다(마6:6-8). 효과적으로 기도하는 방법을 배우는 것은 쉽지 않고, 바로 기도하는 데에도 많은 도움을 줄 수 있다고 한다.

둘째, 관상기도는 분심(分心)을 처리할 수 있는 효과적인 방법으로 거룩한 단어를 사용하도록 가르친다.65) 거룩한 단어를 기도에서 사용하는 것은 방법 이상의 방법이다. 거룩한 단어를 사용함으로써 침묵 가운데서도 기도하는 자가 분심(分心)을 방해받지 않고 좀 더 하나님의 현존에 머무를 수 있기 때문이라고 한다.

셋째, 관상기도는 인간의 내적 구성요소인 이성의 판단기능과 상상하는 기능을 다스리는 실제적인 지침들을 준다. 그래서 기도하는 자가 분심(分心)에 사로잡히지 않고 하나님의 현존에 오래 머물 수 있도록 돕는다. 관상기도는 인간의 의식과 더불어 무의식의 차원을 열어가는 신앙적이고 심리적인 이해를 적극적으로 받아들인다. 이런 기도의 실제적인 지침들은 의식의 차원에만 얽매여 있는 현대인들에게 무의식의 차원을 안전하게 기도훈련에 참여하게 한다. 그리고 영성적으로 더 깊이에 도달하게 하며, 심리적으로 자신을 살펴서 건강하고, 치유적이며, 풍요로운 삶을 선사한다고 하고 있다.

---

65) 분심(分心)의 종류는 다음과 같다. 이 때에 거룩한 단어로 돌아가라고 한다.

①보통 지나가는 사고(외부소음이나 잡음): 향심기도의 열쇠는 하나님께 대한 그리움과 갈망에 있다. 분심이 일어날 때에 하나님이 나를 얼마나 사랑하시는지를 떠올림으로서 분심을 극복할 수 있다.

②감정을 일으키는 사고(과거의 즐거웠던 기억들, 불편한 기억들): 이러한 감정은 그 감정에 수반하는 사고가 꼬리를 물고 또 다른 사고를 일으킨다. 다른 분심으로 넘어가기 전에 거룩한 단어로 돌아가라.

③통찰에 의한 사고(걱정하는 문제에 대한 해결의 실마리가 떠오르거나 어떤 아이디어나 깨우침이나 설교에 대한 통찰력이 떠오를 경우): 그럼에도 불구하고 거룩한 단어로 돌아가라.

④자기 성찰과 기도를 분석하는 분심들: 거룩한 단어로 돌아가라.

⑤무의식 속에 가두어 두었던 정서들이 떠오르게 된다: 기도 속에서 의식의 활동이 잦아들면서 무의식의 정서들이 활동함으로서 일상생활 속에서보다 분심을 더 자주 일으킬 수 있다.

유해룡, "영성훈련의 실제", 「대학과 선교」 제15집, 한국대학선교학회(2008), pp. 56-57.

제7장 관상의 렉시오 디비나
(Lectio Divina 거룩한 독서)

1. 렉시오 디비나(거룩한 독서)의 개요

관상기도에서 동방교회가 '예수 기도'를 통해서 헤시키아(hysychia)을 지향했다면 서방교회는 '거룩한 독서'로 불리는 '렉시오 디비나(Lectoo Divina)'를 통해서 관상에 이르는 길을 지향했다.[1]

가. 렉시오 디비나(거룩한 독서)의 이해

(1) 렉시오 디비나(거룩한 독서)의 어원

단어의 의미를 알기 위해서는 그 말의 어원을 살펴보아야 한다. 이러한 '렉시오 디비나'((Lectio Divina))는 그리스어로 θεια αναγνωσις, 라틴어로

---

1) 남재영, "변증법적 유물론의 영성적 사유와 대안 성심기도", (미간행박사학위논문: 감리교신학 대학교 대학원, 2020), p. 136.

Lectio Divina이다. 먼저 그리스어 θεια αναγνωσις에서 θεια는 θεος의 형용사형이고 αναγνωσις는 동사형 αναγινωσκω에서 나왔다. θεος는 '하나님', αναγινωσκω는 '다시 알다'라는 뜻을 가지고 있다. 곧 이 말은 독서를 통하여 하나님을 다시 알고 깨닫는 것을 의미한다.[2]

라틴어 Lectio Divina는 'lectio'와 'divina'의 합성어이다. 'lectio'의 어원은 동사 legere에서 파생된 것으로써 '모으다', '수집하다', '줍다', 필요한 것을 '선택하다', '눈으로 모아들이다'라는 뜻을 가지고 있다. 또한, 기록된 것을 보거나 읽는 것의 의미도 가진다. 특히 기록된 본문을 눈으로 훑어보고 골라내어 의식(意識) 안에 모으는 것을 뜻한다.[3] 따라서 이 용어는 어떤 것을 선택하고 그 선택한 것을 모아서 수집하는 것까지 의미한다. 그런데 'Divina'는 'lectio' 뒤에 붙는다. 이 용어의 본래 사전적인 의미는 '하나님의', '신의', '신적(神的)인', '신이 내려 준' 이다. Divina가 원래 이러한 사전적인 의미를 가지고 있지만 lectio의 대상과 방법론적 문제 그리고 목적에 근거하여 divina는 성령을 통한 하나님과의 만남, 접촉을 지향하는 것을 뜻한다고 한다. 또한, divina 자체가 lectio를 수식하는 과정에서 명사화되면서 그 자체로 '하나님의 말씀', '성경'를 가리키기도 한다. 곧 divina는 읽는 이의 내면에서 성령께서 작용하시는 것임을, 그리고 그와 같은 성령께서는 성경을 읽는 이를 언제나 비추고 이끌어 주심을 함축하고 있다고 하고 있다.[4]

렉시오 디비나(Lectio Divina)는 영어로 Spiritual Reading으로 표기한다. 그 외 Holy Reading, Prayerful Reading, Meditative Reading 등으로 사용되고 있다.[5] 한국어로는 그동안 '거룩한 독서', '영적 독서', '신적 독

---

2) 조영래, "참된 관상기도가 되기 위한 거룩한 독서(Lectio Divina)의 방향성", (미간행석사학위논문: 대구가톨릭대학교 대학원, 2015), p. 28.
3) 김택훈, "토마스 머튼의 성서 이해에 따른 렉시오 디비나", (미간행석사학위논문, 가톨릭대교 대학원, 2012), pp. 40-41.
4) 조영래, "참된 관상기도가 되기 위한 거룩한 독서(Lectio Divina)의 방향성", (미간행석사학위논문: 대구가톨릭대학교 대학원, 2015), pp. 28-29.
5) 정재화, "현대 영성훈련 방안에 대한 연구", (미간행석사학위논문: 목원대학교 신학대학원, 2009), p. 55.

서', '성경 독서', '기도적 독서', '묵상적 독서', '성독(聖讀)' 등으로 다양하게 번역되어 사용되어 왔다.[6] 그러나 이와 같은 의미들은 본래 거룩한 독서가 가지는 풍성한 의미를 전달하는데 한계점을 지니고 있다는 지적을 받고 있다.[7]

그런데 렉시오 디비나를 '거룩한 독서'라고 할 때 이 '거룩한'(divina)이라는 형용사는 아무 독서를 말하는 것이 아니다. 전통적인 수도 생활 안에서 렉시오는 독서의 대상, 방법, 목적 때문에 디비나를 '하나님의', '거룩한', '신적인' 뜻으로 구분하여 쓰였다. 따라서 렉시오가 독서를 하는 인간적인 활동을 함축한다면 디비나는 그 독서가 초자연적인 활동임을 보여준다. 결국 초기 수도자들에게 있어서 렉시오 디비나는 영성생활의 원천이었고 그들을 하나님께 인도하는 훌륭한 안내자였다. 그것은 살아 계신 하나님과의 진정한 내적 만남을 가능케 하는 중요한 수행이었기 때문이다.[8]

이러한 디비나(Divina)는 '하나님의', '신성한', '신적인' 이란 형용사이다. 그러므로 렉시오 디비나(Lectio Divina)는 용어 자체가 드러내듯이 세속적 독서나 학문적 탐구 신앙적 독서와는 전혀 다른, 그 이상의 의미를 내포하고 있다고 한다.[9]

실제로 독서자가 성경 말씀을 가지고 기도를 할 때 렉시오(Lectio)의 의미는 선택한 성경 본문을 주의 깊게 읽고 또 읽어, 읽은 본문을 마음에 모으고 수집하는 것이다. 그리고 이 성경 본문을 독서자가 마음에 모으고 수집한 데 그치지 않고 정돈하게 된다. 그것은 바로 모으고 수집한 내용에서 '통합된 그리스도의 비전'을 얻으려고 노력하는 것을 말한다. 이렇게 볼 때에 렉시오(Lectio)는 독서자의 활동이다. 독서자 자신의 전 존재, 곧

6) 김경순, "거룩한 독서(Lectio Divina)와 향심기도(Centering Prayer)의 상호관계성 연구", (미간행석사학위논문: 가톨릭대학교 대학원, 2006), p. 8.
7) 조영래, "참된 관상기도가 되기 위한 거룩한 독서(Lectio Divina)의 방향성", (미간행석사학위논문: 대구가톨릭대학교 대학원, 2015), p. 28.
8) 김택훈, "토마스 머튼의 성서 이해에 따른 렉시오 디비나", (미간행석사학위논문, 가톨릭대학교 대학원, 2012), pp. 40-41.
9) 정재화, "현대 영성훈련 방안에 대한 연구", (미간행석사학위논문: 목원대학교 신학대학원, 2009), p. 55.

자신의 모든 기능 곧 정신, 상상력, 기억, 지식, 의지, 정서 등을 사용하는 활동으로 보아야 한다고 하고 있다.[10]

렉시오 디비나(Lectio Divina) 안에서 Lectio가 독서자의 활동이라면 Divina는 성령의 활동이라고 한다. 독서자의 전 존재가 참여하는 활동(Lectio)과 사랑 가득한 성령의 활동(Divina)이 합쳐져서 이루어지는 수행이 Lectio Divina이다.[11]

(2) 렉시오 디비나(거룩한 독서)의 의미

거룩한 독서라는 말은 명사 독서와 신적이라는 말로 구성되어 있다. 여기에서 독서는 '하나님의 말씀', 즉 성경을 뜻한다. 그래서 이것을 '거룩한 독서' 또는 '성독(聖讀)'으로 번역하여서 사용하고 있다. 거룩한 독서는 말씀을 가지고 기도하는 것을 말하는 것으로 이 기도는 수도원의 환경에서 발전된 관상기도의 방법이라 말할 수 있다. 말씀은 히브리어로 '다바르'(dabar)라고 한다. 이것은 사물의 밑바닥을 의미하고 있다. 즉 사물 속에 숨어 있는 핵심을 의미하는 것으로, 이것을 말씀한다 함은 바로 사물 안에 있는 것을 표현하고 또 그 안에 숨어 있는 것을 활성화시킴을 의미한다. 다시 말해서 사물 속에 숨어 있는 그것이야말로 사물의 가장 역동적이고 깊이 존대하는 실재이며, 소명이라는 것으로 하나님께서 말씀으로 사물을 창조하시되 무(無)로부터 흘러나오도록 하신다. 그러므로 하나님의 말씀은 결코 효력 없이 되돌아가는 법이 없는 것이다.[12]

이러한 말씀에 대한 히브리적인 사고방식은 헬라적인 사고 개념과는 다르게, 말씀은 늘 효력을 발휘하며 강한 힘을 지닌 것으로 행동과 말씀을 분리시키는 것이 아니라 행동의 본질적 구성요소로써 포함되어 있다는

10) 김경순, "거룩한 독서(Lectio Divina)와 향심기도(Centering Prayer)의 상호관계성 연구", (미간행석사학위논문: 가톨릭대학교 대학원, 2006), p. 9.
11) Ibid., p. 9.
12) 윤정아, "관상기도의 역사에 관한 연구", (미간행석사학위논문, 협성대학교대학원, 2011), pp. 96~97.

것을 알 수 있다. "이것은 씨앗, 즉 생명을 품고 있는 그 무엇이다. 그래서 씨앗이 지닌 생명으로 하여금 하나님 나라의 큰 나무가 되도록 성장시키는 그 무엇이다. 말씀은 개인의 삶 안에서 뿐 아니라 역사 안에서도 싹이 트고, 세상을 새로운 현존으로 채우면서 자라난다. 말씀은 받아들이는 이들에게 일용한 양식을 주며 이들을 양육한다."[13]

말씀을 통해서 하나님은 모든 것을 창조하셨으며, 이 말씀은 모든 것 안에 새겨진 하나님의 뜻이고 살아 있는 모든 것의 유일한 원천이다. 이러한 말씀은 이냐시오가 말하듯 침묵 속에 숨어 계시던 말씀이 우리 가운데로 오셨는데, 이 사건은 성육신의 사건이며, 그리고 이 사건은 한 위격을 지닌다는 사실을 의미한다.[14]

이러한 성육신 사건은 성경 안에서 인간의 말씀이 되셨으며, 이것은 구원의 역사의 차원에서 발전되는 성육신의 사건과 동일한 것이다. 즉 신구약 성경의 모든 말씀은 결국 성육신하신 예수 그리스도의 사건을 이야기하고 있는 것이다. 그래서 성 아우구스티누스는 그리스도를 "내가 성경에서 찾는 그분"이라고 말하고 있는 것이다.[15]

이처럼 거룩한 독서는 바로 성례전의 의미처럼 예수 그리스도를 먹는 것이다. 즉 영생의 말씀을 먹는 것으로 이것은 영생의 생명을 섭취하게 되는 것이다. 이러한 거룩한 독서의 종착점은 바로 하나님의 말씀이신 예수 그리스도와의 상호 내재의 상태에 들어가는 것이다. 이것은 우리의 마음이 말씀을 받아들이고 동시에 말씀이 우리 마음에 통과하시는 것을 이야기하는 것이다.[16]

하나님과의 인격적인 만남으로서 거룩한 독서는 이론적이고 피상적인 만남이 아닌 하나님과의 접촉을 위한 독서(Lecture-Contact), 만남을 위한 독서(Lecture-lencontre)를 말하는 것이다. 이러한 만남 속에서 접하는 말

---

13) Ibid., p. 97.
14) Ibid., p. 97.
15) Ibid., p. 97.
16) Ibid., pp. 97-98.

씀은 "나를 위해서 쓰여진 하나님의 편지"라고 말할 수 있다. 이것은 다음과 같은 세 가지 의미를 지닌다. 첫째 이 편지의 수신인은 '나'이다. 말씀은 나의 마음에 말씀하시는 것이다. 둘째, 이 편지는 나에게 써 보내신 편지로서 편지의 소재는 바로 '나의 역사'이다. 셋째, 나에게 써 보낸 이 편지는 내 자신의 눈높이에 맞추어서 쓰여 졌다는 사실이다.[17]

그러므로 거룩한 독서는 자신의 내면으로부터 치솟아 올라오는 자발적 (spontaneous) 기도로써 깊이 있는 수준의 주의를 가지고 하나님의 말씀을 듣는 힘을 기르는 '정감적 기도'라고 볼 수 있다. 동시에 이러한 정감적 차원에서 머무르는 것이 아닌 사색과 기도가 단순화되면서 자연스럽게 관상으로 가게 되는 '관상기도'이다. 그러므로 거룩한 독서란 "기도와 함께 하는 독서요 말씀으로 기도하는 것이며, 묵상이 낳은 기도"로써 묵상에 대한 응답인 기도를 통해서 관상에 이르는 기도이다.[18]

이러한 렉시오 디비나(Lectio divina)는 수도원의 환경에서 발전된 관상기도의 방법이다. 이것은 기본적으로는 성경을 경청하는 방법이다. 중세기의 수도승들은 이러한 다른 수준들을 '성경의 네 가지 의미'라고 불렀다. 이러한 가르침은 성경이 신비로운 역동을 내포하고 있어서 하나님 말씀을 더욱 깊은 수준에서 이해하도록 경청하는 사람을 이끌어 준다는 것을 전제로 한다. 수도승들은 거룩한 독서를 정보를 얻기 위한 것이 아니라 내적 통찰을 얻고자 하는 것으로 이해했다. 그것은 무엇을 배우고자 하는 것이 아니고 그리스도를 만나고자 하는 것이었다. 그것을 통하여 그리스도와의 우정이 발전하고 있었던 것이다. 그들은 논리적 묵상에서부터 정감적 기도 혹은 의지의 열망으로 넘어가서는 그 열망을 계속해서 수없이 반복하고, 마침내는 하나님 안에 쉬는 체험을 했다. 이것이 거룩한 독서 모든 과정의 목표였다.[19]

수도자들의 중요한 수행 가운데 하나였던 렉시오 디비나(Lectio

---

17) Ibid., p. 98.
18) Ibid., p. 98.
19) 김양민, "기도교육에 관한 연구", (미간행석사학위논문: 목원대학교 신학대학원, 2008), p. 30.

Divina)는 눈과 생각 만을 가지고 말씀을 읽어 지식을 얻는 것이 아니라 전 인격으로 말씀을 읽어 존재의 변화를 추구하는 독서방식이다. 말씀을 통해 하나님을 만나고 그분과 대화하고 그분의 임재 안에 머무르는 독서와 기도의 전 과정을 의미한다. 이 렉시오 디비나의 과정은 성경 말씀을 읽고, 묵상하는 가운데 자발적인 기도를 드리게 되고, 마침내 하나님의 임재 안에서 고요한 쉼을 얻는 것이다. 이 용어는 알렉산드리아의 그리스 교부 오리게네스가 처음으로 '테이아 아나그노시스'(Theia Anagnosis)라는 그리스어로 표현하였는데 이를 라틴어로 표현하면 '렉시오 디비나'가 된다.[20]

라틴어인 렉시오 디비나는 "필요한 것을 선택하다", "눈으로 모아들이다"라는 뜻의 렉시오(Lectio)와 '신성한', '신적인'이라는 뜻의 디비나(Divina)가 합쳐진 말이다. 우리 말로는 앞에서 열거하였듯이 '거룩한 독서', '영적 독서', '신적 독서', '성경 독서', '기도적 독서', '묵상적 독서', '성독(聖讀)'이라고 하고 있다. 이는 하나님의 말씀을 경건히 묵상하며, 그 묵상한 내용으로 기도하는 것을 뜻한다. 렉시오 디비나는 성경을 진정한 '하나님 말씀'으로 받아들여, 그 속에서 하나님이 자신에게 주시는 말씀을 듣고 그 말씀을 묵상하며 기도하는 것이다. 이처럼 말씀과 더불어 기도한다는 의미에서 일반적인 청원 기도와는 다르다. 하나님의 말씀을 잘 듣고 마음에 새겨 그것을 기억하는 말씀 묵상기도이다.[21]

렉시오 디비나는 문자적 의미로 보면 하나님의 말씀인 성경을 읽는 것이지만 단순한 성경 읽기가 아니다. 텔마 홀(Thelma Hall)에 의하면, 렉시오 디비나는 하나님께서 주려고 기다리시는 관상(Contemplatio)의 선물을 향하여 우리 자신을 내어놓고, 열고, 꼴을 갖춰가는(informs) 총체적인 기도방법이다. 이를 위해 렉시오 디비나는 하나님과 만나는 현장이요, 우리 안에 그분의 생명력이 내재하는 장소인 영혼의 중심으로 우리를 이끌

---

20) 임창복, 「기독교 영성교육」, (서울: 한국기독교교육교역연구원, 2006), p. 172.
21) 전성환, "렉시오 디비나를 통한 영성훈련", (미간행석사학위논문, 목원대학교 신학대학원, 2010), p. 25.

어 가서 그 말씀을 통해 우리에게 은총을 주고, 도전하며, 우리를 변화시킴으로 우리의 진정한 영적 성장과 성숙을 진전시키는 하나님과 깊은 차원의 교제를 이루는 방법이다.[22]

렉시오 디비나에서 성경을 읽는 것은 정확한 정보를 얻기 위한 지적, 비판적 접근방법이 아니라, 단순하고 순수한 마음으로 성경을 읽으면서 하나님의 심오한 심비와 만나며 영적으로 풍요로워져서 좀 더 변화된 모습으로 세상을 살아가고자 하는 것이다.[23]

성경을 읽는 방법은 크게 두 가지가 있다. 지식훈련과 생명훈련이 그것이다. 지식훈련은 성경 말씀을 순서에 따라 읽으며 이야기의 의미를 파악하고 이해하려고 하는 데 중점을 두는 것이다. 반면 생명훈련은 성경을 순서에 따르기보다는 좀 더 깊이 있게 다루며 성경의 사건을 나의 사건처럼 읽는 것이다. 즉 지식훈련은 객관적인 입장에서 빠른시간 내에 정보를 습득하는 것이 목적이라면, 생명훈련은 주관적인 입장에서 넉넉한 시간을 갖고 하나님을 직접 만나는 것이 목적이다.[24]

그런데 초기 기독교 시대 이후부터 말씀을 통하여 그리스도를 만나고 우리 존재의 변화를 추구하는 생명훈련이 존재했다. 이러한 하나님의 신비와 체험을 통하여 인격과 삶을 변화시키는 것을 렉시오 디비나라고 한다. 그런데 우리가 말씀을 읽을 때 하나님께서는 말씀으로 다가오셔서 우리와 만나신다. 이렇게 말씀을 통해 하나님을 만나 그분과 대화하고 그분의 임재 안에 머무르는 독서의 방식을 렉시오 디비나라고 부른다.[25]

렉시오 디비나(Lectio Divina)는 초기 수도자들에게 영성생활의 원천이었고, 그들을 하나님께 인도하는 훌륭한 안내자였다. 그것은 살아계신 하나님과 진정한 내적 만남을 가능케 하는 중요한 수행이었다. 이러한 렉시

---

22) Ibid., p. 26.
   텔마 홀, 「깊이 깊이 말씀 속으로」, 차덕희 역, (서울: 성서와함께, 2001), p. 15.
23) 전성환, "렉시오 디비나를 통한 영성훈련", op. cit., p. 26.
24) 오성춘, 「영성과 목회」, (서울: 장로회신학대학출판부, 1989), pp. 286-291.
25) 정재화, "현대 영성훈련 방안에 대한 연구", (미간행석사학위논문: 목원대학교 신학대학원, 2009), p. 54.

오 디비나를 통하여 인간은 자연스럽게 말씀의 신비를 체험하는 동시에 그 말씀에 응답하게 된다고 한다. 그러므로 렉시오 디비나는 인간적인 활동인 동시에 초자연적인 활동인 것이다.[26]

렉시오 디비나(Lectio Divina)는 철학적·신학적 학문 연구나, 또는 세속적 독서와는 근본적으로 다르다고 한다. 이것은 의도하는 것은 단순하고 정감적인 마음으로 성경을 읽음으로 하나님과의 관상적인 일치로 나가고자 함에 있다. 즉 하나님의 은총과 성령의 인도하심에 따라 단순하고 순수한 열정을 지니고 자신의 전 존재로 하나님의 말씀을 마음으로 읽고 들으며 그분의 현존 안에 깊이 머물고자 하는 것이다.[27]

조영래는 렉시오 디비나에 의미에 대하여 다음과 같이 설명하고 있다.

> 이에 따라서 거룩한 독서는 말씀하시는 하느님에게로 나아가는 과정이며 말씀으로 주의를 집중하고 귀 기울이며 자신의 전 '존재'로 몰두하는 것이라고 할 수 있다. 또한 거룩한 독서는 하느님의 말씀인 성경을 읽고 묵상하여 기도가 되게 하는 구체적인 성서 독서법이다. 결국 거룩한 독서는 말씀하시는 하느님에게 온 존재로 순명하는 것이다.[28]

렉시오 디비나에 대하여 오방식은 "성경 말씀을 읽고(lectio) 입으로 반복하여 외우며 묵상하여 깊은 내면의 차원에서 하나님의 말씀을 듣는 방법이다. 이 과정에서 묵상(meditatio)과 기도(oratio)가 단순화되면서 우리는 하나님의 임재 안에 머물러 쉼을 얻게 된다. 그것이 바로 관상이다. 이것을 통해 알 수 있는 사실은 관상이란 하나님의 선물이지만 우리가 능동적으로 말씀을 읽고 묵상하고 기도하는 가운데 자연스럽게 관상에 이르게 된다는 점이다."라고 하고 있다.[29]

26) 허성준, 「수도 전통에 따른 렉시오 디비나」, (서울: 분도출판사, 2006), p. 21.
27) 정재욱, "현대 영성훈련 방안에 대한 연구", op. cit., p. 55.
28) 조영래, "참된 관상기도가 되기 위한 거룩한 독서(Lectio Divina)의 방향성", (미간행석사학위 논문: 대구가톨릭대학교 대학원, 2015), p. 30.
29) 오방식, "관상기도의 현대적 이해", 「장신논단」 제30호(2007), pp. 284-285.

베네딕트 수도회는 거룩한 독서라고 하는 렉시오 디비나를 매일 실천하면서 하나님과의 일치를 추구하였다. 렉시오 디비나는 말씀으로 드리는 관상기도 중 하나다. 말씀을 만나고(읽기) 사귀고(묵상) 우정을 나누면서(기도 혹은 응답) 하나님 안에서 쉼(관상)으로 흘러가게 된다. 그러나 이러한 흐름은 순서대로만 진행되는 것이 아니라 불규칙적으로 흘러가기도 한다. 이 흐름 속에 기도자는 모든 것을 성령님께 맡기는 것이다. 토마스 키팅은 이러한 각 흐름을 '순간'이라고 하였다. 그러나 중세 이후 모든 것을 학문적으로 분석하려는 시도들 때문에 렉시오 디비나도 4단계로 학문적으로 체계화시켰다. 귀고는 「수도승의 사다리」에서 렉시오 디비나를 4개의 사다리로 비유하여 '수도자의 사다리'로 불렀다.[30]

원래 렉시오 디비나는 하나님과의 친밀한 관계로 나아가기 위한 기도였다. 그러나 학문적으로 점점 체계화되면서 성령님께서 인도하시는 자연스러운 흐름을 무시하고 단계를 따라 하려는 인위적인 노력으로 치우치게 되었다. 그러자 많은 사람들이 3번째 단계에서 마지막 쉼의 단계로 가는 것을 어려워하고 그 단계는 옛날 봉쇄 수도사들만 이 하는 것으로 치부하게 되었다. 마침내 관상이라는 단어를 거부하고 부담스러워하기 시작하였다. 이러한 현상을 안타깝게 생각한 토마스 키팅은 향심기도를 렉시오 디비나와 연결시켜주는 방법으로 제안하였다. 이렇게 향심기도와 렉시오 디비나는 밀접한 연관이 있다. 향심기도는 렉시오 디비나의 4번째 단계인 관상의 단계로 인도하기 위한 방법이다. 모든 정신적인 기능을 뒤로 하고 단순히 고요와 침묵 속에서 하나님의 임재 가운데 머물고자 하는 기도라고 하고 있다.[31]

나. 렉시오 디비나(거룩한 독서)의 기원

---

30) 김모영, "예비부모를 위한 향심기도 교육에 관한 연구", (미간행석사학위논문: 장로회신학대학교 교육대학원, 2021), pp. 52-53.
31) Ibid., p. 53.

관상기도 옹호자들은 렉시오 디비나(Lectio Divina)를 성경에 뿌리를 두고 있다고 하고 있다. 성경 안에서 독서(Lectio), 묵상(Meditatio), 기도(Oratio), 관상(Contemplatio)의 틀을 가진 렉시오 디비나의 직접적인 실천을 찾아볼 수 없지만 성경을 경건하게 읽는 것은 초기 기독교 이전, 이미 구약성경 속에 있었다고 하고 있다.[32]

렉시오 디비나의 성경적 기원은 출애굽한 이스라엘 백성이 시내산에서 하나님께 계약법전을 받는 장면에서 시작한다고 보고 있다. 하나님의 말씀을 지키겠다는 조건하에서 백성들은 아브라함과 이삭과 야곱의 하나님을 자신들의 하나님으로 모실 수가 있었다(출19~24장; 수24장; 신27~28장). 특별히 출애굽기 24장 1절에서 8절의 말씀은 렉시오 디비나의 원형으로 꼽히는 부분이다. "모세가 와서 여호와의 모든 말씀과 그 모든 율례를 백성에게 고하며 한 소리로 응답하여 가로되 여호와의 명하신 모든 말씀을 우리가 준행 하리라"(출24:3). 장엄한 종교의식 속에서 모세를 통하여 하나님의 말씀을 들은 이스라엘 백성들은 자신들이 들은 하나님의 말씀을 준행할 것을 짐승의 피로써 다짐하고 있다. 이와 같이 렉시오 디비나의 기본 정신은 하나님의 말씀을 듣고, 들은 말씀을 실천하고자 하는데 있다.[33]

고대 이스라엘 백성들은 모세의 율법서에 하나님께서 살아계시며 실존하신다고 믿었다. 그래서 자주 회당에 모여 랍비의 성경 독서와 해설에 귀를 기울였다. 특히 렉시오 디비나의 근본요소인 성경 독서, 묵상, 기도는 유대인들을 하나님과의 깊은 일치로 인도했다. 그들은 성경 말씀을 살아계신 하나님의 말씀으로 받아들여 성경을 매우 중요시하였으며 성구 갑에 넣어 머리에 매고 다니거나 옷단에 넣어 다니기도 하였다. 이렇게 유대인들은 역사 속에서 언제나 성경 말씀에 대한 독서와 묵상을 본질적으로 이해했다.[34]

---

32) 정재화, "현대 영성훈련 방안에 대한 연구", op. cit., p. 51.
33) 전성환, "렉시오 디비나를 통한 영성훈련", op. cit., p. 27.
34) 정재화, "현대 영성훈련 방안에 대한 연구", op. cit., p. 51.

또 하나의 렉시오 디비나의 전형적인 모델은 기원전 587년경에 하나님의 뜻을 저버린 이스라엘이 바벨론 포로로 끌려갔다가 기한이 차서 귀환한 후 수문 앞 광장에서 공동체가 최초로 행하는 말씀 예전의 모형을 보게 된다(느 8장). 지금까지의 종교의식에서와 같이 짐승의 희생이 없어졌고 오직 말씀으로만 진행된 말씀 축제였다. 남자뿐 아니라 여자와 어린이에 이르기까지 온 백성이 한 말씀 앞에 엎드린 민족적 축제였다. 그들이 말씀 앞에 하나님의 현존을 경험하고 하나님의 백성으로 거듭나는 체험의 현장이 이루어지고 있다. 이러한 구약성경의 말씀들이 렉시오 디비나의 성경적 기원이 된다고 보고 있다.[35]

이러한 유대인들은 하나님의 말씀인 율법 안에서 생활했으며 그 율법은 그들은 양육하고 보호하였다. 또 유대인들은 자신들의 종교적 정체성을 유지하는데 렉시오 디비나의 방법을 주요 수단으로 삼았다고 보고 있다. 그래서 자주 회당에 모여 랍비의 성경 독서와 해설에 귀 기울였다. 유대인들은 언제나 성경 말씀을 살아계신 하나님의 말씀으로 받아들였다. 그래서 성경을 매우 중요시했으며 겸손한 마음으로 그것을 받아들이고 실천했다. 성경 말씀에 대한 존경으로 성경 말씀을 성구갑에 넣어 머리에 매고 다니거나 옷단에 넣어 다니기도 했다. 이렇게 유대인들은 역사 속에서 언제나 성경 말씀에 대한 독서와 묵상을 삶과 신앙의 본질적인 차원으로 이해했다.[36]

하나님의 말씀에 대한 독서, 묵상, 기도, 그리고 순종으로 이루어진 유대교적 전통이 예수님과 초대교회에서도 발견된다. 예수님께서 가버나움과 나사렛, 그리고 갈릴리의 여러 회당에서 행하신 일에서도 렉시오 디비나의 모습을 찾아볼 수 있다고 하고 있다. 누가복음 4장에서 나사렛에 오신 예수님께서 늘 행하시던 대로 안식일에 회당에 들어가셔서 예언자의 두루마리를 펼쳐 읽으셨다. 예수님이 이사야서 61장의 말씀을 다 읽으신 후에 "이 글이 오늘날 너희 귀에 응하였느니라"(눅4:21)라고 말씀하심으로

---

35) 전성환, "렉시오 디비나를 통한 영성훈련", op. cit., pp. 27-28.
36) Ibid., p. 28.

그 말씀을 듣는 자들에게 현재의 사건으로 선포했다.[37]

초대교회에서는 예수님의 말씀과 모범에서 모든 성경 말씀을 이해하려고 했다.[38] 누가복음 4장에 의하면, 예수님이 한 회당에서 이사야 예언서를 읽으셨다. 이 장면을 통해 엔조 비앙키는 '회당의 렉시오 디비나'라 부르는 새로운 예배의식을 발견하였다고 하고 있다.[39]

사도행전 15장 21절에서 "이는 예로부터 각성에서 모세를 전하는 자가 있어 안식일마다 회당에서 그 글을 읽었음이라 하더라"고 증언한다. 사도행전 13장 14~15절에서 바울과 바나바가 비시디아의 안디옥에 이르러서 안식일에 회당에 들어가 앉았다. 율법서와 예언자의 글을 낭독한 뒤에 회당장들이 바울과 바나바에게 사람을 보내어 "형제들이여, 이 사람들에게 권면할 말씀이 있으면 해주시오"하였다. 이에 바울이 일어나 사람들에게 말씀을 자세히 풀어주었다. 또한, 사도행전 10장 33절 "이제 우리는 주께서 당신에게 명하신 모든 것을 듣고자 하여 다 하나님 앞에 있나이다". 그리고 사도행전 10장 44절에 "베드로가 이 말을 할 때에 성령이 말씀을 듣는 모든 자들에게 내려오시니". 고넬료의 가정에서도 욥바에 있던 베드로를 초청하여 하나님의 말씀에 귀를 기울일 때 그들 가운데 성령이 임하시는 하나님의 현존을 경험하는 것들도 모두가 렉시오 디비나의 한 유형으로 볼 수가 있다고 하고 있다. 이처럼 구약성경과 신약성경 속에 성경을 통하여 하나님의 말씀을 듣고 새로운 삶을 추구하는 렉시오 디비나의 모습이 다양하게 발견된다고 하고 있다.[40]

다. 렉시오 디비나(거룩한 독서)의 역사

거룩한 독서(Lectio Divina)의 시작은 유대의 랍비들 전통으로부터 시

---

37) Ibid., pp. 28-29.
38) 허성준, 「수도 전통에 따른 렉시오 디비나」, (서울: 분도출판사, 2006), p. 27.
39) 엔조 비앙키, 「말씀에서 샘솟는 기도」, 이연학 역, (서울: 분도출판사, 2005), p. 44.
40) 전성환, "렉시오 디비나를 통한 영성훈련", op. cit., p. 29.

작되었다. 랍비들은 토라를 창조계 안에 있는 하나님의 현존으로 믿었고, 이것을 독서와 묵상과 기도로써 자기의 것으로 삼았던 것이다. 여기에서 거룩한 독서의 기본적인 요소가 발견되는데, 그것은 독서, 묵상 그리고 기도이다. 이러한 말씀을 자기의 것으로 만들어 가는 묵상의 방법을 기독교는 유산으로 물려받았고 이 전통은 동·서방의 교부들에게는 공통적인 방법이었다. 이런 흐름이 16세기를 지나가면서 개혁교회를 통해서 말씀의 중요성이 이어져갔고, 로마카톨릭은 수도승들을 통해서 명백히 이어져 갔다. 이러한 이어져가는 과정 속에서 거룩한 독서의 방법에 대한 여러 가지 논쟁들과 갈등을 겪는 시기도 있게 되었다.[41]

유대교 전통에 그 뿌리를 두고 있는 거룩한 독서(Lectio Divina)를 실천하는 사람들은 겸손한 마음으로 성경을 읽고, 하나님의 말씀에 맛들이라고 한다. 겸손한 마음으로 하나님의 말씀에 맛들이면 말씀이 그 사람을 순화시키고 선에 진보하도록 이끌어 준다. 이러한 거룩한 독서의 원형은 구약성경(출24장; 신6:4~9; 수24장; 왕23장; 느8장)과 신약성경(눅4:16~21; 24:13~35)안에서 찾아 볼 수 있다.[42]

어느 지역이든 회당에서는 하나님의 말씀이 읽히고 선포되었다. 유대인 회당의 전례적 방법에 의해 하나님 말씀을 오늘로 가져오셨고, 회중은 예수님 선포에 의해 그 말씀이 오늘 실현됨을 깨닫게 된 것이다. 그러다 예수님의 부활과 성령강림 사건 후 제자들은 예수님의 기쁜 소식에 초점을 맞추고, 그분의 말씀과 행동에 대한 새로운 이해를 얻게 된 것이다. 이렇게 유대인들은 역사 속에서 언제나 성경 말씀에 대한 묵상을 삶과 신앙의 본질적인 차원으로 이해하였다.[43]

초기 기독교 때에 평신도와 수도자들에게는 거룩한 독서가(Lectio Divina)로 불려졌고, 장려되었다. 그러나 12세기에는 거룩한 독서가 큰 위협을 받기도 했다. 그것은 거룩한 독서가 로마카톨릭의 성무일도로 대체

---

41) 윤정아, "관상기도의 역사에 관한 연구", (미간행석사학위논문, 협성대학교대학원, 2011), p. 99.
42) 김양민, "기도교육에 관한 연구", (미간행석사학위논문: 목원대학교 신학대학원, 2008), p. 29.
43) 임창복, 「기독교 영성교육」, (서울: 한국기독교교육교역연구원, 2006), p. 173.

되고 말았기 때문이었고, 이러한 흐름에 맞서 싸웠던 사람들은 대부분 수도원의 수도자들이었다. 또한, 12세기 때에 종교적 사조의 괄목할 만한 발전으로 인해서 말씀에 대한 분석의 능력이 매우 성장하게 되었고, 이러한 흐름은 거룩한 독서에 기초를 둔 자발적인 관상으로 이끌어 가는 관상기도의 보편적인 명맥의 종말을 고하게 된다.[44]

교부들은 성경 독서의 방법을 실천하였다. 이것은 기도와 함께 하나님 체험을 위한 방법으로 많은 그리스도인들에게 급속히 확산되었다. 알렉산드리아 학파의 대표적인 인물인 오리게네스는 로고스가 성경을 통해 역사 안에 현존하시기에 성경은 우리의 영성생활을 돕는 부수적 도구가 아니라 근본적인 것이라고 보았다. 다시 말하면 그리스도인들의 영성생활이란 성경을 읽고 이해하고 깊이 빠져가는 생활이라 할 수 있다. 이렇게 성경에 대한 사랑이 강조되었다. 오리게네스의 영향을 받은 많은 공동체에서는 아침 시간에 성경을 묵상하였고, 식사 중에도 성경을 읽었으며, 잠들기 전에는 공동으로 성경을 읽는 관습이 생기게 되었다. 교부들에게 있어서 성경은 생명의 책이었으며 하나님과의 친교로 이끄는 가장 확실한 방법이었다.[45]

중세 말기에 수도원을 통해서 이어져 온 거룩한 독서를 고수하던 수도승들은 사제 수도자들과 도미니코 회원들을 비판하게 되었다. 그것은 이들이 추구했던 스콜라식 성경독서가 독서와 기도라는 가치를 추구하는 것이 아닌 질문과 논증을 지향함으로 거룩한 독서의 전통의 본질을 잃어버렸기 때문이다. 또한, 이냐시오식 묵상 방법에 대해서도 매우 비판적인 입장을 취했다. 그 이유는 처음 이냐시오는 기도와 관상을 추구하였는데, 그의 후계자들은 관상으로 가는 흐름을 없애버렸기 때문이다.[46]

초기 그리스도인들과 교부들은 성경과 렉시오 디비나의 실천을 강조하였다고 한다. 그럼에도 불구하고 교부시대 이후, 성경독서가 사라지지만

---

44) 윤정아, "관상기도의 역사에 관한 연구", op. cit., pp. 99-100.
45) 정재화, "현대 영성훈련 방안에 대한 연구", op. cit., p. 52.
46) 윤정아, "관상기도의 역사에 관한 연구", op. cit., p. 100.

수도 전통에서 다시 이어졌다. 사막교부들은 성경의 가르침과 윤리적 교훈을 배우기 위해 성경 독서만을 받아들였다. 성경 이외의 다른 독서는 내면생활에 무가치할 뿐만 아니라 해로울 수도 있다고 생각했던 것이다.[47]

4세기 이집트의 역동적인 알렉산드리아 대 주교인 성 안토니오는 수덕생활 초기에 말씀을 실천하며 살면서 기도의 수행을 실천하였다. "일하기 싫으면 먹지도 말라"(살후3:10)는 사도 바울의 권고대로 일을 하여 빵을 구하였으며 나머지는 가난한 이들에게 나누어 주었다는 것이다. 그리고 성경 독서를 철저히 하여 말씀을 요청받았을 때는 성경을 인용하여 설명해 주었다.[48]

팔레스타인 은수생활의 창시자 힐라리온도 마음으로 성경을 읽고 배웠다. 초기 은수자들은 독방에서 머리가 아니라 마음으로 성경을 끊임없이 읽고 암송했다. 성경 독서는 삶을 인도하는 구체적인 수행이었다.[49]

수도공동체에서도 성경은 중심적 위치를 차지했다. 아우구스티누스도 성경독서가 기도의 준비이자 동시에 기도행위 자체라고 보았다. 그리하여 이탈리아와 스페인 수도원들은 하루의 중간이나 끝 최소 2~3시간을 성경 독서에 할애했다.[50] 이렇게 기도와 노동과 성경 독서를 중심으로 한 수도자들의 일과표가 형성될 수 있었다.

베네딕트도 여름철에는 오후 노동이 끝난 4~6시에 렉시오 디비나를 수행할 것을 권하였다. 이때까지는 수도자들의 독서 방법으로 천천히 소리 내어 읽는 수행이었다. 그렇기 때문에 정해진 시간이나 다른 여유 시간에 혼자 조용히 렉시오 디비나를 수행을 했던 것이다.[51]

2~3세기의 오리게네스(185~250)는 처음으로 테이아 아나그노시스, 즉 Lectio Divina라는 말을 사용하였다. 거룩한 독서는 3세기 말과 4세기 초에 일어난 수도승 운동에서 계속 실천되었으며, 이후로 거룩한 독서가 수

---

47) 정재화, "현대 영성훈련 방안에 대한 연구", op. cit., pp. 52~53.
48) 허성준, 「수도 전통에 따른 렉시오 디비나」, op. cit., p. 42.
49) 정재화, "현대 영성훈련 방안에 대한 연구", op. cit., p. 53.
50) 허성준, 「수도 전통에 따른 렉시오 디비나」, (서울: 분도출판사, 2006), p. 49.
51) 정재화, "현대 영성훈련 방안에 대한 연구", op. cit., p. 53.

도승들 사이에서 실천되어 가면서 어느새 수도자들의 것처럼 여겨지기도 하였다. 6세기에는 거룩한 독서의 폭을 넓혀서 수도 성인들의 생애와 여러 성경 주석가들의 작품들까지 거룩한 독서의 대상에 포함시켰다. 이러한 거룩한 독서는 11세기와 12세기까지 보편적으로 실천되었다.[52]

카르투시오 수도회의 아빠스였던 귀고 2세는 기독교 전통 안에서 실행해 오던 거룩한 독서를 네 단계로 체계화하여 글로 남겼다. 13~14세기부터 거룩한 독서가 사라지기 시작하는데, 14~15세기에는 내적이고 심리적인 기도와 묵상 방법이 거룩한 독서를 대신하기 시작한다.[53]

16세기에 들어서는 종교개혁(1517)의 영향으로 로마카톨릭교회에서 평신도들이 성경을 마음대로 읽고 해석하는 것을 두려워하게 되었고, 1546년 열린 트렌트 공의회에서는 성경을 자국어로 읽는 것을 금하게 되었다. 따라서 성경 독서는 점점 더 일반 신심서적을 읽는 '영적 독서'로 대치되었다. 그런데 이러한 통로가 끊어짐에 따라 하나님의 말씀은 교회 안에서 점점 그 힘을 잃어갔으며, 신자들 역시 말씀으로부터 얻을 수 있었던 내적 신앙의 확신을 잃게 되었다. 그러나 제2차 바티칸 공의회(1962~1965)는 로마카톨릭 교회의 전환점이 되어 하나님의 말씀을 다시 하나님 백성에게 되돌려 주었다. 교회는 모든 이가 자국어로 성경을 읽을 수 있도록 허용했을 뿐만 아니라 성경을 자주 읽고 묵상하기를 권장하였다.[54]

2. 렉시오 디비나(거룩한 독서)의 방법

가. 렉시오 디비나(거룩한 독서)의 전통적인 방법

---

52) 김양민, "기도교육에 관한 연구", op. cit., p. 29.
53) Ibid., p. 29.
54) Ibid., p. 29.

거룩한 독서는 서방 기독교를 대표하는 영적 훈련의 본보기로서 성경을 우리 삶의 일부로 만들기 위해 읽는 것이다. 이 기도의 전통은 중세의 수도승들에 의한 것으로 말씀에 대한 히브리 성경공부 방법에서 생겨난 것이다. 그것은 예수님 시대의 유대인들의 경건한 관습의 네 가지 의미를 이야기한다. 그것은 자의적(literal), 도덕(moral), 유의적(allegoricall), 그리고 일치적(unitive : 때로는 anagogical) 의미들이다. 이러한 분류에서 보면 현대의 주석학자들의 관심은 대부분 성경의 자의적 의미에 초점을 맞추어서 설명하는 단계에 머무르고 있음을 알 수 있다. 그런데 거룩한 독서의 목적은 내적 통찰, 즉 독서를 통해서 정보를 얻고자 하는 것이 아닌, 그리스도와의 만남을 통해, 그리스도와의 우정을 발전하는 데 있다.[55]

거룩한 독서의 주된 방법은 그 당시에 성경이 귀해서 구하기 힘들었다는 사실이 한몫을 하였다. 이때 대부분 말씀을 암송하다가 어느 구절이 마음에 와 닿으면 암송이나, 읽기를 중단하고, 그 말씀에 대하여 묵상과 기도를 행하였다. 이 과정은 논리적 묵상에서 정감적 기도로 그리고 의지의 열망을 통해서, 그리고 이러한 반복됨을 통해서 하나님 안에서의 쉼을 단계로 넘어가는 체험을 하게 되었다. 이것이 거룩한 독서의 목표였다. 이러한 과정을 성경의 네 가지 의미에 대한 과정으로 설명하기도 한다. 그것은 성경을 처음 대할 때 성경의 자의적 의미는 역사적인 메시지로 그리고 예수님이 보여주신 하나님의 표지로써 보여지고 실천하게끔 요구하게 된다. 즉 이 자의적 의미는 말씀을 실천함으로써 얻어지는 깨달음이라고 볼 수 있다. 그런데 이러한 자의적 의미가 어느 정도의 기간이 지나게 되면 도덕적 의미를 체험하게 된다. 이러한 체험은 말씀의 내면화라는 새로운 수준의 믿음의 차원으로 움직여가게 하며, 이것은 유의적 의미로 흘러가게 한다. 이러한 유의적 수준은 그리스도의 뜻을 독서를 통해서 깨닫게 되며, 이것은 깨달음의 음성의 맛을 보는 것으로 삶 속에서 그러한 그리

---

55) Ibid., p. 101.

스도의 음성이 무엇인지 알게 된다. 또한, 유의적 수준에서 일어나는 현상이 있는데 그것은 쉼과 정화이다.[56]

쉼과 정화는 관상의 차원에서 일어나는 것으로 엄밀한 의미에서 분리될 수 없으나, 유의적 수준에서 쉼은 성경의 네 번째 수준으로써 일치적(anagogical) 수준이라고 말하는 것이다. 그리고 이러한 유의적 수준에서 일치적 수준으로 향할 때 일어나는 현상은 바로 정화로서 이것을 사막, 혹은 어두운 밤이라고 말하는데, 무의식을 덜어내면서 동시에 그 덜어냄은 우리의 인격의 어두운 면을 덜어내게 되는 것이다.[57]

이러한 성경의 네 가지 의미는 나선형의 움직임으로 성숙하여 가는데 이 과정을 분석하여 알아본다면 다음의 네 과정을 통해서 이루어지게 된다. 그것은 말씀을 경청하고, 그 말씀을 깊이 묵상하고, 묵상에 반응하는 기도를 하며, 반응을 통한 의지의 활동이 하나님의 현존 안에서의 쉼의 상태로 들어가는 것이다.[58]

거룩한 독서인 렉시오 디비나 독서에는 두 가지 전통적인 방법이 있다. 첫 번째는 수도원적 방법이다. 이 기원의 방법은 4세기로 거슬러 올라간다. 수도사들이 모여 공동체와 함께 성무일과에 따라 기도할 때에 특별한 성경 구절이 수도사의 관심을 끌 수도 있다. 그럴 때 수도사는 종일 그 구절을 생각하고 반추한다. 그러다 보면 자발적으로 기도하거나 그 말씀의 능력 안에서 쉼을 얻기도 한다. 기도에는 여러 순간들이 있지만, 그것은 일정한 순서로 진행되는 것이 아니라 유동적이다. 말씀이 수도사의 일부가 되어 종일 활동할 때에 중요한 역할을 한다.[59]

영적독서의 다른 방법은 스콜라적인 방법이라고 불린다. 이것은 12세기의 카르투지오회 수사인 귀고 2세(Guigo II))의 저술에서 기원한 것이다. 귀고는 네 순간을 분석하여 순서를 부여하고 수도원적 영적 독서의 각 순

---

56) Ibid., pp. 101-102.
57) Ibid., p. 102.
58) Ibid., p. 102.
59) 이혜원, "관상기도 연구", (미간행석사학위논문: 감리교신학대학교 대학원, 2005), p. 49.

간에 진행되는 것을 묘사했다. 귀고는 네 순간을 분리된 요소로 여기지 않았지만 수 세기가 지나면서 그것들은 분리된 요소로 간주되게 되었다.[60] 그것은 독서(lectio), 묵상(meditatio), 기도(oratio), 그리고 관상(contemplatio)의 네 층계로서 이것은 '수도승들의 계단'(scala claustralium)이라고 한다.[61]

스콜라적인 방법에서 독서는 정신을 이끌어 성경을 주의 깊게 보게 해 준다고 하고 있다. 묵상은 이성의 지도 아래 감추인 진리의 지식을 깊이 생각하는 정신의 주의 깊은 활동이다. 기도는 병든 것을 제거하고 선한 것을 얻기 위해서 마음을 하나님께 돌리는 것이다. 관상은 정신이 하나님 안에서 정지되어 영원한 달콤함을 맛보는 정신의 고양이다고 하고 있다.[62]

그런데 위에 이 두 가지 렉시오 디비나의 영적 독서 방법은 동일한 목표를 갖는다. 즉 하나님의 말씀과의 보다 깊고 심오한 만남을 목표로 한다. 성경을 읽을 때에 수도원적 방법은 보다 수용적인데 비해 스콜라적 방법은 보다 집중적이다. 또한 전자는 다소 유동적이고 후자는 보다 계획적이다. 전자는 성령의 움직임에 대해 보다 개방적이며 후자는 실천의 단계에 집중한다.[63]

이러한 거룩한 독서는 성경을 천천히 읽고 관상하면서 기도하는 것으로서 기독교 역사상 매우 초기의 것이다. 하나님의 말씀을 마음에 새기고 그분의 사랑에 일치하는 일은 초대교회 때부터 있어 온 자연스러운 기도의 전통이었다고 하고 있다.[64]

이제 먼저 하나님의 말씀을 '듣는' 데서 성독은 출발한다. 그러면서 봉독 되는 성경 구절의 한 부분, 혹은 전체를 묵상하기 시작한다. 그리고 그에 대한 응답으로서의 기도를 바치고, 이러한 기도의 심화로서 관상에로 몰입하는 것이다. 이렇게 볼 때에 거룩한 독서는 그 완성의 단계로서 관

---

60) Ibid., p. 49.
61) 성서의 삶의 자리, "관상생활에 대해 쓴 편지_귀고 2세", http://bibliolife.tistory.com/11
62) 이혜원, "관상기도 연구", op. cit., p. 49.
63) Ibid., p. 49.
64) 이현석, "관상과 기도 생활을 중심으로 본 동방 교회의 영성에 대한 고찰", (미간행석사학위 논문: 가톨릭대학교 대학원, 2002), p. 86.

상을 지향하고 있는 것이다.[65]

거룩한 독서의 원래 목적인 관상에로 나아가기 위한 길을 돕는 방편으로 향심기도는 만들어졌다고 볼 수 있다. 즉, 거룩한 독서의 세 번째 단계인 기도(Oratio)와 관상(Contemplatio)의 중간 다리 역할을 향심기도는 훌륭하게 해낸다. 성경을 읽고 들으면서, 마음에 와 닿는 구절을 통해 하나님께 감사드리고, 다시 그 구절을 그대로 혹은 짧은 기도나 거룩한 단어로 줄여서 끊임없이 마음속에서 되뇌는 것이다. 이를 통해 예수 기도에서 얻을 수 있는 효과인 단순성과 지속적인 하나님 현존의식, 그리고 순수하고 거룩한 지향으로 오직 하나님 그분만을 마음속에 가득 채우는 효과를 얻게 된다고 하고 있다.[66]

나. 렉시오 디비나(거룩한 독서)의 단계

12세기 귀고 2세는 문헌을 통해 렉시오 디비나에 대해 체계화를 시켰다. 그의 책 「수도승의 사다리」에서 하나님 나라를 향해 올라가는 영적 사다리를 설명하였다. 이러한 영적 사다리의 4단계를 독서, 묵상, 기도, 관상이라고 하였다.[67]

거룩한 독서인 렉시오 디비나는 네 단계의 과정으로 정식화되기 시작한 것은 12세기에 이르러서 귀고 2세에 의해서이다.[68] 귀고에 의하면 렉시오 디비나의 단계는 사다리의 이미지를 통하여 사용함으로써 독서, 묵상, 기도, 관상의 네 단계로 이루어진다고 제시하였다.[69]

거룩한 독서인 렉시오 디비나의 과정을 도식화하면 다음과 같다.[70]

65) Ibid., p. 86.
66) Ibid., p. 87.
67) 정재화, "현대 영성훈련 방안에 대한 연구", op. cit., p. 56.
68) 이현석, "관상과 기도 생활을 중심으로 본 동방 교회의 영성에 대한 고찰", op. cit., p. 86.
69) 이향우, "'예수기도'의 연구와 한국교회에서의 활용방안", (미간행석사학위논문: 호남신학대학교 대학원, 2016), p. 23.
70) 이현석, "관상과 기도 생활을 중심으로 본 동방 교회의 영성에 대한 고찰", op. cit., p. 86.

독서 · 경청(Lectio)→묵상(Meditatio)→기도 · 응답(Oratio)→관상 (Contemplatio)

(1) 읽기 · 독서(Lectio : Reading)의 단계 : 하나님의 말씀을 읽고 들음

귀고가 제시한 영적 사다리의 첫 단계는 "독서"이다. 이것은 초심자들에게 해당한다. 그래서 모든 관심을 성경에 집중하여 하나님의 말씀을 주의 깊게 읽고 듣는 단계이다.[71] 이 단계에서의 독서는 열심히 한 마음으로 성경에 모든 관심을 기울여 성경을 주의 깊게 읽고 연구하는 단계이다. 여기서의 연구는 '관찰, 조사, 고찰'을 의미한다. 성경 본문을 기계적으로 읽지 않고 주의 깊게 읽기 위해서는 '기호학적 성경 읽기'를 독서 단계에서 적용하는 것도 학문적 방법에서는 바람직하다고 한다.[72]

초기 수도승들의 작품들을 보면 '독서(lectio)'와 '들음(auditio)'은 동의어로 자주 사용되었음을 본다. 중세까지 수도승들은 주로 입술로 소리를 내어 읽고 귀로는 듣는 독서의 방법을 사용했다. 여기서 읽는다는 것은 단순히 읽는 수행이라기보다는 하나님의 말씀을 듣고 그 말씀에 귀를 기울이는 수행이었다. 이것은 머리나 이성으로서가 아니라 마음으로 배우는 수행이었다.[73] 즉 독서(읽기)는 열심히 한 마음으로 성경을 주의 깊게 살펴보는 것이다. 1단계의 독서는 영성생활의 초심자들에게 해당한다. 이때의 읽기란 소리 내어 성경 말씀을 읽고 동시에 듣기도 하는 단계이다. 독서를 음식으로 비유하여 음식을 입에 넣는 것에 비유하거나, 독서의 한없는 감미로움을 입속에 넣은 포도로 비유하였다.[74]

71) 이향우, "'예수기도'의 연구와 한국교회에서의 활용방안", op. cit., p. 23.
72) 김경순, "거룩한 독서(Lectio Divina)와 향심기도(Centering Prayer)의 상호관계성 연구", (미간행석사학위논문: 가톨릭대학교 대학원, 2006), p. 51.
73) 전성환, "렉시오 디비나를 통한 영성훈련", op. cit., p. 33.
74) 김혜숙, "바람직한 영성훈련 바람직한 영성훈련 방안 연구", (미간행석사학위논문: 목원대학교 신학대학원, 2007), p. 29.

귀고 2세가 말하는 독서는 다음 단계인 이성을 통한 묵상에 대한 갈망과 기대까지를 전제로 하고 있다. 그러나 성경 독서 방법은 오늘날 소설책을 읽듯이 읽으면 그 본래의 영적인 의미를 깨달을 수 없다. 여기서 읽는다는 것은 말씀이 우리를 변화시키도록 하나님 말씀에 우리를 열어드리는 것을 의미한다.[75]

따라서 수도생활적 독서는 렉시오 디비나를 뜻하는 것으로 성경을 머리가 아닌 '순수한 마음'으로 읽는 수행이다. 그리하여 자연스럽게 묵상과 기도를 향하여 최종적으로 하나님과의 일치로 나아가게 한다.[76]

오늘날 우리는 성경을 '영감 받은 하나님 말씀'이기 때문에 내 안에 현존하시는 이 성령께 대한 나의 활발한 믿음이, 성경을 읽고 들을 때, 말씀하시는 분의 살아있는 실재를 성경 안에 '불어넣어 주거나', '그 안에서 숨 쉬게 한다.' 그러므로 이 거룩한 독서를 준비하기 위해 내 몸과 마음을 고요하게 하는 시간을 가짐으로써 내 인격 전체를 한 초점에 맞추기 시작한다.[77]

이제 읽고 침묵으로 집중하고 "지금 여기서" 새롭게 선포되고 있는 하나님의 말씀에 귀를 기울여야 한다. 상상이 아닌 기억을 통하여 묵상 되새김을 실천했다. 성경 독서는 참된 지혜를 얻게 한다. 소리 내어 읽으며, 꾸준히 정해진 시간에 독서한다. 그 시간을 '하나님께 봉헌된 시간'으로 여기고 하나님 말씀에 온전히 전념해야 한다. 가급적 아침에 읽어 말씀 중에서 하루 종일 되씹고 암송할 구절을 찾는 것이 바람직하다고 하고 있다. 이러한 독서는 묵상할 구절은 찾음과 동시에 말씀이 선포되는 것이다. 이렇게 성경 독서는 하나님께 시간을 봉헌하며 동시에 하나님을 만나는 시간이다.[78]

몸에 관하여 동서양의 모든 기도수련에서 공통되는 일관된 원리는 등

75) 임창복, 「기독교 영성교육」, op. cit., p. 189.
76) 김혜숙, "바람직한 영성훈련 바람직한 영성훈련 방안 연구", (미간행석사학위논문: 목원대학교 신학대학원, 2007), p. 29.
77) 김양민, "기도교육에 관한 연구", (미간행석사학위논문: 목원대학교 신학대학원, 2008), p. 31.
78) 김혜숙, "바람직한 영성훈련 바람직한 영성훈련 방안 연구", op. cit., p. 30.

을 똑바로 세우지만 긴장하지 않는 것이다. 그 기본 의도는 혈액순환이나 호흡을 방해하지 않고, 반면에 충분히 집중하고 깨어 있는 상태를 유지하려는 것이다. 이러한 마음 자세로 성경 말씀을 선택하는데, 짧은 성경 구절이 더 좋다. 그리고 '천천히' 읽으면서, 온전히 주의를 기울여 마음으로 듣는다. 이것은 이미 정신과 마음을 당신께로 열도록 나를 부르시는 그분께 대한 내 응답의 시작이다. 마치 하나님께서 '지금', '나에게' 말씀하고 계신다고 여기게 하는 것이다.[79]

이제 렉시오 디비나에서 읽음을 통한 들음은 자연스러운 묵상과 기도, 그리고 관상에 이르게 하는 가장 중요한 단계이다. 듣는 것은 모든 것의 시작이기 때문이다. 들음에는 말씀을 말씀으로 단순하게 받아들이는 믿음이 요구된다. 이제 믿음 가운데 전 존재로 말씀을 단순하게 받아들이면 결국에는 하나님을 대면하는 자리에 이르게 된다. 이것이 렉시오 디비나가 추구하는 궁극의 단계인 관상이다.[80]

(2) 묵상(Meditatio : Meditation)의 단계 : 말씀을 묵상함

두 번째 단계는 '묵상'이다. 이것은 좀 더 진보한 이들의 단계이다. 그리고 이들은 하나님의 말씀 안에 숨은 진리를 깨닫기 위하여 적극적으로 이성과 정신을 사용한다. 그래서 능동적인 단계이다.[81] 하나님의 말씀이라는 음식을 씹는 단계이기도 하다.[82]

그런데 렉시오 디비나에는 학구적 전통과 수도적 전통의 두 가지의 흐름이 있다. 이 두 가지의 방식에는 큰 차이는 없으나 묵상의 태도에 있어서 특별한 차이가 있음을 볼 수 있다. 학구적 전통에서의 묵상은 이성과 지력을 활용하는 논리적 행위의 능동적 태도를 갖는다. 반면에 수도적 전

79) 김양민, "기도교육에 관한 연구", op. cit., p. 31.
80) 전성환, "렉시오 디비나를 통한 영성훈련", op. cit., p. 34.
81) 이향우, "'예수기도'의 연구와 한국교회에서의 활용방안", op. cit., p. 23.
82) 김혜숙, "바람직한 영성훈련 바람직한 영성훈련 방안 연구", op. cit., p. 30.

통에서는 이성과 지력에 의존하지 않고 다만 말씀을 반복하여 되새김함으로써 자연스러운 성령의 내적 조명을 기대하는 수동적 태도를 갖는다.[83]

이러한 묵상은 하나님의 말씀 안에 숨은 진리를 깨닫기 위해 적극적으로 인간의 이성과 정신을 사용하는 단계를 말한다.[84] 즉 하나님의 말씀이라는 음식을 씹는 단계이다. 이러한 묵상은 하나님의 말씀을 내면으로 받아들인다는 뜻으로 상상이나 추론이 아닌 그냥 단순하게 순수한 마음으로 성경의 말씀을 되뇌는 것이다.[85]

「가톨릭교회 교리서」에서는 묵상과 관련하여 "묵상에는 사고력, 상상력, 감정과 의욕이 모두 동원된다. 이러한 동원은 신앙의 확신을 심화하고, 마음의 회개를 불러일으키며, 그리스도를 따르고자 하는 의지를 강화하기 위하여 필요하다."라고 하고 있다.[86]

이러한 방향성 안에서 거룩한 독서의 두 번째 단계인 묵상에서 그것은 읽고 들으며 마음에 새겼던 말씀을 상기시키고, 그 말씀을 끊임없이 반복하면서 하나님의 말씀 안에 숨겨진 진리를 깨닫는 것이 주된 일이다. 이 일은 '본문이 나에게 무엇을 말하고 있는가'를 느끼게 해주는데, 이 '무엇'은 자신의 지식이나 추론을 통하여 얻어내는 것이 아니라 자신의 영혼을 향한 하나님의 사랑을 깨닫는 것이고 하나님과의 내밀한 대화를 하는 것이다.[87]

이에 「가톨릭교회 교리서」에서는 "우리가 읽은 것에 대해 묵상하면, 그 내용은 자기 자신에 비추어서 생각하고 자기 것으로 만들게 된다. 여기서 다른 한 권의 책, 삶이라는 책이 펼쳐진다. 생각에서 현실로 옮겨지는 것이다. 겸손과 신앙의 정도에 따라, 우리는 묵상 중에 마음을 움직이는 감동을 발견하게 되고, 그것을 식별할 수 있게 된다. 빛에 이르기 위해

83) 전성환, "렉시오 디비나를 통한 영성훈련", op. cit., p. 34.
84) 허성준, 「수도 전통에 따른 렉시오 디비나」, op. cit., p. 75.
85) 정재화, "현대 영성훈련 방안에 대한 연구", op. cit., p. 57.
86) 한국천주교주교회의 교리교육위원회(편), 「가톨릭교회 교리서(Catechismus Catholicae Ecclesiae)」, (서울: 한국천주교중앙협의회, 2011), 2708항.
87) 조영래, "참된 관상기도가 되기 위한 거룩한 독서(Lectio Divina)의 방향성", (미간행석사학위 논문: 대구가톨릭대학교 대학원, 2015), p. 63.

서는 어떻게 진리를 실천하느냐가 문제이다. '주님, 제가 무엇을 하기를 원하십니까?'"라고 하고 있다.[88]

수도 전통에 묵상은 기억된 성경 본문을 반복 암송한다는 뜻이다. 수도자들은 말씀을 온전히 자기 것이 되도록 끊임없이 되새기고 맛보았다. 묵상과 되새김이 정확하게 구분되지 않고 종종 같은 뜻으로 사용되기도 했다.[89]

그런데 독서와 묵상의 초기 단계는 우리 의지에 하는 점은 같으나 다른 점은 묵상이 깊이 들어가면 인간의 이해를 넘어서 계시는 성령의 도움을 통해 비로소 성경의 영적인 의미에 도달하게 되어 더 깊은 갈증을 일으켜 자연스럽게 기도로 이어지게 된다고 하고 있다.[90]

이러한 거룩한 독서인 렉시오 디비나의 두 번째 단계인 묵상은 외적 침묵이 동반된다. 묵상의 시간에 침묵을 병행한다면 더욱 좋은 거룩한 독서가 된다. 이처럼 침묵을 병행한 묵상은 하나님의 무한함 앞에 인간의 말은 어두운 밤바다 앞에서 촛불을 들고 바다를 바라보는 것처럼 무력함을 경험하게 된다. 따라서 침묵으로 가득한 묵상은 깊고 풍요로운 하나님뿐 아니라 모든 이와 함께 끊임없이 친교를 나누는 장이 된다. 묵상은 말씀 안에 머무르려는 노력을 통해서 그 말씀이 나의 삶 안에 들어오는 길이다. 또한, 묵상은 두레박과 같아서 성경이라는 깊은 우물에서 물을 긷는 가장 좋은 수단이다. 묵상 가운데 사랑의 눈으로 하나님을 바라봄으로써 우리는 그분의 한없는 사랑을 영적으로 더 깊이 체험하게 된다고 한다.[91]

마틴 머튼은 묵상에 이르는 네 단계의 길을 다음과 같이 제시하고 있다.[92]

---

88) 한국천주교주교회의 교리교육위원회(편), 「가톨릭교회 교리서(Catechismus Catholicae Ecclesiae)」, (서울: 한국천주교중앙협의회, 2011), 2706항.
89) 정재화, "현대 영성훈련 방안에 대한 연구", (미간행석사학위논문: 목원대학교 신학대학원, 2009), p. 57.
90) Ibid., pp. 57-58.
91) 박은정, "관상기도를 통한 자기대상의 경험적 연구", (미간행석사학위논문: 한신학대학교 신학대학원, 2012), p. 23.
92) Thomas Morton, Spiritual Direction & Maditation, Minnesota, 「영적 지도와 묵상」, 김규돈

①준비(Preliminary): 잠심을 위한 노력, 무엇을 할 것인지에 대한 각성, 은총을 빎. 시작이 원만하게 진행된다면, 나머지도 순조롭게 진행될 터이다.

②봄(Vision): 보려는 시도, 집중하려는 시도, 무엇에 관해 묵상하고 있는지 파악하려는 시도이다. 이것은 '믿음'의 노력을 수반한다. 믿음이 당신의 마음속에 뚜렷하고 확실하게 떠오를 때까지 계속 시도할 것(머리로만 하지 말 것).

③열망(Aspiration): 당신이 무엇인가를 '보았다'면 실제 결과가 잇따른다. 열망, 믿음에 따라 행동하고 믿음대로 살고자 결심한다. 여기서 '희망'의 노력이 요구된다. 즉 선한 행위들에 대한 '가능성'을 믿어야 하고, 하나님의 도우심으로 선한 열망을 성취하기를 바라야 한다. 무엇보다도 먼저 하나님과 합일 가능성을 중심으로 바랄 일이다.

④일치(Communion): 여기서 기도는 간단해지고 단순해진다. 믿음의 각성이 견고해지고, 희망이 굳세어지므로, 하나님의 현존 안에서 쉴 수 있다. 단순한 휴식과 직관 이상의 단계이므로, 순전한 '사랑'의 포옹이다. 그러나 활동이 요청된다면, 사랑은 활발하게 움직일 터이고, 이런 경우에 기도는 앞의 열망의 단계로 접어든다. 혹은 사랑이 사랑하는 이의 음성을 '듣는' 형태를 취할 수도 있다. 혹은 '찬미'의 형태를 취할 수도 있다. 대개 우리는 단순한 휴식으로 만족하고 사랑의 흐름에 편안히 몸을 내맡기든지, 자신을 위해서 무엇인가를 하기보다 성령께서 우리 영혼의 은밀한 곳에서 활동하시도록 내맡긴다. 기도가 뒤죽박죽되거나 무력해진다면, 앞 단계로 되돌아가서 우리의 각성과 믿음과 사랑을 새롭게 재충전할 수 있다. 마지막으로 진심으로 우러난 감사의 기도를 간략하게 바치며 끝을 맺는다.

엄무광은 "성경을 묵상하고 기도에 대한 열망을 가진 사람들은 필연적으로 관상으로 들어가게 된다."고 하고 있다. 성경의 묵상과 기도의 열망

역, (서울: 성바오로출판사, 1998), pp. 111-112.
김택훈, "토마스 머튼의 성서 이해에 따른 렉시오 디비나", (미간행석사학위논문, 가톨릭대학교 대학원, 2012), pp. 90-91.

은 필연적으로 자신도 모르는 사이에 관상으로 들어가게 됨으로 어느 날 자신이 관상기도에 대한 것을 알고서 자신이 관상기도를 하고 있었다는 것을 깨닫게 된다는 것이다.[93]

수도자들은 말씀을 온전히 자기 것이 되도록 끊임없이 되새기고 맛보았다. 묵상과 되새김이 정확하게 구분되지 않고 종종 같은 뜻으로 사용되기도 했다. 독서와 묵상의 초기 단계는 우리 의지에 하는 점은 같으나 다른 점은 묵상이 깊이 들어가면 인간의 이해를 넘어서 계시는 성령의 도움을 통해 비로소 성경의 영적인 의미에 도달하게 되어 더 깊은 갈증을 일으켜 자연스럽게 기도로 이어지게 된다고 하고 있다.[94] 이와 같은 되새김 하는 묵상을 허성준은 '반추기도'라 불렀다.[95]

이 과정에서는 읽기(Lectio)의 역할은 함께 시간을 보내기 위하여 만남을 허락하는 시간이기 때문에 우리의 주고받음이 성장하는 관계를 더욱 깊게 만들 것이라고 기대한다.[96]

(3) 기도(Oratio : Speech)의 단계 : 말씀이 마음을 건드림

귀고가 제시한 영적 사다리의 세 번째 단계는 '기도'이다. 이것은 좀 더 열심을 가진 사람들, 즉 사랑에 불붙은 자들의 단계이다. 그리고 마음을 온전히 하나님께로 향하는 단계이다. 여기에서는 자기의 인식이 하나님의 말씀으로부터 말씀 자체이신 하나님께로 들어 올려지게 된다.[97] 이제 이 단계에서의 기도는 말씀의 신비를 조금씩 깨달아 가면서 문자의 껍질을 넘어서 현존하시는 하나님을 갈망하게 되면서 관상을 지향한다.[98]

이 단계에서의 기도는 이끌어 주시길 청하는 것이 아니라 하나님 앞에

93) 엄무광, 「관상기도의 이해와 실제」, (서울: 성바오로, 2002), p. 18.
94) 김혜숙, "바람직한 영성훈련 바람직한 영성훈련 방안 연구", op. cit., p. 30.
95) 허성준, 「수도 전통에 따른 렉시오 디비나」, op. cit., pp. 122-123.
96) 김양민, "기도교육에 관한 연구", op. cit., p. 31.
97) 이향우, "'예수기도'의 연구와 한국교회에서의 활용방안", op. cit., p. 23.
98) 김경순, "거룩한 독서(Lectio Divina)와 향심기도(Centering Prayer)의 상호관계성 연구", (미간행석사학위논문: 가톨릭대학교 대학원, 2006), p. 51.

머무는 것이다. 즉 거룩한 독서의 마지막 단계인 관상은 주님의 현존으로 거룩한 독서의 결과이다. 이렇듯 관상이란 주님의 사랑과 현존, 돌보심에 대한 구체적이고 깊은 체험으로서 지적체험이 아닌 영적 체험이다. 관상은 존재 깊은 곳에서 하나님과 우리 사이의 참된 계약의 맺어짐이라고 할 수 있다.[99]

하나님의 현존을 깊이 느끼며 그분의 말씀 안에 고요히 머무르면 '하나님의 영'이 어떻게 기도해야 할 것인지 모르는 우리를 대신해서 하나님께 간구해 주심(롬8:26)으로써 자연스럽게 내면에서 솟아 나오는 기도를 드릴 수 있게 된다. 이것이 바로 'Oratio'이다.[100]

Oratio는 '말한다', 즉 '기도한다'는 의미이다. 주신 말씀에 대하여 나의 생각, 뜻, 느낌을 동원하여 하나님께 응답하는 단계이다. 독서와 묵상을 통하여 마음이 정화된 후 영적 사다리 3번째 단계인 기도는 좀 더 열심인 사람들의 마음을 온전히 하나님께 향하는 단계이다. 기도는 말씀의 심오한 신비를 깨닫게 되고 우리 마음이 하나님께로 들어 올려지게 되는 단계이다.[101]

묵상은 그리스도인으로 형성되어 가는데 중요한 역할을 수행한다. 그러나 묵상은 주로 하나님에 관한 우리의 지적 활동과 상상이다. 만약 묵상이 지성적 차원에만 머물러 있다면 참된 기도에 도달하지 못하게 될 것이다. 왜냐하면, 기도의 목표는 비록 최고라 할지라도 하나님에 관한 사고나 개념, 혹은 지식이 아니며 참 자아 안에 신비스럽게 숨어 계시는 하나님 자신이기 때문이다. 이 부분은 관상의 영역으로 기도(Oratio), 혹은 '마음의 기도'이다. 이것의 시작은 우리 자신의 계획에 따라 이루어지는 것이 아니므로, '지침'을 따르지 않는다. 그것은 성령의 이끄심에 응답할 때 내 마음에서 자발적인 움직임이 일어나는 것을 단순하게 묘사하는 것으로 시작한다.[102]

99) 박은정, "관상기도를 통한 자기대상의 경험적 연구", (미간행석사학위논문: 한신학대학교 신학대학원, 2012), p. 23.
100) 전성환, "렉시오 디비나를 통한 영성훈련", op. cit., p. 36.
101) 김혜숙, "바람직한 영성훈련 바람직한 영성훈련 방안 연구", op. cit., p. 31.
102) 김양민, "기도교육에 관한 연구", op. cit., p. 32.

이 단계에서는 기도자가 하나님을 위하여 인내롭게 기다리며 마음이 평안하게 이르기를 기도가 기도자에게 가르쳐 줄 때까지는 가끔씩 간단한 성경구절 읽기(Lectio)로 돌아가는 것이 도움이 될 수 있다. 그러나 독서를 기도로 대치시키지 않도록 주의해야 한다. 왜냐하면, 이 기도 단계에서 점차적으로 천천히 나타나기 시작하는 하나님을 더 민감하고 더 직관적으로 깨달아 가기 때문이다. 그리고 우리의 제한된 지적 기능으로 성급하게 추구하여 그 깨달음이 가려지지 않도록 해야 한다.[103]

(4) 관상(Contemplatio : Contemplation)) : 침묵으로 들어감

렉시오 디비나의 마지막 단계인 하나님을 보는 관상은 귀고 2세가 말하는 하나님의 특별한 축복을 받은 사람들의 단계이다. 여기에서는 포도알을 입에 넣고 씹어서 맛을 느끼기 시작한다. 이제는 기쁨과 감미로움 그 자체가 되어 어느덧 우리 몸의 피와 살이 되어 나와 포도 알갱이와의 구분이 없어지는 합일의 상태에 이르는 단계라고 한다.[104]

마지막 단계인 관상은 하나님의 특별한 축복을 받은 이들의 단계다. 여기서 영혼은 자신을 벗어나 하나님께로 높이 올라가 영원한 즐거움과 감미로움을 맛본다. 이것은 인간의 노력이나 공로로 주어지는 것이 아니라 천국의 감미로움에 목말라하는 영혼에게 주어지는 하나님의 온전한 선물이라고 한다.[105] 이것은 인간의 노력이나 공로로 주어지는 것이 아니다. 오직 하나님의 은총, 은혜로서만 가능하다. 여기에서는 인간적인 말이나 생각은 쓸모가 없게 된다. 오직 하나님의 현존과 그분과 함께 머물러 있음을 느낄 뿐이라고 한다.[106] 그리고 이때 영혼은 지상에서 체험했던 어떤 것과도 비교할 수 없는 천상적 기쁨과 생명을 맛보게 된다고 하고 있다.[107]

103) Ibid., p. 33.
104) 전성환, "렉시오 디비나를 통한 영성훈련", op. cit., p. 38.
105) 김혜숙, "바람직한 영성훈련 바람직한 영성훈련 방안 연구", op. cit., p. 32.
106) 이향우, "'예수기도'의 연구와 한국교회에서의 활용방안", op. cit., p. 23.
107) 김경순, "거룩한 독서(Lectio Divina)와 향심기도(Centering Prayer)의 상호관계성 연구", op. cit., p. 51.

또한, 이 단계에서 관상은 거룩한 독서의 씨앗으로부터 자라온 자연스러운 열매이고 선물이라고 한다. 왜냐하면, 거룩한 독서의 여정을 시작한 이는 끊임없이 하나님의 말씀에 응답하였고, 하나님께서도 성경 말씀 안에서 그의 마음의 문을 두드리시어 그의 존재의 가장 깊고 내밀한 곳에 방문하셨기 때문이다. 그리하여 하나님께서 바라보시며 부르시기에 관상의 단계에 놓인 이는 그분을 바라보고 함께 머무르게 되는 것이다. 이제 거룩한 독서를 통하여 바라본 하나님의 시선은 이제 자신 안에서 자신의 더 깊은 시선이 된다. 관상의 경지에 도달한 이는 이제 하나님의 시선으로 모든 것을 바라본다고 하고 있다.[108]

관상은 새로운 언어(침묵)와 새로운 존재 방식(무엇을 하는 것이 아니라 단순히 그냥 있는 것)을 배우고, 우리의 사고와 개념, 상상, 감각과 느낌을 버리게 된다고 한다. 그리고 하나님의 부재(우리의 감각으로)가 그분의 현존이고 그분의 침묵(우리의 일상 인식으로는)이 그분의 언어이다. 이것은 무지로 들어가는 것이고, 우리가 평소에 의지하였던 친숙한 것들을 떠나보내는 것이다. 또한 "곤고하고 불쌍하고 가난하고 눈멀고 벌거벗은"(계3:17) 존재에 우리의 모든 희망과 기쁨의 가능성이 있음을 발견하는 것이다. 왜냐하면 우리의 참 자아를 아는 것은 헤아릴 수 없는 하나님의 사랑을 받고 있음을 아는 것이기 때문이다.[109]

이러한 거룩한 독서인 렉시오 디비나의 관상은 성경 말씀을 묵상하고 기도함으로써 기도자를 초대하시는 하나님을 사랑에 찬 마음으로 응시하고 하나님께서 함께 계심을 체험하게 한다고 하고 있다.[110]

그러나 이러한 렉시오 디비나는 고경태도 지적하고 있듯이 독서를 강조하는 독서 훈련이 아니라 관상기도로 이끄는 영성 훈련이라는 것을 알아야 한다. 따라서 독서(讀書)를 강조하는 지성가가 독서의 최고 수준을

---

108) 조영래, "참된 관상기도가 되기 위한 거룩한 독서(Lectio Divina)의 방향성", op. cit., p. 83.
109) 김양민, "기도교육에 관한 연구", (미간행석사학위논문: 목원대학교 신학대학원, 2008), p. 33.
110) 조영래, "참된 관상기도가 되기 위한 거룩한 독서(Lectio Divina)의 방향성", (미간행석사학위논문: 대구가톨릭대학교 대학원, 2015), p. 85.

렉시오 디비나로 생각하는 것은 매우 우려스러운 일이다. 독서는 본문 (text)에서 의미를 찾는 훈련이고, 렉티오 디비나는 본문을 초월해서 실재 를 직관(直觀, Intuition)하는 것을 목표하기 때문이다.[111]

다. 렉시오 디비나(거룩한 독서)의 실재적 적용의 방법

렉시오 디비나의 4단계를 실재적인 적용의 방법을 정재화는 다음과 같 이 제시하고 있다.[112]

①먼저 조용히 마음을 준비하라.

하나님의 임재로 나아와 마음을 가라앉히고 긴장을 풀어라. 당신의 생 각을 가득 채운 혼돈과 소음을 의식적으로 하나님께 맡기라.

②말씀을 읽어라. 성경 본문을 천천히 소리 내어 읽으라.

단어마다 잠시 마음을 머물게 하며, 단어들이 당신의 가슴에 울려 퍼지 게 하라. 한 단어나 구절이 당신의 주의를 끈다면, 계속 읽어 나가지 말 라. 멈추어 서서 하나님이 당신에게 말씀하시는 것에 주의를 기울이라. 그 단어를 향해 마음을 열라. 분석하거나 판단을 내리지 말라. 귀 기울이며 기다리라.

③묵상하라. 다시 한번 성경을 소리 내어 읽으라.

단어들을 음미하라. 이 단어 속으로 하나님이 당신을 초대하시는지 귀 기울여 들으라. 당신이 깨닫게 되는 단어들의 중요성에 대해 성찰하라. 마 음으로 말씀을 받고 깊이 생각했던 마리아처럼, 부드러운 마음으로 하나 님의 초대가 내포한 뜻을 탐구해보라.

---

111) 고경태, "렉티오 디비나는 명상으로 들어가게 이끄는 영성훈련", 「바른믿음」, 2017. 5. 4.
112) 정재화, "현대 영성훈련 방안에 대한 연구", op. cit., pp. 58-59.

④말씀에 응답하고 기도하라. 다시 성경을 읽으라.

이제는 하나님과의 개인적인 대화를 시작할 때다. 이 일을 행하는 방법에는 옳고 그름이 없다. 중요한 것은 진실하고 정직한 반응이다. 그 본문이 당신에게 어떤 감정을 불러일으키는가? 당신이 저항하거나 거부하고 싶은 부분에 대해 말씀드리라. 하나님과의 더 깊은 동행으로 초대받는 부분을 인식하라. 이런 느낌들에 대해 하나님께 말씀드리라.

⑤하나님의 임재 안에서 관상하고, 쉬고, 기다리라.

말씀이 당신의 영혼 깊은 곳까지 스며들도록 잠시 시간을 허락하라. 하나님께 자신을 복종시키고 의탁하라. 묵상을 마치고 일어나기 전에, 기억할 만한 부분을 생각해 보라. 당신이 종일 이 말씀 안에 머무르거나, 말씀을 육화하는 데 도움이 될 것이다.

이러한 렉시오 디비나를 통해 하나님께서 주시는 열매는 예수님이 당신에게 말씀하시든 안 하시든 예수님과 동행할 수 있다는 것이라고 한다. 하나님으로부터 개인적인 말씀을 찾으며 그것을 듣게 되고, 본문이 살아서 사로잡을 때까지 한 본문에 머무를 수 있게 된다. 무엇보다 가장 중요한 것은 하나님의 말씀에 대해 가슴과 영으로 반응할 수 있게 된다는 것이다. 또 가슴이 부드러워져서 머리와 가슴의 분열이 치유되고, 점점 더 사랑으로 살게 된다. 그리고 성경이 하나님과 대화를 인도하고, 점점 더 하나님의 말씀을 수용하고 그 말씀에 잘 복종하게 한다고 하고 있다.[113]

또한, 한국 땅에 관상기도를 퍼트리는 한 분인 유해룡은 다음과 같이 거룩한 독서 진행할 수 있다고 제시하고 있다.[114]

①성령을 구하라. 그리하면 빛을 받을 것이다.

거룩한 독서를 시작하는 우리의 근본적이며 일차적인 태도는, 우리의

---

113) Ibid., p. 59.
114) 유해룡, "영성훈련의 실제", 「대학과 선교」 제15집, 한국대학선교학회(2008), pp. 65~67.

전 존재를 비추시어 우리와 주님과의 만남이 이루어질 수 있도록 하나님의 성령을 청하는 것이다. 모든 성경 독서는 성령 청원 기도를 전제한다. 왜냐하면, 성경 안에 머물고 계신 성령을 통해서만, 성경은 독자에게 살아 있는 말씀이 되기 때문이다.

②독서 안에서 찾아라. 묵상과 함께 발견하게 될 것이다.

성경은 선별이나 선택을 하여 채집 식으로 읽지 말고, 전체적으로 읽어야 한다. 믿음 안에서 성경의 말씀을 다가갈 때에 때때로 힘겹고 생소한 느낌을 받으며, 그래서 선뜻 보기에는 자신의 상황과는 아무 관계도 없어 보이는 그런 메시지에 귀를 기울일 준비를 한다는 것을 뜻한다.

"네 전부를 성경 본문에 내 맡기라." 그런 다음에만 성경 본문이 말하고 있는 이 사실을 각자에게 적용시킬 수 있을 것이다. "즉 성경 본문이 전하는 모든 것을 자신에게 적용시켜라." 성경 본문을 그 자체로 읽고 들은 다음에는 즉시 멈추어야 한다. 주의 깊게 살피는 일 말고는, 아직 정신의 다른 어떤 기능도 사용해서는 안 된다.

묵상을 시작하기 전에 경청하고 받아들이는 것이 중요하다. 그 말씀이 살아 있고 지금 말을 건네고 있는 것처럼 경청한다. 그래서 전 존재로 독서가 이루어진다. 이러한 독서의 결과로 얻어지는 열매는 영적 체험이다.

성경 본문을 지나치게 급하게 적용하려 하거나, 우리의 현실과 생각에 맞추려는 자세는 버려야 한다. 모든 주관주의를 피하고, 그 말씀이 객관적으로 의미하는 바를 이해하려고 노력해야 한다. 어제나 오늘 내게 오는 그분의 음성과 같이 말씀을 듣는다.

③기도 안에서 두드리라. 관상으로 들어갈 것이다.

이미 독서한 말씀은 묵상의 단계에서 하나님 안으로 몰입되도록 우리 자신을 이끌어 간다. 아우구스티누스는 이런 이행에 대해 다음과 같이 일러주고 있다. "만일 성경 본문이 기도하면 기도하시오. 만일 성경 본문이

신음하면 신음하시오. 만일 감사의 본문이라면 기뻐하시오. 희망의 본문이라면 희망하시오. 두려움을 표현하고 있거든 두려워하시오. 왜냐하면, 성경 본문에서 듣고 있는 것들은 여러분 자신의 거울이기 때문입니다." 이리하여 성경 본문의 정신과 자세로 하나님과 대화에 들어간다. 여기서는 비로소 독자는 하나님이 즐겨들으시는 기도를 드릴 수 있다. 이렇게 해서 하나님과 함께했던 말씀이 우리 안에 왔다가 이제 기도의 형태로 다시 하나님께로 되돌아간다.

④관상의 상태에서 하나님 안에 쉬게 된다.

이어서 놀라움과 경탄의 단계가 온다. 처음 하나님 곁에 하나님과 함께 계셨던 그 말씀이 완전히 우리 안에 머물게 되고 우리는 그것을 즐거워한다. 그 말씀은 우리의 가장 깊은 심연에서 빛이요 길이며 생명이 되어 계신다. 이제 더이상 부르짖을 이유가 없다. 단지 이 말씀으로 하여금 분향처럼 고요하고도 평화롭게 하늘로 올라가도록 해드리면 된다. 이것이 관상의 단계이다.

⑤말씀이 현재화되어 우리의 삶의 한가운데에서 움직인다.

거룩한 독서를 이런 방식으로 실천하는 신앙인에게 남은 일은 말씀을 실행에 옮기는 일이다. 말씀을 경청하는 사람은 말씀을 실현하는 사람이 되어야 한다. 이럴 때에 거룩한 독서의 목표인 주님과의 일치를 맛보며 깊은 친교를 누리는 삶을 이루게 된다. 그래서 거룩한 독서는 단지 기도의 학교일 뿐만 아니라 삶의 학교이기도 하다. 거룩한 독서 안에서 하나님은 우리를 부르시고, 우리에게 말씀하시며, 우리 안에서 유순한 응답을 불러일으키신다.

제8장 관상의 센터링 기도 (Centering Prayer 향심기도)

신앙인들이 향심기도의 방법대로 내 안에 계신 하나님의 현존과 활동에 동의할 때, 바람이 불고 싶은 대로 부는 성령의 활동으로 관상의 선물을 받을 수 있다고 한다. 그러나 토마스 머튼이 지적했듯이 자신을 비우고 이기심 없는 순수한 사랑으로 자신을 남에게 줄 수 있지 않으면 가장 깊은 곳에 계신 하나님께 나아갈 수 없다. 그래서 향심기도의 수련은 기도의 수련뿐만 아니라 꾸준히 실천함으로써 자아 포기를 기도 안에서 그리고 삶 안에서 병행할 때 우리 존재의 중심에 계신 하나님께 이르게 될 수 있다고 하고 있다.[1]

1. 센터링 기도(향심기도)의 개요

가. 센터링 기도(향심기도)의 이해

---

1) 정재화, "현대 영성훈련 방안에 대한 연구", (미간행석사학위논문: 목원대학교 신학대학원, 2009), pp. 45-46.

센터링 기도(centering prayer)는 '향심기도', '집중기도', '구심기도'로 번역하고 있다. 그리고 이 기도는 우리의 기도가 관상의 차원으로 나아갈 수 있도록 돕는 아주 수동적인 것 같아 보이지만, 엄밀한 의미에서 보자면 능동적이면서 아주 단순한 기도이다. 그래서 이 기도는 관상을 준비하지만, 이 기도 안에서 수동적 차원의 상태가 시작됨으로써 관상이 이루어지는 기도라고도 한다.[2]

'향심기도(centering prayer)'라는 말은 글자 그대로 '(하나님께로) 마음을 향하는 기도'라는 뜻이다. 토마스 머튼이나 베데 그리피스 같은 영성가들의 "중심으로 돌아가자"는 말에서 따온 것이다. 즉, 나의 가장 중심(center)에 계시는 삼위일체 하나님을 직관하기 위해서 나의 중심으로 들어가는 기도라는 뜻이다.[3]

향심기도는 관상으로 나아가는 방법의 하나이다. 관상이란 하나님과 하나가 되는 것을 의미한다 하나가 되는 것, 즉 합일이란 하나님의 품 안에서 온전히 쉬는 것을 의미한다. 내 안에 존재하는 하나님을 온전히 품으며 하나님의 처소에 머무는 것이다. 내 안에서 하나님은 오롯이 활동하시고 운행하시며 우리 모두를 관상의 수준으로 변형되게 만드신다고 하고 있다.[4]

존재의 중심인 '마음으로 향하는 기도'라는 의미를 지닌 향심기도는 기독교 신비주의 전통으로부터 많은 영향을 받았다. 특히 14세기 익명의 영국인이 쓴 「무지의 구름」(The Cloud of Unknowing)이란 작품을 현대적 감각으로 재구성해 기독교의 관상전통을 복원하려는 기도이다.[5] 이러한 향심기도는 기독교 신비주의 전통으로부터 많은 영향을 받았다. 특히 14세기 익명의 영국인이 쓴 「무지의 구름」(The Cloud of Unknowing)

2) 오방식, "관상기도의 현대적 이해", 「장신논단」 제30호(2007), p. 287.
3) 이현석, "관상과 기도 생활을 중심으로 본 동방 교회의 영성에 대한 고찰", (미간행석사학위논문: 가톨릭대학교 대학원, 2002), pp. 84-85.
4) 장동원, "관상을 향한 향심기도에 관한 연구", (미간행석사학위논문, 한신대학교 신학대학원, 2021), p. 4.
5) 이재훈, "향심기도와 관상적 쉼", (미간행박사학위논문: 감리교신학대학교대학원, 2019), p. 33.

이란 작품을 현대적 감각으로 재구성해 기독교의 관상전통을 복원하려는 기도이다.[6]

향심기도는 '렉시오 디비나'(Lectoo Divina)로부터 파생된 기도의 한 방법이기도 하다. 즉 향심기도는 우리가 렉시오 디비나(Lectio Divina: 성독이라고도 함)로부터 관상으로 들어가려 할 때 관상에 이르도록 도와주기 위해 창안된 방법이다. 즉 이 기도는 관상기도의 은총에 우리의 기능들을 준비시켜 줌으로써 관상기도를 촉진 시키게 하는 방법이다.[7] 이에 토마스 키팅은 향심기도에 대하여 "단지 관상기도로 이끌어 주는 하나의 방법일 뿐이다. 그러므로 향심기도는 관상기도라는 사다리의 첫 번째 계단"이라고 밝히고 있다.[8]

바로 관상기도와 유사한 형태의 향심기도(Centering prayer)는 관상기도에 이르는 첫 사다리와 같다. 향심기도는 구조화된 명상을 실행하는 것으로 자신의 영성을 알 수 있도록 하는 데 도움을 준다. 뿐만아니라 직관적 능력을 순화시키고 자신의 영적 수준을 알 수 있도록 안내해주는 역할을 한다. 이러한 향심기도는 기도 중 분심(分心)이 들었을 때 신성한 단어를 반복해 되뇌며 내면에서 떠오르는 생각에서 벗어나도록 하는 기도이다.[9]

향심기도(centering prayer)는 침묵 속에서 기도하는 동안 분심(分心)을 알아차릴 때마다 거룩한 단어를 통하여 존재의 중심에 현존하시며 그곳에서 활동하시는 하나님을 바라보고자 한다. 그래서 향심기도는 거짓 자아에서 비롯되는 모든 분심(分心)을 비우고 버리고 떠나보내는 기도인 까닭에 철저하게 자신을 비운 예수그리스도의 십자가의 사건을 매 순간 재현하는 기도라고 한다. 따라서 이 기도를 하는 동안 예수 그리스도는 존재

6) 이세영·이창영, 「향심기도 수련」, (경북: 분도출판사, 2008), p. 22.
7) 이현석, "관상과 기도 생활을 중심으로 본 동방 교회의 영성에 대한 고찰", (미간행석사학위논문: 가톨릭대학교 대학원, 2002), pp. 85-86.
8) Thomas Keating, OPEN MIND OPEN HEART, 권희순 역, 「센터링 침묵기도」, (서울: 가톨릭출판사, 2009), p. 19.
9) 권명수·김기범·오매화, "기독교적 명상으로서의 관상기도 효과에 관한 연구", 「신학사상」, 한신대학교 신학사상연구소(2019), p. 256.

의 중심에 현존하게 되며, 그분과의 일치를 통해 그분을 점점 닮아가는 기도라고 한다.[10]

향심기도를 통해 기도자는 형상을 초월한 하나님께 접근한다. 이때 기도자가 접근하고 있는 하나님은 근거가 되는 본질, 모든 사물의 창조적인 잠재력, 사물이 아닌 분이다. 기도자는 지식을 초월한 영역으로 들어간다. 이에 「무지의 구름」 저자는 이 신적인 근거가 지식이 아니라 사랑을 통해서 이해될 수 있다고 보고 있다.[11]

토마스 키팅(Thomas Keating)은 이 센터링 기도에 대하여 관상 상태에 이르게 하는 학교와 같은 것이라고 설명하고 있다.[12] 따라서 센터링 기도는 관상기도가 온전하게 발전되는 것을 방해하는 장애를 줄이려고 만들어진 수련이다. 그래서 방법으로서의 이 기도의 기초는 외적 환경과 소란을 떠나보내는 것과 문을 닫는 것으로 상징되는 생각과 감정의 내적 소란을 떠나보내는 것에 있다. 그리고 생각의 일상적 흐름에서 우리의 주의를 거두고, 우리의 영적 여정을 위하여 하나님께 동의하며 하나님을 따르는 것이다. 그리고 항상 존재했고 참여하도록 초대되었던 실재의 수준으로 자신을 조율하는 방법이다.[13]

또한, 토마스 키팅은 향심기도는 "관상기도에 대한 기독교의 전통적인 가르침을 새롭게 하려는 노력이다. 관상이 성령의 더 직접적인 영감하에 발전하는 것을 기술할 때는 전통적인 의미의 관상기도라고 쓰는 것이 바람직하다."라고 하고 있다.[14]

또한, 토마스 키팅은 향심기도에 대해 다음과 같이 소개하고 있다.

향심기도는 14세기 무명의 작가가 쓴 「무지의 구름」과 십자가의 성 요한

---

10) 이민재, "변형의 미학, 관상기도", 「기독교사상」 제51호(2007. 3.) p. 122.
11) 이재훈, "향심기도와 관상적 쉼", (미간행박사학위논문: 감리교신학대학교대학원, 2019), p. 34.
12) Tomas Keating, Open mind Open Heart, 「마음을 열고 가슴을 열고」, op. cit., p. 156.
13) 이향우, "'예수기도'의 연구와 한국교회에서의 활용방안", (미간행석사학위논문: 호남신학대학교 대학원, 2016), p. 18.
14) 김양민, "기도교육에 관한 연구", (미간행석사학위논문: 목원대학교 신학대학원, 2008), p. 37.

등과 같은 사람들의 그리스도인 전통에서 나온 하나의 기도 방법이다. 향심기도는 우리를 하느님의 현존으로 들어가게 하여 듣고 받아들이는 관상적 태도를 길러준다.[15]

또한, 토마스 키팅은 향심기도에 대해서 다음과 같이 정리한다.

  향심기도는 관상기도에 대한 기독교의 전통적인 가르침을 새롭게 하려는 노력이다. 이것은 그 전통을 현대화된 형태로 제시하면서 거기에 어떤 순서와 방법을 부여하려는 시도이다. 관상이라는 단어와 마찬가지로 향심기도라는 용어는 관상의 은사를 준비하는 특수한 방법에 적용하고, 관상이 성령의 더 직접적인 영감하에 발전되는 것을 기술할 때에는 전통적 의미의 관상기도라는 말을 쓰는 것이 가장 바람직한 듯하다.[16]

이러한 향심기도는 하나님께서 내 안에 현존하시고 내 안에서 활동하시도록 내가 하나님께 동의해 드리는 기도이다. 실상 이 기도는 관상기도의 첫 번째 단계라고도 할 수 있으며 기도라고 하기보다는 관상기도로 들어갈 수 있게 도와주는 방법이라고 할 수도 있다. 따라서 관상기도는 나의 중심으로 들어가 거기 계신 하나님을 만나는 것이라고 한다면, 향심기도는 중심으로 들어가는 것을 도와주는 기도이다. 이러한 향심기도는 주의를 집중(concentration 혹은 attention)해서 하는 기도가 아니라 우리의 마음과 영혼을 하나님께 맡기려고 지향(intention)하는 기도이며 어떠한 행동(doing)을 하는 기도이기보다 단순히 존재(being)하려는 기도라고 말하고 있다.[17]

이러한 향심기도의 전통적 의미의 주입적 관상기도는 아니지만, 현대를 살아가는 진지한 신앙인들이 주입적 관상기도의 은혜를 받을 수 있도록

---

15) Thomas Keating, Intimacy with God, 엄무광 역, 「하느님과의 친밀」, (서울: 성바오로, 1998), p. 15.

16) Tomas Keating, Open mind Open Heart, 「마음을 열고 가슴을 열고」, op. cit., pp. 4-5.

17) 황호기, "관상기도를 이용한 목회상담 방법론 연구", (미간행석사학위논문: 장로회신학대학교 목회전문대학원, 2007), p. 89.

기독교 전통 안에서 고안된 기도방법이라고 한다. 그러나 토마스 머튼은 "자신을 비우고 이기심 없는 순수한 사랑으로 자신을 남에게 줄 수 있지 않으면 가장 깊은 곳에 계신 하나님께 나아갈 수 없다."고 했다. 그래서 향심기도의 수련은 기도의 수련뿐 아니라 애덕의 삶을 꾸준히 실천함으로써 '자아 포기'를 기도 안에서 그리고 삶 안에서 병행할 때 우리 존재의 중심에 계신 하나님께 이르게 될 수 있다고 하고 있다.[18]

이러한 향심기도는 전통적 의미의 신비적 관상기도는 아니라고 한다. 그러나 현대를 살아가는 진지한 신앙인들이 신비적 관상기도의 은총을 받을 수 있도록 기독교 전통 안에서 고안된 기도방법이라고 하고 있다.[19]

나. 센터링 기도(향심기도)의 기원과 발달

(1) 센터링 기도(향심기도)의 발생 배경

센터링 기도는 14세기 무명의 저자가 쓴 「무지의 구름」(The Cloud of Unknowing)에서 가르치는 기도를 현대 감각에 알맞게 만들어 제시하면서 이 기도를 중심으로 돌아가지는 뜻에서 '센터링 기도'라 부른다. 이 기도는 영성 생활을 하는 사람들이 관상으로 들어갈 수 있도록 다리 역할을 하는 기도이다.[20]

센터링 기도란 토마스 머튼은 "살아 있는 하나님과의 만남을 위한 유일한 길은 존재의 중심에로 내려가는 것이다"에서 영감을 받아 붙인 이름이라고 한다.[21] 이러한 센터링 기도는 오늘날 세계적으로 잘 알려진 기도운동들 가운데 하나로 미국 성 요셉 트라피스트 수도원의 토마스 키팅

---

18) 김양민, "기도교육에 관한 연구", (미간행석사학위논문: 목원대학교 신학대학원, 2008), p. 37.
19) 정재화, "현대 영성훈련 방안에 대한 연구", , (미간행석사학위논문: 목원대학교 신학대학원, 2009), p. 46.
20) 이혜ред, "관상기도 연구", (미간행석사학위논문: 감리교신학대학교 대학원, 2005), p. 61.
21) 김혜숙, "바람직한 영성훈련 바람직한 영성훈련 방안 연구", (미간행석사학위논문: 목원대학교 신학대학원, 2007), pp. 37-38.

(Thomas Keating), 바실 페닝톤(M. Basil Pennington) 신부, 윌리엄 메닝거(William Menninger) 신부, 그리고 윌리엄 존스턴 신부 등을 중심으로 1970년대부터 시작된 기도운동이다.[22]

그런데 2차 세계대전 후에 삶의 허무함을 느낀 젊은이들이 선불교, 인도, 이슬람의 수피사상[23] 등을 찾아 삶의 의미를 찾아다니기 시작했다.[24] 이렇게 1970년대 미국에서 수많은 젊은이들은 진정한 영적 여정에 대한 목마름을 채우기 위해 영적인 스승을 찾아 인도로 가고 있었고, 동양종교의 수련과 방법들에서 그 해결책을 찾고 있었던 것이다. 이런 상황에서 토마스 키팅 신부는 인도나 동양의 다른 종교가 아닌 기독교 전통 안에서도 그 길이 있다는 사실을 알리고 기독교 관상에 이르는 적절한 방법을 제시할 수 있다면 그 많은 젊은이들이 기독교 전통으로 다시 되돌아올 수 있지 않을까 하는 생각을 하게 된다.[25] 그즈음에 제2차 바티칸공의회에서 기독교 안에서 이러한 문제를 해결할 방법을 찾도록 하였다. 관상적 삶을 회복하고 현대인의 삶에 맞게 제시하고자 하는 논의에 대한 응답으로 시작되었다. 1979년대 메사추세츠 주에 있는 트라피스트 수도원의 소수의 수도자들이 이러한 현상을 안타깝게 여기고 기독교 전통에서 내려온 침묵을 통한 영성훈련을 현대인들에게 어떻게 소개할 수 있을지 연구하기 시작하였다.[26]

이렇게 향심기도는 미국의 영성신학자들이 많은 수도자나 평신도들이 동양적 명상의 방법을 찾아가는 것을 보고, 신비적 기도에 대해 목말라 있는 현대 그리스도인들을 위해 기독교 전통에 있는 관상기도를 대중화하

---

22) 허성준, 「수도 전통에 따른 렉시오 디비나」, (칠곡: 분도출판사, 2006), p. 153.

23) 이슬람의 수피(Sufi)사상은 신과의 합일을 목적으로 한다. 그런데 이슬람 신비주의를 수피(Sufi) 사상에서 찾아볼 수 있다. 수피즘은 플로티누스의 유출설과 범신론에 힘입어 내면세계에 대한 탐구법을 개발하였다. 수피즘은 BC 10세기에 페르시아에서 성행하던 이슬람 신비주의로써 "神에 대한 사랑과 헌신으로 神과 합일을 한다"는 사상에서 비롯되었다.

24) 김모영, "예비부모를 위한 향심기도 교육에 관한 연구", (미간행석사학위논문: 장로회신학대학교 교육대학원, 2021), p. 49.

25) 송영민, "토마스 키팅의 향심기도 연구", (미간행석사학위논문: 장로회신학대학교 목회전문대학원, 2014), p. 3.

26) 김모영, "예비부모를 위한 향심기도 교육에 관한 연구", op. cit., p. 49.

려는 노력에서 시작되었다. 그 시작은 1970년 초 미국의 코네티컷의 스펜서에 있는 토마스 키팅 신부의 질문에서부터 시작되었다. 그는 동양적 명상을 찾아가는 그리스도인들을 기독교적 전통으로 돌아올 수 있게 하는 방법을 궁리하였다. 이것을 윌리엄 메닝거 신부가 받아들여 '무지의 구름'의 방법을 도입하여 시험적으로 시도한 것이 큰 호응을 얻었고 실천되기 시작했다.[27]

이렇게 센터링 기도는 오늘날 세계적으로 많은 반향을 일으키면서 동양종교가 일으킨 명상과 기도의 바람에 기독교적 독특성을 가지고 도전하고 있다.[28]

1975년 윌리엄 메닝거 신부가 14세기 고전인 「무지의 구름」(The Cloud of Unknowing)을 토대로 '구름 기도'(The Prayer of Cloud)라는 관상기도 수련법을 개발하여 많은 사제들에게 전하게 되었다. 그러던 중 기도훈련의 참여자들을 중에 토마스 머튼이 관상기도는 '전적으로 하나님의 현존, 하나님의 의지, 하나님의 사랑을 지향하기 위해 중심으로 들어가는 것'이라고 하였으니 '중심으로 들어가는 기도'(centering preyer)라고 하자는 의견을 제시하였다.[29]

이렇게 토마스 머튼의 글을 읽었던 이들이 "중심으로 돌아가자!"는 토마스 머튼의 표현을 따라 '향심기도(Centering Prayer)'로 부르자고 제안하여 1976년부터 '무지의 구름'의 방법의 기도를 '향심기도'라고 부르게 되었다. 그리고 1933년 "일상생활에서 우리가 복음의 관상적 차원을 살 수 있도록 해주시는 분은 바로 그리스도이시다"라는 비전 선언문을 중심으로, 가톨릭 수도자, 성직자, 평신도들과 토마스 키팅 신부가 뉴저지에 관상지원단(Contemplative Outreach)을 설립하여 관상기도에 대한 지원을 하면서 기독교 전통의 관상기도가 연구되고 실천되기 시작했던 것이다.[30]

27) 유낙훈, "관상(觀想)기도의 이론과 실제", (미간행석사학위논문, 목원대학교신학대학원, 2003), p. 38.
28) 이혜원, "관상기도 연구", op. cit., pp. 60-61.
29) 김모영, "예비부모를 위한 향심기도 교육에 관한 연구", op. cit., p. 49.
30) 유낙훈, "관상(觀想)기도의 이론과 실제", (미간행석사학위논문, 목원대학교신학대학원, 2003), p. 38.

이렇게 향심기도는 처음 윌리엄 메닝거 신부가 14세기의 영적인 고전
인 「무지의 구름」에 바탕을 두고 '구름의 기도'라는 이름으로 기도방법
을 구성하여 가르치기 시작함으로써 태동하게 되었다. 이후에 바실 페닝
턴 신부가 토마스 머튼의 글을 읽고 영감을 받아 그 기도의 이름을 '향심
기도(Centering Prayer)'라 바꾸어 부르게 되어 오늘에 이르게 되었다.[31]

이러한 센터링 기도의 유래는 성경에 근거를 두고 있다고 하면서 들고
있는 성경은 마태복음 6장 6절 "너는 기도할 때에 네 골방에 들어가 문을
닫고 은밀한 중에 계신 네 아버지께 기도하라 은밀한 중에 보시는 네 아
버지께서 갚으시리라"고 하는 예수님의 산상설교에서 제시되고 있다.[32]

(2) 센터링 기도(향심기도)의 기원

향심기도 혹은 '구심기도'로 알려진 Centering Prayer의 기도방법은
'Centering Prayer'라고 부르기 이전부터 있었다. 현재 알려진 향심기도의
방법과 유사한 형태인 "기도하는 이가 흐트러진 마음을 가다듬고 마음 깊
은 곳으로 향할 때" 사용되었던 기도방법은 사막의 수도승 때부터 있었
다.[33] 이러한 기도방법은 14세기 「무지의 구름」[34]이라는 익명의 저자가
저술했던 책에서 구체화되어 기독교 전통 안에 들어오게 되었다.[35] 이후
1976년 윌리엄 메닝거 신부를 통해 「무지의 구름」을 바탕으로 한 기도
방법을 '구름의 기도'라 명명하여 사람들에 보급하기 시작하였다.[36] 그 후

31) 송영민, "토마스 키팅의 향심기도 연구", op. cit., pp. 3-4.
32) 김혜숙, "바람직한 영성훈련 바람직한 영성훈련 방안 연구", op. cit., p. 37.
33) 김양민, "기도교육에 관한 연구", op. cit., p. 36.
34) 14세기에 쓰인 「무지의 구름」은 저자와 연대, 그리고 장소가 불확실 작품이지만 이 작품은
   '향심기도'에 직접적인 영향을 주었다. 토마스 키딩은 "<향심기도>의 방법은 근본적으로 14
   세기의 「무지의 구름」과 십자가의 성 요한의 가르침에 근거한 것이다."고 말하고 있다.
   김경순, "거룩한 독서(Lectio Divina)와 향심기도(Centering Prayer)의 상호관계성 연구", (미
   간행석사학위논문: 가톨릭대학교 대학원, 2006), p. 21.
35) 정재화, "현대 영성훈련 방안에 대한 연구", (미간행석사학위논문: 목원대학교 신학대학원,
   2009), pp. 45-46.
36) 김양민, "기도교육에 관한 연구", op. cit., p. 36.

바실 페닝턴이 미국의 남녀수도 장상들에게 「무지의 구름」을 바탕으로 피정을 시작하면서 이 기도방법을 관상적 기도방법이라 불렀다. 바실 페닝턴은 피정 중간에 토마스 머튼의 글에서 영감을 얻어[37] 이것을 관상적 기도방법인 'Centering Prayer'이라 부르게 되었다. 이것이 오늘날의 향심기도이다.[38]

이러한 향심기도는 초기 기독교의 관상적 가르침을 회복하고 현대인에게 맞는 형태로 제시하라는 2차 바티칸공의회에 대한 응답으로 70년대 중반에 시작됐다. 향심기도의 탄생과 성장에 큰 공헌을 한 사람은 바로 토머스 키팅(Thomas Keating), 윌리엄 메닝거(Willian Menninger), 바실 페닝턴(Basil Penington) 세 명의 베네딕트회 수도사들이었다. 그 당시 토머스 키팅은 메사추세츠 주 스펜서에 있는 성 요셉 수도원 원장이었다. 이때 수많은 젊은이들이 수도원 근처에 있던 불교 명상센터로 몰리는 것을 보면서 "기독교 관상전통의 핵심을 세속에 사는 현대인들도 경험할 수 있게 하는 명상 방법을 만들 수는 없는 것일까?"라는 생각을 하게 되었다고 한다.[39]

그러던 중에 수도사들 중 하나가 키팅의 문제의식에 응답했으니 그가 윌리엄 메닝거였다. 그는 14세기의 영성 고전인 「무지의 구름」에서 그런 방법의 기초를 발견했다고 한다. 메닝거는 이 책에서 무명의 저자가 추천하는 "한 낱말"로 하는 기도와 다른 관상 저술들을 참고하면서 그는 아주 단순한 침묵기도 방법을 발전시켰다. 그는 처음에 이 기도를 '구름기도'(The Prayer of the Cloud)라고 불렀으며, 피정하기 위해 수도원을 찾은 사제들에게 '구름기도'를 가르쳤다. 그런데 피정에 참여한 대부분의 사람들이 그 기도를 좋게 받아들였으며, 더 많은 사람들이 그 기도를 배우고 싶어했다.[40]

---

37) 정재화, "현대 영성훈련 방안에 대한 연구", op. cit., p. 46.
38) 김양민, "기도교육에 관한 연구", op. cit., p. 36.
39) 이민재, "향심기도의 변형역동에 관한 연구", (미간행박사학위논문: 감리교신학대학교대학원, 2019), p. 8.
40) Ibid., p. 8.

이후 토머스 키팅은 스펜서에서 평신도들을 위한 워크숍도 개최했다. '구름기도'는 수도원 바깥에까지 전해지기 시작했다. 그러던 중 한 피정에서 어떤 사람이, 토머스 머튼은 관상기도를 "전적으로 하나님의 현존, 하나님의 의지, 하나님의 사랑을 지향하기 위해 중심을 향하는 것"이라고 묘사했다. 그리고 '구름기도'를 중심을 향한다는 의미로 '향심기도'(Centering Prayer)라고 바꿔 부르면 어떻겠냐는 제안을 했다. 그때부터 '구름의 기도'는 '향심기도'로 불려졌던 것이다.[41]

토마스 키팅은 향심기도는 관상기도에 관한 기독교 전통의 가르침을 새롭게 하려는 노력이라고 하고 있다. 그리고 이것은 관상적 전통을 현대적 형태로 제시하면서, 그 안에 어떠한 순서와 방법을 덧붙이고 있는 기도의 방법이라고 한다.[42] 이러한 기도는 미국 성 요셉 트라피스트 수도원의 토마스 파커 키팅 신부, 바질 페닝턴 신부, 윌리엄 메닝어 신부를 주축으로 1970년대부터 시작되었다.[43]

이러한 향심기도(Centering Prayer)는 1970년 중반 미국의 트라피스트 수도승에 의해 체계화되었다. 이들은 제2차 바티칸공의회의 쇄신의 정신에 따라서 관상의 전통이 수도자들이 전유물이 아니며 그리스도인들에게 주어진 선물임을 확신하게 된다. 토마스 키팅 신부는 1984년부터 미국 뉴저지에 국제 관상지원단을 창설하여 현재, 전 세계에 향심 기도를 보급하고 있다. 한국에도 '한국 관상지원단'이 형성되어 향심 기도를 보급하는데 도움을 주고 있다.[44]

토마스 키팅은 향심기도에 대해 다음과 같이 소개하고 있다.

> 향심기도는 14세기 무명의 작가가 쓴 「무지의 구름」과 십자가의 성 요한 등과 같은 사람들의 그리스도인 전통에서 나온 하나의 기도 방법이다. 향심기

41) Ibid., p. 8.
42) Thomas Keating, OPEN MIND OPEN HEART, 권희순 역, 「센터링 침묵기도」, op. cit., pp. 15-16.
43) 이세영 · 이창영, 「향심기도 수련」, (경북: 분도출판사, 2008), p. 21.
44) 김양민, "기도교육에 관한 연구", op. cit., p. 36.

도는 우리를 하느님의 현존으로 들어가게 하여 듣고 받아들이는 관상적 태도를 길러준다.[45]

그런데 렉시오 디비나(Lectoo Divina)는 이미 6세기에 수도 규율집으로 유명한 성 베네딕투스의 수도원에서 실천되던 기도방법이었다. 이 규율은 시간이 지나면서 느슨해졌다. 그 후 종교개혁 이후에 본래의 규율을 준수하려는 개혁 운동이 일어나게 되었고 그 결과 트라피스트 수도회가 창설되었다. 교황청에서는 베네딕투스 수도회를 계승한 트라피스트 수도회의 수도사들에게 현대인을 위한 기도 법을 창안하게 하였다. 이에 현대의 로마카톨릭교회는 이 렉시오 디비나를 응용하여 20세기에 이르러 향심기도(centering prayer)를 형성하게 되었다.[46]

다. 센터링 기도(향심기도)의 태동에 영향을 준 인물

향심기도는 관상기도에 관한 기독교 전통의 가르침을 새롭게 하려는 노력이며, 관상적 전통을 현대적 형태로 제시하는 기도의 방법이라고 한다. 이 기도는 미국 성 요셉 트라피스트 수도원의 토마스 파커 키팅 신부, 바질 페닝턴 신부, 윌리엄 메닝어 신부를 주축으로 1970년대부터 시작되었다.[47] 그러나 기독교 관상전통에는 향심기도의 태동의 태동과 발달에 지대한 영향을 준 인물들 중에 대표적으로는 5세기의 요한 카시안과 14세기의 「무지의 구름」을 저술한 익명의 저자가 있다.[48]

(1) 요한 카시안(John Cassian)

---

45) Thomas Keating, Intimacy with God, 엄무광 역, 「하느님과의 친밀」, op. cit., p. 15.
46) 김수천, 「침묵기도의 삶」, (서울: 두란노출판사, 2013), pp. 115-116.
47) 이재훈, "향심기도와 관상적 쉼", op. cit., p. 32.
48) 송영민, "토마스 키팅의 향심기도 연구", op. cit., p. 6.

카시안은 향심기도의 주춧돌을 제공한 인물로 주목받아왔다. 카시안의 가르침 중에 향심기도의 기초가 되는 성경적 가르침은 마태복음 6장 6절이다. 카시안은 골방에서 은밀히 보시는 하나님께 기도하라고 가르쳤다. 골방은 외부와의 차단뿐만 아니라 생각, 감정, 기억 등 우리의 기능을 거두어 내적 침묵으로 들어가는 것을 의미한다. 또한, 우리 존재의 가장 은밀한 곳인 마음으로 들어가 은밀히 보시는 하나님께 기도를 드리는 것을 의미한다.[49]

이에 카시안은 마태복음 6장 6절 본문을 문자적으로 해석하기보다는 유비적으로 해석하였다. 먼저 '문을 닫고'는 외부적인 소음과 환경으로부터 떠나는 것뿐만 아니라 생각, 사고, 감정, 기억 등 우리의 기능들을 거두어들여 내적 침묵으로 들어가는 것을 뜻한다고 하고 있다. 그리고 '골방에 들어가'는 것은 내 존재의 가장 깊은 중심인 마음으로 들어가라는 것이며, 카시안은 그곳에서 기도를 통해 은밀히 계시는 하나님께 기도하라고 가르친다.[50]

카시안은 죄와 걱정, 근심, 잡념 등 모든 악덕을 흘려보내고 마음의 고요하고 청결함을 유지할 것을 강조하였다. 완전한 침묵 속에 마음을 살피시는 분께 마음과 주의 깊은 청원으로 하나님께 기도를 드리는 것이다. 마태복음 5장 8절의 "마음이 청결한 자는 복이 있나니 그들이 하나님을 볼 것임이요"라는 말씀은 향심기도가 추구하는 것으로서 무의식의 정화와 거짓자아의 활동이 줄어들면서 하나님께로 가까이 간다는 의미로 보고 있다. 신시아 부조(Cynthia Bourgeault)는 마태복음 6장 6절을 통해 예수님께서도 관상가이셨을 것이라고 한다. 이것은 내면의 중심을 보시는 하나님께 기도하는 전통이 예수님으로부터 초대교회와 사막의 수도승들까지 내려오는 성경적 기반을 갖고 있는 기도임을 알 수 있다고 주장하고 있다.[51]

---

49) 김모영, "예비부모를 위한 향심기도 교육에 관한 연구", op. cit., pp. 50-51.
50) 송영민, "토마스 키팅의 향심기도 연구", op. cit., pp. 6-7.
51) 김모영, "예비부모를 위한 향심기도 교육에 관한 연구", op. cit., p. 51.

그런데 토마스 키팅에 따르면, 이렇게 카시안이 가르치는 깊고 은밀한 중에 내면의 중심에서 드리는 기도는 후에 "기독교 전통에서 관상이라고 알려진 것에 대한 예수님의 용어처럼 보인다."고 말하고 있다.[52]

'은밀한 중에 기도'라는 용어는 외적 기능으로부터 숨는 기도를 언급하는데, 키팅에 의하면 향심기도 역시 이와 유사하게 기도자의 사고, 기억, 이미지, 감정 등의 외적 기능 또는 일상적 기능에 문을 닫고 우리의 사고와 감정을 초월하시는 하나님과 교제를 나누는 기도라고 말한다. 이처럼 마태복음 6장 6절에 대한 카시안의 해석은 향심기도가 이처럼 기독교 관상 전통에 기반하여 태동하였음을 보여주는 부분이라고 하고 있다.[53]

카시안은 수도승들에게 시편 암송이나 끊임없는 기도와 같은 수행들을 권고하면서 '불타는 기도'라는 하나님만 바라보고 그분에게만 전적으로 집중하게 되는 수준의 기도로까지 우리의 기도가 자라가야 한다고 말한다. 즉 카시안에게 '불타는 기도'는 기도자가 경험할 수 있는 가장 높은 차원의 기도라 할 수 있다. 그 기도의 특징은 인간의 그 어떤 이해나 표현을 뛰어넘는 기도이다. 그러한 기도 안에서 기도자는 '어떤 형상'도 보지 못하고, 그 어떤 말로도 '형언할 수 없는' 기도를 드리게 된다는 것이다. 이는 결국 가장 차원 높은 기도는 우리의 사고나 감정을 뛰어넘어 기도자의 이성과 오감으로는 파악할 수 없는 하나님의 현존을 체험하고, 단순한 지적 탐구가 아닌 오직 은총을 통해 보여주시는 하나님을 깨달아 알게 되는 것을 뜻한다고 한다. 이것은 기도자의 기도가 발전함에 따라 기도자는 유념의 차원을 넘어 무념의 차원으로까지 나아갈 수 있음을 의미한다. 이러한 카시안의 가르침을 기초로하여 만들어진 향심기도는 기도자가 하나님과 더 깊은 영적 교제를 위해 기도 안에서의 모든 생각, 감정 등에서 주의를 거두고, 그것을 넘어 하나님께로 끊임없이 향하는 기도이다.[54]

카시안은 향심기도 안에서 일어나는 분심(分心)를 어떻게 바라보고 다

---

52) Tomas Keating, Open mind Open Heart, 「마음을 열고 가슴을 열고」, op. cit., p. 38.
53) 송영민, "토마스 키팅의 향심기도 연구", op. cit., p. 7.
54) Ibid., pp. 7-8.

루어야 하는지에 대해서도 통찰을 준다. 카시안은 수도승의 목표에 대해서 '고요하고 언제나 깨끗한 마음가짐에 도달하려는 데 있다'고 했다. 왜냐하면 "마음이 청결한 자는 복이 있나니 그들이 하나님을 볼 것이"(마 5:8)기 때문이다. '깨끗한 마음'에 이르는 길은 단순히 그 마음 안에서 죄와 모든 악덕을 몰아내는 것뿐 아니라, '세속 일에 대한 염려를 일체 버리는 것'도 포함한다. "영혼은 모든 잡념과 분심(分心)을 멀리하여 하나님을 관상하며 영적인 것을 바라볼 수 있도록 점차 승화하여야 한다."라고 한다. 이 말은 '관상' 즉 하나님과 더 깊은 차원의 교제로 나아가기 위해선 기도자 안에 모든 분심(分心)으로부터 자유로워야 함을 강조하고 있다. 그렇다고 카시안은 기도자 안에 모든 생각들을 다 몰아내야 한다고 말하지 않는다. 그것은 불가능하다. "마찬가지로 우리 마음도 아무 생각도 없이 비어 있을 수는 없다. 오히려 이 세상에 살면 인생에 대한 온갖 걱정과 유혹들이 무섭게 휘몰아치지 않을 수는 없다. 그렇지만 우리가 어느 생각을 받아들이거나 일으키거나 하는 것은 우리 열성과 노력에 달려 있다."라고 한다. 결국, 중요한 것은 기도자의 선택이다. 이러한 생각에 개입하고 거기에 빠져들 것인가, 아니면 그 생각들을 흘러가게 놔둘 것인가를 기도자는 선택해야 한다.[55]

에바그리우스는 '기도란 생각을 젖혀 놓는 것'이라고 했다. 결국, 이 말은 기도에서 중요한 것은 생각이 전혀 없는 생각의 진공상태를 만드는 것이 아니라 기도 안에 있는 생각들을 어떻게 처리할 것이라는 뜻이다. 따라서 향심기도는 기도 안에서 끊임없이 일어나는 모든 분심(分心)들로부터 초연해지는 수련이다. 향심기도에서 기도자는 기도 중의 모든 생각들을 억누르거나 없애려고 투쟁하지 않고, 있는 그대로 그것들을 받아들이고 인정하되, 그것들이 흘러가도록 놔두면서, 그 너머에 계신 하나님께로 계속해서 나아간다.[56]

카시안은 「담화집」 제10담화 10장에서 시편 70편 1절 "하나님이여

55) Ibid., p. 8.
56) Ibid., pp. 8-9.

나를 건지소서 여호와여 속히 나를 도우소서"의 말씀을 끊임없이 반복해서 되뇌이는 기도 방법론을 제안한다. 기도의 방법론적인 차원에서 보면 향심기도와 카시안의 이러한 끊임없는 기도는 다를 수 있다. 이러한 카시안의 기도 방법은 끊임없이 반복한다는 차원에서는 예수 기도(Jesus Prayer)나 기독교 묵상(Christian Meditation)과 유사할 수 있다. 하지만 향심기도에서도 일상 안에서는 단문의 기도를 끊임없이 반복하는 능동적인 기도를 병행한다는 면에서 향심기도에 대한 카시안의 영향을 생각해 볼 수 있을 것으로 송영민은 보고 있다.[57]

(2) 무명의 작가 쓴 「무지의 구름」

토마스 키팅은 향심기도는 14세기 무명의 작가가 쓴 「무지의 구름」 (The Cloud of Unknowing)과 십자가의 요한 등과 같은 사람들의 그리스도인 전통에서 나온 하나의 기도방법이라고 말한다. 특별히 카시안의 가르침에서 마음의 기도와 '무념의 길'이라는 향심기도의 기본 원리와 신학적 기초를 찾았다면, 동일한 무념적인 접근을 하는 「무지의 구름」에서 키팅은 기도의 원리와 신학적 기초뿐만 아니라 향심기도의 방법론과 형식들을 발견한다고 보고 있다.[58]

여기서 향심기도의 방법론과 형식의 관점에서 「무지의 구름」이 미친 영향을 살펴보고자 한다.

향심기도는 우리 안에 계시는 하나님의 현존과 활동하심에 동의하는 지향만을 가지고 드리는 기도이다. 우리 안에 현존하시는 하나님을 침묵 가운데 열망하는 기도인 것이다. 「무지의 구름」은 향심기도의 방법론과 거의 유사한 관상기도의 방법론을 제시한다고 송영민은 요약하여 다음과 같이 밝히고 있다.[59]

---

57) Ibid., p. 9.
58) Ibid., p. 9.
59) Ibid., pp. 9-10.

「무지의 구름」은 첫째, 향심기도의 준비 자세와 유사한 기도 자세에 대한 지침을 준다,

둘째, 「무지의 구름」이 가르치는 기도는 하나님만을 오로지 믿음을 가지고 사랑의 마음으로 바라보는 기도이다. 이것은 기도 안에서 우리 안에 현존하신 삼위일체 하나님만을 지향하는 향심기도와 거의 일치되는 가르침이라 할 수 있다.

셋째, 「무지의 구름」은 하나님을 바라보기 위하여 거룩한 단어를 사용할 것을 가르친다. 향심기도에서도 하나님의 현존과 활동에 동의하는 방법은 거룩한 단어를 사용하는 것이다. 이러한 거룩한 단어의 사용이 바로 「무지의 구름」이 향심기도에 미친 직접적인 영향인 것이다.

> 하나님을 향하는 태도를 한 단어로 표현 할 수도 있습니다. 그것을 잘 파악하려면 되도록 짧은 단어를 택하는 것이 좋습니다. 짧은 단어일수록 이 수련과 더 조화를 이루기 때문입니다. 예를 들면 '하나님', '사랑' 등입니다. 당신이 원하거나 좋아하는 간단한 단어를 택하여 마음속 깊이 간직하십시오(7장).[60]

기도 중에 기도자는 어떤 종류의 사고든지 빠진 것을 알아차리면 부드럽게 거룩한 단어로 돌아가면서, 하나님께 대한 자신의 지향을 새롭게 한다. 「무지의 구름」에서도 이처럼 기도 중에 분심(分心)에 빠졌을 때, 부드럽게 기도어(거룩한 단어)로 돌아가라고 하고 있다.[61]

이처럼 「무지의 구름」에서 제시하는 기도 지침들은 향심기도의 기도 지침과 매우 유사하다고 할 수 있다. 특히 침묵 가운데 하나님만을 믿음과 사랑으로 바라보다가 기도 중에 생각에 빠졌을 때 거룩한 단어로 돌아간다는 기도 지침 등은 향심기도의 지침과 거의 일치한다고 볼 수 있다. 이렇듯 「무지의 구름」에서 우리는 향심기도의 원리와 신학적인 기초뿐만이 아니라 방법과 형식의 뿌리를 찾을 수 있다고 송영민은 밝히고 있다.[62]

---

60) 무명의 저자, 「무지의 구름」, (서울: 은성출판사, 2010), p. 39.
61) 송영민, "토마스 키팅의 향심기도 연구", op. cit., p. 10.

2. 센터링 기도(향심기도)의 방법

가. 센터링 기도의 실천 방안

센터링 침묵기도의 방법을 유심히 살펴보면 불교의 선이나, 초월 명상의 방법과 매우 유사한 점을 알 수 있다. 실상 키팅은 센터링 침묵기도의 방법을 체계화할 때에 불교의 선을 많이 활용하여 정리하였던 것이 사실이다. 그럼에도 불구하고 관상 옹호자들은 센터링 침묵기도와 기타 명상법이 추구하는 목적이 다르기 때문에 동일하게 취급해서는 안 된다고 하고 있다. 키팅이 센터링 침묵기도의 방법을 체계화 할 때에 불교의 선을 많이 활용하여 정리한 것은 인정하면서도 자신의 수양과 완덕(完德)을 위해 능동적인 방법으로 수행하는 것과 달리, 센터링 침묵기도는 자신의 성화와 수양을 위한 것이 아닌, 하나님과의 만남, 합일을 목적으로 하고 있기 때문이라는 것이다. 또한 능동적인 것보다 수동적인 방법 즉, 성령의 역사하심을 통해 이뤄진 것이기 때문이라는 것이다.[63]

토마스 키팅은 센터링 기도의 방법을 현대 심리학적 모델과 기독교의 전통적 영적 여정과의 대화를 통해 발전시켰다. 전통적 영적 여정인 정화, 조명, 일치의 길을 키팅은 현대인들이 알기 쉽게 상처, 치유, 회복이라는 현대 심리학의 패러다임으로 소개한다. 때문에 센터링 기도는 현대인들이 관상전통에 더욱 쉽게 접근하도록 도와주며, 이러한 접근은 관상을 통한 '관상적 쉼'에 이르도록 도와준다고 하고 있다.[64]

---

62) Ibid., p. 11.
63) 박종원, "센터링 침묵기도를 통한 심리치유의 목회적 적용에 관한 연구", (미간행석사학위논문: 감리교신학대학교 대학원, 2008), p. 32.
64) 이재훈, "향심기도와 관상적 쉼", op. cit., p. 36.

또한, 토마스 키팅(Keating)에 의하면 센터링 기도는 주의집중 (attention)을 위한 수련이 아니라 하나님의 현존과 활동에 동의하는 지향 성의 수련이라고 하고 있다. 이러한 순수한 지향 안에 머묾은 하나님과의 일치를 경험하게 한다고 하고 있다.[65]

이러한 센터링 기도의 실천 방안을 살펴보면 다음과 같다.

(1) 거룩한 단어의 선택과 생각

하나님이 기도자 안에 현존하시고 활동하신다는 것에 동의하는 지향의 상징으로서 거룩한 단어를 선택한다. 즉, 거룩한 단어는 하나님의 현존 안 에 우리가 머물겠다는 지향과 하나님의 활동에 승복하겠다는 지향을 나타 낸다. 특히 예수 기도와 같이 예수님의 이름을 넣어도 좋고, 혹은 "주님" 이나 "하나님", 혹은 "오, 선하신 분!", "오, 내 마음의 사랑인 분이여!" 등 을 넣어도 상관없다. 거룩한 낱말이라 함은 그 낱말의 의미가 거룩해서라 기보다는 그 낱말이 거룩한 분을 지향하고 있기 때문에 붙인 이름이다. 이 낱말은 짧을수록 좋다. 거룩한 지향만 가질 수 있다면 어떠한 낱말을 선택해도 좋다. 보통 예수 기도에서 하듯이 "예수 그리스도님", 혹은 "예 수님, 주님"을 많이 선호한다고 한다. 그러나 이는 향심기도를 하는 각 개 인이 꾸준히 오랫동안 이를 실천하면서 자신의 몸에 맞는 것을 개발하는 것이 좋다. 짧을수록 좋기에, 한 단어로 하는 것이 바람직할 것이다.[66]

이제 향심기도를 할 때 기도자는 기도 중에 드는 생각들을 흘려보내기 위하여 거룩한 단어를 사용하게 된다. 거룩한 단어는 우리 안에 계시는 하나님의 현존과 활동에 동의한다는 우리의 지향의 상징이다.[67] 거룩한 단 어는 '주여', '하나님', '사랑' 등과 같이 두 음절의 짧은 단어이다. 기도자

65) 박영미, "향심기도 체험에 대한 질적 연구", 「韓國東西精神科學會誌」 17(2014), p. 78.
66) 이현석, "관상과 기도 생활을 중심으로 본 동방 교회의 영성에 대한 고찰", (미간행석사학위 논문: 가톨릭대학교 대학원, 2002), p. 88.
67) Tomas Keating, Open mind Open Heart, 「마음을 열고 가슴을 열고」, op. cit., p. 236.

는 향심기도를 시작하기 전에 먼저 하나님께 기도자 자신에게 적합한 단어를 허락해 달라고 기도하고 기도 중에 사용할 거룩한 단어를 선택한다. 그리고 한번 선택한 단어는 기도 중에는 바꾸지 않는다. 그러나 만약 바꾼다면 기도 후에 바꾼다. 거룩한 단어가 거룩한 이유는 단어 자체가 거룩해서가 아니라, 거룩한 단어에 기도자가 부여한 의미 즉 기도자의 지향 때문에 거룩하다. 그런데 거룩한 단어는 하나님의 현존과 활동에 동의한다는 우리의 '지향을 확인하는 것'이다.[68]

거룩한 단어를 통해서 기도자 안의 생각들과 투쟁하거나 그것들을 억누르는 것이 아니다. 그것을 통해 기도자의 지향을 새롭게 함으로써, 생각들을 붙잡거나 거기에 집착하지 않고 자연스럽게 지나가게 하는 것이다. 또한, 거룩한 단어는 만트라처럼 반복적으로 되뇌이면서 단어 자체에 주의를 집중시키는 것이 아니라 어떤 감정이나 기억, 사고 등에 빠져서 기도자의 지향이 흐려질 때, 그 지향을 새롭게 하고 '지향에 초점을 맞추'기 위해 사용하는 것이다. 따라서 거룩한 단어가 마치 마음을 비워 주는 마법의 주문이나 되는 것처럼 자꾸만 그것을 반복해서 외우거나 당신의 의식 속에 강제로 떠올려서는 안 된다.[69] 자신이 기도 중에 생각에 빠져 있다는 것을 알아차린 순간 '푹신한 솜털에 깃털 하나를 얹듯 아주 부드럽게 거룩한 단어로 돌아가'야 한다. 향심기도는 하나님의 현존과 활동에 동의하는 지향을 가지고 드리는 기도이다.[70]

그런데 힌두교, 티벳 불교, 초월명상, 그리고 때로 뉴에이지 명상에서는 '만트라'[71]라 불리는 한 낱말을 되풀이하도록 명상가에게 주어진다. 이것은 흔히 어느 신의 이름 또는 때로는 "나는 그거다", "이것도 아니고 저것도 아니다", 또는 단순히 "나는 있다"를 의미하는 구절이다. 이 만트라의 목적은 자기 정화이며 '영적 진리'로 열려 있기 위함이다. 한 단어나 어구의

68) 송영민, "토마스 키팅의 향심기도 연구", op. cit., p. 19.
69) Tomas Keating, Open mind Open Heart, 「마음을 열고 가슴을 열고」, op. cit., p. 73.
70) 송영민, "토마스 키팅의 향심기도 연구", op. cit., p. 19.
71) 만트라는 불교나 힌두교에서 기도, 또는 명상 때 외우는 주문 또는 주술을 의미한다.

계속적인 반복 역시 자기최면의 한 방법이다. 관상기도 교사들이 쓰는 용어들 중 다수는 최면술과 동양종교, 뉴에이지 가르침에서 사용되는 것과 동일한 것들이다.[72]

그런데 향심기도에서 말하는 생각은 단순한 사고 내용이 아니다. 여기서의 생각이란 우리 의식의 내적 스크린에 나타나는 모든 지각을 말한다. 이것은 개념, 사색, 신체 감각, 정서, 이미지, 기억, 계획, 외부에서 오는 소음, 평화로운 감정, 심지어 영적 교감일 수도 있다. 다른 말로 하면 의식의 내적 스크린에 비춰지는 어떠한 것도 향심기도의 맥락에서 '생각'이라고 간주한다.[73] 여기서 중요한 것은 생각의 내용이 아니다. 아무리 생각이 경건하고 하나님과 관련한 것이라 할지라도 생각의 내용과 전혀 상관없이, 기도 중 자신이 특정한 생각에 빠져 있다는 것을 알아차리는 순간 거룩한 단어를 사용하여 그 생각을 흘려보내야 한다.[74]

여기서 기도 중에 떠오르는 생각들은 다음의 다섯 가지 타입으로 정리할 수 있다.

첫째는 '일상적인 생각들'이다. 이는 우리의 정상적인 사고의 기능으로 인해 끊임없이 생기는 가볍고 피상적인 생각들이다. 이런 생각들은 주로 기도를 시작하는 초기에 주로 나타나며 단순히 그것을 받아들이고, 주의를 기울이지 않고 흘려보내면 된다.

둘째는 '정서적 이끌림을 동반한 생각들'이다. 이는 기도자의 호기심이나 호감 또는 비호감과 같은 기도자로 하여금 그 생각에 빠져들도록 유혹하는 생각들이다. 예를 들어 지난주 아내와 가졌던 행복했던 여행에 대한 기억이라든지, 오늘 오전에 직장 상사와 다투며 들었던 큰 분노와 같이 정서가 동반되는 생각으로 기도자로 하여금 그 생각들에 개입되도록 유인하는 도전적인 생각들이다.

세 번째는 내적 성찰과 심리적 개안이다. 기도 중 하나님에 대한 큰 깨

72) 김삼, "관상기도? 진짜 기도인가?", http://cafe.daum.net/kcmc91/N9HL/57
73) Tomas Keating, Open mind Open Heart, 「마음을 열고 가슴을 열고」, op. cit., p. 39.
74) 송영민, "토마스 키팅의 향심기도 연구", op. cit., p. 19.

달음이나 통찰인 것처럼 보이는 생각이 일어나는데, 기도자는 거기에 머물면서 그것을 향유하고 싶은 유혹을 느끼게 된다.

네 번째는 자기 성찰이다. 기도자가 기도하는 자기를 바라보면서 기도 중에 자신의 내면에 어떤 일들이 벌어지고 있는지 살피고 자신의 기도상태나 진행을 평가하는 것이다. 예를 들어 "아 분심들이 거의 사라졌다.", "기도가 생각보다 잘 진행되지 않고 있다."는 등의 생각들이다. 이러한 자기 성찰은 기도 중의 경험이 아니다. 기도 중의 경험을 내가 성찰하기 시작하면 역설적이게도 기도자는 그 경험에서 벗어나게 된다. 기도자는 기도 안에서의 깊고 새로운 경험을 하게 되면 그 경험에 머무르고 소유하고 향유하고자 하는 욕망을 갖게 된다. 하지만 그런 유혹에 굴하지 않고 기도 안에 어떤 경험이 일어나던지 거기에 집착하지 않고 계속해서 거룩한 단어로 돌아가서 우리의 지향을 유지한다면 영적 탐욕에 빠지지 않고 어떤 생각과 경험에도 초연하게 된다. 이는 진정한 자기 부인과 자기 포기의 수련이며 영적 무소유의 정신을 기르는 것이다.

다섯 번째는 '무의식으로부터의 생각'이다. 이 생각들은 향심기도가 깊어지면서 하나님에 의해 기도자에 대한 '신성한 치료'(Divine Therapy)가 시작되면서 성장 과정 동안 기도자의 무의식에 억압되었던 상처와 정서들이 의식의 차원으로 올라오게 되는 것이다. 예를 들어 기도자는 강한 분노나 슬픔, 육체적 통증이나 현기증, 이유도 알지 못하면서 흐르는 눈물 등을 경험할 수 있다. 이는 기도 중에 하나님을 통해 신성한 치료의 과정이 일어나고 있다는 표시이며, 이 과정을 통해 성장 과정에서 '제대로 정리되거나 소화되지 못하였던 심리적 문제들이 해소되고' 치료된다고 하고 있다.[75]

(2) 침묵 속에 마음의 떠올림

---

75) Tomas Keating, Open mind Open Heart, 「마음을 열고 가슴을 열고」, op. cit., pp. 168-172.

먼저, 침묵 속에 눈을 감고 편안한 자세로 앉는다. 그리고 성경의 짤막한 구절을 마음속에 떠올린다. 그리고 자신이 정한 이 거룩한 단어 혹은 구절을 뇌이면서 가볍게 의식 속에 떠올린다. 이렇게 하여 마음을 하나님께로 향한다. 그리고 나서 의식과 사고와 상상의 세계에서 떠나 마음을 비운다. 그러다가 마음속에 잡념이나 상상이 떠오르면 다시 거룩한 낱말을 아주 가볍게 살짝 의식 속에 떠올린다. 이렇게 하여 다시 상상이나 잡념에서 떠나면 그 상태에 머물러 있는다.[76]

일반적으로 묵상을 하는 방법은 크게 3가지로 나눌 수 있다. 첫째는 집중하는(concentrative) 방법, 둘째는 알아차리는(awareness) 방법, 셋째는 포기 또는 비우는(surrender) 방법이 있다. 이중 향심기도는 마지막 카테고리, 즉 '비우는' 방법이다.[77]

여기서 첫 번째 집중하는 방법의 대표적인 예로는 동방전통의 예수 기도, 존 메인(John Main)의 기독교 묵상(Christian Meditation), 거룩한 독서의 수도원적 방법(Monastic Lectio Divina) 등이다. 예수 기도는 단문의 기도를 반복해서 끊임없이 드리는 방법이며, 기독교 묵상은 마라나타를 계속 반복하는 것이며, 거룩한 독서의 수도원적 방법은 묵상을 통하여 자신에게 다가온 말씀을 끊임없이 되새김하고 되뇌이는 것이라고 한다. 이렇게 집중하는 묵상의 방법은 정신과 마음이 기도 시간이나 일상의 삶의 시간에서 분산되고 흩어지는 것을 방지하고, 계속해서 기도자로 하여금 하나님께 집중하고 그분을 의식하고 깨어 있도록 함으로써 현재에 머무는 삶을 살도록 한다.[78]

두 번째 알아차리는 묵상 방법은 불교에서 특히 지관과 성찰에서 많이 선호한다. 의식 묵상에서는 자신을 내부의 관찰자로 간주하고, 어떤 생각들이나 감정들이 일어날 때, 그것들을 억압하거나 없애려고 하지 않고, 그

76) 이현석, "관상과 기도 생활을 중심으로 본 동방 교회의 영성에 대한 고찰", (미간행석사학위논문: 가톨릭대학교 대학원, 2002), p. 88.
77) 송영민, "토마스 키팅의 향심기도 연구", (미간행석사학위논문: 장로회신학대학교 목회전문대학원, 2014), pp. 16-17.
78) Ibid., p. 17.

것들을 가만히 놔두고 '있는 그대로 지켜본다.' 예를 들어, 만약 화가 나는 생각이 떠오르면, 그 생각과 분투하는 것이 아니라, 단순히 그것을 지켜보거나, "생각, 생각" 또는 "화나는 생각, 화나는 생각"이라고 이름을 붙이는 것이다. 이 의식 묵상에서는 자신의 심리적 존재 혹은 일상적인 자각과 재빨리 분리하는 법을 배우고, 의식 그 자체의 영역에 깊이 뿌리내리는 것을 배운다. 이런 방식의 묵상 유익은 레이저 같은 명료함과 강하고 흔들리지 않는 존재가 되는 것이다.[79]

세 번째 비우는 또는 포기하는 방법은 어떤 것에 집중해서 생각이 흩어지는 것을 막으려는 방법도 아니고, 자신의 생각과 감정을 있는 그대로 지켜보고, 그것에 이름을 붙이는 방법도 아니다. 그것은 기도자 안에 여러 생각들이나 감정들이 올라올 때, 단순히 그것이 지나가도록 흘려보내는 방법이다. 이는 어떤 생각이나 감정도 붙잡거나 하지 않으며 '오히려 완전히 놓아버리는 방법'이다. 토마스 키팅은 이를 '지향(intention)'이라고 부른다. 향심기도는 주의(attention)를 집중하는 수련이 아니고, 지향의 훈련이라고 한다. 향심기도는 기도자가 기도 중에 일어나는 여러 감정과 생각에 사로잡히게 될 때, 그래서 기도자의 '지향이 점점 흐려져 갈 때' 다시 처음의 지향으로 돌아간다. 그럼으로써 다시 지향을 새롭게 한다. '마치 카메라 렌즈를 계속 재조정하는 것처럼.' 이는 기도자가 자신의 생각을 온전히 비워낸 상태(emptiness), 즉 아무 생각도 존재하지 않는 생각의 진공의 상태를 추구하는 것이 아니라 끊임없이 생각을 비워내는 것(emptying)을 통해 지속적으로 자신을 포기하고 내 안에 계신 하나님께 자신을 내어드리는 것이다. 이렇게 향심기도를 통해 자신을 하나님께 내어드리는 수련이 쌓이게 되면 하나님에 대한 수용성이 넓어지게 되고, 기도 안에서 우리의 활동은 점차 줄어들게 되고, 성령의 활동이 점차 우세하게 된다고 하고 있다. 로마서 8장 26절에서와 같이 우리의 기도를 성령께서 친히 떠맡으시고 우리는 그분 안에서 쉬게 된다. 대 그레고리우스가

---

79) Ibid., p. 17.

말했듯 '하나님 안에 쉼' 즉 관상에 이르게 되는 것이다. 이 쉼의 상태는 하나님의 임재 안에서 정신활동, 즉 하나님을 알기 위해 적극적으로 사용해온 사색, 추리 또는 상상하는 기능들을 멈추고 그분의 활동하심에 나를 맡기고자 하는 지향으로만 유지되는 상태에 쉼이다.[80]

하지만 우리는 그분 앞에 우리의 전 존재를 열어드리고 내어 맡긴 채 쉬고 싶지만, 우리 안에 끊임없이 올라오는 분심(分心)들로 인해 쉬지 못하고 내적 고요함에 머물러 있지 못한다. 향심기도는 우리가 이렇게 하나님 안에서 쉬지 못하도록 방해하는 장애들을 줄여나가고 자신을 하나님께 내어드려 그분의 활동에 동의하도록 도와줄 수 있다고 한다. 이처럼 향심기도는 하나님 안에서의 쉼 즉 관상을 준비하는 기도이며, '하나님의 현존하심'과 그분의 '활동하심을 받아들이는' 훈련이라고 하고 있다.[81]

(3) 하나님 현존의식 속에 고요하고 편안하게 머무름

이와 같이 반복하다 보면 기도자는 어느새 아무 의식도 없고 감각도 없는 상태에 도달한다. 여기에 머물러 있는 동안 하나님께서는 나를 당신의 품 안에 안으시고 나를 쉬게 해 주신다. 이러한 상태가 관상 상태였는가 아닌가는 하나님 외에는 아무도 모른다. 프란치스코 드 살(St. Francis of Sales)이 말하였듯이 기도자가 기도하고 있다는 생각조차 없는 이 상태에서 우리는 영혼으로 하나님께 기도하고 있으며 하나님도 기도자를 위해 기도하시는 것이다.[82]

나. 센터링 기도(향심기도)의 실제

(1) 토마스 키팅의 센터링 기도(향심기도) 지침

---

80) Ibid., pp. 17-18.
81) Ibid., p. 18.
82) 이현석, "관상과 기도 생활을 중심으로 본 동방 교회의 영성에 대한 고찰", op. cit., p. 89.

키팅은 '관상의 상태'(하나님과의 일치)에 이르기 위해 'centering prayer'(향심기도)가 필요함을 역설한다. 그에 의하면 향심기도(관상기도)는 관상상태에 이르는 과정으로 마음을 하나님께로 향하는 것이다. 그는 우리의 마음이 하나님께로 향하기 위해서는 조용한 장소와 시간을 마련한 후 편안한 자세를 취하고 눈을 감아야 한다고 말한다. 그리고 마치 동양 종교에서 우리의 모든 기능을 한데 모아 하나님께로 향하기 위해 합장을 하는 것처럼 일상적인 생각을 멈추기 위해서 한 가지 생각만을 해야 한다고 말한다.[83]

토마스 키팅은 다음과 같은 형식으로 센터링 기도를 소개한다.[84]

①하나님이 그대 안에 현존하시고 활동하심에 동의하는 의지(지향)의 상징으로서 거룩한 단어를 선택하라.

②편안히 앉아 눈을 감고 잠시 인정하면서 그대 안에 계신 하나님의 현존과 활동에 동의하는 의지와 의도의 상징으로 그 거룩한 단어를 고요히 떠올리라.

③어떤 것을 인식할 때, 그 거룩한 단어를 사용하면서 부드럽게 하나님께 돌아가라.

④기도가 끝날 때, 몇 분간 눈을 감고 침묵 속에 머물러 있으라.

그런데 위의 형식에서 중요한 것은 한 단어 즉 '사랑의 단어', 혹은 '거룩한 단어'를 사용하여 기도를 이끄는 길잡이로 삼는 것이다. 물론 센터링 기도의 방법에는 깊은 관상기도를 위해 모든 생각들을 비우고 몸, 마음, 정신과 느낌 모두를 포함한 우리 전 존재를 하나님께 열고 맡기는 것에 세밀하게 다가가는 법들이 포함되어 있다. 그것은 우리의 언어, 생각, 이미지, 정서를 넘어서 하나님과 집적 대화하고 교통하는 일치의 기도를 향하여 나아가는 것이다. 그럼에도 불구하고 우리의 동의, 의지적 지향이 무시되는 것은 아니다. 우리의 응답하고 사랑할 수 있는 자유 선택의 자유

---

83) 라영환, "개혁주의 신학적 입장에서 본 관상 기도", 「교회와신앙」, 2011. 11. 6.

84) 이혜원, "관상기도 연구", op. cit., pp. 62-63.

가 중시된다. 그럴 때 우리는 주님과 친밀한 연합과 교제 속에서 사랑으로 일치할 수 있는 것이라고 하고 있다.[85]

그런데 토마스 키팅은 관상기도 과정에 있어서 호흡의 중요성에 대해서도 언급한다. 그는 기도자가 자신의 호흡에 주의하는 것도 마음이 하나님께로 향하는 데 도움이 된다고 본다. 이러한 과정을 통해서 기도자가 무념의 상태에 도달하게 되는 것이다. 그는 이 부분에서 '금강경'(Diamond Suntra)을 언급하면서 이렇게 무념의 상태에 도달하게 되면 "환시, 탈혼, 내적 음성, 영적 교감, 심령 선물 등이 포함된다"고 주장한다. 키팅은 이러한 무념의 상태에 도달하는 과정에서 "특정한 미소나 가려움, 통증 혹은 강한 감정들"이 일어날 수 있는데 이러한 것들은 마음속에 있는 심리적인 폐기물들이 버려지는 과정 속에서 나타나는 것이라고 본다. 이러한 키팅의 방법론은 선, 도가 그리고 요가와 같은 동양의 수련방식을 차용한 것이다.[86]

(2) 박영미의 센터링 기도(향심기도) 지침

박영미는 향심기도를 하기 위한 지침은 다음과 같이 제시하고 있다.[87]

* 하나님의 현존과 활동에 동의한다는 지향을 상징하는 거룩한 단어를 선택한다. 거룩한 단어를 선택하면 그 기도 시간 중에는 바꾸지 않는다. 바꾸게 되면 또 다른 사고가 시작되기 때문이다.

* 편안한 자세로 앉아 눈을 감고 잠시 마음을 정리한 다음 하나님이 내 안에 현존하고 활동하는 것에 동의한다는 상징으로 거룩한 단어를 마음에 떠올린다. 편안한 자세란 어떤 자세이든 등은 곧게 세우고 기도에 불편을 주거나 졸리지 않을 정도의 편안함을 의미한다.

* 어떤 사고가 마음속에 떠오르면 가벼운 솜 위에 깃털 하나를 얹듯

85) Ibid., p. 63.
86) 라영환, "개혁주의 신학적 입장에서 본 관상 기도", op. cit.
87) 박영미, "향심기도 체험에 대한 질적 연구", 「韓國東西精神科學會誌」 17(2014), pp. 78-79.

아주 부드럽고 가볍게 거룩한 단어로 돌아간다.

* 기도 시간이 끝나면 약 2분간 침묵 속에 머문다. 2분의 침묵은 정신이 외적 감각 세계로 돌아오는데 적응하는 시간이다.

향심기도의 실제적인 방법에 대하여 이재훈은 다음과 같이 제시하고 있다.[88]

* 향심기도 프로그램을 진행하기 전에 제일 먼저 행해야 하는 것은 마음을 준비하는 과정이다. 기도를 하러 오기 전까지 자신이 하던 일이나 활동들로 머릿속이 항상 분주하기 때문이다. 따라서 초를 참가자들 중앙에 켜 두어 고요한 분위기를 유도하고, 잠시 동안 자세를 편안히 하고 호흡을 고른다.

* 자세는 의자에 앉을 경우에 엉덩이를 등받이에 붙이고, 허리와 목은 곧게 편 상태에서 고개는 살짝 아래를 향하되 본인이 편한 자세를 유지한다. 바닥에 앉을 경우는 방석을 두껍게 깔고 반가부좌를 하여 허리와 목이 곧게 펴지도록 한다. 그 후, 손은 무릎이나 허벅지에 편안하게 올려두되 두 손을 모으지 않는다. 이는 기도하는 동안 손을 의식하지 않도록 하기 위해서이다. 그 후, 눈을 감은 채로 심호흡을 두세 번 유도하여 몸의 긴장을 풀도록 도와준다.

* 이후에 렉시오 디비나의 '거룩한 독서'를 통해서 마음의 준비를 한다. 향심기도는 거룩한 독서에서 시작된 그리스도와의 교제를 심화시키고, 우리의 기능들을 하나님의 은총 선물을 받을 수 있도록 준비시킴으로써 관상기도의 발전을 촉진하기 위한 방법이다. 렉시오 디비나는 하나님의 말씀을 듣고 그에 반응하는 모델을 제공한다. 더 깊은 무엇인가가 우리에게 영향을 미친다. 이것은 훨씬 완벽하게 우리의 능력과 에너지를 사로잡고, 더 나아가 우리의 응답은 더 영향력 있고 영원하게 될 것이다. 이 촉진의 과정은 사람이 점진적으로 누군가와 친분을 맺는 과정과 비슷하다. 처음

---

88) 이재훈, "향심기도와 관상적 쉼", op. cit., pp. 42-43.

에는 어색하였지만, 어느 순간 특별하게 좋은 감정을 서로 느꼈다면 서로 좋은 감정을 느끼게 된다. 그리고 대화가 줄어들면서 서로 함께 존재하는 것으로도 편한 감정을 누리게 된다. 이것이 렉시오 디비나가 하나님의 선물을 받도록 준비시키는 방법이다.

* 기도하고자 하는 마음의 준비가 되면, 타종을 하여 20분간 향심기도를 시작한다. 향심기도는 내면에 하나님의 현존과 역사하심에 동의하는 의도를 가진 거룩한 단어를 통해 하는 기도이다. 이 단어는 기도하는 도중에 바꾸지 말아야 하는데, 또 다른 사고가 시작되기 때문이다. 거룩한 단어를 선정할 때에는 하나 또는 두 음절의 단어로 하나님의 현존을 향하여 우리 내면이 움직이도록 그 방향을 가르쳐주는 단순한 포인터(pointer)이다. 기도를 시작할 때에 푹신한 솜 위에 깃털을 부드럽게 올려놓는 것처럼, 상상 속에서 거룩한 단어 하나를 자연스럽게 떠올리며 시작한다.

* 이때 거룩한 단어의 말뜻을 생각하지 말고 단순히 떠올리면서 부드럽게 젖어 들어간다. 분심(分心)이 들면 원래의 거룩한 단어로 돌아온다. 이것은 우리의 최소한의 노력이 개입되는 행위이며, 유일한 행동이다. 기도의 과정 속에 거룩한 단어는 희미해지거나 아주 사라져 버릴 수도 있다. 기도를 마칠 때에는 2, 3분간 눈을 감은 채 침묵 속에 머무른다. 이때 인도자가 2~3분 가량 주님의 기도를 하고 다른 사람은 듣도록 한다.

* 기도가 끝난 후에는 각자 자신의 경험이나 느낌을 이야기하는 시간을 갖는다. 이것은 향심기도를 처음 접하는 사람들에게 "자신이 올바르게 기도를 하고 있는가?"라는 질문에서 구제해준다. 다른 사람들도 자신과 비슷한 경험을 하였음을 듣고 안심하도록 도와주기 때문이다. 또한, 다른 경험도 존재할 수 있음을 알게 해주어 기도를 할 때 불안감을 제거해 준다. 자신이 하는 기도에 확신을 가짐으로써 더욱 하나님의 현존에 다가가는 데 수월해지고, 이는 구성원들로 하여금 '관상적 쉼'을 누리는 데 도움을 준다.

(3) 정재화의 센터링 기도(향심기도) 지침

향심기도의 현대적 방법에 대하여 정재화는 다음과 같이 진행할 수 있다고 하고 있다.[89]

①최소 15분의 시간을 떼어 놓으라. 언제 멈춰야 할지 신경이 덜 쓰이도록, 도움이 된다면 타이머를 맞추라. 그리고 편안한 자세를 취하라.

②마음을 모아 자신을 하나님의 임재 안에, 그분의 사랑 중심에 자신을 두라. 하나님을 향한 당신의 갈망을 표현하는 것으로, 성경에 나오는 간단한 단어나 어구나 절을 선택하라(예를 들어, 사랑, 평화, 은혜, 예수님, 위대한 목자 등). 이 단어를 사용하여 당신의 주의가 흩어지지 않도록 지키라.

③잠시 침묵에 들어가도록 하라. 처음 몇 분간은 많은 시끄러운 생각들이 떠오를 것이다. 이는 이상한 일이 아니다. 그것들에 대해 염려하지도 말고 주의를 기울이지도 말라. 그저 지나가게 하라.

④당신이 택한 단어를 반복하여 말하면서 부드럽게 당신의 주의를 중심, 곧 하나님의 임재와 사랑으로 돌리라. 곁길로 새어 나가는 생각들이 있다면, 그 생각들은 마음 바닥까지 가라앉도록 내버려 두라. 그것들을 따라가지 말라.

⑤당신의 단어를 반복함으로써 부드럽게 그리스도의 임재로 돌아오라. 그 단어와 함께 그리스도께로 주의를 돌리라. 예수님과 함께 있으라. 들으라. 잠잠하라.

⑥하나님의 사랑 한가운데서 쉼을 누리라. 당신의 영혼 깊은 곳에 계시는 성령님이 당신과 하나님을 이어주실 것을 믿으라.

⑦기도에서 나오면서 몇 분 동안 더 머물라. 서두르지 말라. 그리스도의 임재를 들이마시라. 당신을 기다리는 과제를 생각하며 자신을 하나님께 드리라. 예를 들어 "저는 주님의 소유입니다" 또는 "저와 함께해 주십

---

89) 정재화, "현대 영성훈련 방안에 대한 연구", (미간행석사학위논문: 목원대학교 신학대학원, 2009), pp. 47-48.

시오"라고 기도하라.

향심기도를 통해 하나님께서 주시는 열매는 예수님과 동행하게 되며, 기도하는 동안 예수님이 자신 속에서 일하심을 신뢰하게 된다. 자신과 그리스도의 연합을 좀 더 잘 의식하면서 살아가게 되고, 바쁜 일상의 생활 속에서 고요함을 누리게 된다. 하나님께 귀 기울이는 법을 배우며, 모든 일에서 하나님의 임재와 도우심을 구하게 된다. 성경 말씀을 마음에 굳게 붙드는 법을 배우며, 자신의 실행 목록을 고집하기보다는 하나님의 뜻 안에서 쉰다. 일의 결과에 집착하지 않는 내면의 고요한 중심을 개발한다.[90]

(4) 허성준의 센터링 기도(향심기도) 지침

허성준은 센터링 기도는 하루 두 차례, 오전과 오후 각각 20분씩 다음과 같은 지침에 의해 한다고 하고 있다.[91]

센터링 기도의 방법은 먼저 신앙 깊은 사랑 안에 잠시 쉰 뒤에 거룩한 단어를 간단한 기도 중에 성령께 청하여서 선택한다. 「무지의 구름」의 저자는 "만약 그대가 바라는 모든 것을 마음에 쉽게 담을 수 있는 간단한 한 마디에 집약된 짧은 단어를 선택하라 좋기로는 '하느님' 혹은 '사랑'과 같은 한 어절 단어가 제일이지만, 아무쪼록 그대에게 의미 있는 것을 선택하라. 그런 다음 그것을 마음에 깊이 새겨 어떠한 일이 일어나도 그것이 마음에 머물러 있도록 하라."고 말한다.[92]

이처럼 거룩한 단어는 '주님, 예수, 사랑, 감사, 진리, 평화, 자비, 아빠, 어머니, 성령, 하나님' 등 단순하고 짧은 것으로 선택하여 나의 응답을 표현한다. 향심기도는 하나님께서 내 안에 현존하시고 또 활동하시도록 그분께 맡겨드리는 기도이며 거룩한 단어는 하나님의 현존 안에 우리가 머

---

90) Ibid., p. 48.
91) 허성준, 「수도 전통에 따른 렉시오 디비나」, (칠곡: 분도출판사, 2006), p. 155.
92) 김혜숙, "바람직한 영성훈련 바람직한 영성훈련 방안 연구", (미간행석사학위논문: 목원대학교 신학대학원, 2007), pp. 38-39.

물겠다는 지향과 하나님이 내 안에서 하시는 활동에 나를 내어드리겠다는 지향을 담고 있다.[93]

둘째, 편안히 앉아 눈을 감고 거룩한 단어를 조용히 의식에 떠올린다. 이것은 하나님께서 내 안에 현존하시고 그분이 내 안에서 활동하시는 것에 동의한다는 것을 드러내는 한 상징이다. 편안히 앉아 등은 곧게 펴고, 심호흡을 하며 1~2분 동안 마음을 진정시키고, 가벼운 솜 위에 깃털 하나를 얹듯 아주 부드럽게, 거룩한 단어를 의식에 떠올린다.[94]

셋째, 침묵으로 즉, 감각과 의지와 기억을 모두 내려놓고 기도한다. 기도 중에 상념(想念)이 떠오른다면 거룩한 단어를 떠올리면서 그것을 흘려보낸다. 센터링 기도의 목적은 머리를 비우는 무사고에 있지 않고 사고에 집착하지 않는 태도나 주의를 빼앗기지 않는 태도 즉, "어떠한 것에도 매달리지 않는 정신"을 기르는 데 있다. 이런 점에서 센터링 기도를 "떠나보내는 수련"기도라고 하기도 한다. 이렇게 약 20분 정도 기도한다.[95]

넷째, 기도가 끝나갈 때 눈을 감고 2~3분간 침묵 속에 머무른다. 기도를 마치면서 갖는 2~3분은 우리의 정신이 현실 세계로 되돌아오는 데 적응할 수 있는 시간적 여유를 주고, 서서히 나오도록 주님의 기도를 외우면서 마친다.[96]

3. 센터링 기도(향심기도)의 효능

센터링 기도를 옹호하는 사람들은 다음과 같은 효능이 있다고 하고 있다.

---

93) Ibid., p. 39.
94) Ibid., p. 39.
95) Ibid., p. 39.
96) Ibid., p. 39.

가. 센터링 기도(향심기도)의 정수

향심기도의 정수를 '관계'·'현존'·'사랑' 세 단어로 묘사할 수 있다고 하고 있다. 여기서 관계는 향심기도의 성격과 현존은 향심기도의 궁극 지향과 사랑은 향심기도의 바탕과 관련된다고 한다. 그리고 이 셋이야말로 향심기도에 내재하는 힘의 근원이라는 것이다.[97]

첫째, 향심기도는 '관계의 기도'(prayer as relationship)라고 한다.[98]

물론 이때의 관계는 하나님과의 관계다. 향심기도는 하나님과의 관계를 '친밀함'(intimacy)의 가장 깊은 경지까지 발전시킨다. 교제, 사귐, 친교, 통교 등은 하나님과의 관계를 일컫는 또 다른 어휘들이다. 기도가 이런 것이라면 향심기도는 기도에 대한 우리의 통념과 실천을 근본적으로 수정한다고 지적한다. 왜냐하면, 일반적으로 사람들은 기도를 '관계'보다는 '소원성취'의 방편으로 여기는 까닭이다. 물론 소원성취를 위해 초월적 존재나 절대자에게 비는 것도 넓은 의미에서는 기도이다. 그러나 하나님과의 관계 맺기가 궁극 목적은 아니라고 본다. 이로써 향심기도는 하나님을 소원성취의 도구로 만드는 모든 기도 행태를 전복시킨다고 하고 있다.[99]

둘째, 향심기도는 '보편적인[100] 하나님의 현존에 참여함으로써 하나님

---

97) 이민재, "향심기도의 변형역동에 관한 연구", op. cit., p. 17.

98) 향심기도는 관계의 기도다. 왜 관계라고 하는 것일까? 우리가 "기도합시다"라고 말하는 것은 "하나님과 관계를 가집시다"라고 말하는 것이기 때문이다. 이때의 관계는 말을 주고받는 관계가 아니라 존재와 존재를 주고받는 관계다. 한 존재는 유한하고, 다른 한 존재는 무한하다. 향심기도의 역동을 가장 잘 표현하는 말이 '관계'다.
이민재, "향심기도의 변형역동에 관한 연구", (미간행박사학위논문: 감리교신학대학교대학원, 2019), p. 17. 주 52에서 인용.

99) 이민재, "향심기도의 변형역동에 관한 연구", op. cit., p. 17.

100) 보편적이라 함은 하나님이 어디에나 계신다는 뜻이다. 여기에는 하나님의 '내주'(indwelling of God)도 포함된다. 하나님의 내주를 향심기도에서는 '내적 현존과 활동'(God's presence and action within)이라고 표현한다.
이민재, "향심기도의 변형역동에 관한 연구", (미간행박사학위논문: 감리교신학대학교대학원, 2019), p. 17. 주 53에서 인용.

과 친밀한 관계에 이르는 기도라고 한다.

하나님의 보편적 현존을 시편 139편은 다음과 같이 표현한다.

(시139:7~10)"⑺내가 주의 영을 떠나 어디로 가며 주의 앞에서 어디로 피하리이까 ⑻내가 하늘에 올라갈지라도 거기 계시며 스올에 내 자리를 펼지라도 거기 계시니이다 ⑼내가 새벽 날개를 치며 바다 끝에 가서 거주할지라도 ⑽거기서도 주의 손이 나를 인도하시며 주의 오른손이 나를 붙드시리이다"

'임마누엘'은 하나님의 현존을 표현하는 또 다른 중요한 어휘다. 하나님은 먼 곳에 계시지 않고, "지금 여기에" 우리와 함께 하신다. 사람의 몸이 되셨을 정도로 가까우시다. 사도 바울은 하나님의 현존의 보편성과 가까움을 다음과 같이 고백하고 있다.

(행17:28)"우리가 그를 힘입어 살며 기동하며 존재하느니라"

이제 향심기도가 추구하는 관계는 이원적 또는 대상적 관계가 아니라고 한다. 신적 현존에의 비이원적 참여요, 상태적 머무름이다. 이로써 향심기도는 대상적 · 이원적 하나님 인식을 전복시킨다고 한다.[101]

셋째, 향심기도의 바탕은 사랑이라고 한다.

우리는 무서운 사람과 함께 있으려 하지 않는다. 반대로 사랑하는 사람과는 언제라도 함께하려 한다. 하나님과의 관계도 마찬가지다. 하나님이 무서운 존재라면 우리는 하나님의 현존 속에 머물려 하지 않는다. 그럴진대 하나님의 현존은 축복이 아니라 재앙이다. 따라서 향심기도는 "보편적인 하나님의 현존에 참여함으로써 하나님과 친밀한 관계에 이르는 기도"라면 이는 사랑이신 하나님에 대한 수행자의 사랑을 전제한다. 따라서 사랑은 향심기도의 바탕에 깔린 일종의 '배음'(背音)이다.[102] 다르게 표현하

---

101) 이민재, "향심기도의 변형역동에 관한 연구", op. cit., pp. 17-18.
102) "배음"(背音)은 음악 용어다. 어떤 음도 단 하나의 음으로 존재하지 않는다. 우리가 흔히 듣는 하나의 음에도 몇 개의 음이 포함되어 있다. 예를 들면 '다'(C)음 속에는 '마'(E)음, '사'(G)음과 그 밖에 아주 약한 많은 음들이 포함되어 있다. 이것을 배음이라고 한다. 향심기도의 모든 순간은 사랑이라는 바탕(배음) 위에서 이루어진다.
Ibid., p. 18. 주 57에서 인용.

면, 향심기도는 사랑의 과학(Science of Love)이라고 한다. 이로써 향심기도는 전통적인 무서운 하나님 관념을 전복시킨다고 보고 있다.[103]

이상에 관계와 현존과 사랑, 향심기도 수련을 하는 동안 이 셋은 항상 함께한다고 한다. 물론 그 가운데서 으뜸은 사랑이다. 향심기도를 수련할 때 수행자는 사랑의 마음을 품고 하나님의 사랑 현존에 "아멘"한다. 하나님의 사랑 현존에 "아멘"하는 동안 하나님과 수행자 사이에서는 사랑의 교감이 오간다고 한다. 그리고 관계는 깊어지고, 넓어진다는 것이다. 또한, 하나님과 일치할 정도로 깊어지며, 타자(동료 인간들과 피조물들)를 있는 그대로 수용할 정도로 확장된다고 한다. 그리고 사랑이 온 우주를 통치하기 시작한다고 보고 있다.[104]

나. 센터링 기도의 역동

토마스 키팅은 정화, 조명, 일치라는 기독교의 전통적인 가르침이 그동안 수많은 사람들의 영적 여정에 크게 이바지했다고 본다. 그러나 현시대에는 큰 반향을 일으키지 못함에 착안하여 전통적인 기독교 영성의 언어를 현대의 심리학적 모델과 언어로 재구성하였다. 특별히 인간의 죄에 관한 결과와 그 정화과정에 대해서 다음과 같이 설명한다. 즉 인간은 생애 초기부터 인간의 기본 욕구와 그것을 즉각적으로 충족시키려는 행복을 위한 정서프로그램을 발전시켜 나간다. 여기서 행복을 위한 정서프로그램은 우리의 본능적 욕구를 충족시키는 정서프로그램을 의미하는데, 키팅에 따르면 본능적 욕구는 안전/생존의 욕구, 힘/통제의 욕구, 인정/애정의 욕구 이 세 가지의 욕구로 이루어져 있다고 하고 있다. 그런데 사람은 성장해 나가면서 행복, 즉 이 세 가지의 본능적 욕구를 추구하지만, 그 욕구가 충족되는 때도 있지만, 본능적 욕구가 좌절되는 경험도 하게 된다. 이때 본

---

103) Ibid., p. 18.
104) Ibid., p. 18.

능적 욕구의 좌절을 극복하기 위해 보상적 욕구를 발전시키거나, 아니면 고통스러운 기억들을 무의식 속으로 눌러 넣어 버린다.[105]

이렇게 좌절된 욕구를 보상하려는 노력의 결과로 행복을 위한 정서프로그램이 형성되고, 성정하면서 사회화 과정을 거치고, 이성의 시기에 교육을 받으면서 선입견과 편견, 그리고 합리화 과정을 통해 우리의 거짓 자아가 형성된다. 거짓 자아는 원죄의 결과에 대한 전통적인 기독교의 생각들에 대한 '현대적 대용물'이다. 토마스 키팅은 이런 거짓 자아는 '질병'이라고 말하며, 예수 그리스도를 이 질병을 치료하시는 '신성한 의사'로 본다. 향심기도 안에서 그 치료의 과정이 일어나는데, 이를 '신성한 치료'(Divine Therapy)라고 부른다. 즉 죄의 정화라는 전통적 가르침을 치료라는 현대의 심리학적 언어로 표현한 것이다. 그리고 향심기도를 거짓 자아의 정화과정에 직접적인 촉매제로 보았다.[106]

토마스 키팅은 특히 '신성한 치료'라 불리는 향심기도의 역동에서 '무의식의 배출'이라는 정화의 과정에 주목하였다. 그동안 전통적으로 기독교에서 말하는 정화는 죄에 대한 '의식적 동기'에 대한 투쟁이었지만, 현대 심리학에서는 이런 의식적 동기의 투쟁이 오히려 죄에 대한 더 깊은 차원의 동기, 즉 무의식적 충동을 부정하고 억압할 수 있다고 말한다. 집중하는 (concentrative) 묵상의 방법은 이런 무의식의 참여를 지연시키는 경향이 있으며, 향심기도와 같이 수용적인 방법은 무의식의 참여가 더 크고 조속히 이루어지는 경향이 있다는 것이다. 그런데 향심기도를 하는 동안 무의식에 대한 기도자의 방어가 풀리면서, '무의식의 배출'(unloading of the unconscious)이 일어난다. 즉 성장 과정에서 욕구가 좌절되는 경험을 통해 무의식에 억압된 소화되지 못한 감정들과 정서적 고통과 상처들이 나오기 시작하는 것이다.[107]

이렇듯 향심기도를 통해 이런 '무의식의 배출'이 일어나면서 거짓 자아

---

105) 송영민, "토마스 키팅의 향심기도 연구", op. cit., pp. 22-23.
106) Ibid., p. 23.
107) Ibid., pp. 23-24.

는 해체되기 시작하며, 죄에 대한 '무의식적 동기와 투쟁'이 일어난다. 그래서 토마스 키팅은 '진정한 금욕은 무의식적인 동기들에 대한 정화이다'라고 말하면서 향심기도는 무의식의 정화와 치료를 위한 중요한 촉매제로 보았다. 그리고 이 정화와 치료의 과정을 이끌어 가시는 하나님의 현존과 활동에 동의하는 기도가 향심기도라는 것이다.[108]

토마스 키팅은 향심기도 안에서 경험하는 심리적 체험을 크게 네 가지의 큰 순간들이 있다고 설명한다. 이 네 순간은 한 기도 안에서 순간적으로 발생한다기보다는 오랜 기간 동안의 기도수련을 통해 경험하게 되는 과정을 한 번의 기도 안에서 이루어지는 것처럼 표현한 것이다.[109]

향심기도의 첫 번째 순간은 기도자가 거룩한 단어를 불러들이며, 향심기도를 시작하였을 때라고 한다. 향심기도를 하는 초기에는 기도 중에 많은 분심(分心)들을 경험하겠지만, 기도의 수련이 점차 쌓여가면서 이런 분심(分心)들에 점차 빠지거나 집착하지 않게 되고, 내면의 안식과 고요함에 이르게 된다. 그럼으로써 향심기도의 두 번째 순간으로 들어간다.[110]

향심기도의 두 번째 순간에 이르면 '휴식', 즉 평화, 내적 침묵, 만족감, 편안한 감각, 행복감, 하나님의 현존에 대한 감각 등의 심리적 인상들을 경험하게 된다고 한다. 이런 깊은 '휴식의 느낌'은 하나님의 현존에 대한 깊은 감각을 수반한다. 이때 '하나님과의 심리적 전이'가 일어나면서 하나님께서 우리의 상처와 아픔들을 치료하신다. 즉 성장 과정에서 부모나 가족들과 같은 자신의 인생에서 중요한 사람들에게 받기 원했지만 받지 못했던 사랑과 수용을 전이 과정을 통해 치료자이신 하나님을 통해 경험하게 됨으로써 기도자의 상처와 아픔들이 치유된다. 이런 치료과정들을 통해 기도자는 자신 안에 하나님의 현존에 대한 인식이 깊어지게 된다.[111]

이제 깊은 휴식의 결과로써 무의식에 저장되어 있던 여러 정서적 상처

---

108) Ibid., p. 24.
109) Ibid., p. 24.
110) Ibid., p. 24.
111) Ibid., p. 24.

와 고통들에 대한 방어기제가 풀리면서 그것들이 우리의 의식으로 올라오게 된다. 이것이 향심기도의 세 번째 순간인 '무의식의 덜어냄'이다. 예를 들어 기도자가 향심기도 중에 깊은 슬픔이나 정서적 고통을 경험하고 있는데, 그 원인을 전혀 알 수 없다면 이는 그런 슬픔이나 고통들이 무의식에서 우리의 의식으로 올라오고 있다는 표시라고 할 수 있다.[112]

이제 향심기도의 마지막 순간에 이르게 된다. 이 순간에는 의식으로 올라온 '무의식의 정서적 내용들을 배설'하게 된다. 우리의 육체는 그동안의 성장 과정에서 겪은 많은 상처와 소화되지 않은 정서적 내용물들을 '저장'하고 있다. 세 번째 순간에 그것들을 억압하고 막아왔던 방어기제가 풀리게 되면서, 그것들이 의식으로 올라와 결국에 '정신'은 그것들을 배출하게 되는 것이다. 이 과정에서 신체적 통증이나 눈물 또는 '정신적 메스꺼움'이라고 불리는 충격이 일어나기도 한다. 특별히 그동안 억압해 왔던 '정서적 아픔'들이 오랫동안 억압하고 눌러 왔던 것일수록 이 배설의 과정이 더 고통스러울 것이다. 하지만 꾸준히 향심기도를 실천하게 되면 하나님의 현존에 대한 확신과 그가 우리의 내면을 치유하시는 '신성한 치료자'라는 믿음을 가지게 되면서 그 과정을 견뎌낼 수 있게 된다고 하고 있다. 기도자의 내적 정화와 치유를 위해서 해야 할 유일한 일은 기도 안에서 일어나는 이러한 '신성한 치료' 과정 중에 신체적으로, 정서적으로 어떤 현상들이 일어나더라도 그것들을 담담히 받아들이고 계속해서 거룩한 단어로 돌아가는 것이라는 것이다.[113]

이제 이 네 가지의 순간을 한 바퀴 다 돌고 나면 우리는 더 이상 이전의 상태에 머물러 있지 않게 된다고 하고 있다. 우리의 존재의 중심 즉 하나님의 현존은 우리의 전체 생애 동안에 무의식에 억압하고 눌러 놓았던 정서적 쓰레기들 밑에 묻혀 있는데, 정서적 쓰레기들이 위의 네 가지 순간들을 통해 배출되었기 때문에 우리는 그만큼 우리의 존재의 중심에 더 다가가게 되고 하나님과 더 가까워진다는 것이다. 이렇게 향심기도를

---

112) Ibid., pp. 24-25.
113) Ibid., p. 25.

통해 계속해서 네 순간의 원운동을 계속하게 되면 우리는 점점 더 내면의 쓰레기들을 배출하게 되고 그만큼 내면의 정화와 치유가 일어나게 되며 하나님과 가까워지면서 결국 우리 존재의 중심에 이르게 된다고 하고 있다.[114]

그러나 향심기도를 포함하여 관상을 준비하는 기도들은(향심, 정감, 참선, 예수, 시각화 영상, 논리적 묵상 묵주) 성경에 존재하지 않으며, 향심기도의 역동을 위한 성령의 영감이 아니라고 한다. 왜냐하면, 성경을 이탈한 관상기도의 방법은 성경을 이탈한 것이기 때문이라고 원문호는 비평하고 있다.[115]

---

114) Ibid., p. 25.
115) 원문호, 「관상기도 레노바레의 정체성」, (서울: 국제진리수호연구소, 2010), p. 62.

제9장 관상과 성경

성경에서의 관상은 두 가지 형태로 나타났다고 이경순은 밝히고 있다. 그 첫 번째는 영적 성장에 완성의 단계에 이르렀을 때 경험하게 되는 관상이다. 대표적인 예로 모세와 다니엘의 관상을 들 수 있다. 모세는 바로의 궁정에서 당시 최고의 문명이었던 이집트의 교육을 받았지만, 하나님을 알았던 자로서 자신의 정체성을 잊지 않았다(출2:11). 다니엘 역시 바벨론에 포로로 잡혀갔지만 뜻을 정하여 자신을 더럽히지 않았던(단1:8) 믿음의 정절을 지닌 순결한 사람이었다. 이들의 관상은 영적 단계의 완성에서 이루어진 것으로 볼 수 있으며, 영적 성장과 함께 점점 더 높고 깊은 관상으로 나아갔던 것이라고 하고 있다. 또한, 이사야와 스데반의 관상도 성령 충만한 상태에서 영적으로 최고조에 도달했을 때 경험했던 관상이라고 한다.[1]

두 번째 형태는 하나님의 특별한 계시와 부르심이 있을 때 나타났던 관상이다. 성경에서의 관상은 대부분 부르셔서 소명을 주시거나, 특별한 계시를 전달할 때 나타났던 것으로 기록되어 있다. 인간이 전혀 예기치 못한 순간에 하나님께서 직접 현현하셨던 사례들을 보면, 관상은 인간의 의지와 노력으로 성취할 수 있는 것이 아니다. 아브라함과 바울의 관상을 보면, 아직 영적으로 준비되지 않았던 상태에서 자신의 의지와는 상관없

---

1) 이경순, "관상기도의 교회사적 고찰", (미간행석사학위논문: 백석대학교 기독신학대학원, 2007), pp. 86-87.

이 하나님의 현현을 경험하게 된다. 이들의 관상은 인간의 노력 결과가
아니라 하나님의 일방적이고도 특별한 은총이었음을 알 수 있다. 즉 관상
은 하나님께서 눈을 열어 보여주실 때만 가능한 것으로, 인간 편에서는
수동적인 것일 수밖에 없다는 사실이다. 다시 말하면 관상은 감히 그 앞
에 설 수 없는 죄인에게 하나님 편에서 일방적으로 부어주시는 은혜라고
한다.[2]

가. 관상의 구약 성경적 배경

류충열은 다음과 같이 말하고 있다.

> 엄밀한 의미에서 성경에 관상기도의 근거가 되는 본문들이 따로 있는 것은 아
> 니다. 앞에서 살펴보았듯이 관상(contemplation)이라는 말 속에는 이미 히브리어
> 다아트(דעת, da'ath) 즉 "사랑을 통하여 얻어지는 일종의 경험적 지식"이라는 성경
> 적 의미가 담겨 있는 것이다. 그렇다고 할 때 성경에서 관상에 이른 자들의 체험
> 적 증언을 찾는다거나 혹은 관상기도의 근거가 되는 구절을 성경 본문에서 찾아
> 낸다는 것은 불가능한 일이 아닐 것이다. 또한 이런 작업이 결코 성경의 의미를
> 왜곡하는 일이 되지도 않을 것이다. 오히려 관상기도의 안목으로 성경을 봄으로써
> 새로운 각도에서 성경을 이해하고 더욱 풍성하게 이해하는 계기가 될 것이다. 누
> 구든지 관상기도를 실천하는 사람들은 성경에서 관상기도의 근거가 되는 구절들
> 을 어렵지 않게 찾아낼 수 있다고 본다.[3]

관상기도를 인정하는 측에서는 성경 속에 관상기도의 근거를 다음과
같이 제시하고 있다. 즉 성경에 나타난 관상은 시편 저자, 엘리야를 비롯
한 선지자들, 바울, 사도 요한 그리고 예수를 통해서 확인할 수 있다고 한
다.[4]

---

2) Ibid., p. 87.
3) 류충열, "영성수련의 한 과정으로서의 관상기도에 관한 연구", (미간행박사학위논문: 한신대학
   교 신학전문대학원, 2007), p. 14.
4) 리차드 포스터, 「생수의 강」, 박조앤 역, (서울: 도서출판 두란노, 1999), p. 59.

바로 관상옹호자들은 구약에서 관상으로 초대받은 예언자들의 삶은 하나님의 부르심으로부터 시작된다고 보고 있다. 즉 이사야의 소명(이사야 6장), 예레미야의 소명(예레미야 1장), 엘리야에게 들려왔던 작은 소리(열왕기상 19장)는 관상으로의 초대라고 한다.[5] 또한, 여러 지혜자들의 모습에서 볼 수 있듯이 사색과 관상적인 삶을 통해 하나님과 그의 섭리에 대한 진정한 인식에 도달한 경우들이다.[6] 이에 "너희가 나를 택한 것이 아니요 내가 너희를 택하여 세웠나니"(요15:16) 즉 자기가 사랑을 받고 있다는 것을 깨닫는 데서부터 관상이 시작되며, 보다 진보된 상태로 발전되어 간다고 한다.[7]

나. 관상의 신약 성경적 배경

(1) 일반적인 신약성경에서의 관상

신약에서 관상은 역사적인 사실을 초월하여 절대적인 하나님의 사건의 형식 속에서 기록하고 있다. 대표적으로 "내게 주신 아버지의 이름을 저희에게 알게 하셨고, 또 알게 하리니 이는 나를 사랑하신 사랑이 저희 안에 있고 나도 너희 안에 있게 하려 함이라"(요17:26)는 말씀과 "예수 그리스도께서 육체로 오신 것을 시인하는 영마다 하나님께 속한 것이요 예수를 시인하지 아니하는 영마다 하나님께 속한 것이 아니니"(요일4:2~3) 등의 말씀은 그리스도인이 누구인지를 말해 줄 뿐 아니라 기독교 관상은 항상 구체적이고 역사적인 사건들 속에 계시된 것을 통해 신비로 넘어감을 분명히 보여주고 있다.[8]

---

5) 權五尚, "토마스 머튼의 영성 신학에 대한 연구", (미간행석사학위논문, 한남대학교 학제신학대학원, 2006), p. 46.
6) 윤영조, "기독교 전통에 의한 영성훈련 방법 연구", (미간행석사학위논문: 목원대학교 신학대학원, 2007), p. 29.
7) 權五尚, "토마스 머튼의 영성 신학에 대한 연구", op. cit., p. 46.
8) 윤영조, "기독교 전통에 의한 영성훈련 방법 연구", op. cit., p. 29.

그런데 신약성경에서 관상의 모습을 찾을 때 가장 대표적인 것이 바울과 요한 서신의 내용일 것이다. 바울 서신이나 요한복음은 기독교 신비주의 연구에 중요한 문서이다. 바울이 셋째 하늘로 들려 올라간 이야기(고후12:2~4)는 이러한 유형의 경험을 뒷받침해 주는 중요한 근거가 된다. 스톨츠(Anselm Stolz)는 바울이 묵시적으로 삼층천에 올라갔다는 기록이 기독교 신비주의 역사에서 중심적 역할을 한다는 점을 지적한 최초의 인물이다. 이 이야기는 모세가 시내산 꼭대기에서 하나님을 만난 출애굽기 이야기와 함께 신비적인 신적 임재의 경험을 위한 표본적인 이야기로 사용된다.[9]

(고후12:1~4)"(1)무익하나마 내가 부득불 자랑하노니 주의 환상과 계시를 말하리라 (2)내가 그리스도 안에 있는 한 사람을 아노니 그는 십사 년 전에 셋째 하늘에 이끌려 간 자라(그가 몸 안에 있었는지 몸 밖에 있었는지 나는 모르거니와 하나님은 아시느니라) (3)내가 이런 사람을 아노니(그가 몸 안에 있었는지 몸 밖에 있었는지 나는 모르거니와 하나님은 아시느니라) (4)그가 낙원으로 이끌려 가서 말로 표현할 수 없는 말을 들었으니 사람이 가히 이르지 못할 말이로다"

하늘에 올라갔던 다른 사람들과는 달리 바울은 두려움을 경험하지 않는다. 다른 사람들은 사람들에게 전달할 메시지를 받는 반면 바울은 "말할 수 없는 말"의 계시를 받는다. 모세가 구름과 어두움 속에서 하나님을 본 것처럼, 이 신비는 경험이 없는 사람에게는 계시가 될 수 없다. 이것은 본질적으로 부정적(apophatic)이다. 이처럼 바울도 베드로와 스데반 및 다른 초기 기독교 지도자들처럼 사도이면서 환상가였다고 하고 있다.[10]

같은 주제는 제자도에 관한 바울의 설교에서도 나타난다. 고린도전서 13장 12절에서 바울은 현재의 불완전함과 다음에 올 완전을 비교한다.

"우리가 이제는 거울로 보는 것같이 희미하나 그 때에는 얼굴과 얼굴

---

9) 이혜원, "관상기도 연구", (미간행석사학위논문: 감리교신학대학교 대학원, 2005), pp. 26-27.
10) Bernard McGinn, The Foundations of Mysticism: Origin to the Fifth Century, 「서방 기독교 신비주의의 역사」, 방성규 · 엄성옥 공역, (서울: 은성출판사, 2000), p. 125.

을 대하여 볼 것이요 이제는 내가 부분적으로 아나 그 때에는 주께서 나를 아신 것 같이 내가 온전히 알리라"

여기 "거울을 보는 것"이라고 번역된 단어는 가끔 응시(gazing) 혹은 관상(contemplating)으로 이해되었다. 따라서 이 구절은 부활하신 그리스도의 영광에 대한 관상을 통해서 우리 안에 있는 하나님의 형상이 성부의 완전한 형상인 말씀과 같은 성질의 것이 된다는 의미로 볼 수 있다. 하나님의 형상을 관상하는 것과 완전하게 하는 것을 연결함으로써 이 구절은 기독교 신비주의의 역사에서 가장 중요한 것 중 하나가 된 것이다. 이 두 중심적 구절은 마태복음 5장 8절과 그리스도 안에서 하나님을 본다는 요한의 주제와 연결될 때 '기독론적이 된' 플라톤적 봄(theoria)이 기독교 신비주의와 맞아지는 것이다. 기독교적 삶이란 잃어버린 하나님 모양 혹은 손상된 형상의 점진적인 회복이라고 보는 것은 바울에게서 발견한 주제였다.[11]

그런데 사도 바울은 관상이라는 표현을 사용하지 않았으나, 그의 서신들에서 하나님에 대한 체험적인 지식을 말할 때 그노시스(gnosis)를 사용하였다. 그노시스는 하나님께 관한 지식이라는 특별한 의미를 지녔고 결코 논리적이거나 지적인 지식이 아니라, 직관적이고 체험적인 지식을 말한다. 사도 바울은 이러한 그노시스 표현을 고린도전서 12장 8절, 고린도후서 6장 6절과 8장 7절, 골로새서 1장 25절과 26절에 사용하였다. 결국, 이것은 관상의 체험을 나타내는 것이라고 하고 있다.[12]

사도 요한은 관상의 모범이 된다. 그가 밧모섬에서 고독을 통해 가장 심오하다고 하는 계시적 비전을 받아 계시록을 기록하였다. 그리고 그의 가르침 중에 사랑에 대한 가르침은 우리를 향한 하나님의 사랑 안으로 들어가서 우리가 하나님을 사랑하게 하는 데 매우 유익한 것이다. 이러한 사도 요한의 체험이 관상의 모범이 된다고 하고 있다.[13]

11) 이혜원, "관상기도 연구", op. cit., p. 27.
12) 윤영조, "기독교 전통에 의한 영성훈련 방법 연구", op. cit., pp. 29-30.
13) 리차드 포스터, 「생수의 강」, 박조앤 역, (서울: 도서출판 두란노, 1999), p. 22.

그리스도와 신자들의 연합을 묘사하는 요한복음의 구절들은 기독교 신비주의의 중심이 되는 것이다. '연합', '일치'의 개념은 관상의 개념에서 중요한 부분이다. 요한복음 14장에서 17장에 이르는 내용에서는 하나님 안에서 예수님의 하나 됨을 말하고 있다. 아버지가 하는 것을 그가 하는 것이 아니라 행동의 표지가 아니라 아버지는 그 즉 존재의 표지인 것이다. 게다가 그의 기도는 아버지 안에서 그, 그 안에서 아버지인 것처럼 그의 제자들이 하나 되기를 기도했다.[14]

그리고 요한복음에서는 로고스가 하나님과의 관계에서 "본래 하나님을 본 사람이 없으되 아버지 품속에 있는 독생하신 하나님이 나타내셨느니라"(요1:18)고 했다. 초기 기독교 문헌에서는 하나님의 불가시성이지만 요한은 말씀이 육신을 입음으로 우리가 실제로 하나님의 영광을 볼 수 있는 능력을 갖게 되었다고 주장한다. 그리스도를 보는 자는 아버지를 보거나 안다. 이것은 앞에서 살펴본 플로티누스의 중보자 '말씀'의 개념과 상통한다. 하나님을 보는 것은 하나님을 아는 특별한 방법으로서 이 주제는 요한의 메시지의 본질적인 부분이다. 즉 완전히 그리스도 중심적인 것이다.[15]

관상옹호자들은 신약에서 관상기도의 대가는 당연히 예수님이라고 하고 있다. 이는 예수님보다 하나님과 친밀하고 끈끈한 사랑의 관계를 맺고 있는 사람은 없기 때문이다. 요한복음 5장 19절, 5장 30절, 14장 10절에서는 예수님과 하나님과의 친밀한 관계에 대해서 기록하고 있다. 누가복음 6장 12절, 9장 28~29절, 마가복음 14장 36절, 마태복음 4장 1절에서는 예수께서 하나님께 친밀한 방법으로 기도하셨던 모습이 기록되어 있다. 이처럼 예수님은 하나님과의 친밀한 관계를 통해 자신의 모습을 통해, 하나님의 모습을 보여주셨으며 누구보다 하나님과 교제하기를 원하셨던 분이었다. 즉 관상의 삶을 사셨던 분이 예수님이라고 하고 있다.[16]

14) 이혜원, "관상기도 연구", op. cit., pp. 27-28.
15) Ibid., p. 28.
16) 리차드 포스터, 「생수의 강」, op. cit., p. 22.

누가복음 11장 1~13절에서 제자들은 예수님이 하나님과 말없이 교통하시는 침묵의 시간을 방해하지 않는 장면이 나온다. 그들은 기다렸다. 그리고 주님이 기도를 마치시자 "주여, 우리에게 기도를 가르쳐 주옵소서"라고 청하였다. 그러자 예수님은 말로 드리는 기도 즉 주기도문에 대해서 설명해 주셨다. 그러나 침묵 기도에 대해서는 어떤 교훈도 주시지 않으셨다. 그 대신 침묵 기도를 제자들이 직접 볼 수 있도록 해 주신 것이다. 왜냐하면, 침묵 기도는 침묵이기 때문이다. 즉 침묵이란 떠들어 대는 사이에 잠시 말을 멈추는 것이 아니라 하나님의 현존으로 불타는 침묵 즉 하나님의 깊은 현존을 추구하는 독거로부터 오는 고요함의 기도라고 하고 있다.[17]

이렇게 관상가들은 '예수님을 관상적 묵상의 모범'이라고 주장하면서 관상의 정당성을 찾고 있다. 하지만 신성을 가진 전지전능한 신이 동일한 본질의 신성을 가진 전지전능한 신을 향하여 관상(묵상)할 이유가 없고 피조된 인간만이 신을 향하여 관상(묵상)할 수 있는 것이다. 그러므로 '예수님을 관상(묵상)의 모범'이라고 주장하려는 것은 성자 하나님이신 예수님의 신성을 부정하는 결과를 초래하여 예수님을 피조물화 시키는 것으로서 기독론과 신론에 큰 문제가 발생되어 관상가들이 예수님에게서 관상(묵상)을 찾으려는 것은 지극히 합당하지 않다고 본다.[18]

(2) 권오상(權五尙)의 신약성경에서의 관상 견해

권오상(權五尙)은 관상과 관련한 신약성경에서의 배경을 다음과 같이 제시하고 있다.

관상(Θεωρία)이라는 단어는 신약성경에서 한 번 사용되었다고 하고 있다. 누가는 예수님의 십자가 처형 장면을 주목했던 군중들의 태도를 묘사

---

17) 이혜원, "관상기도 연구", op. cit., p. 28.
18) 림헌원, "관상기도 관련 영성행위는 성경적 증거 없다", 「이단연구 논문집 제1집」, (아레오바고사람들, 2010), p. 152.

하는 누가복음 23장 48절에서 관상이라는 단어를 사용했다고 보고 있다.

> 이를 구경하러 모인 무리도 그 된 일을 보고 다 가슴을 치며 돌아가고.
> καὶ πάντες οἱ συμπαραγενόμενοι ὄχλοι ἐπὶ τὴν Θεωρίαν ταύτην, Θεωρήσαντ
> ες τὰ γενόμενα, τύπτοντες τὰ στήθη ὑπέστρεφον.[19]

누가는 이 본문에서 Θεωρίαν(Θεωρίαν-Θεωρία의 대격, 여성, 단수형 명사)을 사용한다. NIV 영어 성경은 이것을 "sight"로 번역하였고 한글 개정개역 성경은 "구경"으로 번역하였다.[20]

그런데 누가복음은 물론이고 신약성경 전체에서 "구경"이나 sight라고 묘사할 장면은 얼마든지 있다. 그런데도 누가가 십자가 처형 장면에서만 유일하게 관상이라는 단어를 사용한 이유는 단지 물리적으로 어떤 장면이나 사건을 보는 것과는 달리 예수님의 죽음 과정에서 일을 하신 하나님의 활동을 묘사하기 위해서였을 것이다. 이 본문에서 "구경(sight)"으로 번역된 '떼오리안'은 단순한 구경이 아니다. 이 떼오리안의 신학적 의미를 파악하기 위해 두 가지 사실을 참고할 필요가 있다. 첫째, 이 단어가 쓰인 선행 구절을 살펴볼 필요가 있는데 누가복음 23장 47절은 다음과 같이 기록하고 있다.[21]

(눅23:47)"백부장이 그 된 일을 보고 하나님께 영광을 돌려 이르되 이 사람은 정녕 의인이었도다 하고"

여기에서 백부장이 본 것은 온 땅에 어둠이 임한 것과 예수님이 원수들에게 하신 행동(눅23:34), 좌우의 죄수들에 하신 말씀들(눅23:43), 원수들을 위해 아버지께 드린 기도(눅23:46), 그리고 자신의 생명을 아버지께 위탁하는 기도(눅23:36)였다. 이 구절에 대하여 놀랜드(John Nolland)는 백부장이 본 일이란 "예수께서 극심한 고통 가운데에서도 하나님과 올바

---

19) Deutsche Bibelgesellschaft에서 출판한 The Greek New Testament 헬라어 성경.
20) 김수천, "관상기도의 성서적 유례와 성서 신학적 의미 고찰", 「실천과 신학」, 한국실천신학회(2021), p. 238.
21) Ibid., p. 238.

른 관계를 유지한 것"이라고 말한다. 백부장이 목격한 것은 "죄인들을 위해 용서의 기도를 드린 예수님의 기도와 그 가운데 임한 하나님의 임재"라고 말할 수 있다. 여기서 백부장은 예수님이 극심한 고통 가운데에서도 행악자에게 낙원을 허락하고 자신을 처형하는 원수들을 위해 사죄의 기도를 드리는 모습을 보며 악이 활동하는 한 가운데서도 사랑과 용서로 악의 세력을 극복하는 신적인 일을 본 것이라고 할 수 있다. 그 결과 백부장은 십자가 위에서 일하신 성부의 신적 계시 사건을 경험함을 통해 예수님이 누구인지를 깨닫는 영적인 조명의 은혜를 체험하게 된 것이다.[22]

둘째, 누가복음 23장 48절의 본문에서 이를 구경한 사람들이 누구인지와 그들이 어떤 태도로 그 광경을 지켜보았는지 주목할 필요가 있다. 놀랜드는 이 구절에 등장한 인물들은 누가복음 23장 27절의 무리와 관련이 있다고 말한다.[23]

(눅23:27)"또 백성과 및 그를 위하여 가슴을 치며 슬피 우는 여자의 큰 무리가 따라오는지라"

본문에 등장하는 무리는 단순한 구경꾼이 아니다. 그들은 예수님을 진정으로 사랑하고 예수님의 죽음을 애통해하는 자들이다. 우리는 십자가 처형 장면을 목격했던 무리들을 두 부류로 구분할 수 있다. 첫째, 예수님의 죽음에 무관심하거나 조롱하는 무리들이다. 35절에 표현된 무관심한 백성들과 조롱하는 관리들, 36~37절에 기록된 비웃는 군인들, 그리고 39절에 나타난 비방하는 강도가 그들이다. 둘째, 예수님의 죽음에 대하여 호의적인 자들로 47절의 백부장과 48절의 가슴을 두드리며 돌아가는 무리, 그리고 49절에 기록된 예수님을 따르는 여인들이 그들이다. 누가는 47절과 49절에서 가슴을 두드리며 돌아가는 무리들과 애통해하는 여인들의 심정을 묘사하며 그들이 십자가 처형을 단순히 구경했던 자들과 전혀 다른 방식 즉, 사랑의 방식으로 보았다는 것을 강조하고 있는 것이다. 따라서 누가가 유일하게 사용한 관상이란 단어는 단순한 물리적 봄이 아니라 보

---

22) Ibid., p. 239.
23) Ibid., p. 239.

는 자가 지극한 사랑으로 봄을 통해 성부의 신적 계시를 경험하는 관상적
차원의 봄이었다고 하고 있다.[24]

또한, 이러한 관상에 대한 모습은 바울 서신에서 찾아볼 수 있다고 한
다. 바울은 관상이란 용어를 사용하고 있지는 않지만, 하나님에 대한 체험
적인 지식을 말할 때 '그노시스'(Gnosis)라는 표현을 사용하였다. 그노시
는 지적인 이해를 가리키나 세상에 대한 지식이 아닌 하나님에 대한 지식
이다. 그러므로 이러한 지식은 이성의 활동이 아니라 은사에 의해 초월적
으로 주어지는 것이다. 사도 바울은 이 지식이 관상 활동의 결실이라고
직접 말하지 않지만, 다메섹 도상에서의 회심과 소명(사도행전 9장), 그
후 아라비아 사막에 가서 모든 것을 떠나 기도에 전념했으며(갈2:17) 3층
천의 비밀을 체득한 것은(고후12:2) 관상으로 초대를 보여주는 것이라고
한다.[25]

바울은 '그노시스'(Gnosis)라는 용어를 "하나님을 사랑하는 자에게 주는
특유한, 하나님께 대한 내적인 지식"이라는 의미로 사용하였다."[26]

사도 요한은 하나님에 대한 신비의 지식을 말할 때 '그노시스'의 동사
형인 'Gnosken'을 요한복음에서 56번, 요한 서신에서 26번 사용하고 있다.
요한복음을 보면은 예수님은 "아버지가 내 안에, 내가 아버지 안에 있다"
고 말씀하셨다. 자신을 알면 하나님을 아는 것이요, 자신을 보는 사람은
곧 하나님을 본 것이라(요14:7, 9)고 말씀하셨다. 예수님은 하나님이 생각
하고 원하는 것을 분명하게 알고 행하셨기 때문이다. 예수님 마음에 하나
님의 영이 가득했기 때문에 그런 말을 행동이 곧 하나님의 뜻과 일치하였
다. 이러한 신적 합일(神的合一)은 예수님에게만 해당하는 것이 아니라고
한다. 예수님은 우리가 관상기도를 통해 이 단계에 이르기를 원하신다고
하면서 요한복음 17장 21절에서는 "아버지여, 아버지께서 내 안에, 내가

---

24) Ibid., p. 240.
25) 權五尙, "토마스 머튼의 영성 신학에 대한 연구", op. cit., p. 46.
26) Tomas Keating, Open mind Open Heart, 「마음을 열고 가슴을 열고」, 엄무광 역, (서울:
　　카톨릭출판사, 2003), p. 36.

아버지 안에 있는 것 같이 그들도 다 하나가 되어 우리 안에 있게 하사 세상으로 아버지께서 나를 보내신 것을 믿게 하옵소서"라는 말씀을 인용하고 있다.[27]

사도 요한에 의하면 하나님을 아는 지식은 영원한 생명을 누리는 것이다. 그것은 하나님을 사랑하는 것이요(요일4:8), 하나님의 계명에 순종하는 것이며, 하나님과 친교를 맺는 것이다(요14:7). 하나님의 계명은 예수 그리스도를 믿는 것이며(요일4:23), 하나님과 친교는 예수 그리스도로 말미암아 가능한 것이다.[28]

성경에서 말하는 관상은 그리스도를 통한 하나님과의 신비적 체험이라고 결론을 내고 있다. 이 지식은 논리적이거나 체계적이지 않다. 예언자들이나 사도들은 관상에 대한 조직적인 훈련이나 이론을 제시하지 않는다. 주님의 뜻을 전하고 살았을 뿐이다. 그러나 후대 신비가들에 의해서 관상을 상징적인 표현으로 설명하려 했고, 그 여정도 체계적으로 제시하려 했다.[29]

관상이란 예수님을 바라봄으로 이루어지는 현존의 체험을 말한다. 그러면서 관상에 대한 성경적 근거를 다음에서 구절에서 찾으면서 설명하고 있다.[30]

(계3:20)"볼지어다 내가 문 밖에 서서 두드리노니 누구든지 내 음성을 듣고 문을 열면 내가 그에게로 들어가 그와 더불어 먹고 그는 나와 더불어 먹으리라"

주님은 항상 우리에게 문을 두드리며 다가오신다. 사랑의 본체이신 주님께서 우리와 함께 먹고 마시기를 원하시며, 주님은 우리를 초대하고 계신다. '문을 열면'이란 마음의 문을 열어놓고 주님을 초대하면 내 영혼 안에 들어오시겠다는 말씀, 곧 마음을 비우고자 하는 것은 주님께서 오시라

---

27) 權五尙, "토마스 머튼의 영성 신학에 대한 연구", op. cit., pp. 46-47.
28) Ibid., p. 47.
29) Ibid., p. 47.
30) Ibid., pp. 47-48.

는 초대를 의미한다.[31]

(롬8:26~27)"(26)이와 같이 성령도 우리의 연약함을 도우시나니 우리는 마땅히 기도할 바를 알지 못하나 오직 성령이 말할 수 없는 탄식으로 우리를 위하여 친히 간구하시느니라 (27)마음을 살피시는 이가 성령의 생각을 아시나니 이는 성령이 하나님의 뜻대로 성도를 위하여 간구하심이니라"

관상기도가 깊어 지면은 하나님과 기도자가 하나가 된다. 성령이 우리 내면 깊은 곳에 있는 문제까지 아시고 우리에게 필요한 것이 무엇인지 아시기 때문이다. 내가 침묵하고 있을 뿐, 하나님은 침묵하지 않으신다. 성령께서, 하나님의 뜻을 따라, 성도를 대신하여 간구하시기 때문이다.[32]

(고전3:16)"너희는 너희가 하나님의 성전인 것과 하나님의 성령이 너희 안에 계시는 것을 알지 못하느냐"

관상기도는 성령께서 당신이 하시고자 하시는 일을 마음껏 하시도록 자리를 만들어드리기 위해, 하나님의 성전인 우리 자신의 몸과 영혼을 시공간적으로 비워 드리는 것이다. 또한, 우리의 생각 속에 오시어서 우리를 다스리고자 하신다. 마음을 감찰하시고 우리의 마음속에 함께 하시기를 원하시며, 만나기를 원하신다.[33]

(시46:10)"이르시기를 너희는 가만히 있어 내가 하나님 됨을 알지어다 내가 뭇 나라 중에서 높임을 받으리라 내가 세계 중에서 높임을 받으리라 하시도다"

하나님께서 우리의 마음속에 가만히 하나님을 바라보게 하신다. 우리 속에 계신 그분이 사랑의 활동에 따라 우리는 반응하면 된다. 여기서 '가만히'란 영어로 silent로서 침묵을 지키고 있어 주 여호와를 하나님으로 체험적으로 알라는 말씀이다.[34]

---

31) Ibid., p. 48.
32) Ibid., p. 48.
33) Ibid., p. 48.
34) Ibid., p. 49.

(갈2:20)"내가 그리스도와 함께 십자가에 못 박혔나니 그런즉 이제는 내가 사는 것이 아니요 오직 내 안에 그리스도께서 사시는 것이라 이제 내가 육체 가운데 사는 것은 나를 사랑하사 나를 위하여 자기 자신을 버리신 하나님의 아들을 믿는 믿음 안에서 사는 것이라"

그리스도를 통해 자아를 버릴 때, 그리고 그리스도의 영과 교제하면서 새로운 자아를 찾았다. 새로운 자아는 그리스도의 영 곧 하나님의 성령으로 채워져 있는 존재다. 예수님이 자신 안에 하나님이 충만히 거하신다고 믿었듯이, 바울 자신 안에 그리스도께서 충만히 거하신다고 믿었다. 이것은 관상기도를 통한 확신이다. 그래서 바울은 그리스도의 권위와 능력으로 살았다.[35]

---

35) Ibid., p. 49.

제Ⅱ부 비판적 시각의 관상기도

제10장 관상과 관련한 다양한 사항 고찰 · · · · · · · · · · **406**
  1. 관상과 침묵과 명상과 묵상 / 406
  2. 관상과 타 종교와의 비교 / 469
제11장 바로 알자! 관상기도의 정체 · · · · · · · · · · · · **477**
  1. 관상기도의 사상적 배경과 문제점 / 478
  2. 관상기도에 대한 비판자들의 비평 / 497
  3. 관상기도 실행 내용에서의 비평 / 512
제12장 관상기도의 대처방안 · · · · · · · · · · · · · · · **527**

제10장 관상과 관련한 다양한 사항 고찰

1. 관상과 침묵과 명상과 묵상

가. 관상과 침묵

(1) 침묵에 의미

침묵에는 '말하지 않는 것'과 또 '듣지 않는 것', 두 가지 측면이 있다. 그러나 단지 말하지 않고 듣지 않는 거절만으로 교류를 단절하는 것은 아무런 소용이 없다. 마음속에 "너를 싫어해, 너는 나에게 의미 없는 존재일 뿐이야"라는 생각을 지니고 미움을 교류하는 경우에는 여전히 다른 사람과 교류를 지속하는 것이다. 비록 표면상 말하고 있지 않더라도 미움과 폭력을 교류하는 것이다. 이처럼 침묵은 자신 안으로만 주의를 집중해 '나는 너와 같지 않다'고 말하는 바리새적인 태도를 의미하는 것이 아니다.[1]

침묵은 단순히 말을 하지 않고 있다는 부정적인 의미만을 내포하고 있는 것은 아니다. 그것은 혼란에서 벗어난 안정감과 깊이, 내적인 평화 등

---

1) 홍수정, "토머스 머튼의 관상과 신비를 통해 본 그리스도인의 기도의 삶", (미간행석사학위논문, 대구가톨릭대학교 대학원, 2020), pp. 17-18.

과 같은 상당히 높은 단계의 긍정적인 의미이기도 하다. 산꼭대기에 올라 고요히 있을 때의 그 평화로움, 고요한 침묵 중에 정다운 친구와 함께할 때 그 어떤 대화의 순간보다 더 깊이 일치하고 있는 느낌 등을 떠올리면 이러한 침묵이 얼마나 가치 있고 중요한 것인지 평가할 수 있을 것이다. 실제로 침묵 안에 편안히 머물러 있을 수 있는 사람은 깊은 휴식을 누릴 수 있고, 혼자 있을 때나 다른 사람들 가운데에서도 차분하고 평안하게 지낼 수 있다.[2]

침묵은 모든 정신활동, 상상력, 지력, 언어 등의 모든 것에서 정지된 상태로 하나님의 말씀을 듣고 또 하나님을 만나게 되는 것을 말하고 있다. 이러한 침묵이 어두운 밤으로 들어간다는 말은 바로 관상기도를 한다는 의미로써 이해되는 것이다. 즉 관상을 향한 침묵은 삶의 중심을 하나님께 두려는 것으로 침묵과 관상을 하는 사람은 의지적으로 자신의 중심을 하나님께 두려고 하며, 이것은 침묵 가운데서 자신의 내면으로 들어가는 관상의 과정 중에 잘 드러나게 된다고 하고 있다.[3]

(2) 침묵의 역사적 이해

관상에 있어서 침묵은 필수적인 요소라고 하고 있다. 왜냐하면, 관상의 목표는 바로 일치에 있으므로, 일치를 이루기 위해서는 계시에 대한 이해가 필요하기 때문이라고 한다. 침묵은 이와 같은 깨달음을 위해 성경에 대하여 마음을 열어주게 하며, 그리고 침묵 속에서 자신이 고요해지게 함으로 계시의 깨달음, 즉 일치로 나아가게 한다고 하고 있다.[4]

이러한 침묵에 대하여 광야의 교부 암모나스는 다음과 같이 말하고 있다.

---

2) Ibid., pp. 18-19.
3) 윤정아, "관상기도의 역사에 관한 연구", (미간행석사학위논문, 협성대학교대학원, 2011), pp. 16-17.
4) Ibid., pp. 11.

　　나는 네게 침묵의 힘이 얼마나 철저하게 친교하는지 또 얼마나 하나님께 온
전히 기쁨이 되는지를 보여 주었다. 명심해야 할 것은 침묵에 의해 성도가 자
라나며, 침묵 때문에 하나님의 능력들 안에 거하며, 침묵 때문에 하나님의 비밀
이 성도들에게 알려진다는 사실이다.[5]

　　이처럼 침묵은 영적 성숙과 또 하나님의 비밀을 알게 하는데 침묵이
이러한 역할을 할 수 있는 것은 바로 성도가 하나님의 말씀을 대면하는
것을 방해하는 우리 안에 있는 사회, 문화, 종교구조들에 대한 잘못된 역
할에 대하여 씨름하게 하기 때문이라고 한다. 그리고 이 '침묵의 씨름'은
거짓된 문화에 대한 변화를 가능하게 하는 것에 있다. 이러한 변화의 가
능은 침묵 속에서 그 말씀이 우리 자신의 한 부분이 되어서 맛을 보게 하
며, 소화되게 하며, 흡수되게 하여서, 거짓 자아를 도려내 버리게 하기 때
문이라고 한다. 즉 침묵의 첫 계시는 사람에게 더욱더 고요하게 만들고,
이 고요함은 바로 자기 자신을 드러나게 한다. 이러한 계시는 자신 안에
서 지혜, 평화, 기쁨 그리고 심지어는 하나님까지도 얻게 되는 성소의 입
구가 된다고 하고 있다.[6]

　　이러한 침묵의 초대는 대부분 사람들의 방황 속에서 나타나게 된다. 이
러한 것은 마음의 방황과 내적인 동요가 심하여서 도저히 고요하게 생활
할 수 없음을 느끼는 것이 침묵의 표지로 나타나게 된다고 한다. 이러한
만족 할 줄 모르는 인간의 마음은 오직 하나님 안에서만이 채워질 수 있
고, 만족할 수 있다고 한다. 이처럼 채워지지 않음은 인간을 동요하게 하
고, 이 동요는 엄밀하게 말해서 무한하신 하나님께서 인간 안에서 끝없는
걱정과 함께 인간의 내면에 가득찬 모든 거짓된 유한한 것, 그리고 지상
의 것들을 파괴시키는 정열(Leidenschaft)을 일으키는 현상에 속하는 것임
을 알 수 있다. 그러므로 침묵은 하나님의 첫 계시라고 할 수 있는 것이
고 관상의 출발점이 되는 것이라고 하고 있다.[7]

---

5) 엔소니 드 멜로, 「하느님께 나아가는 길」, 이미림 역, (서울: 성바오로, 2002), p, 17.
6) 윤정아, "관상기도의 역사에 관한 연구", op. cit., pp. 11-12.

4세기에서 5세기에 사막의 교부들의 어록에서도 이러한 침묵의 가치들에 대한 기록들이 나타나고 있다. 5세기의 수도자인 '은둔자 존'(John the Solitary)은 "하나님은 침묵이시다"라고 말했고, 동방정교회 영성의 핵심이라고 볼 수 있는 헤시키아(Hesychia)가 아토스산(Mount Athos)을 중심으로 '내적 침묵의 획득'이라는 침묵 영성의 특징을 보여주고 있다고 하고 있다. 또한, 중세 서양의 신비주의 작가 중 대표적이라고 할 수 있는 토마스 아 캠피스는 침묵과 정숙 속에서 신앙의 성숙이 이루어지고 성경의 감추어진 신비를 깨닫게 된다고 하고 있다. 또한, 동방신학자 나지안주스(St Gregory Nazianzus)와 시므온(St Symeon)은 신학자의 자질들 중에서 침묵과 내적 평화의 중요성을 매우 강조했다고 한다. 이러한 침묵의 흐름은 십자가의 성 요한으로부터 퀘이커의 조지 팍스, 그리고 토마스 머튼까지 영성 생활의 기초가 됨을 강조하였다고 한다.[8]

이러한 침묵에 대하여 성 아우구스티누스는 「공동체 생활」 140장에서 "침묵은 하나님의 말씀을 듣는 마음이며, 하나님과 대화하는 마음이고, 하나님의 뜻을 기다리는 마음이다. 그러므로 모든 신앙인들은 내적 침묵을 위하여 외적 침묵도 소중히 여겨야 한다. 침묵 장소와 침묵시간을 지킬 것이며, 수도원 내의 특정한 장소를 제외하고는 이를 어김을 금한다."(수도서 8, 4, 15)라고 말함으로써, 내·외적 침묵의 중요성을 강조하였다.[9]

(3) 관상에서의 침묵

관상기도는 인간의 모든 능력이 정지하는 지점(침묵)에서 하나님의 임재가 더할 수 없는 방식으로 이루어진다(현존)는 전통적인 기독교 신비학의 가르침이 그 신학적 출발점이다. 인간 편의 침묵은 하나님께서 임하시는 통로가 된다. 인간의 감각적, 지적, 정서적 활동이 잠잠해질 때에, 다시

---

7) Ibid., p. 12.
8) Ibid., pp. 12-13.
9) Ibid., pp. 13-14.

말해 자아가 한없이 작아질 때에 자아 속에서 하나님의 현존은 한없이 커지게 된다. 이처럼 관상기도는 침묵에서 출발하기 때문에 회중기도 등의 예전적인 기도나 구송기도, 경건의 시간 등 자신의 의지가 개입되는 기도와 구별된다.[10]

이러한 침묵은 하나님의 현존을 찾기 위해 우리의 모든 언어를 비워둔 여백이다. 하나님께서 우리에게 보다 쉽게 말씀하실 수 있도록 우리 마음을 정화시키고 순화시킨다고 한다. 또한 "침묵은 영성수련의 가장 기본적이고 탁월한 방법이며 하나님의 신비를 가르쳐 주는 위대한 스승이다."라고 최일도는 말하고 있다.[11]

그런데 모든 종교의 수련이 거짓 자아가 있는 마음을 비우는 수련이라 할 수 있다. 특별히 관상은 이러한 내적 고요 즉 거짓 자아를 비우는 것에 뿌리를 두고 있으며, 관상은 침묵을 통해서 우리의 상상과 이성 등을 초월하게 되는 기도이기에 관상은 침묵이 필수적이며, 동시에 침묵은 영적 성장을 위해서 관상으로 이끌어져 가야 한다고 하고 있다. 왜냐하면, 관상기도를 향한 침묵은 자기 자신을 만나는 방법이고 하나님을 만나는 방법이기 때문이다. 그러므로 침묵과 어두움과는 밀접한 관계가 있는 것이다.[12]

이러한 것에 대하여 「무지의 구름」이라는 책에서는 다음과 같이 말하고 있다.

　　만일 그대가 언제가 이 구름에 도달하여 내가 제안하듯이 그 안에서 살며 일하고자 한다면, 그때는 이 무지의 구름이 그대 머리 위에서 하나님 사이를 가로막고 있듯이 마땅히 그대 아래로 망각의 구름을 깔아서 그대와 온갖 피조물 사이를 가로막아야 합니다. 하지만 이제 그대가 내게 "내가 하나님만을 생각하려면 어떻게 해야 하며, 대체 하나님은 어떤 분이십니까?" 하고 물을 터이

---

10) 남성현, "관상기도 전통에 대한 소고(小考)", 「韓國敎會史學會誌 第21輯」, 한국교회사학회 (2007), p. 97.

11) 최일도·김연수, 「영성 수련의 실체(Ⅰ)」, (서울: 도서출판 나눔사, 1991), p. 30.

12) 윤정아, "관상기도의 역사에 관한 연구", op. cit., p. 17.

나, 내가 할 수 있는 답변은 "나도 모릅니다"밖에는 없습니다. 왜냐하면 그대는 이런 물음으로 내가 그대를 이끌고자 하는 바로 그 어둠, 바로 그 무지의 구름 속으로 나를 끌어들인 셈이기 때문입니다. 우리는 하나님의 은총 덕분에 다른 모든 것들을 온전히 알 수도 있고, 또 그들에 관해 생각할 수도 있지만, 그렇습니다. 심지어는 하나님의 일까지도 말입니다. 하나님 자신에 대해서는 어떤 인간도 생각할 수 없는 것입니다. 그래서 나는 내가 생각할 수 있는 모든 것들을 한편으로 치워두고, 내가 생각할 수 없는 그것을 내 사랑의 대상으로 선택할 것입니다.[13]

기도할 때 분심(分心)이 일어나는 것은 기도에 커다란 방해가 된다. 그런데 이러한 분심을 대하는 가장 지혜로운 방법은 그런 분심(分心)에 오히려 신경을 쏟지 않는 것이라고 말한다. 즉 기도 가운데 일어나는 분심(分心)을 가만히 내버려 둠으로 잡다한 생각들이 그저 흘러가 버리게 함으로써, 내적인 산란함이 기도를 방해하지 않게 한다는 것이다.[14]

이에 침묵은 외적으로 분산되어 있는 초점을 한 곳으로 집중시키고, 그 관심의 초점을 외부에서 내면으로 향하게 하는 것이다. 침묵은 언어의 멈춤이라기보다는 외적인 언어로부터 내면의 언어를 찾아 떠나는 행위이다. 초점을 하나로 모으고 내면의 심연으로 들어갈 때, 그곳에서 우리 안에 존재하는 무의식적인 소리를 포함하고 있는 원초적인 언어를 발견하게 되고 하나님과의 진실한 교제가 일어난다. 그러므로 진실한 기도는 이 원초적인 언어를 찾으므로 비롯한다.[15]

여기서 일어나는 내면의 이미지는 혼란된 외적 이미지를 정리하고 소화시키면서 심연의 고요함과 평화를 회복하게 된다. 그렇기에 동서양을 막론 하고 전통적으로 침묵은 모든 영성수련의 주요한 자리를 차지하여 왔다. 따라서 침묵은 모든 정신 활동, 상상력, 지력, 언어 등의 모든 것에

13) Ibid., pp. 17-18에서 재인용.
14) 김경아, "센터링 침묵기도를 통한 내적 치유 연구", (미간행석사학위논문: 서울신학대학교 상담대학원, 2007), p. 33.
15) Ann & Barry Ulanov, Primary Speech, 「기도의 심리학」, 박선규 역, (서울: 은성, 2002), p. 15.

서 정지된 상태로 하나님의 말씀을 듣고 또 하나님을 만나게 되는 것을 말하는데, 침묵이 어두운 밤으로 들어간다는 말은 바로 관상기도를 한다는 의미로써 이해되는 것이다.[16]

이렇게 관상기도는 전적인 침묵을 요구한다. 언어뿐 아니라 마음과 생각과 의지까지도 침묵을 요구한다.[17] 바로 관상은 하나님을 체험하는 신비롭고 초월적인 길이다. 이 길을 가기 위해서 기도자에게 요구되는 것은 침묵을 통한 수련이다. 침묵은 곧 내적, 외적의 모든 차단을 의미한다. 감성과 지성이 비워지고 그 속이 궁핍하고 가난하게 될 때 하나님의 사랑이 채워지는 것이다. 따라서 관상기도를 실천함에 있어서 필요한 것은 침묵을 통한 기도이다.[18]

그런데 관상을 향한 침묵은 삶의 중심을 하나님께 두려는 것으로 침묵과 관상을 하는 사람은 의지적으로 자신의 중심을 하나님께 두려고 하며, 이것은 침묵 가운데서 자신의 내면으로 들어가는 관상의 과정 중에 잘 드러나게 된다. 그러므로 관상에서 침묵은 필수적이며, 동시에 영적 성장을 위해서 관상으로 이끌어져 가야 하는 것이다. 왜냐하면, 관상기도를 향한 침묵은 자기 자신을 만나는 방법이고 하나님을 만나는 방법이기 때문이다.[19]

사람들은 말과 개념으로 더 이상 전진할 수 없는 어떤 영적 여정의 지점에 맞닥뜨리게 되면 침묵하게 된다. 이 침묵은 이렇게 어두운 밤으로 들어가게 되는 것이다. 그런데 이러한 어두운 밤으로 들어가는 과정에서 영혼은 하나님께 주의를 집중하게 된다. 이것을 리차드 포스터(Richard Foster)는 '무언의 기도'라고 말하고 있다.[20]

---

16) 김경아, "센터링 침묵기도를 통한 내적 치유 연구", op. cit., pp. 33-34.
17) 정재화, "현대 영성훈련 방안에 대한 연구", (미간행석사학위논문: 목원대학교 신학대학원, 2009), p. 43.
18) 박은수, "방언기도와 관상기도를 통한 영성지도 연구", (미간행석사학위논문: 한신대학교 신학대학원, 2013), p. 29.
19) 김경아, "센터링 침묵기도를 통한 내적 치유 연구", op. cit., p. 34.
20) Richard J. Foster, Prayer by Richard J. Foster, 「리처드 포스터 기도」, 송준인 역, (서울: 도서출판 두란노, 1997), p. 213.

머튼은 우리에게 내적인 침묵 속에서 어두운 밤을 지나 하나님을 찾을 수 있도록 끊임없이 모색할 것을 권한다. 이는 기도생활에 지속적으로 필요한 것이며 우리가 침묵을 찾아냈다고 생각하고 거기에 집착한다면 하나님을 찾는 것을 멈춘 것이며, 우리 안에서 침묵도 사라져 버린다고 한다. 즉, 우리의 희망이 이루어졌다고 생각해 침묵 속에서 하나님을 찾지 않고 말씀에 귀 기울이지 않는다면 더 이상 하나님에 대해 알 수 없다.[21]

사막교부들에 의하면 침묵은 세 가지 중요한 의미를 갖는다고 하고 있다.[22]

첫째, 침묵은 우리를 순례자로 만든다.

여기서 순례란 사람이 자기 혀를 다스려야 한다는 것을 의미하며, 곧 침묵하는 것을 뜻한다. 성경 곳곳에 말에 대한 경고가 들어있다. 말로 실수하지 않기 위해서는 침묵의 훈련이 필요하다. 침묵은 그리스도인의 영적 여정에서 세상의 죄의 영향을 받지 않은 채로 머물 수 있게 만들며, 이런 이유로 침묵이야말로 가장 완전한 길이다. 그러므로 침묵은 영적 생활에서 따라야 할 중요한 규칙들 가운데 하나로서 많은 성인들이 이를 강조했다. 말의 기능 역시 중요하지만, 말은 영적 여정에서 작은 마을 가운데 너무 오래도록 멈추어 있는 것 같은 감정을 갖게 하고, 너무도 자주 우리가 소명을 받은 순례자라는 사실을 잊게 만든다. 그러므로 침묵하는 것은 우리를 순례자의 상태로 머물게 한다.

둘째, 침묵은 마음속에 있는 불을 지킨다.

이는 침묵의 보다 적극적인 측면을 의미한다. 침묵은 내적인 불, 영적인 불, 곧 우리 안에 계신 성령의 생명을 지키는 데 그 목적이 있다는 것이다. 침묵은 종교적인 정서의 내적인 불을 지킨다. 곧 침묵은 하나님의 내적인 불을 보살피고 살아 있도록 만드는 수련이다. 아무리 많은 말을 하고, 많은 체험을 나누는 사람이라 하더라도, 쉽게 지쳐 떨어지고, 오히

---

21) 홍수정, "토머스 머튼의 관상과 신비를 통해 본 그리스도인의 기도의 삶", (미간행석사학위논문, 대구가톨릭대학교 대학원, 2020), pp. 22-23.
22) 이정순, "헨리 나웬의 목회와 영성 이해", 「실천과 신학」, 한국실천신학회(2014), pp. 567-568.

려 마음속에 있는 하나님의 영의 불이 죽는 경우가 있다. 많은 말이 신앙을 약화시키고 사람을 냉담하게 만든다. 바로 여기에 침묵의 의의가 있다. 침묵은 바로 마음속에 있는 성령의 불을 지키고 다시 살려내어 신앙을 회복시키는 거룩한 규율이요 수련이다. 그러므로 오늘날 수많은 말의 유혹에 빠진 사람들은 신앙을 회복시키고 새롭게 하려면 바로 이 침묵의 영성이 필요하다.

셋째, 침묵은 말하는 것을 가르친다.

이것은 침묵이 미래 세계의 신비로서 자신을 드러내는 방법을 의미한다. 참된 말, 결실을 맺는 의미 있는 말은 침묵에서 나와 침묵으로 돌아가는 말이다. 힘 있는 말은 침묵에서 비롯된다. 침묵에 바탕을 두지 않는 말은 "울리는 징과 요란한 꽹과리"(고전13:1)와 다를 것이 없다. 여기서 우리는 하나님 자신이 말씀하시는 신비, 침묵과 말씀을 통해 참여하는 위대한 신비를 발견하게 된다. 하나님은 영원한 침묵에서 말씀하셨고 이 말씀을 통해 세상을 창조하셨다. 이제 하나님의 말씀은 여러 계기를 통하여 침묵을 깨뜨리신 것이 아니라, 오히려 침묵의 풍요를 드러내셨다. 하나님은 바로 우리를 거룩한 침묵으로 인도하시며 이 침묵의 여정을 통해 참다운 말의 창조와 재창조를 가능케 한다. 이것이 바로 침묵의 영성이며, 이 침묵의 영성은 마음의 기도로 이어진다고 한다.

중세 수도원에서도 '침묵'을 강조하였다. 그러나 중세 수도원의 '침묵' 강조는 성경에서 나온 것이라고 볼 수 없다. 그것은 다분히 플라톤 철학, 특히 후기 플라톤 철학(신플라톤주의)의 영향을 받은 것이다. 곧, 참 신은 순수한 영으로 존재하기 때문에 더러운 육체로 나아가기보다는 영혼으로 나아가는 것이 더 합당하다고 본 것이다. 이것은 영은 선하고 육은 악하다고 보는 헬라의 이원론 사상에 근거하고 있다. 그래서 중세 교회는 입으로 소리 내어 기도하는 것보다, 그런 것이 없이 고요히 영혼이 하나님을 바라보는 것을 최고의 경지로 본 것이다.[23]

---

23) 변종길, "침묵기도에 대해", https://cafe.daum.net/jk9301

그런데 관상기도를 비판하는 사람들은 관상기도가 기도관에 있어 왜곡된 이해가 있다고 비판하며 그 이유를 다음과 같이 설명한다. 즉 관상기도를 주장하는 사람들은 하나님에 대한 관상과 침묵, 그리고 반복기도를 중시함으로 그들 중 어떤 이들이 주장하는 것처럼 들숨과 날숨의 반복적인 실천을 통해서 정적과 침묵으로 죄를 나가게 하고 신적인 기운이 들어오게 한다는 주장은 성경이 가르치는 기도와는 아무런 상관이 없다. 기도에 있어서 침묵에 대한 비성경적인 강조로 관상기도를 주장하는 자들은 구약성경뿐만 아니라 신약성경에서도 온통 침묵을 강조하고 있다고 주장한다. 그러나 그 침묵 속에서 이루어지는 영혼과 마음의 적극적인 활동이 중요한 것이지 침묵 그 자체가 종교적인 덕일 수는 없다.[24]

그러나 이러한 비판에 대하여 관상기도 옹호자들은 들숨과 날숨과 침묵에 대하여 다음과 같이 주장하고 있다.

> 향심기도는 '들숨과 날숨의 반복적인 실천을 통해서 정적과 침묵으로 죄를 나가게 하고 신적인 기운이 들어오게'하는 기도가 아니다. 또한 단순히 기도 안에서 말을 하지 않고 침묵하고 있다고 해서 '죄를 나가게' 할 수 있다고 주장하지도 않는다. 죄의 사함에 대한 문제는 하나님과의 관계 안에서 예수 그리스도를 통하여 하나님께서 우리에게 베풀어 주시는 은총의 문제이지 우리의 어떤 행위의 문제가 아니다. 다만 향심기도에서 죄의 문제를 말할 때 향심기도 중에 일어나는 역동 안에서는 죄의 문제를 다룸에 있어 단순히 사람의 외적 행위만이 아니라 죄를 계속해서 짓게 만드는 무의식적 동기(즉 거짓 자아)가 하나님의 은총으로 다루어지도록 하며, 향심기도는 이 무의식적인 동기를 하나님께서 정화하는 데 있어 촉매제의 역할을 한다. 즉 향심기도를 통해 기도자가 하나님 안에서 깊은 쉼을 경험하게 되면, 즉 하나님께서 전적으로 우리 안에서 일을 하시도록 우리 자신을 내어 맡겨드리면 우리의 무의식적 방어기제가 풀리면서 우리의 상처와 아픔 등과 같은 무의식적 정서들이 배출되기 시작하며, 이 무의식적 배출의 과정을 통해 우리의 거짓 자아는 해체되기 시작한다. 즉 거짓 자아의 해체를 통해 더 이상 자기중심적인 욕망을 충족시키려는 행동에 집착하게 만들었던 우리의 무의식적 동기들이 하나님의 은총으로 정화되기 시작하고 이

---

24) 정윤석, "합동측, 관상기도 비성경적 결의", 「교회와신앙」, 2011. 9. 26.

로 인해 우리는 거짓 자아의 충동과 지배에서 점차 자유해지면서 복음의 가치에 온전히 따르는 삶을 살아갈 수 있게 된다. 이처럼 향심기도는 단순히 침묵하고 기도하기 때문에 죄의 기운이 나가는 것이 아니라 향심기도 안에서 일어나는 하나님의 '신성한 치료'의 과정을 통해 내면의 죄의 근본적인 뿌리들이 다루어지는 기도인 것이다.[25)]

(4) 침묵에 의한 외재적, 내재적 관상

침묵에는 두 가지 종류가 있다고 하고 있다. 즉 침묵에는 외적인 침묵과 내적인 침묵이 있다는 것이다. 그리고 외적인 침묵을 '외재적 관상', 내적인 침묵을 '내재적 관상'이라고 하고 있다. 그 이유는 외적인 침묵은 깊어지면서, 내적인 침묵으로 흐르게 되는데 이 과정의 흐름은 자연스럽게 관상으로 들어가게 하는 하나의 입구로서의 역할을 하고 있기 때문이고, 이것은 넓은 의미에서 관상이라고 볼 수 있기 때문이라고 한다.[26)]

①외재적 관상

외재적 관상이란 하나님의 현존을 찾기 위해서 마음을 고요하게 하고, 집중시키는 기본적인 조건으로서 관상 생활의 첫 출발이라 할 수 있는 외적인 침묵을 의미한다. 이 외적인 침묵은 인간의 마음을 내적으로 고요하게 만드는데 그 의의가 있으며, 이것을 위해서 우선 적게 말하거나, 말을 하지 않는 것을 외적인 침묵이라고 한다.[27)]

외적인 침묵은 하나님의 현존을 찾기 위해 내적으로 마음을 평정시키고 모으는 기본조건이다. 관상 생활을 장려하고 있는 외적인 침묵은 자신을 내적으로 고요하게 만든다는 데 그 의미가 있다. 마음의 고요 안에서 하나님과의 친교를 배울 수 있다. 그러므로 이 고요는 단순한 무언(無言)

---

25) 송영민, "토마스 키팅의 향심기도 연구", (미간행석사학위논문: 장로회신학대학교 목회전문대학원, 2014), p. 44.
26) 윤정아, "관상기도의 역사에 관한 연구", op. cit., p. 14.
27) Ibid., p. 14.

보다 훨씬 많은 것을 의미한다. 이는 하나님께서 더 많이 드러나도록 '나' 자신이 발언하지 않거나 적게 말하는 데 있다.[28]

　이러한 외적 침묵을 위해 첫째는 특별한 시간과 공간을 확보하는 것이 필요하고, 둘째 생활 속에서 움직이고 일할 때 고요하고, 온유하게 그리고 침묵이 가득 찬 분위기로 행해야 한다. 셋째, 하나님의 침묵 안으로 들어 갈 수 있는 거룩하고 소중한 시간을 찾아내어서 그러한 시간에 방해받지 않고 끊임없이 습관화할 수 있는 그러한 노력이 필요하다고 하고 있다.[29]

②내재적 관상

　외재적 관상만이 침묵의 모든 것이라 말할 수는 없다고 한다. 즉 '내재적 관상'인 '내적 침묵'이 없는 침묵은 엄밀한 의미에서 침묵이라 할 수 없다는 것이다. 이러한 내적인 침묵은 하나님께로 가는 하나의 길이라고 말할 수 있고, 이러한 길이기에 '나'의 마음이 정화되는 현상이 일어나고 이 현상은 바로 '나를 비움'을 의미하는 것이다. 그런데 말을 하지 않는다는 것이 단순하게 침묵이 아니라는 말은 진정한 침묵은 자기 자신을 비우는 것을 의미하기 때문이다. 따라서 자신을 비움은 인간의 입장에서는 '희생'이고 믿음의 차원에서는 기쁨과 은총, 그리고 평화이기에 관상의 일치를 위해서는 이러한 내적인 침묵은 절대적이라 할 수 있다고 하고 있다.[30]

　따라서 내적 침묵은 비움과 희생을 통해 하나님의 말씀을 알아듣는 데 큰 힘을 주며, 내적 침묵으로 인해 한 영혼이 하나님 안에서 커 나가며 영양분을 섭취할 수 있게 되는 것이다. 그로 인해 내적 침묵은 하나님의 말씀을 잘 듣게 만드는 바탕이 된다. 아울러 내적 침묵은 사람으로 하여금 습관적인 생각과 편견 등을 모두 씻어 버리게 함으로써 하나님의 말씀에 고요히 귀를 기울이게 한다.[31]

28) 김덕겸, 「하나님과의 친밀한 교제 관상기도」, (서울: 은혜출판사, 2007), p. 81.
29) 윤정아, "관상기도의 역사에 관한 연구", op. cit., pp. 14-15.
30) Ibid., p. 15.
31) 김덕겸, 「하나님과의 친밀한 교제 관상기도」, op. cit., p. 82.

그런데 이같은 내적인 침묵의 은총은 인간의 능력이나 스스로의 실천에 의해서 생기거나 이루어지는 것이 아니라, 오직 하나님의 선물의 차원에 의해서 주어지는 것이라고 한다. 왜냐하면, 이 은총의 선물을 인간이 얻기에는 인간 스스로가 너무나 무능력한 존재이기 때문이다. 그러하기에 인간은 하나님 앞에서 침묵해야 하며, 이러한 침묵만이 오직 하나님을 찾을 수 있도록 우리 자신의 마음을 열어주고 침묵 속에서 발견되는 깊은 내적 기쁨은 인간적인 측면에서 '희생' 혹은 '고통'을 겪음으로써만 얻어지게 되는 것이라고 하고 있다.[32]

(5) 관상기도를 향한 침묵

토마스 키팅은 "침묵이 하나님의 첫 번째 언어이며, 그 나머지 모든 언어는 잘못된 번역일 뿐이다"라고 말한다. 십자가의 요한도 "하나님께서는 영원으로부터 한 말씀을 하셨으며, 하나님은 이 말씀을 침묵 속에서 하셨다. 그러므로 우리는 침묵 속에서 이 말씀을 듣는다"라고 말한다. 이러한 침묵이라는 말은 그저 말을 하지 않는다는 것을 뜻하는 것이 아니라, 우리 내면에서 일어나는 모든 정신 활동에서 떠나 우리의 지력과 상상과 감각과 언어를 초월하는 경지, 즉 인간의 정신적 활동이 정지된 상태의 침묵을 말하며, 이 침묵 속에서 우리는 하나님 말씀을 듣고 하나님을 만난다는 뜻이다. 그러므로 관상기도를 한다는 것은, 하나님을 만나고 일치하기 위해서 '무지의 구름' 속으로 들어가고 '어두운 밤'으로 들어가며 '침묵' 안으로 들어간다는 말과 같다. 즉 관상기도는 인간의 정신 능력을 초월하는 우리 인간 영혼의 가장 깊은 곳에서 이루어지는 기도이며 언어로는 도저히 표현되지 않는 기도이다.[33]

이제 관상을 향한 침묵과 관상기도는 삶의 중심을 하나님께 두려는 것이다. 그러므로 이러한 침묵과 관상기도를 하는 사람은 의지적으로라도

---

32) 윤정아, "관상기도의 역사에 관한 연구", op. cit., p. 15.
33) Thomas Merton, 「침묵 속에 하나님을 찾는 사람들」, 오무수 역, (서울: 분도출판사, 1994). p. 46.

실존을 하나님께로부터 떼어놓지 않으려는 것이다. 그러므로 한 사람의 실존이 하나님 안에 있는지 혹은 그렇지 못한가에 대하여는 고독과 침묵 가운데 자신의 내면으로 들어갈 수 있을 때 드러난다.[34]

관상기도를 향한 침묵은 자기 자신을 만나는 방법이고 하나님을 만나는 방법이다. 더 나아가 내적 생활의 바탕을 이루는 기도에 이르는 문이다. 따라서 내적 삶의 바탕을 이루는 관상기도는 침묵으로 시작하며 하나님과의 대화의 조건이 된다.[35] 인간은 언어로 표현할 수 없는 모든 것을 침묵을 통해 하나님과 대화한다. 사랑하는 사람을 만나 사랑한다고 말할 때가 있는가 하면, 때로는 사랑을 표현하지 않고 그냥 침묵으로도 사랑을 나타낼 수가 있다. 침묵을 사랑의 언어라고 하는 것은 이런 의미에서다. 침묵은 인간이 하나님께 언어로 말씀드릴 수 없는 그 이상의 것을 사랑의 밀어로 말함으로써 하나님과 일치를 이루게 한다. 따라서 침묵은 관상기도의 절대적인 바탕이 된다.[36]

왜냐하면, 인간은 침묵을 통해서 자신을 가다듬을 수 있고 나아가서 텅 비울 수 있기 때문이다. 인간적인 인식에서 '비움'이 참된 빛을 부르는 것이라면, 마음을 텅 비운다는 것은 바로 현존을 일컫는 것이다. 인간은 침묵을 통하여 텅 비운 자세에서 하나님과 대화할 수 있는 능력을 키우는 것이다. 따라서 관상기도를 하려고 하는 영혼은 침묵과 고독의 시간을 각자의 위치와 상황에 따라 최대한 가져야 하는 것이다. "깨어 기도하라"는 말의 뜻은 하루 동안 간단없는 침묵 안에서 각자의 위치에 따라 자신의 내적 시선을 하나님께 두도록 노력하는 것이다.[37]

따라서 이런 노력을 통해 관상기도를 향한 침묵 안에서 자기 마음을 비울 수 있으며 부정적인 것들에서 이탈할 수 있다. 따라서 침묵의 목적은 침묵으로 끝나는 것이 아니라 자기중심적인 것들을 비우고 자기 부정

---

34) 엄무광, 「관상기도의 이해와 실제」, (서울: 성 바오로, 2002), pp. 24-25.
35) Ibid., pp. 24-25.
36) 정대식, 「영성생활」, (서울: 크리스찬출판사, 1987), pp. 75-76.
37) Ibid., pp. 91-92.

적인 것들에서 이탈하는 데 있다. 또한, 비움과 이탈을 통해 영혼이 내적인 기쁨과 평화 속에서 하나님과 일치하는 데 있다. 그러므로 침묵은 그 자체로 하나의 관상기도가 된다.[38]

관상기도를 하기 위한 영혼은 힘든 일과 어떤 집착에 따른 고통에서 벗어나야 한다. 그 대신 적어도 마음과 정신이 하나님께 고요히 머물 수 있게 하기 위해서 충분한 휴식을 취할 필요가 있다. 왜냐하면, 일반적으로 활동적인 영혼들은 대개 주입적 관상을 누리지 못하기 때문이다. 그러나 관상적인 영혼은 성령의 영감을 온순히 따르면서 행동 속에서 하나님과 깊이 일치할 수 있다.[39]

이처럼 관상기도에 들어가기 위해서 우리는 고요함과 침묵에 익숙해지지 않으면 안 된다. 왜냐하면, 관상적인 영혼만이 관상기도 안에서 우리의 내면 안에서 활동하시는 하나님의 말씀을 듣고, 대화하고, 하나님의 뜻을 찾기 때문이다. 또한, 관상기도를 향한 침묵은 하나님을 만나는 장소이며, 하나님의 은총 안에 머무는 사랑의 시간이 되는 것이다.[40]

그런데 여기에서 중요하게 구분해야 하는 것은 관상기도를 침묵기도라고 말하지 않는다는 것이다. 그 이유는 관상기도는 분심(잡념)을 없애려는 것이 아니다. 단지 관상기도는 자신을 비우는 것인데 다만 관상기도는 기도 중에 있어지는 사색과 의지의 활동을 반복하는 것에 대하여 멈추게 하려는 노력을 하는 것이라면, 침묵은 단지 하나님을 찾을 수 있도록 마음을 열어주는 차원이라는 점에서 차이가 있다고 하고 있다. 그러므로 내적인 침묵(내재적 관상)은 하나님의 은총 선물이면서 동시에 관상의 세계로 부르시는 하나님의 은총임을 알 수 있다는 것이다. 즉 내적 침묵은 "지상적이고 물질적인 모든 것과 관계를 끊고 그것을 던져 버리는 것, 내적 자아를 텅 비게 하고, 그래서 모든 영적 사물을 통과하게 하는 것, 나아가 최종적으로는 '영혼의 어둔밤'에 이르는 영혼의 여행(soul's journey)"으로

---

38) 김덕겸, 「하나님과의 친밀한 교제 관상기도」, op. cit., p. 85.
39) Ibid., p. 85.
40) Ibid., p. 86.

이해되는 것이다.[41)]

(4) 비판적으로 보는 관상에서의 침묵

로마카톨릭의 관상은 하나님을 만나려면, 이성과 지각을 모두 버리고 침묵의 심연 속으로 들어가야 한다고 합니다. 그러면서 그 근거로 시편 62편 5절이나, 시편 46편 10절 등을 제시한다. 하지만, 킹제임스성경을 보면 시편 62편 5절에 "잠잠하라"는 표현은 없다.[42)]

(시62:5, 킹흠정)"내 혼아, 너는 오직 하나님만 바라라. 내가 기대하는 것이 그분에게서 나오는도다."

(시62:5, KJV)"My soul, wait thou only upon God; for my expectation is from him."

시편 기자는 오직 "하나님만 바라라"고 했다.

(시62:5, 개혁개정)"나의 영혼아 잠잠히 하나님만 바라라 무릇 나의 소망이 그로부터 나오는도다"

이 구절은 하나님을 간절히 바라라는 것이다. 주께 대한 생각을 접어두고, 아무 생각도 판단도 기대도 하지 말고 자신을 무지와 혼돈과 흑암에 방치하라는 뜻이 아니다.[43)]

그리고, 시편 46편 10절에서 "잠잠하라"라고 한 것은 그분의 성도들에게 하신 말씀이 아니라, 그 앞 구절에 나오는 하나님을 대적하는 자들에게 "입 닥치고 가만히 있으라"는 것이다.

(시46:10, 개혁개정)"이르시기를 너희는 가만히 있어 내가 하나님 됨을 알지어다 내가 뭇 나라 중에서 높임을 받으리라 내가 세계 중에서 높임을 받으리라 하시도다"

(시46:10, 킹흠정)"가만히 있고 내가 하나님인 줄을 알지어다. 내가 이

---

41) 윤정아, "관상기도의 역사에 관한 연구", op. cit., pp. 15-16.
42) 일맥, "관상(觀想) 기도(Contemplative Prayer)", https://cafe.daum.net/ilmak/LZyw/483
43) Ibid.

교도들 가운데서 높여지고 땅에서 높여지리로다."

킹제임스성경으로 시편 말씀에서 "잠잠"이라는 단어를 찾아보면, 주의 원수들(시8:2), 사악한 자들(시31:17), 거짓 입술들(시31:18)에게 "잠잠하라"고 하셨다. 그러나, 주의 성도들은 내가 주 앞에서 잠잠하지 않고 기도하겠다(시22:2, 30:12)고 했고, 하나님이여 잠잠하지 마시고 내 기도에 응답하소서(시28:1, 35:22, 39:12, 50:3, 83:1, 109:1)라고 기도하였다.[44]

바울과 실라는 빌립보 옥중에서 소리 내어 기도하고 찬송했기 때문에 주위의 죄수들이 들었다(행16:25). 초대 예루살렘 교회는 한마음으로 소리를 높여 기도하였다(행4:24). 그렇게 기도하기를 마치자 모인 곳이 진동하고 무리가 다 성령이 충만하였다고 하고 있다(행4:31). 이렇게 소리 내어 기도한 것은 유대인들의 기도 전통이었다. 여기에 다윗은 환난 중에 하나님께 아뢰며 하나님께 부르짖었다(시3:4; 5:2; 16:2; 17:1; 18:6 등 많은 곳). 다윗의 기도는 대부분 하나님께 부르짖는 기도였다. 따라서 가능한 한 소리 내어 기도하는 것이 유대인들의 전통이며 성경적인 기도임을 알 수 있다.[45]

물론 주위에 사람들이 있어서 부득이한 경우에만 조용히 속으로 기도하는 경우들이 있었다(느2:4). 또는 한나처럼 다른 사람이 들으면 곤란하거나 사적인 내용인 경우에도 속으로 조용히 기도하였다. 그러나 한나는 아무 말도 안 한 것이 아니라 속으로 말하였다. "한나가 속으로 말하매 입술만 움직이고 음성은 들리지 아니하므로"(삼상1:13). 즉, 한나는 침묵한 것이 아니라 속으로 기도한 것이다. 따라서 오늘날 아무 말도 없고 생각도 없는 절대적인 침묵인 '관조' 또는 '관상기도'와는 다르다.[46]

그런데 오늘날 교회에서 '침묵' 또는 '침묵기도'를 강조하는 사람들이 있다. 여기에는 오늘날 너무 말이 많고 말 때문에 문제가 많이 생긴다는 배경이 있기 때문일 수도 있다. 그래서 하박국 선지자가 이미 오래 전에

---

44) Ibid.
45) 변종길, "침묵기도에 대해", https://cafe.daum.net/jk9301
46) Ibid.

"…온 땅은 그 앞에서 잠잠할지니라"(합2:20)고 말한 적도 있다. 그런데 이 구절의 의미는 거룩하신 하나님 앞에서 온 피조물이 겸비해야 할 것을 말한 것이다. 이것을 기도에 적용하면서 하나님 앞에서 침묵할 것을 말하고 침묵기도를 강조하는 것은 곤란하다고 변종길은 지적하고 있다.[47]

오늘날 한국교회의 성도들이 기도할 때 너무 자기중심적으로 청구 보따리를 풀어놓는 것에는 문제가 있다고 볼 수 있다. 그러나 그렇다고 하더라도 기도는 어디까지나 하나님께 아뢰는 것이며 하나님께 나아와 말하는 것이다. 감사와 찬양, 자백과 회개, 그리고 내 자신과 다른 사람을 위해 간구의 말들을 하는 것이 기도이다. 그러나 하나님 앞에 나아와 아무 말도 안 하고 가만히 있는 것은 기도가 아니라 침묵이다. 그러한 침묵은 침묵이지 기도라고 보기가 어렵다고 변종길은 보고 있다.[48]

그런데 로마카톨릭은 관상을 통해, 불교 수행자들은 참선이나 묵언 수행을 통해 어떤 신적인 존재를 만나려고 한다. 그러나 하나님께서는 성도들이 이성과 분별력을 사용하여, 하나님께서 주신 언어를 사용하여, 인격적으로 하나님과 교제하기를 원하신다. 하나님은 우리에게 그분의 말씀을 우리의 언어로 기록하게 하사 주의 뜻과 진리를 보여주셨으며, 또한 우리의 언어로 표현한 기도(소리 내어 기도하거나 조용히 마음속으로 기도하거나)를 듣고 응답하신다.[49]

하나님은 우리가 말씀과 기도를 통하여 주님과 인격적인 교제를 나누기를 원하신다. 로마카톨릭처럼 관상기도를 통하여 인간의 이성과 감각이 둔해지고, 지각이 어두워지고, 마음 속이 공허한 상태, 흑암의 심연에 잠긴 상태에서 우리의 빈틈을 노리고 비집고 들어오는 영적인 세력이 있다면, 그것은 마귀에게 속한 악한 영들이다.[50]

---

47) Ibid.
48) Ibid.
49) 일맥, "관상(觀想) 기도(Contemplative Prayer)", op. cit.
50) Ibid.

나. 관상과 명상

포스트모더니즘에 살아가는 현대인들이나 그리스도인들에게 매력적인 한 가지는 개인적 관상(contemplation)에 대한 것이다. 여기서 개인적 명상, 즉 동양철학이나 종교에서 행하는 명상을 통해 직면한 여러 문제들을 극복하려고 한다. 이러한 추세에 따라 그리스도인들은 동양철학의 명상을 따르기보다는 중세 로마카톨릭이 행했던 관상이나 동양의 종교에서 행해지는 명상의 유사한 점을 들어 그것을 무비판적으로 받아들였다. 더욱이 자신들의 삶을 성장시키기 위해 관상적 기도와 삶을 도구로 채택하였다. 하지만 이것은 동양철학, 특별히 힌두교, 불교, 그리고 도교 등과 밀접한 관계를 맺고 있다. 포스트모더니즘에서 발생하는 여러 문제들을 해결하기 위해 로마카톨릭 신학자들은 동양의 영성훈련과 서양의 영성훈련에 많은 노력을 기울이고 있다. 그러한 요청 속에 빚어진 관상은 정확하게 해석하기가 쉽지 않지만 생에 끝까지라도 행하는 그 어떤 것이라고 할 수 있다. 관상적 행위는 대체적으로 자신을 위하는 관상적 태도는 자각, 계몽, 집중 또는 관상이라고 불리어지는 행위들이다. 이러한 태도가 현대인들에게 적중한 것이다. 그래서 신자들은 보다 높은 하늘에 있는 분을 관상하는 것으로 실제적 삶의 의미를 또 다른 세상까지 연장하므로 가끔 만족하려는 전통적인 종교적 삶에 도전한다.[51]

(1) 명상의 의미

영어로 명상(瞑想)은 meditation이라고 하며, 라틴어 'meditari'에서 유래된 말로 글자 그대로 '깊숙이 생각에 잠겨 있는 상태'를 의미한다. 명상은 인도의 범어로 'Dhyana(디아냐)'이며 중국어로는 '선나'(禪那)라 한다.

이것이 지금의 선(禪)으로 알려져 있다. 명상(Dhyana)은 정려(靜慮), 사유수습(思惟修習), 혹은 공덕총림(功德叢林) 등 여러 뜻이 있다. 'Dhyana'는 '생각한다'라는 뜻에서 유래되었다. 이에 인도의 명상가 슈리푼자는 '그대는 누구인가'에서 명상은 '디아냐'(dhyana)라고 번역하기보다 '다라나'(daharana)라고 번역하는 것이 더 적절하다'고 했다. 다라나는 한 대상에서 다른 대상으로 끊임없이 달려가고 있는 마음을 붙잡아 한 대상에게로 돌아오게 하는 방법이라고 했다.[52]

명상이란 경직되어 있는 몸과 마음의 자연스러움을 되찾게 해주는 것이라고 한다. 즉 명상 속에서 우리는 자기 안에 있는 우주 만물의 자연스러운 리듬과 호흡을 되찾게 해주며, 마음의 고통으로부터 인간을 해방시켜 아무런 왜곡이 없는 순수한 마음 상태로 되돌아가게 해주는 것이라고 한다.[53]

명상은 마음을 자연스럽게 안으로 몰입시켜 내면의 자아를 확립하거나 종교 수행을 위한 정신 집중을 널리 일컫는 말로서 라틴어로 '메디타티오.'(Meditatio)라고도 한다. 모든 생각과 의식의 기초는 고요한 내면의식이며, 명상을 통하여 순수한 내면의식으로 자연스럽게 몰입하게 된다. 이러한 수행법은 힌두교나 불교, 도교 등의 동양종교에서 주로 사용되었다. 종교적으로 보면 사마디는 해탈 혹은 깨달음으로 불리는 상태이다. 불교의 명상법은 요가의 영향을 받았으며 각 종파에 따라 다르다. 선종에서는 모든 잡념을 떨어버리고 공(空)이나 무심(無心)인 상태인 무념무상(無念無想)을 목표로 삼았다. 도교에서는 명상 수행을 통해서 영원무궁의 세계로 통하는 것을 수태하여 도(道)와 하나가 될 수 있다고 여겼다.[54]

우리가 일반적으로 알고 있는 명상은 두 가지 방향으로 이해되고 있다. 하나는 서구적인 명상의 개념으로서 "고요한 가운데 눈을 감고 깊이 사물

---

52) 김종묵, "명상이 신앙 성장에 미치는 효과"(석사학위논문, 선문대학교신학전문대학원, 2011), p. 6.
53) 최문택, "뇌교육 명상이 초등학생의 감성지능과 창의성에 미치는 영향"(석사학위논문, 국제뇌교육종합대학원대학교, 2010), pp. 7-8.
54) 서정섭, "단전호흡과 명상수련이 양궁선수들의 신체평형성과 폐기능에 미치는 영향"(석사학위논문, 계명대학교 교육대학원, 2006), pp. 7-8.

을 생각하다." 혹은 "묵묵히 생각한다." 등을 말하는 것으로 서구 사람들
은 명상을 종교적으로 비약시켜 기도나 묵상으로까지 여기고 있다. 다른
하나는 인도적 명상의 개념으로서 디아냐(Dhyana)를 말한다. 이 말은 한
역하면 선나(禪那)라고 음역하거나 사유수(思惟修)라고 의역하거나 또는
정려(靜濾)라고도 한다. 이것은 마음을 한결같이 한 곳에 쏟아서, 마음 너
머에 있는 궁극의 경지까지 도달할 수 있다고 하고 있다.[55]

관상기도는 침묵 속에서 비 요구적이고 비 방어적인 방식으로 행해지
는 신과의 관계를 지향하는 기도이다. 이러한 관상기도를 '기독교 명
상'(meditation)이란 용어로 부르기도 한다. 왜냐하면, 관상기도란 기독교
전문용어를 사용하기보다는 모든 사람들에게 익숙하게 알려져 있는 용어
로 사람들에게 거리감을 좁히려는 의미도 있기 때문이다.[56]

피니와 맬러니(Finney & Malony, 1985)는 관상기도란 기독교적 기도
의 한 형태로 수용적이고, 신에게 자신을 내맡기며 갈구하지 않고 열린
방식으로 신에게 온전히 집중하는 것이다. 따라서 불교적 명상과 관상기
도는 어느 정도 유사한 측면이 있다고 할 수 있다. 형태적 측면에서 관상
기도의 자기 자신에 대한 비움과 하나님에 대한 집중은 심리학의 마음 챙
김 명상과 유사하다. 또한, 이러한 측면은 불교적 명상과도 궤를 같이한다
고 할 수 있다. 내용적 측면에서도 자기(self)를 의식하지 않는 심리학의
명상이나 현재 과업에 대한 집중과 자의식의 상실을 경험하는 몰입(flow)
은 관상기도의 경험적 내용과 유사하다고 할 수 있으며 이는 불교적 명상
의 경험과도 비슷하다고 할 수 있다. 따라서 관상기도와 불교적 명상 그
리고 마음 챙김 명상은 그 역사와 형태는 다르지만 추구하는 본질은 유사
하다고 할 수 있다.[57]

그런데 명상은 집중과 알아차림이라는 기법을 통해 삼매[58]와 같은 초월

---

55) 최문택, "뇌교육 명상이 초등학생의 감성지능과 창의성에 미치는 영향"(석사학위논문, 국제뇌
　　교육종합대학원대학교, 2010), p. 8.
56) 권명수・김기범・오매화, "기독교적 명상으로서의 관상기도 효과에 관한 연구", 「신학사상
　　」, 한신대학교 신학사상연구소(2019), pp. 255-256.
57) Ibid., p. 257.

성을 지향하는 것이고, 관상기도 또한 긍정 전통의 집중과 부정 전통의 알아차림을 통해 결국 하나님과의 일치라는 초월성을 지향한다고 볼 수 있다. 그런데 집중과 알아차림은 반대되는 개념이 아니고 집중이 알아차림을 가져오기도 하고 알아차림이 집중을 유도하기도 하며 이를 통해 각성과 통찰, 깨달음을 얻게 되는 것이다. 이것을 "의식의 초점적 집중을 통해 일상을 넘는 자기 초월의 체험을 바탕으로 자아발견과 자아성숙을 겨냥하는 정신적 또는 영성적 탐구과정"이라고 표현한 연구도 있다.[59]

이러한 명상은 주의(attention) 정도에 따라 집중명상과 통찰 명상으로 분류한다. 소리나 단어 같은 청각적 대상을 활용하는 만트라, 도형이나 그림 등 시각적 대상을 활용하는 얀트라나 만다라 등이 집중명상에 속하고, 마음 챙김 명상이 통찰 명상에 속한다. 사마타 명상과 위빠사나 명상도 집중과 통찰 명상의 다른 이름이다. 이것은 차원적 분류라기보다 스펙트럼 상에서 주의의 정도에 따른 분류다.[60]

또 종교적인가 아닌가를 따져서 세속 명상과 종교 명상으로 이름 붙이기도 한다. 마음 챙김 명상을 세속 명상, 관상기도나 만트라, 초월 명상을 종교 명상이라고 정의하기도 한다. 그런데 서구에서 널리 유행했던 초월명상은 마하리시 리기가 힌두교 가르침에 근거해 만든 것으로 '각성된 의식'으로 이끄는 집중명상이다. 마하리시는 이 명상이 남다르다는 의미로 대문자 TM(Transcendental Meditation)으로 표시하였다. 이러한 초월명상은 만트라 요가를 현대화한 것이다.[61]

불교도인 황선미는 관상(contemplation)은[62] 명상(瞑想, Meditation)과

---

58) 삼매는 불교 용어로서 잡념을 버리고 한 가지 대상에만 정신을 집중하는 경지. 이 경지에서 바른 지혜를 얻고 대상을 올바르게 파악하게 된다. 산스크리트어 'samadhi'의 음역이어이다.

59) 송복란, "관상기도가 심리적 안녕감과 지각된 스트레스에 미치는 영향", (미간행석사학위논문: 한국상담대학원대학교, 2021), pp. 7-8.

60) Ibid., p. 7.

61) Ibid., p. 7.

62) 觀想은 불교의 수행법 가운데 하나인 염불로서 전수됐다고 하고 있다. 염불은 부처의 칭호를 부르면서 상호를 생각하며 번뇌를 끊는 목적으로 행해졌다. 부처의 칭호를 부르는 稱名念佛, 불상을 보며 생각을 모으는 觀像念佛, 일체만물의 본성인 진여를 깨닫는 實相念佛, 부처의 상호와 공덕을 생각하는 觀想念佛로서 정의된다. 선정과 염불의 결합을 시도한 염불선(念佛

구분된다고 하고 있다. 전자가 궁극의 실재와 하나가 되는 개념이라면, 후자는 고요한 정신작용을 뜻하는 묵상(默想)·숙고(熟考)의 의미라고 하고 있다.[63]

그런데 오늘날 사용되는 '명상'이라는 용어는 인도 요가의 8단계 가운데 7단계의, 의식이 어느 한 대상에게 전념한 상태를 가리키는 'Dhyana' (디아나)를 번역한 영어의 'Meditation'을 일본인이 다시 번역한 것이다. 불교 선종의 참선(참선)의 '선' 또한 요가의 'Dhyana'를 번역한 말임을 생각할 때 명상은 인도의 종교 문화와 직접적인 상관이 있다.[64]

일반적으로 명상(瞑想)은 무념무상의 상태에서 고요히 쉬는 것을 일컫는다. 고요히 쉬면서 맑게 깨어 내면을 바라보기 때문에 불교에서는 '지관'(止觀) 혹은 '묵조'(默照)라 부르기도 한다. 이러한 지관은 생각과 마음의 움직임을 그치고(止) 깨어서 본다(觀)는 뜻이다. 묵조는 고요한 가운데 내면을 비춰본다는 의미이다.[65]

명상(瞑想)은 사전적으로 "눈을 감고 고요히 생각함, 또는 고요히 사색에 잠김"이라는 의미를 지닌다.[66] 여기서 알 수 있듯이 명상이라는 개념은 기독교의 묵상이라는 단어와 유사하다. 이런 이유로 기독교에서 일부는 묵상 대신 명상이라는 단어를 사용하기도 한다.[67]

그러나 이러한 명상(冥想)이라는 말은 지옥을 생각한다는 뜻이라고 한다. 여기 명(冥)은 어두울 명(冥), 밤명에 뜻을 가진 단어이다. 어두울 명(冥)은 이 세상에서 가장 깜깜한 곳 곧 암흑(暗黑)이라는 뜻이라고 보면 될 것이다.[68] 또한, 지식이 없을 명, 물귀신 명, 저승명에 의미를 담고 있

禪)이 나타나기도 했다.
황선미, "觀想의 심리치유적 원리와 적용 가능성 연구"(미간행박사학위논문: 동방문화대학원대학교 목회전문대학원, 2019), p. 39. 주 69에서 참조.

63) 황선미, "觀想의 심리치유적 원리와 적용 가능성 연구"(미간행박사학위논문: 동방문화대학원대학교 목회전문대학원, 2019), p. 39.

64) 강경호, 「바로알자! 요가(YOGA)의 정체」, (경기: 한사랑가족상담연구소, 2017), p. 75.

65) 고도원, "명상(瞑想)을 알자", http://cafe.daum.net/kcmc91/MDy6/509

66) 이희승, 「국어대사전」, (서울: 民衆書林, 2009), p. 1245.

67) 옥준상, "예수마음기도에 대한 신학적 고찰", (미간행박사학위논문: 광주가톨릭대학교대학원, 2015), p. 33.

는 단어이기도 하다. 일명 지옥 명(冥)으로 쓴다.[69] 이 세상에서 가장 어두운 곳이 지옥(地獄)일 것이다. 지옥은 어리석고 깜깜하고 음침한 것을 좋아하는 사람들이 가는 곳이다. 그런데 사찰에 명부전(冥府殿)이 있다. 명부전은 명부(冥府)의 십왕(十王)을 모신 곳으로 알고 있다. 그런데 명부는 곧 지옥이며 살아서 온갖 악한 일을 행한 사람들이 가는 곳이다.[70] 그러나 이러한 명상 예찬논자들은 '지옥을 천국으로 바꾸는 것'이라는 왜곡된 주장을 하고 있다.[71]

실상 '명상'이라는 단어는 신비주의적인 어감이 있다. 어떤 사람들에게는 명상이란 특이한 자세로 앉은 상태에서 마음을 비우는 것을 의미한다. 다른 사람들에게는 우리 주변의 영계와 소통하는 것을 의미한다. 이러한 개념들은 절대로 기독교 묵상의 특징이 아니다. 기독교 묵상은 동양 신비주의를 기초로 삼은 관행과는 아무런 관련이 없다. 그러한 관행으로는 렉시오 디비나(lectio divina), 초월명상, 그리고 관상기도라고 불리는 것의 많은 형태가 있다. 그러나 이것들은 그 중심에 주의 말씀을 통해서가 아니라 명상을 통해서 개인적인 계시를 받으면서 '하나님의 음성'을 들을 필요가 있다는 위험한 전제를 가지고 있다.[72]

그런데 신비주의는 명상을 설명하기를 개인의 생각은 덮어두고 이성적인 생각을 초월하며 어떤 알지 못할 황홀경으로 인도되어 극치의 신앙 체험을 하게 된다고 하고 있다. 이런 종류의 명상이나 묵상은 시편 어디에도 존재하지 않는다고 김명도는 지적하고 있다.[73]

그런데 동양종교에서 실질적으로 행하는 명상(冥想)에 대하여 명상이라는 한자가 "생각을 어둡게 하는 것 곧 생각을 그치는 것"이라는 해석이 가능한 것처럼 보고 있다. 그러나 엄밀히 말해 명상은 단지 생각만을 멈

---

68) 운림, "지옥을 생각하는 것이 명상이다", http://blog.naver.com/wun12342005/220672004188
69) 張三植, 「實用大玉篇」, (서울: 敎學社, 1999), p. 116.
70) 운림, "지옥을 생각하는 것이 명상이다", op. cit.
71) 리아, "지옥을 천국으로 바꾸는 명상", http://cafe.daum.net/kcmc91/MDy6/433
72) "기독교 명상이란 무엇인가? 기독교의 명상과 타종교의 명상은 어떻게 다른가?", https://www.gotquestions.org/Korean/Korean-christian-meditation.html
73) 김명도, "소위 <명상 영성운동, 관상기도> 의 허구 (1)", https://cafe.daum.net/kcmc91/N9HL/24

추는 것이 아니라 욕구를 멈추는 것까지도 포함한다. 최소한 명상을 하는 동안에는 자신이 가지는 집착과 욕구를 내려놓고 생각을 그쳐 마음을 비운 상태로 유지한다. 물론 욕구와 생각을 그친다고 해서 잠을 자거나 멍한 상태로 있는 것이 아니라 또렷이 깨어 있도록 한다. 따라서 명상이란 욕구와 생각을 멈추고 또렷이 깨어 있는 상태라고 정의하기도 한다.[74]

그러면 동양종교에서 이처럼 마음과 생각을 비우는 이유는 무엇인가? 초기 불교에서는 인간의 삶이 고통스러운 것은 사실을 있는 그대로 보지 않고 편견이나 선입견, 자기중심적 망상으로 인해 사실을 왜곡하고 그것에 대해 혐오나 불안, 욕망, 집착 등의 나쁜 반응을 일으킨다고 보기 때문이다.[75]

이춘호는 종교 명상의 유사성에 대한 연구에서 명상을 "대체로 조용한 곳에 앉아서 또는 산책하며 호흡을 자세히 관찰하거나 대상에 철저히 집중함으로써 내 안의 나(참나, 신, 우주, 하느님"을 만나는 것이라고 정의하면서 또한 인간은 자기 자신의 참모습, 절대적 존재 등 궁극적 실재에 관한 관심을 가진 종교적 성향을 갖고 있다고 주장한다.[76]

불교적 명상과 관상기도는 어느 정도 유사한 측면이 있다고 할 수 있다. 형태적 측면에서 관상기도의 자기 자신에 대한 비움과 하나님에 대한 집중은 심리학의 마음 챙김 명상과 유사하다. 또한, 이러한 측면은 불교적 명상과도 궤를 같이 한다고 할 수 있다. 내용적 측면에서도 자기(self)를 의식하지 않는 심리학의 명상이나 현재 과업에 대한 집중과 자의식의 상실을 경험하는 몰입(flow)은 관상기도의 경험적 내용과 유사하다고 할 수 있으며 이는 불교적 명상의 경험과도 비슷하다고 할 수 있다. 따라서 관상기도와 불교적 명상 그리고 마음 챙김 명상은 그 역사와 형태는 다르지만 추구하는 본질은 유사하다고 할 수 있다.[77]

74) 김정호, 「마음챙김 명상 멘토링」, (서울: 불광출판사, 2011), pp. 71-72.
75) 옥준상, "예수마음기도에 대한 신학적 고찰", op. cit., p. 33.
76) 송복란, "관상기도가 심리적 안녕감과 지각된 스트레스에 미치는 영향", op. cit., pp. 11-12.
77) 권명수·김기범·오매화, "기독교적 명상으로서의 관상기도 효과에 관한 연구", op. cit., p. 257.

불교 명상의 종류에서 북방불교인 대승불교의 명상법은 세 갈래로 나뉜다. 그 첫째는 붓다로부터 내려온 사마타와 위빠사나(Vipassanā)를 계승한 것, 둘째는 염불과 진언 위주의 명상법, 셋째는 중국 특유의 선종으로 이 선종에서 노장사상의 영향을 받으며 묵조선(默照禪)과 간화선(看話禪)의 명상법이 있다.[78]

명상의 3요소로는 정좌(正坐), 명심(明心), 무사(無思)가 있다. '정좌'는 바르게 앉는 것으로 허리를 세우고 어깨에 힘을 뺀 채 안정된 자세로 앉는 것이다. '명심'은 밝은 마음이다. 명상할 때는 밝고 긍정적인 마음으로 임하는 것이 좋다는 것이다. '무사'는 생각이 없는 상태이다. 생각은 대부분 잡념이다. 잡념이 많을수록 정신이 어두워지지만 반대로 비울수록 명료해진다고 한다.[79]

그런데 명상에 있어서 동양적인 내성법은 자기 관조를 정교화함으로써 지적, 정신적 발견에 도달하게 하는 기술이다. 이러한 내성법은 자기 내면의 관찰을 통해서 인간의 죄와 허물을 지식적으로 깨닫게 해 줄 수는 있을 것이다. 그러나 결국에는 구원의 근거를 자기 내부에서 찾게 유도함으로서 신비주의로 나아가게 된다. 즉 인간의 고통과 죄의 문제를 전적으로 마음이 만들어내는 문제로 돌려버리게 된다. 이러한 내성법은 전형적인 범신론적 신비주의로 나아간다. 이러한 범신론적 신비주의에서 인간은 곧 우주의 궁극적 실재(ultimate reality)이며 궁극자가 된다. 이것은 결국 "인간이 곧 신"이라는 사탄의 거짓된 가르침과 일치한다(창3:4~5). 이것은 때때로 신인합일(神人合一), 천인합일(天人合一), 주객합일(主客合一)이라는 표현으로 나타난다. 그리고 인간이 곧 신이 되는 "새로운 시대(New Age)"의 기초가 된다. 이에 힌두교, 불교, 기 사상, 뉴에이지 등은 바로 이러한 논리 위에 서 있음을 알아야 한다.[80]

78) 김혜옥, "불교명상과 천주교 관상기도 경험에 관한 현상학적 비교연구", (미간행박사학위논문, 서울불교대학원대학교, 2016), p. 13.

79) 고도원, "명상(瞑想)을 알자", http://cafe.daum.net/kcmc91/MDy6/509

80) 안점식, "기독교에 침투하는 동양신비주의의 명상법을 해부한다.", 「현대종교」, 1997년 7월호, pp. 79-80.

성경적 내성이 하나님의 말씀 기준으로 자신을 비추어보고 자신을 살펴보는 것이라면 동양적 내성법은 자기의 기준으로 자기를 비추어보고 살펴보는 것이다. 따라서 동양적 내성법에 의한 명상은 결국 자기 내부, 즉 자기 자신에게 집중하게 함으로써 자기중심적인 영성을 가지게 만든다. 비록 내성법에 일반 은총적인 면이 있다고 인정하더라도 내부에 묶어 놓기 때문에 외부로부터 오는 구원을 보지 못하게 한다. 결국 하나님으로부터 오는 구원, 예수 그리스도를 통한 구원을 보지 못하게 한다. 바로 일반 은총에 도취해서 특별은총을 놓치는 잘못을 범하게 되는 것이다.[81]

그런데 관상과 묵상과 응답의 세 가지 행위가 서로 혼합되어서 자연스럽게 이루어지는 것이 관상기도의 형태이다.[82] 그런데 하나님께 기도드릴 때 입술을 통해 소리 내어 기도하는 구도가 있고, 침묵을 통해 마음으로 드리는 기도인 염도가 있다. 그런데 구도와 염도는 표현하는 방법이 다를 뿐 하나님께 기도드리는 것이다. 중요한 것은 마음을 다해 분명하게 기도해야 한다는 것이다.[83]

기도를 보다 심도(深度) 깊게 하고자 하는 욕구로부터 오늘날 명상기도(meditation), 관상기도(contemplation)라는 말을 자주 사용한다. 이것은 음성기도로부터 더욱더 하나님의 영이 역사하는 수동적인 기도를 하고자 하는 열망이 동기가 되어 명상 혹은 관상기도를 추구한다.[84]

그런데 명상기도는 일반적으로 어떤 주제에 대한 이성적인 추리를 강조하면서 하나님과 대화를 추구하는 반면, 관상기도는 이성적인 사고보다는 사랑에 의해 하나님의 임재를 경험하는 그 자체를 말한다. 성숙한 기도에 이를수록 그 하고자 하는 의도가 점점 줄어든다. 그 이유는 주장하는 기도가 아니라 듣는 상태의 기도이기 때문이다. 이 기도의 목적은 하나님께 우리의 소원을 말하는 데 있지 아니하고 우리에게 들려지게 될지

---

81) Ibid., p. 79.
82) 임향복, "관상의 일반화에 기여한 토머스 머턴의 소명연구", (미간행석사학위논문, 가톨릭대학교 문화영성대학원, 2009), p. 8.
83) 김양민, "기도교육에 관한 연구", (미간행석사학위논문: 목원대학교 신학대학원, 2008), p. 17.
84) Ibid., p. 18.

도 모르는 하나님의 음성과 그분의 뜻에 귀를 기울이는 것이다.[85]

기도와는 대조적으로 명상은 구원에 있어서 필수적인 것은 아니다. 그러나 일반적으로 말해 열심히 있으며 열정적인 기도는 명상적이 된다고 관상기도 옹호자들은 말하고 있다.[86] 따라서 명상이란, 단순성의 기도 혹은 단순한 관심의 기도로 시작된다. 단순성의 기도는 기도자 자신을 하나님의 현존 안에 위치시키고 가능한 한 완전한 내적 침묵 속에서 신의 목적에 집중하고 복잡한 생각이나 느낌을 단일화시켜 말이나 논쟁을 배제한 채 스스로를 침묵 속에 침잠시키는 노력을 기울이면서 일정 시간 동안 그분의 현존 안에 기도자를 유지시키는 기도이다. 명상이 구원에 필수적인 것은 아니지만 명상기도의 신학과 금욕생활을 발전시킴으로써 영적 생활 전통의 기초를 쌓게 한다는 것이다.[87]

기도와 명상 활동은 보통 정상적 의식에서 벗어나서 다른 실체에 관심을 집중하고 때로는 초월하려고 노력하는 것이다. 기도와 명상은 믿음이 깊은 개인이 깊고 높은 실체와 의미 있는 대면을 할 때 확인된다고 한다. 아마도 단순히 실체를 충분히 인식하는 신과 같은 경우일 수도 있다.[88] 이러한 명상은 생각만으로 드리는 기도, 정신의 기도, 마음과 이성의 기도라 할 수 있으며, 지적인 행위와 의지가 결합되어 있다고 한다.[89] 따라서 명상기도는 기도자의 마음과 이성을 통해 하나님의 음성을 듣고 하나님을 사랑하도록 자신을 개방하는 것이라고 할 수 있다. 그러나 오늘날 명상이라는 말은 기독교보다 뉴에이지 운동이나 동양종교들과 관련하여 더 많이 사용되고 있다.[90]

이러한 명상은 수도원 전통의 생활 속에서 중세 교회를 지배하였다. 르

---

85) Ibid., p. 18.
86) 이영호, "필로칼리아에 나타난 예수기도 연구", (미간행박사학위논문: 감리교신학대학교 신학대학원, 2010), p. 29.
87) Ibid., p. 29.
88) 권명수·김기법·오매화, "기독교적 명상으로서의 관상기도 효과에 관한 연구", op. cit., p. 256.
89) Ibid., p. 256.
90) 박은정, "관상기도를 통한 자기대상의 경험적 연구", (미간행석사학위논문: 한신학대학교 신학대학원, 2012), p. 16.

네상스 시대에 이르러서는 플라톤주의자들 중에 세속적인 생활 속에서 인간의 가능성을 도달하는 방법으로 명상을 강조하였다.[91] 수도원 전통에 따르면 명상은 그 자체가 본질적으로 기도와 명상을 통해서 온전함으로 부름을 받게 되며 기도를 들음으로 점차 명상으로 흡수되어 간다고 할 수 있다.[92]

그러나 종교개혁자들은 선행을 통한 구원의 방법에는 명상에 대하여 부정적인 견해를 가졌고, 대화의 형식으로 간단한 기도로 복귀할 것을 강조하였다. 그러나 17세기 퀘이커교도 만은 이 모임 속에서 명상의 전통을 개정하고 이어져갔다.[93] 여기에 제2 바티칸공의회(1962~1965)나 트리피스회의 수도사 토머스 머튼(Thomas Merton, 1915~1968)과 같은 교사를 통해 명상을 통한 기도의 접근방법을 재발견하고 사용되기도 했다. 즉 머튼에 따르면 "명상은 사람의 지적, 영신적 삶의 최고의 표현으로서 생명의 원천의 실체를 인식함으로 이성과 단순한 믿음을 넘어서서 보다 깊은 이성과 믿음으로 만드는 개념적으로 파악할 수 없는 깊은 지식이다."라고 말했다.[94] 따라서 명상은 정서적이고 지적인 의식의 한계를 벗어나서 더 깊고 보다 일치되며 직관적이거나 신비적인 의식으로 나아가려는 경향이 있다.[95]

이은선은 관상 옹호자들이 행하는 관상기도에 대하여 "이들의 관상기도는 선, 도가, 요가와 같은 수련방식을 사용하는 명상기도를 하고 있다. 동양의 수련방식이 자신을 비워 무아의 경지에 들어가는데, 관상기도도 이러한 무아의 경지에서 참된 자아를 깨닫는다고 말한다. 그러므로 관상기도는 방법론적으로는 동방종교의 수도방식과 너무나 유사하며, 무아의 경지에서 기쁨과 희열과 감격이 넘치는 것은 양자가 유사하다고 보인다."

---

91) Ibid., p. 17.
92) Ibid., pp. 17-18.
93) Ibid., p. 17.
94) Thomas Merton, New Seeds of Contemplation, 「새 명상의 씨」, 오지영 역, (서울: 가톨릭출판사, 2002), p. 15.
95) 박은정, "관상기도를 통한 자기대상의 경험적 연구", op. cit., p. 17.

라고 말하고 있다.[96]

(2) 명상의 목적

명상의 목적에 대해서는 동양 종교가 갖는 특성을 통해 파악할 수 있다. 이에 불교의 경우 인간이 경험하는 현실적 고통을 제거하는 데 관심을 두고, 신의 섭리와는 상관없는 연기법을 주장하며, 인생 안에서 발생하는 문제의 원인을 제공한 이는 인간 자신이기 때문에 스스로의 의지로 문제를 해결할 수 있다고 본다. 힌두교에서는 업으로 인한 윤회에서 주어지는 괴로움을 제거하는 것에 관심을 두며 인생의 최종 목적을 윤회에서 벗어나 진실로 자유롭게 되는 상태로 본다.[97]

결국, 동양종교에서 행하는 명상이란 생각과 마음을 비움으로써 편견과 선입견에서 벗어나는 것이며, 그것을 통해 주어진 고통에서 근본적으로 해방되어 궁극적 경지인 해탈과 열반에 도달하는 것을 목적으로 삼는다.[98]

불교 명상은 마음을 고요히 하고 세상을 바라보는 방식을 변화시키며 수행자의 개념이나 사고에 어떤 형태와 의미를 가져오는 수행 방법이며 초월을 통하여 심오한 마음의 평정 상태인 열반에 이르는 것을 목표로 삼는다.[99]

불교와 같이 이러한 류에 명상법은 언제나 그 목표를 해탈, 의식혁명, 정신 진화, 영적 진화 등의 용어로 설명하고 있다. 여기서 의식혁명은 "인간이 곧 신"이라는 요가적 자각을 의미한다. 또 정신 진화니 영적 진화라는 용어는 힌두교의 세계관을 현대적 용어로 반영한 것이다. 즉 힌두교의 세계관에서 우주는 크게 세 가지로 형태로 나누어진다. 이에 인간은 윤회

---

96) 이은선, "세속화 시대의 기독교 영성-관상 기도에 대한 비판적 고찰을 중심으로", 「크리스천인사이드 32호」, 2011. 1. 10.
97) 옥준상, "예수마음기도에 대한 신학적 고찰", op. cit., p. 34.
98) Ibid., p. 34.
99) 김혜옥, "불교명상과 천주교 관상기도 경험에 관한 현상학적 비교연구", (미간행박사학위논문, 서울불교대학원대학교, 2016), p. 13.

를 통해서 점점 더 우월한 형태의 우주에 환생하게 되고 마지막에는 우주와 합일하여 신적인 존재가 된다는 것이다. 그리고 의식의 진화론은 오늘날 생물학적 진화론과 결부되어 있다.[100]

뉴에이지 운동에서는 절대자를 경험하기 위해서 명상(contemplation)이 요청되고 그것으로 인해 우리의 삶을 변화된다고 주장한다. 모든 만물들과 밀접한 관계를 맺으므로 우리의 관점은 삶의 모든 것을 신적 존대가 명시하는 것으로 볼 수 있게 된다. 그래서 명상의 목적은 우리의 능력의 완전함을 사랑하는 것이다. 뉴에이지 운동은 환생을 탈출과 같은 것으로 여기지 않고 완전을 향한 영적 진화라고 여긴다. 뉴에이지 운동에서는 죄와 구원의 문제에 관해 동양의 신비 철학을 따른다. 죄는 범죄의 문제가 아니라 무지의 문제라고 한다. 카르마(karma, 업보)로 인한 범죄는 그것의 형벌이다. 인류는 죄로 인해 타락하지 않았다고 가르친다.[101]

명상은 내면으로 들어가 자신에게 일어나는 일체의 내적·외적 활동에 대해 주의를 기울여 알아차리는 훈련이라고 한다.[102] 그러한 명상은 마음을 고요히 하여 자신의 내면을 바라보고 자아와 현실과 사물을 통찰하여 그 본질을 깨달으면서 지혜를 개발하는 한편, 그 너머를 향해 가는 여정이다. 즉, 명상을 통해 인간은 자아를 초월하는 길로 나아가고 이전의 하위 수준과의 동일시를 그만두고 더 높은 수준의 성장을 향한 초월성의 욕구를 직접 실현할 수 있다고 보고 있다.[103]

(3) 명상의 특징

동양 종교가 인생의 궁극적 목적으로 해탈과 열반을 지향한다는 점에

---

100) 안점식, "기독교에 침투하는 동양신비주의 명상법을 해부한다.",op. cit., p. 80.
101) 라은성, "한국교회 영성신학 비판-관상신학을 중심으로", 「조직신학연구 5권」, 한국복음주의조직신학회(2004), p. 227.
102) 권명수, "명상치유와 정신역동", 「실천과 신학」, 한국실천신학회(2012), p. 427.
103) 김혜옥, "불교명상과 천주교 관상기도 경험에 관한 현상학적 비교연구", (미간행박사학위논문, 서울불교대학원대학교, 2016), p. 55.

서 동양종교에서 주창하고 수행하는 명상법은 그것들을 온전히 이루어내는 방향으로 최적화되어 있다고 하고 있다. 곧 해탈과 열반을 이루기 위해 동양종교에서 고안한 명상은 대체적으로 다음과 같은 특징을 지닌다.[104]

①비움: 오성과 감성을 배제

동양 종교가 말하는 명상의 정의에서도 언급하였듯이 동양종교에서 행하는 명상의 기본적 특징은 자기 비움이다. 이 비움은 일차적으로 오성과 감성을 없애는 것을 의미한다. 명상에서 그것들을 배제하는 이유는 고통의 원인이 바로 오성과 감성의 무분별한 작용에서 발생하기 때문이다. 곧 생각은 또 다른 생각을 낳고, 그렇게 발생한 생각은 편견과 선입견을 포함할 가능성이 매우 크다. 불교에서는 이처럼 현실을 있는 그대로 바라보지 못하도록 만드는 편견과 선입견, 망상이 생기지 않도록 하기 위해 애초부터 그것의 근원인 오성과 감성의 사용을 배제한다.[105]

이와 더불어 명상에서 그것들이 배제되는 근본적 이유는 소통 가능한 대상의 부재에 있다. 기도를 대화와 만남으로 정의하고 그러한 소통의 대상으로 하나님을 전제하는 기독교와 달리 동양종교에서는 소통이 아닌 자기 스스로의 깨달음과 그로 인한 구원을 추구함으로써 철저히 자기중심적으로 명상을 이루어 나간다. 설사 동양종교에서 신을 상정한다 해도 그러한 신은 부수적 존재일 뿐 인간과 소통하며 인간 삶에 적극적으로 개입하는 인격적 신이 아니다. 곧 소통할 타자가 없거나 거기에 큰 중 점을 두지 않는다는 점에서 동양종교의 명상은 일반적으로 생각과 감정을 비우는 방향으로 전개된다.[106]

②깨달음 추구: 인간의 신화(神化)

---

104) 옥준상, "예수마음기도에 대한 신학적 고찰", op. cit., p. 34.
105) Ibid., p. 35.
106) Ibid., p. 35.

부처는 생로병사의 원인과 인생 및 우주가 발생하고 소멸하는 원리가 무엇인지를 깨달았다고 한다. 곧 고통의 실상과 그 고통이 어디에서 오고 어떤 방식으로 소멸시킬 수 있는지를 깨달은 것이다. 불교는 이처럼 증명할 수 없고 검증할 수 없는 것으로부터 출발하는 것이 아니라 확실한 인식을 바탕으로 한다. 그러기에 불교에서는 인간의 모든 괴로움이 무지에서 생긴다고 보며, 무지에서 벗어나 커다란 자유를 얻는 것을 깨달음으로 여긴다. 곧 고통을 느끼는 인간 자신의 마음과 고통스러운 삶의 터전이 되는 우주 존재의 실상에 대한 통찰을 중시하고, 바로 이 통찰과 깨달음, 지혜를 추구하는 것이 불교 명상이 갖는 주요 특징이다.[107]

인생의 괴로움에서 벗어나 궁극적으로 열반을 추구하는 불교에서 볼 때 고통의 원인은 사실에 대한 왜곡에서 발생한다. 이에 따라 불교는 고통을 없애기 위해 그러한 허구에서 벗어나 진리를 깨달으려고 노력한다. 그리고 깨달음을 얻게 되면 영원히 변하지 않고 행복하고 즐거우며, 참다운 나로 인해 번뇌의 더러움이 없어 깨끗하게 되기 때문이다. 한 걸음 더 나아가 불교에서는 진리를 깨닫기만 하면 부처가 될 뿐만 아니라 신조차도 초월할 수 있다고 본다.[108]

힌두교의 다양한 문헌 중 하나인 우파니샤드 또한 이해나 깨달음을 강조한다. 깨달음의 대상은 바로 우주의 궁극 실재인 브라흐만이다. 그 어떤 것으로도 제약하거나 제한할 수 없는 절대적인 브라흐만은 단순히 추상적 원리가 아니라 바로 나 자신의 본질이며 참된 자아 자체다. 나 자신은 바로 그 브라흐만이 구체화된 상태로서 "나는 곧 브라흐만이다." 힌두교는 이처럼 내가 브라흐만이요, 브라흐만이 나라는 사실을 모르는 것이 무명이며, 이를 몸소 체득해서 깨닫는 것을 해탈이라고 한다.[109]

③자아 몰입: 자기 주도권 및 자력 구원

107) Ibid., pp. 35-36.
108) Ibid., p. 36.
109) Ibid., p. 36.

불교와 힌두교가 깨달음을 추구하는 종교라는 점에서 명상의 주도권이 수행자에게 있다는 사실이 여실히 드러난다. 계시를 전제로 삼는 기독교에서 언급하는 계시가 가려지고 감추어져 인간의 인식능력으로는 알 수 없는 것을 하나님께서 보여주시는 것이라면, 동양종교의 깨달음은 인간이 스스로의 노력을 통해 진리를 발견하는 것을 의미한다.[110]

그런데 불교에서는 인간의 모든 문제가 인간에서 비롯되고 인간에 의해서만 해결된다고 본다. 인간 밖의 어떤 초월적 존재나 힘이 거기에 개입하는 것이 아니다. 물론 아미타불이나 관세음보살 같은 존재가 도움을 주는 면도 있지만, 그들의 도움은 순전히 신의 절대적 의지에 달린 은총이라기보다는 인간의 노력에 대한 인과응보로서의 성격이 강하다. 불교의 깨달음이 지향하는 핵심은 이처럼 자기 자신의 노력에 의한 자기 극복이다. 이 극복에 전적으로 관건을 쥐고 있는 것은 자기 자신 이외에 아무도 없다. 곧 불교는 개개인의 노력에 의한 자기 자신의 혁명적 변혁을 중심 주제로 한다는 점에서 그 명상법은 철저히 자아 몰입적이며 자기 주도적 성격을 띤다.[111]

힌두교도 불교와 마찬가지로 신에 대한 믿음을 전적으로 배제하는 것은 아니며, 신에 대한 열렬하고도 헌신적 믿음과 사랑을 통해 신과의 합일을 추구하는 것이 가능하다고 본다. 그러나 힌두교의 신은 인간과 근본적으로 차이가 없으며, 신의 도움을 통해 해탈에 이르는 것은 절대적 방법이 아니라 일종의 선택사항일 뿐이라는 점에서 힌두교의 명상법 또한 인간이 스스로에게 의존하는 자기 수행적 성격을 띤다.[112]

(4) 마음 챙김의 명상(mindful meditation)

명상과 관상기도의 중요 기제인 주의와 알아차림, 곧 마음 챙김을 살펴

---

110) Ibid., pp. 36-37.
111) Ibid., p. 37.
112) Ibid., p. 37.

볼 필요가 있다. 마음 챙김에 대한 정의는 저자나 연구자에 따라 여러 층위가 있지만, 합의가 이뤄지는 부분이 인간 의식의 가장 근본적인 부분인 주의(attention)와 알아차림(awareness)의 요소라고 한다. 마음 챙김은 아주 독특한 '마음의 작용'으로서, 마음 챙김을 위해서는 현재 경험하는 것에 주의를 기울일 수 있어야 한다고 한다. 그리고 이 주의는 비교와 판단의 과정이 빠진 '순수한 주의'이고 능동적 선택 없이 마음에서 일어나고 사라지는 것을 모두 알아차리는 것이다.[113]

이러한 마음 챙김이란 빨리(Pali)어 'sati'의 번역어이다. Pali-English 사전에 따르면 sati의 사전적 의미는 기억(memory), 재인(recognition), 의식(consciousness), 주목(intentness), 마음 챙김(mindfulness)이다.[114]

역사적으로 많은 명상법이 개발되고 현재에도 수행되고 있다. 이들을 크게 나누면 집중명상(concentration meditation)과 통찰 명상(insight meditation)으로 나눌 수 있다. 그런데 마음 챙김 명상은 통찰 명상에 속한다. 불교에서는 집중명상을 사마타(samatha) 수행이라고 하고, 통찰 명상을 위빠싸나(vipassan) 수행이라고 한다.[115]

집중명상은 비교적 변화하지 않는 내적인 대상(예: 호흡)이나 외적인 대상(예: 만다라, 만트라, 촛불 등)에 주의를 집중하는 것이 중요한 특징이다. 집중명상을 통해서는 마음의 고요함과 평화로움을 얻을 수 있다. 통찰 명상은 매 순간의 경험에 주의를 기울이나, 집중명상에서처럼 특정 자극에만 배타적으로 주의를 기울이는 것이 아니라, 외적이든 내적이든 모든 자극에 대해 마음을 열고 그 경험에 개입하지 않고 순수하게 관찰 혹은 의식하는 것을 특징으로 한다. 통찰 명상을 통해서는 자기 자신과 세계를 있는 그대로 바라봄으로써 자기 자신과 세계에 대한 바른 앎, 혹은 통찰을 얻게 된다.[116]

---

113) 송복란, "관상기도가 심리적 안녕감과 지각된 스트레스에 미치는 영향", op. cit., p. 8.
114) 김정호, "마음챙김이란 무엇인가: 마음챙김의 임상적 및 일상적 적용을 위한 제언", https://cafe.daum.net/kcmc91/MDy6/586
115) Ibid.
116) Ibid.

그런데 심리학에서는 관상기도 혹은 향심기도와 유사하면서도 불교에서의 명상과 관련된 것으로 '마음 챙김 명상'(mindful meditation)이라는 개념을 사용하고 있다. 이는 현재 순간에 머무르고, 비판단적으로 자각하고 있음을 강조한다. 마음챙김 명상을 하는 사람들은 자신들의 마음을 과거, 미래 혹은 현재가 아닌 그 어떤 시간에도 얽혀 있지 않도록 하는 법을 익힌다. 마음 챙김 명상을 통해서 어떤 반응 없이 생각의 흐름을 더 깊은 차원의 앎으로 발전시키는 것을 궁극적인 목표로 한다. 이러한 명상은 불교적 전통이 따른 것으로 집중 혹은 현재 상태에 대한 관찰에 초점을 맞추지만, 신과의 관계에 초점을 맞춘 관상기도와는 다르다고 하는 견해도 있다.[117]

그런데 동양의 명상훈련은 불교 전통의 명상과 마찬가지로 그 자체로 오랜 역사를 가지고 있지만, 심리학에서는 지극히 짧은 역사를 갖고 있다. 그렇지만 불교철학, 특히 마음 챙김의 개념과 훈련이 서양의 경험심리학으로 들어옴에 따라서 변화를 겪기 시작하였다. 역사적으로 볼 때 주류심리학은 마음 챙김과 명상을 의식의 상태라는 보호막 속에 들어있는 것으로 간주해 왔다.[118]

동양 명상이 다양한 전통을 가지고 있지만, 주의집중과 자각(곧, 마음 챙김)에 초점을 맞춘다는 공통요소를 공유하고 있다. 명상이라는 용어는 일단의 자기관리 훈련을 지칭하며, 이것은 주의집중과 자각을 훈련하는 데 초점을 맞춤으로써 심적 과정을 자발적으로 통제하여 보편적인 심정 안녕감의 발달뿐만 아니라 평정과 명정 그리고 전념과 같은 특정 능력들도 조장하려는 것이다.[119]

마음 챙김은 경험의 현시점에 초점을 맞추는 현재 중심적 주의집중이다. 원망과 소망 그리고 욕구로 인해서 지각이 왜곡되지 않으면서 실제로 삶에서 진행되고 있는 것을 명료하게 보는 것이다. 카밧진은 마음 챙김을

---

117) 권명수 · 김기범 · 오매화, "기독교적 명상으로서의 관상기도 효과에 관한 연구", op. cit., pp. 256-257.
118) Ibid., p. 156.
119) Ibid., p. 156.

현재의 순간에 주의를 집중하는 능력, 의도적으로 몸과 마음을 관찰하고 순간순간 체험한 것을 느끼며, 또한 체험한 것을 있는 그대로 받아들이는 과정으로 정의하고 있다. 따라서 마음 챙김의 구성요소로는 주의조절, 주의집중, 있는 그대로 자각하기, 비판단적 태도, 수용, 경험에 대한 개방성, 메타-인지적 기술과 통찰 등 다양한 차원으로 해석해 볼 수 있다. 따라서 마음챙김 명상은 자기를 관찰하고 깨닫게 됨으로써 지각의 명료성을 증진시키는 수단이 된다. 명상의 목표는 자기 이해의 정확도를 증가시키고 자기 계발과 고양된 삶의 질을 위한 토대를 마련하려는 것이다.[120]

마음 챙김 명상(mindfulness meditation)의 출발은 깨어 있는 의식과 대부분이 검열받지 않은 사고와 감정의 끊임없는 흐름에 의해 주도된다는 사실을 자각하는 것으로 시작한다. 즐겁거나 괴로운 느낌이 발생할 때, 그로 인해 나타나는 감각적 쾌락에 대한 욕망, 혹은 제거하려는 욕망을 판단하지 않고, 단순하게 알아차리도록 한다. 이것을 '놓아두는 수행'이라고 하며, 욕망을 본래 있는 그대로 내버려 두는 것을 말한다. 욕망을 단순히 알아차리고, 욕망의 본래 속성을 알게 될 때, 그것은 단지 욕망일 뿐이라는 것을 인식하게 되고 더 이상 욕망에 집착하지 않게 된다.[121]

이러한 마음 챙김의 대상은 신, 수, 심, 법으로 인간의 경험 전체를 4가지로 나눈 것이다. 신은 몸을 통해 느껴지는 감각이고, 수는 감각이나 생각에 따른 느낌으로 즐거움, 고통, 즐거움도 고통도 아닌 느낌이며, 심은 마음의 상태로 정서로도 표현 가능하고, 법은 보통 정신적 대상이나 정신적 요소로 오개(五蓋),[122] 오온(五蘊),[123] 육처(六處),[124] 칠각지(七覺支),[125] 사

---

120) Ibid., pp. 156-157.
121) Ibid., p. 157.
122) 오개(五蓋)는 불교 용어로 심성을 가리어 선법(善法)을 할 수 없게 하는 다섯 가지 번뇌이다. 여기에는 탐욕개(貪慾蓋), 진에개(瞋恚蓋), 수면개(睡眠蓋), 도회개(掉悔蓋), 의법개(疑法蓋)가 있다.
123) 오온(五蘊)은 불교 용어로 인간을 구성하는 다섯 가지 범주의 요소이다. 곧 물질적인 것을 의미하는 색(色), 감각의 수(受), 인식작용의 상(想), 의지작용의 행(行), 마음 작용의 식(識)이다.
124) 육처(六處)는 불교 용어로 십이 인연(十二因緣)의 하나이다. 중생이 모태에서 눈, 귀, 코, 혀, 몸, 뜻의 육근(六根)을 갖추어 태어나는 것을 이른다.

성제(四聖諦)[126] 등 불교적 개념이 포함되어 있다.[127]

마음 챙김 명상은 자기 자신과 세계에 대한 궁극적 깨달음으로 고통에서 벗어나는 것을 목적으로 수행하는 명상이다.[128] 이러한 마음 챙김의 명상에서 이완의 효과, 집중의 효과, 각성과 통찰의 효과와 같은 심리적 생리적 효과를 얻을 수 있다고 하고 있다. 그리고 각성 능력과 통찰력 향상이 세 번째 명상의 효과로 꼽힌다. 깊은 집중 후에는 각성, 곧 알아차림이 세밀해지고 창조적 사고작용이 활발해지면서 문제에 대한 새로운 관점으로 해답을 찾는 경우가 많아진다고 한다. 자아와 우주에 대한 심오한 통찰, 불멸의 영원한 자아를 인식하거나 우주와의 합일을 체험하거나 자아의 소멸 체험 등 자각과 통찰의 극대화인 깨달음이 마지막 명상의 효과라고 하고 있다.[129]

마음 챙김 명상과 기법적으로 유사성을 가진 것이 향심기도이다. 향심기도는 관상기도를 구조화하고 현대화한 것이다. 그런데 종교개혁 이후 관상기도의 명맥은 수도원에서만 이뤄졌다. 하지만 1960~70년대 서양의 젊은이들이 동양 명상에 관심을 기울이자 수도원 전통의 관상기도를 일반인들이 접근 가능하게 만들 필요성이 대두했다. 2차 바티칸공의회 이후 교황의 지시로 트라피스트 수도사인 토마스 머튼이 관상기도의 이론적 토대를 만들었고 그의 사후 토머스 키팅과 윌레엄 페닝톤 신부가 일반인들이 할 수 있도록 관상기도를 구조적으로 만든 것이 향심기도이다.[130]

향심기도의 과정은 첫째, 거룩한 단어를 선택한다. 이때 단어는 사랑, 하나님, 은총 등 한두 어절의 짧은 단어로, 생각이나 지각을 알아차릴 때

---

125) 칠각지(七覺支)는 불도를 수행할 때 참되고 거짓되고 선하고 악한 것을 살펴서 올바로 골라내는 일곱 가지 지혜이다. 택법각분(擇法覺分), 정진각분(精進覺分), 희각분(喜覺分), 제각분(除覺分), 사각분(捨覺分), 정각분(定覺分), 염각분(念覺分)이다.

126) 사성제(四聖諦)는 고제(苦諦), 집제(集諦), 멸제(滅諦), 도제(道諦)로 구성된 불교의 가장 기본적인 교리이다.

127) 송복란, "관상기도가 심리적 안녕감과 지각된 스트레스에 미치는 영향", op. cit., p. 8.

128) Ibid., p. 8.

129) Ibid., p. 9.

130) Ibid., pp. 9-10.

사용하기 위한 것이다. 이것은 무의식에 들어가기 위해 사용하는 만트라
와는 전혀 성격이 다른 것으로서, 마음챙김 명상에서 알아차리면 호흡으
로 돌아가 호흡을 관찰하는 것과 같은 것이다. 단어보다 호흡을 관찰하는
것이 편안하다면 호흡을 권장하기도 한다. 둘째, 하나님이 내 안에 계시고
활동한다는 지향을 갖고 편안하게 앉아 눈을 감고 앉는다. 셋째, 기도 가
운데 분심(分心)을 알아차리면 거룩한 단어를 부드럽게 떠올린다. 분심(分
心)은 기억, 이미지, 느낌, 감각, 지각, 영적 경험, 계획 등 신체감각 영적
감각을 모두 말한다. 아무리 좋은 기분과 기억도 알아차리면 흘려보내기
위해 거룩한 단어로 돌아가는 것을 반복한다. 넷째, 20여 분 정도의 기도
를 마치면 눈을 감고 몇 분 동안 침묵 가운데 머문다.[131]

그런데 관상기도의 목적은 내적 평화를 경험하는 데 있지 않고 하나님
과 일치를 이루는 데 방해가 되는 것들을 치우는 것이다. 이것은 관상의
과정이라고 일컬어지는 정화, 조명, 일치에서 정화의 과정이라 할 수 있
다. 이에 중세 신비가인 십자가의 요한은 「영혼의 어두운 밤」이라는 고
전에서 감각의 정화, 영혼의 정화로 정리했다. 감각의 정화는 내적 외적
감각을 능동적으로 정화하는 것이고 영혼의 정화는 정서프로그램과 거짓
자아의 해소가 수동적으로 일어나는 과정이다. 무의식 에너지의 방출로
영적 위안과 인간적 약점을 동시에 경험하기도 한다. 그러나 이런 과정을
거치며 기도자는 평안과 사랑, 자비, 온유함 등이 자라나게 된다고 하고
있다.[132]

이런 특징들을 고려해 관상기도 여부가 마음 챙김을 매개해 심리적 안
녕감과 지각된 스트레스에 유의한 영향이 있는지를 살펴볼 수 있다. 그러
나 향심기도가 마음 챙김 명상과 다른 점은 하나님이라는 대상이 있다는
점이다. 이 차이가 어떻게 작용해 어떤 효과를 지니는지 알아보기 위해 종
교심이라는 요인을 고려하게 되었다. 향심기도 선행연구에 따르면 향심기
도는 하나님에 대한 이미지와 자기개념의 변화를 가져온다. 이것은 나와

---

131) Ibid., p. 10.
132) Ibid., p. 11.

상관없는 대상이 아니라 친밀한 존재라는 것과 자신이 절대 존재의 관심과 사랑의 대상임을 인식하게 함으로써 정체감과 자기감을 강화시킨다. 이것이 여러 긍정 정서를 고양시키고 부정 정서는 해소시킨다는 것이다.[133]

(5) 명상을 도외시하는 이유

기독교가 명상을 도외시하는 중요한 이유가 있다. 그것은 기독교가 추구하는 궁극적 과제란 곧 구원인데 그 구원은 신자 자신의 힘으로 구하는 것이 아니며 전혀 타력에 의존하고 있기 때문이다. 이에 비하여 이방종교를 중시하는 이들은 그리스도의 타력 구원에 대하여 인간이 스스로 자기를 포기하고 나약하여져서 타의 구조를 기대하는 것은 인간의 위대한 정신을 져버리는 어리석은 짓이라며 하찮게 여긴다. 그러나 그리스도의 타력 구원은 인간성의 포기나 나약함의 소치가 아니다. 인간은 만능자가 아니다. 할 수 있는 일이 있고 영원히 할 수 없는 일도 있다. 현재의 인간은 인간으로서의 본래의 실재가 아니다. 변질되고 파괴되어 그 상태가 호전될 가망성이 없고 오히려 시간과 더불어 점점 더 악화일로에 있을 뿐이다.[134]

이러한 관상의 기도와 명상은 인간의 의지로 하나님에게 도달하려는 시도이다. 그러나 인간의 의지로 하나님께 나아가는 방법은 없다. 아브라함에게 하나님이 찾아오셨듯이, 야곱이 잠자는 중에 환상을 보았듯이 하나님은 우리에게 찾아오시는 분이시지 인간이 찾아가 만날 수 있는 분이 아니다. 따라서 인간의 어떤 방법으로 하나님을 체험하는 것은 불가능하다.[135]

그럼에도 불구하고 명상은 종교와 상관없는 수도라고 하며 그리스도인들 가운데도 초월명상의 경우에는 호흡법과 긴장 완화 테크닉이 스트레스를 줄이는 방법이기에 사용할 수 있다고 주장한다. 그러나 초월명상 자체는 범신론적인 힌두교에 속한다는 것을 알아야 한다. 초월명상의 경우에

133) Ibid., p. 11.
134) 정정조, "명상과 묵상", http://cafe.daum.net/kcmc91/QxD5/11
135) 마경언, "관상 기도와 명상의 위험성(2)", http://cafe.daum.net/dm3179/3uGm/535

는 자기 신성화를 추구하는 종교라고 볼 수 있다. 실상은 자신을 예배하는 종교인 것이다.[136]

다. 관상과 묵상(默想, meditation)

지금 개혁교회 안에 널리 확산되고 있는 '관상기도'에 대해서 그리스도인들은 그것이 성경에 나오는 '묵상'과 같은 것으로 생각하는 경향이 있다. 그러나 '관상기도'와 성경의 '묵상'은 그 개념이 근본적으로 다르다. 그런데도 오늘날 '관상기도'를 선전하며 권장하는 교계 지도자들은 그 근본 개념을 은폐하고 마치 '관상기도'와 성경의 '묵상'은 비슷한 것처럼 오도하고 있다. 그 때문에 현대 그리스도인들은 관상기도를 받아 따라 행하고 있다.[137]

(1) 관상에서의 묵상

관상에서 보는 묵상은 기본적으로 말씀을 입에서 머리로 기억되게 하며, 그 기억을 통해서 마음속으로 들어가게 하는 기도의 방법이다. 이것은 말씀에 대한 반추, 그리고 그 반추에 대한 믿음의 반응을 통해서 하나님의 사랑에 반응하는 것이라 말할 수 있다.[138] 그런데 이러한 말씀에 대한 반응을 흔히 '추리적 묵상'이라고 하고 있다. 이 추리적 묵상은 초자연 진리가 지닌 의미를 꿰뚫어 보고, 그것을 사랑하며 은총의 도움으로 그것을 실천하기 위해 그것으로 마음을 돌려 추리하는 것을 말한다. 즉 묵상은 어떤 주제에 대하여 하나님과 영성 생활에 대한, 그리고 진리에 대한 논리적 추리행위로써 묵상을 '상상적 묵상', '교리적 묵상', '윤리적 묵상'으로

---

136) 김종환, "초인성적 변화를 통한 치유와 성장의 경험", 「월간목회」 2008년 3월호, pp. 74-75.
137) 보이스, "관상기도(Contemplative Prayer)의 위험성", http://www.voamonline.com/ref-1/017_contemplation/
138) Richard J. Foster, Prayer by Richard J. Foster, 「리처드 포스터 기도」, 송준인 역, (서울: 도서출판 두란노, 1997), p. 194.

구분하기도 한다.[139]

기독교에서 묵상이란 말은 일반적으로 추리 묵상을 뜻한다고 최일도는 말하고 있다. 추리적 묵상은 상상력을 통해 성경의 말씀을 추리하는 과정에서 초자연적인 진리가 지닌 의미를 꿰뚫어 보고 은총의 도움으로 그 말씀을 삶으로 증거하고 몸으로 살기 위해 마음을 돌려 추리하는 것을 말한다고 한다.[140]

최일도는 묵상을 처음 시작한 사람들이 가장 쉽게 접근할 수 있는 추리 묵상은 다음 5단계로 이루어진다고 하고 있다.[141]

①성경의 장면 추리.

②성경의 말씀 속에 들어감.

③상상하고 미루어 생각함.

④자신의 삶을 돌아봄.

⑤생활의 변화로 연결.

묵상은 이성과 의지로써 출발해서 마음에 담아지게 되며, 이 마음에서의 작용은 바로 자신의 내면의 세계를 탐험한다. 이때 하나님과의 합일을 향하게 되는 초월적인 은총의 현상이 일어나게 된다. 이 현상은 정감의 기도, 단순기도라는 틀의 '관상'으로 이끌어지게 된다고 하고 있다. 이러한 이끌어짐의 흐름은 인간의 본성과도 연관되어 진다. 인간의 본질적인 성향은 묵상을 통해서 인간의 종교적인 성향, 즉 인간에게 무한히 열려 있는 어떤 궁극적인 것을 끊임없이 추구하고자 하는 초월성으로 이어진다.[142]

그런데 인간의 본질 속에는 하나님을 향하여 나아가는 자기 초월성이 있기 때문에 이러한 초월의 성향은 자기 자신을 벗어나게 한다. 이러한 벗어남을 통해서 인간은 그 내적인 세계가 더 넓어지고 이 넓어짐을 통해서 인간은 점점 더 일치를 향한 성장이 있게 된다. 이러한 묵상에서 일치

139) Jordan Aumann, Spiritual Theology, 「영성신학」, 이홍근 역, (경북칠곡: 분도출판사, 2003), p. 370.
140) 최일도·김연수, 「영성 수련의 실체(Ⅰ)」, (서울: 도서출판 나눔사, 1991), p. 31.
141) Ibid., pp. 31-32.
142) John Macquarrie, Paths in Spirituality, 「영성에의 길」, 장기천 역, (서울: 전망사, 1986), p. 37.

를 향하는 기도를 '관상'이라 한다.[143]

묵상의 목표는 크게 한 가지로 집약된다고 머튼은 말한다. 그것은 내적 자아를 일깨워 성령과 일치시킴으로써 하나님의 은총에 응답하는 것이라고 한다. 이를 위해 오랜 시간 꾸준한 묵상기도를 통해 분별력을 기르고 자신을 정화해 나가야 한다. 또한, 위로의 은총과 함께 우리를 겸허하게 만드는 은총에 대해서도 받아들일 각오를 해야 한다. 기도에 냉담해지고 둔해지는 까닭은 대체로 은총에 무의식적으로 저항하기 때문이다. 이것을 자각하지 못한다면 우리의 영혼은 무감각해져 결국 은총을 느낄 수 없게 된다. 나아가 묵상은 자신을 하나님의 뜻과 활동에 내맡겨 자기를 포기하고 성령께 따르도록 이끈다. 하나님의 뜻에 따르지 않으려는 이들의 묵상은 결국 아무런 결실 없이 추상적인 묵상으로 끝나고 만다. 머튼은 진심으로 하나님과의 일치를 추구하고 하나님의 뜻에 따라 살기를 기도하는 사람들은 보상으로 은총을 얻게 되고, 묵상이야말로 우리의 삶을 성화시킨다고 하고 있다.[144]

묵상기도는 정신이 중심이 되는 기도이다. 정신은 하나님과 그의 경이로우심을 생각하고 성찰하고 숙고한다. 정신은 이해와 통찰을 구한다. 그리고 묵상에서는 입술은 조용하고 정신은 활동적이다.[145] 따라서 묵상은 능동적인 기도라 할 수 있다. 그런데 하나님의 은총에 의존하지만 실제적으로 기도자는 성령의 인도하심에 따라 능동적으로 주도해 나간다고 할 수 있다.[146]

묵상의 측면은 인식론적 측면과 관계론적 측면으로 나누어 볼 수 있다.

먼저, 인식론적 측면이란 잡념이 극복된 상태에서 순수한 사고가 활동하는 상태를 의미한다. 일찍이 4세기 이집트 사막의 수도자였던 에바그리

---

143) Ibid., p. 69.
144) 홍수정, "토머스 머튼의 관상과 신비를 통해 본 그리스도인의 기도의 삶", (미간행석사학위논문, 대구가톨릭대학교 대학원, 2020), p. 14.
145) 박노열, 「관상기도 개론」, (서울: 도서출판 나눔, 2013), p. 9.
146) 이향우, "'예수기도'의 연구와 한국교회에서의 활용방안", (미간행석사학위논문: 호남신학대학교 대학원, 2016), p. 11.

오스(Evagrius of Ponticus)는 이것을 사파이어 보석처럼 맑고 투명한 사색의 우주가 펼쳐지는 것이라고 하였다.[147]

묵상이 순수한 사고를 낳는 비결에 대하여 뿌연 흙먼지가 가득한 유리병의 물에 비유할 수 있다. 즉 뿌연 흙먼지가 있는 물을 통해서는 유리병 반대편을 볼 수 없다. 그런데 흙먼지를 가라앉히면 반대편은 물론 안에서 밖도 볼 수 있고 심지어 병 위의 하늘도 볼 수 있을 것이다. 우리의 내면도 마찬가지이다. 우리가 묵상을 통해 마음의 고요에 이르면 청결한 마음에서 지혜가 솟아오른다. 그래서 영성가들은 "청결한 마음은 명료한 사고를 낳는다"고 하였다. 이처럼 영성가들은 순수한 사고를 통해 인생과 우주와 신에 대한 깊은 통찰을 할 수 있었다. 순수한 사고의 활동 가운데 영성가들은 관상이라고 불리우는 깊은 묵상을 하였던 것이다.[148]

관상의 대상은 단계에 따라 여러 가지인데 흔히 피조물에 대한 관상과 삼위일체 하나님의 신비에 대한 관상으로 나누었다. 피조물에 대한 관상을 통해 영성가들은 보이는 현상계 이면에 있는 우주 만물의 원리에 대한 깊은 통찰을 얻었다. 그리고 삼위일체 하나님의 신비에 대한 깊은 관상을 통해 하나님의 뜻을 이해하고 신적 지혜를 얻었다. 그래서 영성가들은 "기도자는 신학자가 된다"고 확신했다. 이 말은 뒤집어 말하면 신학자는 기도자이어야 한다는 의미이기도 하다. 이처럼 묵상의 상태에는 순수한 사고가 인생과 우주와 하나님을 직관(直觀)하는 인식론적 측면이 있다.[149]

묵상의 두 번째 측면은 관계론적 측면이다. 이것은 쉽게 말하면 감성이 하나님의 사랑에 지배되는 것을 의미한다. 흔히 서방교회의 영성가들은 관상을 능동적 관상(active contemplation)과 수동적 관상(infused contemplation)의 두 단계로 경험하였다.[150]

능동적 관상이란 나의 노력에 의하여 생각과 마음을 하나님께 집중하

---

147) 김수천, "영성가들이 실천한 영적 묵상의 개신교 목회적 의의 고찰", 「실천과 신학」, 한국 실천신학회(2014), pp. 590-591.
148) Ibid., pp. 591-592.
149) Ibid., p. 592.
150) Ibid., p. 592.

고 성령의 임재 가운데 머무는 것을 의미한다. 쉽게 말하면 영적 훈련을 통해 최선을 다해 성령이 내 안에서 활동하실 수 있는 상태를 만들어 성령의 임재를 경험하는 것을 가리킨다.[151]

그런데 수동적 관상이란 그런 단계를 지나 하나님의 주권적 은혜에 의해 주어지는 관상을 의미한다. 그래서 신자 편에서는 수동적인 상태가 된다. 성령을 통한 하나님의 임재와 활동에 전적으로 맡겨진 상태이며 하나님의 사랑에 의해 압도되어진 상태를 의미한다. 바로 이 상태가 하나님과 연합하는 단계라고 한다.[152]

델마 홀은 묵상과 관상의 차이를 다음과 같이 정리하고 있다.

"'묵상'이라는 말은 단어나 사건 등에서 끌어낸 주제와 함께 그것들의 개인적 의미나 도덕적 의미를 기도하는 것처럼 깊이 생각하고 성찰하는 이상적인 추리과정을 가리킨다. 이것은 근본적으로 은총에 힘입은 지성과 이성의 활동이다. (중략) '관상'은 하느님 안에서의 '쉼', 하느님을 향한 '애정 어린 응시', '앎을 넘어 앎', '황홀한 주의'를 하느님께 기울이는 것 등으로 다양하게 묘사된다. 체험을 말로 표출하고자 하는 이런 모든 시도들은 결코 실재를 표현하지 못한다. 그 이유는 단순하다. 관상은 묵상의 사고와 이성을 넘어설 뿐만 아니라 정감적인 기능인 정서와 '느낌'까지도 초월하기 때문이다. 관상은 근본적으로 순수한 믿음의 기도이며 순수한 믿음의 체험이다."[153]

(2) 관상에서의 묵상을 위한 고려사항

관상에서 묵상은 하나님과 인간이 소통하는 시간으로 기쁨과 감사와 평안이 회복되는 것을 의미한다. 그런데 하나님 말씀을 깊이 생각하고 음미하는 묵상을 위해서는 다음 네 가지 사항을 고려하면 좋을 것이라고 하고 있다.[154]

151) Ibid., p. 592.
152) Ibid., pp. 592-593.
153) 마 홀, 「깊이 깊이 말씀 속으로」, 차덕희 역, (서울: 성서와 함께, 2001), pp. 18-19.
154) "묵상이란 무엇인가?", https://cafe.daum.net/kcmc91/N9HL/243

첫째, 조용한 장소와 시간을 선택하는 것이 중요하다.

둘째, 부정적인 감정, 곧 의심, 불평, 불안, 초조함 등을 버려야 한다.

셋째, 비어 있는 마음에 사랑과 믿음, 평화 감사와 하나님의 영을 가득 채우는 것이다. 이때 하나님을 향한 정신 집중을 통해 내면세계의 상처가 치유되고 정체성을 회복하게 된다.

넷째, 마음에 긍정적인 감정과 성령을 채우는 것이다. 그러면 참된 평화와 기쁨을 경험하게 된다. 이런 상태를 삶에서 누리기만 된다.

묵상의 마지막 단계인 누림이 지속될 때 자신과 환경을 초월하는 기적을 체험하게 된다.

(3) 묵상에 쓰인 단어에 의미

예배를 시작할 때 "다같이 묵도(默禱)하심으로 예배를 드리겠습니다"라는 예배인도자의 말을 사용하는 것을 들어왔다. 이에 보통 우리 한국에 그리스도인들은 묵도를 '묵상기도(默想祈禱)'의 줄임말 정도로 이해하고 있다. 그러나 '묵도'는 하나님의 말씀을 묵상하며 조용히 드리는 기도가 아니며, 묵도는 일본인들이 신사참배를 할 때나 가정에서 자신들의 신을 생각하며 잠시 묵념하는 것을 말하는 것이라고 이상윤은 지적하고 있다.[155]

또한, 보통 묵상은 조용히 앉아서 도를 닦는 것으로 생각하기 쉽다. 그이유는 우리가 동양 사람이기 때문이다. 이 때문에 우리는 '묵상'이라는 말에 '명상'을 떠올린다. 그러한 명상은 그냥 욕심을 비우며 자신의 내면을 관찰하는 것이다. 그런데 히브리적인 묵상은 다르다. 이는 입으로 중얼거리면서 묵상하는 것이다.[156]

그러나 성경에서 말하는 '묵상'은 하나님을 믿고 신뢰하는 성도가 하나님이 하신 말씀과 그의 행하신 일들을 기억하여 마음에 깊이 생각하면서

---

155) 이상윤, "[교회용어 바로 알기] '묵도'는 '묵상'으로", 「국민일보」, 2018. 9. 13.
156) 강준민, "묵상에 대하여('강준민 / 지혜와 영적 성숙' 발췌)", http://liebebae.tumblr.com/post/3724631918

하나님께 반응하는 신앙의 태도를 의미한다.[157]

대표적인 예를 들면 다음과 같다. 즉 히브리어 원어 성경에서 '묵상'이라는 말이 명사로는 강세어 하기온(הָגִיּוֹן meditation), 동사로는 하가(הָגָה meditate)라는 단어와[158] '시아흐'(שִׂיחַ Sihah, 시119:15, 97) 두 가지가 주로 사용되었다.[159]

즉 묵상이란 단어를 의미하는 히브리어는 두 가지 중 하나는 명사 하기온(הָגִיּוֹן Hagion)이나 동사 하가(הָגָה Haga)인데 '말하다. 신음하다. 곰곰이 생각하다',[160] '소리', '중얼거림', '묵상', '숙고', 또는 '속삭인다', '깊이 생각하다', '나타내다', '중얼거리다', '계획하다' 등에 뜻으로 사용 범위가 다양하다.[161] 특히 '묵상하다(mediate)'라는 단어는 히브리어 하가(הָגָה Haga)에서 왔다. 그런데 이 단어는 의성어이기도 하다. 우리말에 비둘기 울음은 "구구"라고 표현하지만 히브리어는 비둘기 울음을 '하가 하가'로 표현한다. 비둘기가 읊조리는 데서 파생된 단어이다. 기본 뜻으로는 '곰곰이 생각하다(think upon)' 또는 '반추하다(reflect)'라는 뜻을 가지며, 때로 묵상은 '중얼거리거나 읊조리는 것', 혹은 '나지막하게 말하는 것'을 의미하기도 한다. 또 "우리가 표현하고자 하는 것을 스스로에게 말하는 것"을 의미하기도 한다. 이런 묵상에는 자신이 암송하고자 하는 성경 구절을 낮은 목소리로 낭독하는 것도 포함된다.[162] 물론 하가(הָגָה Haga)라는 단어가 다양한 뜻과 함께 '깊이 생각하다'라는 의미도 들어있지만, 그보다 압도적으로 많은 의미는 '읊조리다'이다. 읊조린다는 것은 작은 소리를 내면서 읽고 말하며 그것을 반복해서 중얼중얼거리는 행동이다.[163]

두 번째 단어는 동사 '시아흐'(שִׂיחַ Sihah, 시119:15, 97)다. 이것은 "숙고하다. 암기하다. 생각하다"하는 뜻을 가진다. 단어의 어근을 볼 때 묵상이

157) 보이스, "관상기도(Contemplative Prayer)의 위험성", op. cit.
158) Ibid.
159) 한상원, "묵상이란 무엇인가?", https://cafe.daum.net/kcmc91/N9HL/229
160) Ibid.
161) 보이스, "관상기도(Contemplative Prayer)의 위험성", op. cit.
162) "묵상의 정의와 종류", https://cafe.daum.net/kcmc91/N9HL/279
163) 박관수, "성경이 가르치는 말씀묵상은 주야로 읊조리는 것이다!", 「코람데오닷컴」, 2021. 7. 22.

란 영원한 진리에 대해 깊고 반복적인 숙고를 의미하는 듯하다.[164]

구약에서의 '묵상'은 그냥 속을 비우는 그런 묵상이 아니라 하나님의 율법 하나님의 말씀을 묵상한다는 말이다. 예를 들자면, 다윗은 하나님의 율법을 범하고 나서 "나를 주 앞에서 쫓아내지 마시며 주의 성령을 내게서 거두지 마소서"(시51:11) 라고 하나님께 부르짖고 있다. 옛날 이스라엘 백성의 기도는 반드시 하나님의 말씀인 율법에 초점을 맞추고 하나님과 영적인 교통을 하였다.[165]

또한 '묵상'(mditation)의 어원은 '메디켈루스(medicelus)'라는 단어로 약(medicine)의 어원이기도 하다. 약이 몸에서 녹아 혈관을 통해 온몸으로 퍼질 때 치료가 되듯이 거룩한 언어들이 묵상을 통해 우리의 생각과 의식, 무의식, 잠재의식, 영혼 속에 깊이 스며들 때 비로소 우리는 교화되며 온전히 내 것으로 할 수 있게 된다.[166]

이러한 묵상은 라틴어로는 '메디타리'(meditari)고 한다. 이는 '마음에 품다, 상상하다, 음미하다'라는 의미를 내포하고 있다. 즉 '신중히 생각하는 것, 반복하여 중얼거리는 것, 깊이 연구하는 것'을 묵상이라고 할 수 있다. 묵상의 영어 단어와 비슷한 말로는 '되새김질'(rumination)이 있다. 되새김질하는 동물들은 아침 일찍 풀밭에 나가 자신이 먹을 수 있는 만큼의 풀을 뜯어 먹는 데 온전히 집중한다. 그들은 일단 풀을 대강 씹어 삼킨 뒤 해가 뜨거워지면 그늘에 누워 위 속에 저장해두었던 풀들을 다시 꺼내어 꼭꼭 씹어 자신의 것으로 만드는 작업을 한다. 묵상도 이와 마찬가지다. 우리의 머릿속과 마음에 저장되어 있는 말들을 다시 조용히 음미하며 자신에게 어떤 의미를 주는지 상고하는 시간을 갖는다.[167]

이제 묵상과 관련한 이러한 단어들이 담고 있는 몇 가지 의미들을 살펴보고자 한다.[168]

164) 한상원, "묵상이란 무엇인가?", op. cit.
165) 김명도, "소위 <명상 영성운동, 관상기도> 의 허구 (1)", op. cit. 참조.
166) "묵상이란 무엇인가?", op. cit.
167) Ibid.
168) "성경묵상이란?", http://cafe.daum.net/life-mission/CD5f/30?q=%B9%AC%BB%F3%C0%CC%B6%F5

①하나님과 대화한다는 의미가 있다.

우리는 하나님과 대화함으로 하나님과 친밀한 관계를 유지하기 위해 묵상을 한다. 흔히 하나님과 대화한다고 하지만, 하나님과 대화를 하기보다는 독백을 하는 경우가 많다. 그러나 독백과 대화는 다르다. 독백은 혼자 말하는 것이고 대화는 상대방과 서로 말을 주고받는 것이다.

오늘날 하나님과 대화를 하려면 하나님의 음성을 듣고 하나님의 생각을 이해해야 한다. 그러면 어떻게 하나님의 음성을 들을 수 있을까? 그것은 기록된 하나님의 말씀을 읽는 것이다. 하나님의 말씀을 읽지 않고 하나님과 대화한다는 것은 거짓말이다. 하나님께 기도만 할 것이 아니라 조용히 하나님의 말씀을 읽고 하나님의 얘기를 들어야 한다. 묵상은 하나님의 음성을 듣고 하나님과 대화하는 것이다.

② '예배한다, 경배한다'에 의미가 있다.

시아흐(שִׂיחַ 시119:15, 97)에는 '예배한다', '경배한다'는 뜻이 있다. 묵상은 하나님의 말씀을 읽고 그 말씀대로 사는 것이다. 이것을 우리는 '영적 예배'라고 한다. 로마서 12장 1~2절에서 바울은 형식만 갖춘 예배가 아니라 삶으로 예배하는 것이 참된 예배라고 증거한다.

③마음을 말씀으로 채운다.

'시아흐'(שִׂיחַ)라는 단어는 마음에서 불필요한 생각을 제거하고 대신 말씀을 채운다는 의미가 있다. 바로 묵상은 자신이 발견한 진리나 교훈을 마음 깊은 곳에 받아들여 심는 것이다.

묵상을 통해 하나님의 말씀을 먹는 것이다.

(계10:9)"(9)내가 천사에게 나아가 작은 두루마리를 달라 한즉 천사가 이르되 갖다 먹어 버리라 네 배에는 쓰나 네 입에는 꿀 같이 달리라 하거늘 (10)내가 천사의 손에서 작은 두루마리를 갖다 먹어 버리니 내 입에는

꿀 같이 다나 먹은 후에 내 배에서는 쓰게 되더라"

말씀 묵상은 하나님의 진리를 마음에 새기는 영적 노동이다(신11:18, 32:46, 47; 잠3:3, 7:1~3).

(신6:6)"오늘 내가 네게 명하는 이 말씀을 너는 마음에 새기고"

④마음을 깨끗이 한다.

히브리어 하가(הָגָה 시1:2, 수1:8)라는 단어에는 '마음을 깨끗이 하다.', '정결케 하다'라는 뜻이 있다. 그러므로 묵상이라는 것은 마음에 있는 더러운 생각이나 불필요한 생각들을 제거하고 하나님의 말씀으로 정결케 하는 것이다. 마음이 정결케 되면 행실도 깨끗해진다.

(시119:9)"청년이 무엇으로 그의 행실을 깨끗하게 하리이까 주의 말씀만 지킬 따름이니이다"

⑤되풀이한다.

묵상이라는 단어는 무언가를 계속 되풀이해서 말하거나 생각하는 것을 말한다. 특별히 '하가'라는 단어는 호랑이의 으르렁거림이나 비둘기의 구구하는 소리와 어원이 같다. 즉 묵상이란 계속 되풀이하는 것을 말한다. 하나님의 말씀을 되새김질하듯 음미한다.

성경 묵상은 바로 하나님의 말씀을 "네 입에서 떠나지 말게 하며"라는 여호수아 1장 8절의 말씀처럼 하나님의 말씀에서 가르치는 교훈을 입으로 되새기며 자신의 일상생활에 연관해서 그 말씀을 생활의 모든 영역에 적용하고, 따르는 삶이라고 성경은 가르치고 있다.

묵상이란 히브리어 단어인 명사 하기온(הִגָּיוֹן meditation)과 동사 하가(הָגָה meditate)는 주로 다음과 같이 하나님께 기도하고 소원을 아뢰는 기도의 사람들에게서 많이 발견된다.[169]

(시1:2)"오직 여호와의 율법을 즐거워하여 그의 율법을 주야로 묵상하

---

169) 보이스, "관상기도(Contemplative Prayer)의 위험성", op. cit.

는(히 הָגָה 하가)도다"

(시5:1)"여호와여 나의 말에 귀를 기울이사 나의 심정(묵상: 히 הֲגִיגִי 하기온)을 헤아려 주소서"

(시19:14)"나의 반석이시요 나의 구속자이신 여호와여 내 입의 말과 마음의 묵상(히 הִגָּיוֹן 하기온)이 주님 앞에 열납되기를 원하나이다"

(시63:6)"내가 나의 침상에서 주를 기억하며 새벽에 주의 말씀을 작은 소리로 읊조릴(히 הָגָה 하가) 때에 하오리니"

또한 "묵상하다"(meditate)라는 히브리어 동사 하가(הָגָה)는 다음과 같이 다양하게 사용되고 있다.[170]

(시35:28)"나의 혀가 주의 의를 말하며(히 הָגָה 하가) 종일토록 주를 찬송하리이다"

(시37:30)"의인의 입은 지혜로우며 그의 혀는 정의를 말하며(히 הָגָה 하가)"

(잠15:28)"의인의 마음은 대답할 말을 깊이 생각하여도(히 הָגָה 하가) 악인의 입은 악을 쏟느니라"

(사8:19)"…주절거리며 속살거리는(히 הָגָה 하가) 신접한 자와 마술사에게 물으라 하거든…"

(사16:7)"…그들이 슬퍼하며(히 הָגָה 하가) 심히 근심하리니"

(사38:14)"…비둘기 같이 슬피 울며(히 הָגָה 하가) 내 눈이 쇠하도록 앙망하나이다…"

(사59:3)"…너희 입술은 거짓을 말하며 너희 혀는 악독을 냄이라(히 הָגָה 하가)"

그런데 성경에서 말하는 묵상(meditation)의 히브리 원어 뜻은 한 인격체가 의식을 가지고 생각하며 감정을 표현하는 의식활동이다. 하나님 앞에서 묵상하며 기도하는 본질 자체가 그런 의식활동이다.[171]

또한, 성경적인 묵상이란 말씀 앞에서 갈급해 하는 생각에 잠기며, 말씀 앞에서 기뻐하는 생각(기쁨성, 희열성)에 잠기며, 말씀 앞에서 애통해

---

170) Ibid.
171) Ibid.

하는 생각에 잠기며 낮은 음성으로 자기와의 대화를 행하면서 통찰 (insight)이 일어나는 것을 묵상(하가, hagah)이라 한다. 이때 '묵상'을 통해 '통찰'(insight)이 일어나도록 도우시는 이는 성령 하나님이시다.[172]

이렇게 묵상으로 통찰(insight)이 일어나는 하나님의 은혜를 얻게 될 때 "복 있는 자"라 할 것이다. 그래서 시편 1편에서는 바르게 이해가 된 말씀을 대면하여 주야로 "묵상(hagah)하는 자가 복이 있다."라고 하고 있다.[173]

성경에서 사용하는 묵상이란 하나님의 말씀을 귀 기울여 듣고, 하나님의 일을 생각하며, 하나님께서 하신 행위를 되풀이하여 말하며 하나님의 법을 반추하는 것이다.[174] 따라서 기독교의 묵상은 전적으로 하나님의 말씀에 서는 것이며 말씀이 그분에 대해 계시하는 것을 붙드는 것이다. 다윗은 이 사실을 발견한 후 복 있는 자는 "오직 여호와의 율법을 즐거워하여 그의 율법을 주야로 묵상하는도다"(시1:2)라고 고백하고 있다. 따라서 진정한 그리스도인의 묵상은 열심히 성경을 연구하고 그 말씀을 붙들고 기도하며 "모든 진리 가운데로"(요16:13) 우리를 이끄시겠다고 약속하신 성령의 조명하심을 하나님께 간구하는 적극적인 생각의 과정이다. 또한, 그리스도인은 일상생활에서 성경을 삶과 실천의 규칙으로 삼기로 다짐하고 그 진리를 실천에 옮기는 것이 기독교 묵상이다.[175]

그런데 그리스도인의 묵상은 말을 하지 않고 마음으로 기도해야 한다고 가르치는 Thomas Merton같은 뉴에이지 운동가의 말은 성경과 정면으로 배치된다. 묵상한다는 히브리어 '하가'라는 말은 무언으로 묵상한다는 말이 아니다. 구약에서의 '묵상'이라는 말은 믿음을 갖고 기도하는 사람이 여호와의 율법과 규례와 법도를 생각하면서 말을 하는 의식 있는 (conscious) 기도행위를 말한다.[176]

---

172) "성경적인 묵상이란 무엇입니까?", https://cafe.daum.net/cgsbong/6fPd/3031
173) Ibid.
174) "묵상 어떻게 할 것인가?", https://cafe.daum.net/kcmc91/N9HL/247
175) "기독교 명상이란 무엇인가? 기독교의 명상과 타종교의 명상은 어떻게 다른가?", https://www.gotquestions.org/Korean/Korean-christian-meditation.html
176) 김명도, "소위 '명상 영성 훈련, 관상기도'의 허구 (2)", op. cit.

이렇듯 묵상은 주관적이 아니라 객관적이다. 묵상은 내가 행하는 능동적 행위이며 남에게 지배를 받거나 외부에서 들어오는 어떤 영향을 받으려는 수동적 행위가 아니다. 성경적 묵상은 항상 의식적이며(conscious), 뉴에이지 운동가들이 말하는 것처럼 자신도 모르는 무아지경에 들어간 무의식적인 행위(unconscious activity)가 결코 아니다. 바로 성경적인 명상은 조용하게 묵상하는 것이 아니라 소리 내어 기도하고 소리 내어 말한다. 심지어 사무엘 상에 나오는 한나도 들릴듯 말듯하는 작은 소리로 기도했지만 중요한 것은 기도하는 것을 엘리 제사장이 들을 수 있을 만큼 소리 내어 기도했다는 것이다.[177]

(4) 명상과 묵상의 차이

①동양적 명상법과 성경적 묵상법의 차이
㉮최일도와 김연수가 제시하는 차이[178]

기독교적 묵상은 동양종교의 명상과는 차이가 있다. 동양종교의 명상은 마음을 비워 무념무상(無念無想)에 도달하는 것을 목적으로 하지만, 기독교적 묵상은 하나님과의 만남을 목적으로 한다. 설령 그리스도인이 묵상할 때 '마음 비우기'를 받아들인다 하더라도 그 궁극적 목적은 하나님의 현존을 더욱 깊이 체험하는 데 있다.

동양종교에서 행하는 명상의 대표적인 형태는 참선과 요가이다. 개인이 이 세상의 모든 고통에서 벗어나 기쁨 속에 잠기기를 바라는 요가에서 우리는 단전 호흡법 외에 몇 가지 방법을 배울 수도 있다. 또한 인과(因果)의 질긴 사슬을 끊어 버림으로 윤회의 수레바퀴에서 해탈하여 법열 속에 들어가려는 참선에서도 '마음 비우기' 등을 배울 수 있다. 그러나 그것은 하나님께 도달하려는 방법을 도입하는 것이지 그 자체가 목적이 아님을 잊어서는 안 된다.

177) Ibid.
178) 최일도·김연수, 「영성 수련의 실체(Ⅰ)」, op. cit., p. 68.

기독교 묵상의 목적은 신앙의 신비의 여러 측면을 탐구하고(지성), 그 탐구한 것을 마음에 담고(감정), 의지에 작용시켜 실제적인 행동에 적용시킴으로 삶의 변화를 이루는 것이다. 초자연적 진리를 많이 아는 데 묵상의 목적이 있지 않고 하나님의 말씀을 보다 많이 실천하는 데 있다.

기독교의 묵상은 초월명상(T. M. : Trancendental Medlion)과도 구별되지만, 최근 많은 영성지도자들의 시도와 노력으로 초월명상은 기독교적 수행법으로 원용(援用)되고 있는 것이 사실이다. 이러한 타종교의 수행법을 기독교 묵상에 도입할 때는 영성지도자의 세심한 배려와 지도가 필요하다. 묵상을 처음 시작하는 사람이 함부로 접근하는 것은 대단히 위험하기 때문이다.

⒁성경적 시각에서 본 차이

동양적 명상법과 성경적 묵상법에는 다음과 같은 차이가 있다.[179]

성경적 묵상은 하나님의 말씀이 의식 안에서 각인되고 명료화되는 과정이다. 동양적 명상은 무의식 상태, 변형된 의식의 상태로 가는 것이다.

성경적 묵상은 하나님께 의식의 초점을 맞추는 것이다. 동양적 명상은 자기 내부에 의식의 초점을 맞추는 것이다.

성경적 묵상은 하나님이 우주의 중심이고 주인이며 인간은 전적으로 부패하고 무력하다는 것을 절실히 깨닫게 하는 것이다. 그러므로 언제나 깊은 겸손으로 나타나게 된다. 동양적 명상은 자기는 우주의 중심이고 주인이며 신적 존재라는 것이다. 그러므로 자기도 모르게 더욱 자기 중심적으로 만들고 영적으로 교만하게 만든다.

성경적 묵상은 신에게 항복하는 과정이다. 동양적 명상은 신이 되어 가는 과정이다.

성경적 묵상은 기도와 말씀을 통해서 우리의 무의식 안에 있는 상한 마음과 수치, 두려움, 불안을 끄집어내서 의식에 노출시키고 치료한다. 동양적 명상은 타락한 인간의 마음속에 내재 되어있는 상한 마음 수치, 두

---

179) "동양적 명상법과 성경적 묵상법", http://cafe.daum.net/cgsbong/21Ky/5811

려움, 불안을 극복하기 위해서 의식상실의 상태 즉, 무의식으로 들어간다. 무의식의 상태에서는 이러한 고통을 잊어버릴 수 있기 때문이다.

성경적 묵상은 성령의 역사에 의한 참된 평강과 영성의 계발이다. 동양적 명상은 의식의 조작기술에 근거한 마음의 평화와 정신의 계발이다.

성경적 묵상은 성경은 하나님의 말씀으로 채워서 어두움을 밖으로 몰아낸다. 동양적 명상은 비우기 때문에 어두움이 그 빈 곳 곧 안으로 들어온다.

명상이란 자신을 비우고 무아지경을 향하는 것이라면 묵상은 비우는 것이 아니라 하나님의 말씀과 인품을 내게 채우는 것을 말한다.[180]

㉔김광락이 비교한 묵상과 관상의 차이

김광락은 묵상과 관상의 차이를 다음과 같이 설명하고 있다.[181]

명상(comtemplation)이란 마음을 비우는 것이지만 묵상(meditation)은 마음을 채우는 것이다. 명상은 사람의 마음에 집중하는 것이지만 묵상은 하나님의 마음(그분의 성품과 원칙)에 집중하는 것이다. 명상은 자기 마음의 상상을 강조하지만 묵상은 하나님의 말씀을 강조한다. 명상은 직관(intuition)을 따라 자기 마음 깊은 곳으로 여행하는 것이라면 묵상은 진리의 영이신 성령을 따라 하나님의 마음 깊은 곳으로 여행하는 것이다. 그래서 명상은 내면 여행을 위해 직관을 의지하지만 묵상은 하나님의 마음 안으로 여행하기 위해 계시의 영을 의지한다(고전2:10-12 참조).

명상은 상상력을 동원하지만 묵상은 오직 믿음을 동원합니다. 물론 묵상 역시 상상력을 수용하지만 의존하지는 않으며 기록된 말씀을 넘어가지 않는다. 상상력을 강조할 때는 하나님의 말씀을 묵상할 때이지 기도할 때가 아니다.

명상(contemplation)은 자기 마음의 보좌를 바라보지만 묵상(meditation)은 하나님의 보좌를 바라본다. 명상은 자기 의지에서 출발하지만 묵상은 하나님의 의(righteousness)에서 출발한다. 명상은 인본주의

---

180) "성경묵상이란 무엇인가?", http://cafe.daum.net/nolchristian/N2in/10?q=%B9%AC%BB%F3%C0%CC%B6%F5
181) 김광락, "레노바레의 관상기도에 관하여", https://revkimgl.tistory.com/531

적이지만 묵상은 신본주의적이다.

②기독교에서 추구하는 묵상과 관상의 차이

기독교에서 추구하는 묵상은 관상과 어떻게 다른가?

묵상과 관상의 가장 궁극적인 차이는 '합일이 아니라 연합'이라는 표현에서 나타난다. 우리 그리스도인은 하나님과 합일을 추구하는 것이 아니다. 우리 그리스도인은 신적인 존재가 되는 것이 아니라, 성자 예수 그리스도의 인성에 연합되는 것이다. 실상 연합은 합일과는 근본적으로 다르다. 합일은 신과 내가 하나가 된다는 개념이다. 즉 피조물이 피조물의 한계를 넘어서는 것이다. 그러나 연합은 그리스도의 신성이 아닌 인성(마지막 아담)에 연합되는 것이다. 첫 아담의 타락에 연합되었던 인간이, 이제 칭의 됨으로 말미암아 마지막 아담의 거룩에 연합되는 것이다. 다시 말해서 파괴되었던 하나님의 형상을 회복하는 데 관심을 둔다는 말이다. 그러므로 묵상은 하나님께서 인간을 본래 창조하신 창조 상태에 관심을 갖는다. 묵상은 육신을 벗는데 관심을 갖는 것이 아니라, 육신을 거룩하게 하는데 관심을 갖는다.[182]

㉠시선이 다르다.[183]

묵상과 명상, 이 둘의 가장 큰 차이는 시선에서 비롯된다. 시선은 어디를 또 무엇을 바라보는 방향이다. 그런데 명상을 하는 사람은 '나 자신'을 본다. 내면에 집중한다. 침잠한다. 사고의 표피로부터 점점 더 내려가 잠수부들이 잠수하는 것처럼 평소에 빛이 잘 닿지 않는 깊은 곳을 향한다. 반하여 묵상하는 사람의 시선은 나 자신에서 벗어나 밖을 향한다. 시선의 끝은 밝고 환한 하나님께 닿아있다. 하나님의 말씀을 사랑하여 주야로 읊조리며 곰곰이 생각한다. 내면은 하나님께 맡긴다.

㉡시선이 닿은 곳이 다르다.[184]

---

182) "관상기도와 묵상", https://cafe.daum.net/kcmc91/N9HL/97
183) "묵상과 명상, 시선이 다르다", fruitfulife.net/묵상과-명상-contemplation-meditation
184) Ibid.

명상을 하는 사람은 '나 자신'을 본다. 즉 내면에 집중한다. 그러나 묵상을 하는 사람의 시선은 말씀을 묵상함으로 하나님을 향한다.

관상의 기도와 명상은 인간의 의지로 하나님에게 도달하려는 시도이다. 그러나 인간에 의지로 하나님께 나아가는 방법은 없다. 아브라함에게 하나님이 찾아오셨듯이, 야곱이 잠자는 중에 환상을 보았듯이 하나님은 찾아오시는 하나님이시지 우리 사람이 찾아가는 하나님이 아니다. 인간의 방법으로 하나님을 체험하는 것은 불가능하다는 것이다.[185]

김명도는 "명상영성운동은 성경에 위배되며 사람이 만들어 낸 생각에 불과하며 바꾸어 말하면, 이방종교에서 도입한 비성경적인 가르침입니다. 무엇이든 사람이 고안한 것은 하나님의 말씀이 아니므로 배척해야 하며 따르면 죄가 됩니다."라며 비판하고 있다.[186]

기도할 때 말씀에 집중하지 않으면 명상은 곧바로 신령주의(Spiritism)로 빠질 소지가 많다. 신접자들의 명상이나 또 중얼거림에 대해서 선지자 이사야는 이스라엘 백성에게 다음과 같이 엄히 경고하고 있다.[187]

(사8:19~22) "(19)어떤 사람이 너희에게 말하기를 주절거리며 속살거리는 신접한 자와 마술사에게 물으라 하거든 백성이 자기 하나님께 구할 것이 아니냐 산 자를 위하여 죽은 자에게 구하겠느냐 하라 (20)마땅히 율법과 증거의 말씀을 따를지니 그들이 말하는 바가 이 말씀에 맞지 아니하면 그들이 정녕 아침 빛을 보지 못하고 (21)이 땅으로 헤매며 곤고하며 굶주릴 것이라 그가 굶주릴 때에 격분하여 자기의 왕과 자기의 하나님을 저주할 것이며 위를 쳐다보거나 (22)땅을 굽어보아도 환난과 흑암과 고통의 흑암뿐이리니 그들이 심한 흑암 가운데로 쫓겨 들어가리라"

세상에는 관상과 함께 요가, 명상, 마인드 콘트롤, 최면 등 많은 정신적 수양의 방법이 있다. 하지만 이것들과 묵상은 많은 차이가 있다. 즉 명상

---

185) 마경언, "관상 기도와 명상의 위험성(2)", https://cafe.daum.net/dm3179/3uGm/535
186)　　김명도,　　"소위　　<명상　　영성운동,　　관상기도>　　의　　허구　　(1)",
　　　　https://cafe.daum.net/kcmc91/N9HL/24
187) Ibid.

이란 자신을 비우고 그대로 무아지경을 향한 것이라면 묵상은 비우는 것이 아니라 하나님의 말씀과 인품을 내게 채우는 것이다.[188]

그런데 힌두교의 명상 수행, 불교의 참선, 로마카톨릭의 관상은 한결같이 사람들에게 이성과 지각과 판단과 오욕칠정을 버리고, 피아도 모두 잊고 "마음을 비우라"고 가르친다. 그러나 하나님께서는 우리에게 마음을 채우라고 하신다. 즉 하나님께서는 성경 말씀을 통해 우리에게 주의 말씀을 '묵상'하라고 하신다. 묵상이란 비우는 것이 아니라, 채우는 것, 곧 우리의 마음속을 하나님의 진리 말씀으로 가득 채우는 것이다. 묵상(히, 하가)이라는 말의 의미는 "중얼거리다, 신중히 생각하다, 말하다, 연구하다"라는 뜻이다. 즉 묵상이란 하나님의 말씀을 읽고, 그 의미를 깨닫고, 자신의 생활 가운데서 그 말씀에 순종해야 할 영역을 찾아보고, 행동으로 순종할 준비를 하는 단계라고 할 수 있다(수1:8; 시1:2, 119:48; 잠6:21~22).[189]

그러므로 우리 그리스도인은 이성의 끈을 놓아버리고, 지각과 판단력이 없는 암흑과 무지의 상태, 영적인 어둠의 상태로 들어가서 어둠의 세력, 마귀와 접하는 관상 수련을 할 것이 아니다. 그리스도인은 하나님의 말씀을 따라서 진리의 말씀을 읽고, 묵상하고, 연구하며, 그 말씀을 지켜 행하는 데 힘써야 할 것이다.[190]

그런데 지금 개혁교회 안에 널리 확산되고 있는 '관상기도'에 대해서 그리스도인들은 그것이 성경에 나오는 '묵상'과 같은 것으로 생각하는 경향이 있다. 그러나 '관상기도'와 '성경의 묵상'은 그 개념이 근본적으로 다르다. 그럼에도 오늘날 관상기도를 선전하며 권장하는 교계 지도자들은 그 근본 개념을 은폐하고 마치 '관상기도'와 성경의 '묵상'은 비슷한 것처럼 오도하고 있다고 본다.[191]

관상기도는 기독교의 독특한 교리 즉 말씀을 묵상하는 교리를 버리고

---

188) "성경묵상이란 무엇인가?", https://cafe.daum.net/kcmc91/N9HL/245
189) 일맥, "관상(觀想) 기도(Contemplative Prayer)", https://cafe.daum.net/ilmak/LZyw/483
190) Ibid.
191) 보이스, "관상기도(Contemplative Prayer)의 위험성", op. cit.

힌두교나 불교 등 이방신을 믿는 종교들의 관행을 따라가며 기독교의 독특성을 파괴(obliterate)할 수 있다. 결국은 어느 것이 진리이고 어느 것이 비진리인지 분간하지 못하게 만들 수 있다는 것을 경계해야 한다.[192]

라. 관상기도의 영향력

(1) 관상기도에 영향을 받은 묵상 운동

오늘날 교회에서 가르쳐지는 묵상 운동은 '관상기도'에 영향을 받고 있다는 것이 문제이다. 그 실례로 우리가 큐티(Q.T.)라고 부르는 묵상 운동은 로마 가톨릭의 관상기도 방식에서 '관상기도'만 생략한 가르침이라는 지적을 받고 있다. 실상 로마카톨릭에 거부감이 심한 한국교회에게 곧바로 관상기도를 가르치면 거부감이 생길 것을 염두에 두고, 큐티(Q.T. Quiet Time)는 명칭으로 관상기도라는 최종단계만 생략한 체 한국교회에 소개하여 정착시켰다는 견해가 있다. 실상 살펴보면 이제까지 교회에서 가르치는 큐티의 과정이 관상기도가 고스란히 들어가 있다는 것을 발견할 수 있다.[193] 이에 필자도 영향을 받은 것으로 보고 있다.

그러한 관상기도는 전체가 다음과 같이 4단계로 되어있다.[194]

첫째 단계는 '성경 읽기'이다. 이 부분을 천주교에서는 '렉시오 디비나'(Lectio Divina)라고 한다.

두 번째 단계는 '묵상'이다. 이 부분을 천주교에서는 '메디타티오'(Meditatio)라고 한다. 이는 사고(思考)를 사용하여 직관적으로 이해하고 적용한 말씀을 자신에게 적용하는 것이다.

세 번째 단계는 '기도'이다. 이 부분을 천주교에서는 '오라티오'(Oratio)라고 한다. 이 단계는 자신이 이해하고 적용한 말씀을 기도로 하나님께

---

192) 김명도, "소위 "명상 영성 훈련, 관상기도" 의 허구 (2)", op. cit. 참조.
193) "관상기도와 묵상", https://cafe.daum.net/kcmc91/N9HL/97
194) Ibid.

올려드리는 것이다.

마지막 네 번째 단계는 '관상'이다. 이 부분을 천주교에서는 '콘템플라
티오'(Contemplatio)라고 한다. 이는 소위 신에게 거하기, 혹은 합일(合一)
을 이루기 위해 집중하는 것이다.

그런데 '큐티'를 흔히 '조용한 시간'(Quiet Time)이라 부르면서 하나님
과 단둘이 조용히 독대하는 습관을 가리킨다고 하고 있다. 그러나 엄밀하
게 말하면 성경 원어적 의미에서의 묵상은 조용하지가 않다. 하나님과 단
둘이 머문다는 관점에선 조용한 시간이 맞지만, 원어적 의미의 묵상은 '소
리를 내어' '입으로 말하며' 읊조리는 모습에 더 가깝다. 그러기에 이번 개
역개정 번역에선 과거의 '묵상'으로 번역한 부분 중 많은 구절을 '읊조리
다'로 번역한 것을 볼 수 있다.[195]

(시63:6)"내가 나의 침상에서 주를 기억하며 새벽에 주의 말씀을 작은
소리로 읊조릴 때에 하오리니"

(시119:97)"내가 주의 법을 어찌 그리 사랑하는지요 내가 그것을 종일
작은 소리로 읊조리나이다"

(시119:148)"주의 말씀을 조용히 읊조리려고 내가 새벽녘에 눈을 떴나
이다"

여기서 신도들이 속는 부분은 묵상, 혹은 관상을 위해서 성경을 사용하
고 있다는 점이다. 관상이든 묵상이든 성경을 사용하는데 무엇이 문제냐
고 주장한다. 그러나 여기서 우려해야 하는 것은 그들이 성경을 사용하든,
사용하지 않던 궁극적인 목표가 자기 우상화에 있다는 점이다.[196]

관상기도에서 성경을 사용하는 이유는 단순히 집중을 위한 하나의 수
단에 불과하다. 다시 말해서 불교인들이 관상을 위해 불경을 사용하는 것
처럼, 혹은 이방 종교인들이 관상을 위해 촛불을 사용하는 것처럼, 관상을
하는 사람들에게 성경은 관상을 하기 위해 집중을 위한 수단에 불과하다.
그렇기 때문에 관상기도를 하는 사람들은 성경의 말씀을 읽는 데 있어서

---

195) 박관수, "성경이 가르치는 말씀묵상은 주야로 읊조리는 것이다!", op. cit.
196) "관상기도와 묵상", op. cit.

정확한 교리와 본문에 대한 이해는 중요하게 여기지 않는다. 이들이 중요하게 여기는 것은 자기 마음에 주관적으로(직관적으로) 와 닿는 말씀에 관심을 갖는다.[197]

(2) 관상기도에 미혹 당하는 원인

오늘날 신비주의운동의 일부인 관상기도(觀相祈禱) 운동이 이렇게 광범위한 영향력을 끼치며 전파되고 있는 원인이 무엇일까? 이에 김남준은 관상기도에 빠져드는 원인에 대하여 다음과 같이 제시하고 있다.

①현대사회와 자아 상실감 때문이다.[198]

관상기도에 빠져드는 원인 중 하나는 현대사회와 자아 상실감(喪失感) 때문이다. 과학기술의 발달과 재화의 대량생산, 극단적인 자본주의의 발달과 치열한 경쟁사회, 과도한 물질주의 속에서의 현대인의 자아의 상실감은 과학과 이성으로는 만족할 수 없는 종교적인 욕구들을 자극하였다. 현대인들은 과도한 소비사회 속에서 그것을 누리기 위해 치열한 경쟁 속에서 살아가며 이 속에서 자기 정체성(正體性)을 발견하기 어려운 상황이 되었다. 이에 대하여 데이비드 웰즈(David F. Wells)는 다음과 같이 말한다. "삶이 점점 더 풍족해지기는 했지만 훨씬 더 얄팍해지고 삶의 목적도 더 모호해졌다. 사람들은 삶이 그 실재를 잃어버린다는 자기 느낌을 점점 더 뚜렷이 표현하기 시작했다."

현대인들은 원인 모를 두통과 불면증, 신경성 위장장애와 각종 공해로 말미암는 질병들과 우울증 같은 정신질환들로 말미암아 시시각각으로 죽음을 의식하게 되었고, 현대인들은 자아에 대한 심각한 상실감을 가지고 있다. 이러한 현대인들에게 관상기도는 자아(自我)를 찾는 수단으로서 명상이나 참선의 체험처럼 일반적인 매력을 갖게 되었다. 그러므로 기독교

---

197) Ibid.
198) 김남준, "관상기도의 신학적 문제점과 목회적 대안", 「교회와신앙」, 2011. 11. 2.

에서 관상기도 운동이 널리 확산되고 있는 것은 종교적 현상이기 이전에 하나의 문화적 현상이라는 사실은 지적될 가치가 있다. 마치 탬플스테이 (temple stay)에 참여하고자 하는 사람이 모두 불교(佛敎)에 귀의하고자 하는 종교적 열심을 가진 사람들이 아닌 것처럼, 이러한 관상기도 운동에 참여하는 사람들도 하나님과의 깊은 영적 교제를 나누기 위한 욕망을 가지기 위한 사람들로만 국한된 것은 아니다. 침묵 속에서 자신을 돌아보고, 자기 안에 있는 신적인 요소와 대면하기 위하여 침잠하며, 욕망과 표상으로부터 자신의 마음을 해방시키는 작업은 번민을 제거하고 심적 안정을 가져다준다는 점에서 현대인들에게 강한 매력을 갖는다. 이러한 사회·문화 심리적인 측면들이 관상기도 운동의 확산에 이바지하고 있다.

②신비주의에 대한 동경 때문이다.[199]

물질문명의 발달과 과학 만능주의에 대한 현대인의 염증은 원시에 대한 동경(憧憬)과 자연적이고 신비적인 것들에 대한 호기심을 자극하고 있다. 편리하고 기계적이며 감각적인 것들에서 만족하지 못하며 끊임없이 영적인 것을 찾는 것은 불안으로 인하여 관계를 갈망하기 때문이다. 발달될 통신수단은 격자(隔者)들 간의 거리감을 사라지게 하였고 정보들의 교환을 촉진하였지만, 그럴수록 인간은 더욱 다른 사람들과 바람직한 관계를 맺고 살아가는 일에 어려움을 호소한다. 현대인의 정신적인 특징이 고립감(孤立感)인 것도 바로 이 때문이다. 그래서 현대인들은 그러한 내적 고립감으로부터 벗어나고자 할뿐 아니라 또한 신비한 것을 동경한다. 한편으로는 비과학적인 것을 배격하면서도 또 한편으로는 신비적이고 종교적인 욕구를 채우기 위하여 새로운 정신적·영적 체험들을 갈망하고 있다. 인간의 지식을 위한 두 출처는 학문(學問)과 종교(宗敎)이다. 그리고 이것은 또한 이성과 신앙이기도 하다. 다만 신에 의하여 어떤 규범적인 생활을 강요받는 종교 안에서의 신비가 아니라, 인간이 자발적으로 자신

---

199) Ibid.

안에 있는 신비에 대한 욕구를 발견하고 그것을 극대화하여 분출시킴으로써 스스로 종교적인 만족을 얻고자 하는 것이 현대인의 심리이다. 이러한 욕구의 만족을 위해서는 자기 밖에 있는 영적인 세계이든지, 혹은 자신 안에 있는 영적인 요소이던지 간에 어쨌든 영적인 세계와의 접촉이 필요한데, 관상기도를 비롯한 신비주의운동들은 현대인의 이러한 종교·심리적 욕구에 호응한다.

이러한 현대인들의 심리에 대하여 데이비드 웰스는 다음과 같이 지적한다. "나는 이런 내적인 모순이 포스트모더니즘 세계에서 고통스럽게 느껴진다는 것이 영성(靈性)에 대한 새로운 추구에서 뚜렷이 나타난다고 생각한다. …요즘은 영성이 상승세를 타고 있는 증거를 어디서나 찾아볼 수 있다. 일부 영화가 천사에 대한 사람들의 관심을 자본화하는 현실에서도 이런 증거는 분명 하다. …내면에서 신의 음성 듣기로부터 시작하여 심령술에 대한 몰두, 수정 구슬과 여러 가지 뉴에이지의 물품 사용 등 급격히 확산된 뉴에이지 운동은 인간의 경험에 여전히 남겨진 공허함을 말해주기도 한다."

기독교나 불교, 그리고 로마카톨릭 어느 종교이든지 간에 오늘날 그 종교 안에 있는 확산되고 있는 신비주의적 운동들을 무시할 수 없게 된 이유도 바로 이러한 현대인들의 욕구가 그것들을 원하기 때문이다. 그런 점에서 관상기도 운동은 특별히 도시 속에 있는 그리스도인들에게 커다란 영향을 미치고 있다. 정신수행과 신비체험의 추구를 합치시킨 새로운 형태의 영성운동이기 때문이다.

③현대인의 자아(自我) 중심의 실용적 사고 때문이다.[200]

현대인에게 있어서 가장 중요한 가치는 인간 자신이다. 심리학자 에이브러햄 매슬로우(Abraham H. Maslow)가 인간 욕구의 단계들을 설명하는 가운데 그 최종적인 단계를 자아실현으로 규정한 것도 바로 이 때문이

---

200) Ibid.

다. 전통적으로 인간은 사회의 제도와 관습, 윤리의 틀 속에서 타인들과 조화를 이루며 자신의 욕망과 생각을 실현하는 것을 적절히 억제함으로써 행복에 이르고 덕(德)을 쌓을 수 있다고 교육받아 왔다. 그러나 인간의 삶을 규율할 절대 가치를 부정하는 포스트모더니즘 시대에는 선악(善惡)에 대한 판단 자체가 인간을 기준으로 하기 때문에 현대인들은 선악의 기준을 배격하면서도 스스로 주체가 되어 행복해지는 길을 모색하는 것이다.

바뤼흐 스피노자(Baruch Spinoza)의 범신론적인 사유가 오늘날 다시 각광을 받으며 새로운 형태의 내재신론과 과정신학으로 나타나고 있는 것도 바로 현대인의 이러한 문화적 코드와 일치하고 있기 때문이다. 이런 점에서 신비주의자들이 주장하는 인간의 신화(神化) 이론은 현대인들의 이러한 욕구와 조화를 이룰 수 있는 신학적인 접촉점들이라고 받아들여지고 있다. 인간을 신적 존재로 보기 위해서는 개체적인 인간 안에 보편이 있다고 보고 이 신적 보편을 토대로 우주적인 연결을 강조하여 인간 존재의 신격화, 인간 안에서의 신의 내재화가 가능하다고 보는 것이다. 이런 사고의 구도 속에서 인간은 하나님께로 돌이켜야 할 죄악 된 존재로 보는 대신 스스로 신을 관조(觀照)하고 신비한 방식으로 신과 합일을 이룰 가능성을 가진 존재라고 보는 것은 이러한 현대인들의 문화적, 종교적 욕구에 부응하는 논리이다. 따라서 얼마든지 기독교의 형태를 유지하면서도 탈신학적인 입장에서 관상기도를 자아실현(自我實現)에 활용할 수 있다. 관상기도의 실천이 종교다원주의적인 요소를 가지고 있는 것도 바로 이러한 이유 때문이다.

2. 관상과 타 종교와의 비교

가. 관상기도와 유사한 타 종교 기도의 고찰

오늘날 많은 사람들은 물질문명의 발달의 결과로 편리하고 안락한 삶을 살고 있다. 그에 비하여 정신세계의 황폐함과 가치관의 혼돈으로 인해 오는 정신적 위기를 경험하면서 영성에 관심이 많아졌다. 합리적이고 지성적인 시대의 흐름에 한계를 느낀 서구 사람들이 동양의 영성에 관심을 갖기 시작하였고 최근 들어 폭넓게 논의 되어지고 있다.[201]

여기에 기독교의 세속화는 합리적이고 논리적으로 신비감을 잃어버림으로 본질적인 것을 추구하는 사람들에게는 불교와 이슬람교가 위기극복의 분출구로 등장하게 되었다. 불교의 참선과 이슬람의 수피즘, 힌두교의 요가 등 신비체험이라는 종교적 특징이 그 대안으로 받아들여지고 있는 실정이 되었다.[202] 이에 이해를 돕고자 관상기도와 유사한 타 종교에서의 영성 체험인 기도의 개념을 살펴보고자 한다.

(1) 불교의 참선

불교에서의 기도는 참선이다. 부처에게 목숨, 건강, 재력, 직장 등의 복을 빌어 얻겠다는 것이 아니라 본래의 있는 부처님 생명을 회복하는 것이다. 법을 깨치면 부처가 된다는 것이다. 불교에는 기복적 차원의 기도를 보편적으로 인정하고 있으며 그것은 부처의 가피(加被)[203]로 어려운 상황을 극복하고 바라는 바를 성취하는 것이다. 불교의 기도는 곧 수행이다. 또한, 기도는 자기 닦음이자 회향[204]이다. 개인적으로는 부처가 되고, 중생에게 회향하는 기도를 해야 한다고 한다.[205]

---

201) 김양민, "기도교육에 관한 연구", (미간행석사학위논문: 목원대학교 신학대학원, 2008), p. 9.
202) Ibid.
203) 가피(加被)란 불교 용어로서 부처나 보살이 자비(慈悲)를 베풀어 중생을 이롭게 한다는 뜻이다. 즉 가피란 부처의 중생구제에 대한 원력과 연민이 작용하여 부처의 은혜를 입는 것을 말한다.
204) 불교에 회향은 내가 쌓은 공덕이 이웃을 향해 베풀어지는 것이다.

사람들이 기도를 하는 이유는 이런 대상들이 인간이 갖지 못한 어떤 무한하고 신비한 힘을 갖고 있다고 믿기 때문이다. 이런 믿음을 바탕으로 끊임없이 크고 작은 소원이 이뤄지기를 바라면서 기도를 한다. 기도는 불교 신행에서 대단히 많은 부분을 차지한다. 기독교가 죄의 고백, 간구, 감사, 찬송 등이 중심을 이룬다면, 불교의 기도는 불보살의 위신력을 믿고 가피를 구할 뿐만 아니라 그 믿음에 따른 자발적 노력, 즉 '발원[206]'을 바탕으로 한 수행'을 기본으로 한다. 다시 말해 무엇인가가 이뤄질 수 있도록 스스로 어떻게 하겠다는 다짐을 하며, 자신의 바램을 말로만 되뇌는 것이 아니라 염불, 독경, 사경, 절 등을 통해 정신을 집중하는 수행을 한다.[207]

그러면 불교의 기도가 '발원을 바탕으로 하는 수행'이라면 일반적인 의미에서의 '기도 성취' 혹은 '기도 가피'는 무엇을 의미하는 것일까? 일반적인 기도의 목적이 현세 이익을 위한 것이 대부분이지만 어떤 것은 이뤄지고 어떤 것은 이뤄지지 않는다. 그러므로 기도를 할 때 '믿음', '연민', '사랑'이라는 에너지가 없으면 그 기도에는 아무런 일이 일어나지 않는다. 기도에 대한 긍정적 견해를 가진 사람에게는 일어나는 일이 '응답' 내지는 '가피'로 인식된다. 따라서 기도에 대한 긍정적 견해를 가지고 기도하는 사람에게는 반드시 기도의 결과, 즉 공덕이 있다. 그 공덕은 공리주의적인 것과 근본주의적인 것으로 나눠 볼 수 있다. '공리주의적인 공덕'이란 현상적 차원의 요구가 성취되는 것을 말하며 '근본주의 공덕'이란 불교의 궁극적 이상이라고 할 수 있는 '진리에 대한 깨달음'이 성취되는 것을 말한다. 불교에서도 처음 기도하는 사람들은 현세 이익적인 것을 위해 기도를 하게 된다. 기도하는 자가 현상적인 차원의 요구들을 성취하기 위한 바램으로 기도를 한다. 하지만 기도를 통해 기도하는 자에게 나타나는 내적인

---

205) 김양민, "기도교육에 관한 연구", (미간행석사학위논문: 목원대학교 신학대학원, 2008), p. 10.
206) 발원(發願): 원(願)은 서원(誓願)이라고 한다. 하나의 목적을 세우고 그 목적을 기어코 달성하겠다고 하는 서약적인 결의를 말한다. 발원은 어리석고 나쁜 마음을 모두 버리고 부처처럼 크고 넓고 맑은 마음으로 살아가려고 다짐하는 불자의 바람이라고도 할 수 있다. 불자에게는 누구나 원이 있다. 원은 우리의 삶에 목표를 두고 중심을 이루며, 지혜와 용기가 나오는 것이다.
207) 김양민, "기도교육에 관한 연구", op. cit., p. 10.

현상은 현상적 차원의 의식이 일체 살아 있는 모든 생명이 행복하기를 바라는 기도로 나아간다. 그리고 궁극적으로는 진리에 이르기를 바라는 기도로 나아간다.[208]

이와 같이 불교에서의 기도는 발원을 바탕으로 하는 수행이고 기도하는 자가 긍정적인 견해를 가지고 하는 기도에는 가피(加被)가 함께 한다. 그리고 기도하는 자는 가피를 인식하게 되면 현상적 차원에서 궁극적인 차원으로 나아가는 정진의 삶을 살게 된다. 불교의 기도는 이뤄지기를 바라기만 하는 요구가 아니라 기도를 하는 삶이 불보살의 가피라고 인식하는 수행인 것이다.[209]

(2) 힌두교의 요가

힌두교에서 기도를 통한 요가를 바크타(Bhakta) 요가라고 한다. 요가는 우리가 흔히 아는 심신 수련이 아닌, 신으로 통하는 길, 영원으로 통하는 길이다. yoke라는 어원이 yoga와 같은데 '합친다'는 산스크릿 어원이다. 힌두교에서 기도를 하는 이유는 이 바크타 요가를 통해 진리를 구하고자 하기 때문이다. 바크타 요가에서는 브라흐만(brahman, 우주 속의 진리, 우리 속의 신, 우리 속의 영원이란 뜻)의 다른 모습인 사구나 브라흐만(Saguna Brahman)을 추구한다. 이는 기독교와 아주 비슷하게도 인간적인 신을 추구한다. 이러한 브라흐만에 가까이 가기 위해선 기도와 사랑을 통해 자신의 실제를 잃어버리고, 신과의 통일이 아닌, 신으로 향한 사랑을 통해 모크샤(Moksha. 해방)에 이른다.[210]

힌두교에서는 실제를 억압 혹은 마야(maya)라고 부른다. 실체가 허상이라고 생각하는데 실제는 가상적으로 생겨난 허구이며 우리는 그 허구를 통해 우리 안의 영원한 가치와 진리를 구하지 못한다는 것이다. 따라서

208) Ibid., pp. 10-11.
209) Ibid., p. 11.
210) Ibid., p. 11.

이러한 진리를 구하기 위해 바크티(bhakti)는 스스로의 희생과 신을 향한 사랑을 통해 허구인 자기 자신과 주위를 없앰으로써 그 진리에 가까워지려고 한다. 따라서 기도는 언제 정해져 있는 것이 아닌, 평소 때에도 항상 신과의 접촉을 통해 신의 경지에서 해방에 도달하게 되는 것이다.[211]

(3) 이슬람의 수피즘

이슬람의 수피즘(Sfism)이란 이슬람의 신비주의를 가리키는데 이슬람 신앙의 형식주의, 즉 행위의 겉모습만 보고 심판하는 이슬람법 등에 대한 반동으로 발전했다. 고전 이슬람이 성법(聖法)의 준수를 통하여 신과 교제하는 공동체적 이슬람인 반면, 수피즘은 각자가 자기의 내면에서 직접 신과 교제하는 개인형의 이슬람이라고 할 수 있다. 진정한 수피주의자가 되는 길은 자발적인 금욕과 가난을 포용하고 있으나 그 어느 것과도 일치되지 않는다고 말한다. 그래서 수피가 된 동기는 신의 징벌에 대한 두려움이나 보상에 두지 않아야 하고 오직 신에게 가까이 가는 길, 곧 신의 뜻에 자기 뜻을 굴복시키는 일에 몰두해야 한다. 이렇게 될 때 믿음, 지식, 직관, 이 세 가지를 가지게 되는데 이 셋을 구비하면 참된 수피주의자가 된다.[212]

첫째 단계에 있을 때(믿음), 그는 외모와 옷맵시에 있어서만 수피이다. 둘째 단계에(지식) 들어설 때 수피 냄새가 저절로 나는 것이다. 셋째 단계(직관)에 이르러야 진정한 수피가 된다고 주장한다. 이제 직관 단계에서 수피는 신의 행동을 느낄 수 있다. 일반적으로 첫 단계는 금욕주의 단계라고 말 할 수 있다. 둘째 단계는 영지주의 단계라고 할 수 있다. 셋째 단계에 이른 사람 즉, 진정한 수피를 사랑하는 사람이 된다.[213]

일반적으로 '신비하다'는 것은 일상적인 경험을 넘어선 초월적인 경우

---

211) Ibid., pp. 11-12.
212) Ibid., p. 12.
213) Ibid., pp. 12-13.

또는 자연법칙으로서의 인과율이 적용될 수 없는 경우 등을 기술하는 감정, 정서의 표현이고, 신비체험은 우연적 개별적 요인에 기인해서 절대적 초월적 대상을 직접 경험하는 것을 말한다고 할 수 있다. 신비주의는 이러한 구체적, 개별적 신비체험을 '주관과 객관의 합일'이라는 일반적, 추상적 형태로 표현할 때 쓰는 개념이다.[214]

신비체험은 보통의 말로는 표현하기 힘들고 비밀로 가득 차 있으나, 체험자 자신에게 있어서는 직관적으로 매우 확실한 일이며 논증을 필요로 하지 않는 일을 가리킨다. 또한, 체험자는 직접적으로 무엇인가 무한한 큰 힘을 가진 실재에 접촉하여, 그것에 의해 종래의 자신의 허상은 완전히 없어지고 탈아로 인도되는 현상이다. 기쁨에 넘친 선명하고 강렬한 감명 속에서 일찍이 몰랐던 보다 높고, 보다 깊은 생명의 경지가 열려오고, 영혼이 밑바닥에서부터 동요되며, 세계는 새로운 빛으로 빛나게 되는 체험이다.[215]

이상을 종합해 보면 불교의 참선, 이슬람의 수피즘, 힌두교의 요가인 기도는 본질적으로 보통사람과는 다른 경지에서의 합일이라는 것이다. 깊은 정신적 감각을 느끼며, 직접적, 직관적, 비합리적 방식으로 신적 실체와 종교적 상황 속에서의 체험이라고 할 수 있다. 즉 신비체험이라는 것은 종교라는 옷을 입고, 그 종교의 패러다임 안에서 궁극적 실재와 합일하는 것이다. 즉 불교에서의 참선도 현세적 이익의 기도에서 궁극적 진리에 이르는 기도로 나아가 부처와의 합일이며, 힌두교의 요가에서는 신으로 통하는 길, 영원으로 통하는 길을 추구하며, 항상 신과의 접촉을 통해 신의 경지에서 해방에 도달하는 것이다. 그리고 이슬람의 수피즘도 오직 신에게 가까이 가는 길, 곧 신의 뜻에 자기 뜻을 굴복시키는 일에 몰두하는 것을 목적으로 볼 수 있다.[216]

214) Ibid., p. 12.
215) Ibid., pp. 12-13.
216) Ibid., p. 13.

나. 기독교와 동양종교의 차이

기독교와 동양종교가 지니는 기본 교의 및 그것이 그대로 스며있는 서로의 기도와 수행법에는 적잖은 상이점이 존재함을 알 수 있다. 그 차이에 대해 옥준상은 다음과 같이 분석하고 있다.[217]

첫째, 가장 큰 차이는 출발점에 있다. 계시종교인 기독교가 계시의 원천으로 하나님을 전제하고, 하나님의 완전한 계시인 예수 그리스도를 중심으로 삼는다. 반면에 동양종교에서 신은 부수적 존재이다. 특히 불교에서는 그 출발점으로 신의 섭리와는 전혀 무관한 연기법을 제시한다.

둘째, 인간은 원죄로 타락했지만, 하나님의 은총과 그에 대한 응답으로 구원받을 수 있다. 이런 점에서 성례의 중요성을 강조하는 것이 기독교의 입장이다. 반면에 외부적 존재의 개입은 부수적 요소일 뿐이며 스스로 깨닫기만 하면 인생의 최종 목적인 해탈과 열반에 도달할 수 있다는 것이 동양종교의 입장이다.

이상의 내용들을 토대로 형성된 기독교의 기도와 동양종교의 수행법이 일반적으로 가지는 특징에서 나타나는 차이점에 대하여 옥준상은 다음과 같이 제시하고 있다.[218]

첫째, 기독교 기도에는 인간뿐만 아니라 인간 삶에 직접적으로 개입하시며 인간과 관계를 맺으시는 인격적 하나님이 존재한다. 그러나 동양종교의 수행에는 수행하는 개인만 있을 뿐이다.

둘째, 기독교 기도가 하나님에 대한 믿음에서 출발하고, 인간과 하나님이 맺는 관계의 특성에 유사성과 타자성을 둔다. 반면에 동양종교의 명상은 인간이 신성을 지닌다는 믿음에서 출발하여 결국에는 인간이 신과 동일한 존재가 될 수 있다고 본다.

셋째, 하나님을 전제하는 기독교의 기도는 그분과의 대화와 만남이라는

217) 옥준상, "예수마음기도에 대한 신학적 고찰", (미간행박사학위논문: 광주가톨릭대학교대학원, 2015), pp. 39-41.
218) Ibid., pp. 40-41.

쌍방적 관계로 이루어진다. 반면에 깨달음을 중시하는 동양종교는 일방적이고 자아 몰입적으로 이루어진다.

넷째, 기독교의 기도는 하나님과 대화하고 만나는 통로로 오성과 감성을 적극적으로 활용하지만, 동양종교의 수행은 자아 내면의 깊은 곳으로 몰입하기 위해 오성과 감성을 비우는 방식을 사용한다.

다섯째, 기도의 주도권이 하나님께 있다는 점에서 그리스도인은 기도 중에 신비적 체험이나 황홀경과 같은 상태를 마음대로 이끌어 내거나 자유자재로 반복할 수 없다. 그러나 동양종교의 명상에서는 명상하는 이가 주도권을 갖기 때문에 깨달음을 얻은 사람은 자유자재로 신비의 세계로 들어갈 수 있고 자신의 의식 상태를 조절할 수 있다.

여섯째, 동양종교에서 행하는 명상의 목적이 삶 안에서 주어지는 고통을 피하고 배제하기 위한 것인 반면에 기독교는 고통을 피하지 않고 기쁘게 받아들이는 입장을 취한다. 이는 고통 자체를 긍정적인 것으로 바라보고 그것을 인위적으로 만들어내는 것이 아니라, "아무든지 나를 따라오려거든 자기를 부인하고 날마다 제 십자가를 지고 나를 따를 것이니라"(눅 9:23)는 예수님의 말씀처럼 삶 안에서 주어지는 어려움을 배제하거나 피하려 하지 않고, 몸소 십자가를 지고 가신 예수님을 바라보며 그분의 수난에 동참하는 마음으로 적극적으로 짊어지고 가는 것을 의미한다.

일곱째, 이런 면에서 기독교는 오성과 감성을 적극적으로 활용하여 예수님의 전 생애 특히 그분의 수난과 죽음을 깊이 묵상할 것을 제시한다. 그러나 동양종교 특히 불교에서는 종교의 목적 자체가 고통을 없애는 데 있기 때문에 명상법 역시 고통의 원인인 편견과 선입견을 낳는 생각과 감정을 비우고 배제하는 방향으로 이루어진다.

제11장 바로 알자! 관상기도의 정체

언제부터인가 한국교회에는 로마카톨릭의 가르침과 종교의식이 하나, 둘 침투하여 자리 잡아 뿌리내리고 있다. 신비주의, 종교적 수행, 종교일 치운동 등이 그런 대표적인 예이다. 그런 로마카톨릭의 가르침이나 종교 의식들은 전혀 성경 말씀에 근거한 것들이 아닌 것이 많다.[1]

필자는 처음에 로마카톨릭에 대하여 긍정적인 시각을 가지고 있었다. 그러나 오랫동안 로마카톨릭에 대하여 관심을 가지고 연구하던 중에 얻어 진 결론은 지극히 반성경적인 요소가 너무도 많다는 것을 발견하고 놀라 움을 금치 못하였다. 따라서 지금에 있어 로마카톨릭에 대한 견해는 지극 히 부정적이라는 것이다.

여하튼 로마카톨릭의 가르침이나 종교의식들은 오히려 성경 말씀의 진 리를 왜곡하고 배척하는 것임에도 불구하고, 성령 운동이라는 이름이나 영성훈련이라는 이름을 내걸고 교회 내에 널리 보급되고 있다.[2]

관상기도를 포함한 이런 영성훈련은 예수 그리스도의 복음을 전하여 사람들이 생명을 얻게 하는 것이 아니라 자기 교회에 출석해 줄 교인들을 모집하는 프로그램이다. 그리고 거듭난 그리스도인들이 하나님의 말씀을 믿고 순종하는 가운데 삶이 변화되어 성령의 열매를 맺도록 도와주는 것 이 아니라 훈련 프로그램을 통해서 도를 닦게 만드는 종교적 수행 프로그

---

1) "관상(觀想) 기도(Contemplative Prayer)", http://cafe.daum.net/kcmc91/N9HL/3
2) Ibid.

램들이 있다.[3]

이에 관상가들은 '관상'이라는 용어가 일으키는 거부감을 해소시키기 위하여 '관상'이라는 용어를 숨기고 영성기도, 침묵기도, 묵상기도, 마음기도, 향심기도, 경청기도, 호흡(숨)기도 등 다양한 용어로 위장을 하고 있다.[4] 이는 마치 광명의 천사처럼 보여 다가오거나(고후11:14), 아니면 관상기도가 마치 "그 나무를 본즉 먹음직도 하고 보암직도 하고 지혜롭게 할 만큼 탐스럽기도 한 나무"(창3:6)처럼 보여서 따먹게 하여 결국에는 하나님에게서 멀어질 수 있다.

이제 이러한 관상기도에 대해 대처하기 위해서는 먼저 영적 분별력을 가져 그 정체를 바로 아는 것에서부터 시작되어야 할 것이다.

1. 관상기도의 사상적 배경과 문제점

가. 관상기도의 사상적 배경

관상기도 운동의 사상적 배경에 대하여 조남준은 다음과 같이 제시하고 있다.

(1) 신비주의를 지지하는 뉴에이지(New Age) 사상이다.

뉴에이지 사상은 물병자리 시대라고도 불리는 이 시대는 인간이 신화(神化)되고 지구가 우주의 중심이 되는 시기라고 말한다. 물병자리 시대

---

3) Ibid.
4) 림헌원, "레노바레에서 시행하는 관상기도는 이교도의 명상종교", 「크리스천인사이드 제36호」, 2011. 6. 15.

(Aquarius age)는 1960년대에 시작되어 약 2천 년간 계속될 것인데 이 시대의 주제는 인간세계에 대한 신의 내재이다. 이 시대에는 모든 인간들이 스스로 자기가 신(神)과 동일하다는 것을 깨닫는 시기이기 때문에 이 시대를 뉴에이지라고 부른다.[5]

이들 뉴에이지를 신봉하는 자들은 물병자리 시대가 인간을 위한 유토피아의 시대가 될 것이라고 주장한다. 물병자리 시대(Aquarius age)는 1960년대에 시작되어 약 2천 년간 계속될 것인데 이 시대의 주제는 인간세계에 대한 신의 내재이다. 이 시대에는 모든 인간들이 스스로 자기가 신(神)과 동일하다는 것을 깨닫는 시기이기 때문에 이 시대를 뉴에이지라고 부른다.[6]

그런데 고유한 의미의 관상기도는 기도라기보다는 기도의 형태를 띤 일종의 명상인이다. 이러한 실천의 궁극적 목표는 자아의 고양(高揚)이다. 관상을 통하여 자신의 자아를 우주의 신적 본질과 일체를 이루는 한 부분으로서 받아들이는 것이다. 관상기도는 성경의 진리와 교리의 체계들을 아는 지식 안에서 인격적인 하나님과의 지성적인 교통으로서의 기도가 아니라, 내적 관조(觀照)에 의하여 신적 본질과 접촉하는 것이다. 이러한 신접 상태에 들어간 자아를 관상기도운동가들은 '고양된 자아'(higher self)라고도 부른다. 이것은 또한 그리스도의 신적 본질과의 일체를 가리키기도 한다. 이러한 해석들은 관상기도의 실천을 통하여 도달하는 자아에 대한 의식을 그리스도 의식(Christ consciousness)과 동일시하는데 이는 자아를 그리스도와 동일시하는 그리스도론적 범신론의 사고방식이다.[7]

(2) 중세의 신비주의(神秘主義)이다.

---

5) 조남준, "개혁주의 성령론에서 본 신비주의 은사론 비판", (미간행석사학위논문: 안양대학교 대학원, 2012), p. 46.
6) 김남준, "관상기도의 신학적 문제점과 목회적 대안", 「교회와신앙」, 2011. 11. 2.
7) Ibid.

많은 학자들은 관상기도의 뿌리가 중세 초기 중동 지역의 광야에서 생활하던 사막 교부들에게서 기원한다는 데 의견의 일치를 보고 있다. 이러한 초기 기독교 수도사들의 명상법과 생활의 규칙은 고대 힌두교와 불교의 수행자들의 기법과 상당한 유사성을 가지고 있다. 이집트의 알렉산드리아(Alexandria)를 중심으로 한 4세기의 은둔 수도사들이었던 이들은 세속을 떠나 침묵과 관상을 강조하며 인간이 모든 욕망으로부터 해방되어 근심과 걱정의 방해를 받지 않고 하나님의 임재 안에 거하기를 추구해야 한다고 주장하였다. 그들은 모든 재산과 가족들을 포기하고 세속과의 접촉을 최대한 단절한 채로 억제된 수면과 고행, 그리고 노동을 통하여 수덕(修德)에 힘썼다.[8]

이러한 중세 신비주의는 이미 초대교회 교부인 오리게네스(Origen, Origenes)의 사상에서도 잘 나타난다. 그는 신플라톤주의자(neo Platonist)로서 플라톤의 신비주의 철학에 입각하여 기독교의 사상을 체계적으로 설명하려고 했던 인물이었다. 관념론자였던 그는 플라톤의 가르침을 따라서 최고 이성을 아는 영들이 육체라는 감옥에 갇혀있는데, 그들은 죽음 이후에 불로써 정화됨으로써 신에게 합치될 것이라고 주장하였다. 오리게네스는 필로(Philo of Alexandria)를 플라톤주의로 재해석했던 선배들을 따랐을 뿐만 아니라, 영지주의자들에게도 영향을 받았다. 그는 모든 만물은 신적 이성을 통하여 원 존재(original being)로 회귀한다. 이것이 바로 만물의 우주적 순환 과정의 궁극적 목적이라고 보았다. 따라서 그의 사상은 필연적으로 범신론적이고 신비주의적 성격을 가진다. 이러한 오리게네스의 신비주의적인 경향성은 대 마카리오스(Makarios, 330~390) 그리고 그의 제자 유아그리우스 폰티 코스(345~399) 등에 의해 신비주의로 발전한다.[9]

(3) 유대주의 안에 있던 까발리즘(Kabbalism)의 영향이다.

---

8) 조남준, "개혁주의 성령론에서 본 신비주의 은사론 비판", op. cit., pp. 46-47.
9) 김남준, "관상기도의 신학적 문제점과 목회적 대안", op. cit.

까발리즘은 스페인과 프랑스 프로방스에서 시작된 중세 유대교의 신비주의를 의미한다. 유대교는 원래 신비주의적인 종교가 아니지만 계속되는 민족적인 박해와 고통 속에서 전통적인 유대교 교리를 통해 신정론(神正論)의 답을 얻지 못한 소수의 유대인들이 자신들이 현재적으로 겪는 고난은 전생에 지은 죄에 대한 신적 징벌로써 이해하기 시작하였는데 이러한 사상은 영혼 윤회설을 지지하고 있는 세페르 하 바히르(Sefer ha Bahir)라는 유대 신비주의의 문헌에서도 나타난다. 이러한 문헌은 악 자체를 신적 구조 자체의 일부분으로 보아 마치 마니교에서 주장하는 것 같은 선악에 관한 교리를 지지하고 있다. 이 까발리즘은 신플라톤주의 철학과 영지주의의 영향을 받은 것으로서 형태와 개념 너머에 있는 하나의 지혜로부터 계층화된 일련의 신적인 속성들을 통해 신이 세계 안에서 자신을 성취해 간다는 교리를 지지한다.[10]

르네상스 이후에 유대교의 까발리즘은 기독교 신학자들에게 받아들여져서 기독교의 신비를 설명하는 기독교 까발리즘(Christian Kabbalism)으로 발전하게 되었는데, 관상기도는 이러한 신비주의 사상 속에서 실천의 근거를 확고히 해왔다.[11]

(4) 종교개혁시대와 근대 이전의 신비주의와 범신론이다.

르네상스 운동과 함께 또 한편으로는 이성주의에 대한 반동으로서 신비주의운동들도 활발하게 전개되었는데, 이러한 운동들은 이미 13세기에 로마카톨릭 안에서 일어났던 개혁 운동에서 추구되었던 바들이다. 번쇄(煩瑣)한 신학의 이론들보다는 복음서에 나타난 그리스도의 단순한 삶을 본받으며 청빈과 복종, 고행, 헌신을 맹세하며 수덕의 삶을 살았던 새로운 수도자들의 운동이 신비주의와 함께하였다.[12]

---

10) Ibid.
11) Ibid.
12) Ibid.

이러한 신비주의운동들은 르네상스 이후에 다시 활발해져서 이그나티
우스 로욜라(Ignatius von Loyola, 1491~1556), 아빌라의 테레사(Teresa
of Avila, 1515~1583), 십자가의 요한(John of the Cross, 1542~1591), 로
렌스 형제(Brother Lawrence, or Nicholas Herman, 1614~1691), 조지 폭
스(George Fox, 1624~1690), 잔느~마리 귀용(Jeanne~Marie Bouvier de
la Mothe Guyon, 1648~1717)과 같은 인물들에 의해 지속되었다.[13]

(5) 르네상스 시대 이후 범신론(pantheism)과 내재신론(panentheism)의 확산이다.

만물의 근원이 되는 일자가 어떻게 세계와 관계를 맺는지에 대해 범신
론적이고 내재신론적인 주장들이 광범위한 지지를 얻게 되었다. 관상기도
운동은 이러한 신관들의 지지를 받는 신비사상(神秘思想)에 의하여 촉진
되었다. 이러한 사상들은 철학과 역사 해석에 커다란 영향을 끼쳐서 르네
상스 이후 낭만주의 시대까지 널리 유행하였다.[14]

더욱이 19세기 이후 확산된 내재신론의 부흥의 물결을 타고 이러한 관
상기도에 대한 강조는 기독교 안에서 상당한 호소력을 갖게 되었다. 여기
에는 역사적인 배경이 있다. 19세기에 와서 고전적 유신론은 훨씬 더 혹
독한 비판에 직면하게 되었다. 전통적으로 기독교는 하나님이 창조세계를
만드셨으나 본질적으로 창조세계와는 다른 분이시며 전적인 타자로서 영
원하고 불변하며 초월적이라고 믿어왔다. 그러나 이러한 성경적 유신론은
자유주의자들에게 집요한 이론적 공격을 받았는데, 이는 고전적 유신론이
가진 한계 곧, 악의 원인에 대한 미흡한 설명, 인간의 자유의지(自由意志)
에 대한 극도의 제약, 그리고 영원과 시간 사이에 존재하는 단절성 같은
논제들 때문이었다.[15]

---

13) Ibid.
14) Ibid.
15) Ibid.

고전적 유신론(有神論)을 공격하는 대부분의 철학자들은 하나님과 세계의 관계를 설명함에 있어서 기본적으로 내재신론(panentheism)을 따랐다. 이들의 내재신론은 하나님을 초월적 존재로 보는 대신 존재론적으로는 구별되지만 동시에 모든 세계와 하나님이 함께 있다는 사상이다. 그들은 신플라톤주의자인 플로티누스(Plotinus)의 견해를 따라 신-정신-세계-영혼-세상-영혼-세계-정신-신의 순환적인 교통으로써 신적 본질과 세계의 관계를 설명하고자 하였다. 신(神)으로서의 일자(一者)와 세계의 정신, 인간 영혼 사이의 역동적인 순환을 주장하면서 이러한 공식으로써 세계(世界)와 하나님을 설명하고자 하였다. 그리하여 신의 본질도 세계와 함께 형성(形成)되어가는 과정에 있으며, 인간이 그 신의 형성에 참여함으로써 인간과 신은 같은 운명으로서 세계 안에 함께 한다고 주장하게 되었는데, 이는 명백히 인간을 신격화함으로써 인간의 자율이 신의 통치의 일부분이라는 신(神)-세계, 신(神)-인간의 일치를 주장하는 것이다.[16]

(6) 레노바레(renovare) 영성운동의 영향이다.

레노바레 영성운동은 원래 퀘이커 교도인 리처드 포스터(Richard Foster)에 의해 1988년부터 본격적으로 전개된 운동으로서 영성 훈련을 위한 운동이다. 퀘이커 교도들의 전통적인 믿음을 따라, 리처드 포스터는 모든 인간의 내면세계에 '내적 광명'(Inner Light)이 있다고 믿는다. 그리고 그러한 자아 체험을 통하여 진리의 영의 인도를 받는다고 생각한다. 그 후에 이러한 리처드 포스터 사상의 실체는 레노바레 운동을 통하여 더욱 구체적으로 드러나기 시작하였다. 레노바레 운동에서 가르치고 있는, 신앙에 있어서의 관상적 차원의 절대적 필요성에 대한 강조와 단순한 정적으로서의 침묵이 아니라, 관조적 신비 상태로서의 침묵을 통한 기독교적 만트라(mantra)의 실천과 호흡기도, 무념(無念) 상태에서의 하나님의

---

16) Ibid.

임재 체험 추구는 관상기도 운동의 확산에 크게 이바지하였다. 이러한 사실은 관상기도 운동을 지지하는 대부분의 교회들이 리처드 포스터를 중심으로 하는 레노바레 운동에도 함께 참여하고 있는 것을 보아서도 잘 알 수 있다.[17]

나. 관상기도의 문제점

관상기도의 주장자인 박노열은 관상기도가 가지고 있는 잠재된 위험성이 있음을 다음과 같이 제시하고 있다.[18]

잠재된 위험은 먼저 일상적인 삶에서 분리되는 경향이다. 전통적인 관상에서 수도자들은 일상에서 떠난 사막에서 수도를 행했다. 그러나 사람들의 삶을 그렇지 않기 때문이다. 결국, 하나님을 만나고 경험하는 장소가 우리 일상의 삶을 떠난 곳이 아니라 우리 삶의 현장이라는 사실을 통해 우리는 잠재하는 위험을 소화할 수 있다.

두 번째 관상기도 안에 잠재하는 위험은 지나친 '금욕주의'(禁慾主義, asceticism)이다. 금욕주의는 단순히 말하면 '훈련'이라는 뜻을 가졌다. 우리 모두 영적인 삶 가운데 훈련할 필요가 있다. 일부 사람들이 운동에 지나치게 빠지듯이 '영적 포식'으로 고통받는 이들도 있다. 우리는 금욕적인 생활의 진정한 목적과 올바른 이해를 통해 영적인 삶의 능력을 소유할 수 있다. 예를 들어 금식을 위한 금식이 아니라 하나님을 즐기는 잔치를 배우기 위한 금식을 하는 것이다. 결국, 영적인 삶의 훈련들은 수단이지 목적이 아니기 때문이다. 그 목적은 로마서 14장 17절에서 "오직 성령 안에서 의와 평강과 희락"이라고 말한 것처럼 하나님을 영화롭게 하고 그분과 교제를 쉬지 않는 것이다.

셋째로 반지성주의 경향이다. 이러한 경향은 신학에서 벗어난 여러 가

---

17) 조남준, "개혁주의 성령론에서 본 신비주의 은사론 비판", op. cit., p. 47.
18) 박노열, 「누구나 할 수 있는 관상기도」, (서울: 나뭄, 2009), pp. 52-56.

지 신비주의 종파들에게서 볼 수 있다. 우리는 지성과 마음으로 하나님을 사랑해야 하고 이 둘을 분리해서는 안 된다.

넷째로 믿음의 공동체를 무시하는 경향이다. 그것은 관상이 하나님과 나와의 관계 속에서 절대적인 고독을 강조하고 신비적인 체험이 구체적으로 설명되지 않는다는 점이다. 그러나 이것은 하나님과 나만을 생각하는 개인주의로 치우치게 되면서 믿음의 공동체에 대해 경홀히 여기는 태도를 갖게 할 수 있다.

그러나 박노열은 "이런 위험들은 전통이 왜곡된 데서 나오는 것이지 전통의 본질적인 요소들이 아니기 때문"에 관상기도의 전통에 충실하면 이런 위험이 극복될 수 있다고 시사하고 있다. 그러므로 이런 위험은 관상기도를 제대로 하지 않기 때문에 있는 것이지, 관상기도의 전통을 따라 바르게 하기만 하면 전혀 위험이 없고 오히려 ①"처음 사랑"(계2:4)의 불길에 지속적인 부채질을 하고, ②지성적으로 믿는 종교를 넘어서도록 인도하고, ③기도의 중심을 강조하고, ④하나님과 함께하는 삶의 고독을 강조하고, ⑤"성화의 길로 이끄는 도구"가 되어, "그리스도인의 삶과 믿음에 대한 관상의 전통의 강물은 우리에게 하나님과 보다 밀접한 관계를 맺는 길을 보여준다."고 주장하고 있다.[19]

그러면 그렇다고 하여도 관상기도가 문제가 없는 것일까? 있다면 관상을 하는 것이 어떤 문제가 있을까? 그것은 관상의 목적이, 성경이 궁극적으로 목표하는 그리스도와의 연합에 있지 않고, 자신이 하나님과 합일하여 '신적인 존재가 된다는 것'을 목표로 한다는 데 있기 때문이다. 이 사상은 성경의 사상이 아니라 신플라톤주의 사상이다. 이는 신플라톤주의자였던 플로티누스(Plotinus, 205~270)에 의하여 정리된 사상이다. 인간이 구원을 얻기 위해서는 영혼이 물질의 세계를 벗어나기 위해서 끊임없이 신[일자(一者)]을 관조(관상)하면서 '정화'를 통해서 '무아의 지경'에 도달함으로 '합일'(合一)을 추구해야 한다는 사상이다. 그런데 이 사상을 추구

---

19) 이승구, "합신측 96회 총회 '관상기도 운동' 연구보고서", 교회와신앙」, 2011. 10. 28.

하는 대표적인 종교가 바로 불교이다. 불교는 이 용어를 다르게 사용하고 있을 뿐, 내용에는 아무런 차이가 없다. 즉 불교는 관상생활을 통해서 이 생의 자기 자신을 정화하고 잊어버려야 한다고 한다. 이것을 소위 '해탈' (解脫)이라고 한다. 해탈은 일체의 기억, 감성 작용, 추론하는 이성작용 등을 점차로 없애면서 '단일자'와의 무의식적 일치를 이루며, 이른바 탈현실적인(ecstasis) 일치를 이루는 것이다. 이렇게 해탈을 하게 되면서 그들은 부처라는 '일자(一者)'에 도달하려고 한다. 이것을 '성불'(成佛)한다고 한다. 불교는 신플라톤주의 사상을 이런 식으로 말하고 있는 것이다.[20]

그런데 로마카톨릭의 관상기도도 동일한 체계를 가지고 있다. 로마카톨릭도 끊임없이 관상을 행함으로 '성인'(聖人)이 되는데 목표한다. 성인이 되면 공덕을 나누어 줄 수 있고, 구원의 중보자적 역할까지 한다. 합일을 통해서 감히 하나님이 된다고 말하지는 않지만 거의 하나님의 수준에 도달하려 하는 것이다. 이러한 로마카톨릭의 관상기도는 뉴에이지 운동과도 그대로 일치한다.[21]

오성춘은 관상기도의 위험성을 다음과 같이 지적하고 있다.[22]

첫째로, 우리가 세상과 나 자신으로부터 나를 단절 시킨다는 것은 피나는 훈련의 과정을 통해서만 도달할 수 있는 경지이기 때문에 너무나 조용히 앉아서 긴장 완화 훈련을 하는 정도로는 불가능하다는 것이다. 그러므로 관상기도를 할 때 하나님의 음성을 듣기보다는 세상의 음성과 자기 자신 속에 있는 욕망이나 이상이나 꿈의 소리를 듣고 그것을 하나님의 음성으로 착각하여 우상숭배에 빠질 가능성이 있다는 것이다.

둘째로, 우리가 정말로 세상과 단절되고 내면의 욕망과 이상과 꿈으로부터 단절된 상태에서도 사탄은 얼마든지 우리의 관상 속으로 들어와 하나님을 가장하여 우리를 사로잡을 수 있다는 것이다. 즉 사탄의 음성을 하나님의 음성으로 잘못 받고 이단에 빠져 사람들을 미혹할 수 있다는 것이다.

---

20) "관상기도와 묵상", https://cafe.daum.net/kcmc91/N9HL/97
21) Ibid.
22) 오성춘, 「영성과 목회」, (서울: 장신대학교출판부, 1989), p. 341.

김남진은 "관상기도는 개인의 내면 성찰을 통해 평화를 얻고 자아를 하나님과 일치하는 것을 목표로 한다"면서 "그 안에서는 인간의 타락과 죄성을 인정하지 않으며 회개와 회심을 찾아보기 힘들다"고 문제를 제기하고 있다.[23]

마경언은 "관상기도나 명상은 자신의 의지로 만들어내는 환상입니다. 하나님이 주신 환상과 다릅니다. 일종의 자기최면 기법으로 만들어내는 것입니다. 이것은 마귀가 빛의 천사처럼 행세하는 것처럼 비슷해 보이나, 사실은 가짜입니다. 거기서 들은 것은 내면의 소리거나 자신의 소원을 형상화하는 것입니다. 하나님의 뜻대로 구하는 기도와는 차원이 다릅니다."라고 지적하고 있다.[24]

관상과 명상을 통해 하나님을 체험할 수 있다는 이런 관상기도의 방법은 성경에서 권하는 기도의 방식이 아닌 아주 위험한 기도의 방법이라고 본다. 오히려 잘못하면 사탄의 꼬임에 빠져 신앙을 혼합주의로 빠지게 할 수 있다.[25]

라영환은 "관상기도 운동가들은 욕심과 헛된 생각을 버리고 마음을 정화시키면 그리스도와 연합할 수 있다고 한다"며 "이것은 관상기도의 사상이 성경을 기반으로 한 것이 아니라 '인간의 영혼이 하나님과 동족관계에 있다'는 플라톤의 철학에서 나온 것"이라고 지적하고 있다.[26]

신현수 관상기도의 문제점을 다음과 같이 지적하고 있다.[27]

* '오직 말씀'의 종교개혁적 전통에 충실하지 않다. 우리가 하나님을 아는 것은 성령의 인도함에 따라 성령 말씀을 믿는 믿음의 결과이지 하나님과의 직접적 합일의 경험에 의한 것이 아니다.

* '오직 성령'의 관점에 비춰볼 때, 관상기도는 하나님의 주권성을 제대

---

23) 이사야, "'관상기도 확산을 막아라'… 합동 개혁주의 신학대회에서 신학자들 강경한 입장 전달", 「국민일보」, 2011. 7. 12.

24) 마경언, "관상 기도와 명상의 위험성(2)", https://cafe.daum.net/dm3179/3uGm/535

25) 마경언, http://cafe.daum.net/dm3179/3uGm/534 참조.

26) 이사야, "'관상기도 확산을 막아라'… 합동 개혁주의 신학대회에서 신학자들 강경한 입장 전달", 「국민일보」, 2011. 7. 12.

27) 김진영, "'관상(觀想)기도'는 개혁주의 전통에 충실한가", 「크리스천투데이」, 2010. 9. 8.

로 설명하지 못한다. 하나님을 아는 것은 하나님의 은혜이지 인간이 인위적으로 하는 어떤 행위에 바탕을 둔 신비적 체험에 의한 것이 아니다.

* 관상기도는 우리의 인격성을 약화시킬 수 있다. 관상기도에서 하나님과의 신비로운 합일의 전제로 요구되는 것이 나를 철저히 비우는 것이다. 나라는 의식까지도 버리는 것을 말한다. 하지만 성경이 자기 부인을 말하는 것은 죄의 행위를 버리라는 것이지 불교에서 말하는 무아지경과 같은 것이 아니다.

* 관상기도는 성경적 세계관과 거리가 멀다. 관상기도는 사물의 본질을 지나치게 강조함으로써 그것을 사물의 현상과 분리시키는 결과를 초래한다. 이것은 영의 세계는 선하고 육의 세상은 악하다고 보는 영지주의적 사도의 혼합이라 말할 수 있다.

* 관상기도는 성경적 가르침과 거리가 멀다. 성경은 결코 어떤 기도의 방식이나 특히 그 방식을 통해 관상에 이를 수 있음을 가르치지 않는다.

이에 예장합동측(총회장 이기창 목사)에서는 2011년 9월 19일~23일 열린 제96회 총회에서 관상기도에 대해 어떠한 교류도 삼가며 철저히 배격해야 한다고 결의하면서 관상기도의 문제점을 다음과 같이 지적하며 결론을 내리고 있다.[28]

①불건전한 신비주의, 종교다원주의, 이교적 영향이 혼합되어 있어 복음의 순수성을 해칠 위험성을 내포하고 있다.

②개혁주의 신학과 상반된 인간론, 구원론, 기독론, 신론, 교회론, 성령론을 주장함으로써 탈 성경적, 탈신학 및 교회적 요소를 가지고 있다.

③건전한 신앙과 상반된 비성경적이며, 비개혁주의 신학적 기도를 강조하는바 바람직한 지정의 신앙의 균형성을 잃게 만든다.

그러므로 총회 산하 교회의 성도 및 교회는 관상기도와 관련하여 어떠한 교류도 삼가며 철저히 배격하여야 한다는 결론을 내렸다.

---

28) 정윤석, "합동측, 관상기도·왕의기도 '교류 금지' 결의", 「교회와 신앙」, 2011. 9. 26.

다. 관상기도의 정체

필자가 보기에 관상기도는 표면적으로는 성경적이라고 포장하고 있다. 그러나 연구하며 살펴보면 너무나 많은 것들이 비기독교적이라는 것을 발견할 수 있다. 그중에 중요한 몇 가지를 지적하면 다음과 같다.

(1) 관상기도는 이교적 배경을 갖고 있다.

21세기에 진입하여 끊임없이 알게 모르게 관상기도가 논쟁을 불러일으키고 있다. 이 논쟁의 핵심은 그것이 성경적인가 그렇지 않은가 하는 것이다. 이에 어떤 이들은 이것이야말로 가장 경건하며 성경적인 기도라 하며 적극적으로 옹호하고 있다. 반면 어떤 이들은 이교적이며 다원주의적인 경향을 발견할 수 있다며 매우 주의할 것을 말하고 있다. 이에 필자는 후자에 입장에 있다.

관상기도는 이교도 명상 도입에 기독교 형의 탈을 쓴 비성경적 방법이다. 즉 요즘 교계에서 점점 번지는 관상기도는 결코 기독교적이지 않으며, 성경적이지 않는 이교적인 배경을 갖고 있다. 오히려 주님께서 가르치신 기도와는 정면으로 대립을 이루는 기도라는 것을 알아야 한다.

잘못된 관상기도 안에는 불교와 힌두교가 스며들어 있다. 관상기도의 가장 큰 문제는 이교성과 종교 혼합성이다.[29]

불교의 명상법은 자신을 비우는 것에 집중하는데 그들의 교리를 보면 "분별, 망상, 사유 작용이 그치면 이 작용을 방해하던 것들이 곧 없어져, 마음은 고요로 가득 차고, 무(없을 무 無)의 경지에 이르게 된다"고 가르치고 있다. 이것을 보더라도 표현만 다르지 관상기도에서의 명상은 불교의 명상법과 다름이 없음을 발견하게 된다.[30]

---

29) 이동희, "잘못된 '관상기도' 안에 '불교와 힌두교' 있다", 「데일리굿뉴스」, 2009. 11. 5.

30) 이재룡, "교회 안에 확산돼 가는 관상 기도의 문제점", http://blog.daum.net/young5480/7844262

관상기도법 가운데 '예수의 기도'가 있다. 이 기도법은 호흡을 맞춰서 기도를 한다. 이 기도는 숨을 들여 마시면서 "그리스도시여"라고 생각을 하고, 숨을 내쉬면서 "불쌍히 여기소서"라고 끊임 없이 기도를 한다. 이런 명상법은 불교의 수직 명상법(아나파나사티 명상법)과 일치한다. 불교의 수직 명상법을 원어로 '아나파나사티'라고 한다. 여기서 '아나'는 들숨을, '아파나'는 날숨을, 그리고 '사티'는 집중을 의미하는 말이다. 즉 명상자는 들어오고 나가는 숨에 의식을 집중함으로서 '분심(산만한 마음)'을 제어하여 마음을 안정시키고, 의식으로 사물의 있는 그대로의 실상을 관찰하여 거짓과 집착에서 벗어나 생사 고뇌가 없는 영원한 '본래의 참 나'로 돌아간다는 것이다. 이렇게 관상기도에 명상은 불교의 명상법과 일치하다는 것을 알 수 있다.[31]

또한, 현대 관상기도 운동은 동양의 선, 요가, 도가와 같은 수련방식을 차용한다. 머튼과 키팅 모두 동양종교의 묵상을 긍정적으로 보았다. 실제로 키팅이 제시한 관상기도의 방법론과 마하리시 파운데이션(Marharish Foundation)에서 제공하는 '초월적 명상'(Transcendental Meditation)에 관한 방법을 보면 키팅이 제시한 향심기도의 방법과 상당히 일치한다는 사실을 발견하게 된다. 즉 관상기도와 초월적 명상은 둘 다 하루에 20분씩 두 번의 묵상을 권장한다. 그리고 둘 다 관상 혹은 묵상의 과정에서 어떤 특정한 단어를 연상하거나 말하라고 한다. 관상기도에서는 그것을 '거룩한 단어'라고 하고 초월적 명상에서는 '만트라(mantra)'라고 한다. 뿐만 아니라 둘 다 관상과 명상의 단계 가운데 '격한 감정'(vibrations)이 일어난다고 본다. 나아가 관상기도와 초월적인 명상은 신체감각에 초점을 맞추고 그것에 잠겨 들라고 한다. 이러한 과정들을 통해 긴장이 완화되고 평화를 누린다고 말한다. 이러한 방법들을 통해서 관상기도와 초월적인 명상은 무념의 상태에 도달할 수 있다는 것을 강조한다.[32]

관상기도가 선불교와 가까워지거나 관상기도를 하는 사람들이 선불교

---

31) Ibid.
32) 라영환, "개혁주의 신학적 입장에서 본 관상 기도", 「교회와신앙」, 2011. 11. 6.

가 가는 사람들이 있다. 그 이유는 관상기도의 최종 목적이 '관상의 상태'이고 관상기도가 '(하나님을) 의식한 기도' 혹은 '깨달음의 기도'(prayer of awareness)라고 여기기 때문이다.[33]

이에 최덕성은 "관상기도는 신비주의라고 일컬어지는 중세판 뉴에이지 운동의 단골 메뉴였다. 중세기에 서방교회 수도원을 장악한 이 흐름은 마이스터 엑크하르트에 이르러 '선'(禪)을 강조하는 선불교와 동일한 종국에 이르렀다. '관상기도'는 불교의 참선과 궤를 같이 한다. 관상기도에서 기독교와 선불교가 하나로 결합된다."라는 지적을 하면서 관상기도는 "기독교 본래의 영적이고 신비적 요소와 이교적 기도 형태의 중세기 메뉴 그리고 초월명상 등을 곁들여 역사적 기독교가 배격해 온신비주의, 초월 체험, 엑소시즘 등을 조장해 왔다."고 하고 있다.[34]

그런데 이러한 관상기도와 초월적 명상의 목표는 자신의 내면 깊숙이 있는 참 자아를 발견하는 것이다. 이를 통해 보았을 때 관상기도의 방법론은 1960~70년대에 마하리시 마헤스 요기(Maharishi Mahesh Yogi, 1914~2008)에 의해서 미국에 소개된 '초월적 명상'의 방법을 로마카톨릭적으로 수용한 것으로 보인다.[35]

김삼은 "관상 담론에서 유의할 것 한 가지는 관상영성은 신교 관상가들의 입바른 주장과는 달리 성경 진리 즉 복음과 아무 상관이 없다는 점. 복음을 초월하여 하는 묵상 형태라는 것이다. 그래서 빠른 속도로 기독교로부터 가톨릭·정교회·불교(티벳불교·일본불교·선불교 포함)·도교·힌두교 등 종파·종교 간 대화 및 에큐메니컬리즘의 촉매가 되고 있다."라고 하고 있다.[36]

관상(觀想)이란 '하나님을 향한 영혼의 응시이며, 생각과 말과 감정을 뛰어넘어 우리의 모든 인식 활동을 활짝 열어 하나님을 바라보는 것'이라

---

33) 정태홍, 「고신의 변질 관상기도」, (경남: RPTMINISTRIES, 2021), p. 221.
34) 최덕성, "뉴에이지운동은 기독교를 위협하는가?", 「리포르만다」, http://www.reformanda.co.kr/theoJournal/123259
35) 라영환, "개혁주의 신학적 입장에서 본 관상 기도", op. cit.
36) 임헌원, "관상기도(호흡기도)", http://cafe.daum.net/kcmc91/N9HL/70

고 한다. 여기에는 인간의 수행과 노력, 지력이나 어떤 사람의 뛰어난 안목으로 해탈의 경지에 이르려는 불교 사상, 이성주의, 과학주의 사상(복음이 아닌 인본주의 사상) 등이 끼어 있다. 그렇기 때문에 성경적 신앙의 세계관 속에 독소 같은 불순물로써 접목할 수 없는 요소가 되어 하나님께서 신구약 성경을 막론하고 가장 싫어하시는 종교혼합주의(religious syncretism)가 스며들어 있다는 지적을 받고 있다.[37]

(2) 관상기도는 뉴에이지적이다.

마가렛 피스터는 요즈음 제안되는 관상기도를 면밀히 조사해 보면 결국 뉴에이지적인 명상과 별반 다르지 않다고 하는 것이다. 향심기도(CP)와 초월 명상(TM)에 몰두했었던 핀바 플래내건(Fr. Finbarr Flanagan) 신부는 향심기도는 "초월 명상에 기독교의 옷을 입혀놓은 것"이라고 한다. 그가 잘 강조하고 있듯이 "페닝턴 수사는 주저함 없이 초월 명상을 추천한다." 그래서 전통적 천주교 입장에 충실하기 원하는 사람들은 관상기도는 천주교 전통과 연관된 것도 아니고, 더 나아가 기독교적인 것도 아니라고 비판하기도 한다. 이는 결국 자기최면이라고 강하게 비판하기도 한다.[38]

(3) 관상기도는 종교다원주의로 향하게 한다.

관상기도는 종교다원주의로 빠진다는 것에 대하여 관상가들은 다음과 같이 변명하고 있다.

전통적으로 기독교 신앙에서 하나님에게 이르는 길에는 유념적 방법과 무념적 방법이 있다. 하지만 유념적인 방법만 고집하면 하나님을 언어나 어떤 개념,

---

37) 림헌원, "관상기도 정체성 도입 경계령", http://blog.daum.net/alphacourse/11297355
38) 이승구, "합신측 96회 총회 '관상기도 운동' 연구보고서", 교회와신앙」, 2011. 10. 28.

또는 체계에 제한시킬 수 있다. 반대로 무념적 방법만 고집할 때에는 자칫 기독교 전통의 본래적인 가르침에서 벗어날 수 있는 위험이 있다. 향심기도는 무념적 전통에 서 있는 기도이기 때문에 영적 생활에서 향심기도만 고집할 경우 다른 종교의 가르침이나 그것에 의한 경험 사이의 구분이 불명확해지거나 보편 영성으로 빠질 위험이 있다. 하지만 토마스 키팅은 향심기도의 실천과 관련하여 분명한 신학적인 기초와 기독교 관상기도 전통 안에서 향심기도를 제시한다. 또한 키팅뿐만 아니라 바실 페닝턴을 비롯한 향심기도를 가르치는 사람들이 공통적으로 향심기도의 실천을 거룩한 독서와의 병행실천을 항상 권고한다. 향심기도나 거룩한 독서가 하나의 기도로써 부족하기 때문이 아니라 이 둘을 병행적으로 실천할 때 기도자에게 큰 유익이 있기 때문이다. 거룩한 독서의 실천을 통해, 향심기도의 기도자는 기도의 대상인 삼위일체 하나님을 지성적으로 알아가게 되고 기도에 대상이신 하나님께 대한 지향이 더 분명해 지게 된다. 또한 향심기도를 만들었던 트라피스트 수도승들 역시 매번 향심기도만을 실천하는 것이 아니다. 영적독서, 시편묵상, 공동체기도, 예전 등 다양한 영적 훈련들과 향심기도를 병행하고 있다. 이처럼 향심기도는 다른 유념적인 영적 훈련들과 병행하여 실천하도록 권고되고 있기 때문에 실제로 향심기도를 실천하는 자들에게 있어서는 보편 영성이나 종교다원주의로 빠진다거나 힌두교나 불교의 수행들과 구분이 사라지는 등의 위험이 실제로 일어나지 않는다.[39]

그러나 관상기도를 비판하는 이유 중 하나는 관상기도가 지성의 활동을 무시하고 있으며, 보편 영성을 추구하고 있기 때문에 종교다원주의까지 나아갈 수 있다는 우려를 하고 있다.[40]

이에 대하여 예장합동교단 제96차 총회에서 올려진 관상기도에 대하여 다음과 같이 밝히고 있다.

그리고 기도에 있어서 지성의 활동을 무시하는 것은 성경적인 기도의 태도가 아니며 짧은 단어나 문장을 반복하여 기도하게 하는 만트라의 실천에 대한 미신적인 문제로 예수 그리스도의 이름을 주문을 외우는 것처럼 반복하는 실천

---

39) 송영민, "토마스 키팅의 향심기도 연구", (미간행석사학위논문: 장로회신학대학교 목회전문대학원, 2014), p. 46.
40) Ibid., pp. 44-45.

이 기도의 능력을 가져오는 것은 아니며 기도에 있어서 성령의 조명에 대한 신
비주의적 이해의 부분으로 인간의 이성의 작용이 멈추고 자신을 신비체험에 방
임하는 것이 조명인 것처럼 이해하는 것은 분명히 이교적인 요소를 반영하는
것이며 그들의 실천에 있어서 강조되는 심령적인 관조는 통합적인 영성을 지향
하는데 이러한 통합적 영성은 세계에 존재하는 모든 종교 가운데 있는 영적인
공통분모로서의 영성을 가르치기 때문에 아무런 갈등 없이 종교다원주의를 수
용할 수 있게 만들어 준다.[41]

관상기도는 성경이 결코 요구하지 않는 이교도 방식의 주관적인 침묵
을 유도하여 궁극적으로는 하나님과의 인격적 관계를 차단하여 기도가 사
라지게 하는 이교도 명상종교 행위이다. 여기서 관상(관조)은 깨달음이 아
니라 감정이고 직관적 느낌으로만 신적 접근을 추구하며, 최면술을 겸한
이교도의 명상종교로 영성(성경에 없는 단어)이라는 용어를 통하여 기독
교적인 것으로 포장하려 하지만 범신론적 또는 종교다원주의적인 오류를
범하고 있다고 림헌원은 비판하고 있다.[42]

(4) 관상기도는 신인합일을 목표한다.

엄두섭은 관상기도를 "신과의 합일과 일체를 목적한다. 이것은 안의
길"로 비유되며 수도자나 성인들의 깊은 기도이다."라고 하고 있다.[43]
그러나 개혁교회 안에서 관상기도를 비판하는 사람들이 내세우는 가장
핵심적인 신학적 이유는 관상기도가 하나님과 인간의 존재론적 합일을 추
구하는 것이며, 그리스도의 중개 없이 하나님과 기도자의 직접적인 교제
를 주장하고 있기 때문이라고 하고 있다.[44]
실상 관상기도 방법은 눈을 감고 아무 생각이 없는 상태, 하나님도, 예

41) 정윤석, "합동측, 관상기도 비성경적 결의", op. cit.
42) 림헌원, "레노바레에서 시행하는 관상기도는 이교도의 명상종교", op. cit.
43) 엄두섭, 「영성의 새벽」, (서울: 은성, 1989), p. 86.
44) 송영민, "토마스 키팅의 향심기도 연구", (미간행석사학위논문: 장로회신학대학교 목회전문대
학원, 2014), p. 42.

수님도 생각하지 않는 무념무상의 상태로 가만히 있으면, 의식의 너머로 내면의 빛이 떠올라서 신과 합일하는 기도방법이다. 이는 나의 정신과 신의 주파수를 맞추어서 신과 합일하여 깊은 기도에 몰입하게 된다는 것이다. 그러나 이런 기도방법은 성경적이지도 않을 뿐 아니라 심지어 위험하기까지 하다. 이런 식의 관상기도는 불교에서 말하는 참선이나 힌두교의 명상과 다를 바 없다고 이완구는 지적하고 있다.[45]

관상기도와 함께 명상과 관련한 종교는 대부분 신인합일을 향하고 있다. 대표적으로 불교가 그렇다. 또한, 학교 현장 등에 단군상을 세웠던 단월드의 이승헌은 신선도가 신인합일을 통해 구원을 얻을 뿐 아니라 영생에 이르는 길이라고 주장한다.[46]

관상기도의 정체에 대하여 원문호는 다음과 같이 밝히고 있다.

> 이런 기도는 자연종교(自然宗敎:natural religion)에 속한 것으로 인간의 자연적인 이성이나 통찰에만 바탕을 둔 숭배, 계시종교에 대립되는 것으로 성경의 가르침이 아니다. 따라서 하나님을 향한 기도의 문이 닫히고, 이방 종교의 신에게 접신하는 신비주의에 빠지게 하는 것이다.
>
> 이들이 주장하는 관상의 침묵인 명상은 신이 되어가는 신인합일(神)에 경험을 위하여 자신의 정체성을 상실한 무의식 상태를 추구, 초자연적인 사랑을 맛보는 황홀경에 체험을 한다고 해도, 이는 하나님이 주시는 믿음의 결과로서 하나님을 만나는 경험이 아니다.[47]
>
> 관상기도는 통상 신과의 내면에 접촉이 비워버린 해탈의 경지에 오른 불승처럼 속이 비어 버린 무아의 경지에서 초자연적인 사랑의 고백을 토하는 것이다. 이것이 한국교회의 세계화에 균형이 잡힌 영성인냥, 교회의 변역을 추구, 묵상을 강조, 성결한 삶과 행복을 강조, 성령을 강조, 사회의 참여를 강조, 말씀을 강조하는 영성 등을 열거하나, 이는 미혹을 위한 떡밥의 선전문에 불과하다.[48]

---

45) 이완구, "관상기도는 나의 정신과 신의 주파수를 맞추어 신인합일하려는 이방종교의 기도", 「바른믿음」, 2022. 12. 21.
46) 허호익, 「한국의 이단 기독교」, (서울: 도서출판 동연, 2016), p. 551.
47) 원문호, 「관상기도 레노바레의 정체성」, (서울: 국제진리수호연구소, 2010), pp. 29.
48) Ibid., pp. 27.

성경적인 바른 기도는 성경의 인식에 초점을 맞추어 순복하는 것이다. 성경에 합당한 기도는 무아 해탈의 경지로 사랑과 깨달음을 추구하여 자신의 영혼에 신의 임재를 위한 신인합일(神人合一)에 이르는 접신 행위가 아니다.[49]

이에 원문호는 관상기도의 목적을 다음과 같이 밝히면서 비판하고 있다.

> 관상기도(觀想祈禱) 목적은 하나님과의 친밀한 교제(초월적인 사랑/ 황홀경)이다. 그 목표는 신비주의 신인합일(神人合一)의 신의 임재로서, 하나님의 음성을 들을 수 있다는 혼합영성의 이론과 실제는 어두움의 영이 위장한 역사로 진리의 분계선을 자유롭게 왕래케 함이 위험천만한 것으로 기독교에 깊숙이 숨어들고 있다. 이를 성취하는 단계는 감각과 영의 정화 단계, 조명의 단계, 일치 기도를 위한 만트라의 실행, 이는 모든 지성의 상상력과 이미지, 느낌이나 생각을 멈춘 수동 상태에서 내면에 세계로 들어가는 능동적인 체험과 치료를 위하여 부르짖는 외적 정화, 침묵상태로 들어가는 내적인 정화의 단계에 머물 때, 비로소 조명의 단계로 하나님께서 은총으로 다가오셔서 하나가 되는 일치를 경험한다. 이를 영적인 약혼, 결혼이라 한다. 이것이 신인합일(神人合一)이다. 그러나 이것을 성경은 용납하지 않을 뿐 아니라, 관상기도의 방법론에 의한 성화는 회칠한 무덤에 불과한 것으로 여호와는 가증이 여기신다.[50]

관상 훈련자들이 주장하는 관상이라는 말은 "명상 수행을 통한 절대자와의 만남"이라는 의미로 사용되고 있다. 그러나 성경 말씀에 의하면 사람은 이성이나 직관이나 논리나 철학이나 수행을 통해서는 하나님을 만날 수 없다고 한다. 왜냐하면, 하나님은 우리의 생각보다 비교할 수 없을 만큼 크고 놀라운 분이시기 때문이다(사55:8~9). 그리고 이 세상의 지혜나 방법으로는 하나님을 알 수 없다(고전1:21). 다만 우리 인간은 오직 길이요, 진리요, 생명이신 예수 그리스도를 통해서만 하나님 아버지께로 나아

---

49) Ibid., pp. 29-30.
50) Ibid., pp. 26-27.

갈 수 있다(요14:6). 그럼에도 사람이 관상이나 명상과 같은 종교적 수행을 통해서 하나님과 깊은 만남을 가질 수 있다고 주장하는 것은 성경의 가르침과는 거리가 멀다.[51]

그럼에도 로마카톨릭은 관상을 통해, 그리고 불교 수행자들은 참선이나 묵언 수행을 통해 어떤 신적인 존재를 만나려고 한다. 그러나 하나님께서는 그리스도인들이 이성과 분별력을 사용하여, 하나님께서 주신 언어를 사용하여, 인격적으로 하나님과 교제하기를 원하신다. 또한, 하나님은 우리가 말씀과 기도를 통하여 주님과 인격적인 교제를 나누기를 원하신다. 로마카톨릭처럼 관상기도를 통하여 인간의 이성과 감각이 둔해지고, 지각이 어두워지고, 마음속이 공허한 상태, 흑암의 심연에 잠긴 상태에서 우리의 빈틈을 노리고 비집고 들어오는 영적인 세력이 있다면 그것은 마귀에게 속한 악한 영들이 들어오게 할 수 있는 빌미를 줄 수도 있다(마12:43~45).[52]

즉 성경은 이성도, 지각도, 감정도, 영적 분별력도 모두 버리고 마음을 깨끗이 비우고 청소해 놓았더니 마귀가 들어가 거하여 그 사람의 형편이 더욱 나빠졌다고 하고 있다. 원래 '마음 비우기' 수행 방법은 뉴에이지 사상가들이 '우주정신', '우주 에너지', '우주적 진리'라고 부르는 마귀의 영을 영접하기 위한 의식이다. 따라서 그러한 악한 의식을 본받거나, 그것을 기독교적인 것에 접목시키려고 해서는 안 된다.[53]

2. 관상기도에 대한 비판자들의 비평

가. 관상기도에 대한 라영환의 비판

---

51) 일맥, "관상(觀想) 기도(Contemplative Prayer)", https://cafe.daum.net/ilmak/LZyw/483

52) "관상(觀想) 기도(Contemplative Prayer)", http://cafe.daum.net/kcmc91/N9HL/3

53) Ibid.

관상기도의 뿌리는 성경이 아닌 플라톤과 플로티누스 등의 사상에 있다고 하고 있다. 그리고 그 방법에 있어서 동양의 신비사상에 영향을 받은 현대 관상주의 운동의 문제점에 대해 라영환은 다음과 같이 지적하고 있다.[54]

첫째로, 현대 관상기도 운동은 특별계시의 필요성을 부인한다.

인간이 본성적으로 하나님을 알 수 있다는 이들의 견해는 직관에 의한 신 인식을 일체 인식의 전제로 삼는 본체론주의(ontologism)의 견해와 흡사하다. 본체론주의란 사람이 직관을 통해서 하나님을 직접 아는 것이 가능하다는 견해이다. 인간이 직관을 통해서 하나님을 인식할 수 있다는 견해의 가장 큰 문제는 하나님의 말씀을 약화시킨다는 데 있다. 현대 관상기도운동가들은 하나님은 인간의 인식 너머에 있기 때문에 인식을 통해서는 알 수 없고 오직 관상을 통해서 알 수 있다고 보는데, 이것은 정통 기독교에서 말하는 인식론과는 상당한 거리가 있다. 이러한 잘못된 인식론은 결국 이들로 하여금 다른 종교적 전통에 속한 사람일지라도 진리를 추구하고 신의 은총에 반응하는 사람이라면 누구나 하나님을 경험할 수 있다고 주장하게 하였다.[55]

머튼은 다음과 같이 말한다.

모든 고등 종교에는 묵상이 평범한 것이자 최소한 정당한 것임은 엄연한 사실입니다. 기독교, 불교, 힌두교, 이슬람교 어디에서도 묵상 생활을 찾아 볼 수 있습니다. 어디에서나 내적 연합과 절대자와의 직접적인 교감을 위해 노력합니다. 그리고 종종 자연적이거나 초자연적인 모종의 영적 체험도 겪게 됩니다. 초자연적 신비의 체험은 진정으로 진리를 구하고 신의 은혜에 감화 받고 반응하는 선한 양심의 소유자라면 누구나 태양 아래 어디서나 최소한 이론적으로는 가능합니다.[56]

---

54) 라영환, "개혁신학적 입장에서 바라본 관상기도", op. cit., pp. 31-36.
55) Ibid., p. 32.
56) Ibid., p. 32에서 재인용.

이러한 머튼의 주장은 사람이 자기 스스로 하나님을 알 수 없다는 성경의 진술과도 위배되는 것이다.

칼빈은 죄악된 인간이 추론의 과정을 통해서 하나님을 아는데 이를 수가 없다는 점을 분명히 이야기하고 있다. "우주의 창조 아래에 하나님을 알만한 것이 분명히 드러나 있다고 바울이 가르치는 바는 사람이 분별하여 알아낼 수 있는 자연 계시를 의미하는 것이 아니다." 칼빈은 자연 계시는 결코 타락한 피조물들을 살아계시고 참되신 한 분 하나님께로 인도할 수 없기에 "창조주 하나님께로 나아가는 데는 성경이라는 안내자가 필요하다."고 말한다. 칼빈은 계속해서 "성경이 없이는 우리는 오류에 빠질 수 밖에 없다…. 우주의 지극히 아름다운 모습 위에 새겨진 하나님의 형상으로는 충분한 효과를 내지 못하기 때문이다…. 그러나 창조의 계시가 전달할 수 없는 것을 성경은 가르칠 수 있다."고 함으로써 사람이 자연을 '관상함(바라봄)'을 통해서 하나님을 알 수 없다는 것을 분명하게 지적한다.[57]

둘째로, 현대 관상기도 운동의 문제점은 구원에 있어서 예수 그리스도의 유일성을 약화시킬 우려가 있다는 것이다.

이것은 그들의 인식론에 기인하는 것이기도 하다. 이들은 플로티누스의 영혼의 사닥다리라는 개념을 바탕으로 인간의 영혼이 관상을 통해서 하나님을 마주 보고 그분과 연합할 수 있다고 말한다. 그런데 이러한 주장대로라면 우리가 하나님을 만나기 위해서 예수 그리스도라는 중보자가 필요가 없게 된다.[58]

자연적 묵상이란 계시의 상징과 자연 속에 반영된 하나님의 모습 안에서 또는 그 모습을 통해서 하나님을 직관하는 것입니다. 이는 오랫동안 금욕함으로써 마음이 온전히 정화된 상태를 전제로 합니다. … 이 단계에서 묵상가의 사

---

57) Ibid., p. 33.
58) Ibid., p. 33.

고는 더 이상 욕망이 없고 더 이상 뒤틀리지 않습니다. 사고는 단순하고 직선
적입니다. 그는 사물의 본질을 있는 그대로 꿰뚫어 봅니다. 동시에 그는 자신의
본질을 들여다 볼 수 있습니다.[59]

그러나 성경은 우리가 우리 자신이나 자연을 통해서 하나님을 알 수
없다는 사실을 분명히 이야기하고 있다. 머튼은 우리가 하나님과 일치 하
려면 관상기도를 통해 우리 자신이 되어야 한다고 말하는데, 성경은 예수
그리스도를 통해 그리스도의 의가 우리에게 전가되어야 한다고 말하고 있
다. 구원에 있어서 예수 그리스도의 유일성이 부인되면 자연히 종교다원
주의로 빠지게 된다.[60]

이것은 동양의 신비종교에 대한 머튼의 다음과 같은 입장에 잘 나타난
다.

> 동양의 숭고한 종교문학인 바가바드 기타(Bhagavad Gita)는 대학 인문학
> 강좌에서 플라톤이나 호머에 견줄만한 자격이 있습니다…. 바가바드 기타는 묵
> 상을 통해 평온함, 초연함, 하나님께 대한 인격적 헌신에 이르는 길을 크리슈나
> 의 말을 빌려 설파한 고대 산스크리트 철학시(詩) 입니다…. 이는 성 버나드,
> 타울러, 페넬롱 등과 같은 많은 서구 신비가들이 주장한 것처럼 순전한 사랑의
> 교리입니다.[61]

> 일부 신학자들은 흔히 동양 종교의 영적 체험을 초자연적 자원이 아닌 자연
> 적 차원에서 일어나는 일이라고 생각합니다. 그러나 자크 마리탱(Jacque
> Maritain)과 가리구-라그랑즈(Garrigou-Lagarange) 신부 등은 교회 밖에서도
> 초자연적이고 신비적인 묵상이 가능하다고 인정했습니다. 하나님은 자기 선물
> 들의 주인이시며 진리를 향한 진지한 열망과 진실함이 있는 곳이면 어디에나
> 은혜의 선물을 베푸시기 때문입니다.[62]

---

59) Ibid., pp. 33-34에서 재인용.
60) Ibid., p. 34.
61) Ibid., p. 34에서 재인용.
62) Ibid., p. 34에서 재인용.

그런데 머튼은 "나는 불교와 기독교 사이에 모순점을 발견할 수 없다. …나는 할 수 있는 한 좋은 불교도가 되려고 한다."고 한 것도 바로 이러한 신학적인 전제가 있었기 때문이다. 그러나 우리가 하나님께 나아가는 것은 우리 자신 안에 있는 어떤 것이 아니라 오직 예수 그리스도의 보혈의 공로로 그리스도의 의가 우리에게 전가되기 때문이다.[63]

셋째로, 현대 관상기도 운동은 신관에 있어서 범신론의 오류에 빠질 우려가 있다.

전술한 바와 같이 관상기도는 부정의 길을 통해 하나님의 본질에 이르려고 한다. 이들은 그레고리우스의 전통을 따라 관상을 통해서 알 수 없는 미지의 하나님을 만나야 한다고 이야기한다. 키팅은 관상기도를 통해서 인간의 사고와 언어를 초월하는 궁극적인 신비의 신에게 우리의 온 존재를 열 수 있다고 하는데, 여기서 그가 말하는 신이 성경에 계시된 하나님인가에 대해선 의문의 여지가 많다. 현대 관상기도 운동가들이 타 종교에서도 신과의 합일이 가능하다고 말하는 이유가 바로 이러한 잘못된 신관에 서 있기 때문이다. 키팅이 그의 저서 「마음을 열고 가슴을 열고」에서 말하는 하나님은 성경에서 말하는 하나님이라기보다는 힌두교에서 말하는 궁극의 신비, 궁극의 존재와 출처로서의 하나님이다.[64]

넷째로, 현대 관상기도 운동은 무로부터의 창조를 부인한다. 전술한 바와같이 관상기도의 사상적 토대는 플로티누스의 유출설과 영혼의 상승과 하강운동에 대한 이론을 단지 기독교적으로 적용한 것이다. 이들은 인간의 영혼이 하나님과 동족관계에 있기에 본성적으로 하나님에게로 회귀하는 성향을 가지고 있다고 본다. 그런데 이러한 견해를 따르자면 인간의 영혼이 창조 전에 이미 일자와 함께 있다는 것이 되는데 이것은 성경에서 말하는 무로부터의 창조와 대치되는 것이다.

다섯째로, 현대 관상기도운동은 동양의 선, 요가, 도가와 같은 수련방식을 차용한다.

---

63) Ibid., p. 35.
64) Ibid., p. 35.

머튼과 키팅 모두 동양종교의 묵상을 긍정적으로 보았다. 실제로 키팅이 제시한 관상기도의 방법론과 마하리시 파운데이션(Marharish Foundation)에서 제공하는 '초월적 명상(Transcendental Meditation)'에 관한 방법을 보면 키팅이 제시한 향심기도의 방법과 상당히 일치한다는 사실을 발견하게 된다. 관상기도와 초월적 명상은 둘 다 하루에 20분씩 두 번의 묵상을 권장한다. 그리고 둘 다 관상 혹은 묵상의 과정에서 어떤 특정한 단어를 연상하거나 말하라고 한다. 관상기도에서는 그것을 '거룩한 단어'라고 하고 초월적 명상에서는 '만트라(mantra)'라고 한다. 뿐만 아니라 둘다 관상과 명상의 단계 가운데 '격한 감정(vibrations)'이 일어난다고 본다. 나아가 관상기도와 초월적인 명상은 신체감각에 초점을 맞추고 그것에 잠겨들라고 한다. 이러한 과정들을 통해 긴장이 완화되고 평화를 누린다고 말한다. 이러한 방법들을 통해서 관상기도와 초월적인 명상은 무념의 상태에 도달할 수 있다는 것을 강조한다.[65]

그런데 관상기도와 초월적 명상의 목표는 자신의 내면 깊숙이 있는 참자아를 발견하는 것이다. 이를 통해 보았을 때 관상기도의 방법론은 1960~70년대에 마하리시 마헤스 요기(Maharishi Mahesh Yogi, 1914~2008)에 의해서 미국에 소개된 '초월적 명상'의 방법을 로마카톨릭적으로 수용한 것으로 보인다.[66]

나. 관상기도에 대한 조남준의 비판

영어로는 Contemplative Formation이라고 하는 관상기도가 한국교회에서 인기 있게 자리를 잡아가고 있다. Contemplative Formation이라는 관상기도 운동은 뉴에이지 운동가였던 토마스 머튼(Thomas Merton)과 Azusa Pacific University 대학에서 실천 신학을 가르치는 Quaker 교도인

65) Ibid., p. 36.
66) Ibid., p. 36.

리처드 포스터에 의해 시작되었다. 이 운동을 함께 펴나간 머튼은 동양의
신비종교를 본받으라고 노골적으로 말한다. 포스터는 자신이 쓴
Celebration of Discipline에서 처음으로 Contemplative Formation 혹은
Contemplative Spirituality를 언급하는데, 이것은 중세의 수도사처럼 기도
생활에 더욱더 하나님에게 가까이 가자는 좋은 취지의 운동이지만, 그 내
용이 비성경적이다. 포스터는 자신이 원하는 영성훈련을 전파하기 위해서
많은 책을 집필하면서 'Renovare'라는 교회 혁신 운동을 주도하면서,
Renovare Spiritual Formation Bible이라는 성경을 편집하기도 했다. 그의
사상은 주로 Celebration of Discipline에 잘 나타나는데, 그의 책은 한때
뉴욕 타임지의 베스트 셀러의 자리에 오르기도 했다. 이러한 관상기도는
불건전한 신비주의, 종교다원주의, 그리고 이교적 영향이 혼합되어 있어
복음의 순수성을 해칠 위험성과 문제점을 내포하고 있다.[67]

이러한 관상기도에 대하여 개혁주의 입장에서 조남준은 다음과 같이
비판하고 있다.

(1) 관상기도의 이교적 기도와의 혼합에 대한 비판

관상기도는 동양의 불교나 힌두교의 기도와 기독교의 기도 형태를 혼
합하여 가장 좋은 기도로 하나님에게 가까이 나아가며 기도하자는 것인데
이러한 혼합주의에 대해 성경은 고후 6장에서 "그리스도와 벨리알을 어찌
조화되며 성경과 우상이 어찌 일치 하리오"라고 엄하게 경계한다.[68]

또한 포스터는 Celebration of Discipline에서, "기도할 때는 손바닥을
위로 폈다가 내려 폈다가(palm up palm down) 이런 자세를 여러 번 반
복해야 효과가 있다"고 가르치고 있다. 그러나 성경 어디에서도 기독교의
기도가 이러한 불교식 기도를 닮으라고 가르친 적이 없다.[69]

---

67) 조남준, "개혁주의 성령론에서 본 신비주의 은사론 비판", op. cit., p. 54.
68) Ibid., p. 54.
69) Ibid., pp. 54-55.

셋째로 기도할 때 잠잠하라(Be still)는 한 시편 62편의 말씀을 인용하여 기도할 때는 마음을 비우고 무아지경에 들어가라고 가르치는데, 성경은 기도할 때 머리를 비우라고 가르치지 않는다. 오히려 시편 1편에는 "주야로 말씀을 묵상한다"고 말하여 우리는 기도할 때 인간적인 생각은 비워야 하지만 그 뒤에는 오히려 하나님의 말씀으로 우리 마음을 채워 그 말씀이 우리의 삶을 인도하도록 해야 한다.[70]

(2) 관상기도의 명상 혹은 묵상의 오용에 대한 비판

관상기도는 '명상' 혹은 '묵상'이라는 말을 많이 혼용하여 사용하고 있다. 그러나 이 말의 의미가 성경의 가르침과는 상당히 다르게 사용되고 있다. 기도는 어느 종교에서나 중요하게 생각한다. 관상기도는 사람이 기도할 때 머리를 비우고 기도하여 무아지경에 이르는 것을 강조한다. 속을 비우면 무아지경에 이른다는 것이다. 힌두교에서 이런 방법으로 기도한다. 힌두교를 본받아 오늘의 뉴에이지 운동가들이 그렇게 기도하고 있다. 그런데 관상기도에서 말하는 '영성운동'은 바로 '금식, 기도, 성경연구, 봉사활동, 혼자서 하는 영적인 신앙고백, 예배, 명상, 그리고 정숙'이라고 한다. 이러한 가르침을 따르는 사람들은 영성이란 말을 명상하는 기도, 즉 명상하는 것과 기도하는 것을 연관을 짓는데 이런 일들이 과연 성경적인가 살펴봐야 한다. 다시 말해서, 우리가 영성운동의 일환으로 기도할 때 성경이 과연 무언으로 하는 영성훈련을 통해서 하나님에게 나아가라고 가르치고 있는가? 우리가 기도할 때 아무 말도 하지 않고 침묵하면서 아무것도 생각하지 않고 기도하는가? 이것은 힌두교에서 하는 기도 방식이다. 기독교 신자는 그렇게 기도하지 않는다. 침묵하면서 아무것도 생각하지 않고 머리를 비운 채로 기도하는 것이 아니라 하나님의 말씀으로 충만하여 기도한다. 이것이 그리스도인의 기도와 관상기도와의 차이인 것이다.[71]

---

70) Ibid., p. 55.
71) Ibid., p. 55.

시편에 구약 사람들의 기도 모습이 많이 기록되어 있다. 구약 시편은 이들 명상 영성운동가들이 즐겨 인용하는 증거 구절들 중 하나는 구약의 시편기자들이 말하는 "잠잠할 지어다."라는 말이다. 이 말의 의미를 바로 알아야 하는데 "잠잠하라"는 말의 참 의미가 무엇일까? 예를 들어, 시편 제1편을 보면, "복 있는 자는 주야로 주의 율법을 묵상하는 자"라고 가르치며 이런 사람은 만사가 형통한다고 말한다(시1:1~3). 또한, 시편 119:15, 23 등을 보아도 같은 내용이다. 성경이 말씀을 묵상하는 사람들이 복을 받는다고 하는데, 그러면 성경이 말하는 그런 묵상이 무엇을 의미하는가? 특히 침묵과 무슨 관계가 있는지 알아보아야 하겠다.[72]

"묵상한다(meditate)"란 말은 히브리어로 "하가"인데 구약 전체에 25번 나온다. 신약에서 "묵상한다"라는 말은 구약에서만큼 자주 나오지 않지만 사도 바울은 신약 빌립보 4장 8절에서 성도들에게 "종말로, 형제들아 무엇에든지 참되며 무엇에든지 경건하며, 무엇에든지 옳으며, 무엇에든지 정결하며, 무엇에든지 사랑할만하며 무엇에든지 칭찬할 만하며, 무슨 덕이 있든지 무슨 기림이 있든지 이것들을 생각하라"라고 말하고 있다. 여기서 "생각하라"는 말이 이에 해당한다. 이 말은 원문에서 '로기조마이(ogizomai)'이다. 이는 아무 말도 없이 가만히 앉아서 명상한다는 말이 아니다. 우리가 분명히 알고 넘어가야 할 것은 구약에서는 묵상을 언급할 때 필연코 '하나님의 율법'을 묵상한다는 말이며 막연하게 조용히 앉아서 무엇이든 내가 원하는 바를 명상한다는 말이 결코 아니다.[73]

구약에서의 '묵상'은 그냥 속을 비우는 그런 묵상이 아니라 하나님의 율법 곧 하나님의 말씀을 묵상한다는 말임이 분명하다. 예를 들자면, 다윗은 하나님께 죄를 범하고 나서 율법(말씀)에 근거하여 하나님에게 부르짖는다. 옛날 이스라엘 백성의 기도는 반드시 하나님의 말씀인 율법에 초점을 맞추고 명상을 통해서 하나님과 영적인 교통을 했었다는 엄연한 진리를 꼭 알아야 한다. '하나님의 율법'에 초점을 맞춘 이런 명상의 기도는

---

72) Ibid., pp. 55-56.
73) Ibid., p. 56.

이스라엘 백성으로 하여금 하나님의 말씀에 순종할 마음을 더했고 그들의 이런 영성운동의 태도는 하나님이 받으시기에 합당한 신앙 행위로 하나님 으로부터 복을 받았던 것이다. 하나님의 율법을 묵상하고 하나님의 율법 에 순종하면 형통했다. 이것이 구약성경이 가르치는 바이다.[74]

그러므로 시편 기자들은 한결같이 율법과 율례와 규례와 교훈과 말씀 을 명상할 것을 권장했던 것이다. 이스라엘 백성의 영성훈련에서 명상은 어떤 역할을 했는가를 본다면, 중간기에 나온 어느 외경에 보면 "너의 생 각을 주의 율례에 두고 늘 그의 규례를 생각하라"라고 말한다(시라크 6:37 참고). 그러면 "명상"이라는 히브리어 "하가"나 "시아"란 말을 어떻게 이해해야 하는가? 히브리인들이 명상할 때 하나님께서 침묵을 강요했는 가? 이 점에 있어서 구약의 '명상'이라는 말의 뜻이 우리에게 큰 교훈을 준다. 구약을 보면 구약 어디에도 기도할 때 주관적 침묵의 의식 상태에 들어가는 것을 허락한 적이 없다. 그런 것은 모두 이방신을 믿던가 아니 면 기독교에서도 신비주의에 속한 사람들이 하는 행위인 것이다.[75]

이에 대해 몇 가지로 생각해 보자.

첫째, 구약 사람들이 명상할 때 그 명상이 항상 '하나님의 율법'에 초점 을 맞추었다. 이 말은 성경적 명상은 기도할 때 한마디 말도 없이 침묵을 지키며 무아의 경지에 들어가 명상하는 것이 아니라는 것을 입증한다. 말 씀은 바로 하나님의 율법이다.

둘째, '명상'이라는 히브리어 단어 '하가'라는 말에는 '침묵'이라는 의미 가 전혀 없다. 구약성경에서 그 단어가 사용된 것을 보면, '명상'이라는 단 어는 사자가 "으르렁거린다"는 의미로 쓰이는데 가령 이사야 31장 4절에 서 그 예를 찾아볼 수 있다. 이 말은 "무언의 침묵"과는 정반대가 되는 말이다. 사자가 울부짖는 소리가 침묵과 같을 수가 없다. 둘은 서로 상반 이 되는 의미가 있는데 포스터나 그와 같은 신학을 가진 사람들이 자기들 의 주장을 뒷받침하기 위해 이 성경 구절을 저들의 증거 구절로 사용할

---

74) Ibid., p. 56.
75) Ibid., pp. 56-57.

수 없다는 말이다.

셋째, 여호수아 1장 8절에서는 '명상'을 '입'과 관련시켜 사용하고 있다. 그러므로 이 성경 구절에서 '입'과 '묵상'과의 관계를 주목해 볼 필요가 있다.

시편 19편에서 시편 기자는 "내 입의 말씀과 내 마음의 묵상이 주께 열납 되기를 원하나이다"라고 했다(시19:14). 여기서도 시편 기자는 '말씀'과 '묵상'을 병행시키고 있다. 즉 "내 마음의 묵상"과 "내 입의 말씀"이 함께 병행되고 있다. 다시 말해서, 시편 19편 14절에서 그가 하는 말과 마음에서 하는 묵상이 일치하여 하나님께서 받아들여지는 것을 말하고 있다. 구약성경에서는 '명상'이라는 개념을 침묵이란 의미로 사용되는 것이 아니라 하나님의 말씀을 깊이 생각하여 그에 일치시키는 것을 의미한다는 것을 주목해야 한다.

관상기도에서는 명상이란 말을 힌두교나 불교 신자들 혹은 신비주의자들이 하는 것처럼 '침묵'해야 되는 것으로 착각하고 있다. 구약시대 사람들은 명상할 때 성경을 나지막한 소리로 읽거나 암송했다. 즉 말씀이 없는 명상이란 생각할 수 없다는 말이다.

넷째, 구약에 보면, 명상한다는 말은 생각하고 무엇인가 계획한다는 뜻을 내포한다. 시편 2편은 "어찌하여 이방이 분노하며 민족들이 허사를 경영하는고?"라고 시작 된다(시 2:1). 영문 성경(KJV)에는 'imagine'이라고 번역해 놓았지만 이는 계획한다는 뜻을 갖고 있는 말이다. 명상한다는 것은 단지 말씀만 생각하는 것이 아니라 말씀을 생각하고 무엇인가 계획한다는 말이다. 그렇기 때문에 어떤 성경에는 "민족들이 허사를 명상 하는고"라고 번역하기도 한다(ASV는 "Peoples meditate a vain thing"이라고 시 2:1을 번역한 것을 볼 수 있다.).

칼빈은 "하나님이 성경에서 말하지 않은 것을 추구하는 것은 우리가 허구를 추구하는 것"이라고 까지 말한다. 하나님은 무언의 명상을 해서 영성운동을 행하라고 교훈하시지 않는다는 것은 매우 중요한 요점이다.

명상 영성운동은 성경에 위배되며 사람이 만들어낸 생각에 불과하며 바꾸어 말하면, 이방종교에서 도입한 비 성경적인 가르침이다.

기도할 때 말씀에 집중하지 않으면 명상은 곧바로 신령주의(Spiritism)로 빠질 소지가 많다. 신접자들의 명상이나 또 중얼거림에 대해서 선지자 이사야는 이스라엘 백성에게 엄히 경고하였다(사 8:19~22).[76] 이 말씀은 만일 하나님의 말씀이 없으면 기도나 명상하는 사람은 성경에서 금하는 밀교의 경지에 빠지게 된다는 것을 가르쳐주는 구절이다(신18:9~14).[77]

포스터는 말씀의 인도가 없는 무아의 침묵인 '무언의 명상'의 위험성에 대하여 "아무 말도 하지 않고 무언으로 하나님을 묵상할 때 우리는 영적 세계에 들어가는데 가끔 초자연적인 인도를 받을 때가 있는데 이것은 하나님의 인도하심이 아니다. 영계에는 여러 가지 다른 현상이 있는데 어떤 영적인 현상은 분명히 하나님과 협력하지 않는다."라고 경고하고 있다.[78]

포스터가 이렇게 경계하는 것은 성경적인 명상이나 기도를 할 때는 왜 반드시 성경을 보고 성경의 말씀을 듣는 일이 병행되어야 하는가를 가르쳐 준다. 인성으로서의 예수님을 마귀가 시험할 때를 생각해 보면, 예수님은 광야에서 고독과 배고픔을 경험했다. 그런 시험을 당할 때 예수님은 무언의 기도로 일관한 것이 아니고 누구나 들을 수 있도록 목소리를 내어서 신명기 말씀을 인용하시면서 그 시험을 이기셨다(마4:4, 7, 10 참고).

---

76) (사 8:19~22) "(19)어떤 사람이 너희에게 말하기를 주절거리며 속살거리는 신접한 자와 마술사에게 물으라 하거든 백성이 자기 하나님께 구할 것이 아니냐 산 자를 위하여 죽은 자에게 구하겠느냐 하라 (20)마땅히 율법과 증거의 말씀을 따를지니 그들이 말하는 바가 이 말씀에 맞지 아니하면 그들이 정녕 아침 빛을 보지 못하고 (21)이 땅으로 헤매며 곤고하며 굶주릴 것이라 그가 굶주릴 때에 격분하여 자기의 왕과 자기의 하나님을 저주할 것이며 위를 쳐다보거나 (22)땅을 굽어보아도 환난과 흑암과 고통의 흑암뿐이리니 그들이 심한 흑암 가운데로 쫓겨 들어가리라"

77) (신 18:9~14) "(9)네 하나님 여호와께서 네게 주시는 땅에 들어가거든 너는 그 민족들의 가증한 행위를 본받지 말 것이니 (10)그의 아들이나 딸을 불 가운데로 지나게 하는 자나 점쟁이나 길흉을 말하는 자나 요술하는 자나 무당이나 (11)진언자나 신접자나 박수나 초혼자를 너희 가운데에 용납하지 말라 (12)이런 일을 행하는 모든 자를 여호와께서 가증히 여기시나니 이런 가증한 일로 말미암아 네 하나님 여호와께서 그들을 네 앞에서 쫓아내시느니라 (13)너는 네 하나님 여호와 앞에서 완전하라 (14)네가 쫓아낼 이 민족들은 길흉을 말하는 자나 점쟁이의 말을 듣거니와 네게는 네 하나님 여호와께서 이런 일을 용납하지 아니하시느니라"

78) Richard Foster. 「Celebration of Discipline. 20th Anniversary Edition」, (San Francisco: Harper San Francisco, 1998), p. 157.

마태는 예수님의 광야 시험 사건을 기록하면서 세 번이나 "대답하여 가라사대"라는 말을 쓰고 있는 점을 주목할 필요가 있다. 예수님은 지상 사역을 하시는 동안 혼자 고독하게 계신 적이 여러 번 있지만 성경 어디를 보아도 예수님의 사역에서 침묵의 명상을 하셨다는 말은 없다. 항상 말씀으로 기도하셨고(요17장) 말씀으로 제자들을 가르쳤다. 무언의 명상으로 일관하는 것은 불교나 힌두교의 관습이거나 신비주의자들의 관행인 것이다.[79]

신비주의는 명상을 설명하기를 개인의 생각은 덮어두고 이성적인 생각을 초월하며 어떤 알지 못할 황홀경으로 인도되어 극치의 신앙 체험을 하게 된다고 말한다. 이런 종류의 명상이나 묵상은 시편 어디에도 존재하지 않는다.[80]

그러므로 성도의 묵상은 말을 하지 않고 마음으로 기도해야 한다고 가르치는 머튼같은 뉴에이지 운동가의 말은 성경과 정면으로 배치된다. 묵상한다는 히브리어 '하가'라는 말은 무언으로 묵상한다는 말이 아니다. 구약에서의 '묵상'이라는 말은 믿음을 갖고 기도하는 사람이 여호와의 율법과 규례와 법도를 생각하면서 말을 하는 의식 있는(conscious) 기도행위를 말한다는 점을 아주 분명히 강조하고 있다.[81]

(3) 관상기도의 주관성 비판

관상기도는 침묵을 강조하면서 자신의 주관적인 영적 체험을 강조한다. 그러나 성경이 말하는 묵상은 주관적인 것이 아니라 객관적인 것이다. 묵상은 내가 행하는 능동적 행위이며 남에게 지배를 받거나 외부에서 들어오는 어떤 영향을 받으려는 수동적 행위가 아니다. 성경적 묵상은 항상 의식적이며(conscious), 뉴에이지 운동가들이 말하는 것처럼 자신도 모르는 무아지경에 들어간 무의식적인 행위(unconscious activity)가 결코 아니라는 말이다.[82]

성경적인 묵상은 조용하게 묵상하는 것이 아니라 소리 내어 기도하고 소리 내어 말한다. 심지어 사무엘상에 나오는 한나도 작은 소리로 기도했지만 중요한 것은 기도하는 것을 엘리 제사장이 들을 수 있을 만큼 소리 내어 기도했다. 이러한 성경적인 묵상은 아무 말도 하지 않고 앉아서 오랫동안 침묵을 지키는 것도 아니고 머리를 모두 비우는 것도 아니다. 심리학적으로 우리가 기도할 때 머리를 비우고 묵상에 잠기면 온갖 상념이 찾아오고 시편 1편의 말씀에서 가르쳐주는 묵상은 할 수 없게 된다.[83]

성경은 우리의 초점을 주님에게 맞추라고 가르친다. 빌립보서 2장 5절에 "너희 속에 이 마음을 품으라. 곧 그리스도 예수의 마음이니"라고 하며 그리스도를 따르는 길이 어떤 길인지를 가르쳐 주고 있다. 마태복음 16장 24절에서는 "주를 따르는 자는 자기를 부인하고 자기의 십자가를 지고 따르라"고 명령한다. 복음의 핵심은 예수님의 '십자가'와 '부활'이다. 그러나 이런 뉴에이지를 권장하는 책들 중에 예수님의 십자가와 부활을 말하지 않는다. 모두 현세에서 십자가를 피하고 현세 중심으로 '성공'하며 '행복하게' 살자는 세속신학을 강조할 뿐이다.[84]

다. 관상기도에 대한 이은선의 비판

1970년대 미국에서 시작된 관상기도는 한국의 로마카톨릭 안에서뿐만 아니라 개혁교회 안에서도 상당히 수용되고 있다. 그런데 개혁교회가 이러한 관상기도를 수용하는데 상당히 많은 문제점을 안고 있는 것으로 이은선은 보면서 다음과 같이 비판하고 있다.

관상기도는 신비주의에 상당히 경도되어 있을 뿐만 아니라 타종교의

82) Ibid., p. 60.
83) Ibid., p. 60.
84) Ibid., pp. 60–61.

신비주의적인 수도방식과 유사하다. 이들의 기도 방식이 바로 중세의 신
비주의의 대표적인 작품인 무지의 구름과 갈멜수도원의 십자가의 요한에
게 큰 영향을 받고 있어 이들이 신비주의에 경도되어 있다는 것은 분명하
다. 신비주의는 예수 그리스도의 유일성과 성경 말씀을 통로로 하지 않고
신과의 합일을 추구하기 때문에 개혁교회는 이러한 신비주의를 강력하게
배척하고 있다.[85]

이들의 관상기도는 선, 도가, 요가와 같은 수련방식을 사용하는 명상기
도를 하고 있다. 동양의 수련방식이 자신을 비워 무아의 경지에 들어가는
데, 관상기도도 이러한 무아의 경지에서 참된 자아를 깨닫는다고 말한다.
그러므로 관상기도는 방법론적으로는 동방종교의 수도방식과 너무나 유사
하며, 무아의 경지에서 기쁨과 희열과 감격이 넘치는 것은 양자가 유사한
것으로 보인다.[86]

관상기도는 부정의 길을 통해 하나님의 본질에 이르려고 한다. 부정의
길은 지금까지 성경에 계시된 것을 넘어서 하나님의 본질에 이르려는 신
비주의의 방법으로, 우리는 여기서 만나는 하나님이 성경에 계시된 하나
님인지 알 길이 없어진다. 부정의 길은 일체의 언어와 상징을 부정하는
길로, 어떤 언어로도 표현할 수 없는 하나님, 바로 그 하나님과 하나가 되
려는 기도이다. 그러나 우리가 성경이 멈추는 곳에서 멈추는 것이 정상적
인 방법이지 성경의 계시가 보여주지 않는 신비롭고 숨겨진 하나님의 본
질을 인간이 찾아가려는 것은 대단히 위험한 길이다. 더구나 이러한 하나
님과의 만남은 그리스도를 통한 길이 아니라, 그것을 넘어서는 길이다.[87]

신비주의의 가장 큰 문제는 상승의 영성이다. 그들은 일반적으로 정화,
조명, 신과의 합일의 단계로 설명한다. 이러한 상향적 영성에서는 믿음을
강조하는 것이 아니라 하나님의 사랑에 대한 체험을 강조한다. 인간의 자

---

85) 이은선, "세속화 시대의 기독교 영성: 관상 기도에 대한 비판적 고찰을 중심으로", 「성경과
   신학」 제49권, 한국복음주의신학회(2009), p. 86.
86) Ibid., p. 86.
87) Ibid., pp. 86-87.

유의지와 능력에 대한 신뢰에 바탕을 두고 있다. 그리고 그들은 신과의 합일을 이루는 과정에서는 인간의 끝없는 수련과 노력이 필요하다. 여기서는 인간의 자연 상태에서부터의 지속적인 상승을 통한 신과의 합일을 추구한다.[88]

관상기도에서는 그리스도와의 연합이 아니라 신과의 연합을 추구한다. 그러므로 이것은 자신의 내적인 능력을 수양하는 것이고, 이러한 수양의 공로를 통해 신에게 나아가는 것이다. 그러므로 그들은 기도가 공로가 되고, 이러한 공로를 통해 자신의 영적인 등급이 올라가는 것이다. 이러한 등급의 상승은 결국 그를 영적 지도자가 되고, 결국은 성인이 되는 것이다. 그러므로 기도도 하나님의 은혜로 이루어지는 것이 아니라, 자신의 노력을 통한 능력의 획득이 된다. 더구나 관상기도는 성경과 관련성이 분명하지 않다.[89]

3. 관상기도 실행 내용에서의 비평

가. 관상기도의 왜곡된 기도관

관상기도가 가지고 있는 가장 커다란 문제점은 "기도란 무엇인가?"에 대한 성경적이고 개혁신학적인 정의(定義)로부터 멀어진 것이라 할 수 있겠다고 하면서 조남준은 다음과 같이 비판하고 있다.

(1) 기도의 정의에 대한 왜곡

---

88) Ibid., p. 87.
89) Ibid., p. 87.

은혜의 방편으로서 기도의 성경적 정의에 대한 심각한 왜곡이다. 관상기도를 주장하는 사람들은 하나님에 대한 관상과 침묵, 그리고 반복기도를 중시한다. 그들은 기도 속에서 스스로 정적과 침묵을 지킴으로써 하나님의 뜻을 전달받는다는 생각을 하고 있다. 관상기도를 강조하는 사람들 중 일부이기는 하지만 아쉬탕가 요가(Ashtanga yoga)로서의 호흡을 중시하는 것도 바로 이 때문이다. 이들은 기도에서 침묵과 호흡을 통해 하나님의 뜻을 전달받는다고 주장한다.[90]

그러나 「웨스트민스터 신앙고백」(Westminster Confession)은 기도에 대하여 다음과 같이 말한다.

> 기도는 감사와 함께 예배의 특별한 일부분인데, 하나님께서 모든 사람에게 요구하시는 것이며, 받으실 만한 기도는 성자의 이름으로 성령의 도우심을 받아 그 뜻대로 마음으로 경외함과 겸손과 열심과 믿음과 사랑과 인내를 가지고 해야 하며, 소리를 내어서 할 때는 분명한 말로 해야 한다." "기도는 그리스도의 이름으로, 성령의 도우심으로 말미암아 우리의 소원을 하나님께 올리는 것인바, 죄를 자백함과 그의 긍휼을 감사히 인정하면서 하는 것이다.[91]

기독교의 기도는 하나님의 뜻에 따라 성령의 인도로 하는 것이다. 그러므로 기도는 하나님의 말씀에 근거하여 우리의 죄를 깨달아 회개할 뿐만 아니라 하나님의 뜻을 깨달아 실천하고자 하는 하나님과의 인격적인 교제인 것이다.[92]

(2) 침묵에 대한 비성경적 강조

관상기도를 주장하는 사람들은 구약성경뿐 아니라 신약성경에서도 온통 침묵을 강조하고 있다고 주장한다.

---

90) Ibid., p. 48.
91) Ibid., p. 48에서 재인용.
92) Ibid., p. 48.

막스 피카르트(Max Picard)는 다음과 같이 말한다.

> 침묵은 하나님과 인간 그리고 자연이 드러나는 가장 중요한 본질의 하나이며 사라지지 않을 원 현상이다. 태초 이전에 침묵이 있었다. 태초에 천지를 창조한 '말씀'은 침묵에서 나온 '말씀'이다. 침묵은 사랑, 믿음, 죽음, 생명 등과 같은 다른 원(原)현상들과 마찬가지로 본래적으로 자명하게 존재한다. …침묵과 결합하면 인간은 침묵의 원초성뿐 아니라 모든 것의 원초성에 참여하게 된다. 침묵은 항상 인간을 위해서 준비되어 있는 유일한 원현상이다. 다른 어떤 원현상도 침묵처럼 그렇게 어느 순간에나 존재하지 않는다. 그러나 침묵은 어떤 태고의 것처럼 현대세계의 소음 속으로 뛰어나와 있다. 죽은 것으로서가 아니라 살아 있는 태고의 짐승처럼 침묵은 거기 누워 있다.[93]

그들은 침묵(沈默)을 동반하지 않는 기도는 마치 진정한 의미의 기도가 아니거나 매우 낮은 수준의 기도라고 생각한다. 그러나 이러한 주장들은 성경적으로 근거가 매우 희박하다. 침묵이 무의미한 것은 아니지만 그것이 무엇을 위한 침묵인가가 중요하다. 침묵이란 형식이 중요한 것이 아니라, 그 기도의 내용이 중요하다. 그리스도인들도 침묵 속에서 하나님의 말씀을 깊이 묵상하며 그 뜻을 깨닫고 하나님과 인격적인 대화를 할 수 있다. 그러므로 침묵이란 기도의 형식을 지나치게 강조하는 것은 잘못된 것이며, 그 침묵 가운데 하나님의 말씀이 기도를 인도하지 않는다면 그것을 위험한 기도이다.[94]

(3) 기도에서 지성(知性) 활동의 비성경적인 무시

신자의 기도는 인격적인 인간존재로서 인격적인 존재이신 하나님께 지성으로써 드리는 기도이다. 그리하여 기도해야 할 내용은 인간 지성 안에서 구체화 되고 그 내용들은 인격적인 하나님께 구체적인 언어로 아뢰어

---

93) Ibid., p. 49에서 재인용.
94) Ibid., p. 49.

지는 기도의 실천을 강조하였다.[95]

이에 대하여 존 오웬(John Owen)은 다음과 같이 말한다.

> 우리 주 예수 그리스도는 제자들에게 말을 사용하여 기도하라고 가르치실 뿐 아니라 그분 자신도 그렇게 행하시되 우리가 아는 바와 같이 마태복음 26장 39, 42절의 말씀처럼 지속적으로 그리하셨다. 그렇다. 그리스도가 관상이라는 이 가장된 침묵 기도가 아닌 이 기도의 의무에 가장 열렬히 참여하셨을 때 그분은 심한 통곡으로 기도하셨다.[96]

기도로 우리가 하나님께 아뢰지 않을지라도 우리의 구할 바를 다 알고 계시기에 기도의 실천이 불필요한 것이 아닌가 하고 반문하는 자들에게, 존 칼빈(John Calvin)은 다음과 같이 말한다.

> 그러나 이렇게 추측하는 사람들은 주님께서 그의 백성들에게 어떤 목적으로 기도하라고 가르치셨는지 깨닫지 못하고 있다. 왜냐하면 하나님께서 기도하라고 명하시는 것은 그 자신을 위한 것이 아니라 우리를 위한 것이기 때문이다" 라고 말하며 기도해야만 하는 여섯 가지 이유들을 제시한다. '첫째. 우리의 마음이 언제나 하나님을 찾으며 사랑하고 섬기려고 하는 소원으로 불붙게 하기 위해서 그리고 어려운 상황에 처하게 될 때마다 거룩하신 닻이신 하나님에게로 습관적으로 피난을 가기 위함이다. 둘째. 하나님 앞에 내어 놓기 부끄러운 욕망을 우리 마음에 들어오지 못하도록 하고 하나님의 눈앞에 우리의 모든 소원을 내려놓으며 우리의 마음 전부를 쏟아 놓기 위함이다. 셋째. 하나님의 은혜를 참으로 감사하는 마음으로 받을 수 있도록 준비하기 위함이다. 넷째. 우리가 구하고 있었던 것을 얻고 하나님께서 우리의 기도에 응답하셨다는 것을 확신함으로 그의 인자하심을 더욱 묵상하기 위함이다. 다섯째. 기도는 기도를 함으로써 얻었다고 인정되는 것들을 더욱 큰 즐거움으로 받아들이도록 하기 위해서 한다. 마지막으로 기도는 우리의 연약한 정도에 따라서 습관과 경험으로 그의 섭리를 확인하도록 하기 위해서 실천하는 것이다.[97]

95) Ibid., pp. 49-50.
96) Ibid., p. 50에서 재인용.
97) Ibid., p. 50에서 재인용.

성경에서 말하는 기도란, 예수 그리스도에 의해서 성령의 도우심을 통해 영혼의 요구를 간구와 감사로 그분께 알리기 위해 영혼이 하나님께로 다가가는 것이다. 따라서 이 기도에 있어서 우리에게 권고되는 것은 기도의 외적인 요소들과 기도의 내적인 은혜와 효능이다. 전자에는 간절함, 열렬함, 끈질김, 지속적임 그리고 인내가 주로 속한다. 어느 누구도 그의 지성과 이해를 실행하지 않는 의무의 방식으로는 이런 식의 기도를 수행할 수 없다. 만약 이런 기도가 아니라면 그것이 설령 기도처럼 보인다고 해도 그것은 야만적인 광분이거나 야만적인 고집에 불과하다.[98]

(4) 만트라식 실천에 대한 미신적 이해

짧은 단어나 문장을 반복하여 기도하게 하는 만트라(mantra)의 실천에 대한 미신적인 이해의 문제이다. 어떤 짧은 문장이나 기도의 제목, 혹은 예수 그리스도의 이름을 주문을 외우는 것처럼 반복하는 실천이 기도의 능력을 가져오는 것은 아니다. 매번 다른 단어나 문장을 사용한다 할지라도 우리가 마음을 하나님께 모으기만 하면 언제나 그렇게 능력 있는 기도를 드릴 수 있을 것이다.[99]

'진언'(眞言)이라고 불리는 만트라의 실천에 대한 지나친 강조는 성령의 도우심과 하나님의 성품에 대한 신자의 마음 집중에서 나오는 기도의 능력이 아닌, 기계적인 실천 자체에 무슨 신비한 능력이 있는 것 같은 오해를 불러일으킬 수 있다. 이러한 같은 말의 반복은 중언부언하지 말라는 주님의 가르침에 어긋난다. 오히려 성경은 이러한 실천보다는 인격적이고 영적인 기도를 강조하고 있다.[100]

(렘20:12)"의인을 시험하사 그 폐부와 심장을 보시는 만군의 여호와여 나의 사정을 주께 아뢰었사온즉 주께서 그들에게 보복하심을 나에게 보게

---

98) Ibid.), p. 51에서 재인용.
99) 김남준, "관상기도의 신학적 문제점과 목회적 대안", op. cit.
100) 조남준, "개혁주의 성령론에서 본 신비주의 은사론 비판", op. cit., p. 51.

하옵소서"

(5) 기도에서 성령의 조명에 대한 신비주의적 이해

기도에 있어서 성령에 의한 신적 조명(illumination)에 관한 오해이다. 성경적으로 조명(照明)은 하나님의 말씀에 대한 인간의 지식에 성령으로써 이해를 더하는 것이다.[101]

존 오웬(John Owen)은 자신의 책 On the Work of the Holy Spirit in Prayer(기도에 있어서 성령의 역사)에서 지성의 활동이 없는 기도가 단지 야만적인 종교 행위임을 언급하면서, 그런 예로서 플로티누스(Plotinus)의 '엔네아데스'(Enneades)를 비판적으로 언급한다.[102]

> 그러므로 지성은 결코 동요되지 않는다. 그것에는 분노도, 어떤 것에 대한 열망도 없다. 완벽한 정동의 안식이 있다. 이성도, 오감도 활동하지 않는다. 내가 그렇게 말할 수 있다면 그것들은 스스로 움직이지 않는다. 신에 대한 황홀경에 사로잡힌 채 조용히 안식의 상태로 들어간다. 감각에 의해 흔들림도 없다. 본질 속에서 외부 행동에 의한 반사작용도 없이 전적으로 완벽한 안식의 상태로 들어간다.[103]

기도 속에 어찌 신비가 없겠는가? 극적인 하나님의 사랑을 경험하고 영의 신비를 체험하는 일은 고도의 경건함 속에서 이루어지는 영적인 신비(神秘)이고, 그리스도인은 그러한 기도 속에서 눈에 보이는 사물들의 질서를 초월한 영적인 질서를 성경을 통해 이해하게 되는 것이다. 하나님과의 진정한 교제의 기도는 반드시 이러한 신비를 내포하고 있다. 그러나 복음적인 경건은 이 신비로써 지성을 무력화하지는 않는다.[104]

---

101) Ibid., p. 51.
102) Ibid., pp. 51-52.
103) Ibid., p. 52에서 재인용.
104) Ibid., p. 52.

(6) 하나님에 대한 관상에 관한 종교 다원주의적 이해

관상기도에서 강조하는 하나님에 대한 관조의 문제점이다. 관상기도를 주장하는 사람들의 신학적 배경이 되는 신비주의에서는 기도란 신에 대한 관조임을 강조한다. 이것은 곧 향심기도의 관조이기도 하다. 그러나 이러한 신에 대한 관조가 곧 성경적 하나님에 대한 묵상과 일치하지는 않는다. 스스로 그리스도인이었던 토마스 머튼이 불교의 '선'에 대한 이해가 기도를 돕는다고 주장하는 것도 바로 이와 같은 이유 때문이다.[105]

관상기도에서 신에 대한 관조가 성령의 인도하심을 따라 그리스도를 통한 삼위일체 하나님과의 인격적인 교제가 아니라, 신비적인 체험을 통한 신의 본질에 대한 체험을 추구하는 것이라면 기독교의 기도와는 전혀 다른 것이다.[106]

본질적으로 관상기도가 강조하는 심령의 관조(觀照)는 결과적으로 모든 종교를 아우르는 통합적 영성을 지향하고 있다. 관상기도의 실천이 종교다원주의적인 성격을 가지는 것도 바로 이 때문이다. 관상기도의 실천에 있어서 강조되는 심령적인 관조는 통합적 영성을 지향하는데 이러한 통합적 영성은 세계에 존재하는 모든 종교 가운데 있는 영적인 공통분모로서의 영성을 가리키기 때문에 아무런 갈등 없이 종교다원주의를 수용할 수 있게 만들어 준다. 이러한 종교다원주의는 로마카톨릭에 의해 제2차 바티칸공의회 이후 신학적 전환을 통하여 폭넓게 받아들여지게 되었고, 불교를 비롯한 이교들도 이러한 통합적 영성을 저항 없이 적극적으로 수용하고 있다.[107]

요약하자면, 개혁교회는 현대에 들어 절대적인 가치 기준을 거부하는 시대의 정신과 영합하고 체계적인 교리교육(敎理敎育)을 멀리함으로써 관상

---

105) Ibid., pp. 52-53.
106) Ibid., p. 53.
107) Ibid., p. 53.

기도 운동과 같은 종교 다원주의적 종교 실천에 대해 무저항적인 상태가 되었다. 각종 신비주의와 관상기도에서 부르짖는 종교 다원주의적 주장들이 현실적으로 힘을 얻고 있는 것은 그들이 내세우는 평화주의 때문이다.[108]

나. 관상기도에서의 특정 단어 중얼거리기

관상기도를 가르치는 사람들은 관상을 위한 다양한 기법들을 소개하고 있다. 그중의 한 가지가 특정한 낱말이나 어구를 반복적으로 되뇌이는 것이다. 머튼, 키팅, 페닝턴, 포스터 등은 관상기도 중에 "예수", "주님", "아버지", "친구", 또는 예수의 기도 등의 낱말이나 어구를 반복적으로 중얼거리라고 가르친다. 그러나 하나님께서는 우리에게 기도할 때에 이교도들처럼 헛된 말을 되풀이하지 말라고 하셨다(마6:7).[109]

성경에는 이교도들이 무의미하게 주문 외우듯이 특정 어구만 되풀이하여 중얼거리는 모습들이 잘 묘사되어 있다. 바알 추종자들은 아침부터 저녁까지 "오 바알이여, 우리 말을 들으소서"라는 구절만 계속 되풀이하였다(왕상18:26). 다이아나 여신을 섬기는 자들은 두 시간 동안 "위대하시도다. 에베소 사람들의 다이아나여"라는 말만 반복하였다(행19:34).[110]

그러면 하나님의 사람 엘리야는 어떻게 기도했을까요? 로마카톨릭의 관상기도자들처럼 "주여, 주여, 주여~" 하거나, "주여 불쌍히 여기소서, 주여 불쌍히 여기소서, 주여 불쌍히 여기소서"라는 식의 의미 없는 말만 되풀이했을까? 그러나 성경에는 엘리야가 정상적인 이성과 지각을 가지고, 침묵이 아닌 언어적 표현을 사용하여 하나님 앞에서 구체적인 내용으로 기도하고 있다(왕상18:36~40).[111]

따라서 로마카톨릭의 관상기도 수행자들이 입버릇처럼 반복적으로 중

---

108) Ibid., p. 53.
109) 일맥, "관상(觀想) 기도(Contemplative Prayer)", op. cit.
110) Ibid.
111) "관상(觀想) 기도(Contemplative Prayer)", http://cafe.daum.net/kcmc91/N9HL/3

얼거리는 "예수, 주님, 친구" 등의 낱말은 인격적으로 주님을 부르고, 그분과 소통하기 위한 것이 아니다. 그들의 표현을 빌자면, "그것이(그 낱말들이) 걱정들, 기억들, 생각 등 당신의 내부 세계와 상호적용하게 허락하면서 그것을 외워서 자신에게 천천히 반복하라. 이처럼 특정 단어를 자꾸 반복적으로 되뇌이면 우리가 우리의 평범한 의식을 넘어서 무한자에게로 가게 될 것이다."라고 한다. 이는 관상기도에서 이런 단어 중얼거리기가 일종의 자기최면을 유도하는 주문으로 사용되고 있다고 볼 수 있다.[112]

힌두교의 명상 수행이나 뉴에이지 명상에서는 명상가에게 '만트라'(진언 주문)라고 불리는 어떤 한 낱말을 주고 수행 중에 그것을 되풀이하도록 한다. 이것은 흔히 어느 신의 이름이거나, "나는 그것이다", "나는 존재한다" 등을 의미하는 짧은 구절로, 반복적인 되뇜을 통해 사람으로 하여금 무아지경에 빠지게 만든다. 따라서 관상기도에서 사용하는 '특정 단어 중얼거리기' 수행법은 바로 이와 같은 자기최면, 동양종교의 수행법, 뉴에이지 사상의 가르침에서 비롯된 것이지 결코 하나님의 말씀에서 나온 것이 아니다.[113]

다. 관상(觀想)에서의 시각화 기법

관상이란 단어는 문자적으로 풀이하자면 "마음 속에 떠오르는 어떤 상념이나 이미지를 보는 것"을 말한다. 그런데 관상 수행자들은 무지와 공허와 흑암 가운데서 뭔가를 보려고 하고, 만나려고 한다. 그래서 관상기도를 가르치는 자들은 관상을 할 때에는 어떤 이미지를 떠올리는 시각화 기법을 사용하라고 가르친다.[114]

예를 들어 관상기도 인도자가 "지금부터 예수님과 함께 골고다 언덕을 올라가겠습니다. 언덕이 가파릅니다. 저 멀리 강도들이 달린 십자가가 보

---

112) 일맥, "관상(觀想) 기도(Contemplative Prayer)", op. cit.
113) Ibid.
114) Ibid.

입니다"라고 말하면, 참가자들은 모두 눈을 감고 그 장면을 머릿속으로 그리며, 주변의 풍경도 상상하며, 군중들의 소리가 들리는 것처럼 느끼려고 해야 한다는 것이다. 이는 마치 최면술사가 피시술자에게 "당신은 꽃밭에 있습니다. 꽃이 아름답지요? 이제 당신은 나비가 되었습니다. 자유롭게 하늘하늘 날아갑니다. 당신이 좋아하는 꽃에 내려앉았습니다. 당신은 지금 달콤한 꿀을 빨고 있습니다." 등과 같은 암시를 주어서 최면에 빠뜨리는 것과 유사하다.[115]

이처럼 관상기도는 이성의 통제나 건전한 비판력을 상실한 사람들이 인도자가 던지는 시각적 묘사나 암시에 의해 집단 최면에 걸려서 헛된 것을 보고 듣고 느끼며 가상의 어떤 영적인 체험을 하게 만든다. 그러면 그러한 자기 암시 상태에서 자기 머릿속에 떠오르는 생각과 이미지가 과연 주의 음성이라고 할 수 있을까? 그것은 자기 속에 있는 인간적인 욕심과 망상이 사탄의 자극에 의해 표출된 것에 불과하다고 본다. 또한, 관상기도 수행자들은 관상(시각화)을 통해 이미 죽은 자들과 교류하는 것을 가르치기도 하며, 자기가 원하는 어떤 결과를 얻고자 한다면 그것을 시각화시켜서 상상하라고 가르친다.[116]

"성경책과 노트를 내려놓고, 두 눈을 감고 여러분의 마음속의 모든 생각을 비우십시오. 이제 당신이 산에 있는 아름답고 평화로운 목장에 있다고 상상하십시오. 아름다운 푸른 풀과 노란 꽃이 보입니까? 가장 아름다운 곳으로 가서 원하는 것을 보십시오. 예수께서 숲을 지나 당신의 목장으로 걸어오는 것이 보입니까? 당신을 향한 그의 사랑을 느끼십시오. 평안을 느끼십시오. 그분의 눈을 바라보고 그가 당신에게 가진 사랑을 보십시오."[117]

여기에서 등장인물만 예수로 했을 뿐 실상 관상 수행자들이나 오컬트주의자들의 관상(시각화) 기법, 뉴에이지 사상가들이 말하는 '생각의 힘'과

---

115) Ibid.
116) Ibid.
117) Ibid.

같은 사상을 담고 있다. 그들은 사람이 자기에게 이루어지기를 원하는 어떤 모습을 관상하면, "말하는 대로, 생각하는 대로 이루어진다"라고 한다. 이는 인간이 위대한 존재이며, 인간의 상상에 창조적 능력이 있으며, 상황을 바꾸고 문제를 해결하는 힘이 있다는 뉴에이지 사상에 뿌리를 둔 것으로서, 초월 심리학이나 신경-언어 프로그래밍(Neuro-Linguistic Programming) 이론 등을 기초로 하고 있다.[118]

라. 관상에 이르는 길에 대한 비평

(1) 수동적인 관상에 대한 비평

주부적 관상으로도 불려지는 수동적인 관상은 일체의 상상이나 이미지가 멈춘 순수한 어두움의 상태에서 하나님과 일치 경험을 하는 것이다. 관상 경험에 이르기 위해서는 일체의 상상력이나 이미지를 끊임없이 제거하여 감각의 어두움과 영의 어두움에 이르러야 한다. 모든 피조물과 인간의 개념 속에서 유추할 수 있는 모든 이미지나 속성들을 하나씩 하나씩 부정해가는 영적 여정을 가게 될 때에 결국 인간의 모든 개념이나 언어는 잠을 자게 되고 깊은 침묵의 심연으로 들어가게 된다. 이 상태가 순전한 영의 세계로서 하나님과 일치의 경험을 이루게 된다는 것이다.[119]

빛이요 진리이신 하나님을 이성도 자아도 판단력도 없는 '순수한 어둠의 상태'에서 만나라고 하는 것이 로마카톨릭 등에서 진행하는 관상기도의 가르침이다. 또한, 이를 위해서는 감각의 어두움과 영의 어두움에 이르러야 한다고 한다. 그러나 이 가르침대로 사람이 이성과 판단력을 잃고 영적인 무지와 혼돈과 흑암 속에 있으면 누구를 만나게 될까? 그것은 그 속에서 하나님을 만나는 것이 아니라 어둠의 권세를 잡은 마귀를 만날 수

---
118) Ibid.
119) Ibid.

있다는 비판을 받을 수 있다.[120]

성경은 증거하고 있는 것은 하나님은 빛이시며 그분 안에는 전혀 어둠이 없다고 하고 있다(요일1:5; 약1:17). 반면에 마귀와 악한 영적 세력들은 어둠에 속해 있다고 하고 있다(엡6:12; 벧후2:4; 유1:6).[121]

자기 지위를 지키지 아니하고 자기 처소를 떠난 천사들을 큰 날의 심판까지 영원한 결박으로 흑암에 갇혔던 것처럼(유1:6) 우리도 그리스도인들도 예수님을 믿고 구원받기 전에는 한 때 어둠에 속해 있었다(엡5:8). 그러나 세상의 빛으로 오신 우리의 주 예수님을 믿음으로(요8:12, 요12:46) 말미암아 어둠에서 빛 가운데 들어가게 되었다(벧전2:9).

하나님은 사람들을 빛 가운데로 부르시지만, 마귀는 사람들에게 복음의 빛이 비치지 않도록 가로막는다(고후4:4). 이제 하나님께서 사람에게 주신 분별력인 이성과 지각을 버리라고 가르치고 인도하는 관상기도는 성경의 가르침과는 정면으로 배치된다(렘5:21; 롬1:21; 엡4:18). 관상기도는 하나님을 인격적으로 만나는 방법이 아니라 사람들을 어둠의 세력들에게로 넘겨주는 수단이기 때문이다.[122]

(2) 긍정적인 관상에 대한 비평

'습득적 관상(注賦的 觀相)', '획득적 관상' 등으로 불려지기도 하는 긍정적 관상기도는 상상력이나 갖가지 이미지가 관상적인 체험에 이르는 매개체가 된다는 것이다. 가장 하찮은 피조물로부터 가장 고상한 하나님의 속성을 단계적으로 관상해 가면서 하나님과의 만남을 추구하는 영적 여정의 패턴을 말한다. 여기에서는 상상력이나 이미지를 관상적 체험에 이르는 매개물로 삼는다. 그러나 성경은 하나님께 기도하기 위해서 어떤 이미지들(형상들)을 사용하라고 하지 않으셨다. 주께서는 형상들을 만들지 말

---

120) Ibid.
121) Ibid.
122) Ibid.

고 그것들을 깨뜨리라고 하셨다. 형상을 만들고 섬기기 위해 십계명의 제
2계명을 바꾸어버린 로마카톨릭의 사상을 받아들이는 자체만으로도 우상
숭배하는 것이다(출20:4, 34:13).[123]

로마카톨릭에서는 사람들이 하나님의 말씀인 성경을 갖거나 그것을 읽
고 해석하는 것을 금하기도 했었다. 그 대신 십자가나 마리아상이나 묵주,
성당 벽화 같은 이미지를 통해서 하나님을 상상하도록 했다. 사람들이 진
리의 말씀을 통해 하나님을 만나는 것을 금하고, 이미지들(형상들)을 통해
서 하나님을 만나라고 하는 로마카톨릭의 가르침이 관상기도에서도 그대
로 이어진 것을 볼 수 있다. 또 그들의 십자가에는 아직 부활하지 못한
예수님을 매달아 놓고 있다.[124]

하나님께서는 어떤 형상도 만들지 말고, 그것들을 깨뜨리라고 했다. 이
처럼 형상들을 매개물로 해서 하나님을 만나라는 가르침은 로마카톨릭처
럼 우상을 숭배하라는 이야기가 될 수 있다. 그러나 진리의 성경 말씀에
비추어 볼 때 이것은 결코 주 하나님께서 원하시는 일이 아니다. 오히려
이것은 주의 진노를 받게 될 가증스러운 죄악이 될 수 있다.[125]

(3) 관상기도의 방법 비평

아래는 관상기도의 한 방법이다.

먼저 정신을 집중할 수 있는 조용하고 편안한 장소를 선택한다. 그리고
적당한 운동으로 굳은 몸을 풀어준다. 그리고 편한 자세로 앉는다. 어깨에
힘을 빼고 허리를 곧게 펴고 손은 가볍게 무릎 위에 가볍게 올려놓는다.
대기 중의 공기를 하나님의 사랑으로 생각한다. 그리고 호흡의 리듬을 느
리게 조정한다. 숨을 들이마시고 내뿜는 비율을 약 1:2로 하는 것이 좋다.
이렇게 하는 동안 내적으로는 마음의 자리에 초점을 맞춘다. 이러한 자세

---

123) Ibid.
124) Ibid.
125) Ibid.

에서 마음과 정신이 연결될 때 기도자는 예수의 이름을 부르기 시작한다. 즉 "주여" 또는 "하나님의 아들 주 예수여 나를 불쌍히 여기소서"를 부른다.[126]

임현원의 증언에 의하면 한국에서 진행하는 관상기도에서 "들숨에 하나님과 성령을 마시고 날숨에 죄악을 몰아낸다"고 한다. 이때 "우선 자세를 반듯하게 하고 눈을 감은 상태에서 숨(호흡)기도의 방법은 이런 것"이다 라고 하며 "들숨(흡吸, 숨을 들이마심)에서는 하나님과 성령을 받아들인다고 생각하며 하나님과 성령을 인지하고, 날숨(호呼, 숨을 내쉼)에서는 내 속의 죄악을 몰아낸다고 생각하라"는 것이다.[127] 그러나 이러한 관상기도에 대하여 임현원은 건전한 신앙의 정신에서 비롯된 것이 아니라고 비판하고 있다.[128] 이는 동양종교 기(氣) 운동에 하나님과 죄만을 대입한 것으로 보고 있다. 또한, 한국의 개혁교회가 여기저기에서 실행하는 관상기도에는 동양종교 기(氣) 운동의 기(氣)에 거룩하신 하나님과 죄만 대입을 시키는 것이 다를 뿐, 나머지는 동양종교의 기(氣) 운동인 단학의 선(禪)과 다를 것이 없다고 보고 있다. 따라서 관상가들은 하나님을 신(神 / 인격)으로 생각지 않고, 기(氣)의 수준으로 보는 것은 성령 하나님을 에너지(기, 氣)로 약화를 시키는 신성을 모독하는 것으로서 관상기도가 허구적이며 비성경적 자기 고백의 수준이라는 지적을 하고 있다.[129]

성경에서 예수님이 "성령을 받으라!" 하신 것은 성자 하나님이 성령 하나님을 파송하시기 때문에 "성령을 받으라!"이다. 그러나 우리 인간이 하나님께 기도하는 입장에서 어떻게 하나님과 성령을 들숨 중에 내가 조종하여 받아들이겠다는 숨 놀이(숨기도)를 감히 할 수 있을까? 그렇기 때문에 "성령을 받으라!"라는 것을 좌지우지하겠다는 것은 매우 비성경적인 것임을 지적받고 있다.[130]

---

126) Ibid.
127) 임현원, "관상기도의 드러난 실체, 위험천만!", 「아멘넷」, 2007. 5. 7.
128) Ibid.
129) Ibid.
130) Ibid.

이러한 관상기도의 방법은 단전호흡, 뇌호흡, 인도의 요가 명상, 불교의 참선, 마인드 콘트롤 수행에서 사용하는 이교 의식이지 성경 말씀에 기초한 것이 아니다. 성경 어디에도 "대기 중의 공기가 하나님의 사랑"이라고 생각하고 호흡 수련을 하라는 가르침은 없다. 그러나 관상기도에서는 들숨을 들이마시면서 하나님과 성령님을 들이마시고, 숨을 내쉬면서 죄악을 내뱉으라고 한다. 이것은 본래 내공수련 방법 중 호흡수련(조식, 調息) 방법이다. 맑은 기를 들이마시고 탁한 기를 배출한다는 호흡방법에서 들숨과 날숨 대신에 하나님과 죄악을 대입한 것이다.[131]

볼스트는 관상기도의 방법 소개하면서 다음과 같이 말하고 있다.

"첫째, 천천히 깊이 규칙적으로 숨을 쉼으로써 내가 숨을 들이쉴 때, 나는 그분의 사랑하시는 현존을 들이마신다. 1초나 2초 동안 숨을 들이마신 채로 머문 후에, 나는 숨을 천천히 완전히 내어 쉬면서 그분이 아닌 모든 것은 전부 몰아내 보낸다. 나는 나의 모든 시간을 이런 식으로 보낼 수 있다. 둘째, 나의 숨 쉬는 리듬에 맞추어 나는 그분의 이름을 부른다. 그분의 이름을 반복해서 부른다. 나는 숨을 들이쉬는 동안에 '예수님'의 이름(또는 '아빠', 나의 아버지)을 3번 반복해서 부르고, 숨을 내쉴 때에도 3번 반복해서 부른다."[132]

볼스트의 이런 표현은 관상기도가 얼마나 신과의 합일이라는 생각과 밀접히 관련되어 있는지를 잘 알 수 있게 하는 것이다. 그것을 위해 관상은 주입적인 것이고 그 상태에서 우리는 순전히 수동적이라고 하면서도 그에 이르기 위해 인간이 노력해야 함을 강조하는 것에서 관상기도에서도 기본적인 신인협력주의의 특성을 드러내는 것이다.[133]

---

131) 일맥, "관상(觀想) 기도(Contemplative Prayer)", op. cit.
132) 이승구, "합신측 96회 총회 '관상기도 운동' 연구보고서", 교회와신앙」, 2011. 10. 28에서 재인용.
133) Ibid.

제12장 관상기도의 대처방안

관상기도가 성경적이고 복음주의적인 기도방법이 아니라는 것이 아주 분명하다고 말하는 이승구는 우리나라 안에 이런 관상기도가 있지 않도록 하기 위한 실천적인 제안을 다음과 같이 하고 있다.[1]

첫째로, 우리가 참으로 성경적이고 참으로 하나님과 교제하는 기도에 힘써야 한다. 성경이 말하는 참된 기도는 결국 그리스도의 십자가 구속에만 의존하여 성령님의 감화 안에서 삼위일체 하나님과 교제하는 것이다. 그런 기도만이 참된 기도라는 것이 분명해지고, 우리가 참으로 그런 기도를 하면 십자가에만 의존하지 않는 반펠라기우스주의적 기도의 습관이 우리에게 있을 수 없을 것이고, 다른 종교 안에도 특별 은총적 성령의 역사가 있다는 식으로 논의하는 그런 관상이 우리에게 전혀 접근할 수 없게 될 것이다. 우리에게 삼위일체 하나님과 함께 교제하는 진정한 기도가 없고, 성경이 말하는 삼위일체적인 기도를 잘 모르기에 다른 사상적 배경을 지닌 관상기도가 우리들에게 쉽게 침투해 오는 것이다. 다시 강조하지만 그리스도의 십자가 구속에만 근거해서 성령님의 감화 가운데서 삼위일체 하나님과 교제하는 기도에 힘써야만 관상기도를 비롯한 잘못된 운동을 극복할 수 있는 것이다. 성도들이 기도하지 않으면 이와 같은 이상한 기도 운동이 일어나게 되는 것이다.

둘째로, 관상기도의 주장자들이 말하는 성경 구절들(계1:7, 계3:20; 시

---

1) 이승구, "합신측 96회 총회 '관상기도 운동' 연구보고서", 교회와신앙」, 2011. 10. 28

145:5, 시19:14, 시46:10, 시116:9; 마5:8 등)이 관상기도 주장자들이 말하는 대로 이용되지 않도록 그 본문들의 진정한 의미를 잘 주해하고 생각하며 참으로 하나님 앞에서 가만히 있어야만 한다(시46:10 참조). 그것이 관상 기도 주창자들이 말하는 대로 하나님을 바라보는 "관상"이 아니라는 것을 잘 알아야만 한다. 관상기도를 소개하는 논문을 쓴 오방식은 "성경 안에 관상으로 번역되는 단어는 없다. 관상의 성경적 근거를 제시하기 위하여 본문의 본래적 의미를 무시하고 성경 구절을 인용하는 것은 경계할 필요가 있다"고 바르게 지적한다. 거의 모든 잘못된 운동이 그리하듯이 관상기도도 성경 구절들을 잘못 해석하고 오용하는 방법으로 성도들을 유혹하는 것이다. 그러므로 말씀을 가르치면 선포하는 책임을 맡은 분들은 성경을 정확히 주해하여 그 의미를 밝히 드러내어 주고, 성도들은 항상 성령님 앞에서 깨어 있는 자세로 설교와 강의를 들어서 가장 성경적인 방식에로 나아가도록 힘써야만 한다. 우리들은 언제나 성경의 가르침에 근거하여 기도에 대해서 배우고 그런 성경적 기도를 하려고 해야 할 것이다.

셋째로, 어떤 것이든지 그 근원적 사상을 파악하는 것에 힘써야 한다. 유행하는 것을 그대로 따르지 말고, 모든 것을 근원부터 미루어 자세히 살피는 태도가 누가에게만 필요한 것이 아니라 모든 그리스도인들에게 요구되는 것이다. 관상기도는 근원적으로 반펠라기우스주의적인 사상에 근거해 있고, 또한 신비주의적인 것임을 알고, 더구나 최근의 유행하는 형태의 관상기도는 뉴에이지적인 영성과도 깊은 연관을 지니고 있음을 잘 파악하고 나면 정상적인 그리스도인 중에 이런 방향을 향해 나아 갈 사람은 없을 것이다. 그 근원을 잘 모를 때 이런 잘못된 운동에 편승하는 일들이 나타나게 된다. 모든 그리스도인들이 모든 것의 사상적 근거를 추적해 나가는 일을 한다면 관상기도를 비롯한 모든 잘못된 유행이 우리에게 유행할 수 없게 되는 것이다.

칼빈은 기도의 목적은 하나님과 교통하는 것이라고 했다. 하나님과의 교통을 통해 우리는 이 세상과 우리를 향한 하나님의 뜻을 깨닫게 된다. 우리는 예수 그리스도와의 연합을 통해서 그리스도의 의를 전가 받는다.

예수 그리스도로 인하여 의롭게 된 우리들의 과제는 거룩한 삶을 살아가는 것이다. 칭의는 우리가 거룩한 삶을 살아가는 출발점이다. 하나님께서는 우리가 거룩한 삶을 살아가기 위해 말씀과 성례 그리고 기도를 허락해 주셨다. 따라서 오늘날 한국교회에 필요한 것은 출처가 불분명한 관상을 실천하는 것이 아니라 하나님께서 이미 우리들에게 은혜의 방편으로 주신 말씀과 성례와 기도를 회복하는 것이다.[2]

성경은 우리들에게 분명히 가르쳐 주고 있다.

(고후6:14~16)"(14)너희는 믿지 않는 자와 멍에를 함께 메지 말라 의와 불법이 어찌 함께 하며 빛과 어둠이 어찌 사귀며 (15)그리스도와 벨리알이 어찌 조화되며 믿는 자와 믿지 않는 자가 어찌 상관하며 (16)하나님의 성전과 우상이 어찌 일치가 되리요 우리는 살아 계신 하나님의 성전이라"

하나님의 성전을 하나님이 아닌 다른 것이 들어오도록 미혹하는 이러한 정체를 영적 분별력을 가지고 대처할 수 있어야 한다. 이교적이고 다원주의적인 관상기도와 같은 신비적인 것으로 신인합일(神人合一)을 할 수 있다는 이러한 달콤한 속삭임에 넘어가지 말아야 한다. 그러나 오늘에 이 시대에도 광명의 천사로 다가와 "너희가 그것을 먹는 날에는 너희 눈이 밝아져 하나님과 같이 되어 선악을 알 줄 하나님이 아심이니라"(창3:5)고 하며 하나님이 될 수 있다고 속삭이고 있다. 이러한 달콤한 속삭임에 넘어가 피조물이 하나님처럼 되려다가 접신을 당할까 염려가 된다.

이제 주께서 모든 그리스도인에게 주시는 다음의 경고의 메시지를 들어야 한다.

(마12:45)"이에 가서 저보다 더 악한 귀신 일곱을 데리고 들어가서 거하니 그 사람의 나중 형편이 전보다 더욱 심하게 되느니라 이 악한 세대가 또한 이렇게 되리라"

이제 바른 경건의 훈련을 통해 잃어버린 하나님의 형상을 회복해 나가는 복된 그리스도인들이 되기를 간절히 소망한다.

---

2) 라영환, "개혁신학적 입장에서 바라본 관상기도", -「한국교회사학회지」 21권, 한국교회사학회, 2007. p. 39.

참고문헌

단행본

강경호. 「바로알자! 요가(YOGA)의 정체」. 경기: 한사랑가족상담연구소, 2017.

고려 수도원. 「관상수도회」. 서울: 수도원교회, 2007.

길희성. 「마이스터 엑카르트의 영성 사상」. 왜관: 분도출판사, 2019.

김광률. 「영성훈련의 실체」. 서울: 대한예수교장로회총회출판국, 1992.

김덕겸. 「하나님과의 친밀한 교제 관상기도」. 서울: 은혜출판사, 2007.

김보록. 「기도하는 삶」. 광주: 생활성서사, 2001.

김수천. 「침묵기도의 삶」. 서울: 두란노출판사, 2013.

김정호. 「마음챙김 명상 멘토링」. 서울: 불광출판사, 2011.

류기종. 「기독교 영성」. 서울: 열림, 1994.

박노권. 「렉시오 디비나를 통한 영성훈련」. 서울: 한들출판사, 2008.

박노열. 「관상기도 개론」. 서울: 도서출판 나뮈, 2013.

_____. 「관상기도」. 서울: 한울사, 2006.

_____. 「누구나 할 수 있는 관상기도」. 서울: 나뮈, 2009.

박은규. 「기도의 신학과 생활」. 서울: 기독교서회, 1999.

방효익. 「관상과 사적계시」. 서울: 가톨릭출판사, 2006.

_____. 「영성사」. 서울: 바오로딸, 1996.

엄두섭. 「영성의 새벽」. 서울: 은성, 1989.

_____. 「영풍」. 서울: 은성, 1989.

엄무광. 「관상기도의 이해와 실제」. 서울: 성바오로, 2002.

_____. 「향심기도」. 서울: 성바오르출판사, 1998.

오성춘. 「영성과 목회」. 서울: 장로회신학대학출판부, 1989.

원문호. 「관상기도 레노바레의 정체성」. 서울: 국제진리수호연구소, 2010.

유해룡. 「하나님 체험과 영성수련」. 서울: 장로회신학대학교출판부, 1999.

_____. 「영성의 발자취」. 서울: 장로회신학대학교, 2011.

이만홍. 「영성치유」. 서울: 한국영성치유연구소, 2006.

이성주. 「영성신학」. 서울: 문서선교성지원, 1998.

이세영·이창영. 「향심기도 수련」. 경북: 분도출판사, 2008.

이희승. 「국어대사전」. 서울: 民衆書林, 2009.

임창복. 「기독교 영성교육」. 서울: 한국기독교교육교역연구원, 2006.

張三植. 「實用大玉篇」. (서울: 敎學社, 1999). p. 116.

전성주. 「영성과 사회성」. 파주: 한국학술정보, 2008.

정대식. 「기도와 삶」. 서울: 가톨릭출판사, 1994.

_____. 「영성생활」. 서울: 크리스찬출판사, 1987.

정영식. 「영성적 삶으로의 초대」. 서울: 국해원, 1996.

정태흥. 「고신의 변질 관상기도」. 경남: RPTMINISTRIES, 2021.

최일도·김연수. 「영성 수련의 실체(Ⅰ)」. 서울: 도서출판 나눔사, 1991.

한국천주교주교회의 교리교육위원회(편). 「가톨릭교회 교리서(Catechismus Catholicae Ecclesiae)」. 서울: 한국천주교중앙협의회, 2011.

허성준. 「수도 전통에 따른 렉시오 디비나」. 칠곡: 분도출판사, 2006.

홍성주. 「내 영성을 살리는 관상기도」. 서울: 신앙과 지성사, 2012.

닛싸의 그레고리. 「모세의 생애」. 고진옥 역. 서울: 은성, 1993.

리차드 포스터. 「생수의 강」. 박조앤 역. 서울: 도서출판 두란노, 1999.

_____. 「기도」. 송준인 역. 서울: 도서출판 두란도, 2000.

버나드 맥긴 외 공저. 「기독교 영성 Ⅰ」. 유해룡외 공역. 서울: 은성출판사, 1997.

브래들리 홀트. 「기독교 영성사」. 엄성옥 역. 서울: 은성, 1994.

세바스티안 브로크. 「시리아교부들의 영성」. 이형호 역. 서울: 은성, 2003.

십자가의 성 요한. 「갈멜의 산길」. 최민순 역. 서울: 바오로 딸, 1983.

_____. 「어둔밤」. 최민순 역. 서울: 바오로딸, 2002.

십자가의 요한. 「까르멜의 산길」. 최민순 역. 서울: 성 바오로출판사, 1988.

아돌프 땅끄레. 「수덕·신비 신학5」. 정대식 역. 서울: 가톨릭 크리스챤, 2000.

아우구스티누스. 「참된 종교」. 성염 역. 왜관: 분도출판사, 1989.

앤드루 라우스. 「서양 신비사상의 기원」. 배성옥 역. 왜관: 분도출판사, 2001.

엔소니 드 멜로. 「하느님께 나아가는 길」. 이미림 역. 서울: 성바오로, 2002.

엔조 비앙키. 「말씀에서 샘솟는 기도」. 이연학 역. 서울: 분도출판사, 2005.

윌리엄 A. 메닝거.「사랑의 탐색」. 성찬성 역. 서울: 바오로딸, 2003.

짐 보스트. 「관상」. 박금옥 역. 서울: 성 바오로출판사, 2000.

클리프턴 월터스.「무지의 구름」. 성찬성 역. 서울: 바오로딸, 2004.

텔마 홀. 「깊이 깊이 말씀 속으로」. 차덕희 역. 서울: 성서와 함께, 2001.

티모시 웨어. 「예수 이름의 능력」. 한국 정교회 역. 서울: 성요셉출판사, 1985.

Ann & Barry Ulanov. Primary Speech. 「기도의 심리학」. 박선규 역. (서울: 은성, 2002.

Bernard McGinn. The Foundations of Mysticism: Origin to the Fifth Century. 「서방 기독교 신비주의의 역사」. 방성규·엄성옥 공역. 서울: 은성출판사, 2000.

Catholicae Ecclesiae)」. (서울: 한국천주교중앙협의회, 2011). 2708항.

John Macquarrie. Paths in Spirituality. 「영성에의 길」. 장기천 역. 서울: 전망사, 1986.

Jordan Aumann. Spiritual Theology.「영성신학」. 이홍근 역. 경북칠곡: 분도출판사, 2003.

Jorseph Glynn. 「영혼한 신비가」. 차순향 역. 서울: 카톨릭출판사, 1991.

Richard Foster. 「Celebration of Discipline. 20th Anniversary Edition」. San Francisco: Harper San Francisco, 1998.

Richard J. Foster. Prayer by Richard J. Foster. 「리처드 포스터 기도」. 송준인 역. 서울: 도서출판 두란노, 1997.

Richard J. Foster. Prayer. 「기도」. 송준인 역. 서울: 도서출판 두란노, 1995.

Robert Faricy. Rucy Runy. The Contemplative Way of Prayer. 「관상기도법」. 이선비 역. 서울: 성요셉, 1994.

Thomas Keating. Intimacy with God. 엄무광 역. 「하느님과의 친밀」. 서울: 성바오로, 1998.

_____. Invitation to Love: The Way of Christian Contemplation. 「관상기도를 통해 하나님께 나아가는 길」. 염무광 역. 서울: 가톨릭출판사, 1999.

_____. Open mind Open Heart. 「마음을 열고 가슴을 열고」. 엄무광 역. 서울: 카톨릭출판사, 2003.

_____. OPEN MIND OPEN HEART. 권희순 역. 「센터링 침묵기도」. 서울: 가톨릭출판사, 2009.

Thomas Merton. 「고독 속의 명상」. 장은명 역. 서울: 성바오로출판사, 1998.

_____. 「명상이란 무엇인가?」. 오무수 역. 서울: 가톨릭출판사, 1998.

_____. 「장자의 길」. 황남주 역. 서울: 고려미디어, 1991.

_____. 「칠층산」. 정진석 역. 서울: 바오로딸, 1998.

_____. 「침묵 속의 하느님을 찾는 사람들」. 오무수 역. 왜관: 분도출판사, 2002.

_____. Mystics and Zen Master. 「동서 관상」. 김택준 역. 서울: 성바오로출판사, 1978.

_____. New Seeds of Contemplation. 「새 명상의 씨」. 오지영 역. 서울: 가톨릭출판사, 2002.

_____. Seeds of contemplation. 「명상의 씨」. 조철웅 역. 서울: 가톨릭출판사, 1961.

_____. The climate of monastic prayer. 「마음의 기도」. 이영식 역. 서울: 바오로출판사, 1988.

_____. Spiritual Direction & Meditation. Minnesota. 「영적 지도와 묵상」. 김규돈 역. 서울: 성바오로출판사, 1998.

잡지 신문

고진석. "에바그리우스 폰티쿠스에게 배우는 수행의 지혜". 「가톨릭뉴스 지금여기」. 2012. 9. 20.

김남준. "관상기도의 신학적 문제점과 목회적 대안". 「교회와신앙」. 2011. 11. 2.

김종환. "초인성적 변화를 통한 치유와 성장의 경험". 「월간목회」. 2008년 3월호.

김진영. "'관상(觀想)기도'는 개혁주의 전통에 충실한가". 「크리스천투데이」. 2010. 9. 8.

_____. "이동원 목사 "관상기도 세미나 하지 않겠다"". 「크리스천투데이」. 2011. 7. 6.

김환영, "[김환영의 종교 이야기(9)] 구원의 여명 밝힌 '미 국민의 대표자' 토마스 머튼", 「월간중앙」, 2017년 1월호, 2016. 12. 17.

라영환. "개혁주의 신학적 입장에서 본 관상 기도". 「교회와신앙」. 2011. 11. 6.

류언근. "신학적 입장에서 본 뉴에이지(Newage)". 「교회와 이단」. 2010년 1월호.

문일수. "문일수의 붓다와 뇌과학". 「법보신문」. 2023. 6. 19.

민경화, "토마스 머튼의 수행과 만남", 「가톨릭신문」, 2021. 5. 2.

박관수. "성경이 가르치는 말씀묵상은 주야로 읊조리는 것이다!". 「코람데오닷컴」. 2021. 7. 22.

안점식. "기독교에 침투하는 동양신비주의의 명상법을 해부한다.". 「현대종교」. 1997년 7월호.

이동희. "잘못된 '관상기도' 안에 '불교와 힌두교' 있다". 「데일리굿뉴스」. 2009. 11. 5.

이민재. "변형의 미학, 관상기도". 「기독교사상」 제51호.(2007. 3.).

이사야. "'관상기도 확산을 막아라'… 합동 개혁주의 신학대회에서 신학자들 강경한 입장 전달". 「국민일보」. 2011. 7. 12.

이승구. "합신측 96회 총회 '관상기도 운동' 연구보고서". 교회와신앙」. 2011. 10. 28.

이연학. "관상기도와 렉시오 디비나". 「활천」 644권 7호. 서울: 기독교대한성결교회 활천사, 2007.

이완구. "관상기도는 나의 정신과 신의 주파수를 맞추어 신인합일하려는 이방종교의 기도". 「바른믿음」. 2022. 12. 21.

임현원. "관상기도의 드러난 실체, 위험천만!". 「아멘넷」. 2007. 5. 7.

전달수, "그리스도교 영성사 – 교부들의 영성", 「가톨릭신문」, 2000. 11. 5.

정윤석. "합동측, 관상기도 비성경적 결의". 「교회와신앙」. 2011. 9. 26.

_____. "합동측, 관상기도·왕의기도 '교류 금지' 결의". 「교회와 신앙」. 2011. 9. 26.

조대준. "(3) 닛사 그레고리(335년-394년)". 「크리스찬투데이」. 2004. 6. 24.

조 현, "비움과 침묵의 현자 토머스 머튼".「한겨레신문」. 2008. 3. 10.

한상봉. "토마스 머튼, 세상을 떠나 고독으로 들어가다". 「가톨릭뉴스 지금여기」, 2009. 12. 16.

학술 논문

권명수. "관상기도의 의식의 흐름과 치유". 「신학과 실천」 16. (2008).

_____. "명상치유와 정신역동". 「실천과 신학」. 한국실천신학회(2012).

_____.김기범. "관상기도와 명상의 효과에 관한 연구". 「신학과 실천」. 한국실천신학회(2014).

권명수·김기범·오매화. "기독교적 명상으로서의 관상기도 효과에 관한 연구". 「신학사상」. 한신대학교 신학사상연구소(2019).

고경태, "렉티오 디비나는 명상으로 들어가게 이끄는 영성훈련", 「바른믿음」, 2017. 5. 4.

김수천. "관상기도의 성서적 유례와 성서 신학적 의미 고찰". 「실천과 신학」. 한국실천신학회(2021).

_____. "영성가들이 실천한 영적 묵상의 개신교 목회적 의의 고찰". 「실천과 신학」. 한국실천신학회(2014).

남성현. "관상기도 전통에 대한 소고(小考)". 「韓國敎會史學會誌 第21輯」. 한국교회사학회(2007).

라영환. "개혁신학적 입장에서 바라본 관상기도". 「한국교회사학회지」 21권. 한국교회사학회. 2007.

라은성. "한국교회 영성신학 비판-관상신학을 중심으로". 「조직신학연구 5권」. 한국복음주의조직신학회(2004).

림헌원. "관상기도 관련 영성행위는 성경적 증거 없다". 「이단연구 논문집 제1집」. (아레오바고사람들. 2010).

_____. "레노바레에서 시행하는 관상기도는 이교도의 명상종교". 「크리스천인사이드 제36호」. 2011. 6. 15.

박영미. "향심기도 체험에 대한 질적 연구". 「韓國東西精神科學會誌」 17(2014).

오방식. "관상기도의 현대적 이해". 「장신논단」 제30호(2007).

오방식. "복음과 관상: 아빌라의 데레사의 「영혼의 성」에 대한 루쓰 버로우의 주해를 중심으로". 「신학과 실천」. 한국실천신학회(2020).

_____. "토마스 머튼의 영적지도에 대한 연구". 「신학과 실천」. 한국실천신학회(2026).

유해룡. "영성훈련의 실제". 「대학과 선교」 제15집. 한국대학선교학회(2008).

_____. "칼빈의 영성학 소고." 「장신논단」 제16집(2000).

이금만. "기도의 영성 형성에 관한 연구". 「대학과 선교」 제19권. 한국대학선교학회(2010).

이덕근. "관상기도의 전통과 마음의 기도". 「신학전망」 52호(1981, 봄).

이영식. "동방교회의 영성 : 헤시카즘". 「신학전망」. 72호(1985).

_____. "동방교회의 영성: 예수의 기도". 「신학전망」 73호(1986).

_____. "정교회의 영성". 「신학전망」 73호(1986).

이은선. "세속화 시대의 기독교 영성: 관상 기도에 대한 비판적 고찰을 중심으로". 「성경과 신학」 제49권. 한국복음주의신학회(2009).

_____. "세속화 시대의 기독교 영성-관상 기도에 대한 비판적 고찰을 중심으로". 「크리스천인사이드 32호」. 2011. 1. 10.

_____. "세속화 시대의 기독교 영성-관상기도의 비판적 고찰을 중심으로". 「크리스천인사이드 2호」. 2010. 11. 8.

이정순. "신비주의적 영성의 개신교적 적용에 관한 연구-아빌라의 테레사의 기도 이해를 중심으로". 「신학과 실천」. 한국실천신학회(2021).

_____. "헨리 나웬의 목회와 영성 이해". 「실천과 신학」. 한국실천신학회(2014).

고동하. "토마스 머튼의 생태영성에 대한 연구". 미간행석사학위논문: 호남신학대학교 일반대학원. 2016.

고창주. "Thomas Merton의 觀想祈禱와 社會的 行動". 미간행석사학위논문: 장로회신학대학교 대학원. 2005.

權五尙. "토마스 머튼의 영성 신학에 대한 연구". 미간행석사학위논문: 한남대학교 학제신학대학원. 2006.

김경순. "거룩한 독서(Lectio Divina)와 향심기도(Centering Prayer)의 상호관계성 연구". 미간행석사학위논문: 가톨릭대학교 대학원. 2006.

김경아. "센터링 침묵기도를 통한 내적 치유 연구". 미간행석사학위논문: 서울신학대학교 상담대학원. 2007.

김경주. "토마스 머튼의 관상 이해". 미간행석사학위논문: 가톨릭대학교 대학원. 2017.

김남진. "헨리 나웬의 후기 생애와 영성 연구". 미간행석사학위논문: 한신대학교 신학전문대학원. 2003.

김모영. "예비부모를 위한 향심기도 교육에 관한 연구". 미간행석사학위논문: 장로회신학대학교 교육대학원. 2021.

김보현. "관상기도를 통한 호스피스 환우의 영성지도에 대한 연구". 미간행석사학위논문: 이화여자대학교 신학대학원. 2007.

김상국. "관상기도가 상상력에 끼치는 영향과 소그룹 활성을 위한 프로그램 개발에 관한 연구". 미간행석사학위논문: 장로회신학대학교 교육대학원. 2006.

김양민. "기도교육에 관한 연구". 미간행석사학위논문: 목원대학교 신학대학원. 2008.

김영삼. "관상에 이르는 길". 미간행석사학위논문: 수원카톨릭대학교대학원. 2008.

김종묵. "명상이 신앙 성장에 미치는 효과". 미간행석사학위논문: 선문대학교신학전문대학원. 2011.

김택훈. "토마스 머튼의 성서 이해에 따른 렉시오 디비나". 미간행석사학위논문: 가톨릭대학교 대학원. 2012.

김혜숙. "바람직한 영성훈련 바람직한 영성훈련 방안 연구". 미간행석사학위논문: 목원대학교 신학대학원. 2007.

김혜옥. "불교명상과 천주교 관상기도 경험에 관한 현상학적 비교연구". 미간행박사학위논문. 서울불교대학원대학교. 2016.

남재영. "변증법적 유물론의 영성적 사유와 대안 성심기도". 미간행박사학위논문: 감리교신학대학교 대학원. 2020.

류충열. "영성수련의 한 과정으로서의 관상기도에 관한 연구". 미간행박사학위논문: 한신대학교 신학전문대학원. 2007.

박기석. "관상(觀想)의 삶". 미간행석사학위논문: 광주가톨릭대학교 대학원. 2002.

박남희. "복음관상기도 수련에 의한 하나님 이미지 변화의 경험적 연구". 미간행석사학위논문: 장로회신학대학교 목회전문대학원. 2012.

박은수. "방언기도와 관상기도를 통한 영성지도 연구". 미간행석사학위논문: 한신대학교 신학대학원. 2013.

박은정. "관상기도를 통한 자기대상의 경험적 연구". 미간행석사학위논문: 한신학대학교 신학대학원. 2012.

박종원. "센터링 침묵기도를 통한 심리치유의 목회적 적용에 관한 연구". 미간행석사학위논문: 감리교신학대학교 대학원. 2008.

서정섭. "단전호흡과 명상수련이 양궁선수들의 신체평형성과 폐기능에 미치는 영향". 미간행석사학위논문: 계명대학교 교육대학원. 2006.

석현만. "관상기도의 목회적 적용". 미간행석사학위논문: 성결대학교 신학전문대학원. 2006.

송복란. "관상기도가 심리적 안녕감과 지각된 스트레스에 미치는 영향". 미간행석사
학위논문: 한국상담대학원대학교. 2021.

송영민. "토마스 키팅의 향심기도 연구". 미간행석사학위논문: 장로회신학대학교 목
회전문대학원. 2014.

신광식. "헨리 나우웬(Henri Nouwen)의 그리스도교 관상전통의 재해석과 적용에 관
한 연구". 미간행박사학위논문: 서강대학교 대학원. 2020.

안광덕. "'예수기도'의 한국식 영성교육과 호흡기도 모형". 미간행석사학위논문: 연세
대학교 연합신학대학원. 2005.

옥준상. "예수마음기도에 대한 신학적 고찰". 미간행석사학위논문: 광주가톨릭대학교
대학원. 2015.

유낙훈. "관상(觀想)기도의 이론과 실제". 미간행석사학위논문. 목원대학교신학대학원. 2003.

윤영조. "기독교 전통에 의한 영성훈련 방법 연구". 미간행석사학위논문: 목원대학교
신학대학원. 2007.

윤정아. "관상기도의 역사에 관한 연구". 미간행석사학위논문: 협성대학교대학원. 2011.

이경순. "관상기도의 교회사적 고찰". 미간행석사학위논문: 백석대학교 기독신학대학원. 2007.

이민재. "향심기도의 변형역동에 관한 연구". 미간행박사학위논문: 감리교신학대학교
대학원. 2019.

이범규. "예수의 데레사 영적 가르침을 통한 '하느님과 一致'". 미간행석사학위논문:
광주가톨릭대학교 대학원. 2012.

이승원. "예수기도에 관한 연구". 미간행석사학위논문: 협성대학교 신학대학원. 2004.

이승훈. "마음의 기도 연구". 미간행석사학위논문: 협성대학교 신학대학원. 2003.

이영민. "토마스 머튼의 관상적 영성과 융의 집단무의식 비교". 미간행석사학위논문:
서울신학대학교 상담대학원. 2007.

이영호. "필로칼리아에 나타난 예수기도 연구". 미간행석사학위논문: 감리교신학대학
교 신학대학원. 2010.

이은아. "토마스 머튼의 관상기도 연구". 미간행석사학위논문: 한신대학교 신학대학원. 2001.

이재훈. "향심기도와 관상적 쉼". 미간행석사학위논문: 감리교신학대학교 대학원. 2015.

이제학. "관상기도를 통한 영적 성장 방안". 미간행석사학위논문: 장로회신학대학교
목회전문대학원. 2007.

이종대. "칼 융의 인격과 영혼 돌봄으로서의 관상기도". 미간행석사학위논문: 호서대
학교 연합신학전문대학원. 2022.

이향우. "'예수기도'의 연구와 한국교회에서의 활용방안". 미간행석사학위논문: 호남
신학대학교 대학원. 2016.

이현석. "관상과 기도 생활을 중심으로 본 동방 교회의 영성에 대한 고찰". 미간행
석사학위논문: 가톨릭대학교 대학원. 2002.

이혜원. "관상기도 연구". 미간행석사학위논문: 감리교신학대학교 대학원. 2005.

임경수. "그리스도교 관상기도의 재해석과 적용에 관한". 미간행석사학위논문: 수원

가톨릭대학교 대학원. 2022.

임향복. "관상의 일반화에 기여한 토머스 머턴의 소명연구". 미간행석사학위논문: 가톨릭대학교 문화영성대학원. 2009.

장동원. "관상을 향한 향심기도에 관한 연구". 미간행석사학위논문: 한신대학교 신학대학원. 2021.

전성환. "렉시오 디비나를 통한 영성훈련". 미간행석사학위논문: 목원대학교 신학대학원. 2010.

정재화. "현대 영성훈련 방안에 대한 연구". 미간행석사학위논문: 목원대학교 신학대학원. 2009.

조남준. "개혁주의 성령론에서 본 신비주의 은사론 비판". 미간행석사학위논문: 안양대학교 대학원. 2012.

조영래. "참된 관상기도가 되기 위한 거룩한 독서(Lectio Divina)의 방향성". 미간행석사학위논문: 대구가톨릭대학교 대학원. 2015.

조현필. "토마스 머튼의 영성에 대한 고찰". 미간행석사학위논문: 대구가톨릭대학교 대학원. 2020.

최문택. "뇌교육 명상이 초등학생의 감성지능과 창의성에 미치는 영향". 미간행석사학위논문: 국제뇌교육종합대학원대학교. 2010.

최병억. "관상기도를 통한 영성훈련". 미간행석사학위논문. 목원대학교대학원: 2008.

許容華. "토마스 머튼의 관상기도 개념에 대한 연구". 미간행석사학위논문: 부산가톨릭대학교 대학원. 2003.

허 진. "불교의 선(禪)과 기독교 관상(觀想)의 비교연구". 미간행석사학위논문: 성공회대학교 신학대학원. 2001.

홍수정. "토머스 머튼의 관상과 신비를 통해 본 그리스도인의 기도의 삶". 미간행석사학위논문: 대구가톨릭대학교 대학원. 2020.

황선미. "觀想의 심리치유적 원리와 적용 가능성 연구". 미간행박사학위논문: 동방문화대학원대학교 목회전문대학원. 2019.

황호기. "관상기도를 이용한 목회상담 방법론 연구". 미간행석사학위논문: 장로회신학대학교 목회전문대학원. 2007.

인터넷자료

"관상", 「가톨릭사전」,
https://maria.catholic.or.kr/dictionary/term/term_view.asp?ctxtIdNum=263&keyword=%EA%B4%80%EC%83%81&gubun=01
"관상기도와 묵상". https://cafe.daum.net/kcmc91/N9HL/97
"기독교 명상이란 무엇인가? 기독교의 명상과 타종교의 명상은 어떻게 다른가?".
https://www.gotquestions.org/Korean/Korean-christian-meditation.html
"동양적 명상법과 성경적 묵상법". http://cafe.daum.net/cgsbong/21Ky/5811
"묵상 어떻게 할 것인가?". https://cafe.daum.net/kcmc91/N9HL/247
"묵상의 정의와 종류". https://cafe.daum.net/kcmc91/N9HL/279

"묵상이란 무엇인가?". https://cafe.daum.net/kcmc91/N9HL/243

"묵상이란 무엇인가?". https://cafe.daum.net/kcmc91/N9HL/295

"성경묵상이란 무엇인가?". https://cafe.daum.net/kcmc91/N9HL/245

"성경적인 묵상이란 무엇입니까?". https://cafe.daum.net/cgsbong/6fPd/3031

"심우도(尋牛圖)/십우도(十牛圖)". http://ksdsang0924.tistory.com/9829

고도원. "명상(瞑想)을 알자". http://cafe.daum.net/kcmc91/MDy6/509

김광락, "레노바레의 관상기도에 관하여", https://revkimgl.tistory.com/531

김명도. "소위 '명상 영성 훈련, 관상기도의 허구 (2)". http://blog.daum.net/alphacourse/11297510

_____. "소위 <명상 영성운동, 관상기도> 의 허구 (1)". https://cafe.daum.net/kcmc91/N9HL/24

김 삼. "관상기도? 진짜 기도인가?". http://cafe.daum.net/kcmc91/N9HL/57

김정호. "마음챙김이란 무엇인가: 마음챙김의 임상적 및 일상적 적용을 위한 제언".
        https://cafe.daum.net/kcmc91/MDy6/586

다음백과. 용어 "아파테이아". https://100.daum.net/encyclopedia/view/b14a2644a

리아. "지옥을 천국으로 바꾸는 명상". http://cafe.daum.net/kcmc91/MDy6/433

림헌원. "관상기도 정체성 도입 경계령". http://blog.daum.net/alphacourse/11297355

마경언. "관상 기도와 명상의 위험성(2)". http://cafe.daum.net/dm3179/3uGm/535

마경언. "관상 기도와 명상의 위험성". http://cafe.daum.net/dm3179/3uGm/534

보이스. "관상기도(Contemplative Prayer)의 위험성".
        http://www.voamonline.com/ref-1/017_contemplation/

성서와 삶의 자리. "관상생활에 대해 쓴 편지_귀고 2세". http://bibliolife.tistory.com/11

운 림. "지옥을 생각하는 것이 명상이다". http://blog.naver.com/wun1342005/220672004188

윤승용. "한국 민족종교의 신관은 과연 '범재신론(panentheism)'인가?".
        http://www.kirc.or.kr/hermeneut/hermeneut_03.php?mode=view&tblname=BBS_21&page=0&seqid=1

위키 백과. 항목 "리처드 포스터". https://ko.wikipedia.org/wiki/리처드_포스터.

이재룡. "교회 안에 확산돼 가는 관상 기도의 문제점".
        http://blog.daum.net/young5480/7844262

일 맥. "관상(觀想) 기도(Contemplative Prayer)". https://cafe.daum.net/ilmak/LZyw/483

임헌원. "관상기도(호흡기도)". http://cafe.daum.net/kcmc91/N9HL/70

_____. "관상기도는 묵상이 아닌 자아 최면 행각". https://cafe.daum.net/fgbc/I0Zm/131

정정조. "명상과 묵상". http://cafe.daum.net/kcmc91/QxD5/11

최덕성,   "뉴에이지운동은   기독교를   위협하는가?",   「리포르만다」,
        http://www.reformanda.co.kr/theoJournal/123259

강경호 저서 안내

성 령 론   강경호 저

도서출판 요나 발행	신국판 514쪽

성경적인 성령의 이해, 명칭, 품격성, 역할과 성령의 충만, 성령세례, 성령의 은사 등 성령과 연관된 제반 항목을 연구하였다.

믿 음 론   강경호 저

도서출판 요나 발행	160쪽

신앙의 기본적인 개념인 성경적인 믿음론을 이해하고자 한 성경교재이다.

성경공부 씨리즈 1 · 2 · 3권   강경호 저

성경의 기본적인 항목이나 교리를 요약하여 체계적으로 교육하도록 한 성경공부 교안이다.

결혼과 부부 상담   강경호 · 조성춘 공저

도서출판 요나 발행	신국판 469쪽

하나님께서 원하시는 바람직한 결혼관을 제시함으로써 건강한 가정을 세우고자 한 지침서이다.

태교와 아기 양육을 위한 상담   강경호 저

한사랑가족상담연구소 발행	신국판 576쪽

태교의 중요성과 함께 영 · 유아기에 바람직한 양육을 위한 지침서이다.

자녀양육과 아동문제상담   강경호 저

한사랑가족상담연구소 발행	신국판 704쪽

어릴 때의 자녀 양육의 중요성과 함께 아동에게서 나타나고 있는 다양한 문제들을 해결하기 위한 상담지침서이다.

	### 내적 상처의 회복과 상담 강경호 저
	한사랑가족상담연구소 발행 신국판 512쪽
	숨겨져 있는 내면의 상처를 회복하여 전인치유의 삶을 살아가도록 하기 위한 내적인 문제를 중심한 치유상담연구서이다.
	### 역기능 가정의 성인아이와 상담 강경호 저
	한사랑가족상담연구소 발행 신국판 704쪽
	잘못된 역기능적 양육으로 왜곡되어 있는 성인아이의 문제와 그에 대한 회복방안을 제시하고 있는 연구서이다.
	### 위기와 상담 I 강경호 저
	한사랑가족상담연구소 발행 신국판 336쪽
	위기에 대한 이론과 우발적 위기 문제를 다루고 있는 연구서이다.
	### 위기와 상담 II 강경호 저
	한사랑가족상담연구소 발행 신국판 704쪽
	발달단계에서 나타날 수 있는 각종 위기문제를 다루고 있는 연구서이다.
	### 중독의 위기와 상담 강경호 저
	한사랑가족상담연구소 발행 신국판 704쪽
	일반적인 중독의 이해와 함께 각종 중독의 문제를 상담하기 위한 연구서이다.
	### 가정폭력의 위기와 상담 강경호 저
	한사랑가족상담연구소 발행 신국판 432쪽
	가정폭력의 일반적인 이해와 배우자 학대, 아동학대, 노인홀대의 위기를 다루고 있는 가정폭력상담 연구서이다.
	### 집단상담의 이론과 실제 강경호 저
	한사랑가족상담연구소 발행 388쪽
	집단상담의 제반이론과 실제적인 집단상담인 감수성훈련과 인간관계 등에 관한 방안을 제시한 지침서이다.

	치유 목회와 상담　　　강경호 저
	한사랑가족상담연구소 발행　　　　　284쪽
	성경에 나타나고 있는 예수님의 치유 상담 사역을 이론으로 하여 교회에서의 치유 목회 상담 사역을 실천하는 방안을 찾고자 하는 연구서이다.
	웃음의 치유와 상담　　　강경호 저
	한사랑가족상담연구소 발행　　　　신국판 304쪽
	행복의 바이러스를 사람들에게 퍼트리는 웃음에 대한 이해와 웃음을 통한 각종 효능과 치유를 통한 건강한 삶의 방향을 제시하는 연구 이론서이다.
	바른신앙을 위한 **이단·사이비예방백서**　이영호·강경호 외 편집
	도서출판 원더풀　　　　신국판 412쪽
	바른신앙을 위한 이단·사이비 예방백서로서 중요한 문제성 있는 곳에 대한 정보를 제공하고 있다.
	이단학 개론과 상담　　　강경호 편저
	한사랑가족상담연구소 발행　　　　신국판 528쪽
	기본적인 이단 이해를 돕기 위한 이론을 중심한 개론서이다.
	바로알자! 세칭 구원파　　　강경호 편저
	한사랑가족상담연구소 발행　　　　신국판 256쪽
	정통교회에서 세칭 구원파로 불려지는 세 곳을 중심한 정보를 제공함과 함께 정체를 밝힘으로서 정통교인들을 보호하기 위한 연구서이다.
	바로알자! 뉴에이지 운동의 정체　　　강경호 편저
	한사랑가족상담연구소 발행　　　　신국판 608쪽
	사탄적인 운동이라고 할 수 있는 뉴에이지 운동에 대한 정체를 드러냄으로서 영적인 분별력을 가질 수 있게 해주려는 연구서이다.
	기독교 입장에서 본 **바로알자! 요가(YOGA)의 정체**　강경호 편저
	한사랑가족상담연구소 발행　　　　신국판 144쪽
	교회 안에 침투해 들어오기 시작하는 요가에 대한 바른 이해와 대처하여 그리스도인들을 보호하기 위한 연구서이다.

바로알자! 종교중독의 정체와 상담　강경호 편저	
한사랑가족상담연구소 발행　　　　신국판 352쪽	
종교생활을 하는 사람들 가운데 누군가로부터 인정의 욕구에 배고파서 열심을 내는 사람들 있으니 이들 대부분 종교중독자들이다. 특히 이단에 심취한 사람들이 여기에 해당이 된다. 이들을 위한 상담연구서이다.	

바로알자! 전능신교(동방번개)의 정체　강경호 편저	
한사랑가족상담연구소 발행　　　　신국판 224쪽	
중국에서 발생한 이단이요 사교인 전능신교(동방번개)의 정체를 드러내고 대처하기 위한 이단연구서이다.	

바로알자! 관상기도의 정체　강경호 편저	
한사랑가족상담연구소 발행　　　　신국판 544쪽	
관상기도의 정체는 이교적인 영성으로 로마카톨릭에서 활성화시킨 신인합일을 목표로 하는 기도이다.	

바로알자! 포켓몬 고의 정체　강경호 편저	
(근간)	

바로알자! J.M.S(정명석)의 정체　강경호 편저	
(근간)	

바로알자! 천주교의 정체　강경호 편저	
(근간)	

바로알자! 가짜 단군상을 세운 단월드와 이승헌의 정체	
(근간)	

한국이단상담목회연구소

최신글보기   동영상보기   [   ] 검색

연구소 카페 주소
http://cafe.daum.net/kcmc91

연구소 사역 내용

♣ 이단 및 종교자료 수집 및 공유

♣ 이단 연구 및 연구도서 출판

♣ 최근 이단동향정보 자료 발행

♣ 이단대처 예방교육

♣ 교회와 기관에서의 세미나 인도

♣ 기타 이단사역자들과 연합활동

선교후원 계좌 번호
우체국(강경호)
010983 - 02 - 006881

연락처 010-3218-4180(강경호)
ikcpe@hanmail.net

카페정보 ★

한국이단 상담목회연구소 (한목연)

실버 (비공개)
카페지기 한목연
회원수 : 292   카페 초대
방문수 : 27
카페앱수 0
관리 : 꾸미기

내 정보 ▶

카페 글쓰기

- 최신글 보기
- 연구소 소개 및 후원
- 동업인사/교제의 방(준)
- 동업요청하는 방(준)

이단정보자료그룹
시비가 일고 있는 서례
관심문제 그룹
바로알자 新天地
바로알자 구원파
안식교 계열
전도관 계열
통일교 계열

바로알자 국내 문제총회
바로알자 외개 문제총회
강제입소성경 신봉
신사도운동계열
뉴에이지 그룹
아넷대처 그룹
주사파/NL기타 문제신앙
바로보자 다종교공
연구단체기관활동 그룹방
특별자료그룹
보관/연타 커뮤신문방
일반신문그룹
보관잡지 그룹
카페지기방-교단
카페지기방-연운
카페지기방-신문
천주교신문
규장받은 문제신문
카페지기방-기타
보관-언운 그룹
보관사역자 지급방
전문이단그룹

2023년 10월 10일 초판 인쇄
2023년 10월 12일 초판 발행
편저자 강 경 호
펴낸곳: 한사랑가족상담연구소
(등록 제43호 1999. 4. 2)
⊕ 10271 경기도 고양시 덕양구 보광로 12번길 16
☎ 010-3218-4180

한국이단상담목회연구소
http://cafe.daum.net/kcmc9
E-mail/ ikcpe@hanmail.net

총판: 기독교출판유통
☎ 031-906-9191

ISBN 979-11-953788-7-6   93230